国家社科基金后期资助项目

清至民国婺源县村落契约文书辑录

Contracts and Other Documents in Wuyuan County: Qing Dynasty and Beyond

柒

江湾镇(一)

垳口村

黄志繁 邵 鸿 彭志军 编

创于1897 商务印书馆 The Commercial Press

2014年·北京

江　湾　镇

江湾镇圩口村 1—111

江湾镇圩口村 7-1 · 乾隆五十二年至光绪二十二年 ·
金龙公清明会账簿 · 兆印等

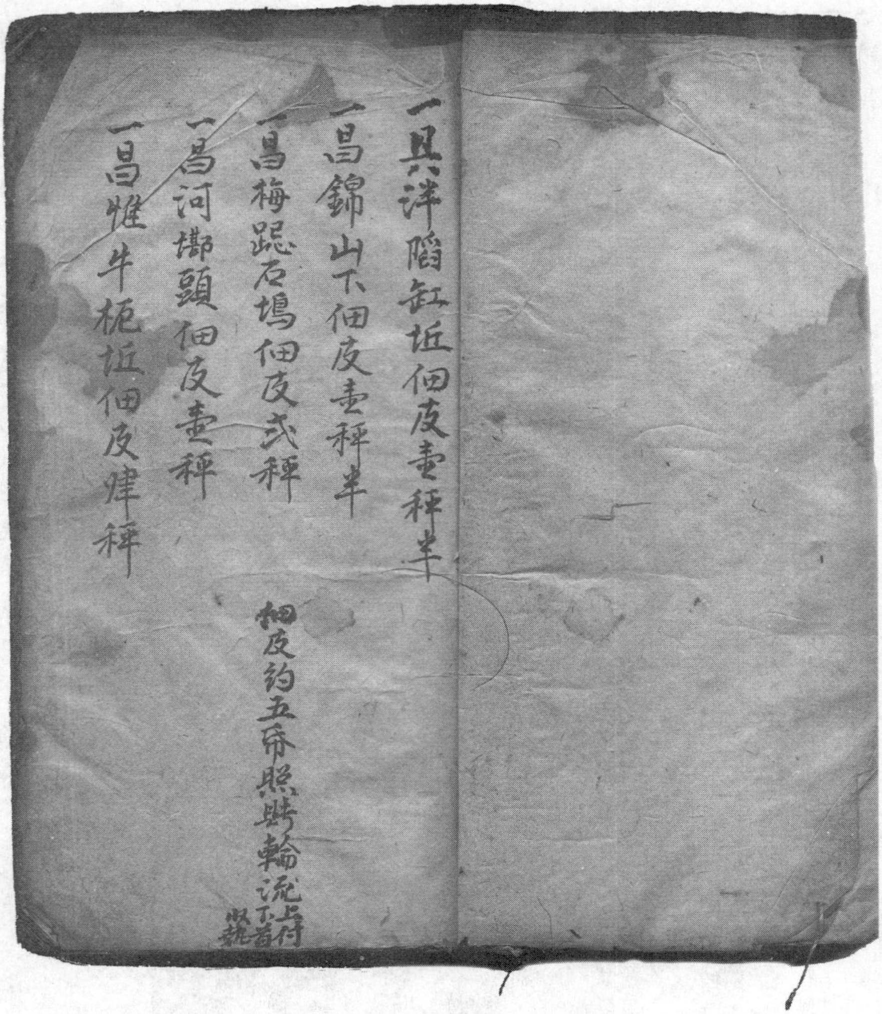

一異洋陷缸坵佃皮壹秤半

一昌錦山下佃皮壹秤半

一昌梅踀石塢佃皮弍秤

一昌河㘴頭佃皮壹秤

一昌㹁牛栀坵佃皮肆秤

佃皮約五年照股輪流上付下首收執

江湾镇圩口村 7-2 · 乾隆五十二年至光绪二十二年 ·
金龙公清明会账簿 · 兆印等

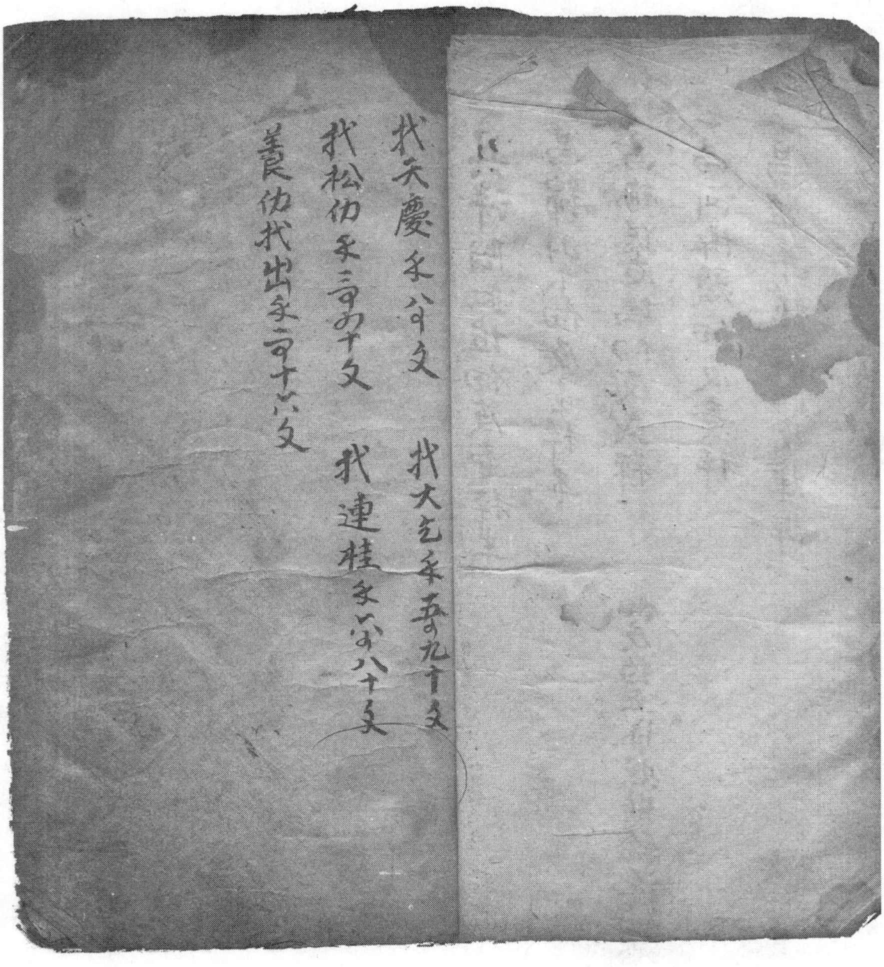

找天慶钱八千文
找松仂钱三百五十文
養仂找出钱二百十六文
找大玄钱五百九十文
找連桂钱六百八十文

江湾镇岕口村 7-3 · 乾隆五十二年至光绪二十二年 ·
金龙公清明会账簿 · 兆印等

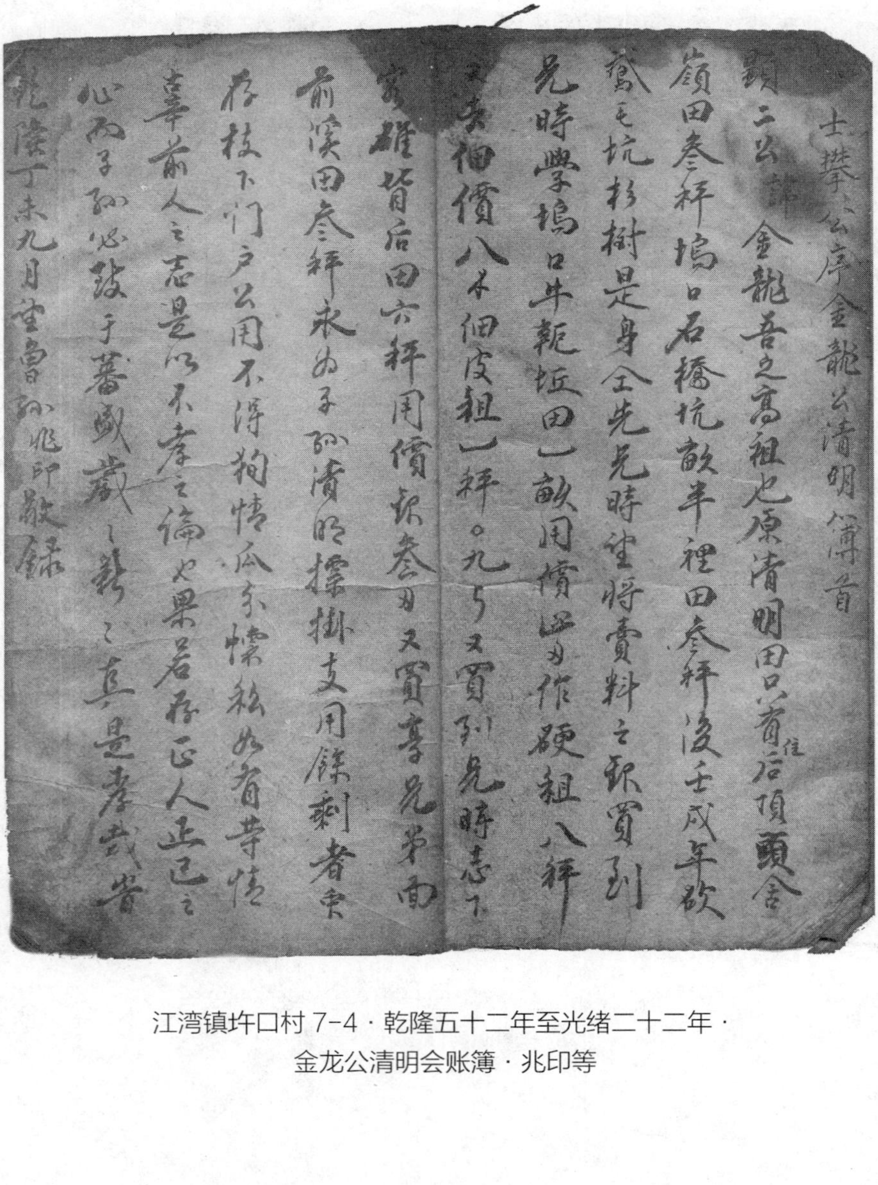

士攀公序金龍公清明簿首
顕二公諱金龍吾之高祖也原清明田口首后（住）頂頭会
嶺田叁秤塢口石橋坑畝半裡田叁秤後壬戌年欲
鶯毛坑杉樹是身仝先兄時望將賣料之銀買到
兄時學塢口牛毅坵田一畝用價銀兩作硬租八秤
又買佃價八兩佃皮租一秤。九年又買到兄時志下
家雄背后田六秤用價銀叁兩又買享兄弟面
前溪田叁秤永為子孫清明標掛支用餘剩者衆
存枝下門戶公用不得徇情瓜分懷私如有等情
辜前人之志是以不孝之論也果若存正人正己之
心而子孫必發于蕃盛歲歲新新真是孝哉皆
乾隆丁未九月望曾孫兆印敬錄

江湾镇坾口村 7-4 · 乾隆五十二年至光绪二十二年 ·
金龙公清明会账簿 · 兆印等

金龍公清明定例　兆字輩兄弟議定

昔此清明定于四月做謂使各得胙肉為割艸之需後來種其田者或因年歲不豐即不托衆看讓且不輪頭首及農忙之際欠租者莫能付出以致清明或做或停已有年矣今集諸兄弟議定規例併闔定逐年頭首開述於后以免不公不做及各相吞噬之弊不亦可乎

一做清明定期逐年拾月初一日　以新出之際易于付出

一各家所種田租佃皮期前務須照額交付頭首收納以便办做清明各項支用不得拖欠延遲以碍頭首办事如頭首愿為應付者日後不得于衆内支補若至期尚未交納者通衆同取果因不交者吃清

江湾镇坪口村 7-5 · 乾隆五十二年至光绪二十二年 ·
金龙公清明会账簿 · 兆印等

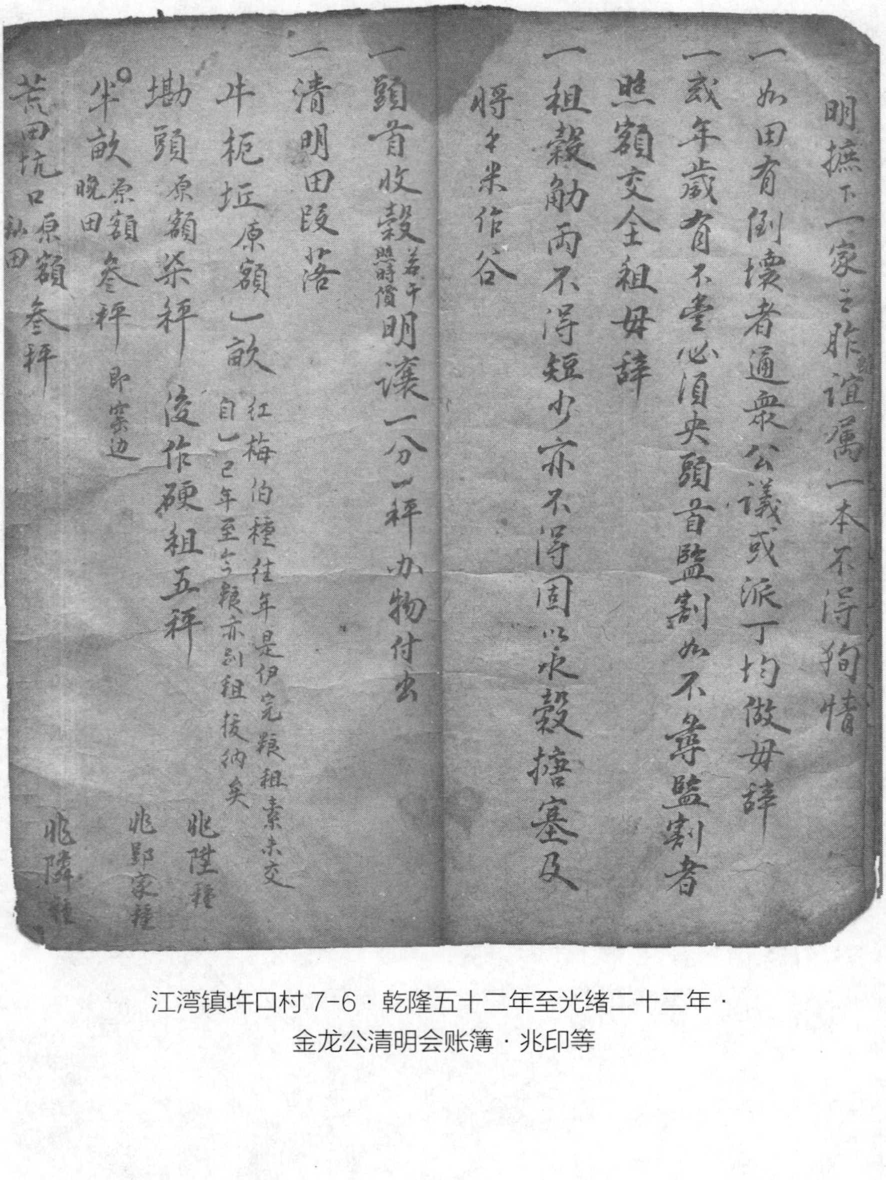

明撫下一家之胙誼屬一本不得徇情

一如田有倒壞者通衆公議或派丁均做毋辞

一戴年歲有不豐必須央頭首監割如不尊監割者

照額交全祖毋辞

一祖穀觔两不得短少亦不得囤以求穀㩒塞及

將冬米作谷

一頭首收穀若干照時價明議一分一秤办物付出

一清明田段落

牛栀垣原額一畝 红梅伯種往年是伊完粮租素未交 自乙巳年至今粮亦归租拔纳矣 兆陞種

墈頭原額柒秤 後作硬租五秤 兆郢家種

半畝原額叁秤 晚田 即窑边

荒田坑口原額叁秤 秋田 兆隣種

江湾镇圩口村 7-6 · 乾隆五十二年至光绪二十二年 ·
金龙公清明会账簿 · 兆印等

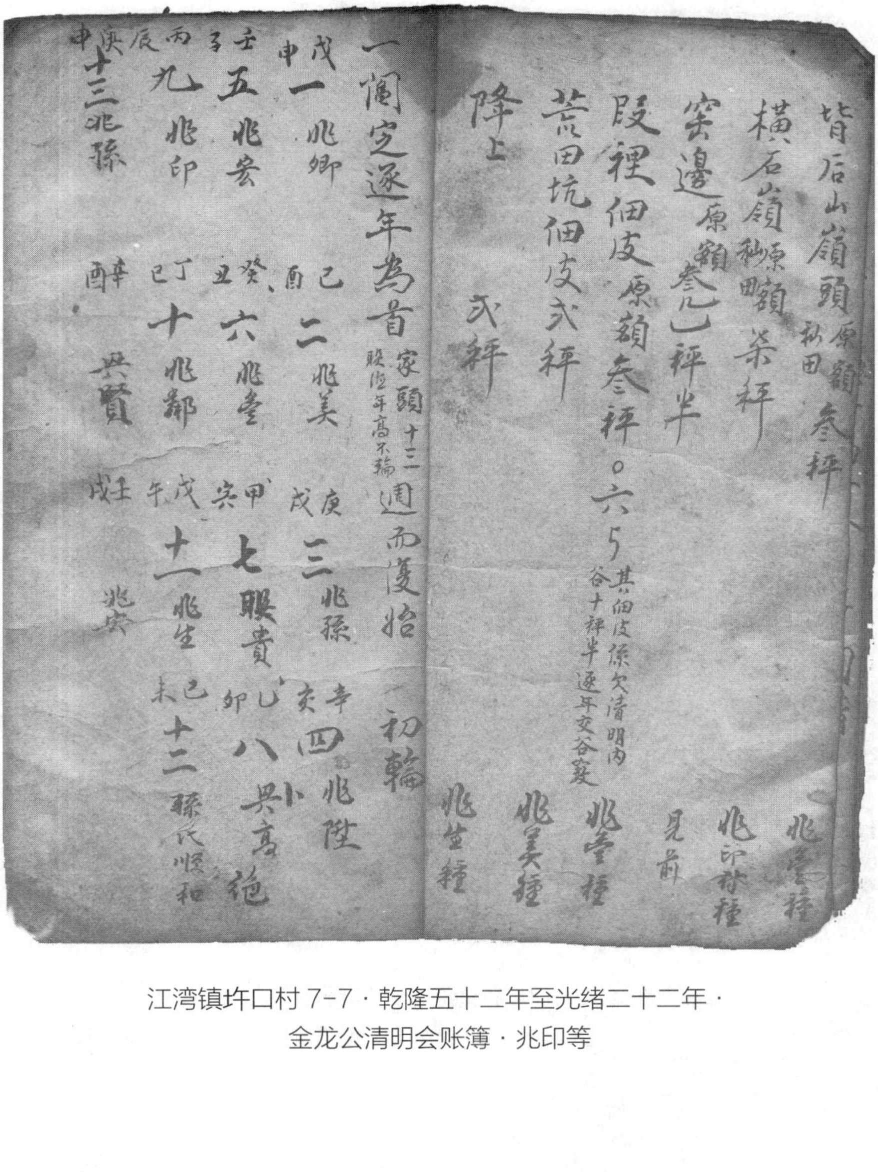
皆后山嶺頭原額秘田叁秤

橫石嶺原額秘田柒秤

窑邊原額叁秤半

陂裡佃皮原額叁秤。六5 其佃皮係欠清明内谷十秤半逐年交谷宴

荒田坑佃皮弍秤

降上弍秤

兆耋種　兆印耕種　見前　兆耋種　兆美種　兆生種

一閣定逐年為首家頭十三週而復始 初輪

戊申 一 兆卿　己酉 二 兆美　庚戌 三 兆孫　辛亥 四 兆陞

壬子 五 兆宏　癸丑 六 兆耋　甲寅 七 賜貴　乙卯 八 興高 絕

丙辰 九 兆印　丁巳 十 兆鄰　戊午 十一 兆生　己未 十二 孫氏順和

庚申 十三 兆孫　辛酉 興賢　壬戌 兆宗

江湾镇圩口村 7-7 · 乾隆五十二年至光绪二十二年 ·

金龙公清明会账簿 · 兆印等

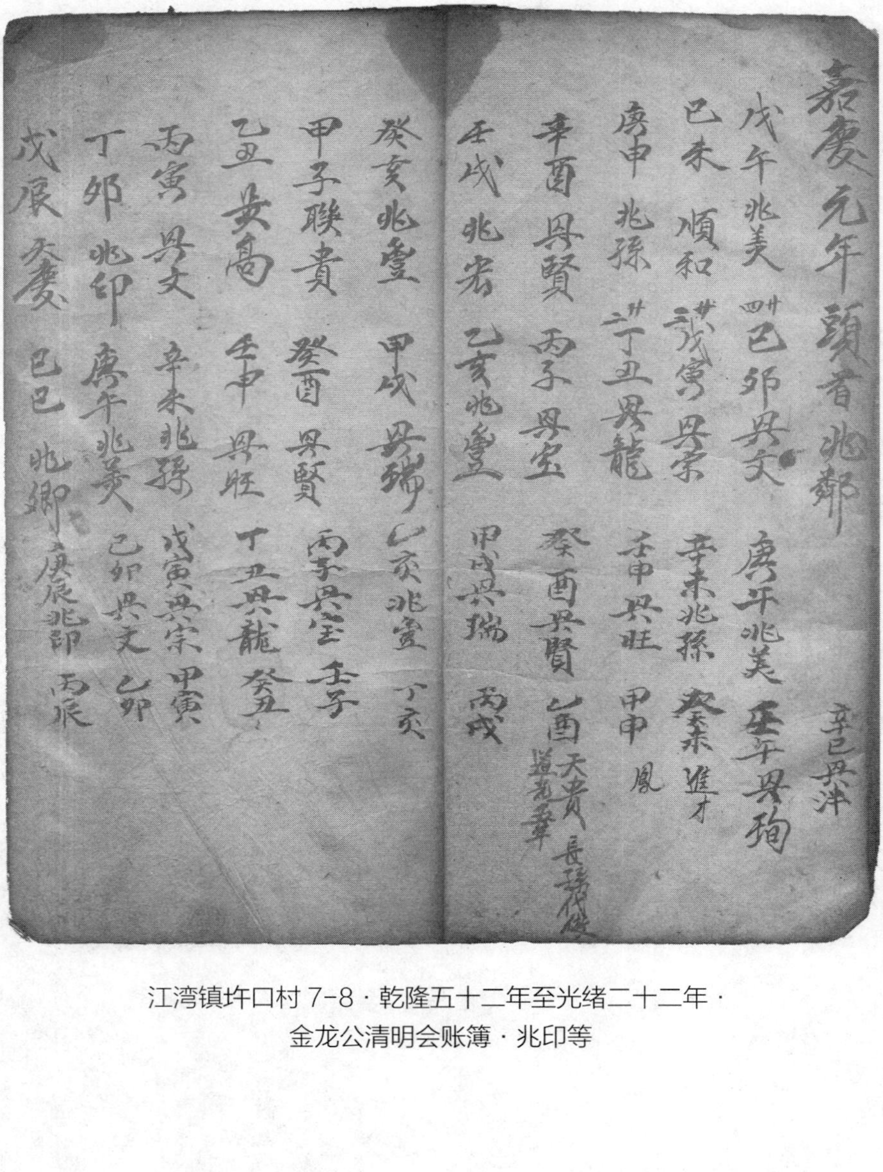

嘉慶元年頭首兆鄰　辛巳兴洋
戊午兆美　四廿己卯兴文　庚午兆美　壬午兴珣
己未順和　廿戊寅兴宗　辛未兆孫　癸未進才
庚申兆孫　廿丁丑兴龍　壬申兴旺　甲申鳳
辛酉兴賢　丙子兴宝　癸酉兴賢　乙酉天貴　長孫代發
壬戌兆宏　乙亥兆璽　甲戌兴瑞　丙戌
癸亥兆璽　甲戌兴瑞　乙亥兆璽　丁亥
甲子聯貴　癸酉兴賢　丙子兴宝　壬子
乙丑安高　壬申兴旺　丁丑兴龍　癸丑
丙寅兴文　辛未兆孫　戊寅兴宗　甲寅
丁卯兆印　庚午兆美　己卯兴文　乙卯
戊辰天慶　己巳兆鄉　庚辰兆印　丙辰

江湾镇岕口村 7-8 · 乾隆五十二年至光绪二十二年 ·
金龙公清明会账簿 · 兆印等

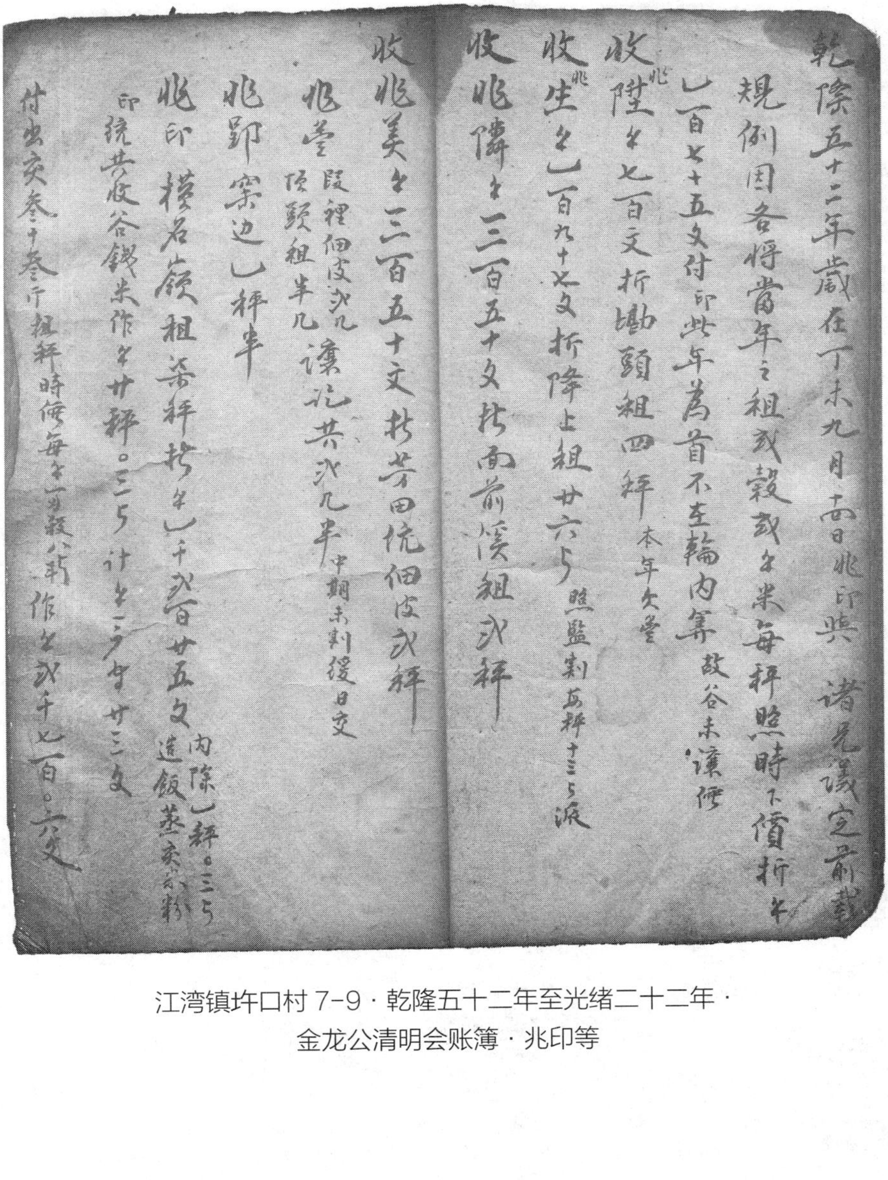
乾隆五十二年歲在丁未九月十四日兆印與諸兄議定前載
規例因各將當年之祖弍穀弍之米每秤照時下價折之
一百七十五文付印此年為首不在輪內算 故谷未讓便
收兆陞之七百文折嶼頭祖四秤 本年欠量
收兆生之一百九十七文折降上祖廿六斤 照監制每秤十三斤派
收兆隣之三百五十文折南前溪祖弍秤
收兆美之三百五十文折芳田坑佃皮弍秤
兆豐 段裡佃皮弍几 塘頭祖半几 讓花共弍几半 中朝未判暖日交
兆郢 窯边一秤半
兆印 樓名嶺租五秤折之一千弍百廿五文 內除一秤〇三斤 進飯蒸茶米粉
印統共收谷錢米作之廿秤〇三斤 計之二千七百廿三文
付出交叁十叁斤租秤時價每之一百穀八斤 作之弍千七百〇六文

江湾镇圩口村 7-9 · 乾隆五十二年至光绪二十二年 ·
金龙公清明会账簿 · 兆印等

付祀生代笑粮三斗文 付朱三斤 運飯作工九十六文 付之迎 茶心十四文
付酒五十文 付塩十三文 付聘洋帝廿三文 廿付虫乙三斗廿二文
戊申年兆鄉為首
上收模石叅祖粢几 叅頭山几 段裡秋几
監收公段三九年 崔边山四丰 荒田坑叐
隆上卅六叐

支長秋亥 飯苴料 活八年
支各芕文粮 糸甼燭共文
共收六十化丰 照時價內譲山分山祥等
尚祥山至又分長月乙
已酉年兆美為首
一股監收降上十四乙 礁頭叐几 畓田披壙五云扣祖

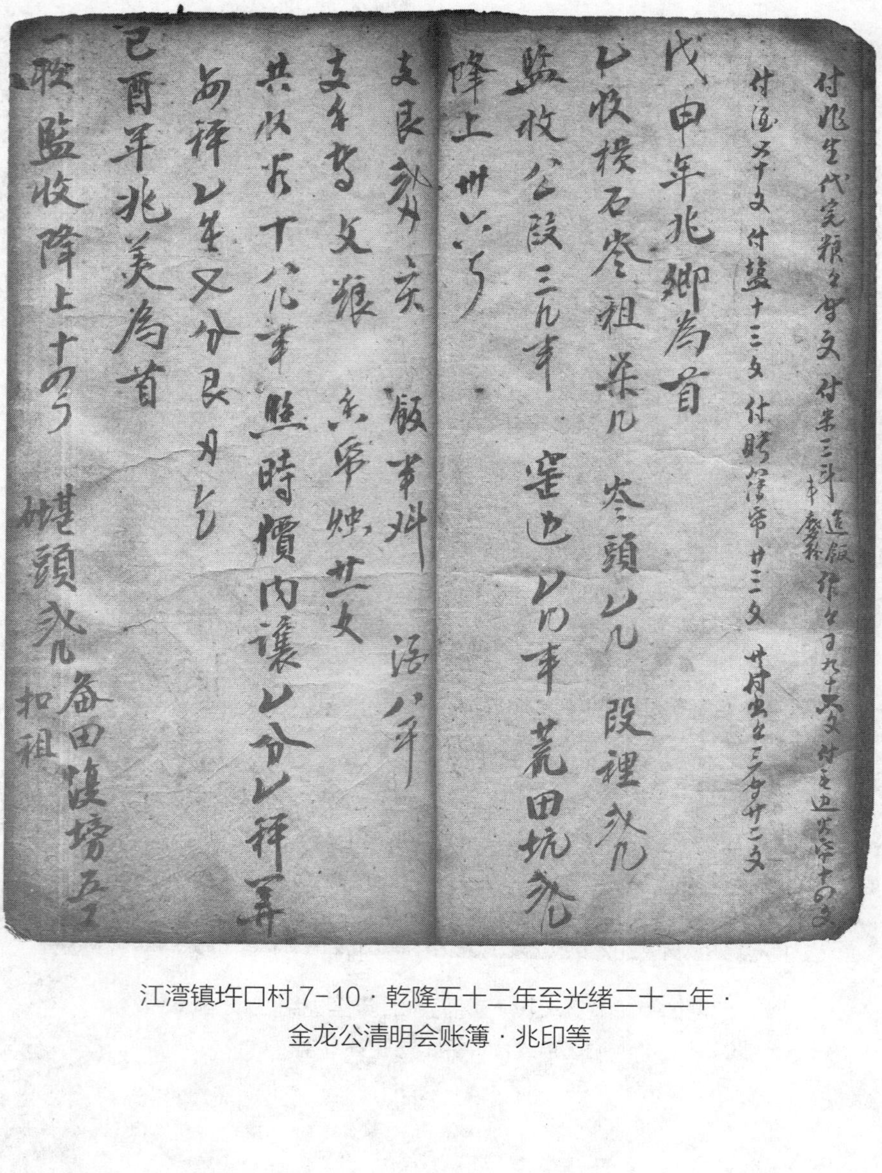

江湾镇圩口村 7-10 · 乾隆五十二年至光绪二十二年 · 金龙公清明会账簿 · 兆印等

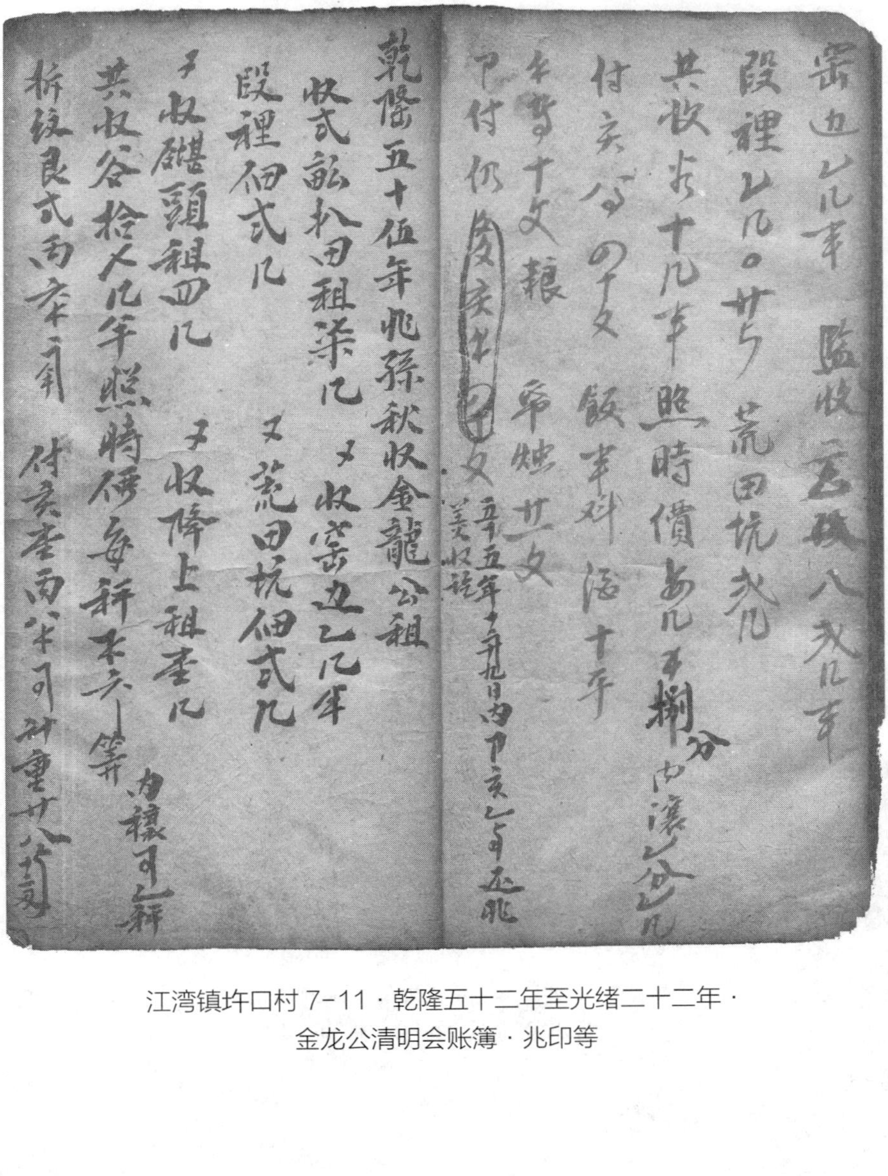
乾隆五十伍年兆孫秋收金龍公租
又收嵩边
段裡佃弍几　又荒田坑佃弍几
又收磡頭租四几　又收降上租壹几

江湾镇坾口村 7-11 · 乾隆五十二年至光绪二十二年 ·
金龙公清明会账簿 · 兆印等

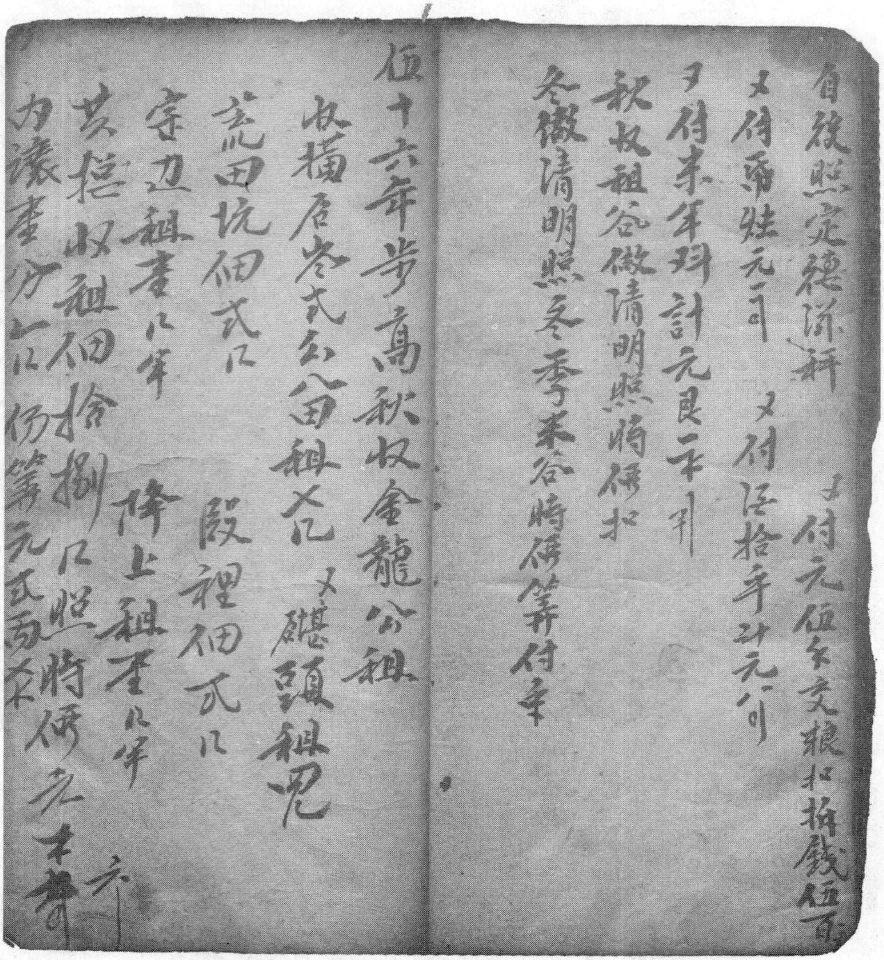
自役照定德详耕　又付元伍分文粮扣掯錢伍百
又付番娃元一可　又付侄拾年計元八刂
又付来年租計元艮一千刂
秋收租谷缴清明照將併扣
冬缴清明照冬季未谷將併算付年
伍十六年步高秋收金龍公租
收橫店岑弍分八田租弍石　又碓頭租肥
荒田坑佃弍石　段裡佃弍石
岸边租壹石半　降上租壹石半
共總收租佃拾捌石照時價充本併
内讓壹份六石仍算元弍兩柒

江湾镇坪口村 7-12 · 乾隆五十二年至光绪二十二年 ·
金龙公清明会账簿 · 兆印等

丙丁元五年支粮 又卯弟亲氣木 又祭烛 了
付西亥廿六敦 奶存卅文買豆伕
辛又年庚仁秋归金 託公租計七文拜
出昌授和尚嶺 八拜
出用弟去坵 八半 外讓半
出二旦碓郎 三几 外條做田半拜
出注昭旦吾心佃武几
出順扣瑤边 八几半
出洞书荒田坑 佃武几
外水发文拜 計價 本田讓 八木拜 計 吕叁拜 十二分

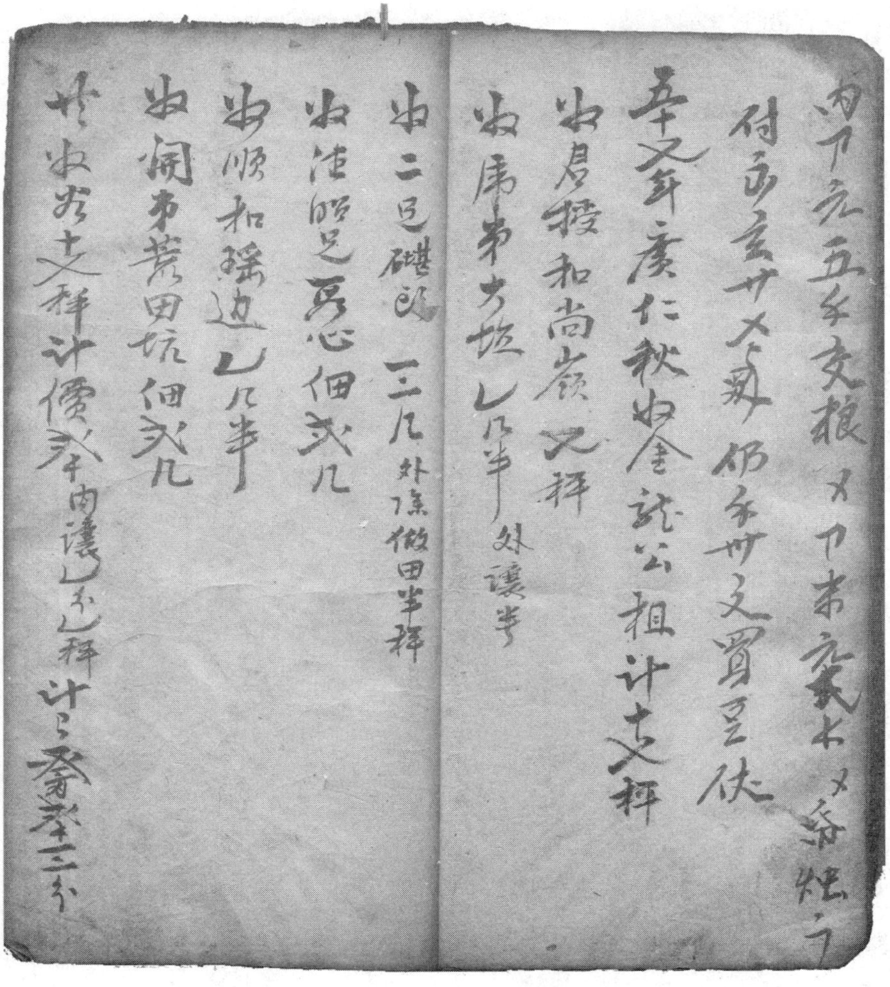

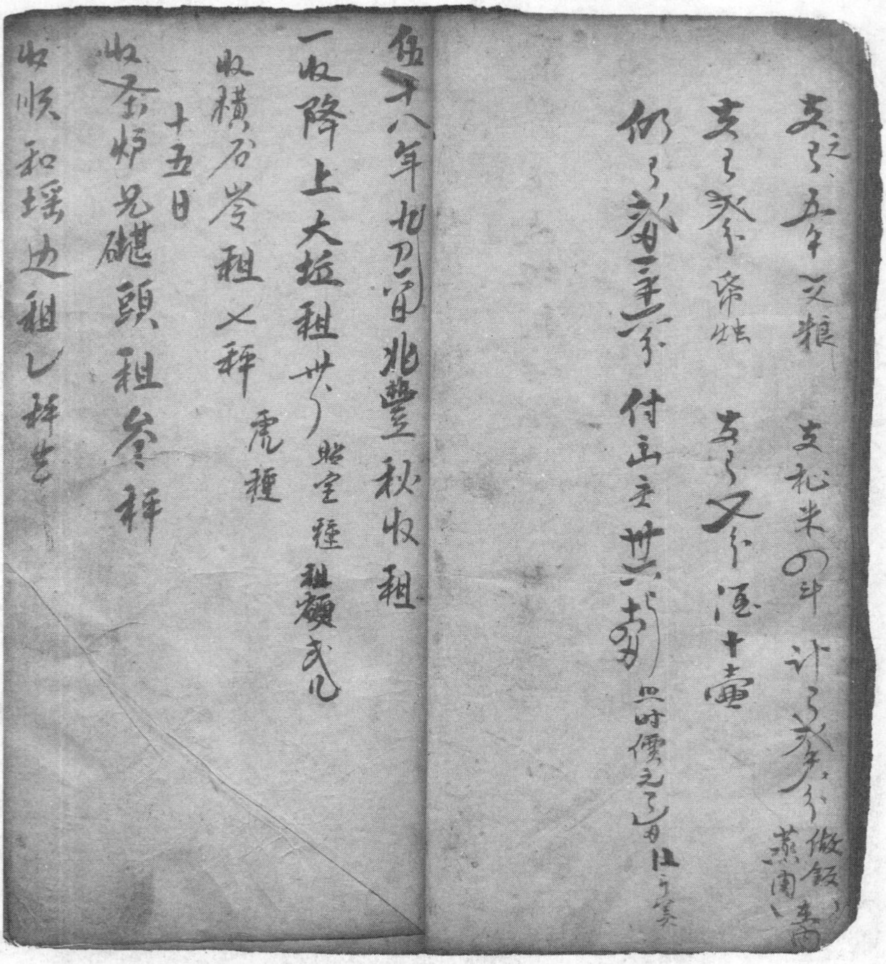

支之五年交粮　支秋米四斗　計…做钱…
支…帝姓　支…又…酒十壶
仍…付立山交卅…
伍十八年九月十三日兆豐秋收租
一收降上大垅租卅六　照宝種　租額弍几
收横石岺租乂秤　虎種
十五日
收石炉兄礁頭租叁秤
收坝和瑶边租乙秤

江湾镇岕口村 7-14 · 乾隆五十二年至光绪二十二年 ·
金龙公清明会账簿 · 兆印等

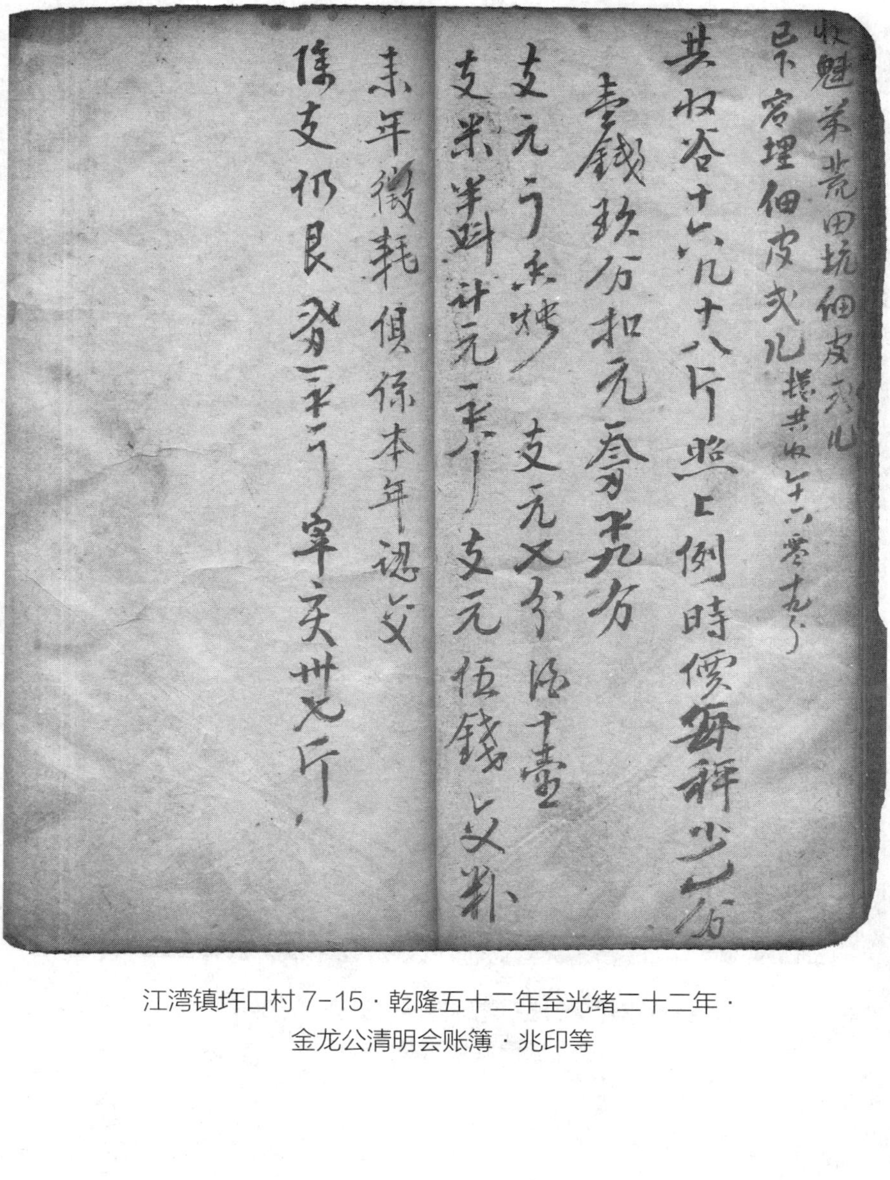
收魁茅荒田坑佃皮式儿
吕下宕埋佃皮式儿 提共收谷十六零十九斤
共收谷十六九十八斤照上例時價每秤少一分
壹錢玖分扣元叁錢五分
支元一兵炒 支元又分陌十壹
支米半斗計元一兵 支元伍錢七文
来年徵耗俱係本年認交
係支仍良發一兵一 實交卅七斤

江湾镇圩口村 7-15 · 乾隆五十二年至光绪二十二年 ·
金龙公清明会账簿 · 兆印等

五十九年十二月十七日兆壹為首

收大叔二郎八租批出乙元

收招寶光背山租若廿八乂

收唐炉夫嫩谷乂四叱

收恒和搜寘边谷乂凡半

收魁半营四瑞尧乂凡

市身殷心佃攴凡

收魁书舍瀁祖乂凡

共收出十八元十六折 照時借每凡讓乂凡作豪

乂凡計元尺歌登桝

支元尺桊常煉 支元尺老桊 湏十壹 支尺戏民永 米半斜

支元尺华完粄 支元尺戏父关剪字交姒五与本

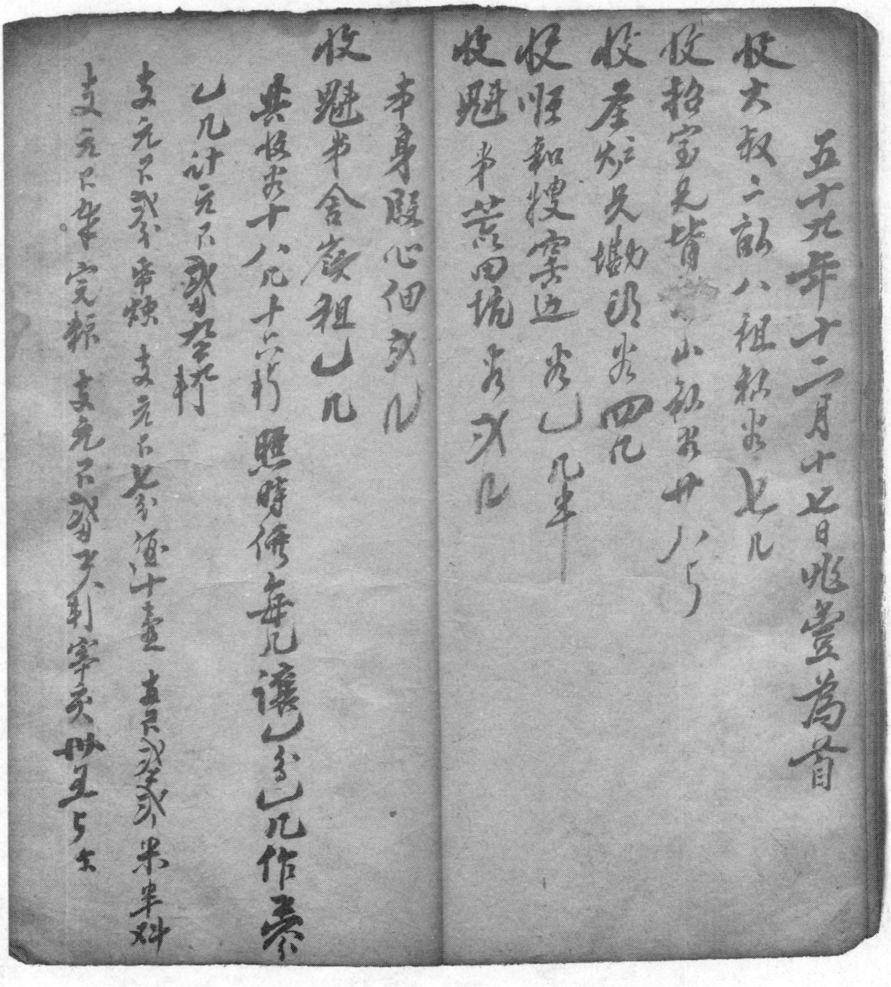

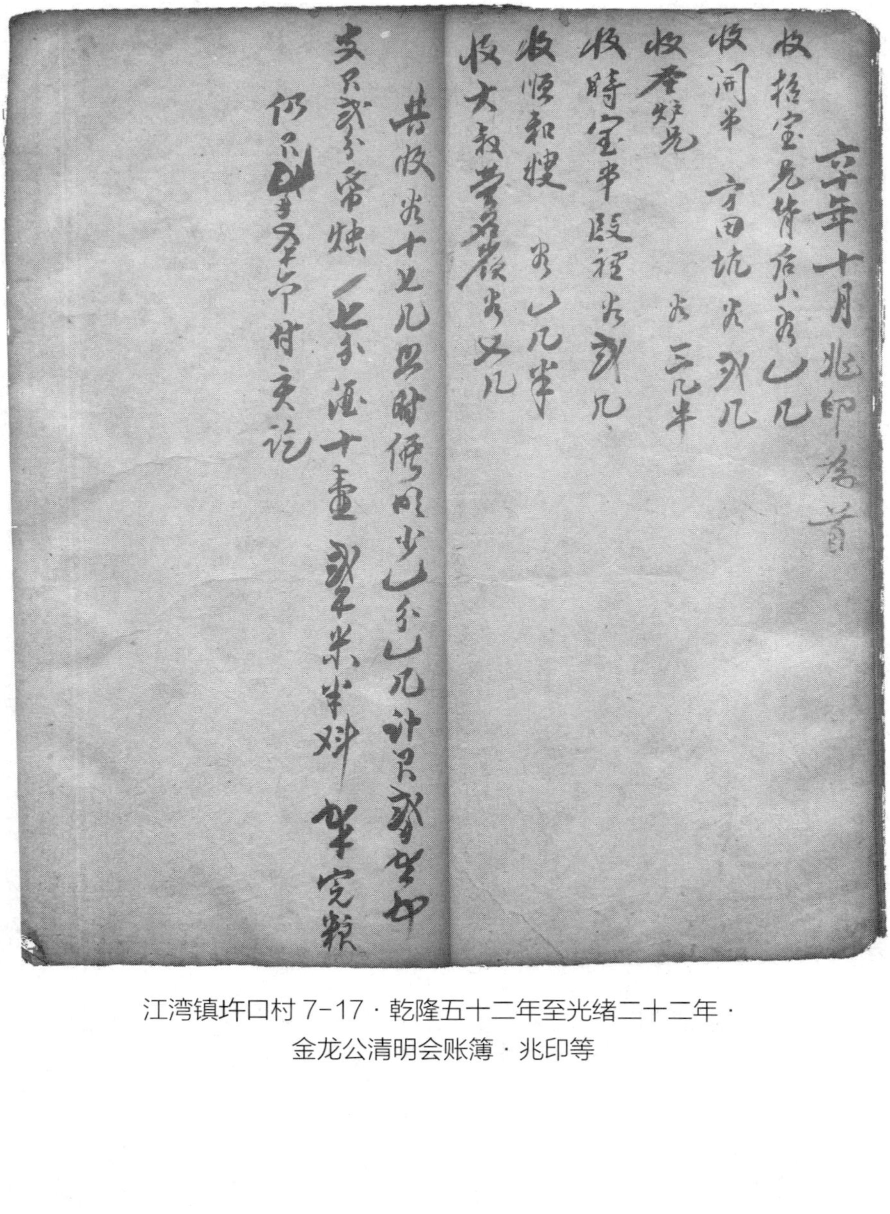
亥年十月兆印经首
收裕宝兄背后小苗〢几
收洞串　方田坑苗〣几
收叠灶兄　苗二几半
收时宝串段裡苗〣几
收顺和嫂　苗〢几半
收大叔荒岭苗〤几
共收苗十〤几四肘價明光〢分〢几計贯〣〤
支贯〣分帋烛〡七分酒十壶〣分米半升〣分完粮
仍贯〣〤分付交讫

江湾镇圩口村 7-17 · 乾隆五十二年至光绪二十二年 ·
金龙公清明会账簿 · 兆印等

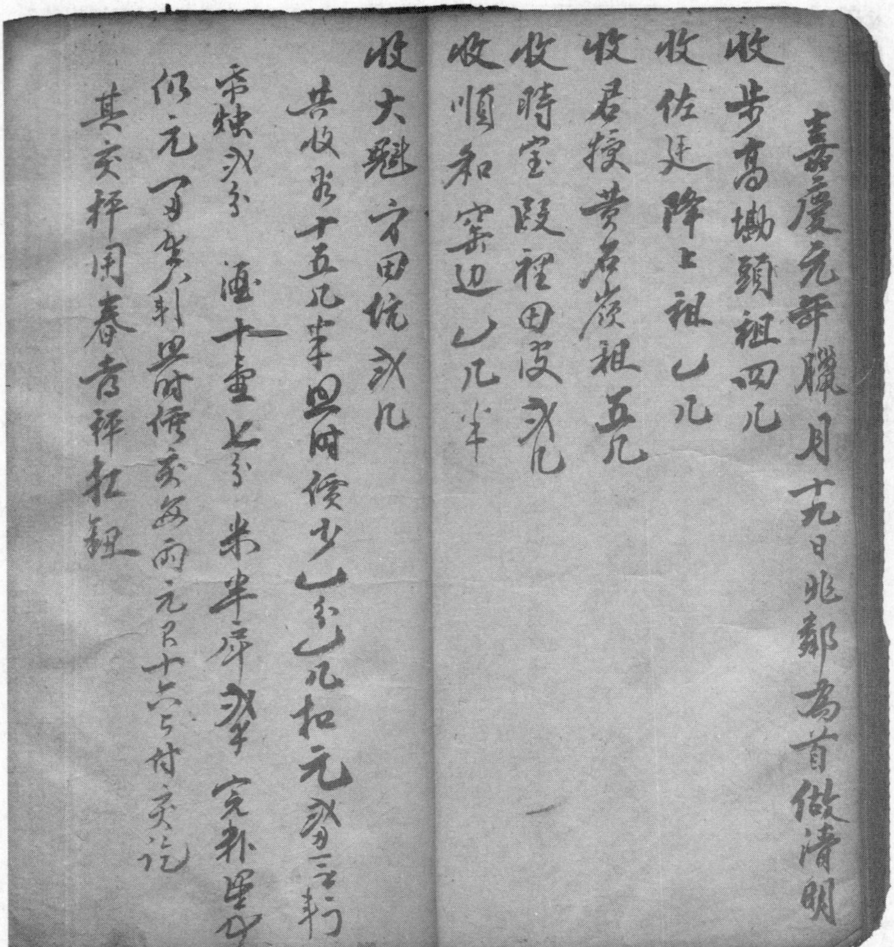
嘉庆元年腊月十九日兆郑为首做清明
收步高㘭头祖四几
收佐廷降上祖〡几
收君拔黄吞岺祖五几
收时宝段程田段弍几
收顺和案边〡几半
收大继方田坑弍几
共收米十五几半 四时价〡分〡几扣元钱三百二十(?)
帛烛弍分 酒十壹 七分 米半斤弍斗 完补星分
仍元丁[illegible]生[illegible] 四时价家每两元另十六文付交讫
其交秤用春青秤杠钮

江湾镇岕口村 7-18 · 乾隆五十二年至光绪二十二年 ·
金龙公清明会账簿 · 兆印等

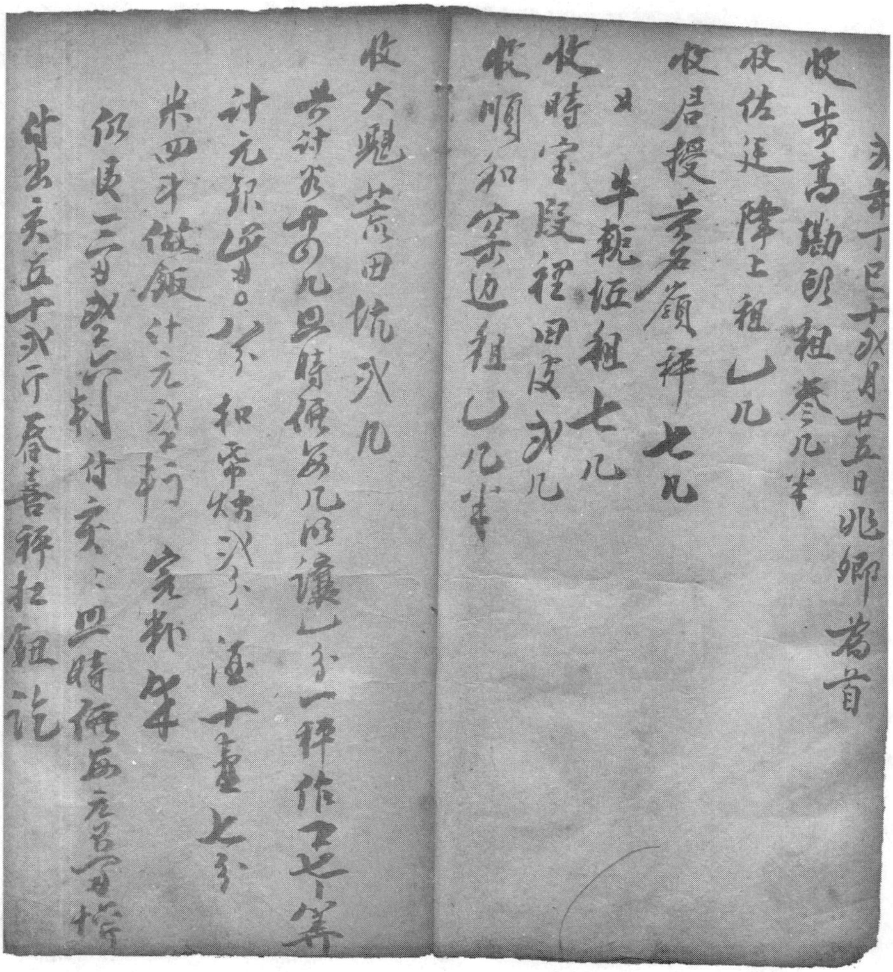
是年丁巳十弍月廿五日兆卿爲首
收步高勘頭租叁几半
收佐廷陳上租山几
收居授義名嶺秤七几
又 牛軛坵租七几
收時宝段程田皮弍几
收順和窯邊租山几半
收大塊荒田坑弍几
共計谷廿四几照時價每几比讓山分一秤作工七等
計元銀□□。八分 和零錢弍分 通十兩七分
米四斗做飯 計元弍錢 完糧年
仍艮三兩□□錢 付交 照時價每□□□
付出交益十弍斤 蔡喜秤扛鈕記

江湾镇坼口村 7-19 · 乾隆五十二年至光绪二十二年 ·
金龙公清明会账簿 · 兆印等

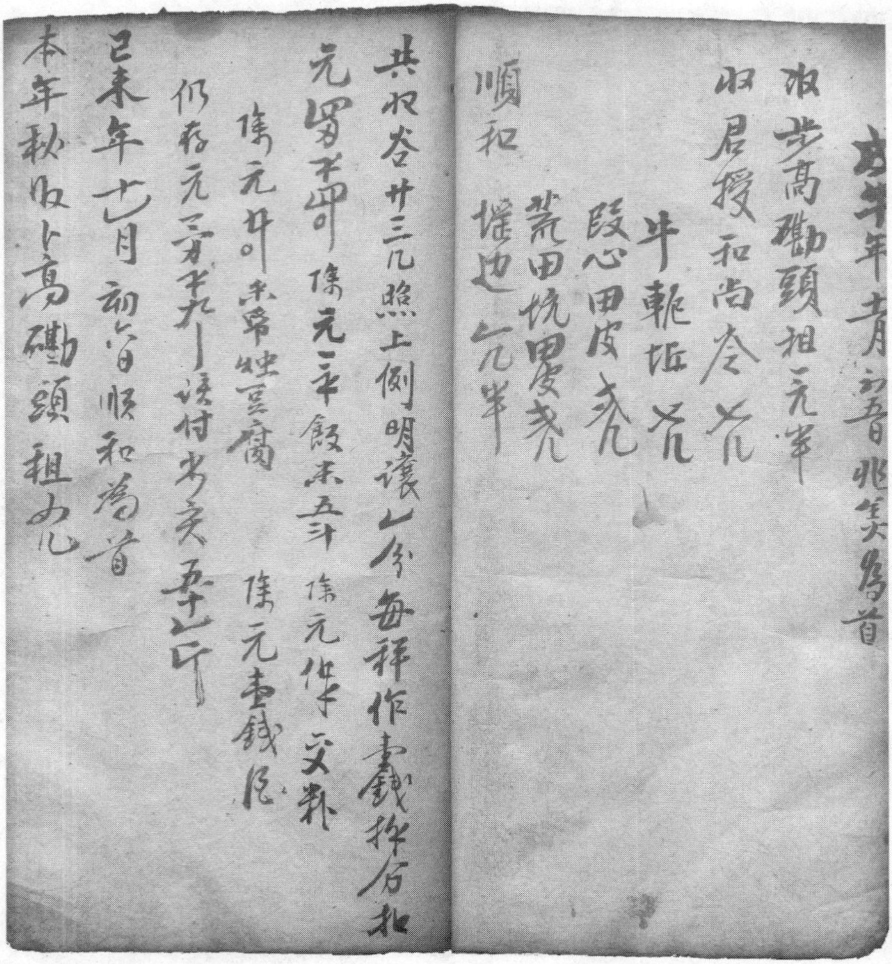
戊申年十二月初二日兆美為首
收步高磡頭租[illegible]
收居塢和尚塆[illegible]
牛轭垣[illegible]
段心田皮[illegible]
荒田坑里[illegible]
順和 塘边[illegible]
共收谷廿三[illegible]照上例明讓山分每秤作壹錢捌分扣
元[illegible] 除元[illegible]飯米五斗 除元[illegible]
除元[illegible]米帶蚀豆腐 除元壹錢[illegible]
仍存元[illegible]該付出[illegible]
己未年十二月初[illegible]日順和為首
本年秋收上高磡頭租[illegible]

江湾镇岕口村 7-20 · 乾隆五十二年至光绪二十二年 ·
金龙公清明会账簿 · 兆印等

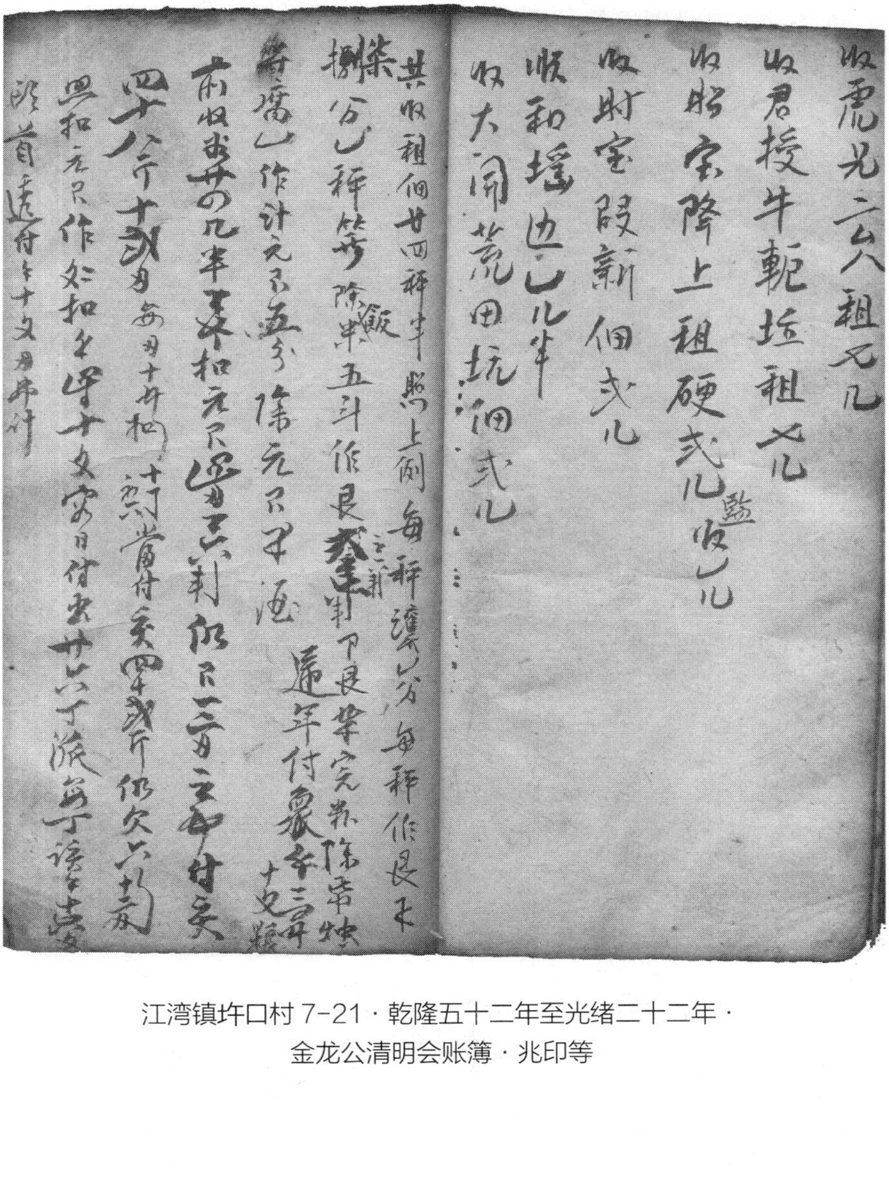

收虎光二公八租七几
收君授牛軛垃租七几
收彤宗降上租硬式几 监收山几
收財宝段新佃式几
收和塔边山几半
收大闸荒田坑佃式几

江湾镇坾口村 7-21 · 乾隆五十二年至光绪二十二年 ·
金龙公清明会账簿 · 兆印等

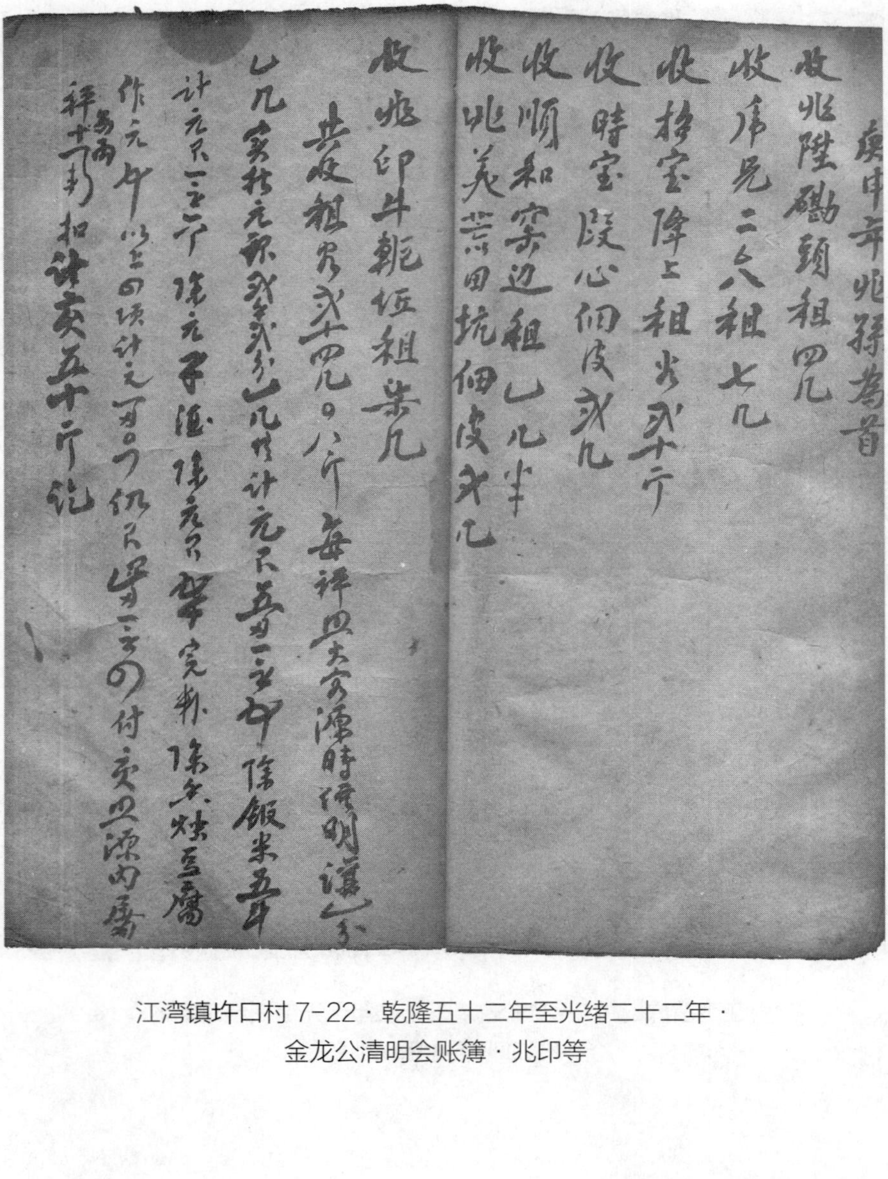
庚申年兆孫為首
收兆陞磡頭租四几
收庚兄二八租七几
收移宝降上租出贰十斤
收時宝暖心佃皮贰几
收順和宗边租山几半
收兆義茶田坑佃皮贰几
收兆印斗瓣垣租叁几
共收租贰十四几〇八斤 每秤照大众谭时清明议山分
山几每秤元钱贰十贰分山几共计元钱五两一钱七分 除饭米五斗
计元钱一钱五分 除元钱平准 除元钱叁分完粮 除兵烧至屬
作元钱 以上四项计元钱一两〇七分 仍存钱四两一钱〇四分付交兆源内属
秤每两十八两扣计实五十斤讫

江湾镇坍口村 7-22 · 乾隆五十二年至光绪二十二年 ·
金龙公清明会账簿 · 兆印等

辛酉年興賢岁首
收兆陞磜頭監割三秤半
收震光二公租大秤
收昭宝叔隆上監割十斤
收时宝叔殿心裡佃六凡
收順和瑤边租凡半
收榜生叔牛厄垅租七秤
收魁叔荒田坑佃弍秤
共收祖古廿三瓦十五了四分陸么讓（？）壬秤
实作登迎凢元计元百算上隻个内扣卜陞
或行廿七弓半又完綵大和陞棟炒美起查内
扣弟五牛作早陞酒作又串伲兄平些牛
付美五十二凢斗回𢖍

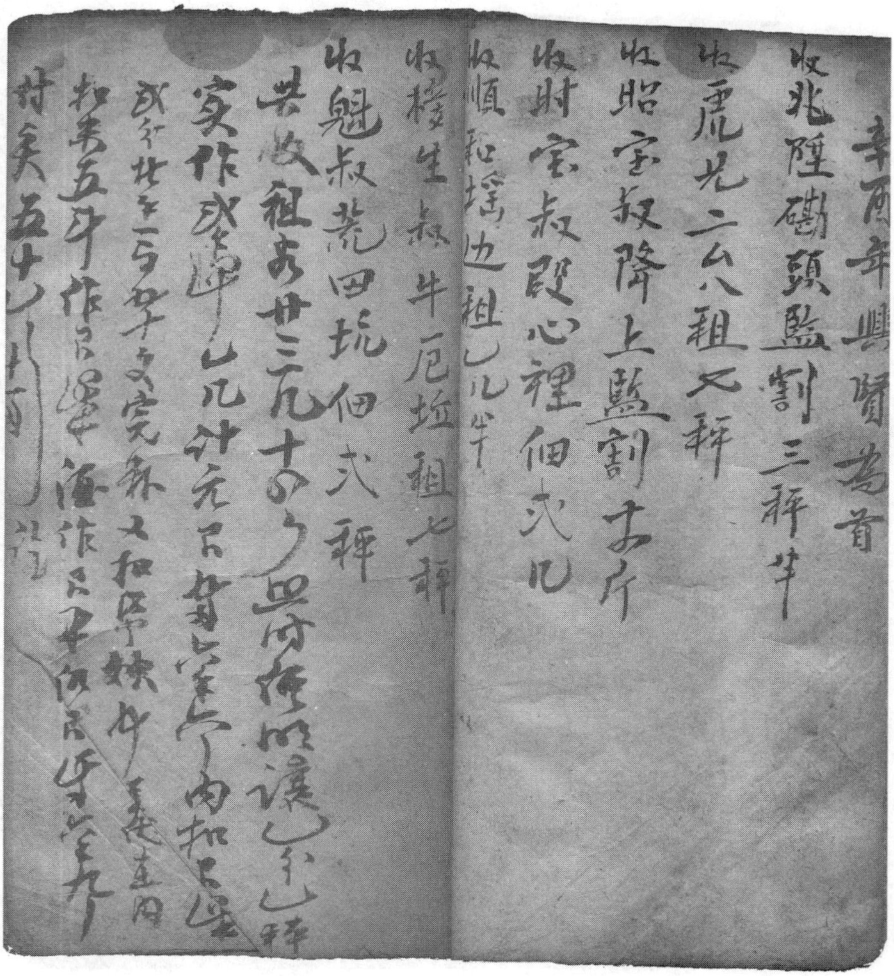

壬戌年 兆宏為首

收招宝后山出山几
收有苎蓢石崚秋出又几
收大词共回坑佃皮及几
收卜高兎墈路租三元半
收顺和窑边租山几半
敨居腰牢妮垭雎又几

收時宝踉心佃皮戈几
竹皮补密十头几糯出十式几另共廿四几
补出四漂肉时價眠谁山分扣元銀三百梁个
糯出扣元銀叁月廿計元銀苇梁个
扣元梁汀作壹甲又完帮 扣元廿帶燒立狀喬
扣元梁門付交五十山刢
扣元銀五月塱粉扣元梁八斗 扣元中不透
但元銀五月塱二門付交五十山荆
芳照和三十丁納丁浃作山刢海廿把炸刢扣銀
大定登儿君拨各下少得交文方人肯認当冤道形

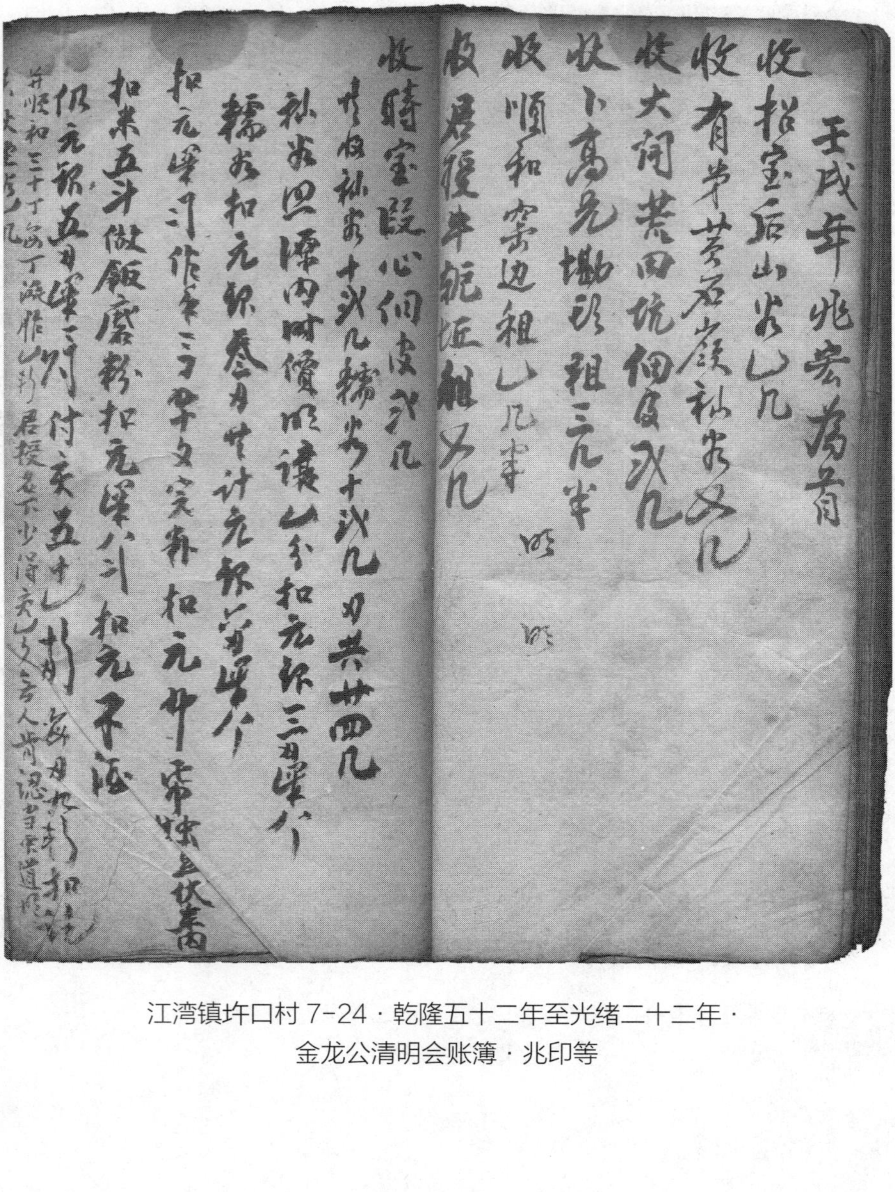

癸亥年兆豐為首秋收租

收大開荒田坑佃式几

收君授上坑租捌几

收悟和嫂墻邊租壹秤半

收聖炉塢頭租叁秤

收君授牛軛垣租柒秤

收貽家降尚租嵩風二斗高秤

射宝窖裡佃皮式几

共收社禄穀廿三几半與清時價川譲一斗一秤

計元穀五斗八金籽 扣去三箪又完都竹良墨三斗

扣元五斗多平燃 扣来五斗做飯共民聖二次扣只不酒

㑹紙皆金剑付交五十七斤每两十刭扣

由扣家作穀山几貼上坑奋田文伯扰筆煩△子

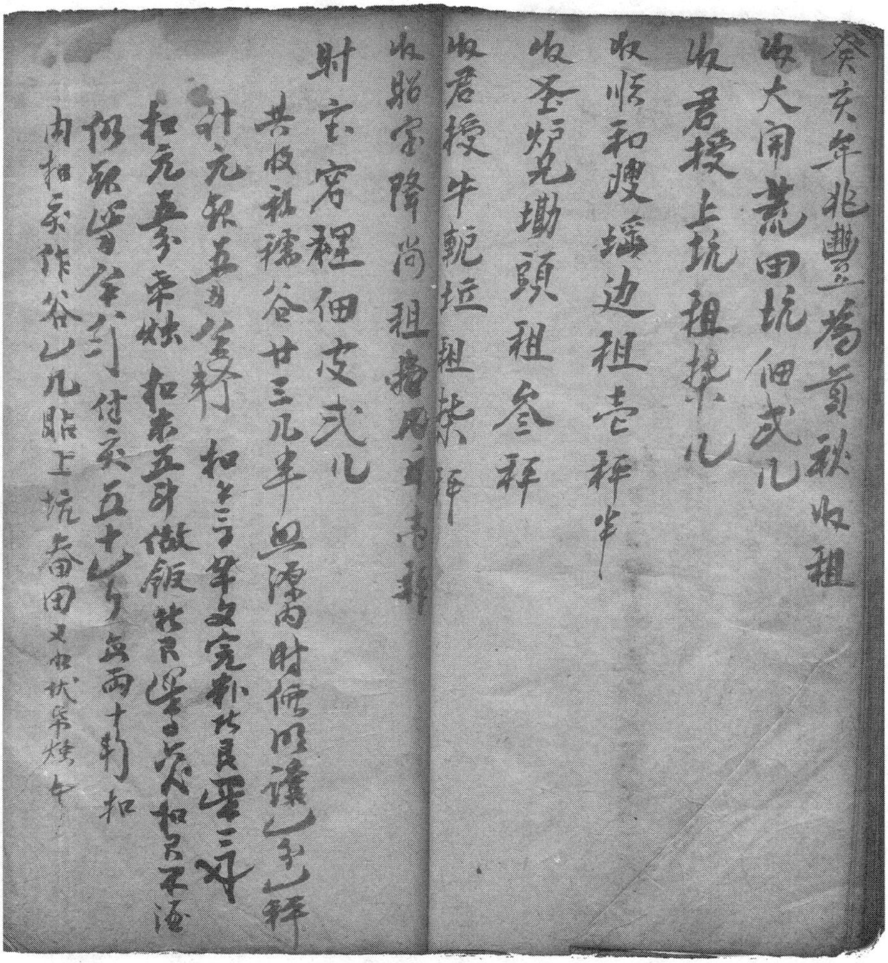

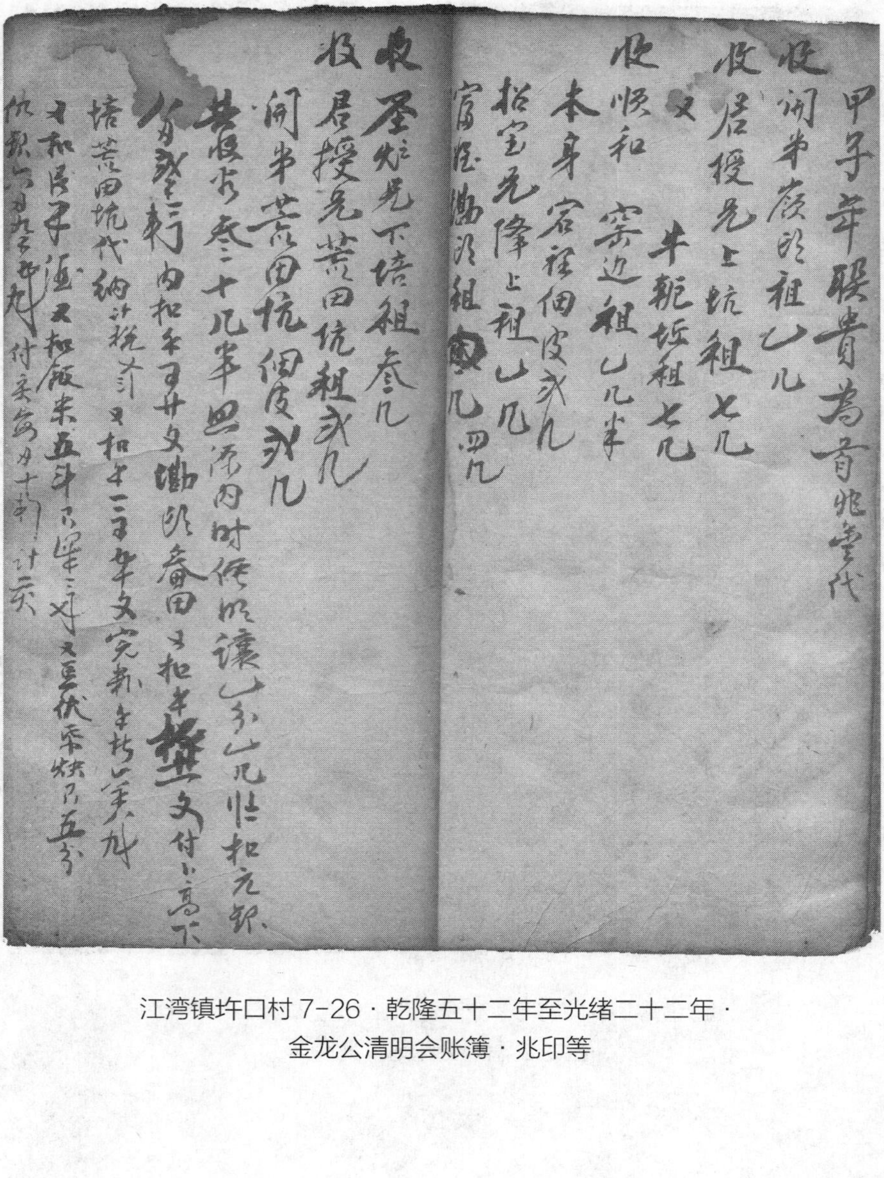

江湾镇岕口村 7-26 · 乾隆五十二年至光绪二十二年 ·
金龙公清明会账簿 · 兆印等

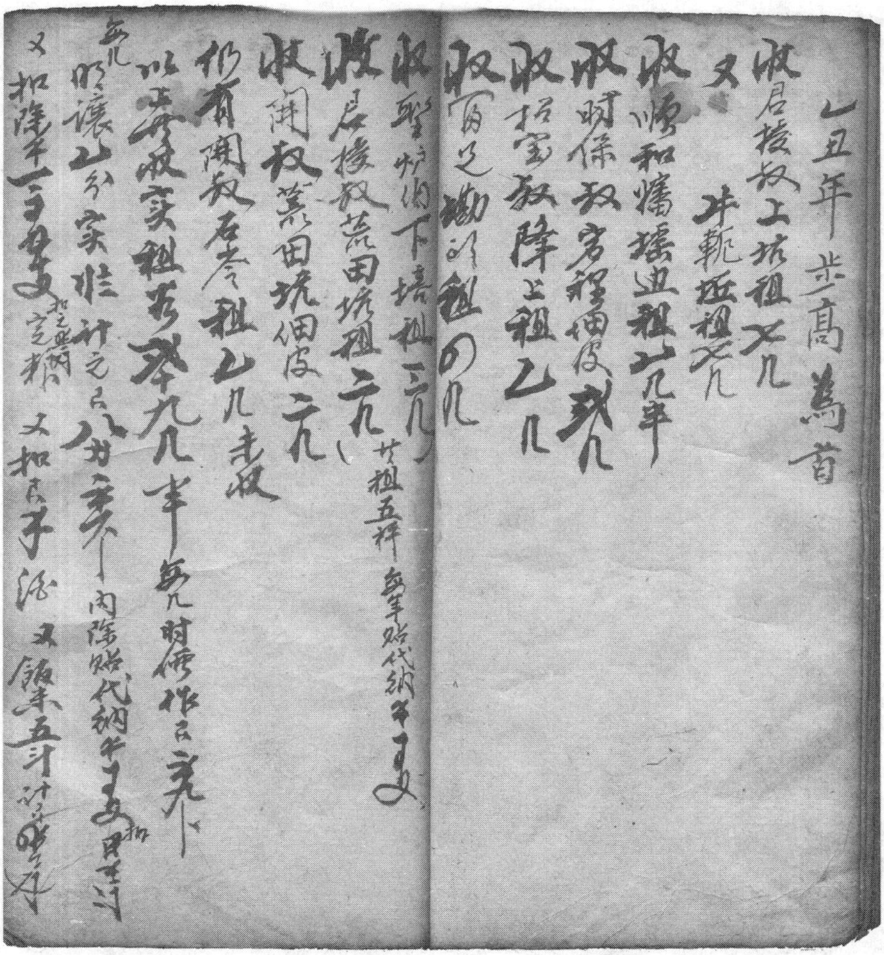
乙丑年共高為首
收居塅上坑租〤几
又 井瓶坵租〤几
收塘和墙塅边租〤几半
收时保塅房程佃皮〤几
收招宝塅降上租乙几
收窗之墈头租〤几
收坚炉下墙租〢几　艾租五秤 每年贴代纳半钱
收居塅荒田坑租〢几
收開塅荒田坑佃皮〢几
仍有開塅右垄租山几未收
以上共收实租〤九几半　每几时价作〢文
每几 明讓山分实娃 计之〢　内除贴代纳半钱
又扣降半一千钱文　又扣〢千　又领米五斗

江湾镇坍口村 7-27 · 乾隆五十二年至光绪二十二年 ·
金龙公清明会账簿 · 兆印等

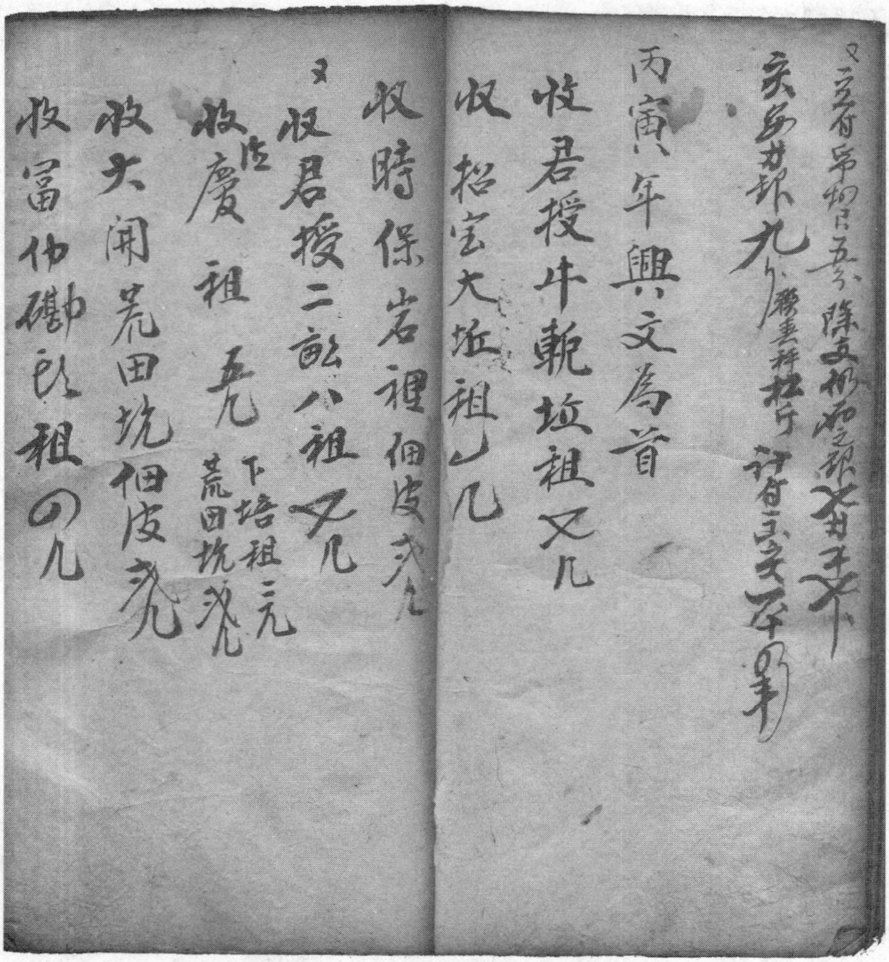

丙寅年興文為首
收君授牛軛垴祖又几
收招宝大垅祖乙几
收時保岩裡佃皮弍几
又收君授二畝八祖又几
收应慶祖五几
下培祖一元
荒田坑弍几
收大闹荒田坑佃皮弍几
收富仂衛卧祖四几

江湾镇岓口村 7-28 · 乾隆五十二年至光绪二十二年 ·
金龙公清明会账簿 · 兆印等

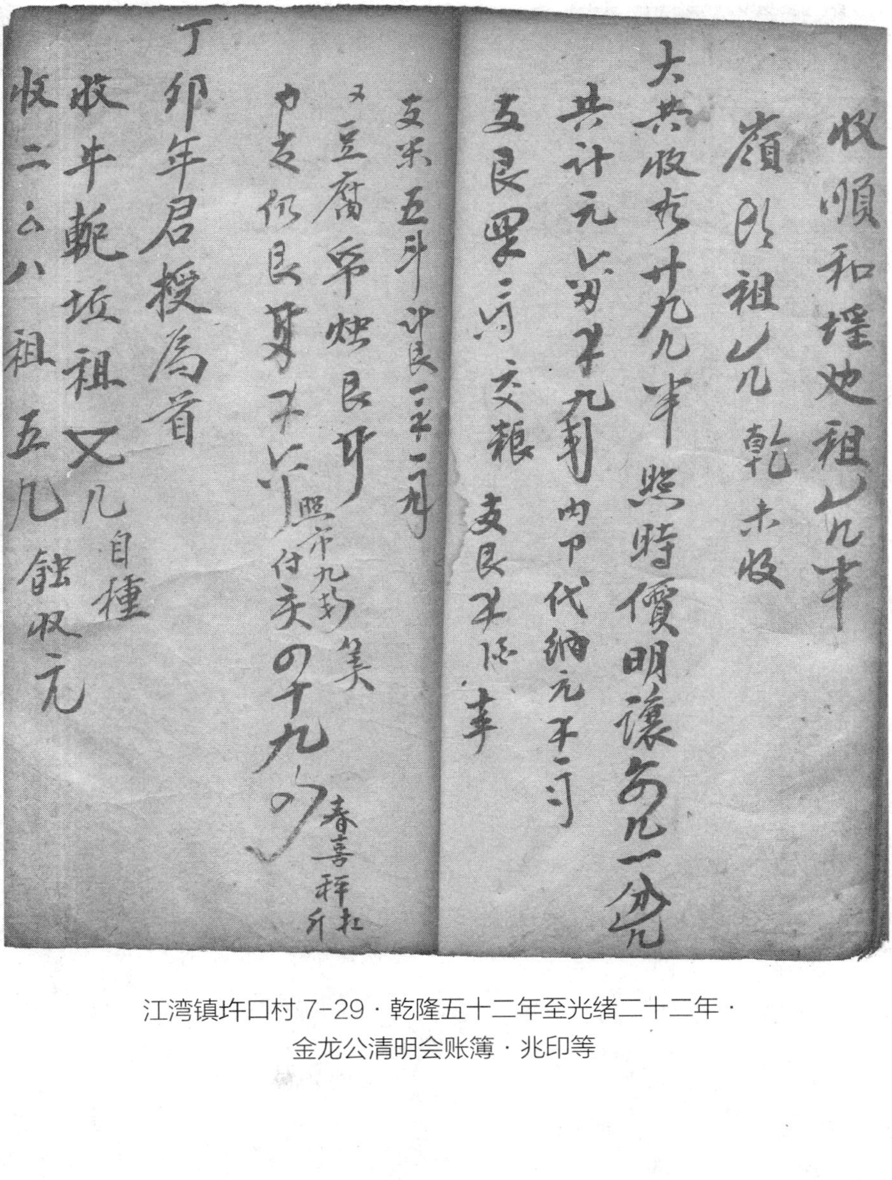

收順和堘地祖乚九半
嶺[illegible]祖乚九 乾未收
大共收谷廿九半 照時價明讓每九一[illegible]九
共计元[illegible]两半九[illegible] 内下代纳元半[illegible]
支艮[illegible]交粮 支艮半[illegible]
支米五斗 计艮一半一[illegible]
又豆腐帋烛艮[illegible]
中走[illegible]艮[illegible] 照市九[illegible]付來の十九[illegible] 春喜秤扎斤
丁卯年君授爲首
收井甎坑祖又九 自種
收二[illegible]八祖五九 餘收元

江湾镇垳口村 7-29 · 乾隆五十二年至光绪二十二年 ·
金龙公清明会账簿 · 兆印等

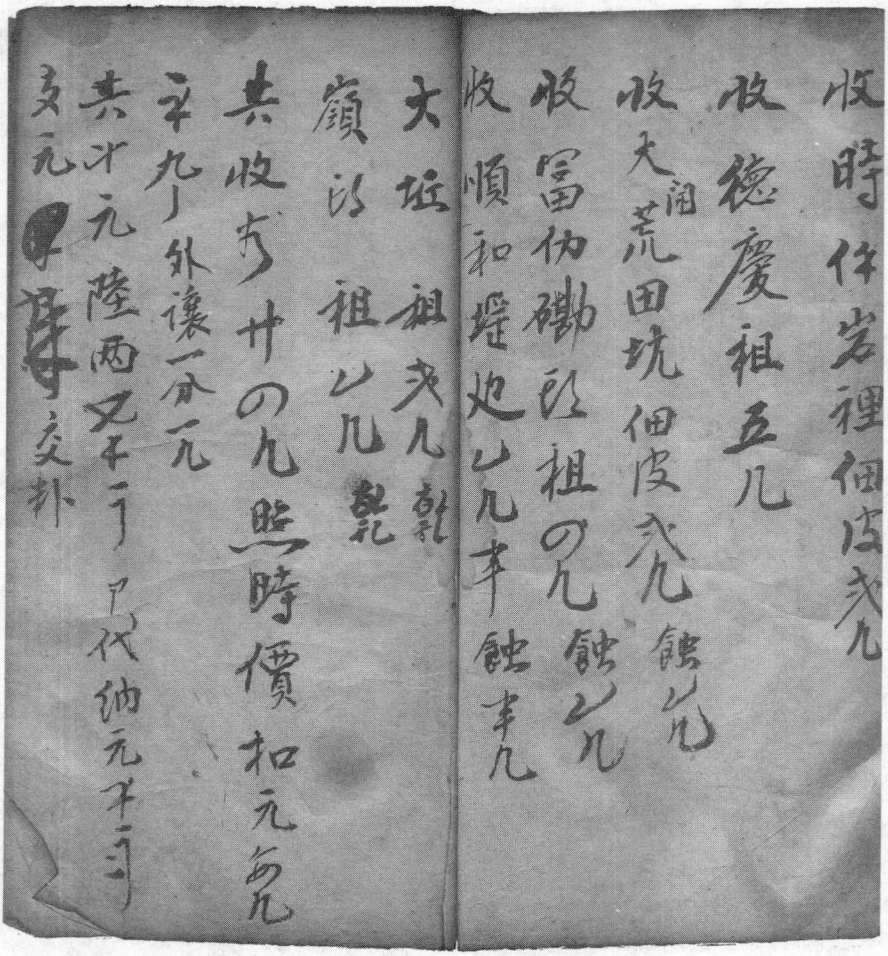

收時伴岩裡佃皮弍九
收德慶祖五几
收大閘荒田坑佃皮弍九 蝕山九
收富仂御段祖の九 蝕山九
收順和堤坨山九半 蝕半九
大坵祖弍九 乾
嶺的祖山九 乾
共收方廿の九 照時價 扣元五九
辛九丿外讓一分一九
共廿元 陸兩又半一丁 尸代納元半一
支元 尋 交卦

江湾镇圩口村 7-30 · 乾隆五十二年至光绪二十二年 ·
金龙公清明会账簿 · 兆印等

交来五斗折元壹串
豆伏禾烘平元币
仙元币共元百幸三
仍艮其翟九□付交照大鳙店币
每兩十厅半美共付密交五十文□
戊辰年天慶為首
收昜後井乾征典米七圯計米廿斗
又上坑私米七圯
收佐廷降上私米八圯
收大间荒田坑私米戥圯
收時寶叚租佃米戥圯
收清慶下塔要米四十三□計米五斗九
又荒田坑私米戥圯

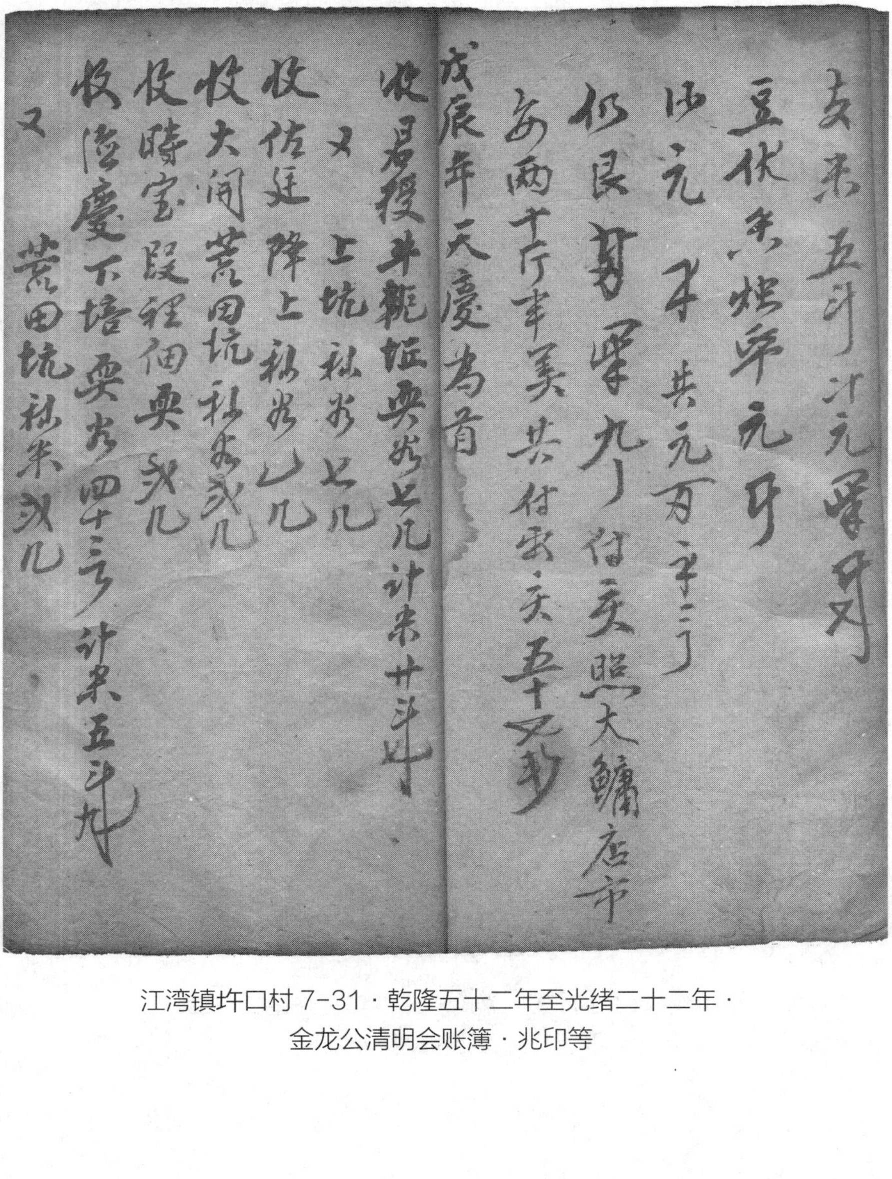

江湾镇圩口村 7-31·乾隆五十二年至光绪二十二年·
金龙公清明会账簿·兆印等

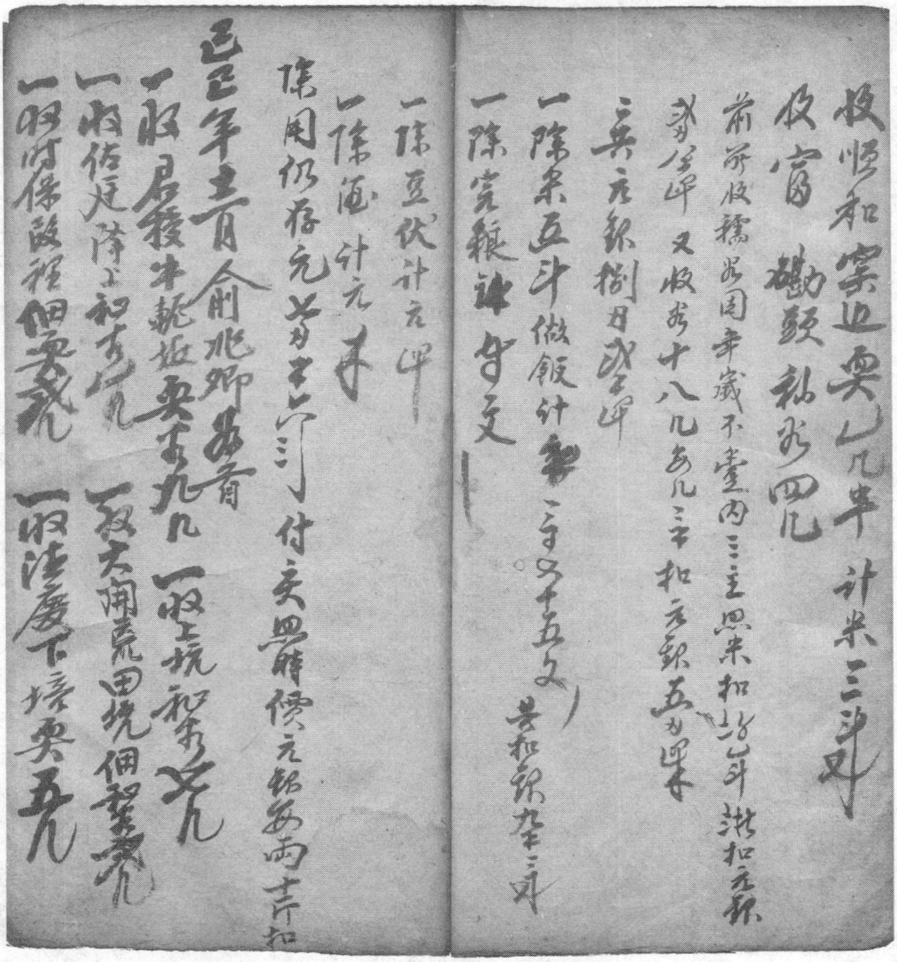

江湾镇圩口村 7-32 · 乾隆五十二年至光绪二十二年 ·
金龙公清明会账簿 · 兆印等

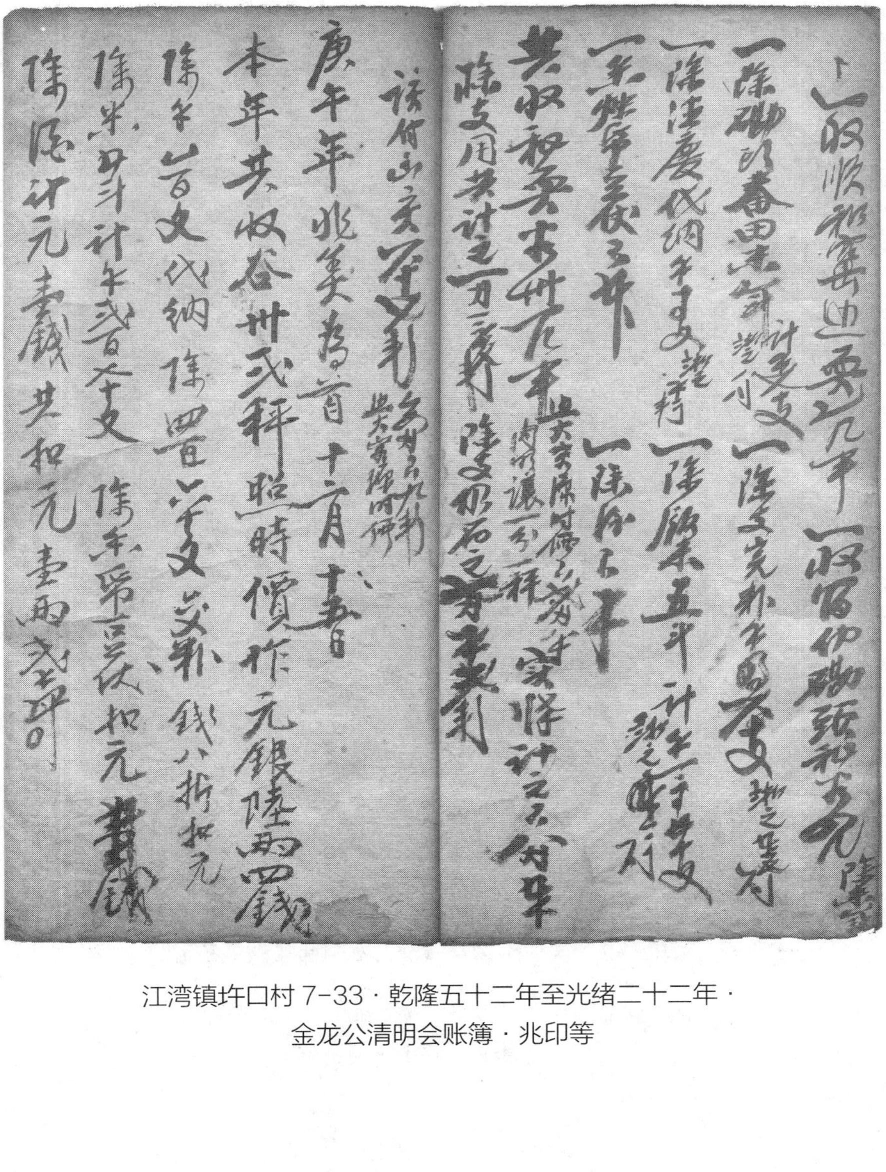
一收收租谷共五十九秤 一收[illegible]脚谷租米[illegible]元 陈[illegible]
一陈脚的春田来谷计[illegible]支 一陈文宪补年[illegible]文 钱之[illegible]付
一陈注庆代纳年[illegible]文 钱[illegible]付 一陈厥来五斗 计年[illegible]文 钱之[illegible]付
一[illegible]谷二升 一陈[illegible]斗
共收租谷[illegible]卅九秤 [illegible]一分一秤 实[illegible]计元[illegible]
除支用共计元[illegible] 除[illegible]
请付出元[illegible]
庚午年兆美为首 十二月十[illegible]日
本年共收谷卅弍秤 照时价作元银陆两四钱
除年首文代纳 除四[illegible]文 [illegible] 钱八折扣元
除米[illegible]斗计年弍百[illegible]文 除[illegible]扣元[illegible]钱
除[illegible]计元[illegible]钱 共扣元[illegible]两弍[illegible]

江湾镇岸口村 7–33 · 乾隆五十二年至光绪二十二年 ·
金龙公清明会账簿 · 兆印等

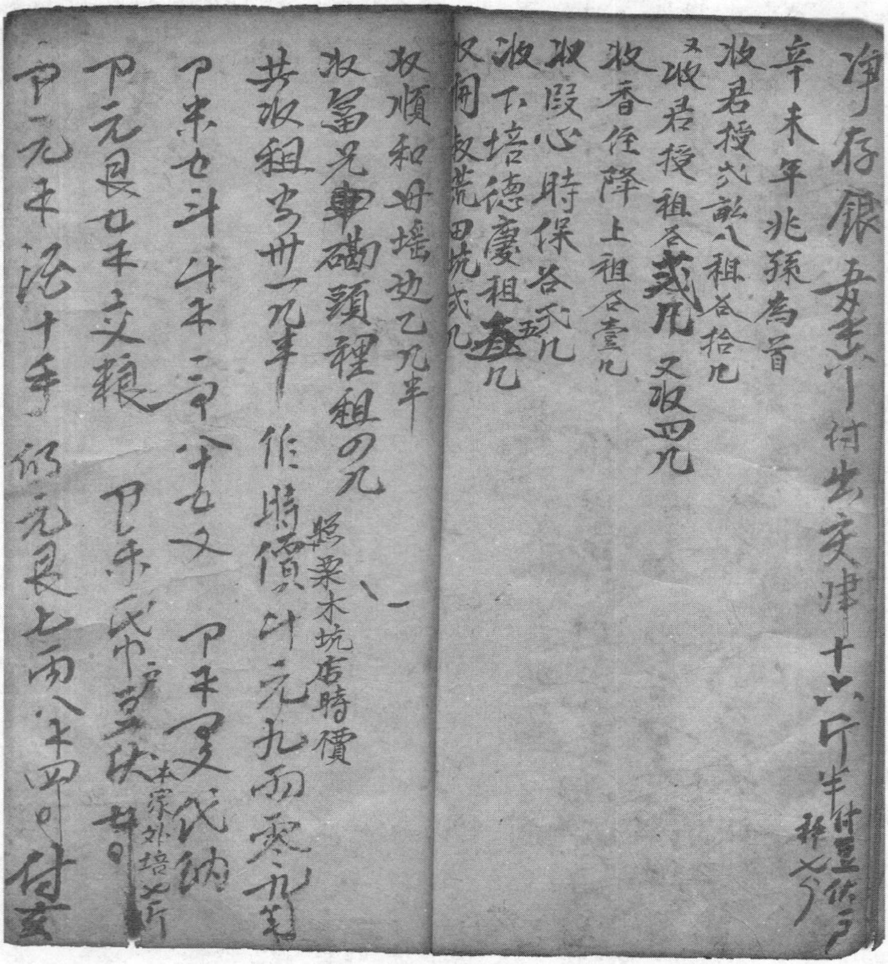

江湾镇圩口村 7-34 · 乾隆五十二年至光绪二十二年 ·

金龙公清明会账簿 · 兆印等

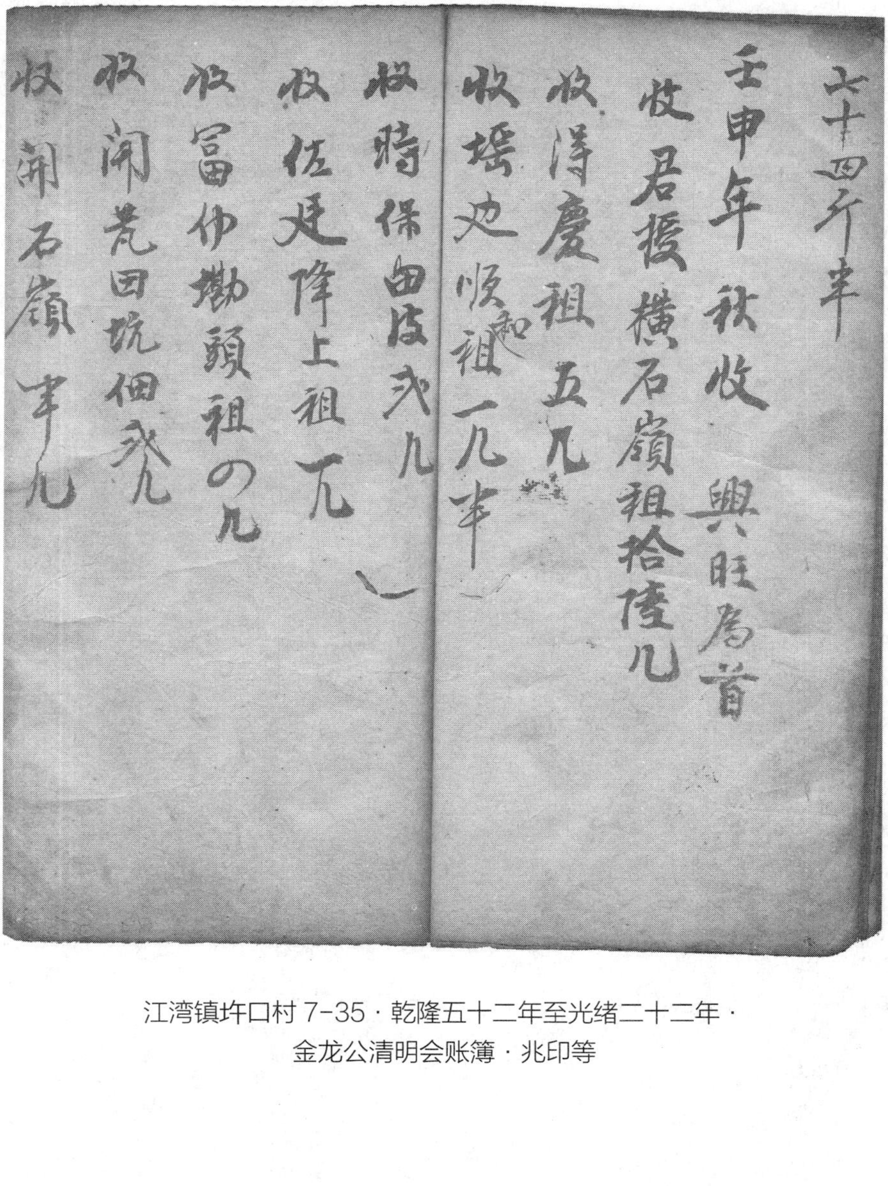

六十四斤半

壬申年 秋收 興旺為首

收君振橫石嶺租拾陸几

收湧慶租五几

收堪边順和租一几半

收騎保曲皮弍几

收佐廷降上租一几

收富仂撇頭租の几

收開荒田坑佃弍几

收開石嶺半几

江湾镇圩口村 7-35 · 乾隆五十二年至光绪二十二年 ·
金龙公清明会账簿 · 兆印等

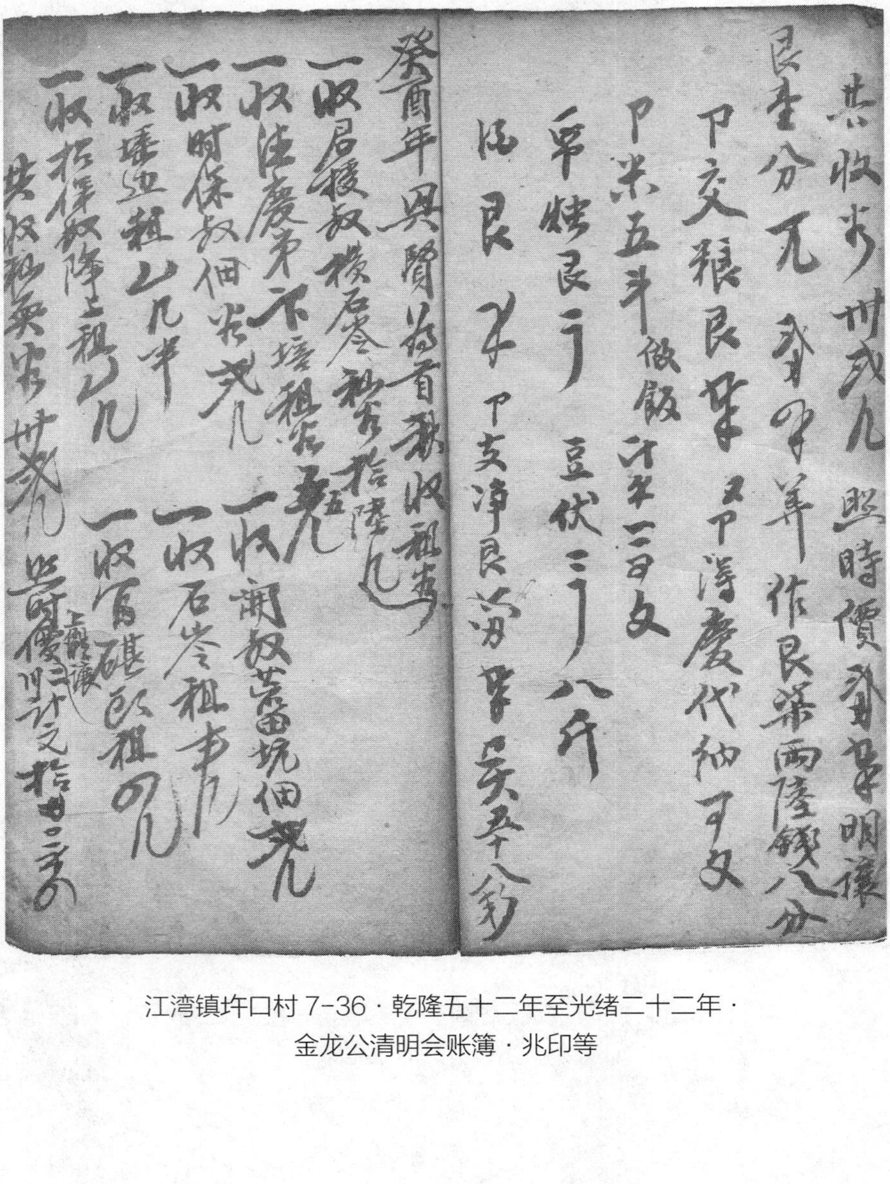

江湾镇圩口村 7-36 · 乾隆五十二年至光绪二十二年 ·
金龙公清明会账簿 · 兆印等

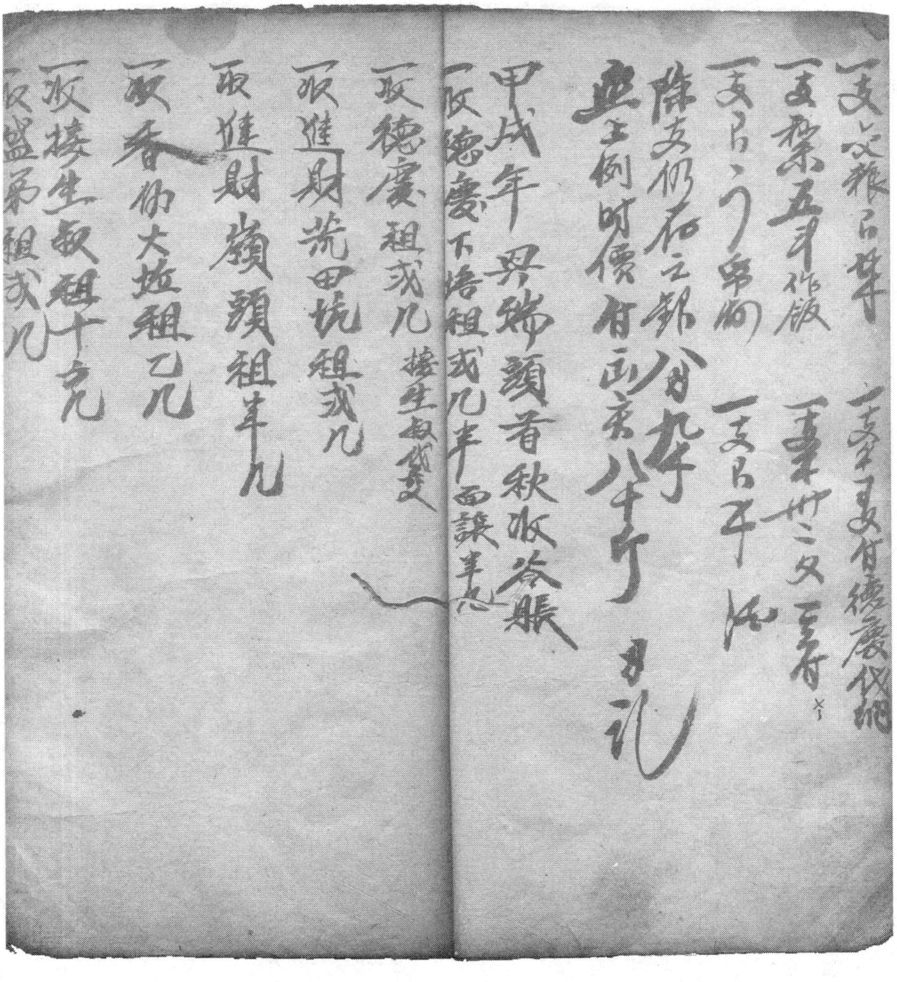

一支收粮石等　一支又支付德慶伙紙
一支架五斗作飯　一支廿二文至付
一支石六串何　一支石年紙
除支仍石二斜八斗九升
照例時價計钱八千文　且記
甲戌年界墻頭看秋收谷賬
一收德慶下塘租弍几半　西讓半几
一收德慶租弍几　接生叔代交
一收進財荒田坑租弍几
一收進財嶺頭租半几
一收香仍大坵租乙几
一收接生叔租十几
一收盛弟租弍几

江湾镇圩口村 7-37 · 乾隆五十二年至光绪二十二年 ·
金龙公清明会账簿 · 兆印等

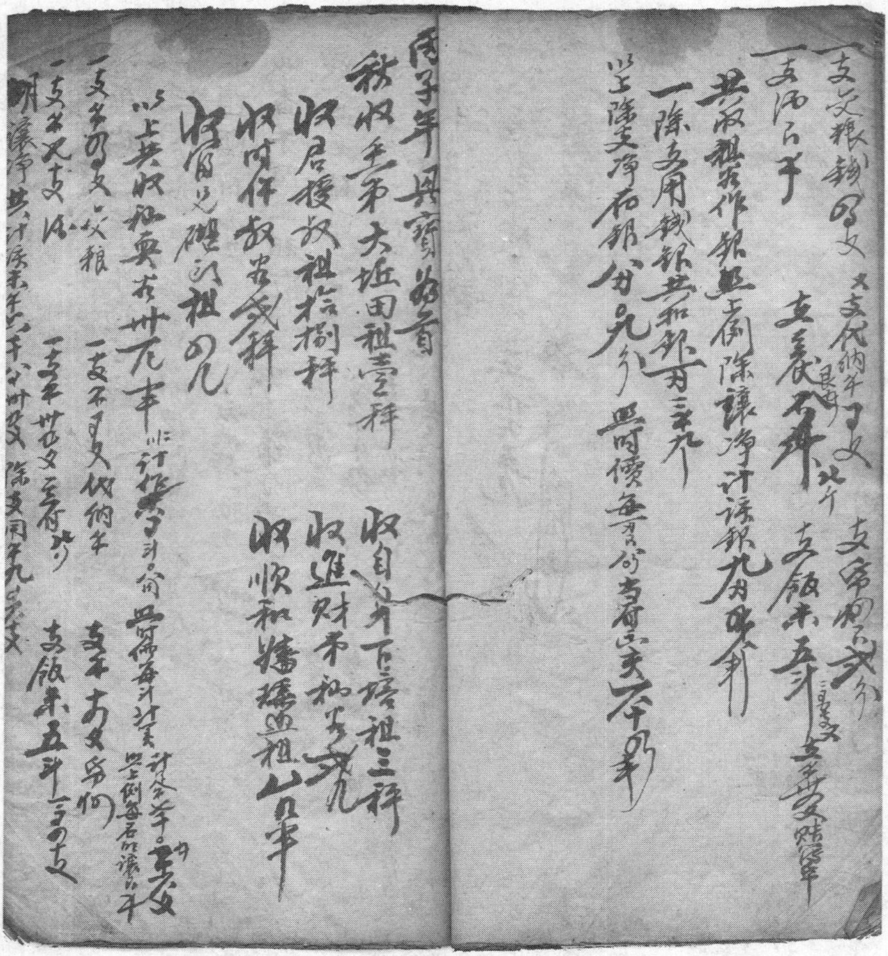

江湾镇坾口村 7–38 · 乾隆五十二年至光绪二十二年 ·
金龙公清明会账簿 · 兆印等

江湾镇圩口村 7-39 · 乾隆五十二年至光绪二十二年 · 金龙公清明会账簿 · 兆印等

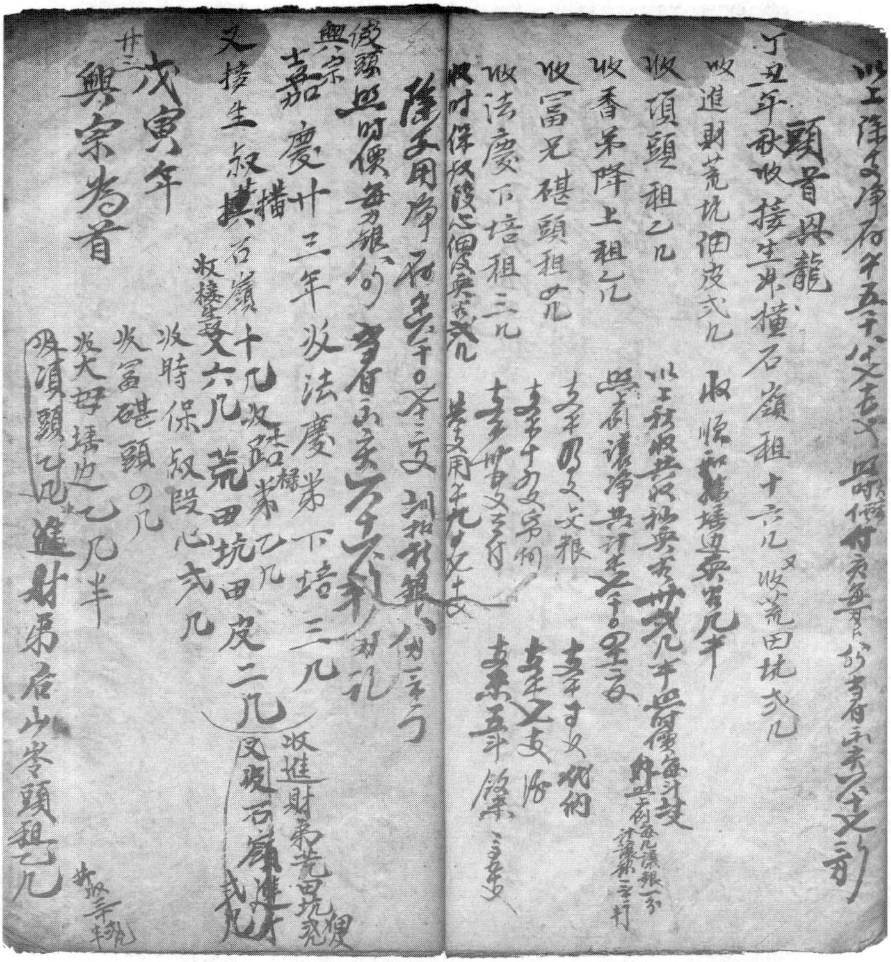

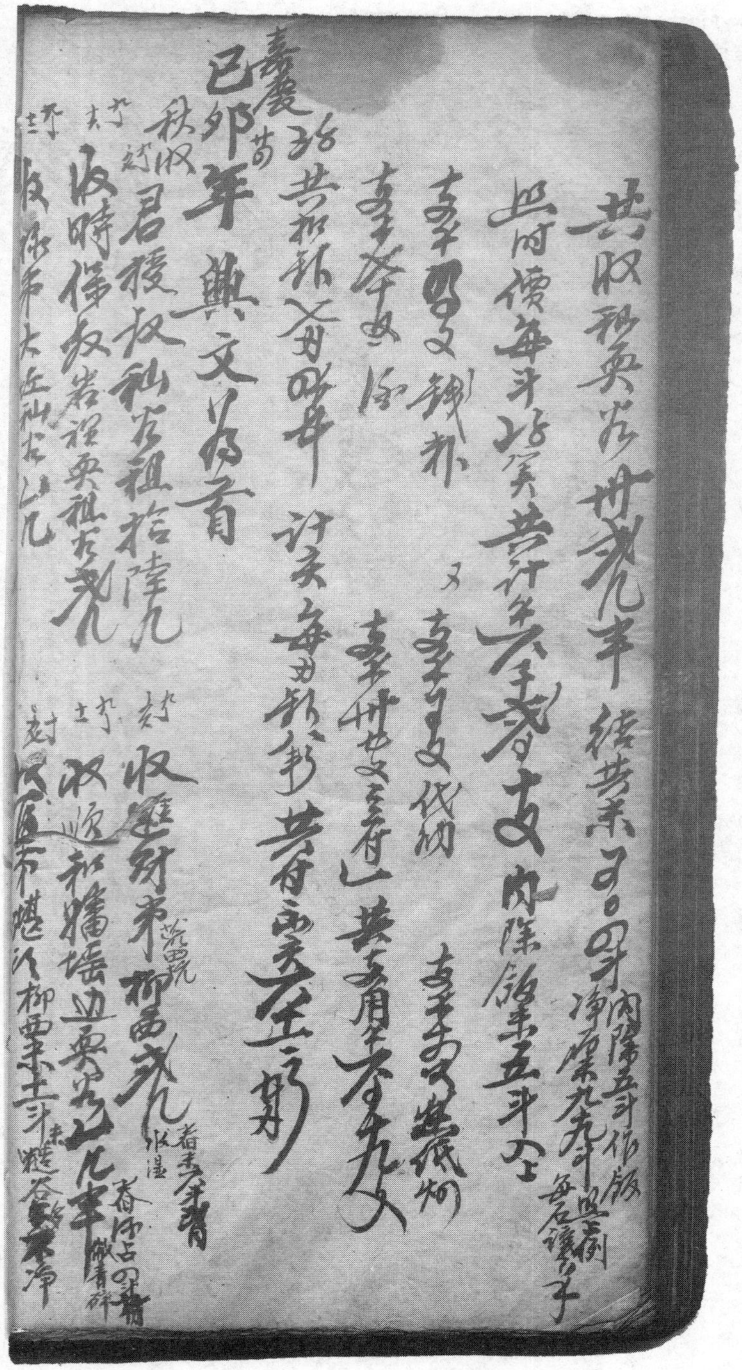

江湾镇岕口村 7-40 · 乾隆五十二年至光绪二十二年 ·
金龙公清明会账簿 · 兆印等

以上共收租谷八十贰斗五合 加春铫五合 又加完半斗 内支米五斗做饭

支钱卅五文点伏 账书粹八斤 支钱七十文酒 支钱十四文 ……支钱四百文 文粮

以上共支钱五百十九文

工共计米八十四斗 除饭米净存米七十九斗 照时價以明讓贰文半斗

共三文半 扣钱五千〇二十之文 卖照大容看粹八百文十斤 扣该卖钱七千 账书粹扣斤 内力支米每斗九文

庚辰廿五年兆印为首

收进才侄两步贰几 荒田坑

收時宝弟段租佃皮贰几

收禄侄大垅典山几

收侄麒头米四几 批米贰斗

收顺和窑边壹秤半

兆印该楮石岭祖十七几

则坑口租二几

共九文

江湾镇𡊮口村 7–41 · 乾隆五十二年至光绪二十二年 ·
金龙公清明会账簿 · 兆印等

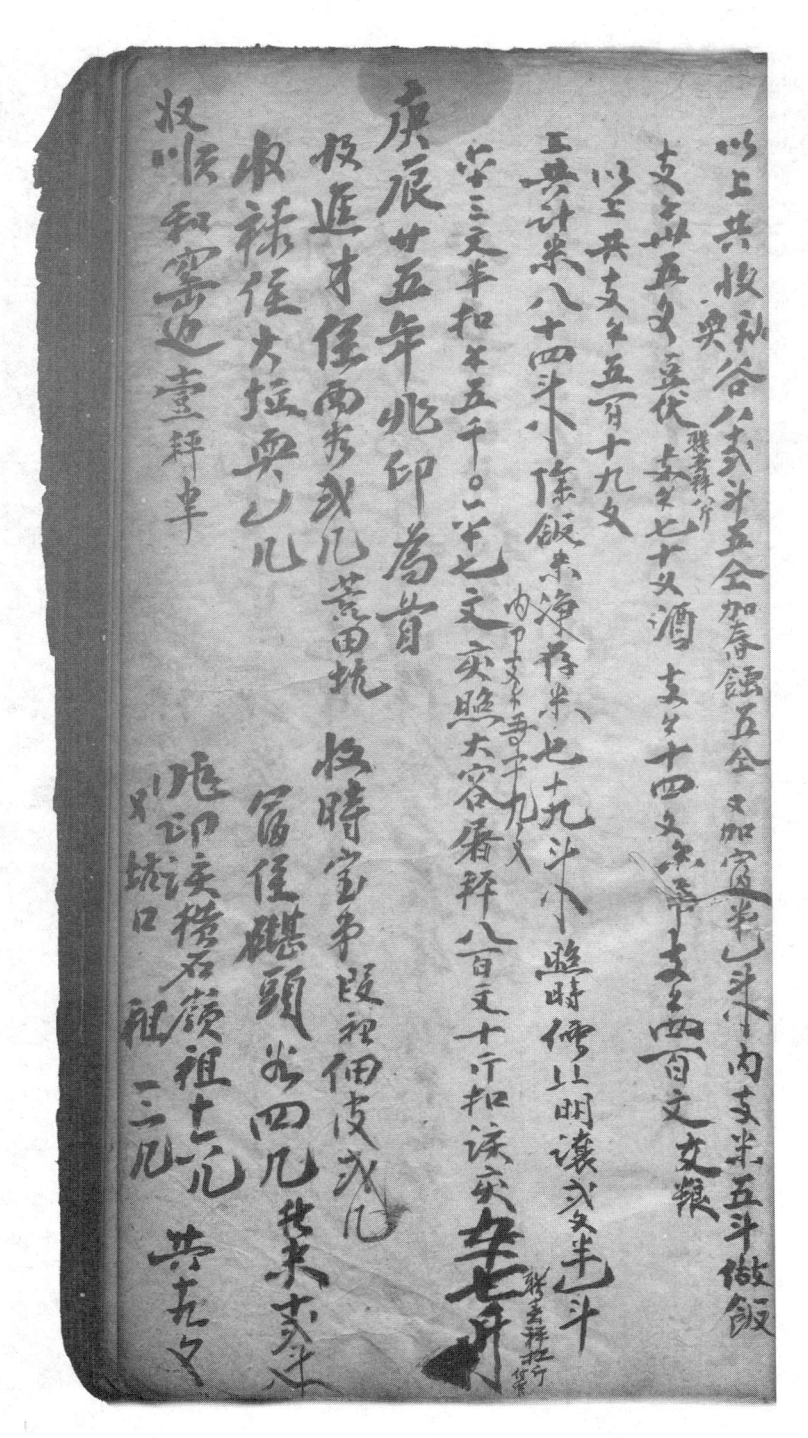

众议罩儴兴议作八折谈出十五元○斤
共收谷廿五元十五斤二斗二分和米八十六斗一斗金
外加坑口实交金租南斤此共米乙斗九分
共来八两斗内除饭米五斗仍米七九斗
八十五元一斗扣之六千文廿三文
一支乂四百文交粮五代纳之七千文
一支奉帝十○文 一支陇年文
一支至伏廿五文 東祥八斤 饭之六十了四十○文

付交七十〇斤十三刃 井文扣

江湾镇圲口村 7-42 · 乾隆五十二年至光绪二十二年 ·
金龙公清明会账簿 · 兆印等

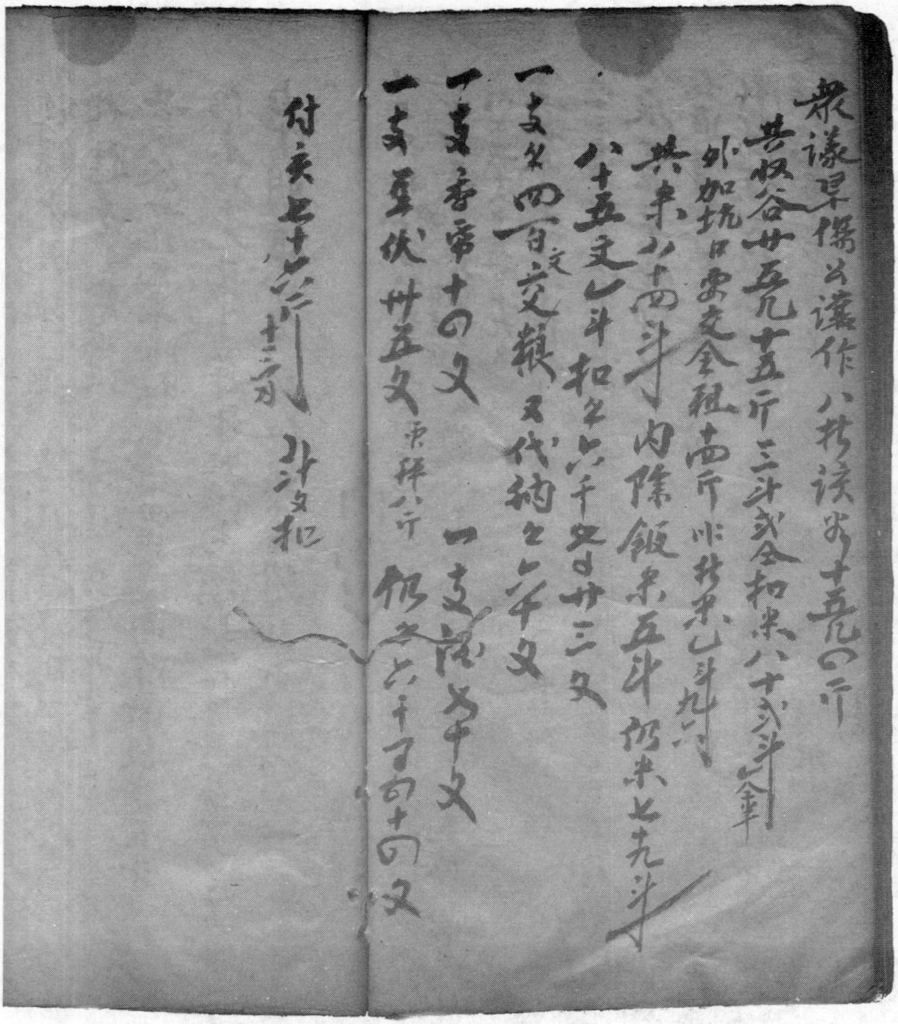

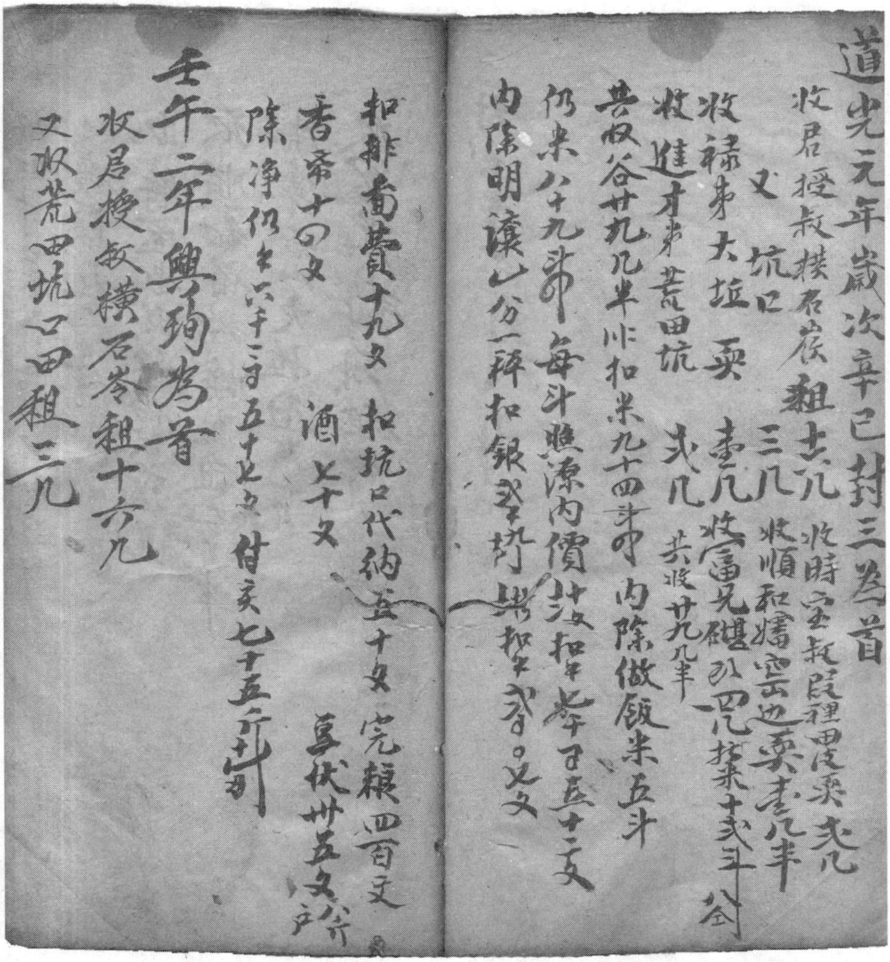
道光元年歲次辛巳封三为首
收君授叔横石嵌租十一几
收時宝叔段裡田法栗弍几
又 坑口 三几
收順和孺宝边栗壹几半
收禄弟大垭栗 壹几
收富兄碓四几 揉十弍斗 公
收進才弟荒田坑 弍几
共收廿九几半
共收谷廿九几半 作扣米九十四斗 內除做飯米五斗
仍米八十九斗 每斗照源內價卅文 扣钱二千五十二文
內除明讓山分一秤扣銀弍钱 扣钱二百〇七文
扣排畬費十九文 扣坑口代納五十文 完粮四百文
香帋十四文 酒七十文 夏伏卅五文 公户
除淨仍钱六千二百五十七文 付交七千五斤 十斤
壬午二年興珣为首
收君授叔横石嵌租十六几
又收荒田坑口田租三几

江湾镇炉口村 7-43 · 乾隆五十二年至光绪二十二年 ·
金龙公清明会账簿 · 兆印等

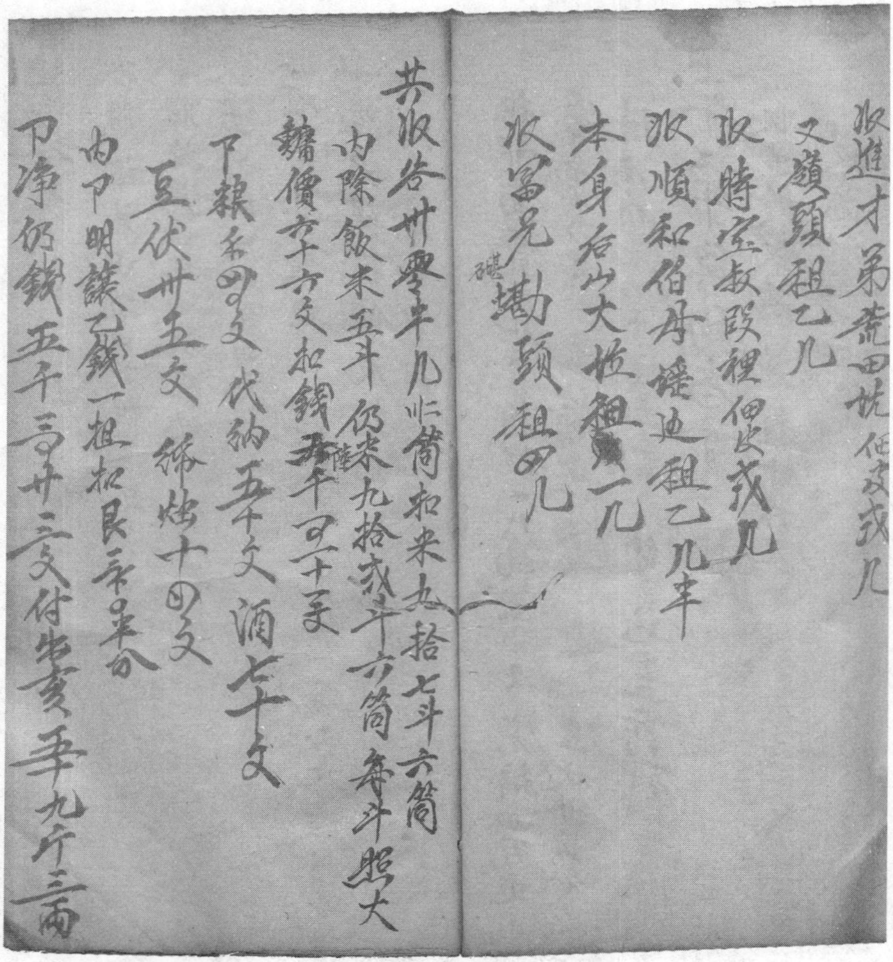

收進才弟荒田坑佃皮戎几
又嶺頭租乙几
收時宗叔毀裡佃皮戎几
收順和伯丹塍边租乙几半
本身后山大坵租一几
收富兄礁墈頭租四几

共收谷卅零半几〢筒和米九拾七斗六筒
内除飯米五斗 仍米九拾弍斗六筒 每斗照大
糶價六十六文和錢陸千一十文
下粮系四文 代納五千文 酒七十文
豆伏卅五文 綿燭十四文
内下明議乙錢一担和艮二錢五分
下淨仍錢五千三百廿三文付生貴手九斤三両

江湾镇坾口村 7-44 · 乾隆五十二年至光绪二十二年 ·
金龙公清明会账簿 · 兆印等

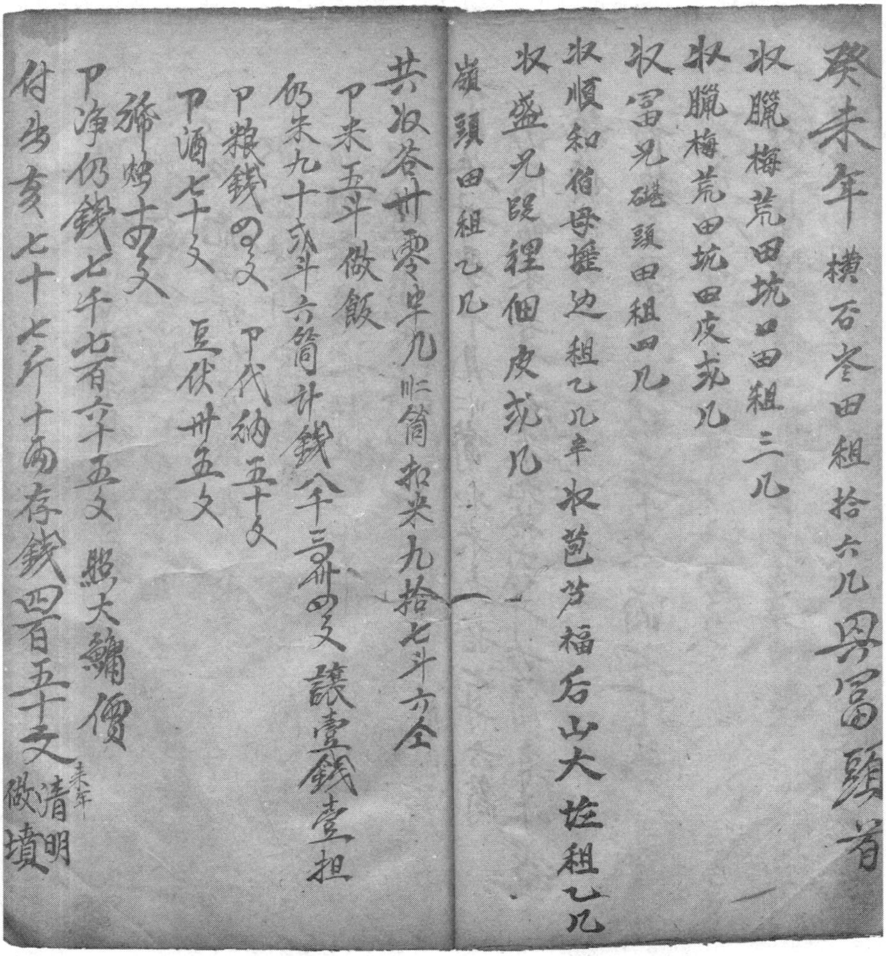
癸未年 横石坔田租拾六乂 吳富頭首
收朧梅荒田坑口田租 三乂
收朧梅荒田坑田皮弍乂
收富兄礁頭田租四乂
收順和嫂母堰边租乙乂半 收芭芦榀后山大垅租乙乂
收盛兄踶裡佃皮弍乂
嶺頭田租乙乂
共收谷卅零半乂 叱筒 扣来九拾七斗六合
卩米五斗做飯
仍米九十弍斗六筒 計錢八千三卅四文 讓壹錢壹担
卩粮錢四文 卩代納五十文
卩酒七十文 豆伏卅五文
爺燭十四文
卩净仍錢七千七百六十五文 照大鱐價
付与亥七十七斤十両 存錢四百五十文 来年 清明做墳

江湾镇坾口村 7-45 · 乾隆五十二年至光绪二十二年 ·
金龙公清明会账簿 · 兆印等

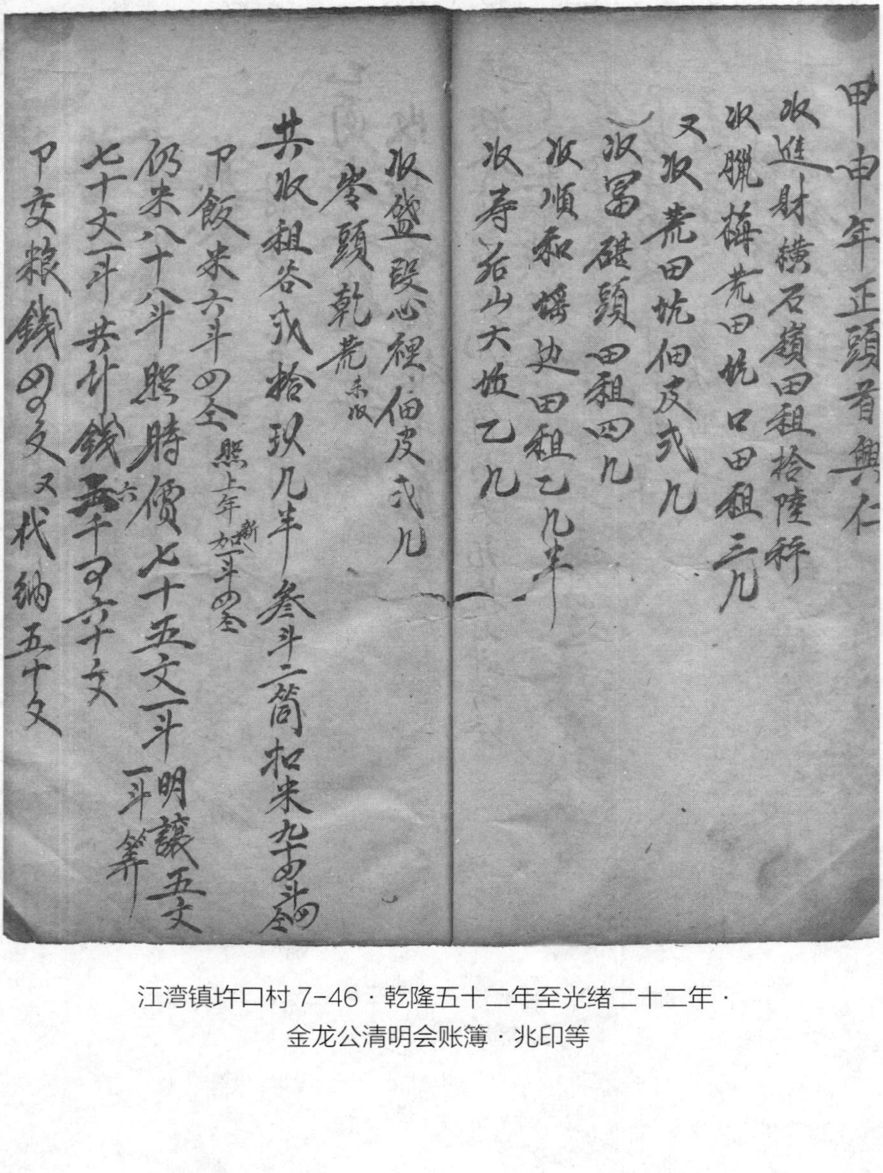
甲申年正頭首與仁
收進財墳石嶺田租拾陸秤
收朧荒田坑口田租三几
又收荒田坑佃皮弍几
收富碓頭田租四几
收順和塅边田租乙几半
收壽石山大坵乙几
收盤段心裡佃皮弍几
收嶺頭乾荒未收
共收租谷弍拾玖几半叁斗二筒和米九斗四升四合
卩飯米六斗四合照上年新加一斗四合
仍米八十八斗照時價七十五文一斗明讓五文一斗弄
七十文一斗共計錢六千四百六十文
卩交粮錢四百文又代納五十文

江湾镇坾口村 7-46・乾隆五十二年至光绪二十二年・
金龙公清明会账簿・兆印等

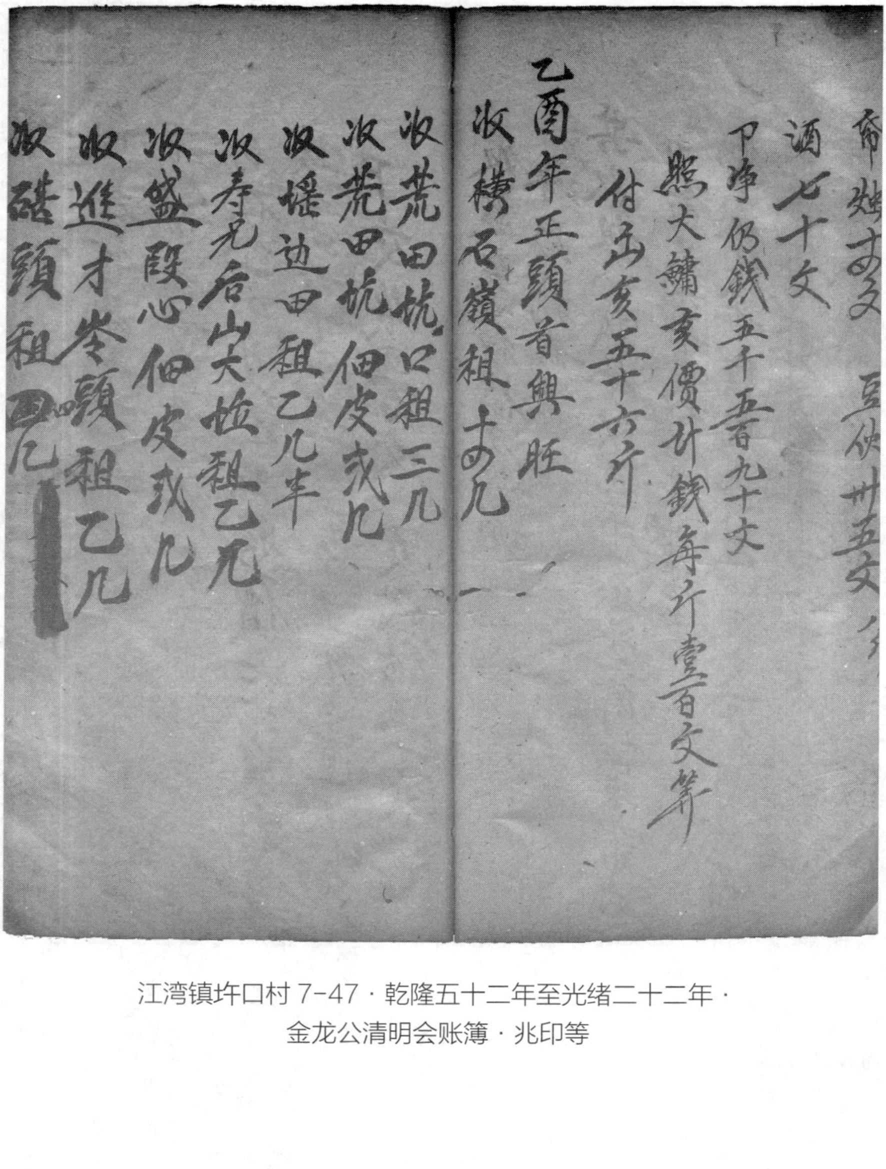

香烛廿文 豆腐廿五文
酒七十文
下净仍钱五千五百九十文
照大铺卖價計錢每斤壹百文算
付出麦五十六斤
乙酉年正頭首與旺
收横石嶺租十四几
收荒田坑口租三几
收荒田坑佃皮弍几
收墈边田租乙几半
收寿九合山尖塂租乙几
收盛段心佃皮弍几
收進才岑頭租乙几
收碓頭租四几

江湾镇垳口村 7-47 · 乾隆五十二年至光绪二十二年 ·
金龙公清明会账簿 · 兆印等

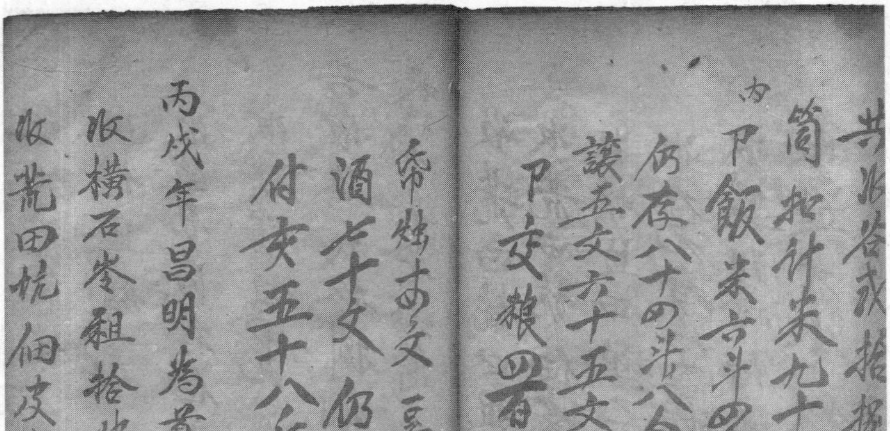

共收谷贰拾捌秤半 每九三斗贰
简扣计米九十二斗贰合
内 下饭米六斗四合做饭
仍存八十四斗八合照时价七十文 每斗
让五文六十五文一斗扣钱五千五百二十二文
下交粮四百文 又 交代纳五十文
席烛十四文 豆伏卅五文 八斤
酒七十文 仍钱四千九百四十三文
付交五十八斤十两 照时价八十四文算
丙戌年昌明为首正头
收横石冬租拾肆秤 腾梅 又收贰九
收荒田坑佃皮贰九 武 进才

江湾镇岸口村 7-48 · 乾隆五十二年至光绪二十二年 ·
金龙公清明会账簿 · 兆印等

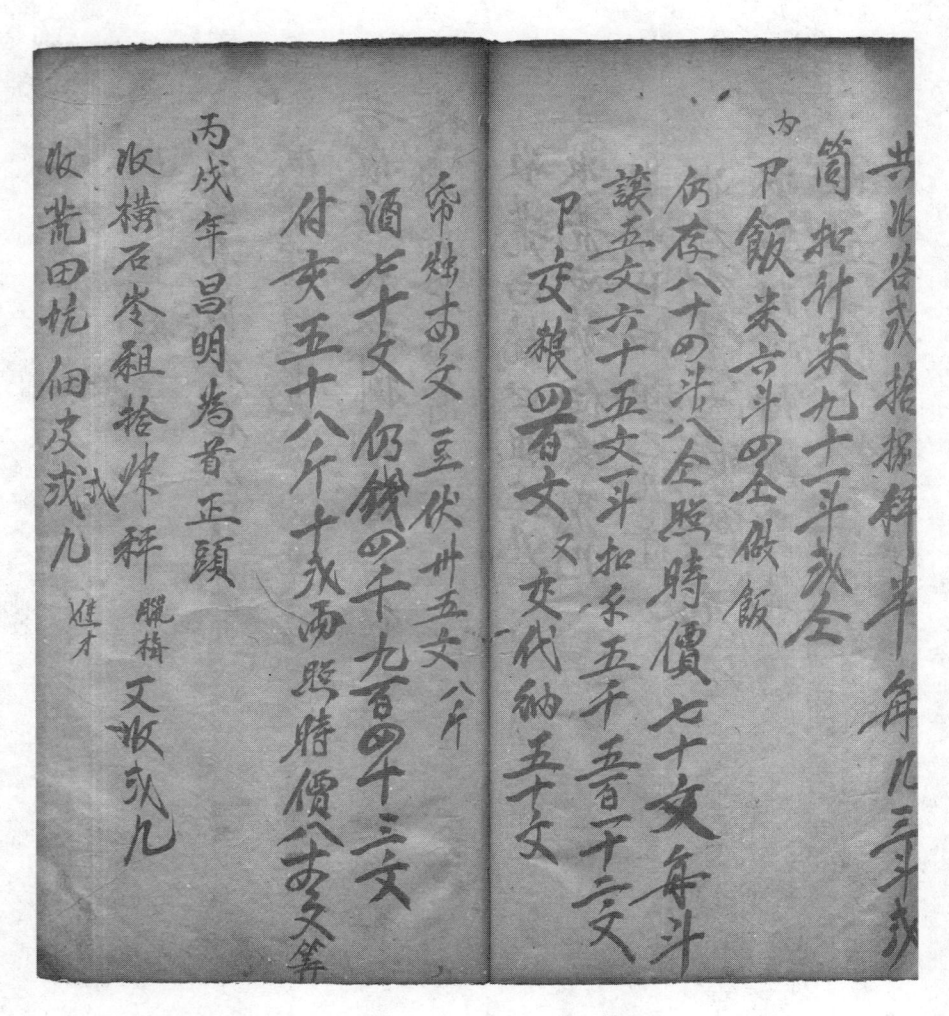

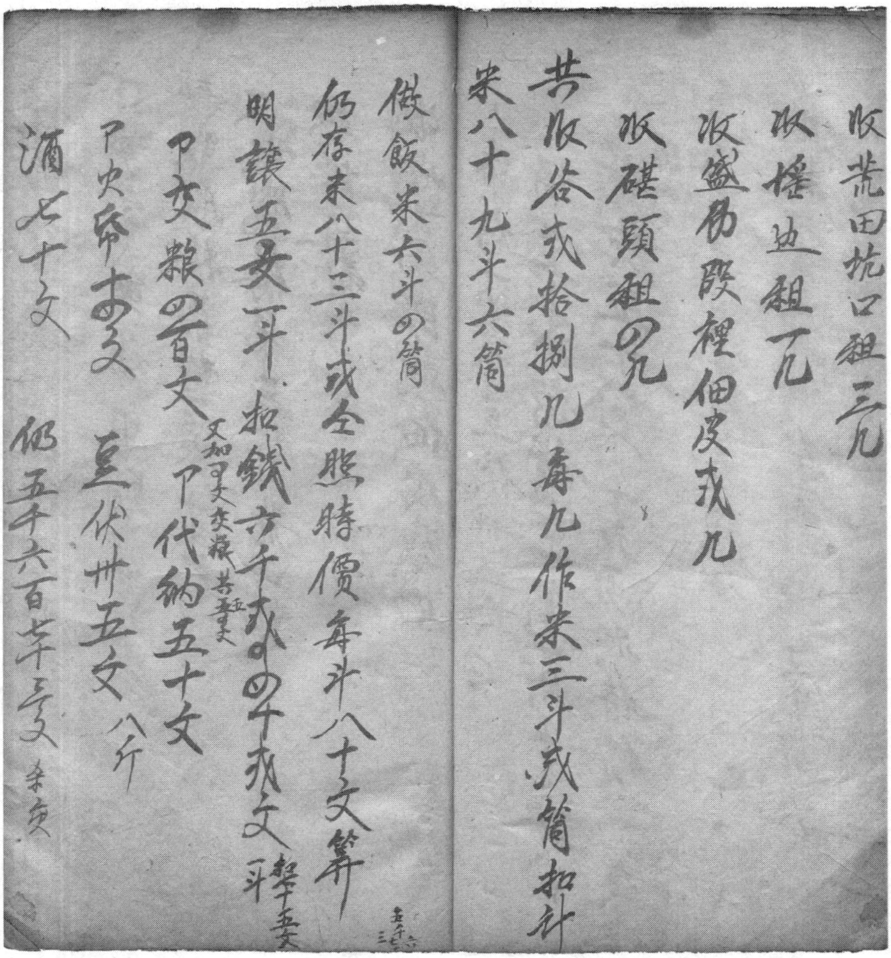

收荒田坑口租三几
收塝边租几
收盛易段里佃皮弍几
收碓頭租四几
共收谷弍拾捌几每几作米三斗弍筲扣計
米八十九斗六筲
做飯米六斗四筲
仍存米八十三斗弍仝照時價每斗八十文算
明讓五文一斗 扣錢六千弍百四十九文
付交粮四百文 又加付交粮共五百五十文
付代納五十文
付火爆十四文
豆伏卅五文 八斤
酒七十文
仍五千六百七十二文

江湾镇坾口村 7-49 · 乾隆五十二年至光绪二十二年 ·
金龙公清明会账簿 · 兆印等

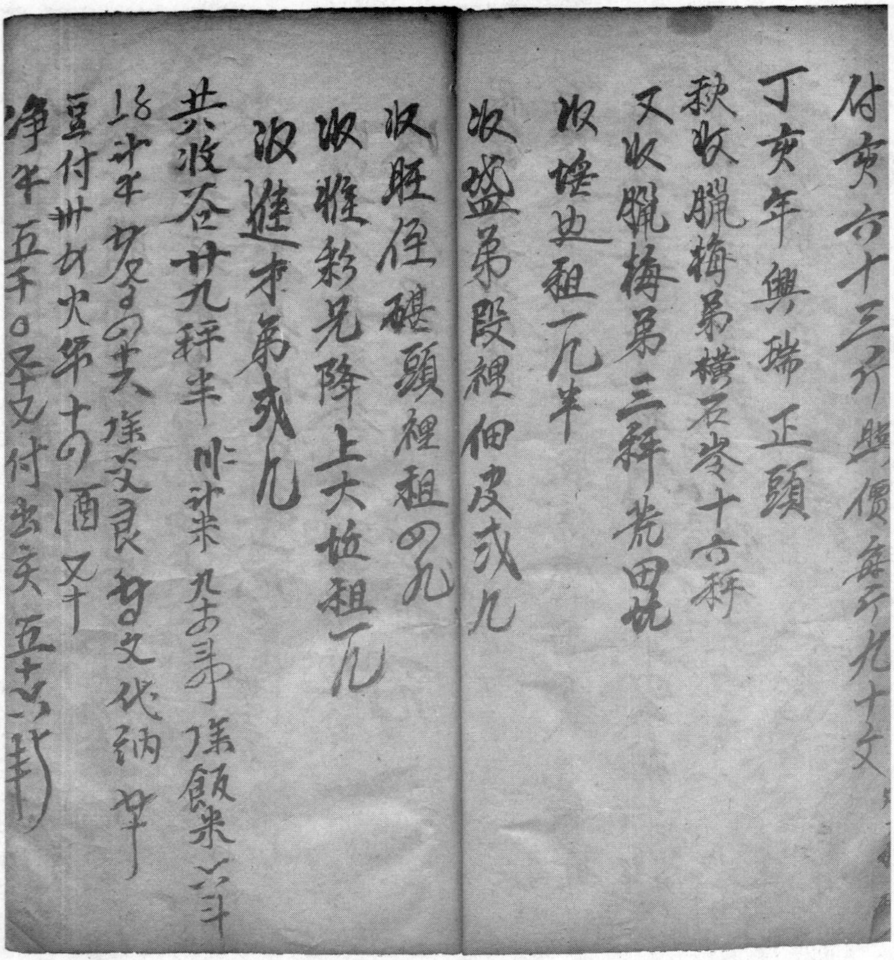

付亥六十三斤與價每斤九十文

丁亥年興瑞正頭

秋收腓梅弟橫石岑十六秤

又收腓梅弟三秤荒田坑

收塘坻租一九半

收盛弟段裡佃皮戒九

收旺侄碓頭裡租四九

收雅彩兄降上大坵租一九

收進才弟戒九

共收谷廿九秤半

18計米

豆付卅……火……十四酒

淨米五斗……付出……五十六斤

江湾镇圩口村 7-50 · 乾隆五十二年至光绪二十二年 ·
金龙公清明会账簿 · 兆印等

戊子年正頭興元

秋收朧梅弟黃石岑租共拾九秤

收進才弟荒田坑佃皮戎元

收德妻兄搖边租一九年卅三斤

收進才弟石岑上租半元

收寿兄后山大垃租元

本身叚裡租戎元

收旺径塌頭裡租四元

共收发卅九斗米九六斗 係飯来一等

站计本身养平係交良身收納早

豆付卅六火年方酒本平

净下若仟一计夫荃又莉

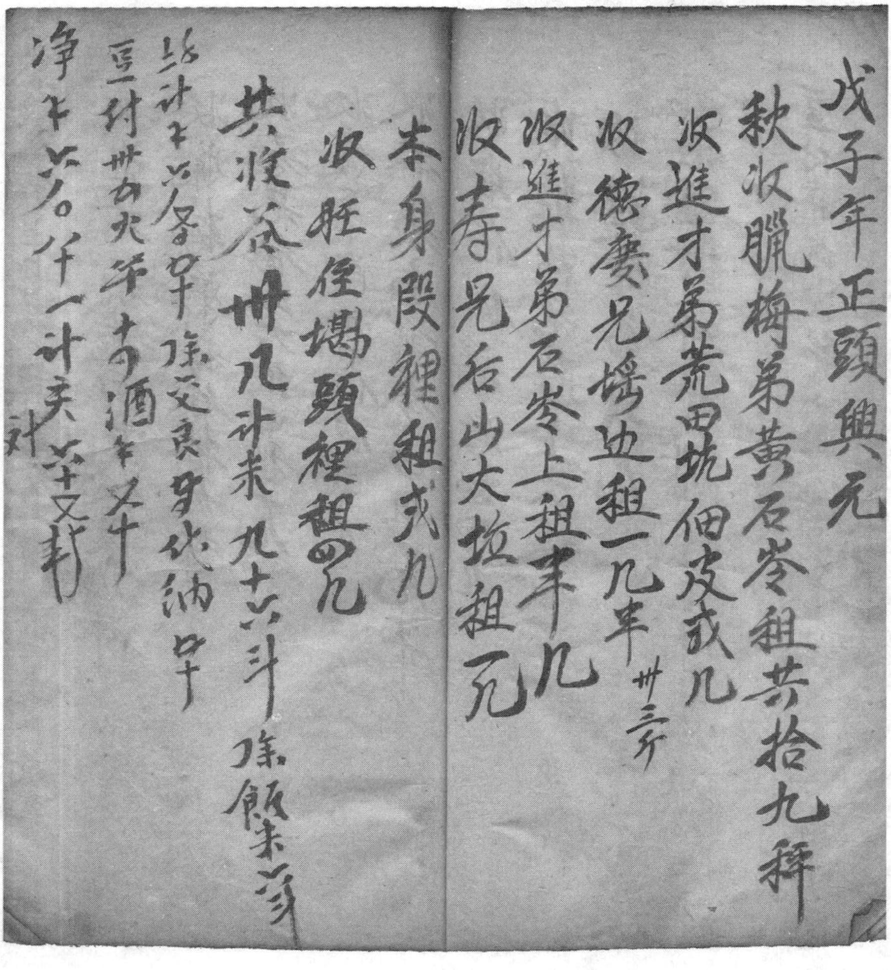

江湾镇圩口村 7-51·乾隆五十二年至光绪二十二年·
金龙公清明会账簿·兆印等

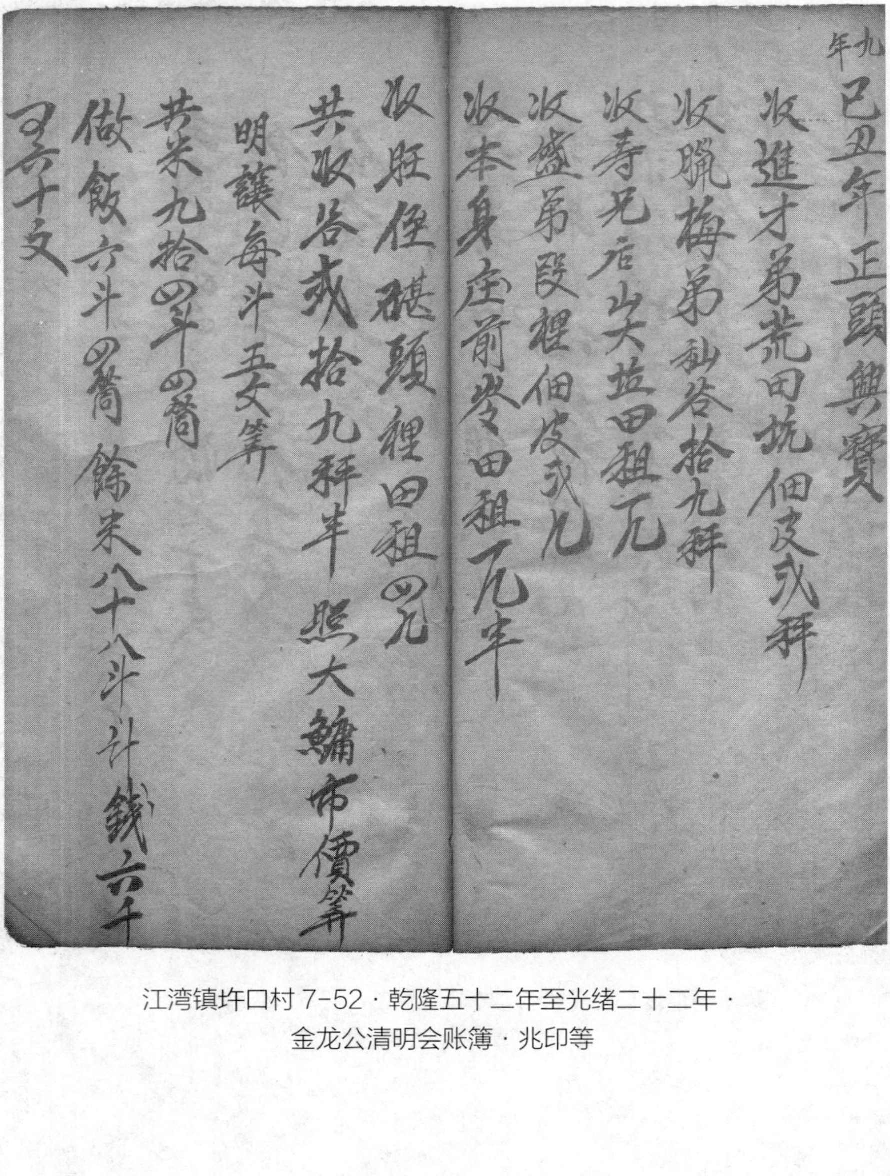
九年
己丑年正頭興寶
收進才弟荒田坑佃皮弍秤
收鵬梅弟秈谷拾九秤
收寿兄店山大垅田租兀
收盛弟段裡佃皮弍兀
收本身屋前塆田租兀半
收旺侄碓頭裡田租四兀
共收谷貳拾九秤半 照大鏞市價算
明議每斗五文算
共米九拾四斗四筒
做飯六斗四筒 餘米八十八斗 計錢六千
[illegible]六十文

江湾镇岃口村 7-52 · 乾隆五十二年至光绪二十二年 ·
金龙公清明会账簿 · 兆印等

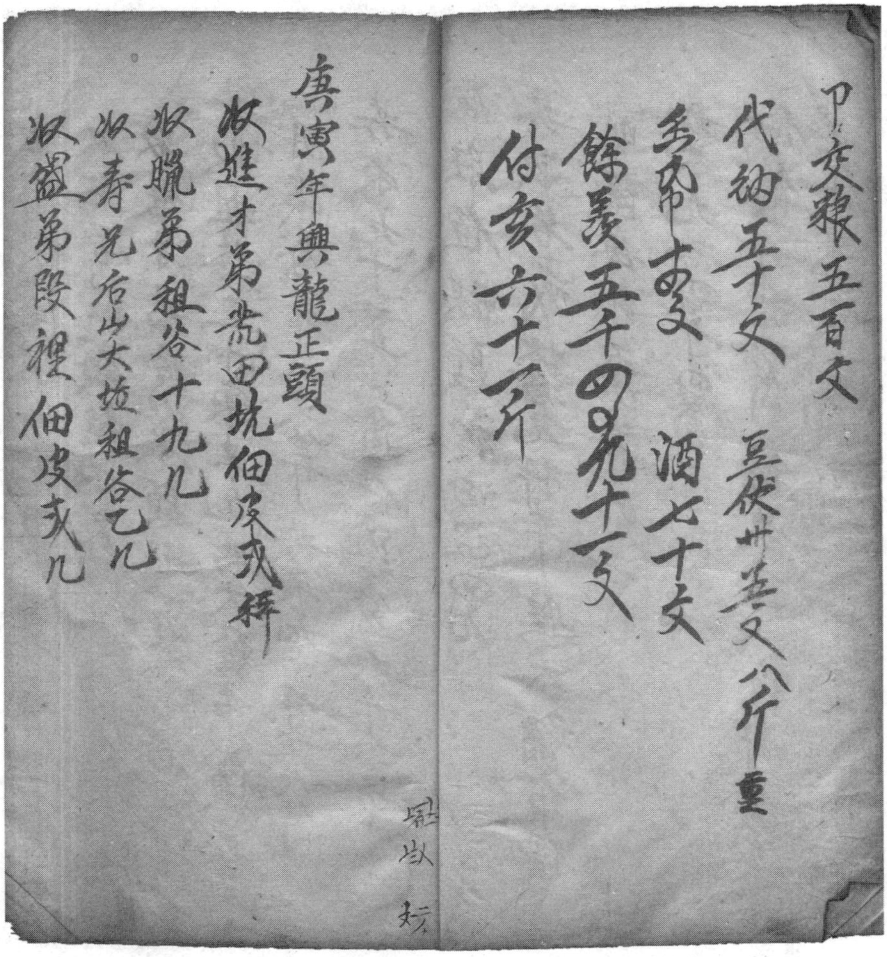
卩交粮五百文
代納五十文　豆伏卅五文八斤　董
糸布十文　酒七十文
餘羡五千四百九十一文
付亥六十一斤

庚寅年興龍正頭
收進才弟荒田坑佃皮弍秤
收朏弟租谷十九儿
收壽兄后山大埮租谷乙儿
收盛弟段裡佃皮弍儿

江湾镇坑口村 7-53 · 乾隆五十二年至光绪二十二年 ·
金龙公清明会账簿 · 兆印等

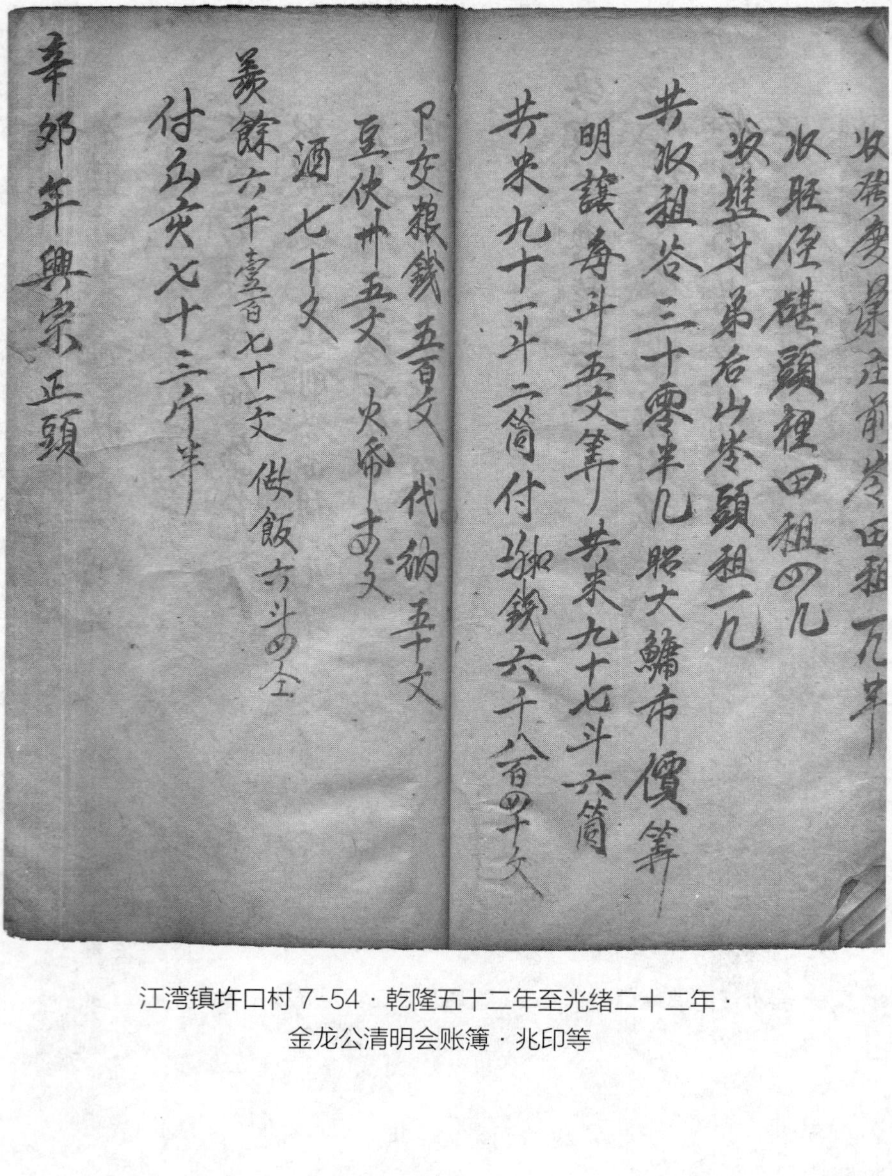
收豬麥塅庄前垄田租一几半
收旺侄樵頭裡田租四几
收進才弟后山垄頭租一几
共收租谷三十零半几 照大鏞市價算
明讓每斗五文算 共米九十七斗六筒
共米九十一斗二筒 付[illegible]錢六千八百四十文
下交粮錢五百文 代納五十文
豆腐卅五文 火帋十文
酒七十文
兼餘六千壹百七十一文 做飯六斗四仝
付石灰七十三斤半
辛卯年興宗正頭

江湾镇坾口村 7-54 · 乾隆五十二年至光绪二十二年 ·
金龙公清明会账簿 · 兆印等

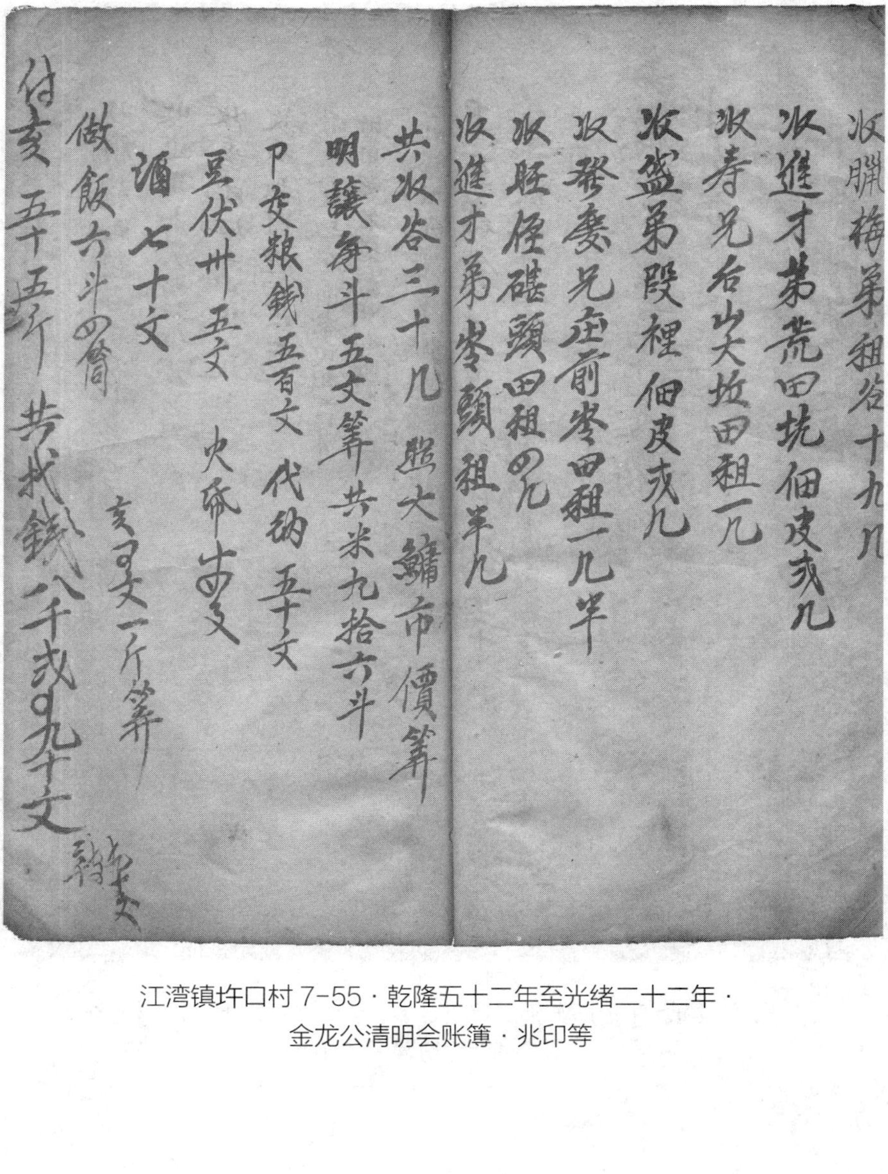
收臘梅弟租谷十九几
收進才弟荒田坑佃皮弍几
收壽兄石山尖坵田租一几
收盛弟段裡佃皮弍几
收癸奏兄庄前岑田租一几半
收旺侄礁頭田租四几
收進才弟岑頭租半几
共收谷三十几 照大鏞市價筭
明讓每斗五文筭共米九拾六斗
卩交粮錢五百文 代納五十文
豆伏卅五文 火炮廿文
酒七十文
做飯六斗四升 支肉文一斤筭
付支五千五斤 共找錢八千弍百九十文

江湾镇圩口村 7-55 · 乾隆五十二年至光绪二十二年 ·
金龙公清明会账簿 · 兆印等

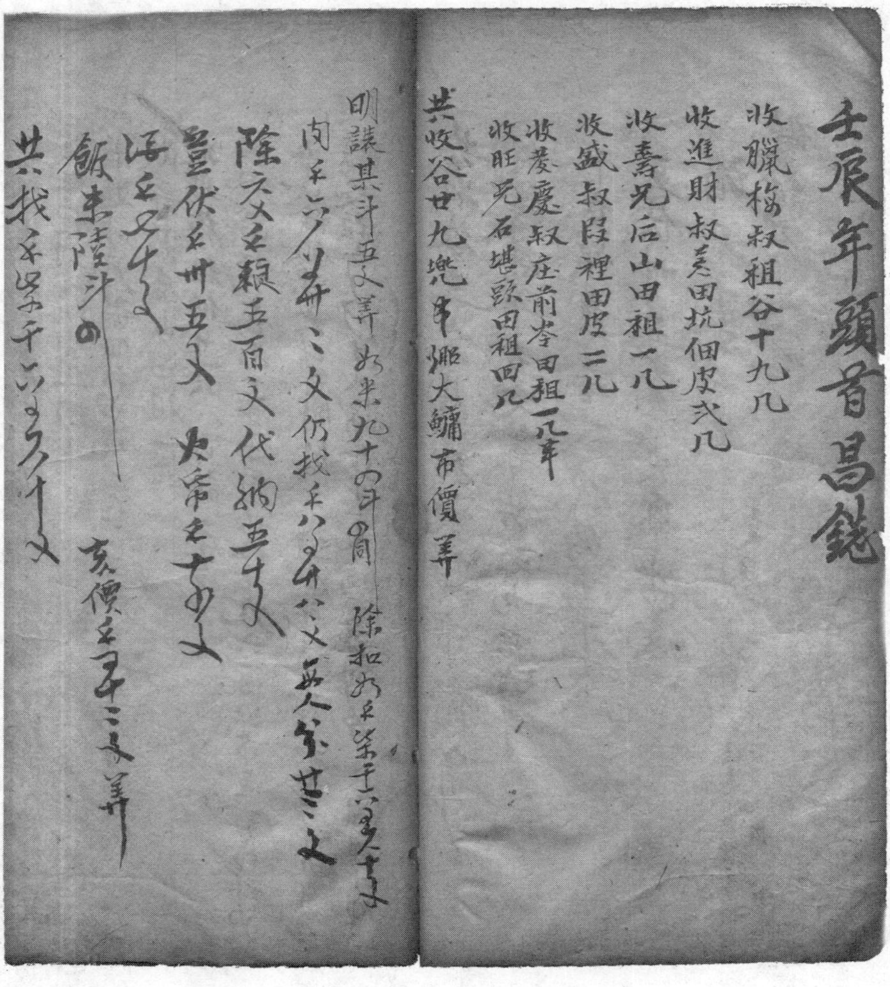

壬辰年頭首昌錢

收臘梅叔祖谷十九几

收進財叔恙田坑佃皮弍几

收壽兄后山田祖一几

收盛叔段裡田皮二几

收菱慶叔庄前岑田祖一几半

收旺兄石堪頭田祖四几

共收谷廿九兜半 糶大鏞布價算

明議其斗五文算 各米九十四斗同 除扣各[illegible]

肉钱[illegible]二文 仍找钱[illegible]文 每人分廿二文

除支钱銀五百文代納五十文

豐伏钱卅五文 火帘钱十五文

源钱五十文

飯米陸斗四

共找钱[illegible]文

支價钱[illegible]算

江湾镇�octx口村 7–56 · 乾隆五十二年至光绪二十二年 ·

金龙公清明会账簿 · 兆印等

癸巳年頭首與輝

收癸慶兄庄前嶺一几半

收旺佺堪頭田租四几　又石嶺田租半几

收進才兄荒田坑田皮二几

收壽兄后山田租一几

收臘梅祖佃廿一几　内讓二几

共收谷廿八几每几米三斗二筒共九十九六筒四市壹百文斗四錢

五文除飯米六斗四筒餘米八十三斗一二筒扣錢七千九百四十五

除交粮錢四千七文　除錢七十文　除豆腐卅四文　淨錢八千四十四文

除錢七千二百卅四文付交四錢四千六百斤半

江湾镇圩口村 7-57 · 乾隆五十二年至光绪二十二年 ·
金龙公清明会账簿 · 兆印等

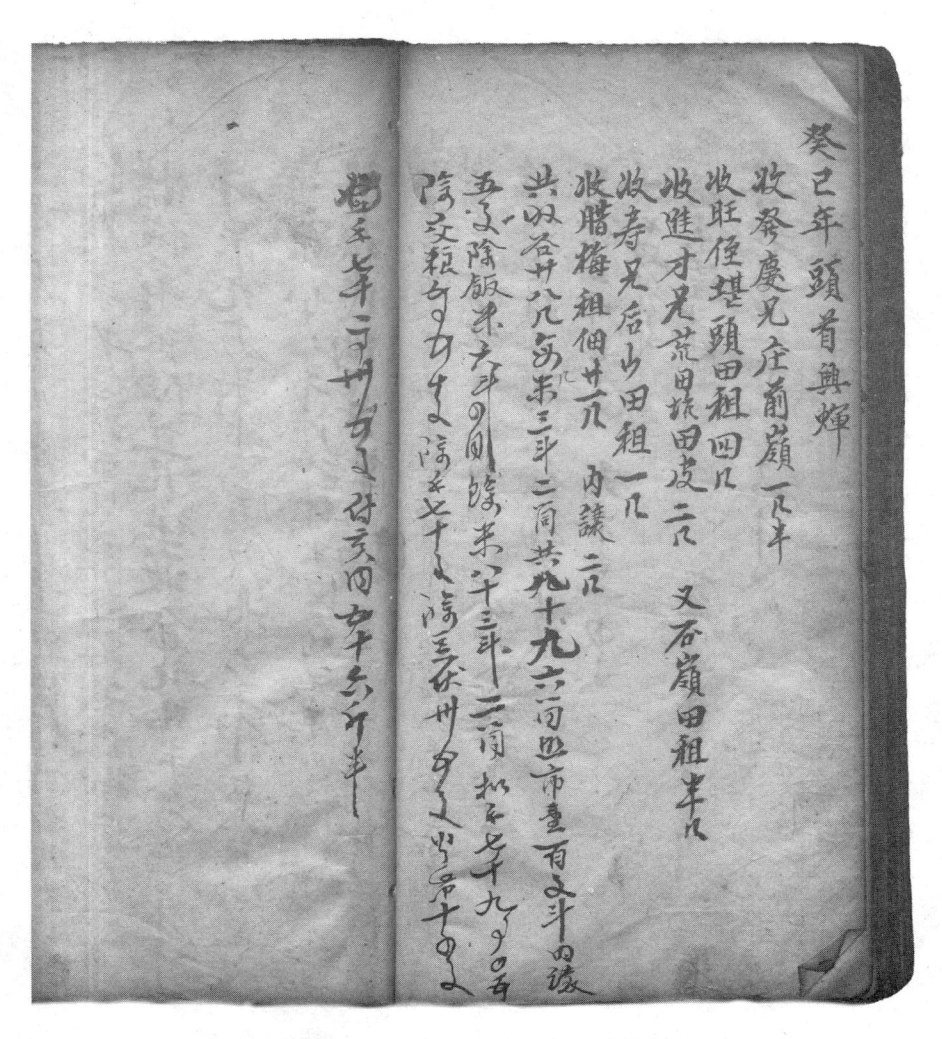

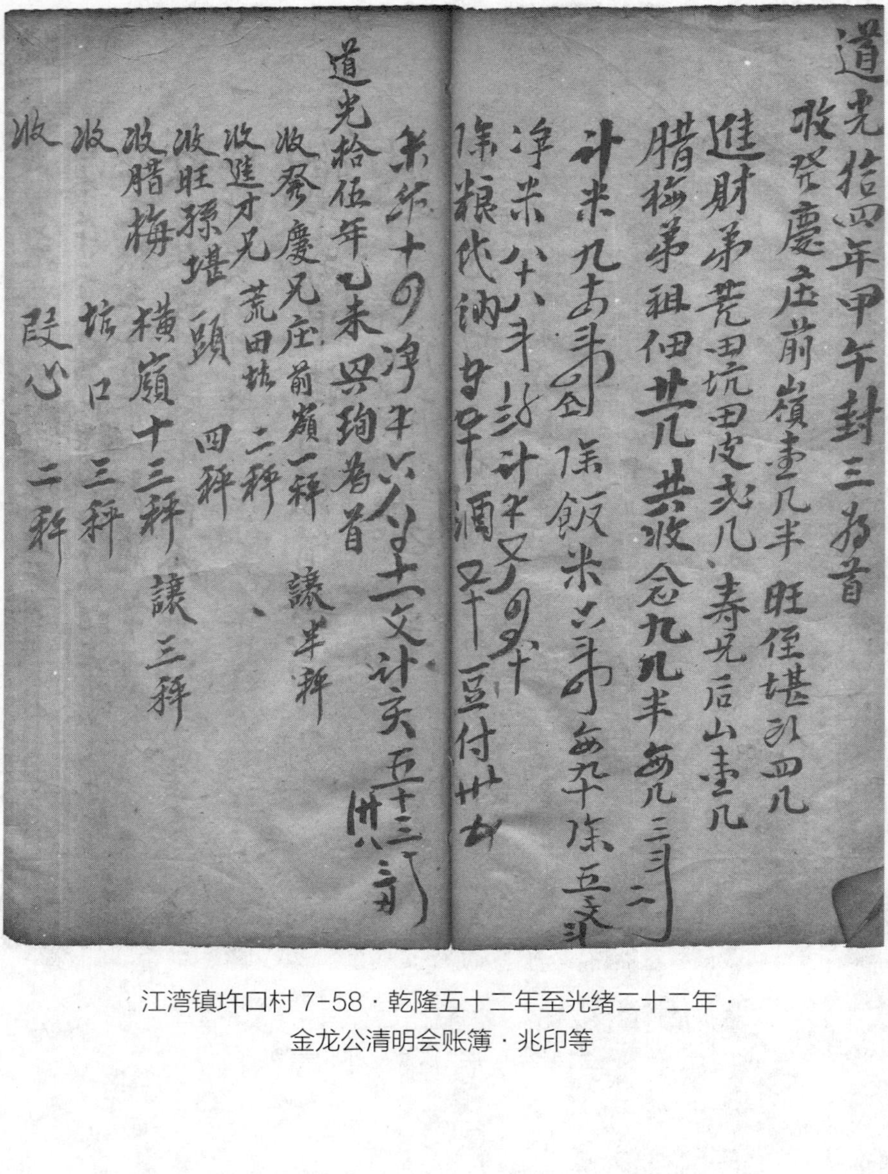

道光拾四年甲午封三房首

收癸慶庄前嶺壹几半 旺侄堪[illegible]四几

進財弟荒田坑田皮弍几、寿兄后山壹几

腊梅弟租佃廿几 共收谷九几半 每几三斗二

計米九石五斗 除飯米三斗 每石除五文

淨米八石八斗五升 計[illegible]

除粮代納[illegible]酒[illegible]豆付廿[illegible]

米价十四 淨米六石[illegible]十二文 計錢五十三[illegible]

道光拾伍年乙未 吳珣為首

收癸慶兄庄前嶺一秤 讓半秤

收進才兄荒田坑二秤、

收旺孫堪頭 四秤

收腊梅 横嶺十三秤 讓三秤

收 坑口 三秤

收 叚心 二秤

江湾镇�口村 7-58 · 乾隆五十二年至光绪二十二年 ·
金龙公清明会账簿 · 兆印等

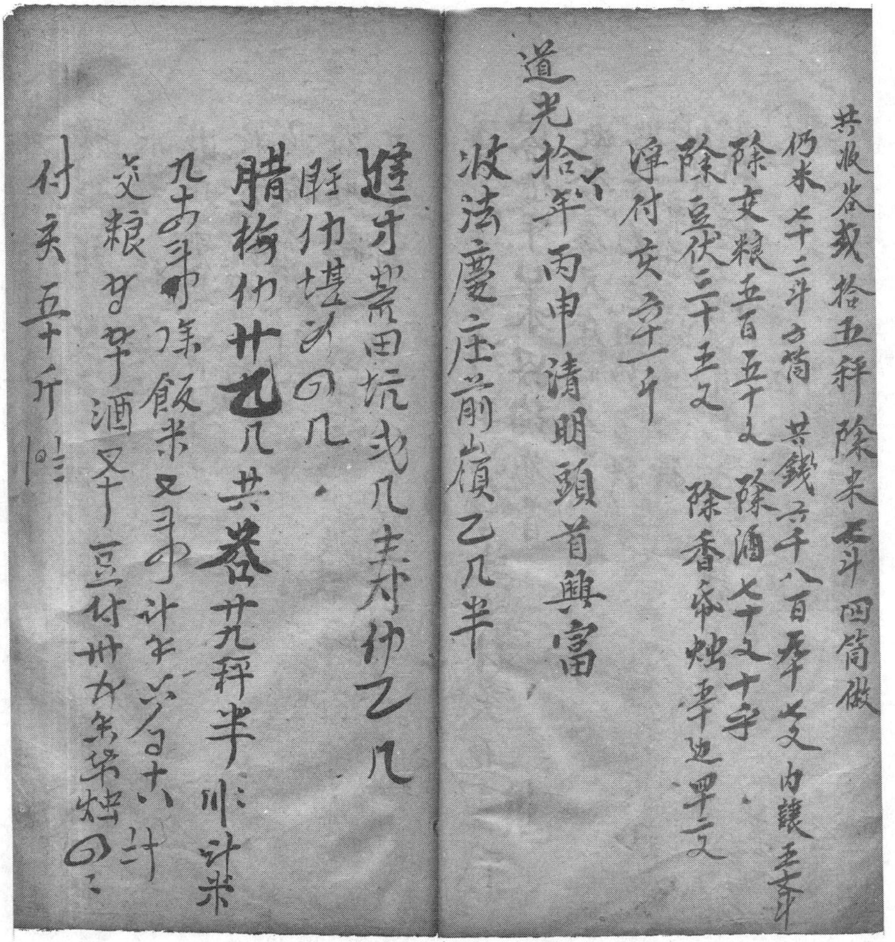

共收谷貳拾五秤 除米

仍米七斗二斗六筒 共錢六千八百零文 内讓

除安粮五百五十文 除酒七十文十字

除豆伏三十五文 除香爷烛

净付交

道光拾六年丙申清明頭首興富

收法慶庄前山嶺乙几半

進守荒田坑 未付仂乙几

旺仂堪

腊梅仂廿九几 共

交粮 酒

付交五斤

江湾镇坾口村 7–59 · 乾隆五十二年至光绪二十二年 ·
金龙公清明会账簿 · 兆印等

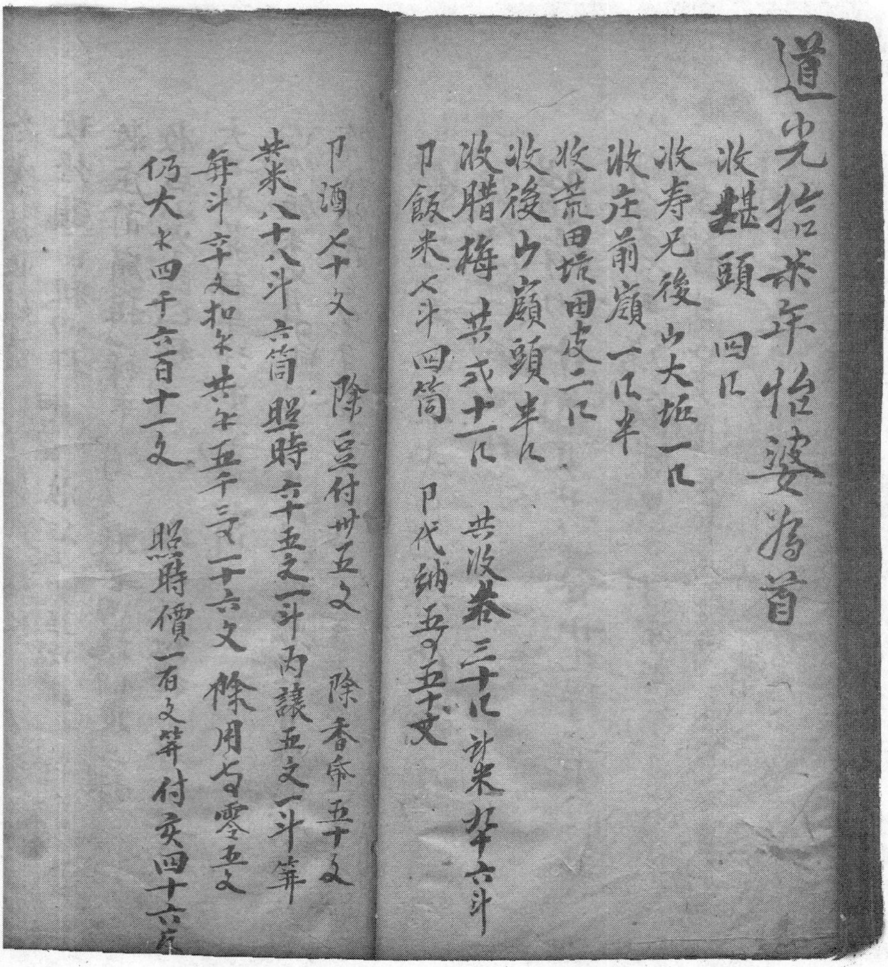

道光拾柒年怡婆房首

收塘頭 四斤

收寿元後山大坵一斤

收庄前嶺一斤半

收荒田塝田皮二斤

收後山嶺頭半斤

收腊梅 共弍十斤

卩飯米七斗四筒

共收谷三十斤 計米叁斗六升

卩代納五百五十文

卩酒七十文 除豆付廿五文 除香帋五十文

共米八十八斗六筒 照時六十五文一斗 內讓五文一斗算

每斗六十文扣錢 共錢五千三百一十六文 除用百零五文

仍大錢四千六百十一文 照時價一百文算 付交四十六斤

江湾镇圩口村 7-60 · 乾隆五十二年至光绪二十二年 ·

金龙公清明会账簿 · 兆印等

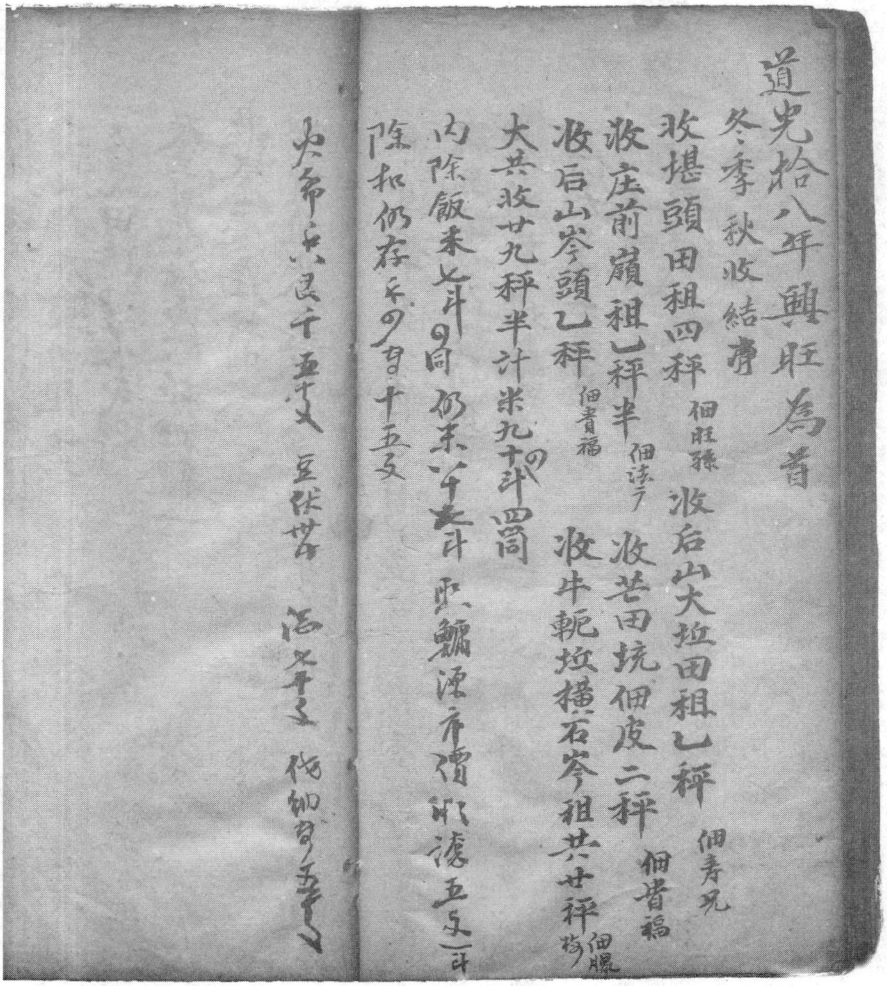
道光拾八年興旺為首
冬季秋收結帳
收堪頭田租四秤 佃旺孫 收后山大垃田租乙秤 佃寿兄
收庄前嶺租乙秤半 佃[illegible] 收芒田坑佃皮二秤 佃耆福
收后山岑頭乙秤 佃耆福 收牛軛坑橫石岑租共廿秤 佃[illegible]
大共收廿九秤半計米九十斗四筒
内除飯米七斗[illegible] [illegible]
除扣仍存[illegible]十五文
[illegible]

江湾镇圩口村 7-61 · 乾隆五十二年至光绪二十二年 ·
金龙公清明会账簿 · 兆印等

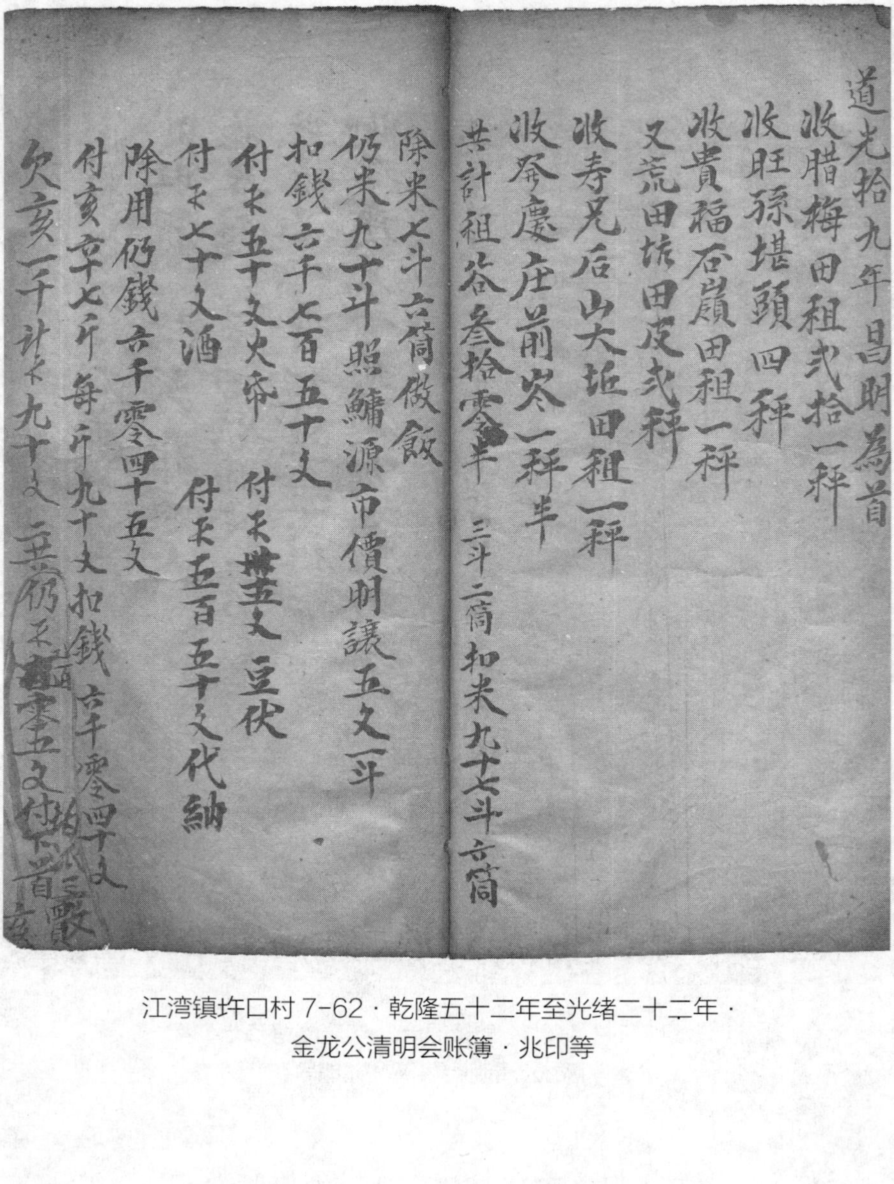

道光拾九年昌明為首
收腊梅田租弍拾一秤
收旺孫堪頭四秤
收貴福石嶺田租一秤
又荒田坑田皮弍秤
收寿兄后山大坵田租一秤
收癸慶庄前岕一秤半
共計租谷叁拾零半 三斗二筒 扣米九十七斗六筒

除米七斗六筒做飯
仍米九十斗照鏞源市價明讓五文一斗
扣錢六千七百五十文
付钱五十文火帋 付钱卅五文豆伕
付钱七十文酒 付钱五百五十文代納
除用仍錢六千零四十五文
付亥肉十七斤 每斤九十文扣錢六千零四十文
欠亥一斤計钱九十文 二共仍钱[illegible]零五文付[illegible]

江湾镇坾口村 7-62 · 乾隆五十二年至光绪二十二年 ·
金龙公清明会账簿 · 兆印等

共收谷弍拾九斤半 三斗二筒 計米九十四斗四合
除米七斗二筒做飯 仍米八十六斗八筒
照鏞源時價明讓 五文一斗 計錢六千五百十文
付代納米五斗五十文 付酒十壺 七十文
付豆伏八斤卅五文 付手艮火爆燭五十文
共付錢七百零五文 仍錢五千八百零五文付交
五十八斤淨

道光戊拾年興瑞為首做清明
收朧梅 横石嶺十六斤 坑口三斤、段心二斤
收旺孫 堪頭租四斤
收貴福 荒田坑佃皮二斤
收寿兄 背後尖垃租一斤
收癸慶兄 庄前嶺租一斤半

江湾镇垰口村 7-63 · 乾隆五十二年至光绪二十二年 ·
金龙公清明会账簿 · 兆印等

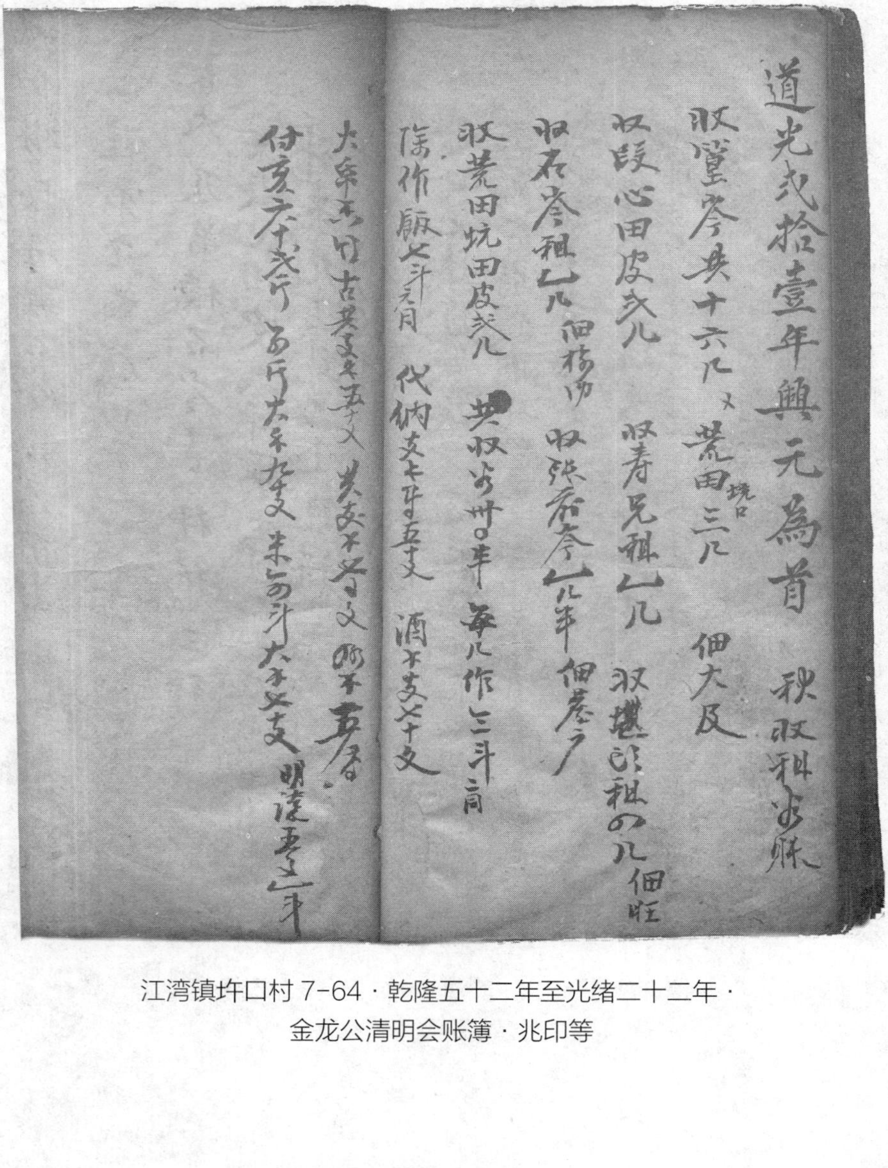

道光玖拾壹年興元為首 秋收租米賬

取瑩參共十六几又 荒田三几境口
取叚心田皮炎几 佃大反
取壽兄祖山几 取檣印祖の几佃旺
取石參祖山几佃楊炳 取張唐參山几年佃塋戶
取荒田坑田皮炎几 共取六十卅串 筆几作二斗筒
儒作飯七斗元肖 代納支七串五文 酒水支十文

大茶采叶古茶支五千文 茶支本什千文 明本喜屋
付亥六千玖行 百斤太采三文 米二百斤太父支 明遠喜五年

江湾镇圩口村 7-64·乾隆五十二年至光绪二十二年·
金龙公清明会账簿·兆印等

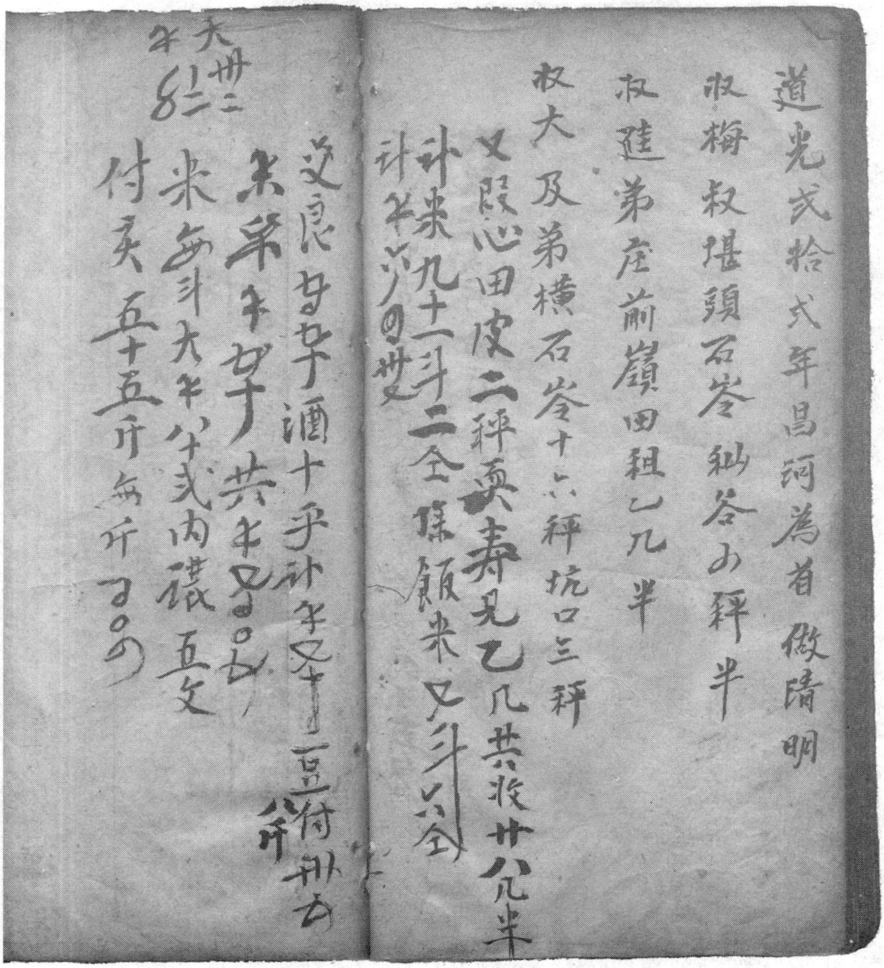
道光弍拾弍年昌珂為首 做晴明
收梅叔堪頭石峇
收蓮弟座前嶺田租乙几半
收大及弟横石峇十六秤 坑口三秤
又該心田皮二秤 壽見乙几 共收廿八几半
計米九十一斗二仝 條飯米 又斗六仝

江湾镇竿口村 7-65 · 乾隆五十二年至光绪二十二年 ·
金龙公清明会账簿 · 兆印等

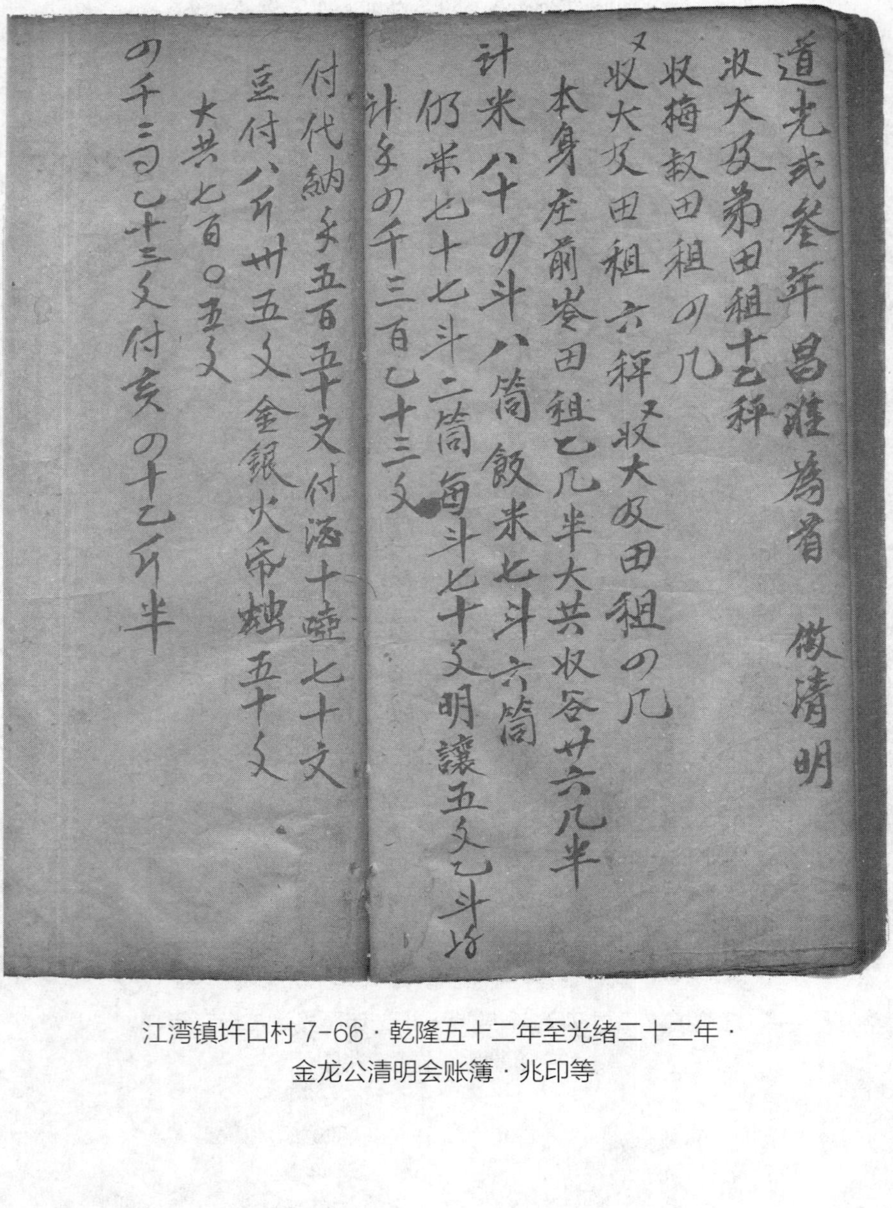
道光弍叁年昌濉為首 做清明
收大及弟田租十乙秤
收梅叔田租四几
又收大奴田租六秤 又收大奴田租四几
本身在前岺田租乙几半大共收谷廿六几半
計米八十四斗八筒 飯米七斗六筒
仍米七十七斗二筒 每斗七十文 明讓五文乙斗扣
計钱四千三百乙十三文
付代納钱五百五十文 付酒十壶七十文
又付八斤廿五文 金銀火帋烛五十文
大共七百〇五文
四千三百乙十三文 付去四十乙斤半

江湾镇岾口村 7-66 · 乾隆五十二年至光绪二十二年 ·
金龙公清明会账簿 · 兆印等

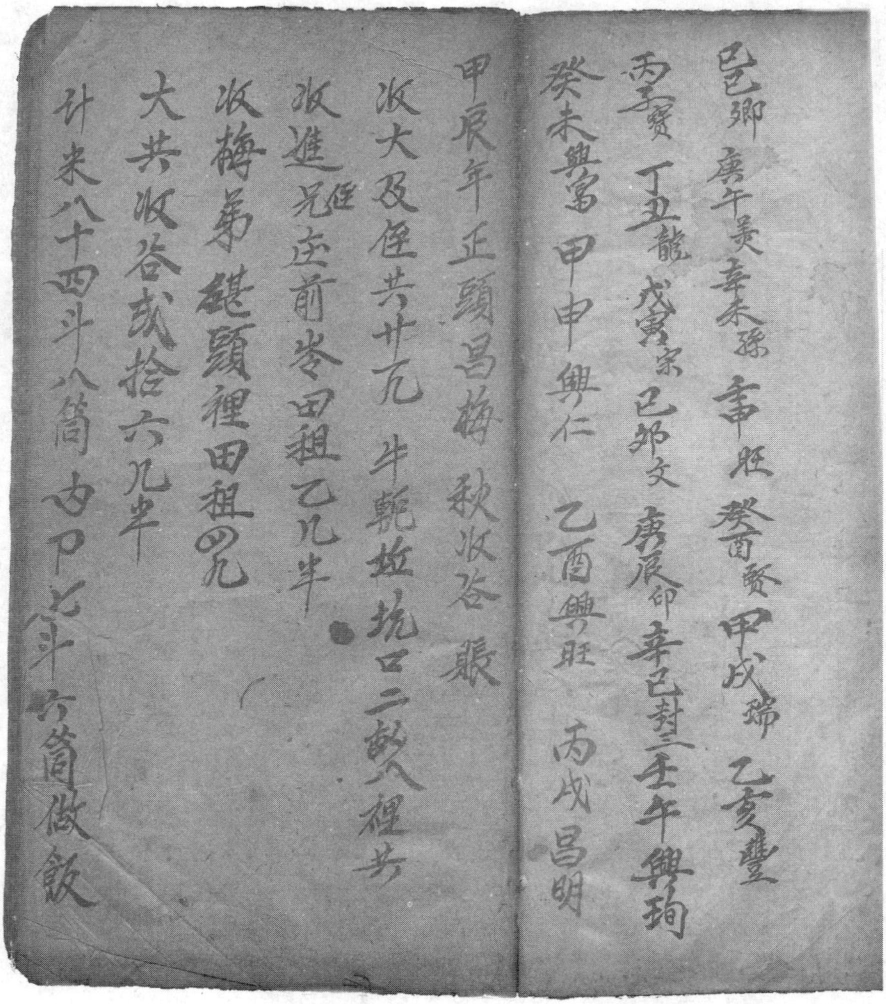

己巳卿 庚午昊 辛未孫 壬申旺 癸酉發 甲戌瑞 乙亥豐
丙子寶 丁丑龍 戊寅宗 己卯文 庚辰印 辛巳封 壬午興珣
癸未興富 甲申興仁 乙酉興旺 丙戌昌明

甲辰年正頭昌梅秋收谷賬
收大及侄共廿九 半乾垅坑口二畝八裡共
收進兄侄前巻田租乙九半
收樽弟繼頭裡田租四九
大共收谷貳拾六九半
計来八十四斗八筒 內下七斗六筒做飯

江湾镇垰口村 7-67 · 乾隆五十二年至光绪二十二年 ·
金龙公清明会账簿 · 兆印等

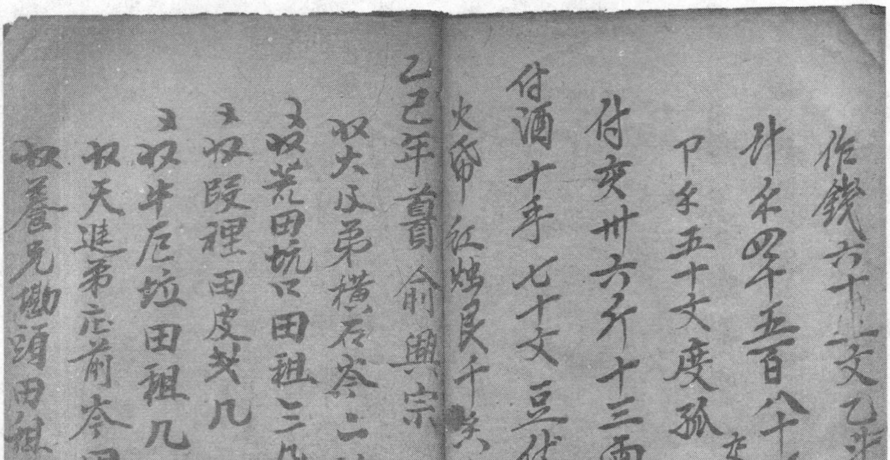

作錢六十[illegible]文乙斗轎
計米四千五百八十七文内下大共七百零[illegible]
下米五十文度孤
交粮代納在内
付炭卅六斤十三兩半
付酒十手七十文 豆伏卅五文八斤
火爵 紅燭良千爆燄炮事共五十文

乙巳年首賫俞興宗
收大仂弟横石坑二畝八田租又秤
又收荒田坑口田租三几
又收陵裡田皮契几
又收牛屁垃田租几
收天進弟庒前坑田租乙几半未收
收養兄墩頭田租四秤

江湾镇吓口村 7-68 · 乾隆五十二年至光绪二十二年 ·
金龙公清明会账簿 · 兆印等

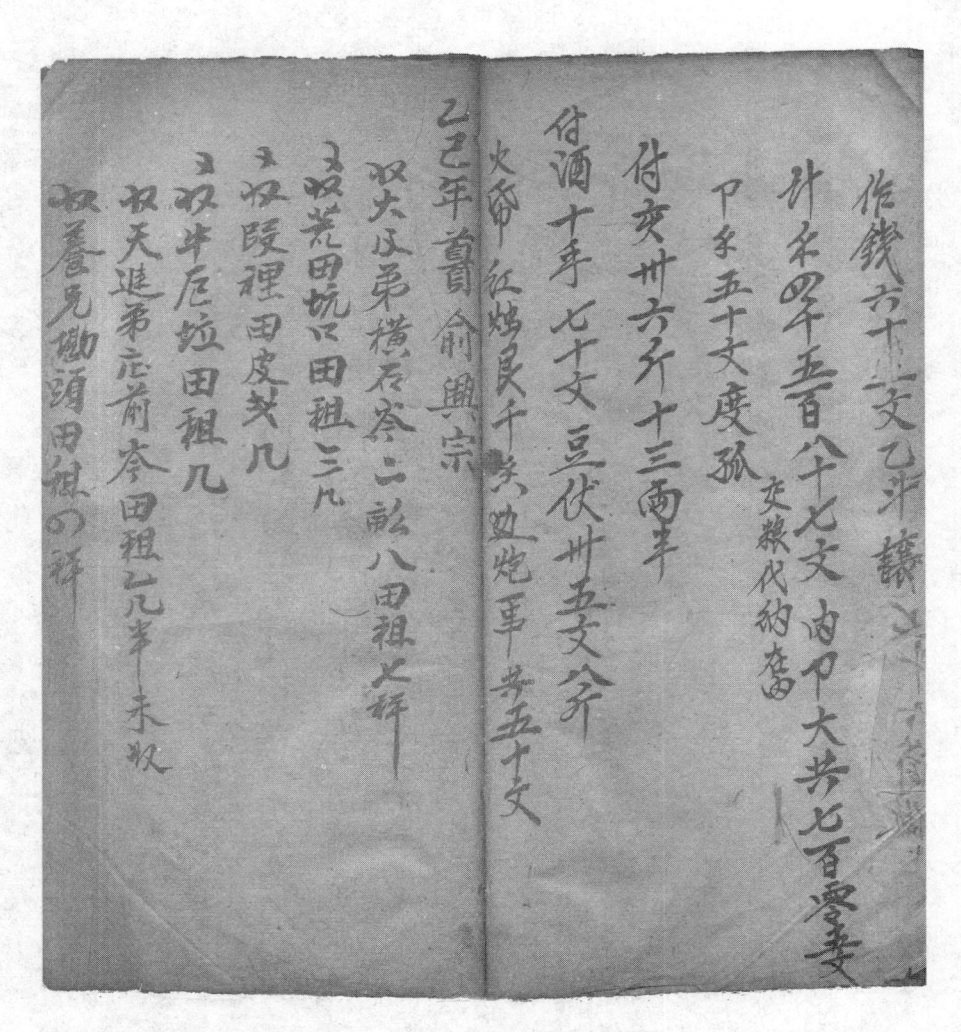

念陸年丙午頭首俞昌錦 秋汉衆穀賬立

收連桂第荒田坑口租三兀·双大及第橫丘公祕八租六兀

牛尾坵井叚心共拾弍兀 游三兀皆后山羊

養第墈頭○兀 進第二兀年大共廿七兀每三鬪

其末公去六斗○同內除末又年做飯二同英賣

䅉米又十八年八筒 再扣兩年明讓五文和大本為分文

支矣苧卅十文 ○支粮民的 去年大重文 罴陛 去年羣六卅

支年卅五文豆腐 去年四十二五男茶

昔宏下子○的才又文 除玄砑存留誉壬奉財提

分○文付大秤年火剝 曾井清記

念柒年丁未頭首俞昌惟 秋汉清明谷賬

收連孫兄和尚岺仙谷六兀 欠八斤收七

收連桂兄荒田坑口曉谷三兀

江湾镇圩口村 7-69·乾隆五十二年至光绪二十二年·
金龙公清明会账簿·兆印等

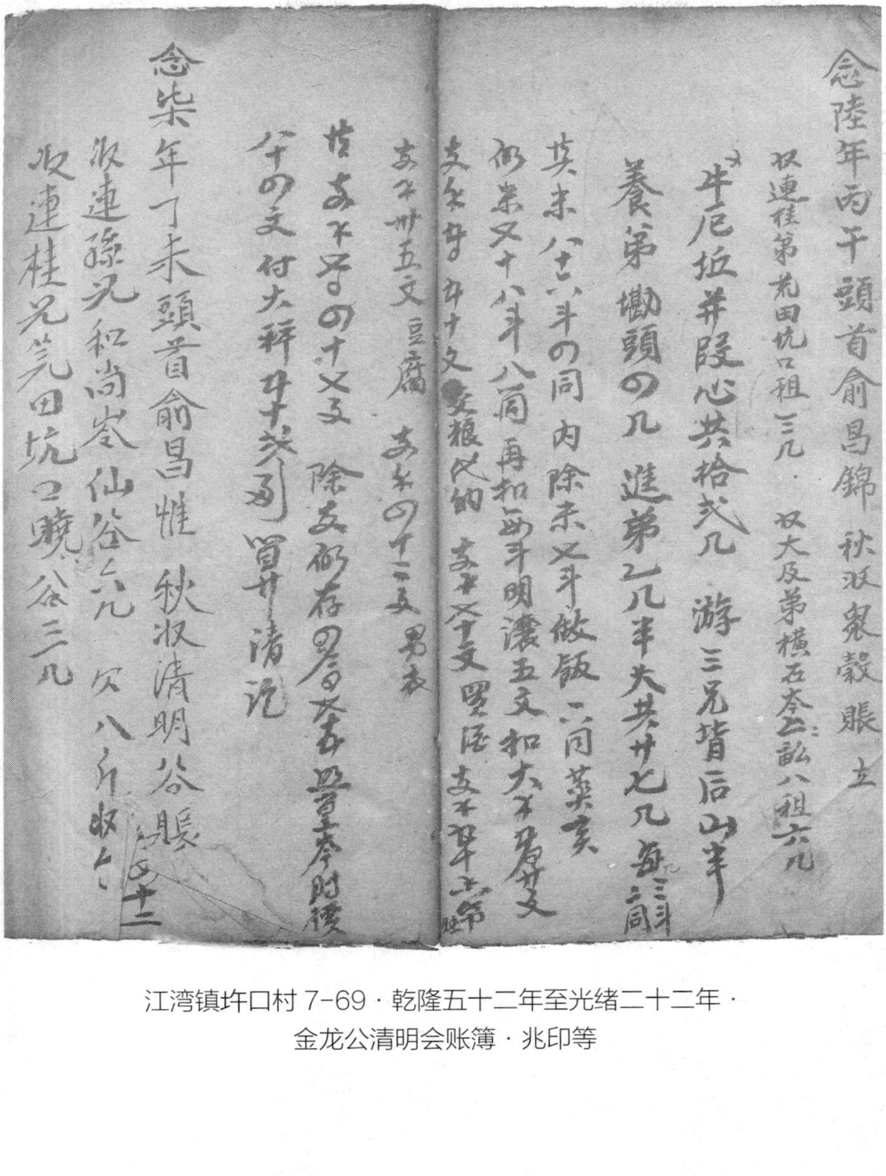

收本身牛厄班稻谷十九
收养兄段心佃皮式九
收天进兄庄前岭祖一元車
收养兄碓頭四祖四九 共收廿六九半
每九三廿二同 半八同
内下七井做饭 六同葵亥
仍米七十七廿二同 再扣每半明湊五文
扣尔五千○一十八文 每料二十五扣
支钱吾五十文交粮 支夕七十文買酒
支钱五十文交炉支千卅五文豆伏支夕四十二
文男衣 吉支钱七夕四十七文
下支仿年四千了七十一文 計亥四十六行掃

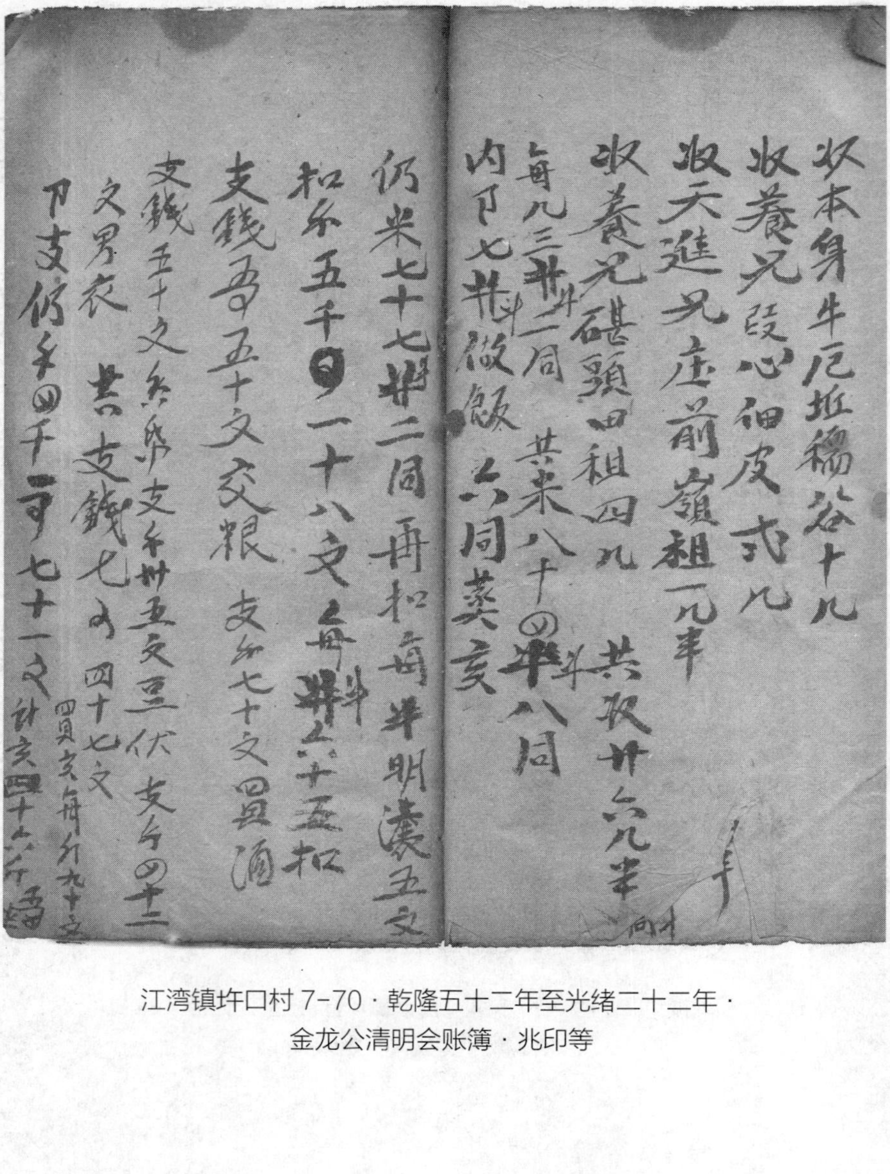

江湾镇圩口村 7-70 · 乾隆五十二年至光绪二十二年 · 金龙公清明会账簿 · 兆印等

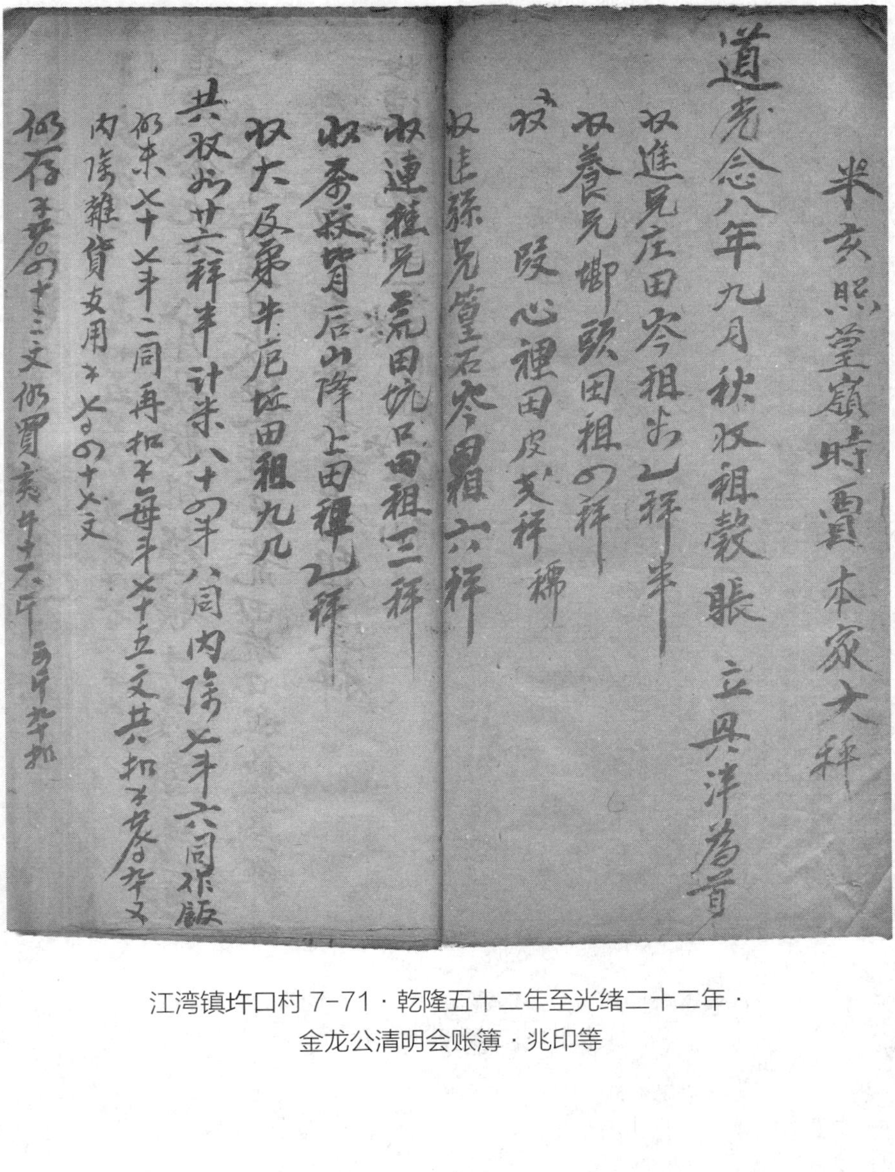

米玄照堂嶺時置本家大秤
道光念八年九月秋收租穀賬 立興洋爲首
收進見庄田岑租出乙秤半
收養見鄉頭田租四秤
收 陵心裡田皮支秤 穤
收進孫見堂石岑租六秤
收連權見荒田坑口田租三秤
收秀發見后山降上田租乙秤
收大反衆米厄坵田租九几
共收拆廿六秤半 計米八十四斗八同 內除七斗六同作飯
拆米七十七斗二同 再拆每斗七十五文 共拆錢[illegible]文
內除雜貨支用錢[illegible]十七文
拆存錢[illegible]十三文 拆買菜[illegible]十六斤 每斤[illegible]

江湾镇圩口村 7-71 · 乾隆五十二年至光绪二十二年 ·
金龙公清明会账簿 · 兆印等

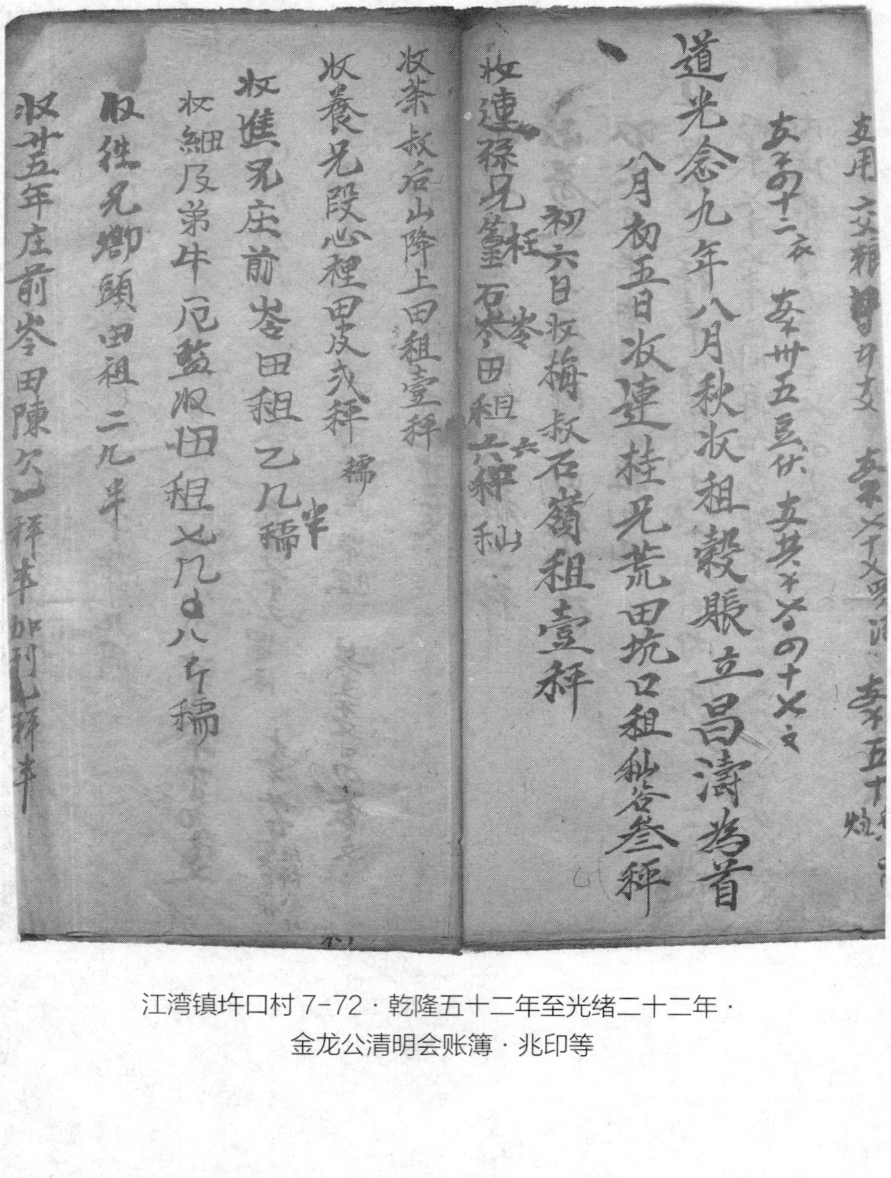

道光念九年八月秋收租穀賬立昌濤為首
八月初五日收連桂兄荒田坑口租秈谷叁秤
初六日收梅叔石嶺租壹秤
收連祿兄墓柱石岑田租六秤 秈
收茶叔后山降上田租壹秤
收養兄段心裡田皮弍秤 糯
收進兄庄前岑田租乙几半 糯
收細及弟牛尼藍收田租乙几八斤糯
收佺兄塆頭田租二几半
收廿五年庄前岑田陳

江湾镇圩口村 7-72 · 乾隆五十二年至光绪二十二年 ·
金龙公清明会账簿 · 兆印等

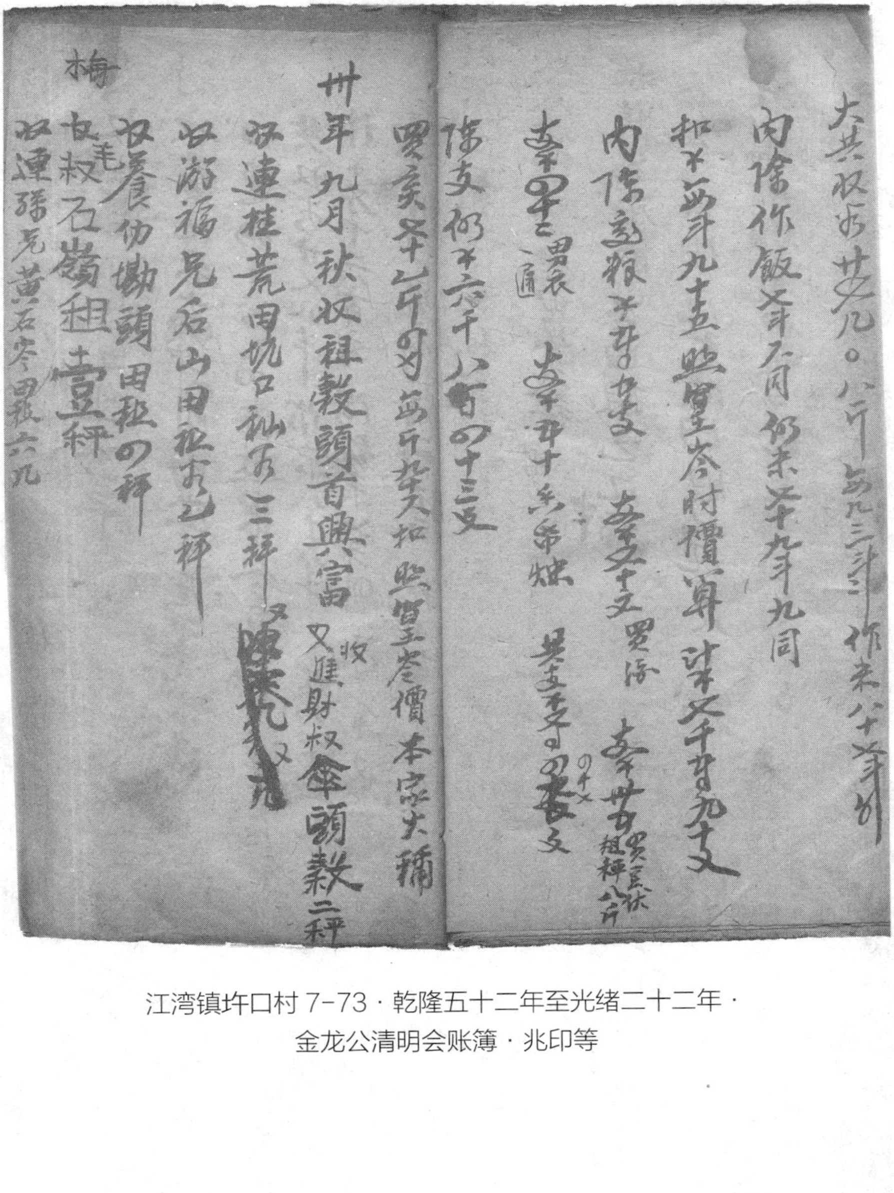

江湾镇圩口村 7-73 · 乾隆五十二年至光绪二十二年 ·
金龙公清明会账簿 · 兆印等

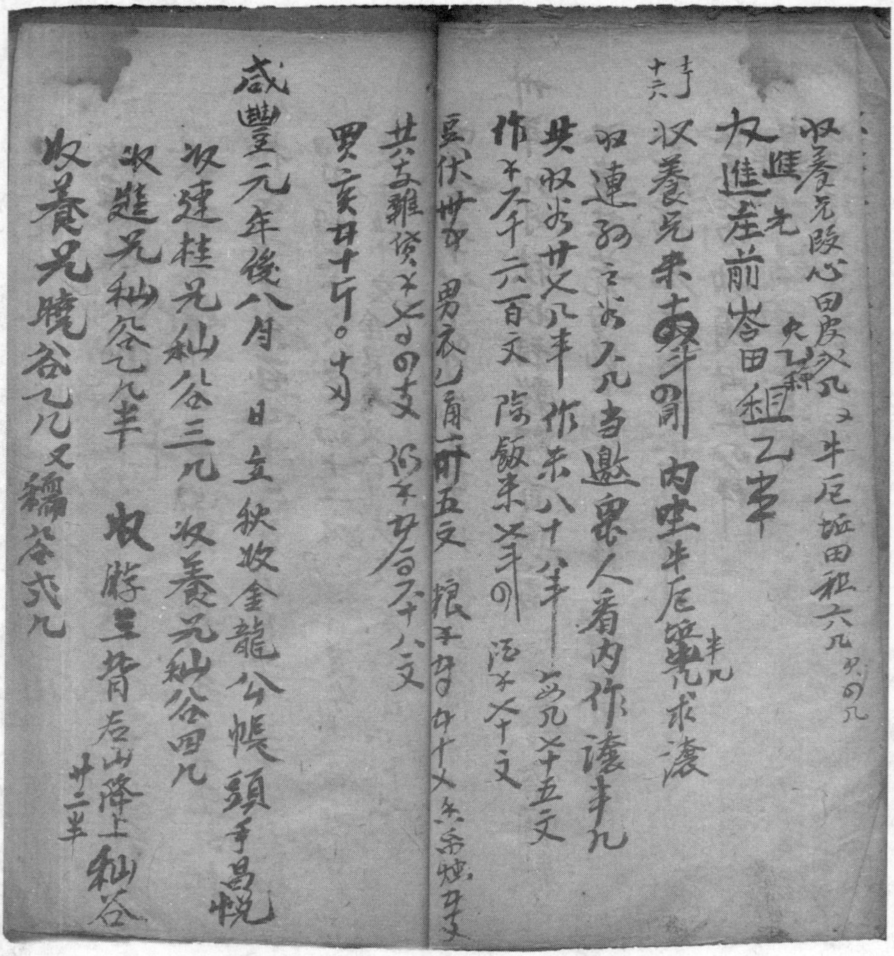
收養兄段心田皮谷〢几 又牛尾垅田租六几 欠四几
收進兄 [illegible] 進產前峇田租乙半
十六 收養兄來[illegible]年四開 內坐牛尾[illegible]几求讓
收連孫[illegible]几 [illegible]邀衆人看 內作讓半几
共收[illegible]廿又几半 作米八十[illegible]半 [illegible]几[illegible]十五文
作[illegible]千六百文 除飯米[illegible] [illegible]十文
豆伏廿[illegible] 男衣[illegible]五文 粮[illegible]
共支雜貨[illegible]四文 [illegible]十八文
買[illegible]廿十斤。[illegible]
咸豐元年後八月　日立　秋收金龍公帳頭　手昌悅
收建桂兄秈谷三几　收養兄秈谷四几
收進兄秈谷乙几半　收[illegible]背右山降上秈谷 廿二半
收養兄曉谷乙几又糯谷弍几

江湾镇圩口村 7-74 · 乾隆五十二年至光绪二十二年 ·
金龙公清明会账簿 · 兆印等

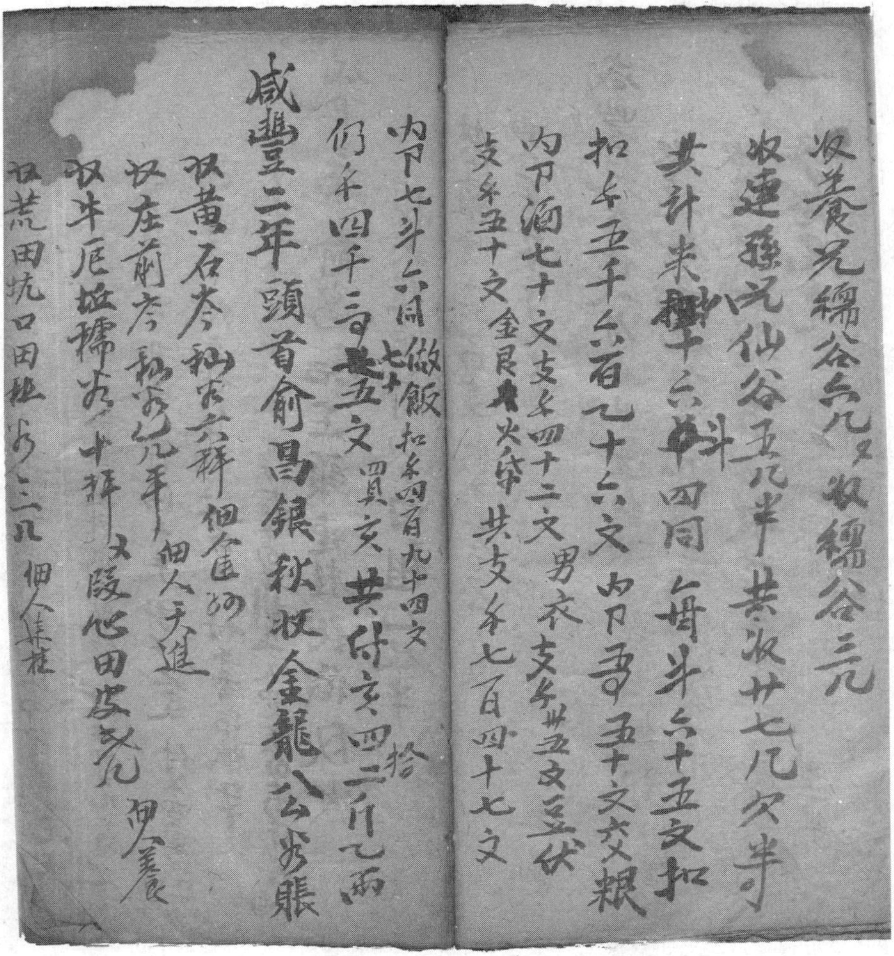

江湾镇圩口村 7-75 · 乾隆五十二年至光绪二十二年 ·
金龙公清明会账簿 · 兆印等

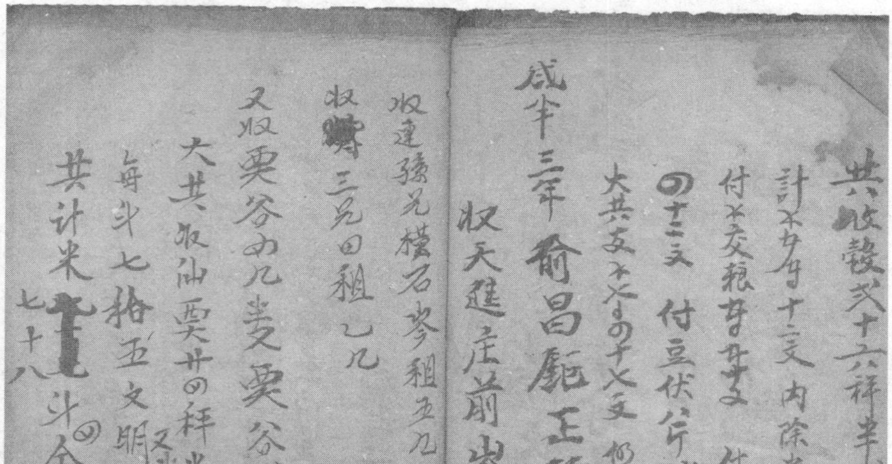

江湾镇圩口村 7-76 · 乾隆五十二年至光绪二十二年 ·
金龙公清明会账簿 · 兆印等

咸豐四年俞興元正頭連桂做首做清明

收連穩兄和尚岕秈谷六凢
收連桂兄荒田坑口秈谷三凢
收天進兄壵前岕秈谷凢半
收游福兄皆後山秈谷二凢
收養兄勘頭裡田租四凢
煙星承佃皮六凢

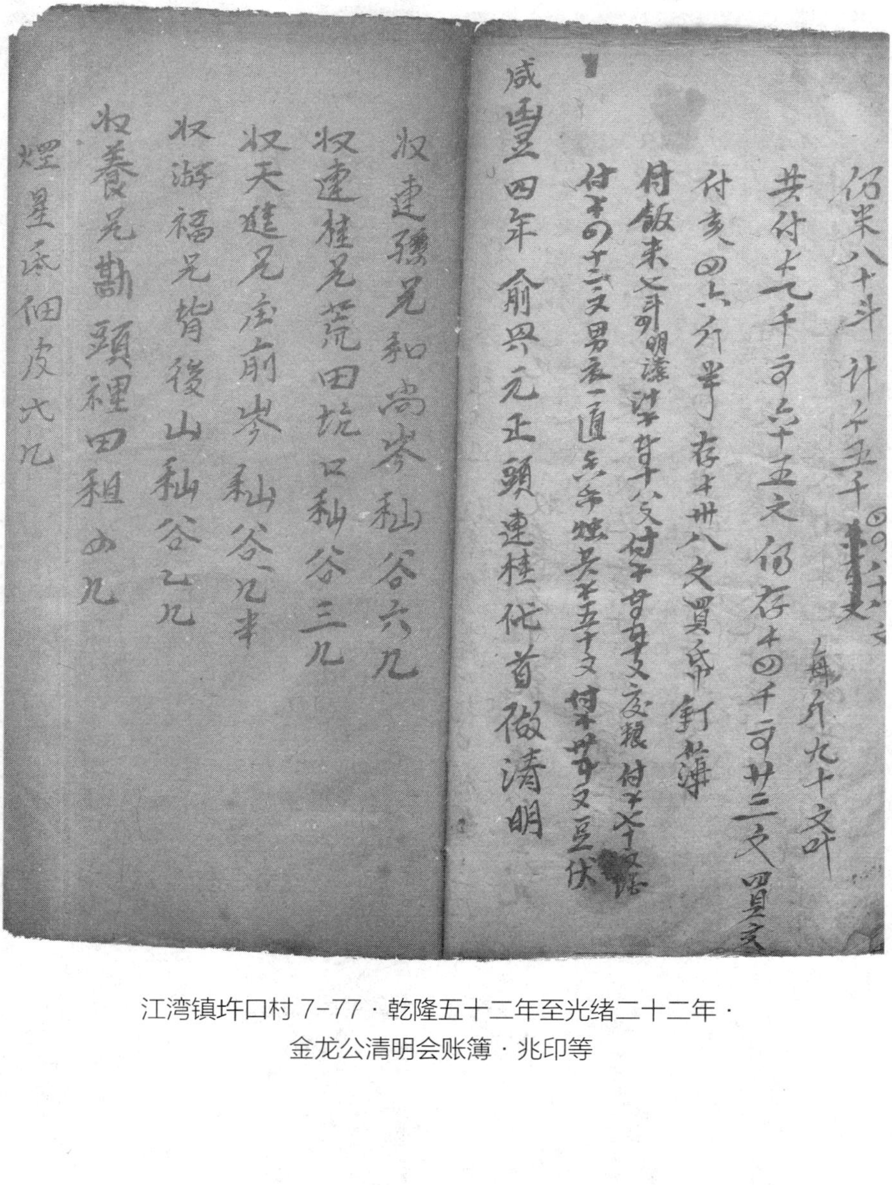

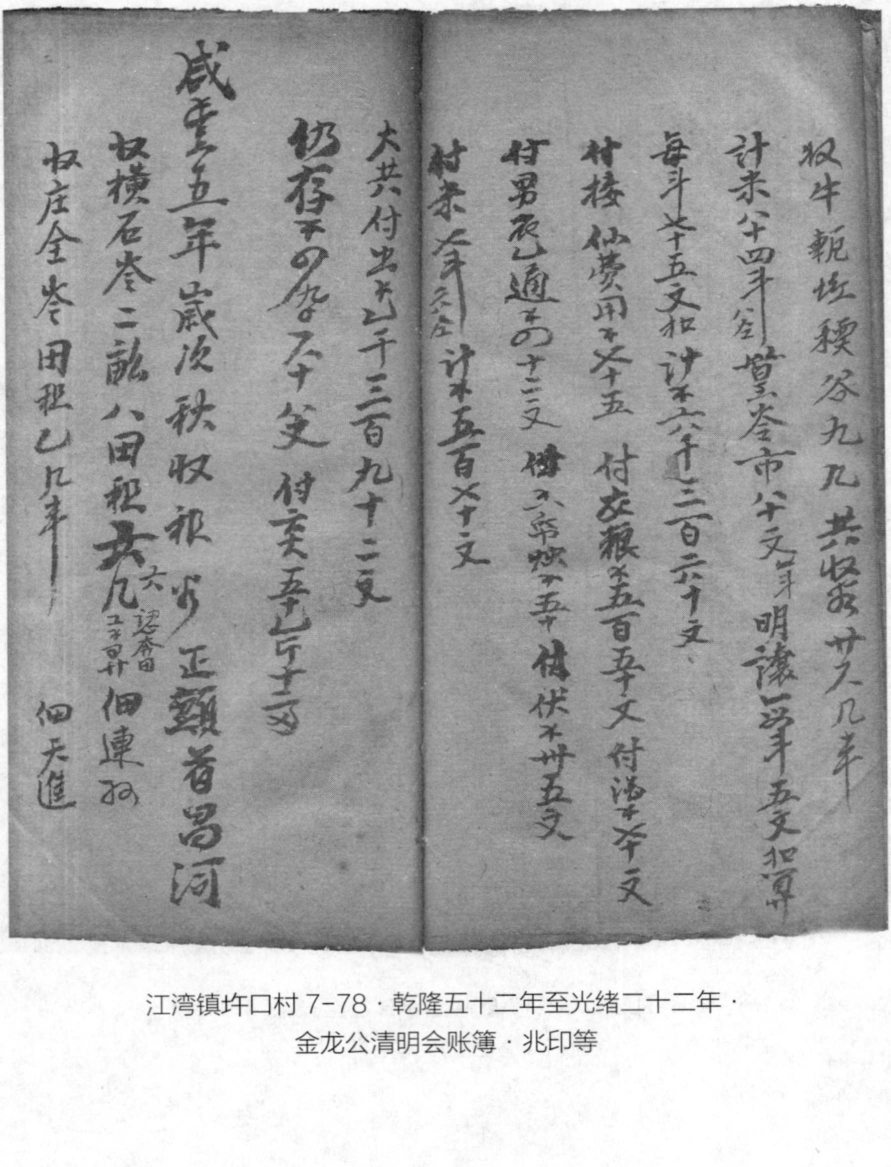
收牛轭垅稞谷九九 共谷廿八斤半
计米八十四斤八合 算谷市八十文每斤 明议一百斤五文扣算
每斗七十五文扣 计钱六千三百六十文
付接仙费用钱七十五 付交粮钱五百五十文 付酒钱八十文
付男夜已过钱四十二文 付六节烛钱五十 付伏钱卅五文
付米七斗冬至 计钱五百七十文
大共付出钱七千三百九十二文
仍存钱四百八十文 付交五斗七斤十两
咸丰五年岁次秋收根 正显首昌河
收横石岑二亩八田租大九 佃陳孙
收庄全岑田租乙九斤 佃天進

江湾镇圩口村 7-78 · 乾隆五十二年至光绪二十二年 ·
金龙公清明会账簿 · 兆印等

收牛后垅田租十几

收榔跳田租三亩半 肉认有田半几 佃人年伙

收跂心田皮二几

收肯降上田租乙位年生手盏抑禾果人行取 佃人养伙
                    西的果人西安生以俊

大共岁廿四几计米×十六年八间布悭个×五秕
                                         清

亥于廿森田 亥于半五十夫交根 亥年岑活 亥甲二男

豆伏苠 亥来岑有 共用十九百十七文

在多年春廿五买贵卅八斤半付出清讫

丙辰年六年 十一月初一为首昌枝

收连挂荒坑乙文几半 收养進庄金叁乙几半

收游三后边山乙几 收连孫式岁八田几半

收养切年庇坛八尺 又堪头四几

江湾镇圩口村 7-79·乾隆五十二年至光绪二十二年·
金龙公清明会账簿·兆印等

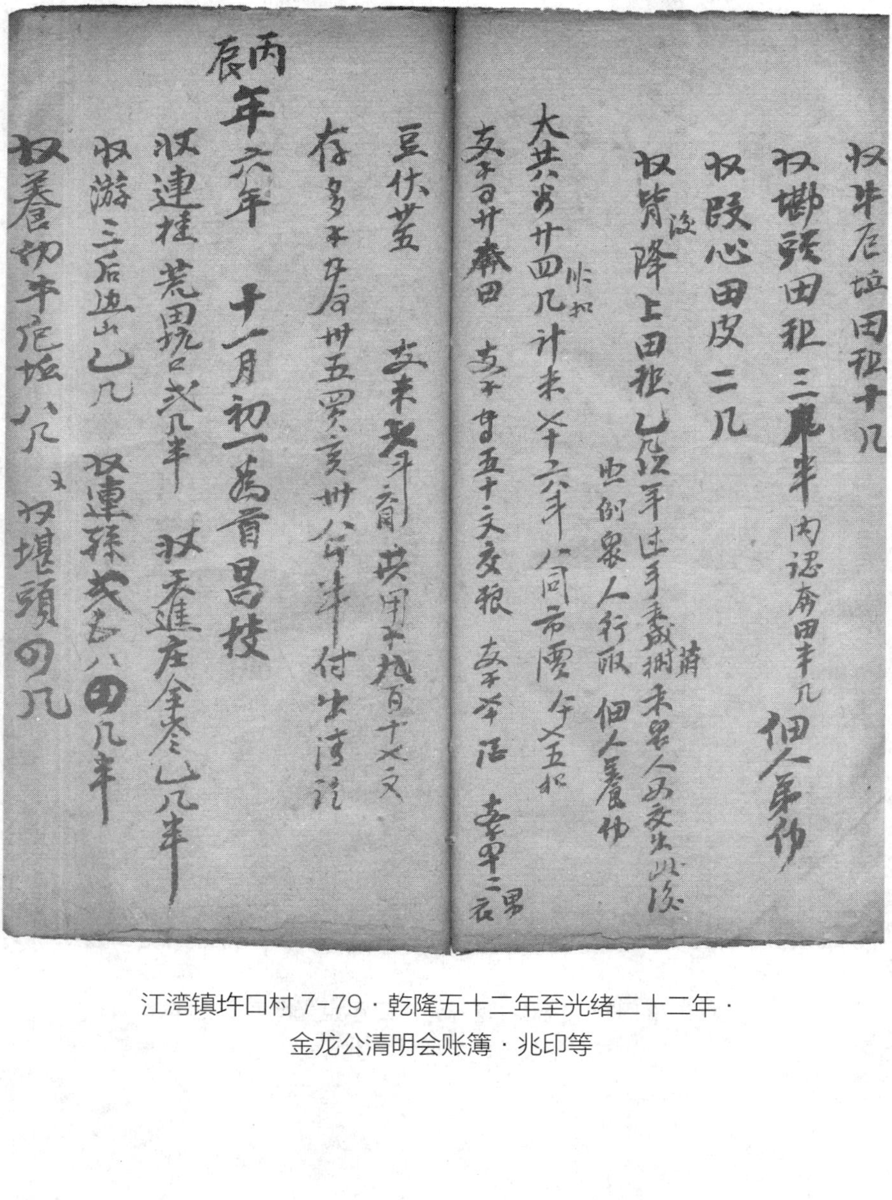

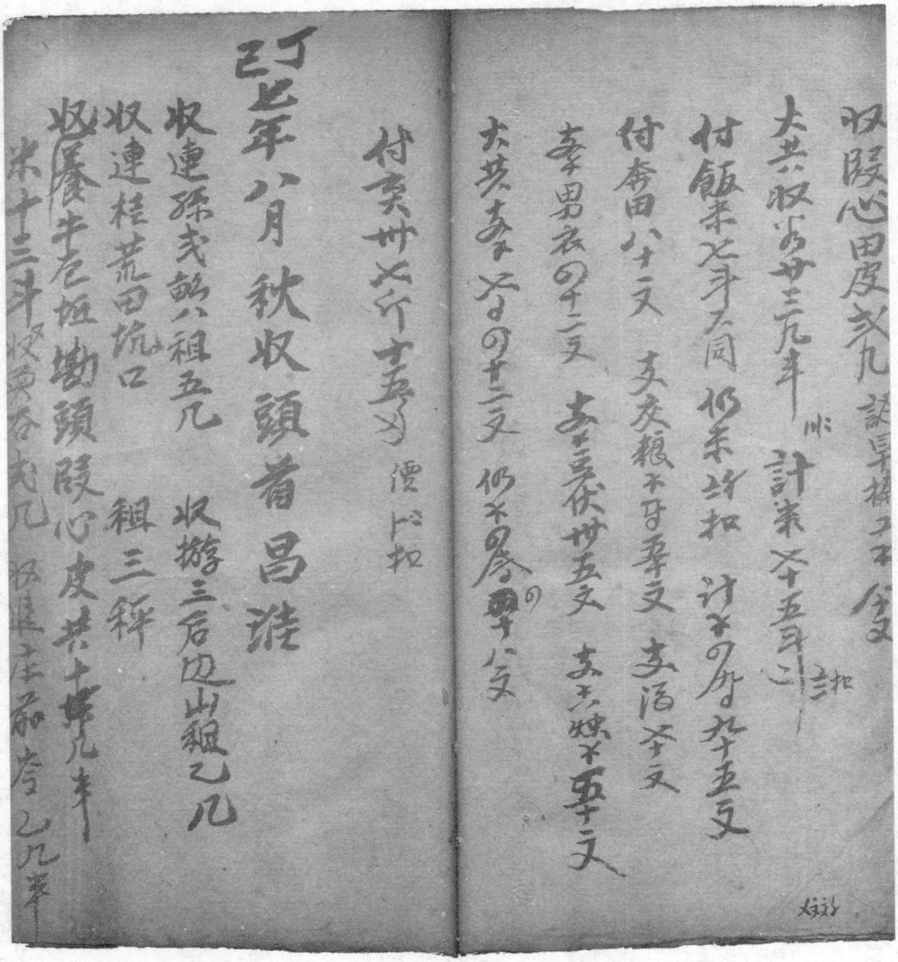

收陂心田度弍几 該早穀[illegible]
大共收[illegible]廿三几半 計米[illegible]
付飯米[illegible]同 仍米[illegible]扣 計[illegible]
付[illegible]田八十文 支交粮[illegible]文 支酒[illegible]文
支男衣[illegible]文 支[illegible]伏廿五文 支[illegible]燭[illegible]文
大共支[illegible] 仍[illegible]

付實廿[illegible] 價[illegible]扣
丁巳年八月秋收頭着昌[illegible]
收連孫弍畝八租五几 收[illegible]三启边山租乙几
收連桂荒田坑口 租三秤
收[illegible]牛[illegible]頭陂心皮共十[illegible]几半
米十三斗 收[illegible]几 [illegible]乙几半

江湾镇圩口村 7-80 · 乾隆五十二年至光绪二十二年 ·
金龙公清明会账簿 · 兆印等

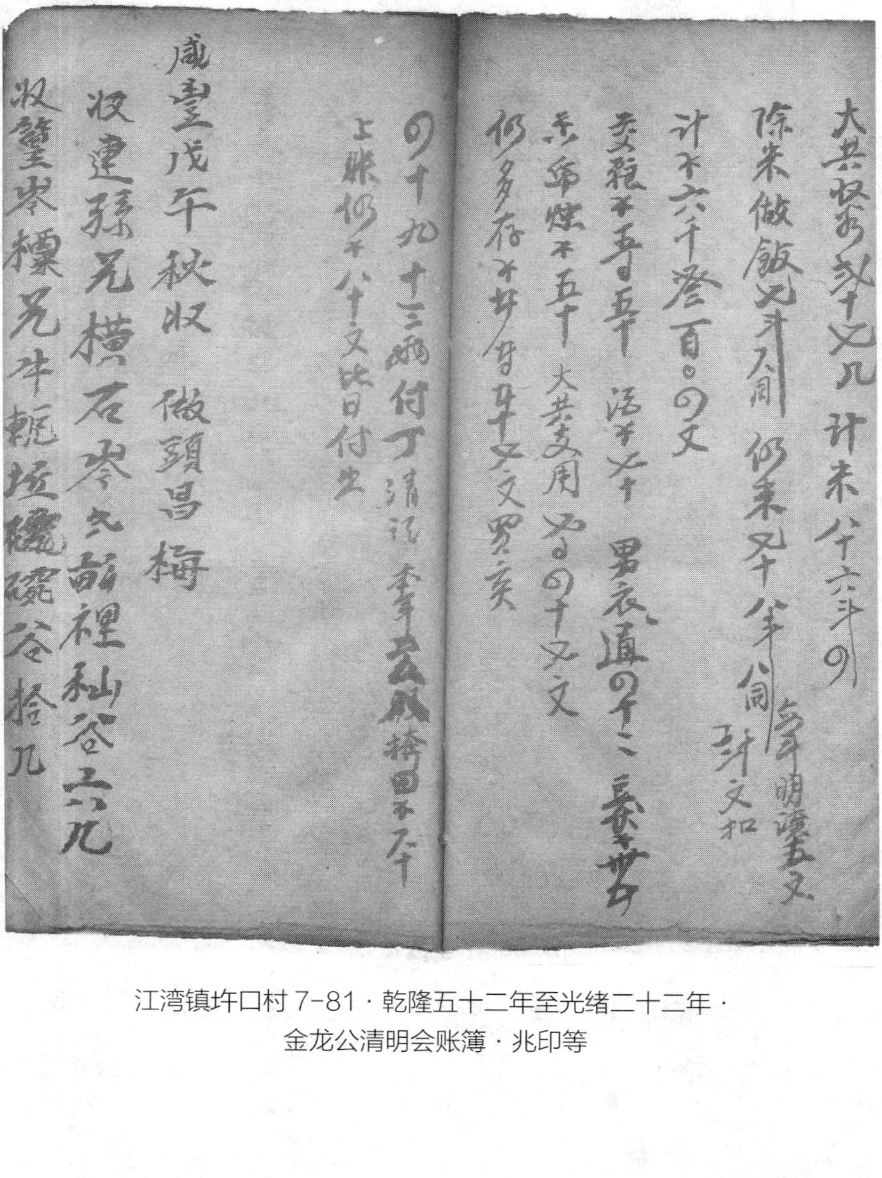
大共收谷叁十又九 计米八十六斗四
除米做飯又斗八升 仍米又十八斗八升 [illegible]明[illegible]五文 [illegible]文扣
计钱十六千叁百〇四文
麦粳钱五千五百 酒钱七千 男衣值四千二 [illegible]
香帋烛钱五十 大共支用钱四千又文
仍多存钱[illegible]千又文 [illegible]
四十九 十三晚付丁清讫 [illegible]
上账仍钱八十文 此日付出
咸丰戊午秋收 做头昌梅
收建孙兄横石岑[illegible]亩里私谷二六几
收[illegible]岑[illegible]兄半[illegible]谷拾几

江湾镇圩口村 7-81 · 乾隆五十二年至光绪二十二年 ·
金龙公清明会账簿 · 兆印等

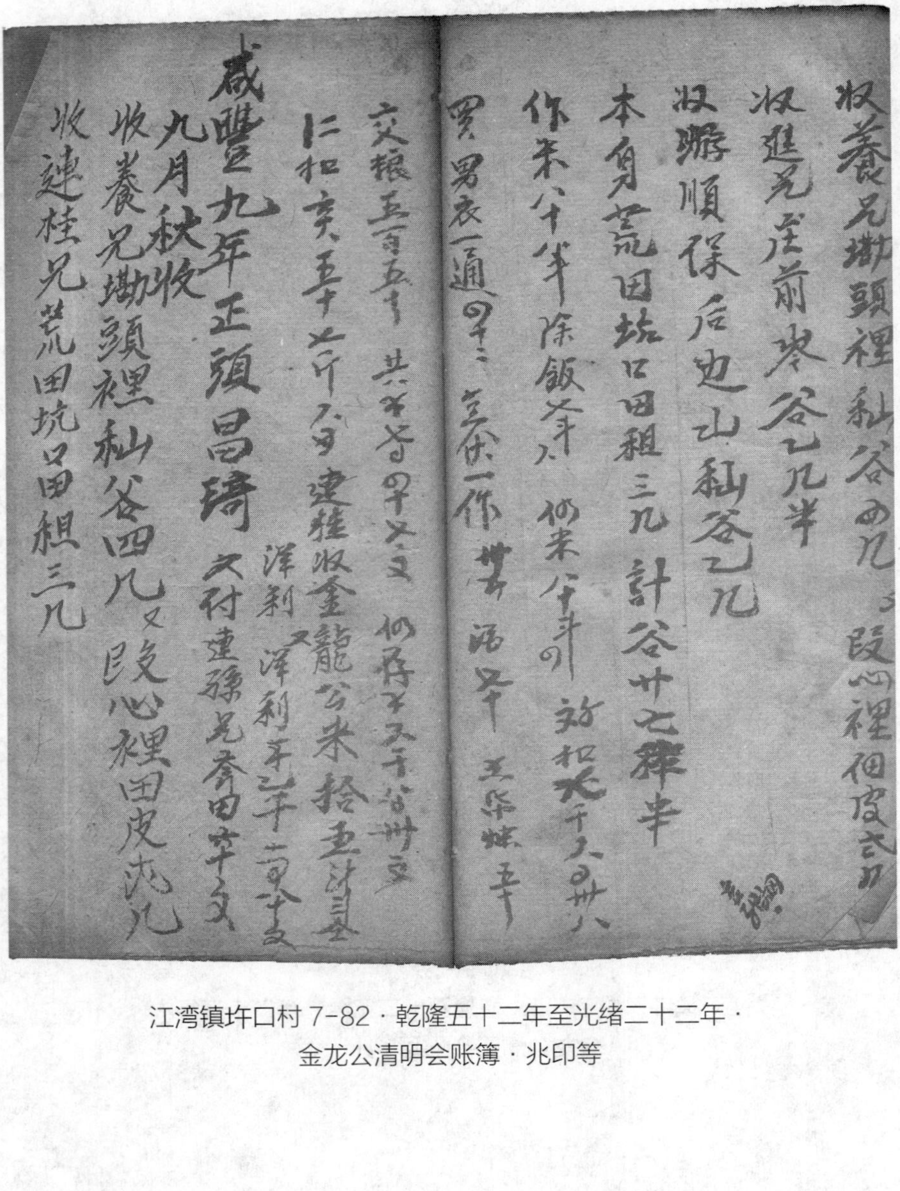
收養兄㘰頭裡私谷两几 又段心裡佃皮弍几
收進兄崖前岑谷乙几半
收璐順保后边山私谷乙几
本身荒田坑口田租三几 計谷廿七秤半
作米八斗半除飯米[illegible] 仍米[illegible] 新和[illegible]
買男衣一通[illegible] 又茶一作[illegible] [illegible]
交粮五百五十[illegible] 共米谷[illegible] 仍存[illegible]
仁和交五十七斤[illegible] 連桂收金龍公來拾壹[illegible]
洋制 又洋制[illegible]
咸豐九年正頭昌琦 又付連孫兄[illegible]
九月秋收
收養兄㘰頭裡私谷四几 又段心裡田皮沈几
收連桂兄荒田坑口田租三几

江湾镇峄口村 7-82 · 乾隆五十二年至光绪二十二年 ·
金龙公清明会账簿 · 兆印等

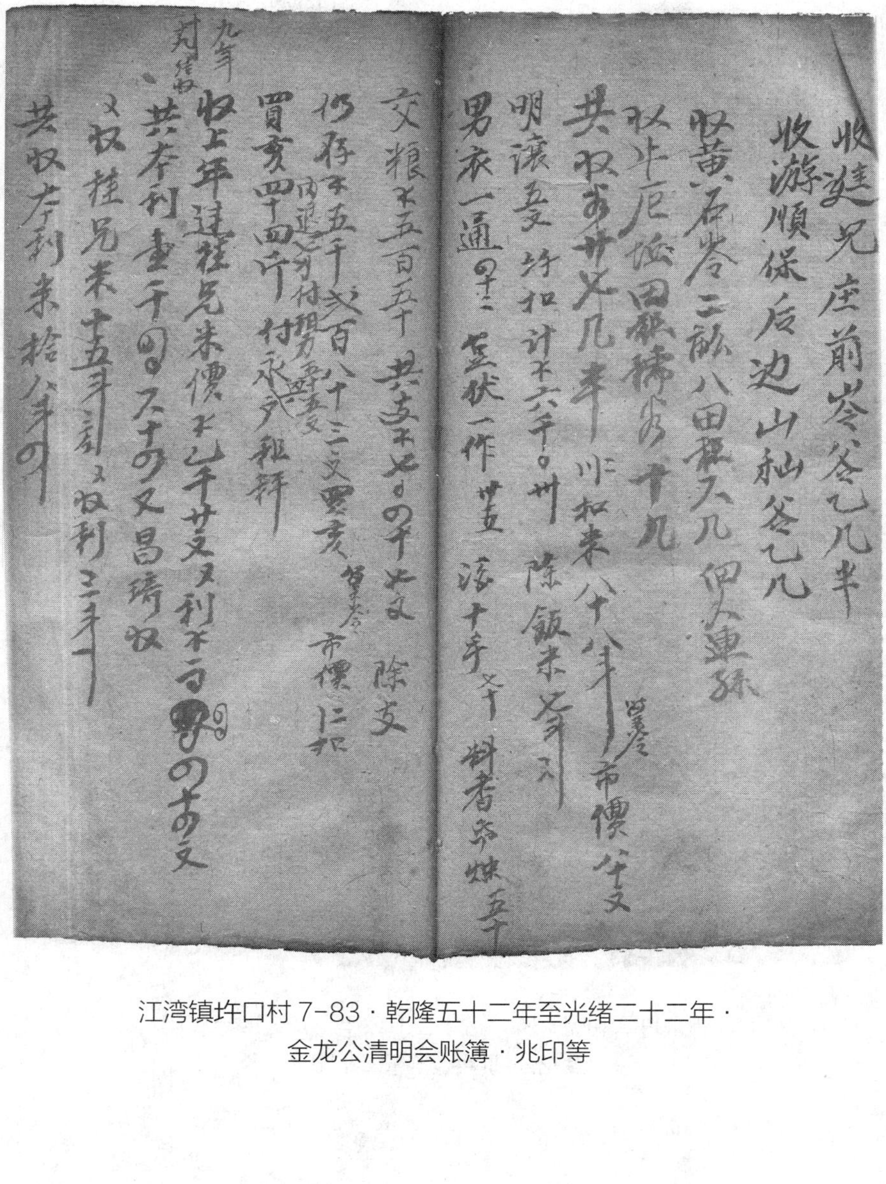
收游顺保后边山杣谷乙几
收黄石岔二亩八田租大几
共收谷廿又几半
男衣一通

江湾镇岃口村 7-83 · 乾隆五十二年至光绪二十二年 ·
金龙公清明会账簿 · 兆印等

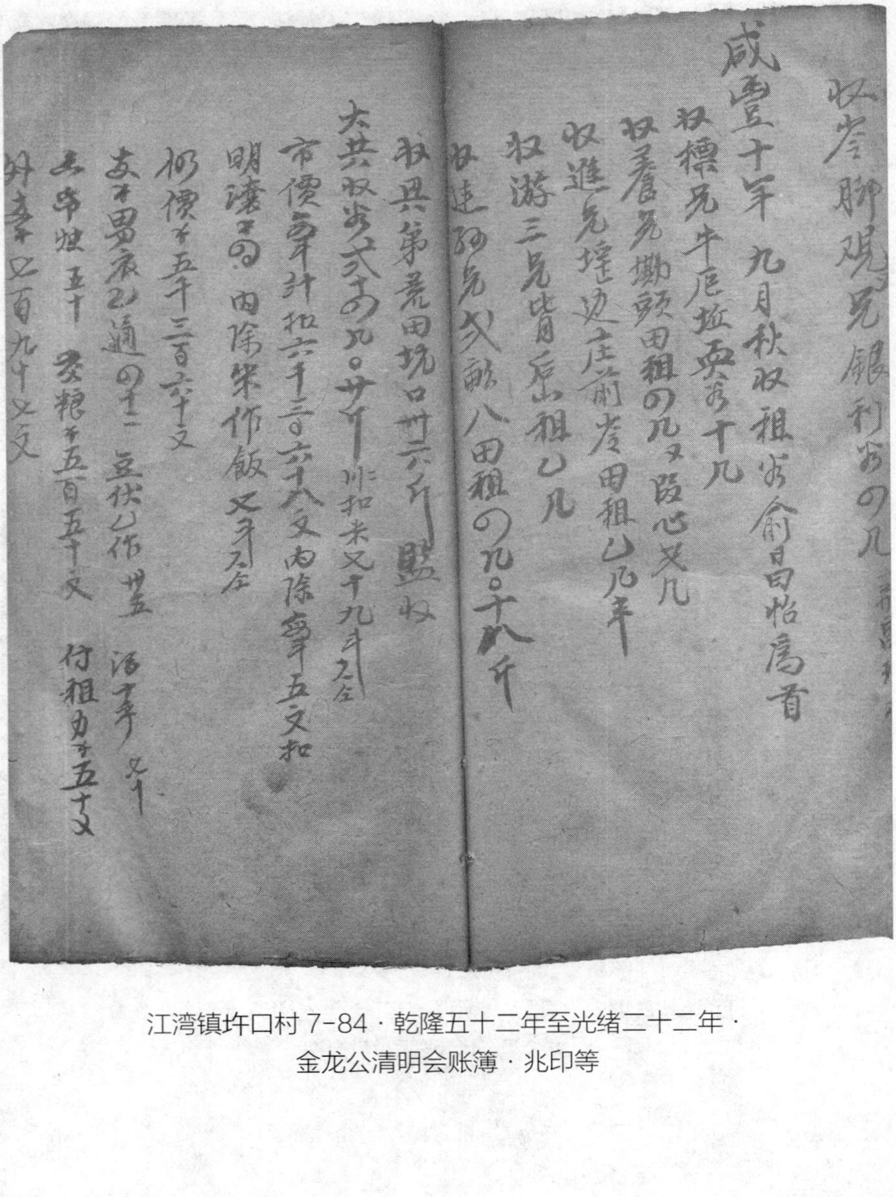
收参脚艮兄银利谷の几
咸丰十年 九月秋收祖谷俞昌怡篇首
收標兄牛屁垅谷十几
收蒼兄擲頭田租の几又路心又几
收進兄堘边庄前参田租乙几半
收游三兄背原山祖乙几
收進阳兄弍畝八田租の几〇二斤
收共弟荒田坑口卅六斤 监收
大共收谷弍十の几〇廿斤 小扣米又十九斤 又全
市價每斤計扣六十三六十八文 内除每斤五文扣
明讓 内除柴作飯 又斤又全
折價 五千三百六十文
支 通の十二 豆伏乙佰 廿五
出串 五十 發粮 五百五十文 酒 又
付祖力 五十文
外來 乙百九十七文

江湾镇圩口村 7-84 · 乾隆五十二年至光绪二十二年 ·
金龙公清明会账簿 · 兆印等

咸豐十一年頭昌永

何存亡□全豐十三文 每斗以扣
伊粟異户秤口十兆斤四万加利本共能合
收天冗米卅七斗四合又收谷四秤作米十九斗八合

收橫石塍租五兀兮五可　佃曹建孫
收游三兀北后山秋谷二兀
收勸頭裡礱谷式兀〇可　佃養印
收天保洋秋谷四兀
收陂心裡粟谷式共五兀
淑廳前叁租卅斤
髮半元
收中冗垃粟捌兀半
收荒田坑口租式兀半
深利烏
共谷廿七寧五斤 結千六千八百八十七兮
　　　　　　　佃建桂
　　　　　　佃上雄湖弟
　　　　　佃天進
共結米千半 扣扣明讓甲郴七公

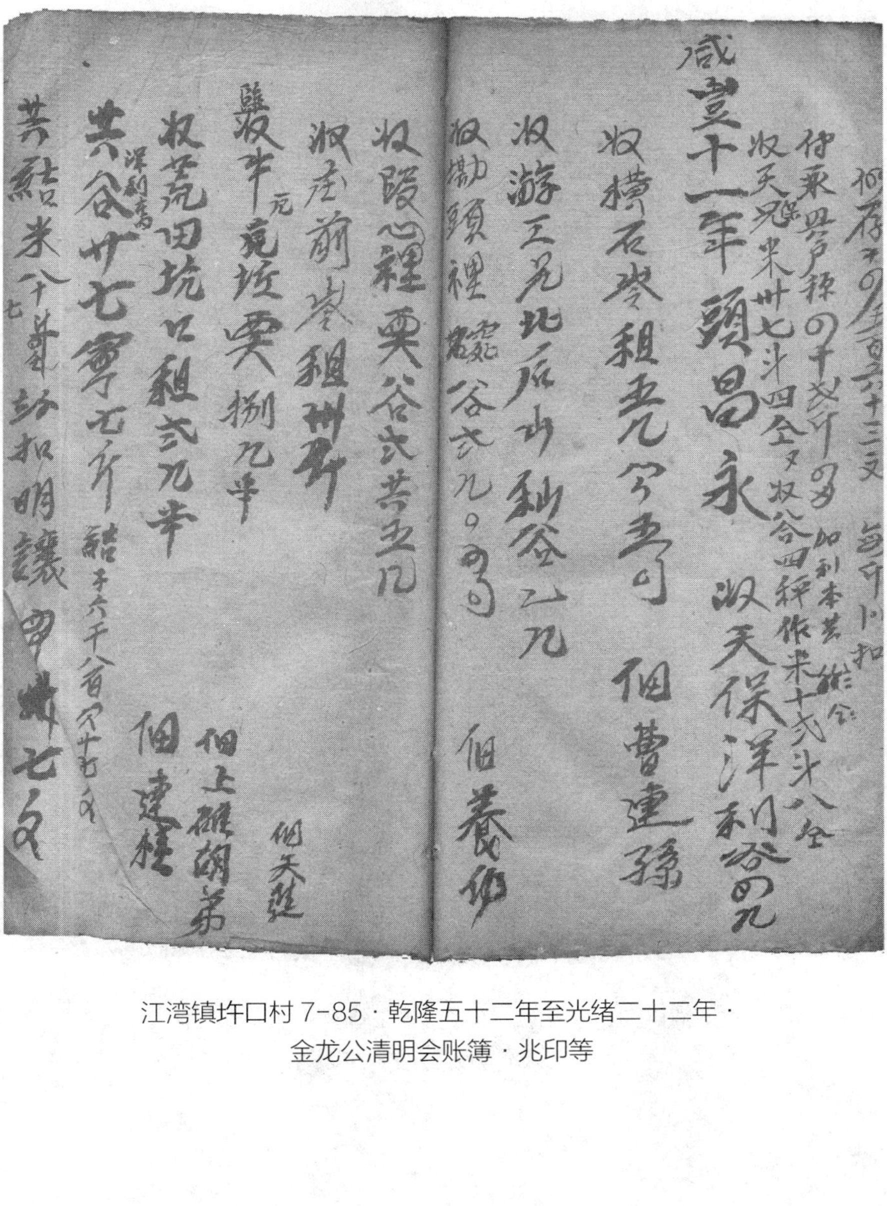

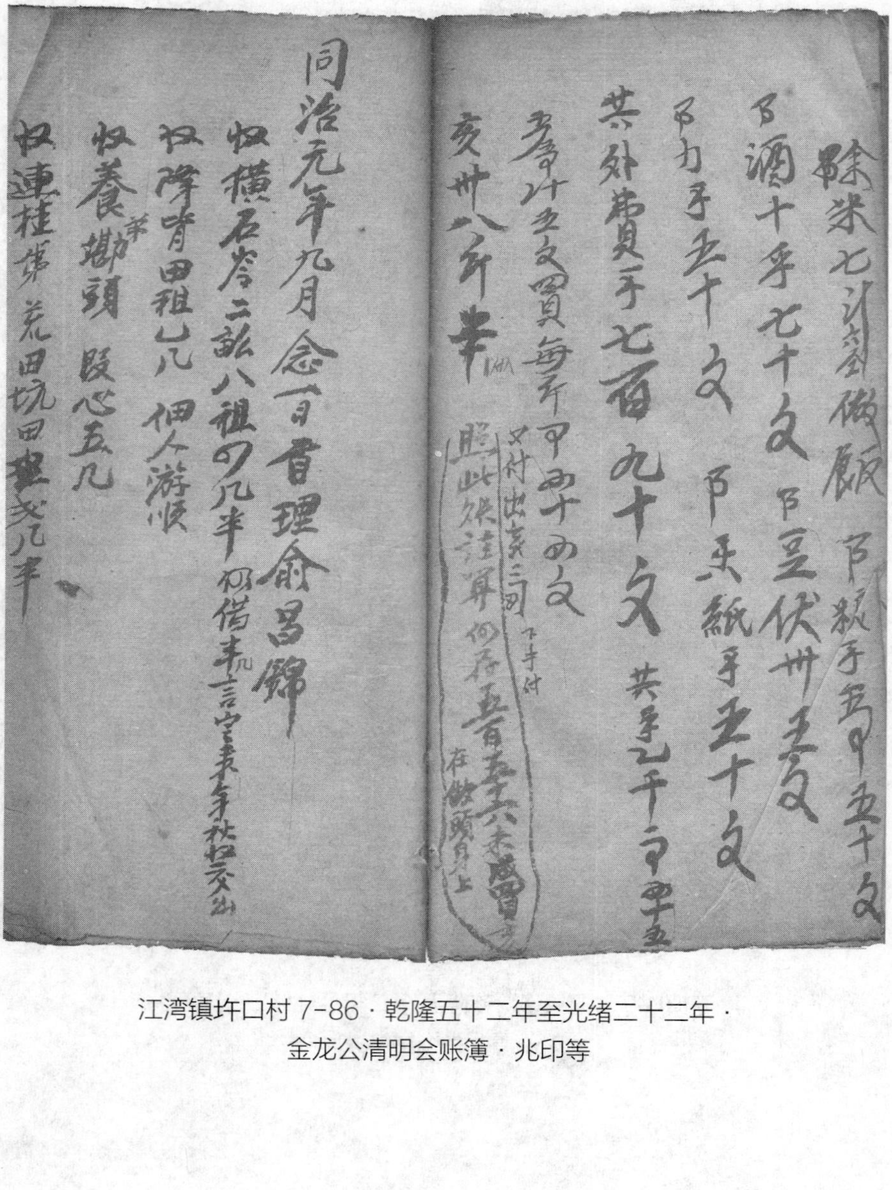

除柴七斤刘做饭 下粮手钱五十文
下酒十手七十文 下豆伏卅五文
下力手五十文 下香纸手五十文
共外费手七百九十文 共手乙千[illegible]
[illegible]廿五文买每斤甲[illegible]十四文
交卅八斤半
又付出[illegible]
照此帐注算仍存五百[illegible]
在[illegible]身上

同治元年九月念一日管理俞昌锦
收横石岑二亩八祖[illegible]几半
收降肯田租[illegible] 佃人游顺
收养鸡头 [illegible]
收連桂第 荒田坑田[illegible]

江湾镇岕口村 7-86 · 乾隆五十二年至光绪二十二年 ·
金龙公清明会账簿 · 兆印等

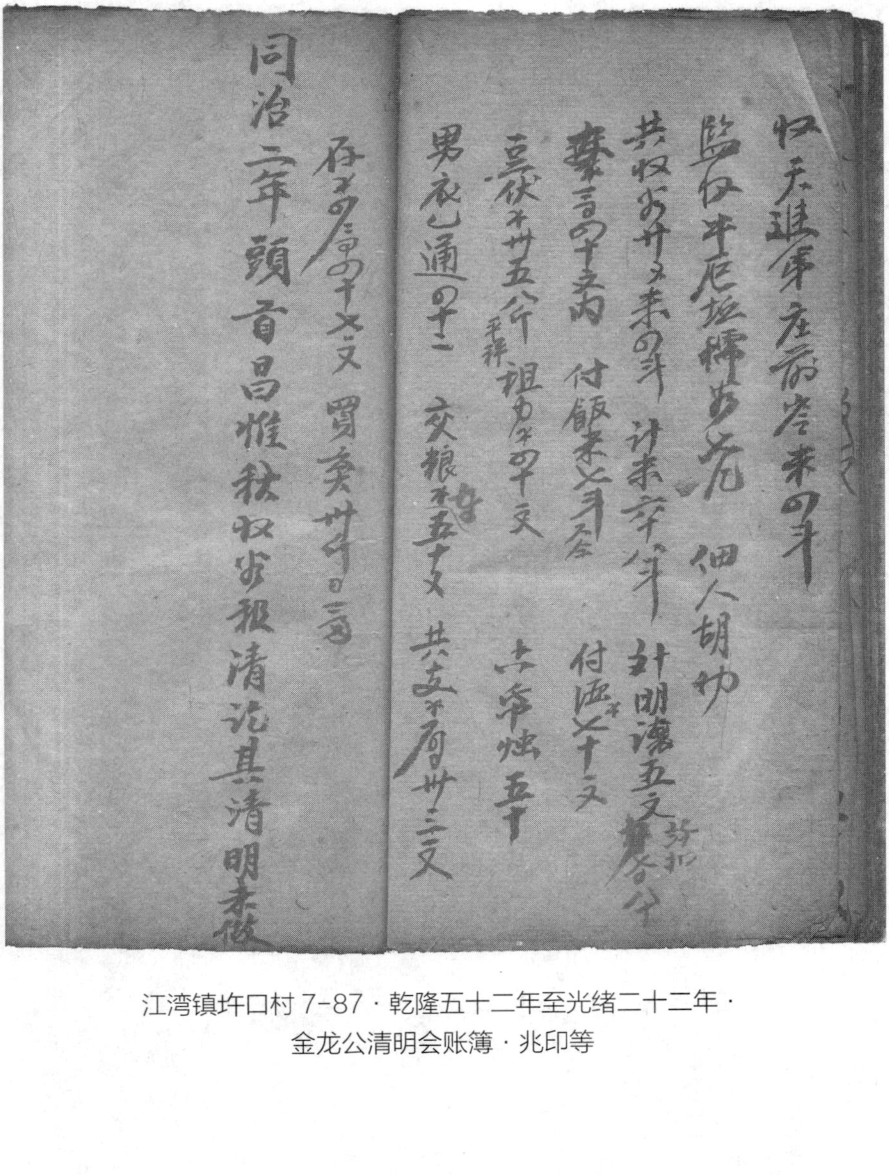

江湾镇圩口村 7-87 · 乾隆五十二年至光绪二十二年 ·
金龙公清明会账簿 · 兆印等

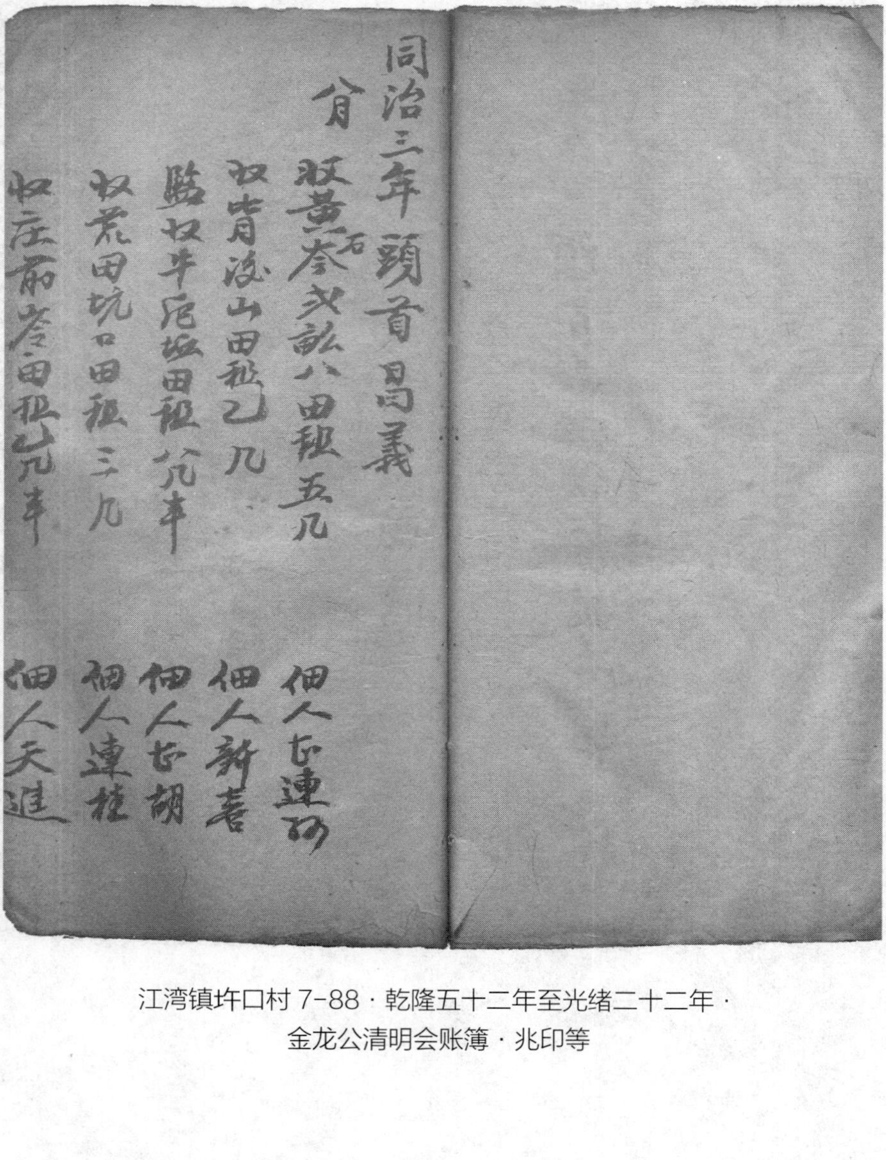
同治三年頭首昌義
負
收黃石岺弍畝八田租五几
收肯淺山田租乙几
賠收牛尼坵田租六几半
收荒田坑口田租三几
收庄前岺田租七几半
佃人长連初
佃人新喜
佃人长胡
佃人連桂
佃人天進

江湾镇岾口村 7-88 · 乾隆五十二年至光绪二十二年 ·
金龙公清明会账簿 · 兆印等

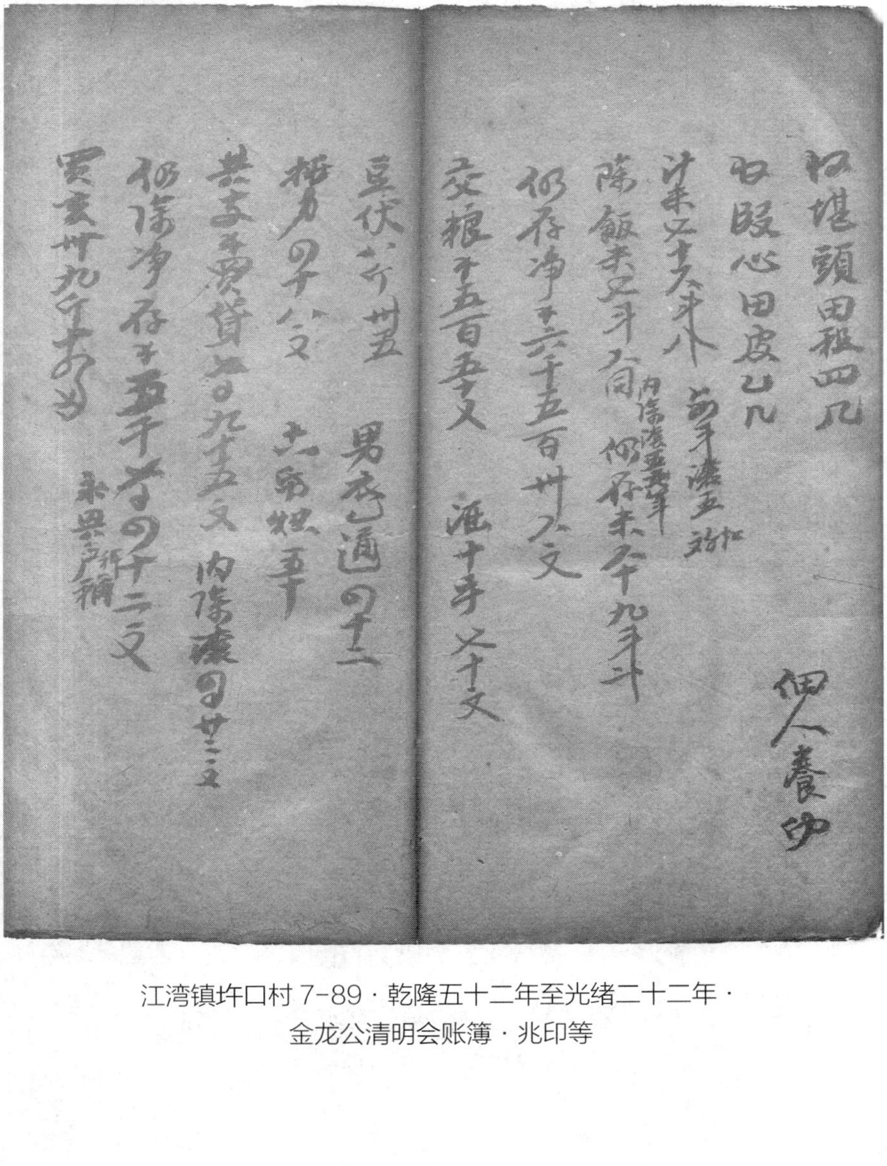

江湾镇玝口村 7-89 · 乾隆五十二年至光绪二十二年 · 金龙公清明会账簿 · 兆印等

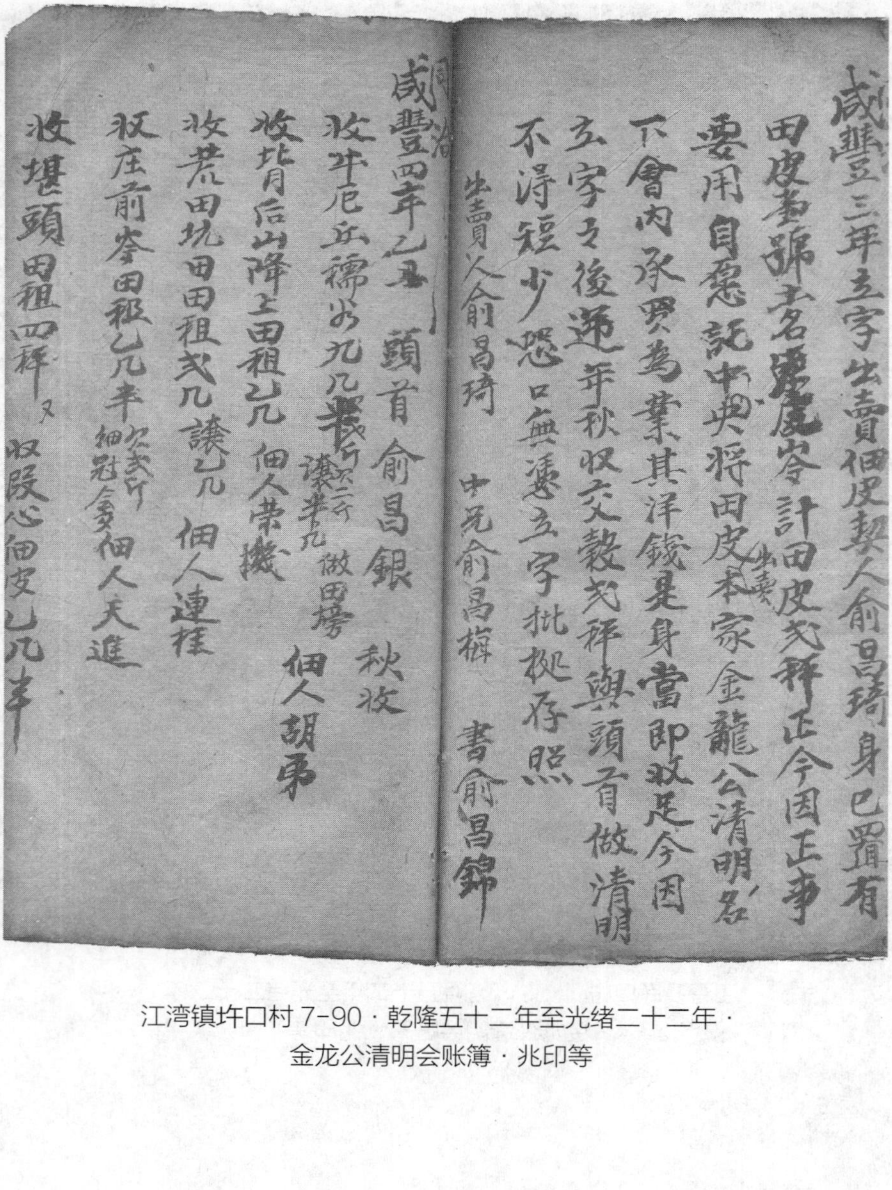

咸豐三年立字出賣佃皮契人俞昌琦身己置有
田皮壹號土名[illegible]度容計田皮弍秤正今因正事
要用自愿託中央將田皮出賣本家金龍公清明名
下會內承買為業其洋錢是身當即收足今因
立字之後遞年秋收交穀弍秤與頭首做清明
不得短少恐口無憑立字批據存照
出賣人俞昌琦
中見俞昌梅
書俞昌錦

同治
咸豐四年乙丑　頭首俞昌銀　秋收
收牛尼丘糯米九几[illegible]弍斤　讓米九　做田塝　佃人胡弟
收背后山降上田租乙几　佃人荣機
收荒田坑田田租弍几　讓乙几　佃人連桂
收庄前峇田租乙几半　欠弍斤　細冠金多　佃人天進
收堪頭田租四秤　又　收塅心佃安乙几半

江湾镇烞口村 7-90 · 乾隆五十二年至光绪二十二年 ·
金龙公清明会账簿 · 兆印等

收老虎岭谷田皮叁丘 佃天保
收横石二龇八田租六瓦 佃人连孙
共收租谷廿九瓦半内欠可斤
计本六千五百の十五文
付饭米父斤入 计本五百の文 扣米八十沉斤可斤许扣
付酒十斤 火十文 付交粮子廿半支
付豆伏八斤廿五文 男辰通甲二

付共爆烛下五十支
大支半厉丈支 邪存子少の八十支 罗发
付掘刀公五瓦支

同治五年蒴首昌洪 昌梅代做

收牛厄坯栗谷九秤半 佃人助家佃
收横岩岺式蚧八裡秝谷五秤议二秤 佃人重
收堪头秝谷四秤
收殷四裡佃昊栗谷志秝 佃人佛养

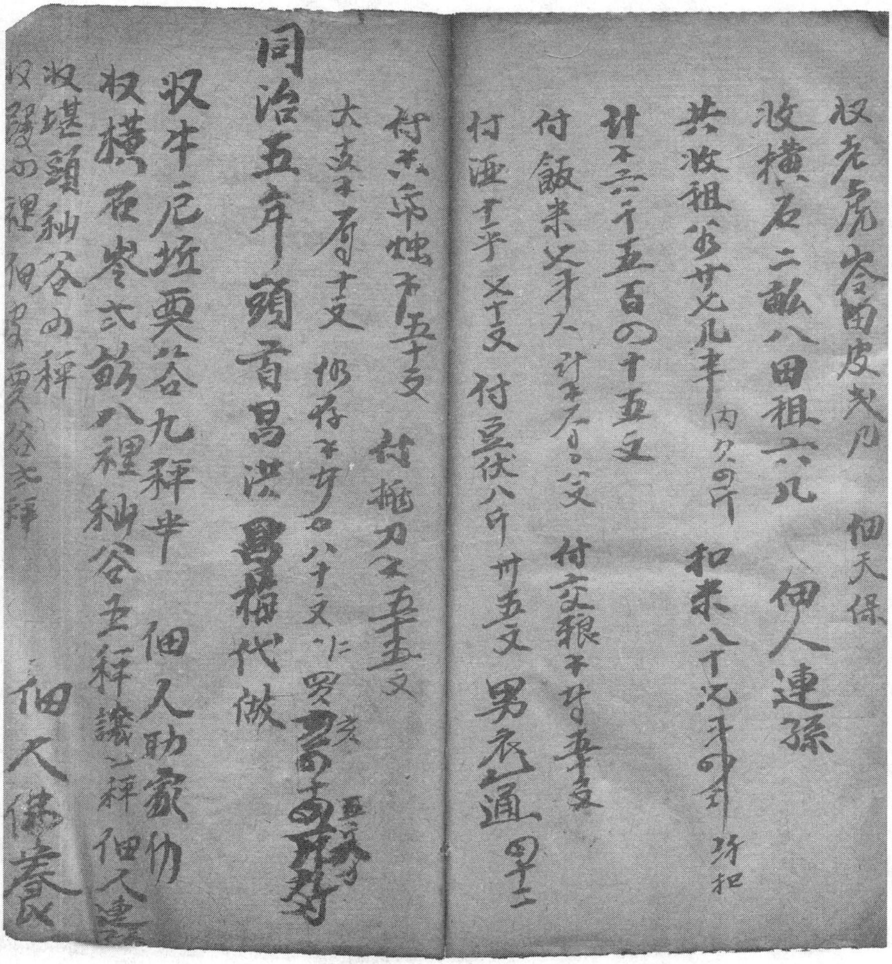

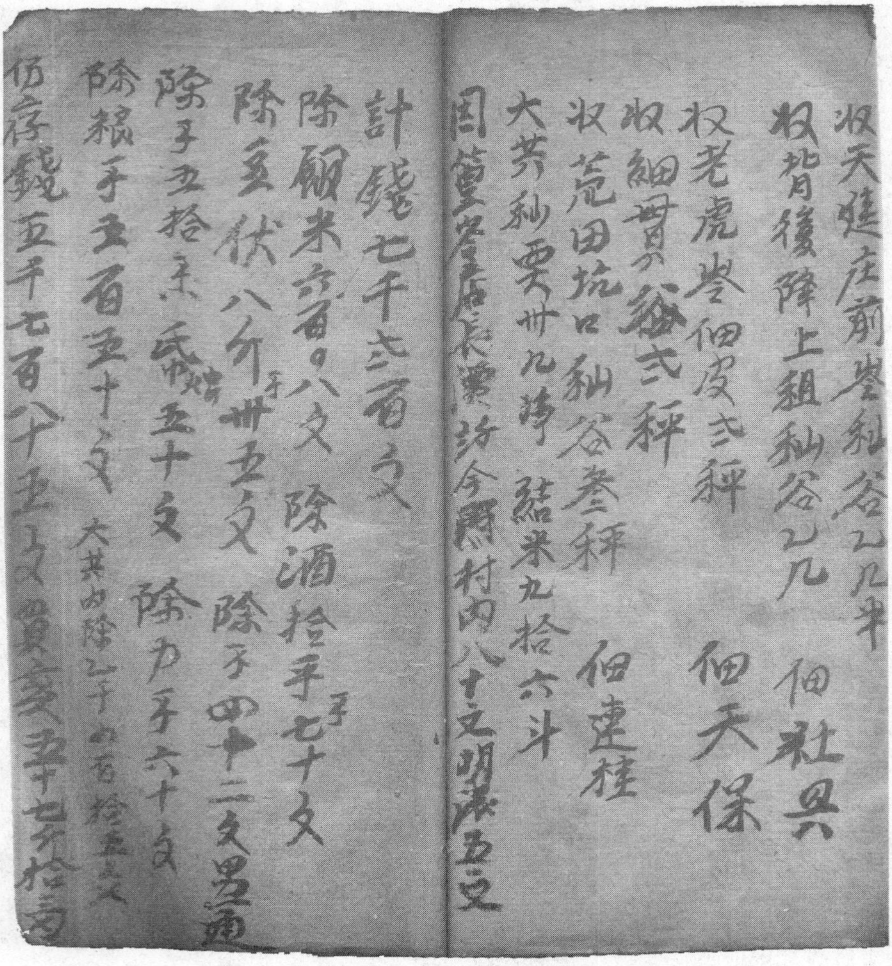

收天堤庄前坐秈谷乙几半
收背後降上租秈谷乙几 佃社兴
收老虎坐佃皮弍秤 佃天保
收細田贯ガ谷弍秤
收荒田坑口秈谷叁秤 佃連桂
大共秈要卅九秤 結米九拾六斗
因管坐厝長灃坊今糶村内八十文明洪五兑
計錢七千弍百文
除碾米六百四八文 除酒拾千七十文
除豆伏八斤卅五文 除干四十二文罡通
除手五拾文 氏帐五十文 除力手六十文
除粮手五百五十文 大共内除乙千四百拾五文
仍存錢五千七百八十五文貫五十七斤拾两

江湾镇圩口村 7-92 · 乾隆五十二年至光绪二十二年 ·
金龙公清明会账簿 · 兆印等

同治六年 十月十六日該首昌河
收年底收田粮九凡監收
收荒開成日租三凡
收銅貫井坦荒凡
收庄后詹田租山凡半
收天源老兆詹米荒凡
收堪頭田租四凡
收橫石詹數詼向租毫米
收呌后山降上田租山凡
收陂心田皮茭凡
共共收米廿凡 計弊六年

同治七年 八月五支
朗瀋孟五 来陳六年方公又
太百尺廿洒 畫公廿豈侯省
志不五十文 炗不幺 古米甲乙
支十五百五十又 多稂 支六令文 雑豈活
大共支五百有十重又 仰存錢六千又の盡重交甲乙

同治七年 十一月初五顕俞首日 新窓頭
稈収 橫石夆 數詼八租六凡 細八曹連昀

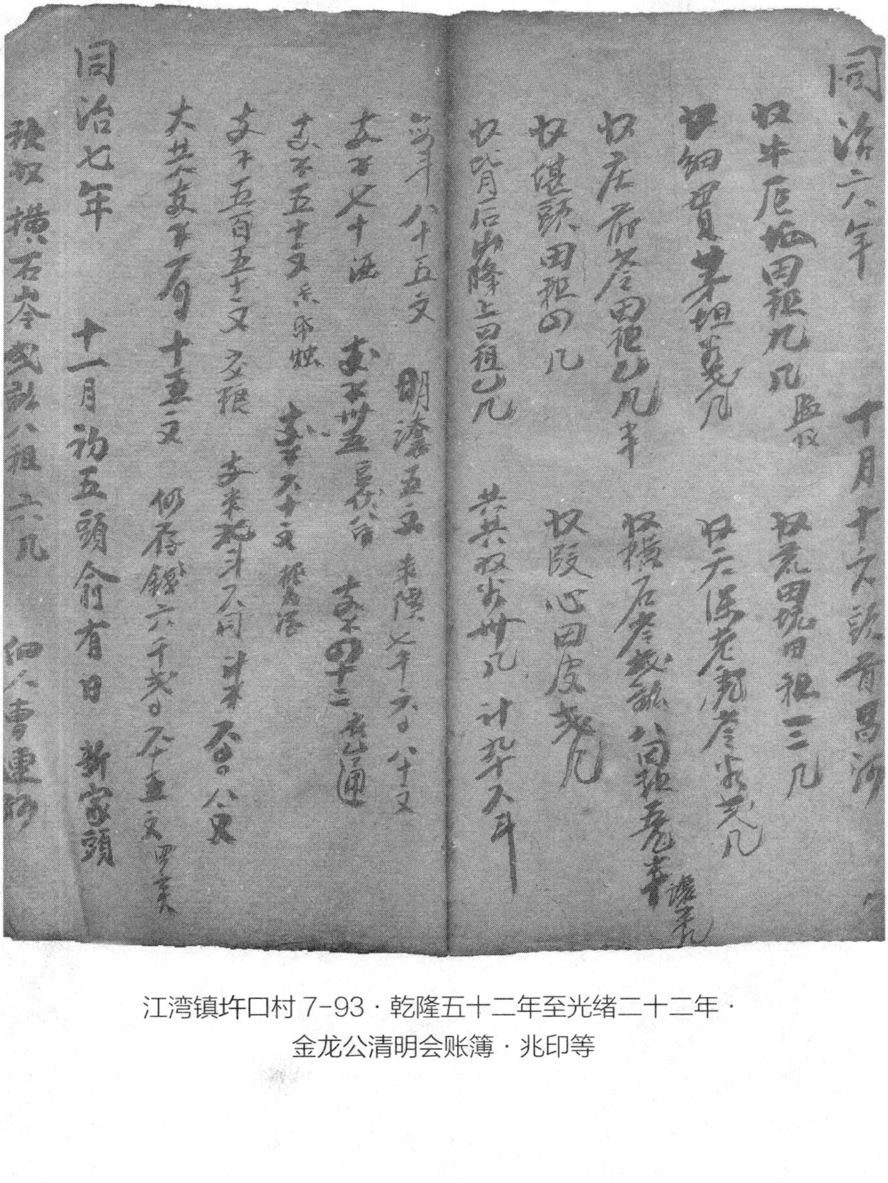

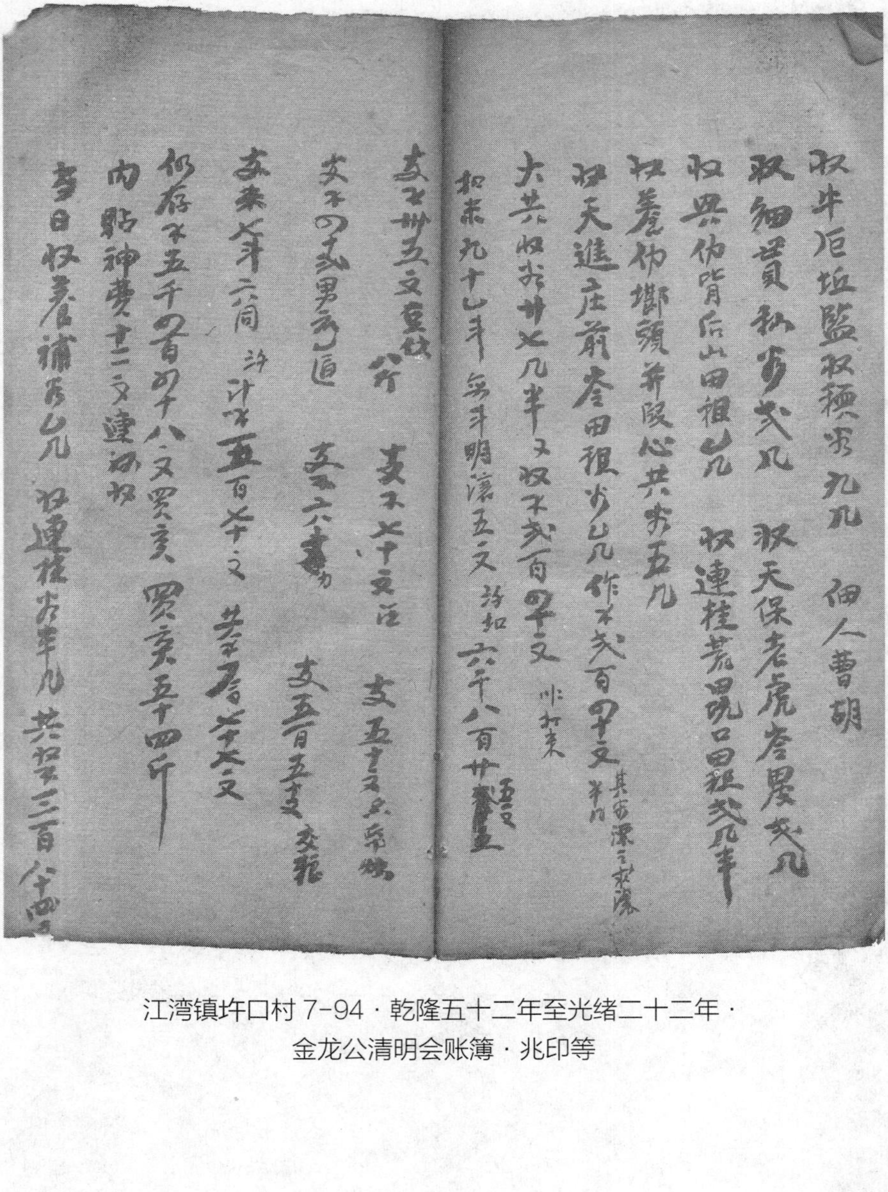

收牛石坵藍收穀[illegible]九九　佃人曹胡
收細貫秋[illegible]弍九　收天保老虎叁[illegible]弍九
收興仂背后山田租[illegible]九　收連桂荒[illegible]口田租弍九半
收養仂塆頭并段心共[illegible]五九
收天進庄前叁田租[illegible]九作[illegible]弍百四十文　[illegible]
大共收[illegible]廿七九半又收[illegible]弍百四十文　[illegible]
扣米九十[illegible]斤　[illegible]明[illegible]五文　計扣　六千八百廿[illegible]

支[illegible]廿五文[illegible]　八斤　支[illegible]七十文[illegible]　支五十文[illegible]
支[illegible]四十[illegible]　支[illegible]六[illegible]　支五百五十文　交[illegible]
支米[illegible]六[illegible]　計[illegible]五百[illegible]十文　共[illegible]
仍存[illegible]五千四百四十八文[illegible]　[illegible]五十四斤
內貼神費十二文連[illegible]
其日收養補[illegible]九　收連桂[illegible]半九　共[illegible]三百八十四[illegible]

江湾镇圩口村 7-94 · 乾隆五十二年至光绪二十二年 ·
金龙公清明会账簿 · 兆印等

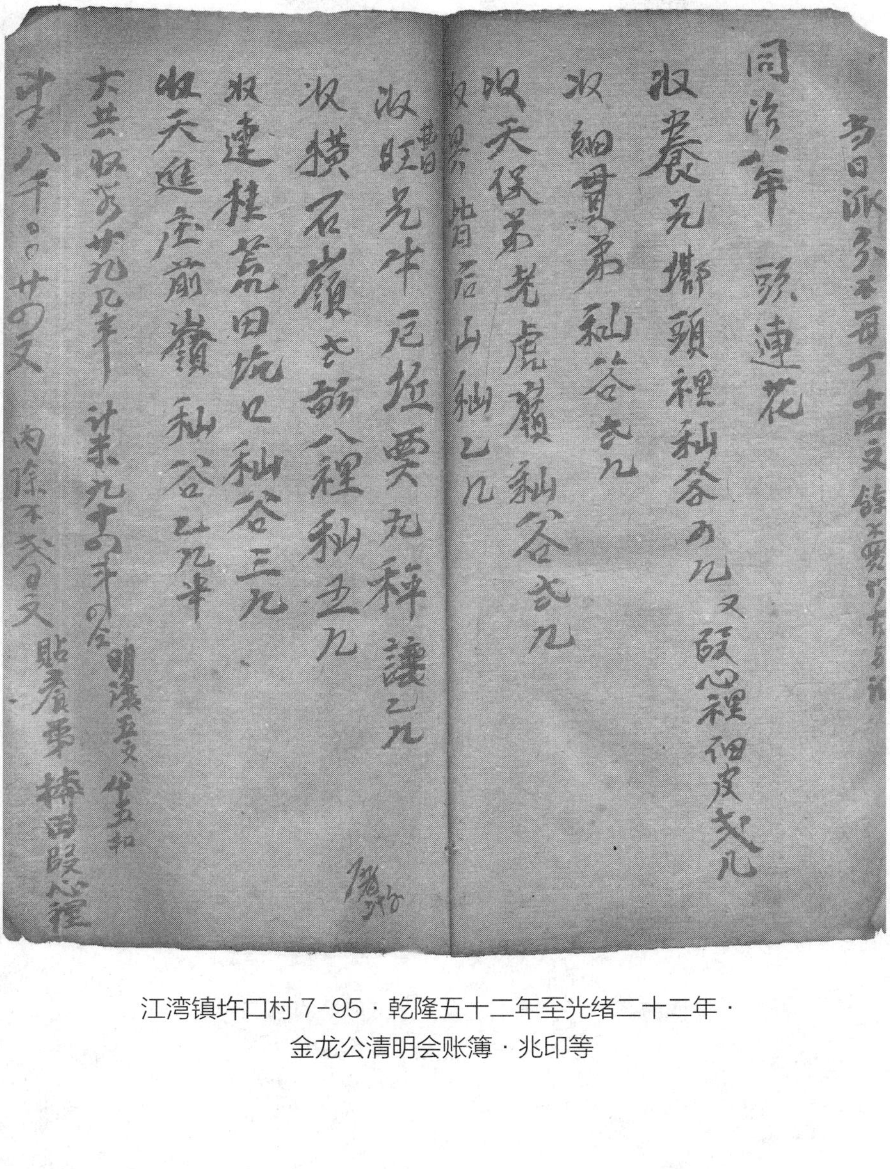

当日派分每丁[illegible]文餘[illegible]

同治六年 頭連花

收養兄墈頭裡秈谷[illegible]元 又段心裡佃皮[illegible]元

收細貫弟秈谷弍元

收天保弟老虎嶺秈谷弍元

收男背后山秈乙元

收旺兄坪尼垃要元秤 讓乙元

收横石嶺弍新八裡秈五元

收達桂荒田坑口秈谷三元

收天進屋前嶺秈谷乙元半

大共收秈廿九元半 計米九十[illegible]斗[illegible]合 明讓五文 [illegible]

計實八千〇〇廿四文 內除本[illegible]文 貼養要捧田段心裡

[illegible]

江湾镇坽口村 7-95 · 乾隆五十二年至光绪二十二年 ·
金龙公清明会账簿 · 兆印等

仰本七斤公廿两文 支豪绅月九十文

仰仔本斤三百廿四文 买卖买大千丰 欠卖司每丁散分年底

豆伏八斤手卅五文 酒十平千七十文 仰手十文罢奉

天希墙平辛文 男农乙通四十二文

钱粮弔五千文 巾子五十九文

顺柔七斗 六筒

同治九年 頭首 昌淮

八秋收养兄椰頭苎暖心裡谷伍拜半

收樓市叁連孫秈谷五凡半收細貫秈谷式凡

盐收牛軋垣稉谷之凡欠三斤 佃人助加

次天進庄前岑租谷二石为認半至年奉田

收天保弟落虎岑卖求凡

收連桂荒田坑谷式凡半

江湾镇圩口村 7-96 · 乾隆五十二年至光绪二十二年 ·
金龙公清明会账簿 · 兆印等

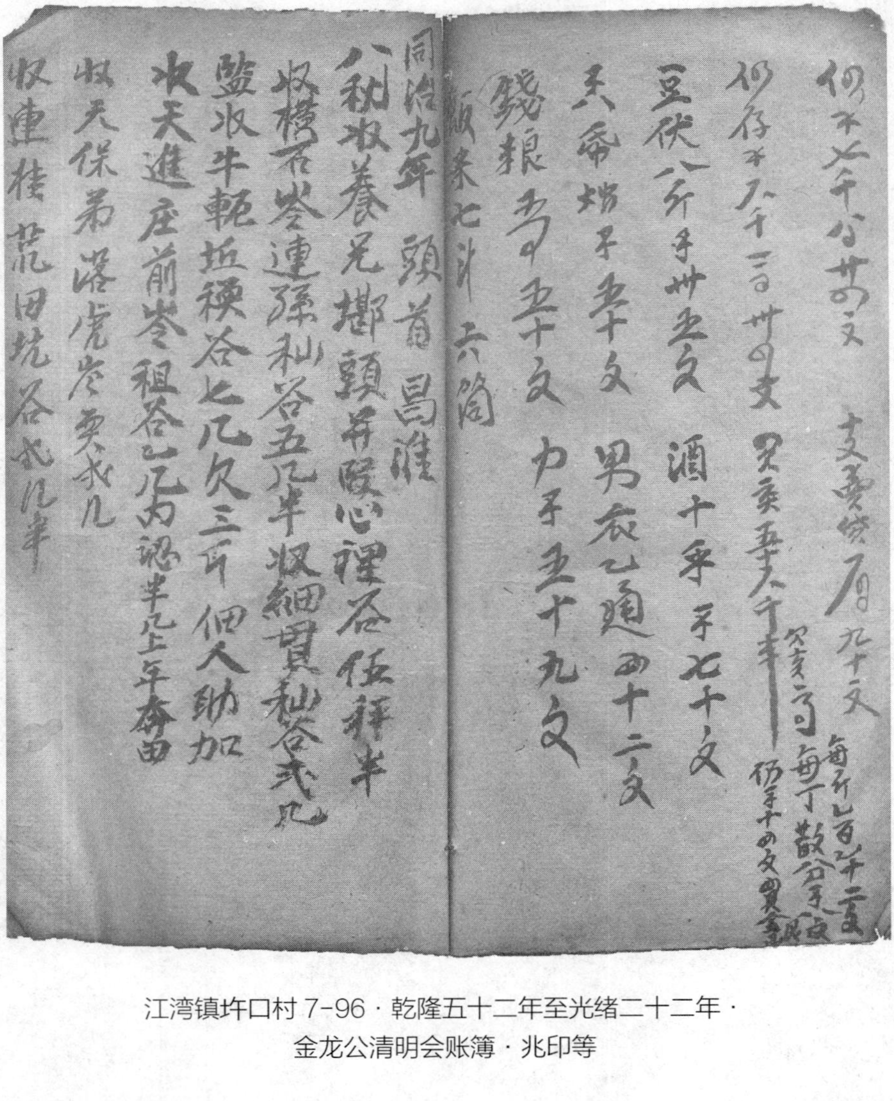

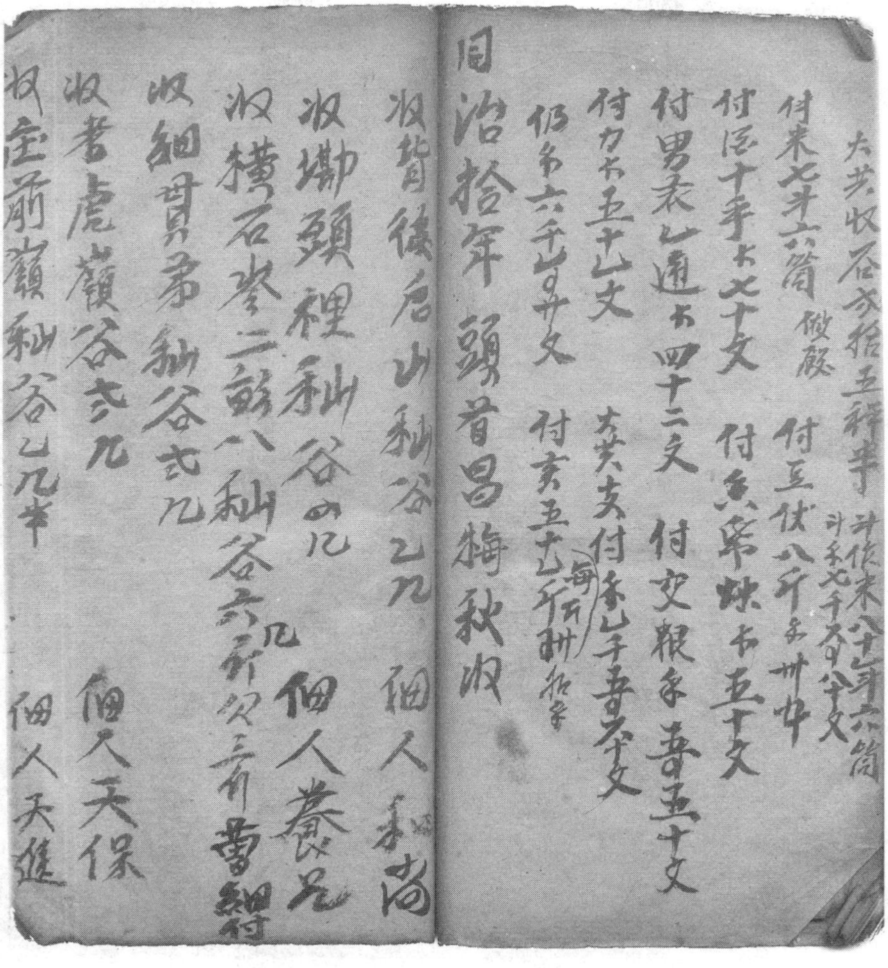
大共收谷式拾五秤半 斗作米八十乙斗六筒
付米七斗六筒 做廒 付豆伏八斤
付□十手大七十文 付魚泰妹大五十文
付男表山通大四十二文 付交粮条壽五十文
付力大五十山文 大共支付錢山千壽大十文
仍存六千山十廿文 付夫五十山斤

同治拾年頭首昌梅秋收
收背後居山秈谷乙九 佃人 高
收壩頭裡秈谷四九 佃人養兄
收横石嶺二畝八秈谷六九 佃人 曾錫
收細貫弟秈谷式九
收書虎嶺谷式九 佃人天保
收金前嶺秈谷乙九半 佃人天進

江湾镇圩口村 7-97 · 乾隆五十二年至光绪二十二年 ·
金龙公清明会账簿 · 兆印等

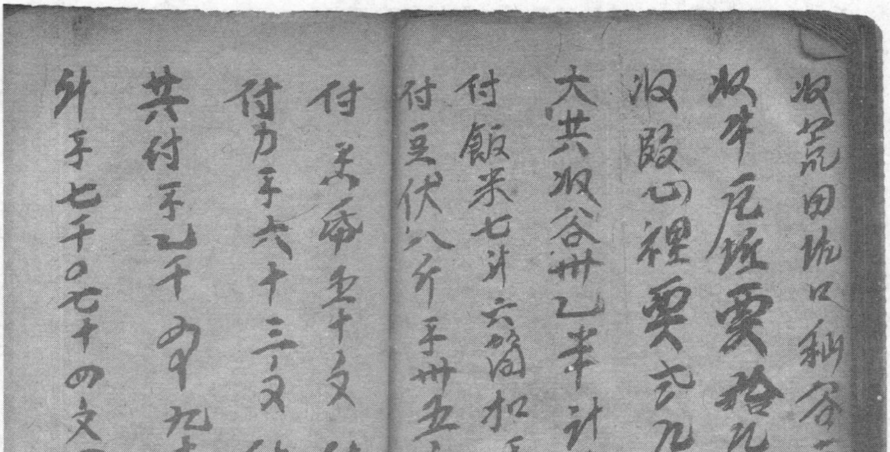

收荒田坑口秋谷三九　佃人建桂
收牟尼坵秈谷拾九　佃人曹旺兄
收殿山裡秈谷弍九　佃人養兄
大共收谷卅乙半 計米十斗〇八合 計手八千零十
付飯米七斗六合 扣手六百八十四文
付豆伏八斤手卅五文 付伏酒十斤 手七十文
付米爺五十文 付衣乙通手四二文
付力手六十三文 付粮手五千五十文
共付手乙千四十九十四文 飯米買貨
外手七千〇七十四文 買亥五千五斤 ……

江湾镇圩口村 7-98 · 乾隆五十二年至光绪二十二年 ·
金龙公清明会账簿 · 兆印等

同治拾山年頭音昌琦 連在音代做

玫撮頭田租秈各四秤　佃人農

收細富模名岑田祖秈各十六秤　佃人天保

收細貿　秈各式秤

收老虎岑要各式秤

收庄前岑田租乙秤半

收荒田乙田祖秈参三秤　佃人連程

收輊垣田租要九秤　佃人耶戶

收䏦心里要各式秤　佃人農

收曾後以田租秈各乙秤　佃人和尚

古共冶各秔秤卄米九十六斗八升...卄米八千四百...

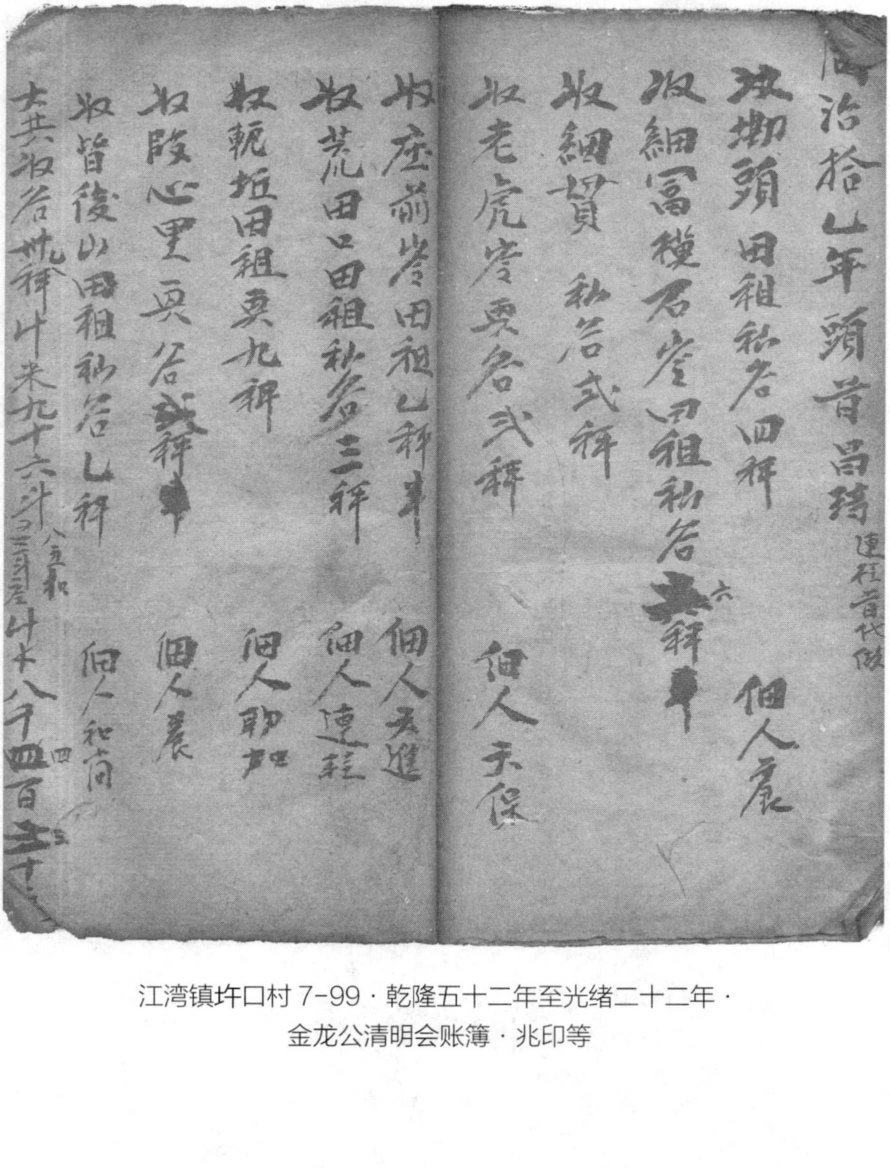

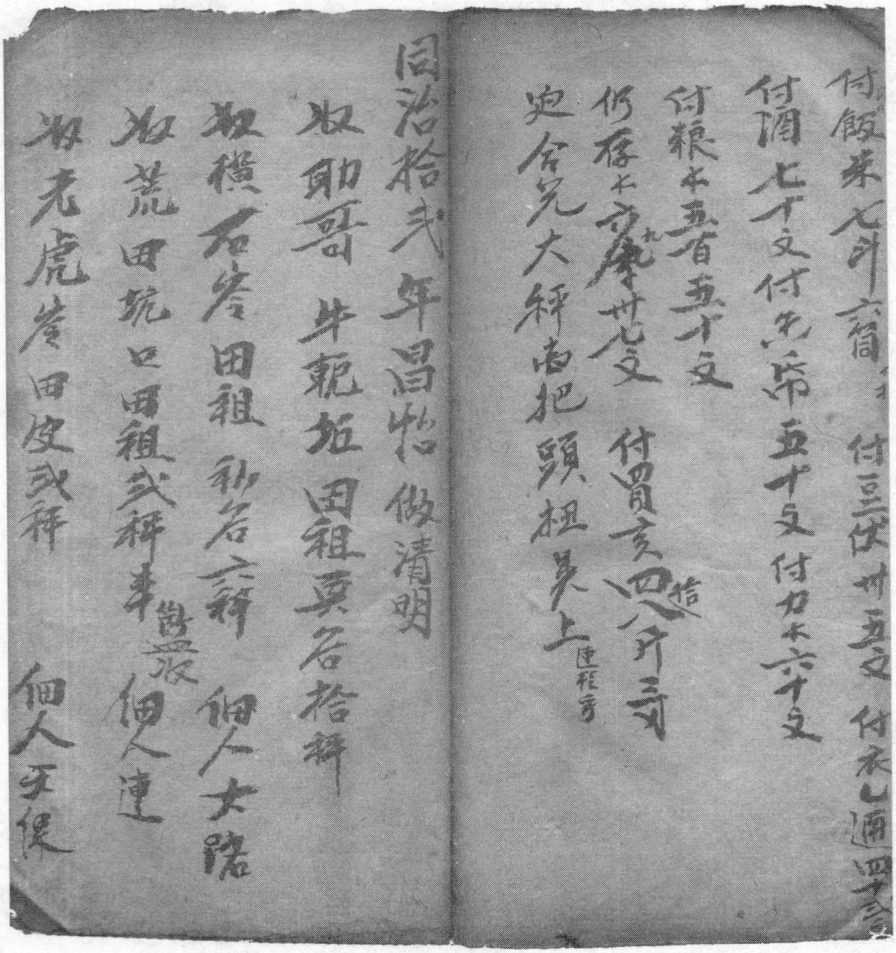

付飯菜七斗六筒 付豆伏卅五文 付衣山[illegible]四十[illegible]
付酒七十文 付香紙帋五十文 付力木六十文
付糧木五百五十文
付存木六[illegible]廿七文
付買亥四八斤三兩
迎会兄大秤肉把頭祖吳上 連程秀

同治拾弍年昌怡做清明
收助哥牛瓏坵田租真谷拾秤
收横石塝田租补谷六秤 佃人女踏
收荒田坑口田租弍秤半 歉無收 佃人連
收老虎廣田皮弍秤 佃人丕保

江湾镇坼口村 7-100 · 乾隆五十二年至光绪二十二年 ·
金龙公清明会账簿 · 兆印等

收张前彦山稞　　　　　佃人玉进

收卿头田租

收阳心田租　共六稞

收甘贝　田租式稞　　佃人孙友

共收谷九稞并计来九四计罚　计来九四罚

付清明饭七斗□　付豆伏卅五文　付衣通四戥□

付酒七十文　付米八筒五十文

付粮木五十五十文

付豕卡七分七三十文　两陈木厚六十七文

伯豕卡七捨四月□　五及贴年文谷山稞吃清明

付亥五捨四月□

□□祥调言定成份贴年交谷式稞吃清明□付交□□□□

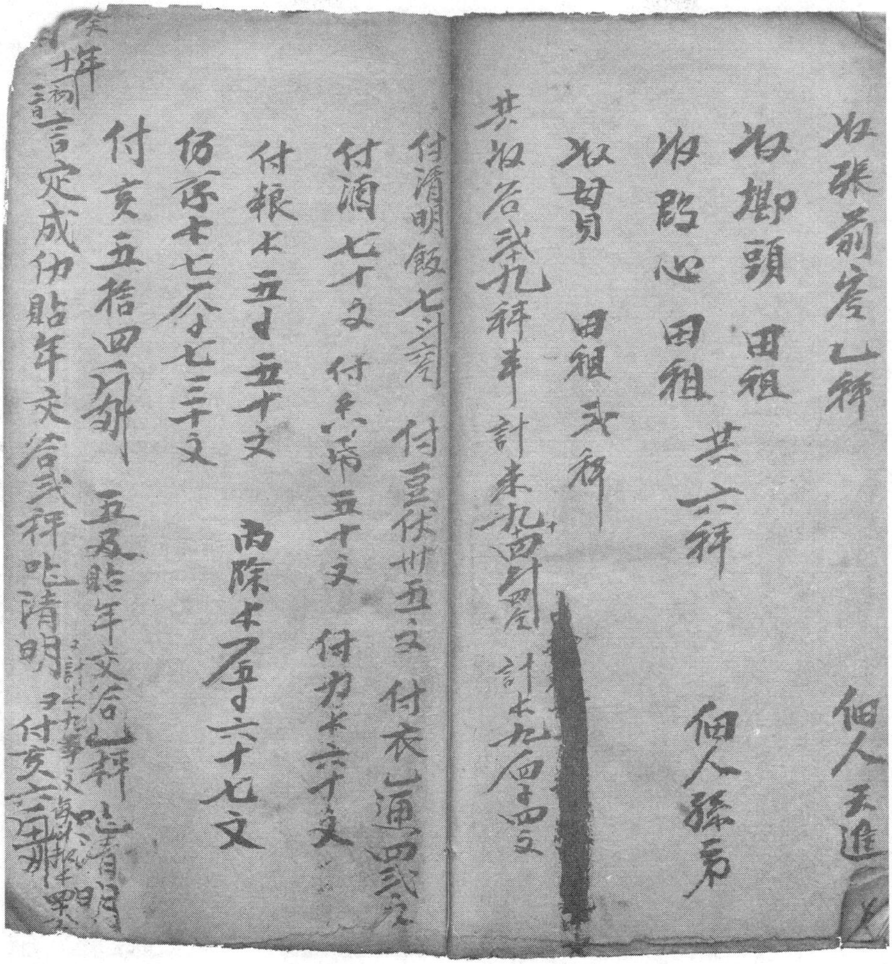

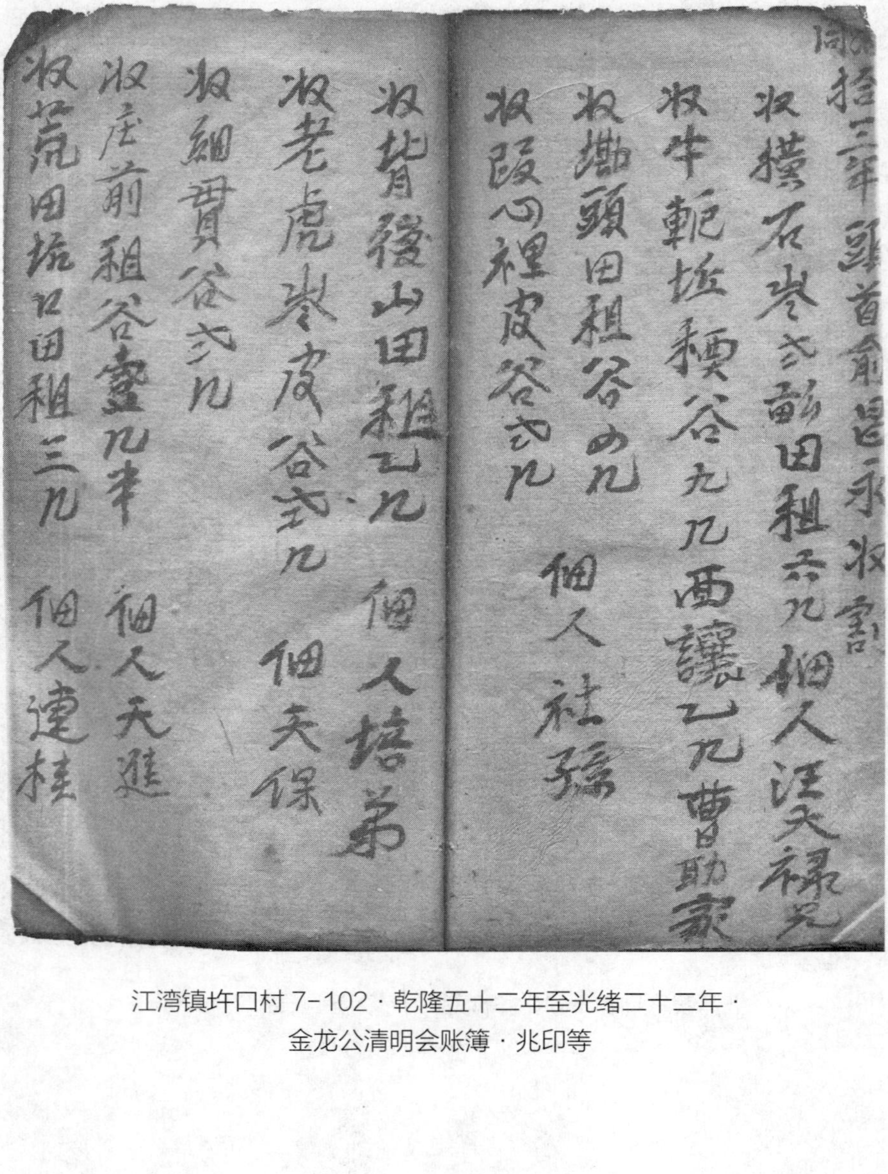

同治三年頭首俞邑永收割
收撲石㘭弍畝田租六九 佃人汪天禄兄
收牛軛塢粳谷九九 西疇乙九 曹助家
收塆頭田租谷四九
收路心裡皮谷弍九 佃人社孫
收背後山田租乙九 佃人培弟
收老虎㘭皮谷弍九 佃夫保
收細貫谷弍九
收屋前租谷壹九半 佃人天進
收荒田塢口田租三九 佃人連桂

江湾镇坍口村 7-102 · 乾隆五十二年至光绪二十二年 ·
金龙公清明会账簿 · 兆印等

共收秈谷稷谷卅○斗九砠米五拾七
六筒時價筆崋大酌每己百文
照算九拾七斗六筒計算九千七百二
支每斗明讓穀文乙斗扣讓字四八亳元文
內戶粮字半ㄢ玉斗文 內戶平乑胙字半千文
內戶豆伏八分平州玊文 內戶酒字七十文中半
內戶餡米七斗六筒扣子七百六十文 男夜一逼四十二文
佰存買亥季七千六百四十三文現付亥素杂
半ㄢ壹玉行三兩毎斤卄文扣
又亥玉行三勺玊扣六百廿文 付建程浴
佰璟本月家三逼子四廿七文到手武元

江湾镇圲口村 7-103 · 乾隆五十二年至光绪二十二年 ·
金龙公清明会账簿 · 兆印等

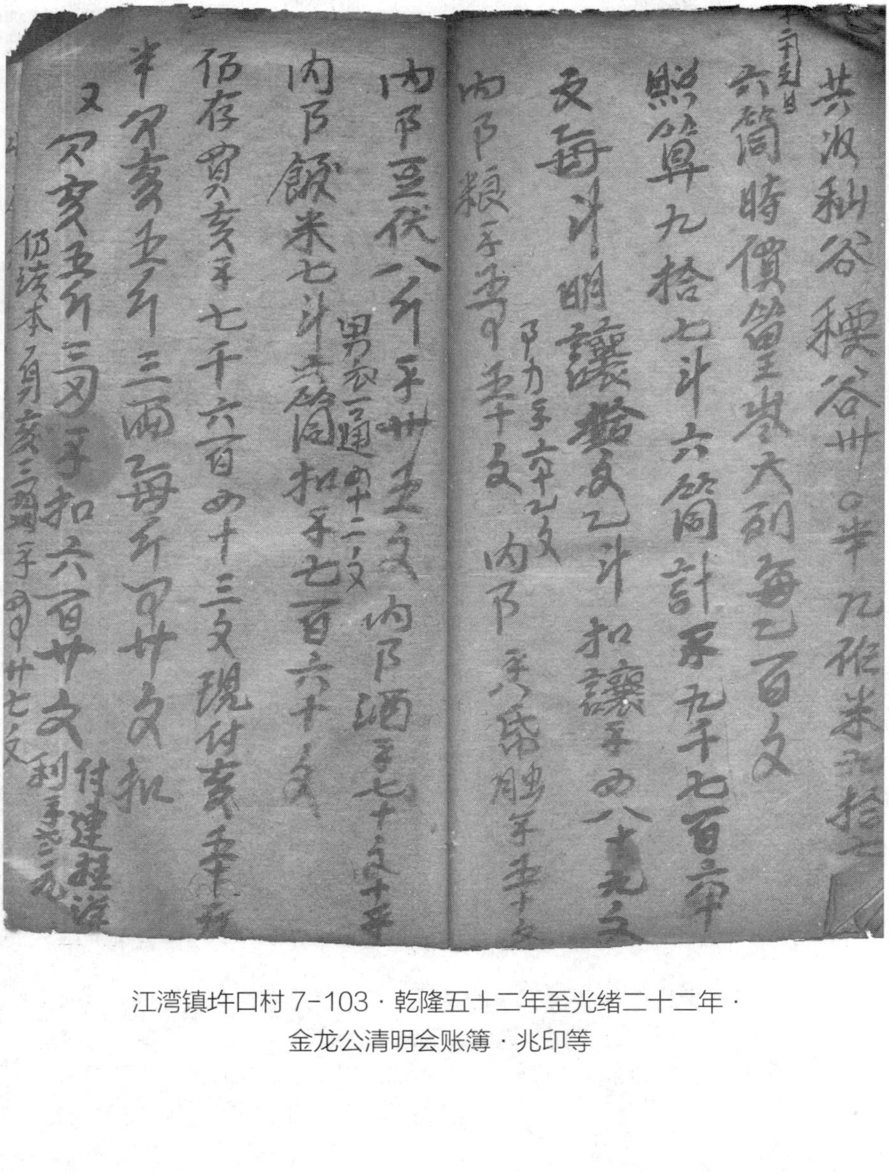

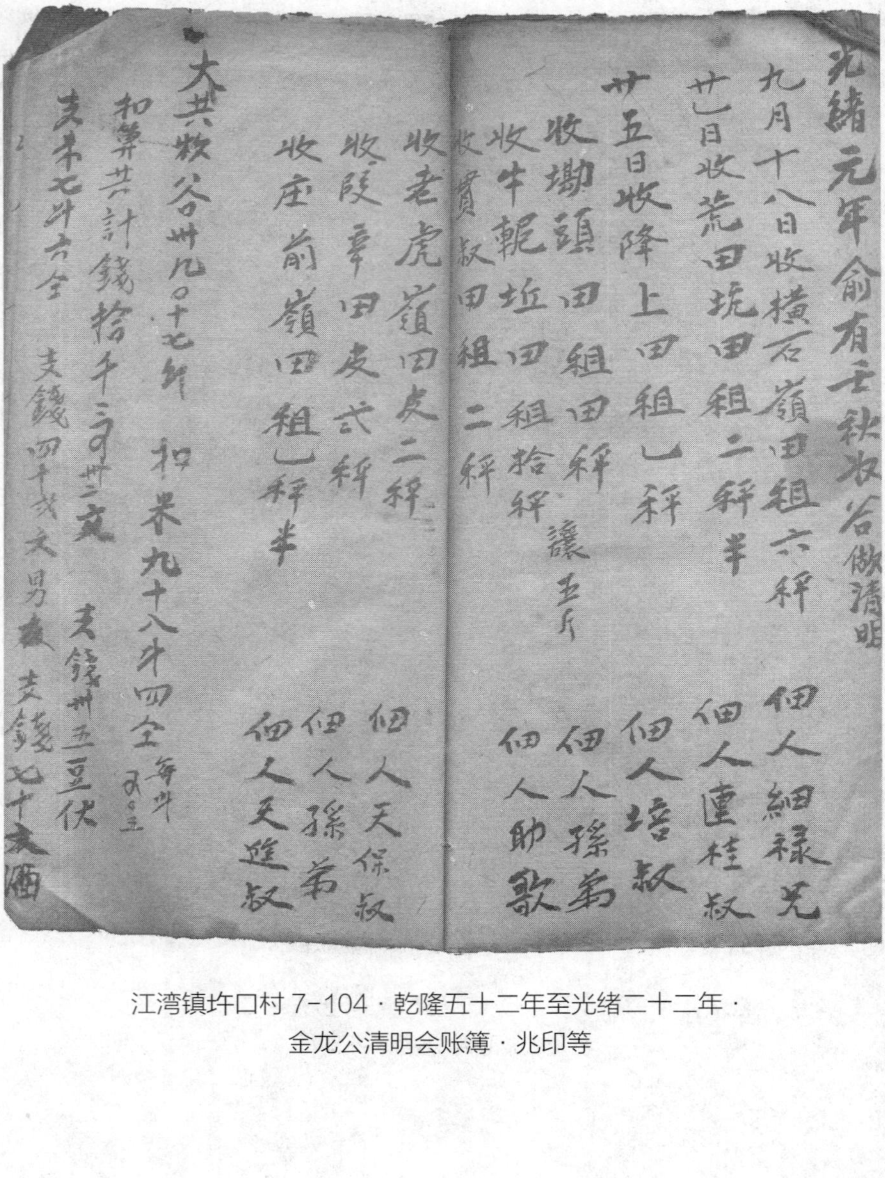
光緒元年俞有壬秋收谷做清明
九月十八日收橫石嶺田租六秤　佃人細祿兄
廿一日收荒田坑田租二秤半　佃人蓮桂叔
廿五日收降上田租一秤　佃人培叔
收墈頭田租田秤　讓五斤　佃人孫弟
收牛軛垇田租拾秤　佃人助歌
收賓叔田租二秤
收老虎嶺田皮二秤　佃人天保叔
收陡章田皮弍秤　佃人孫弟
收庄前嶺田租一秤半　佃人天進叔
大共收谷卅九〇十七斤　扣米九十八斗四合　每斗　又○五
扣算共計錢拾千三百卅三文
支米七斗六合　支錢卅五豆伏
支錢四千弍文男故
支錢七十文酒

江湾镇坑口村 7-104 · 乾隆五十二年至光绪二十二年 ·
金龙公清明会账簿 · 兆印等

支钱五十文香纸 支钱六十文担力 支麦穀粮钱
五百五十文 支钱廿四文记账子
共支用九千六百四十九文
用仍钱八千七百廿七文買麦六拾四斤每斤O卅六文

光绪二年頭首俞有榮做清明 收租账
收樯石嶺田租六元　　　　佃人細禄
收荒田玖坵田租三元
收降上田租一元　　　　　佃人連桂
收牛軛坵九元半讓半斤　　佃人培幼
收老虎道田皮二元　　　　佃人聊家
收殷心田皮二元　　　　　佃人天保
收細貫二元
收卿頭田租四元　　　　　佃人孫幼
收庄前苔田租一元半O斤　佃人天佳

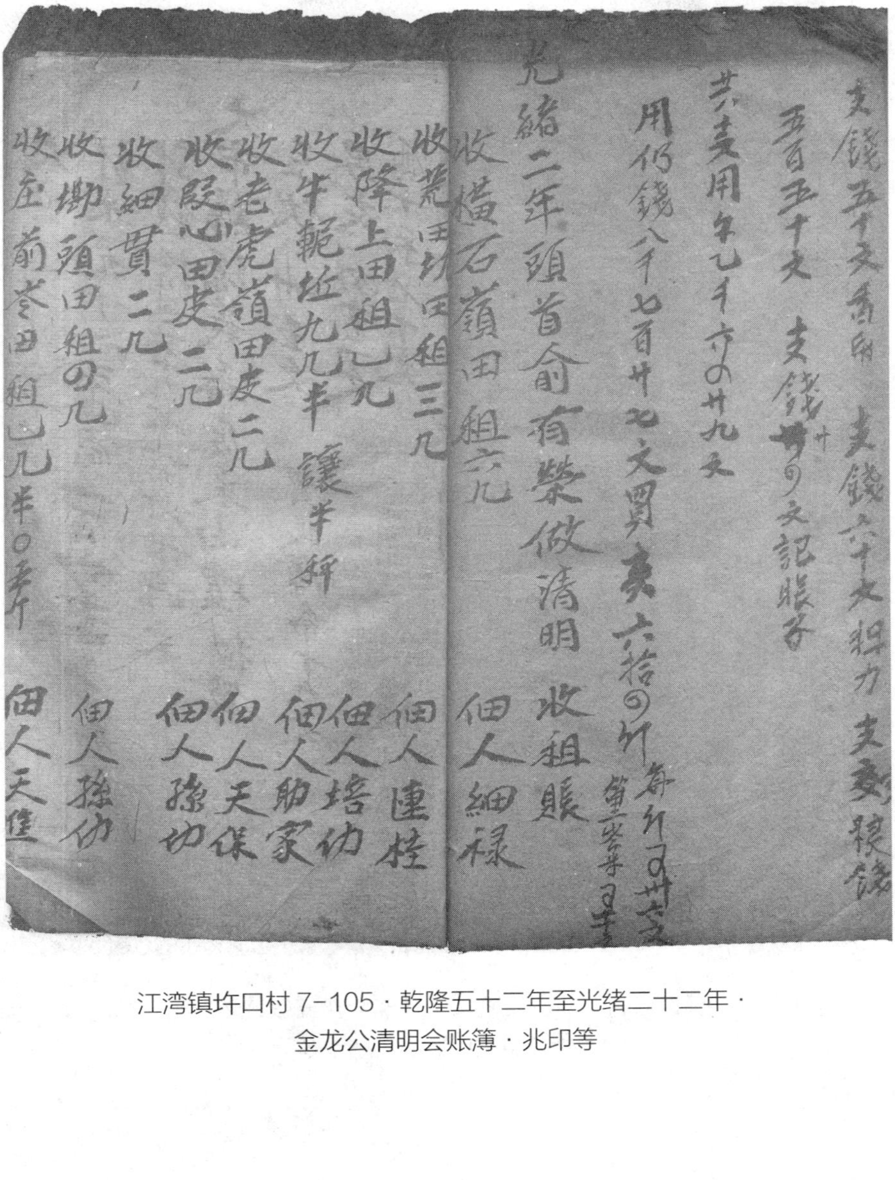

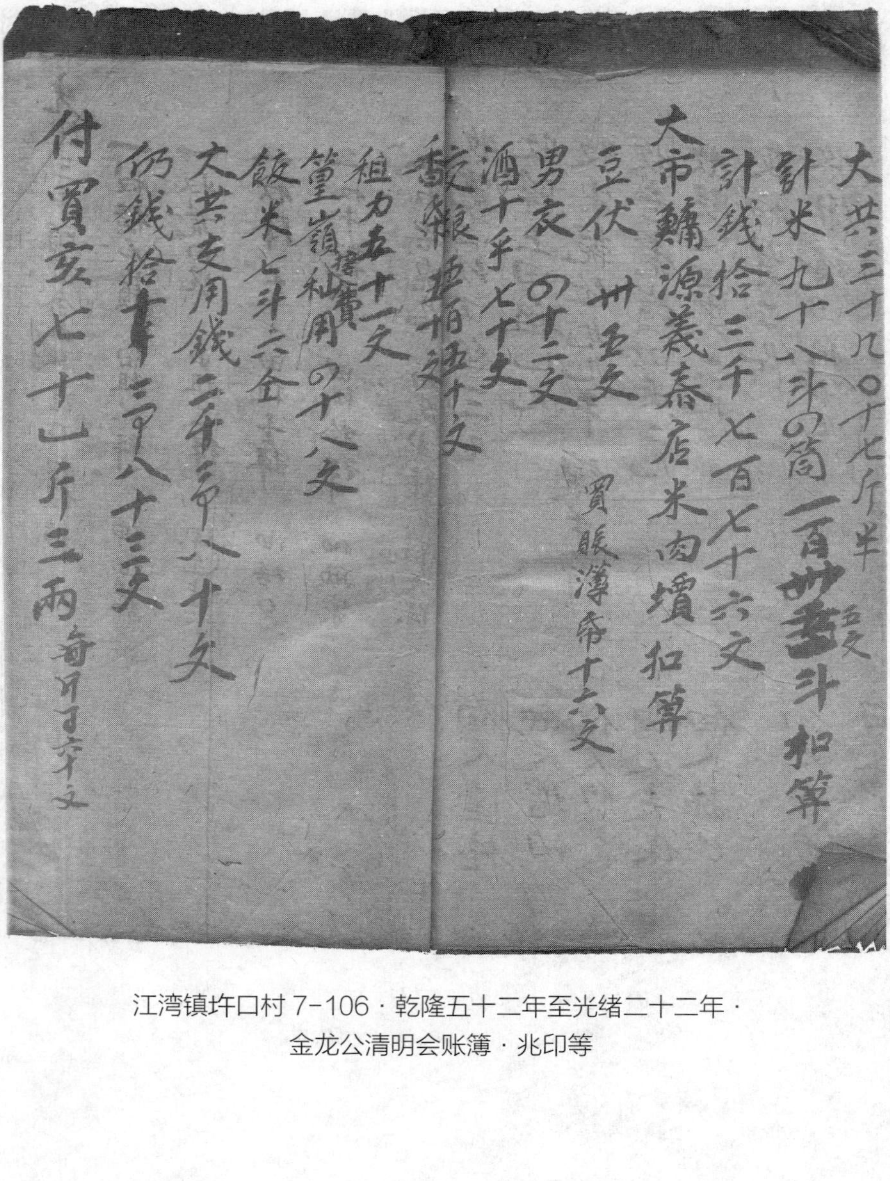
大共三十九〇十七斤半
計米九十八斗四筒一百卌五文斗扣算
計錢拾三千七百七十六文
大市鏞源義春店米肉價扣算
豆伏 卌五文
男衣 四十二文
買賬簿帋十六文
酒十乎七十文
香紙粮伍佰伍十文
租力五十一文
篁嶺掛費私用四十八文
飯米七斗六合
大共支用錢二千三百八十文
仍錢拾一千三百八十三文
付買亥七十山斤三兩 每斤[illegible]六十文

江湾镇岾口村 7-106 · 乾隆五十二年至光绪二十二年 ·
金龙公清明会账簿 · 兆印等

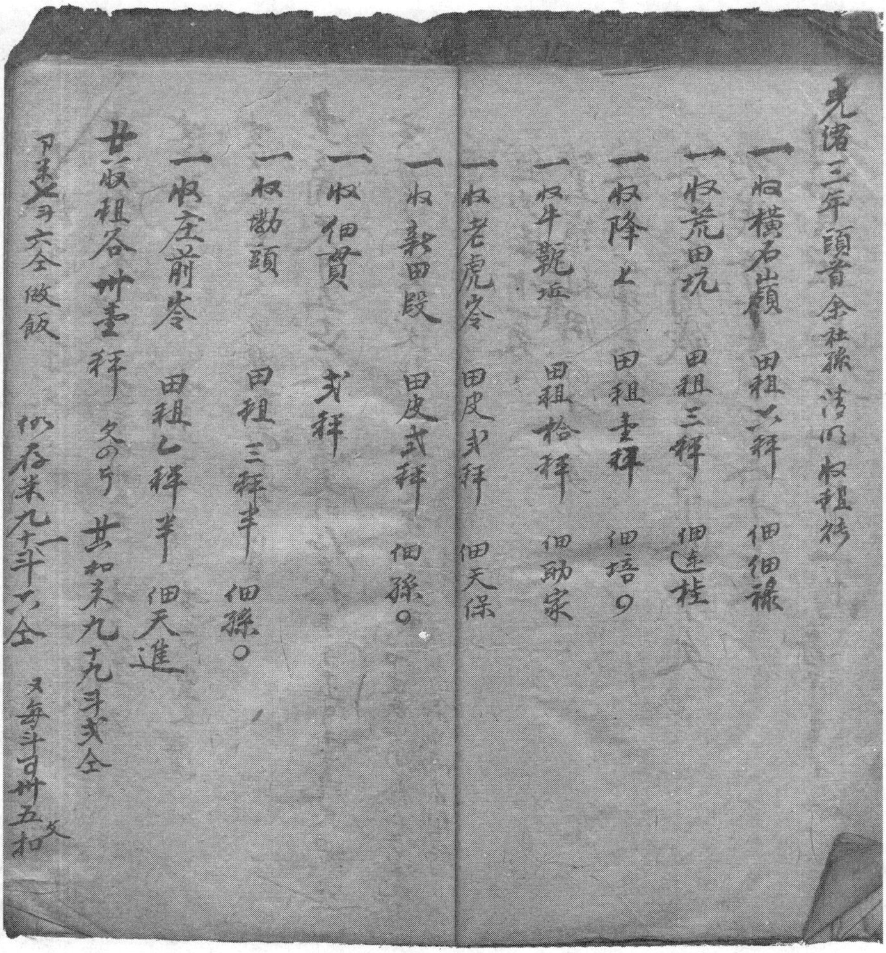
光緒三年頭首余社孫清明收租簿
一收横石嶺　田租六秤　佃佃祿
一收荒田坑　田租三秤　佃連桂
一收降上　田租壹秤　佃培〇
一收牛鼻垣　田租拾秤　佃勛家
一收老虎答　田皮弍秤　佃天保
一收新田段　田皮弍秤　佃孫〇
一收佃貿　弍秤
一收墈頭　田租三秤半　佃孫〇
一收庄前答　田租七秤半　佃天進
共收租谷卅壹秤　又〇五　共扣米九十九斗弍仝
下米三斗六仝做飯　抑存米九十六斗六仝　又每斗計卅五扣文

江湾镇坍口村 7-107 · 乾隆五十二年至光绪二十二年 ·
金龙公清明会账簿 · 兆印等

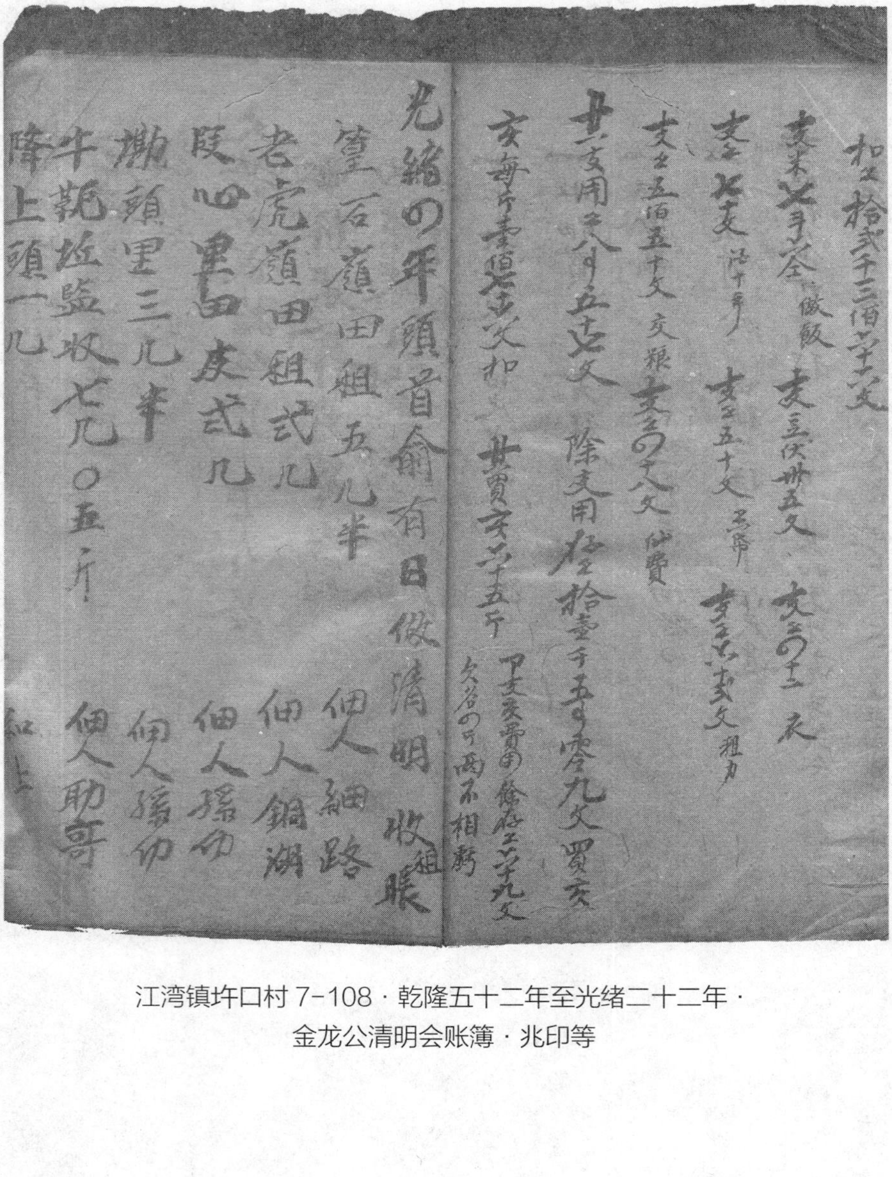

江湾镇圩口村 7-108 · 乾隆五十二年至光绪二十二年 ·
金龙公清明会账簿 · 兆印等

荒田坑山九半

庵前嶺山九半

細買山九

大共收弍拾伍九〇五斤谷

卅二折米一斗八升零七筒

內下米七升六筒做飯

伍人連桂

伊人天廷

支用賬

支錢卅文 豆伏

支錢四十弍文 男衣

支錢七十文 水酒十斤

支錢五十文 香紙

支錢四十文 租力

支錢五百五十文

豆伏

男衣

水酒十斤

香紙

租力

交糧

交糧

江湾镇圩口村 7-109 · 乾隆五十二年至光绪二十二年 ·
金龙公清明会账簿 · 兆印等

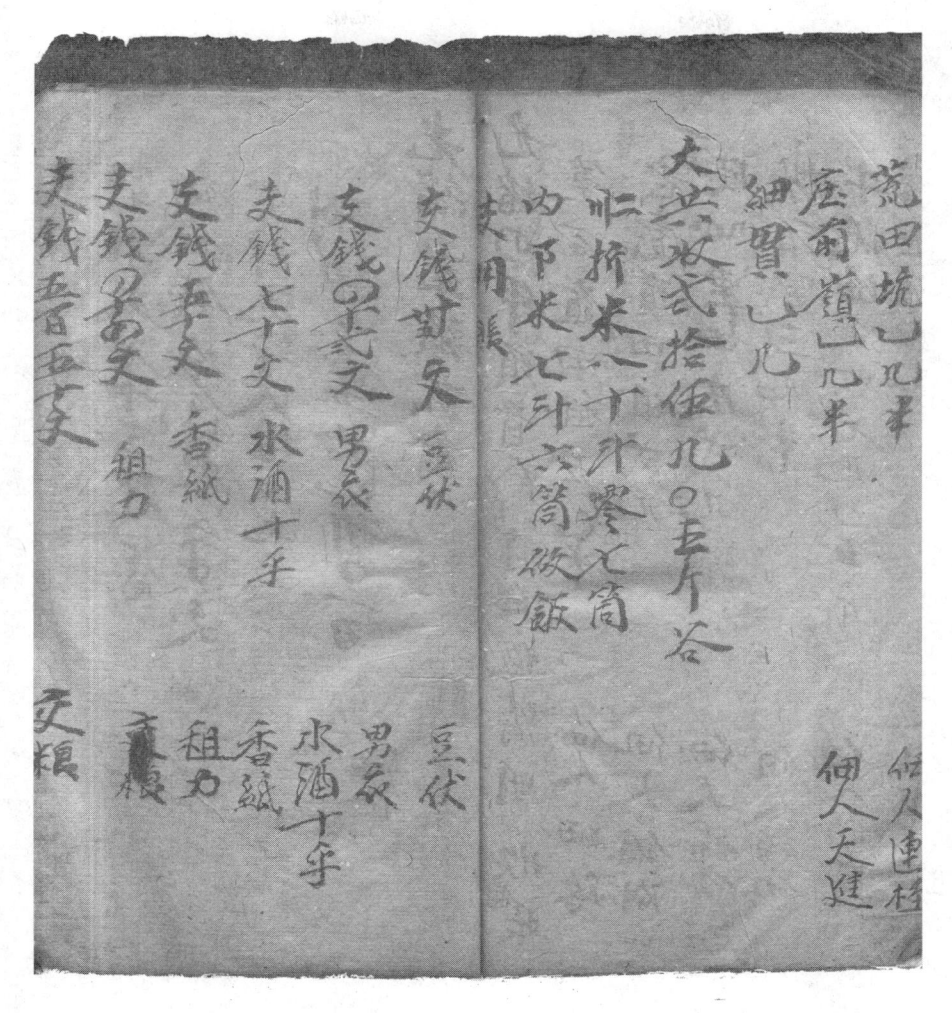

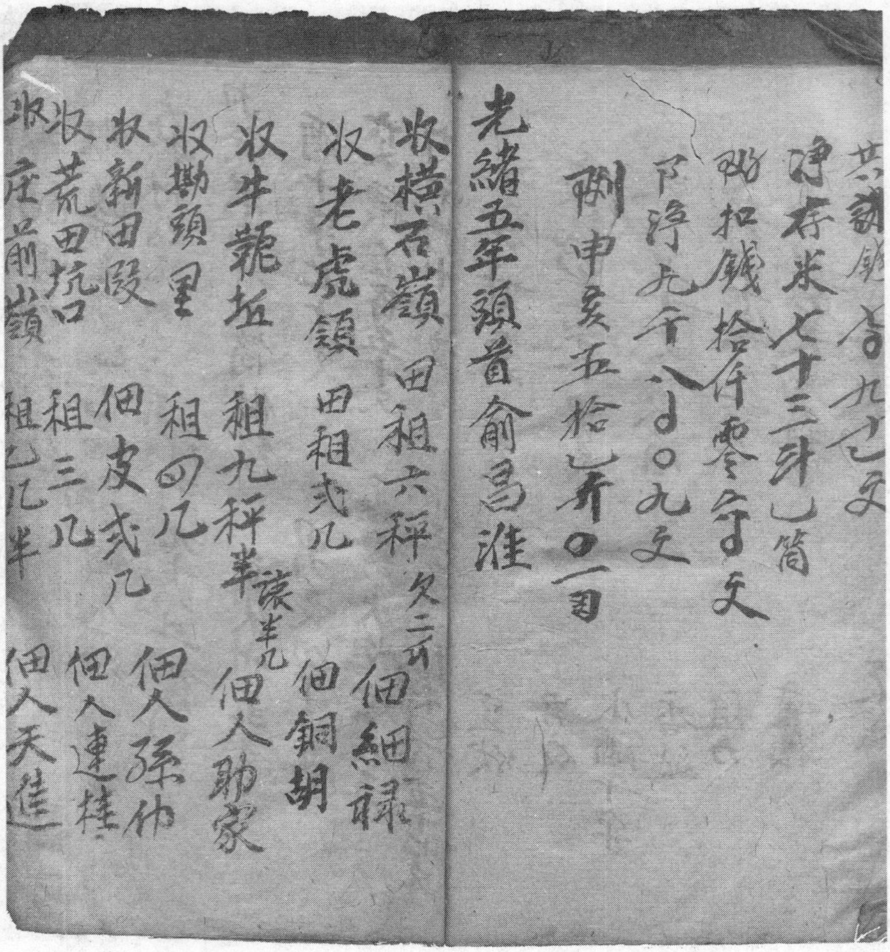

共該錢〤九乜文
净存米七十三斗乚筒
除扣錢拾仟零〤丁文
下净九千〤〇〇九文
除申亥五拾乚千〇一目
光緒五年頭首俞昌淮

收橫石嶺 田租六秤 欠二斤 佃細祿
收老虎嶺 田租弍几 佃銅胡
收半龍坵 租九秤半 讓半几 佃人助家
收斷頭里 租四几 佃人孫仂
收新田段 佃皮弍几 佃人連桂
收荒田坑口 租三几 佃人天進
收屋前山嶺 租乙几半

江湾镇岕口村 7-110 · 乾隆五十二年至光绪二十二年 ·
金龙公清明会账簿 · 兆印等

收細員弍几

收降上乙几　佃人和尚仲

大共卅乙几叉二两　計米九十八斗九筒

内除米七斗〤筒做飯　豆伏卅五文

酒十乎七十文　男衣〤二文

支粮五百五十文　香紙火炮烛共五十文

力〤〤十二文　内下五文乙斗和米〤百五十七文

米九十乙斗三筒大列八十五文　扣大共乙千〤百〤

扣錢七千三百零〤文　打鐵銃錢六百文

除淨仍千五千八百九十五文買炭五十〤斤半

每斤〤廿一文　扣

江湾镇圩口村 7-111 · 乾隆五十二年至光绪二十二年 ·
金龙公清明会账簿 · 兆印等

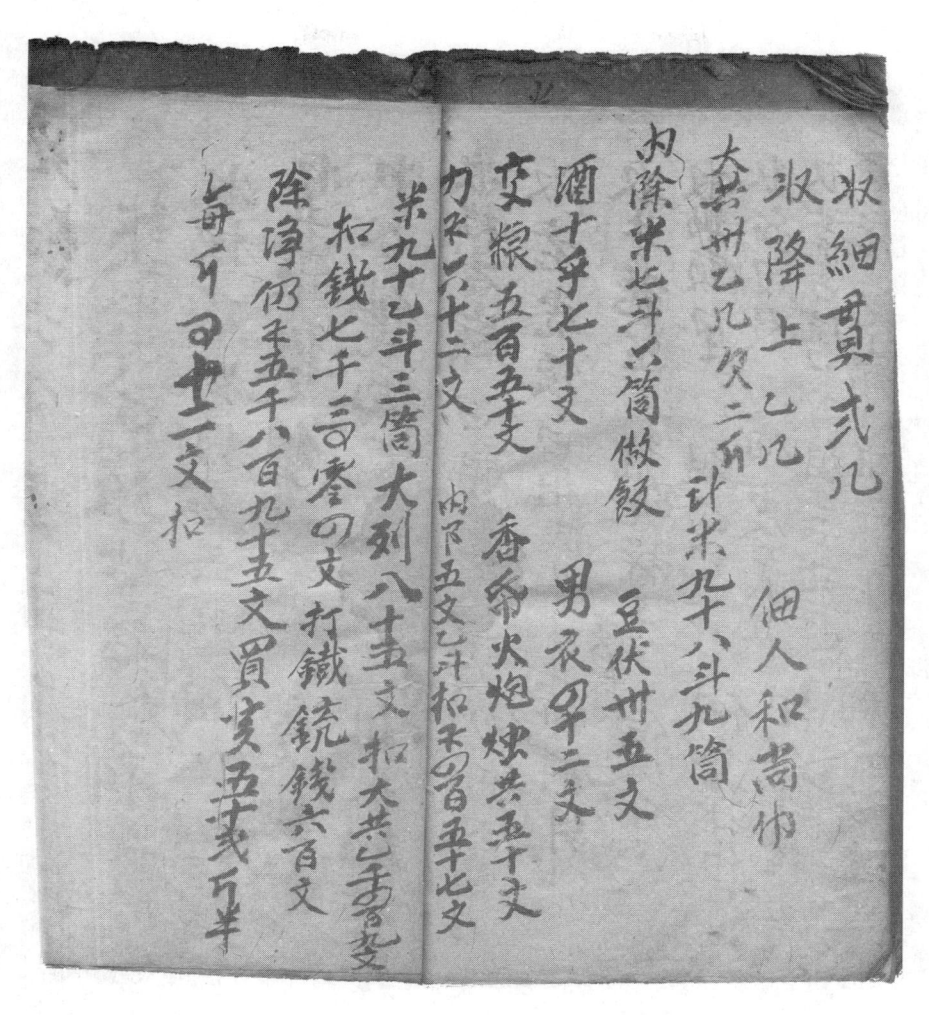

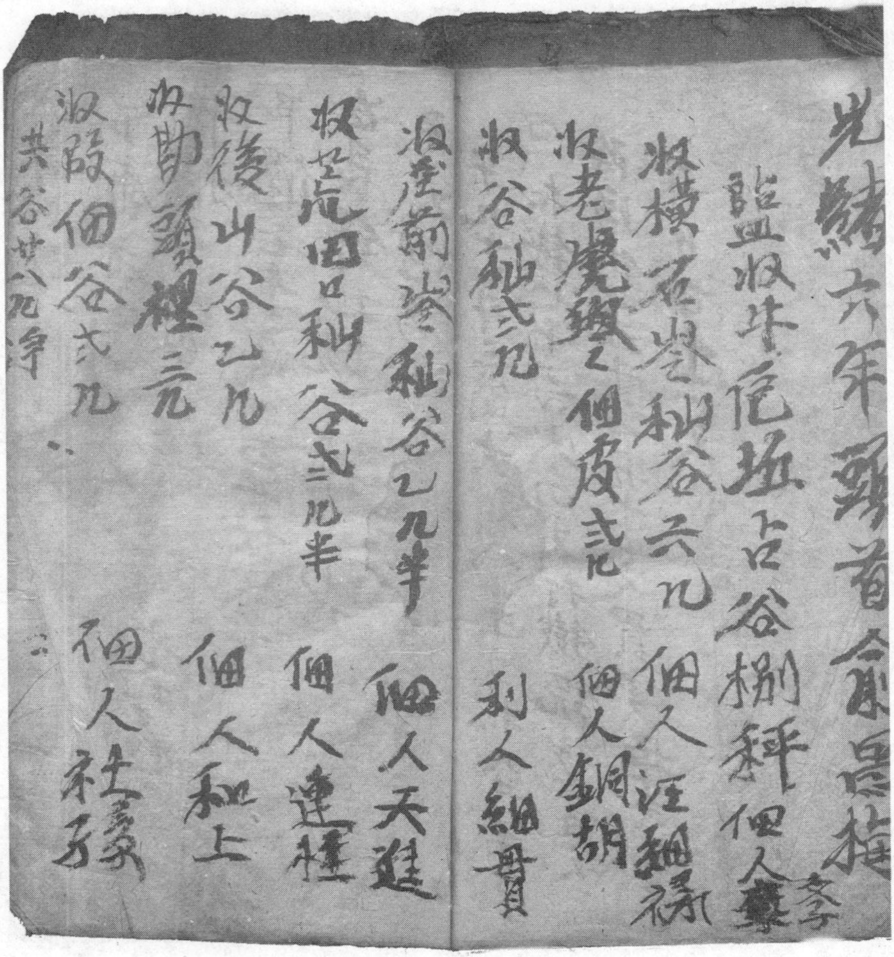

光緒六年頭首俞恩桂
監收牛佬坵上谷捌秤 佃人李彝
收橫石塢租谷六九 佃人汪細祿
收老虎塅乙佃皮弍九 佃人銅胡
收谷租弍九 利人細貫
收塋前塢租谷乙九半 佃人天進
收芒荒田口租谷弍九半 佃人連桂
收後山谷乙九 佃人和上
收勘頭裡六九
收塅佃谷弍九 佃人社孫
共谷廿八九淨

江湾镇坾口村 7-112 · 乾隆五十二年至光绪二十二年 ·
金龙公清明会账簿 · 兆印等

共米八十九斤六合每籤五文扣
下顧米七斗六合
下粮手青季文成通子罩二
下酒七十文 豆伏八斤手卅五文
古良仟乙現 毛長乙刀手七十四要
禾火炮䏑手廿文 刀手玉十六文
付雜化貝手八百四十五文
仍存子四千八百九十三文 四貝亥
净亥如拾梁竹每斤手百○四文
大市義泰店

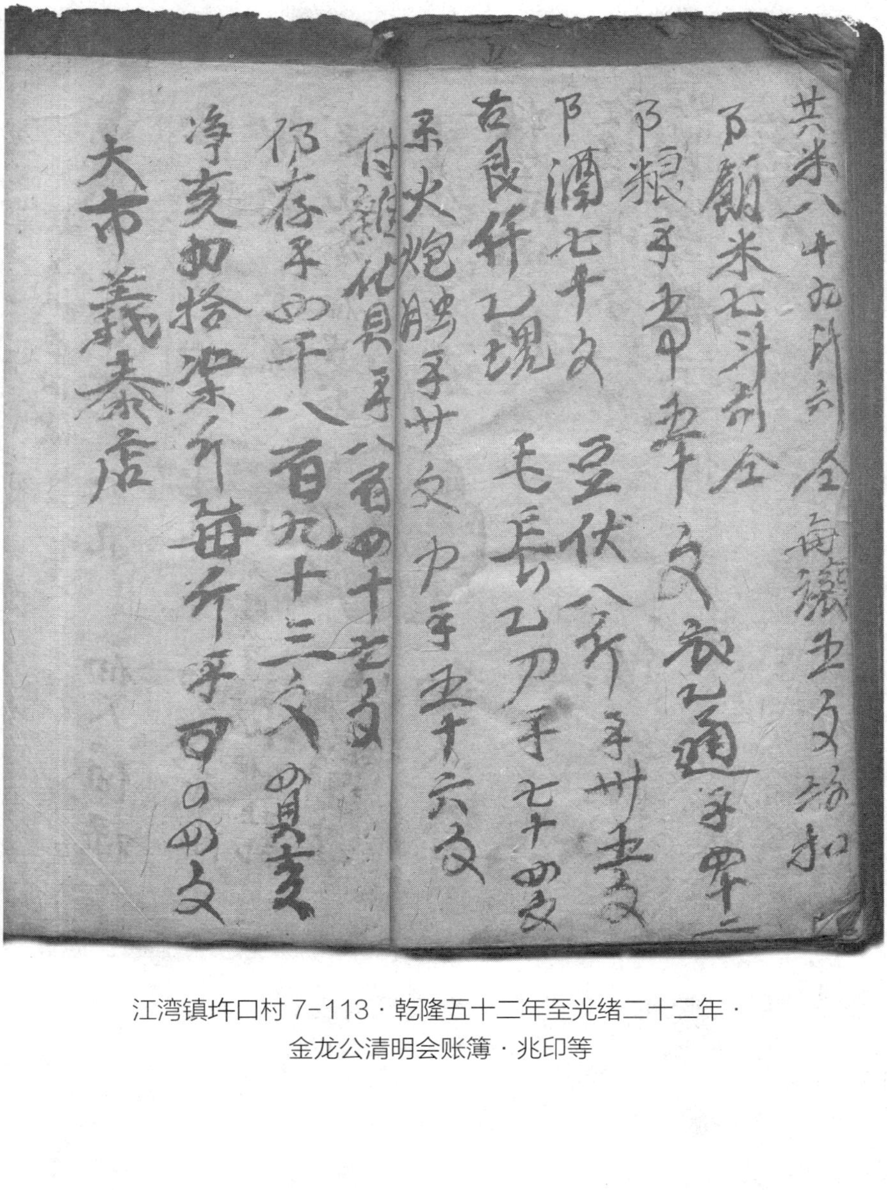

江湾镇圩口村7-113·乾隆五十二年至光绪二十二年·金龙公清明会账簿·兆印等

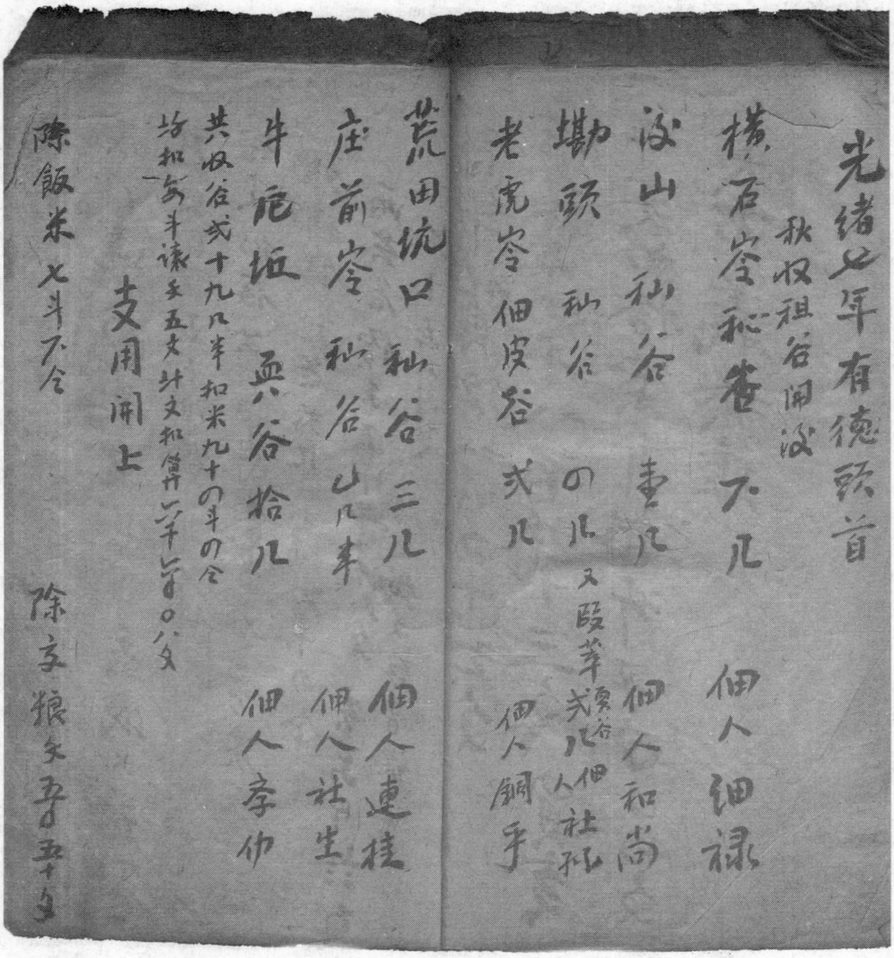
光绪七年有德頭首
秋收租谷開後
横石岺秈谷 下儿 佃人细禄
浅山秈谷 壹儿 佃人和尚
塘頭秈谷 四儿 又豉華貳儿 貿谷佃人社孫
老虎岺佃皮谷 弍儿 佃人銅手
荒田坑口秈谷 三儿 佃人連桂
庄前岺秈谷 山儿半 佃人社生
牛屯坵 典谷拾儿 佃人李仰
共收谷弍十九儿半 扣米九十四斗四仝
坊扣每斗該錢五文 計文扣算一千一百〇八文
支用開上
除飯米七斗八仝
除完粮錢五十文

江湾镇圩口村 7-114 · 乾隆五十二年至光绪二十二年 ·
金龙公清明会账簿 · 兆印等

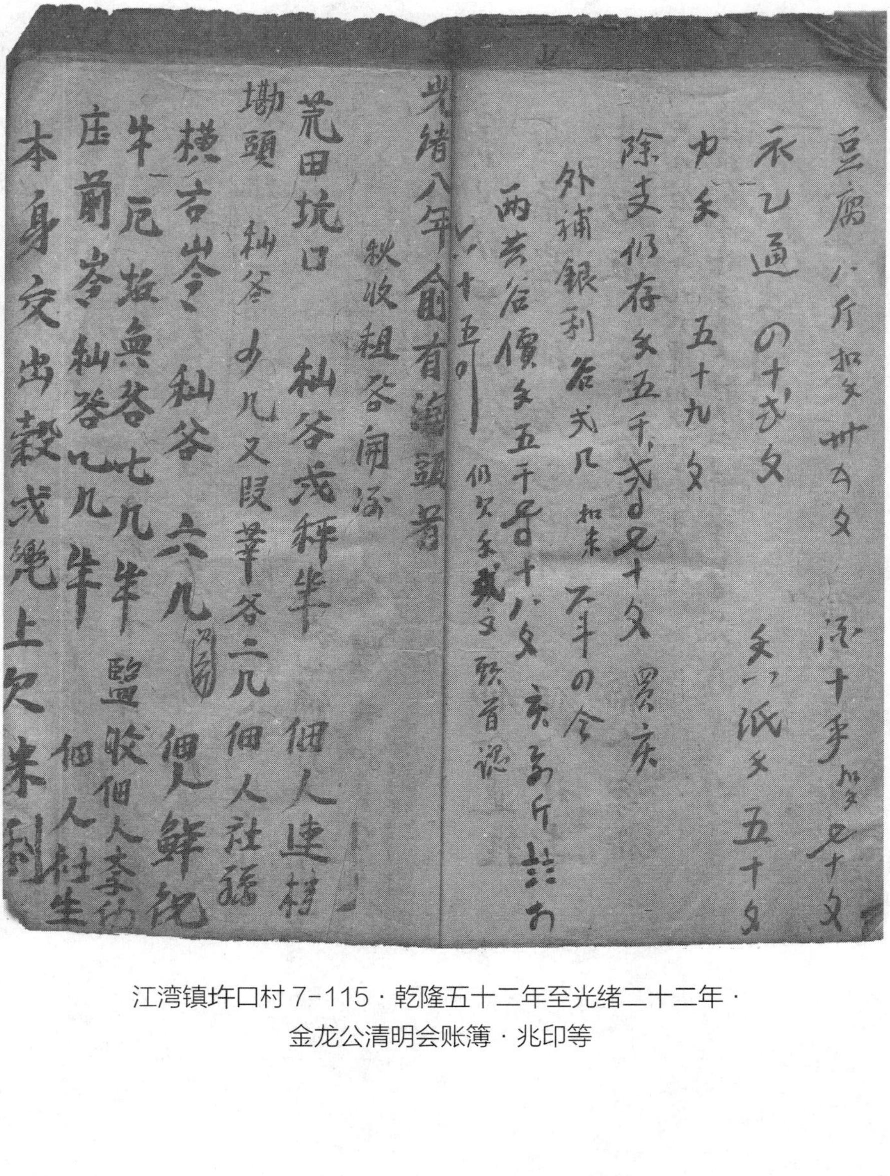
豆腐八斤扣文卅四文 添十手扣文七十文
衣乙通四十弍文 文八 纸文五十文
少文五十九文
除支仍存文五千弍百七十文 买庆
外補銀利谷弍几 扣未不斗四合
两共谷價文五千四百十八文 交家斤話扣
仍欠文弍文 頭首認
六十五斤

光緒八年俞有海頭首
秋收租谷開列
荒田坑口 秈谷弍秤半 佃人連材
壛頭 秈谷少几又畈華谷二几 佃人社孫
横吉峇 秈谷六几 佃人鲜保
牛厄坂無谷七几半 監收佃人李钧
庄前峇秈谷几几半 佃人社生
本身交出穀弍斃上欠来利

江湾镇圩口村 7-115 · 乾隆五十二年至光绪二十二年 ·

金龙公清明会账簿 · 兆印等

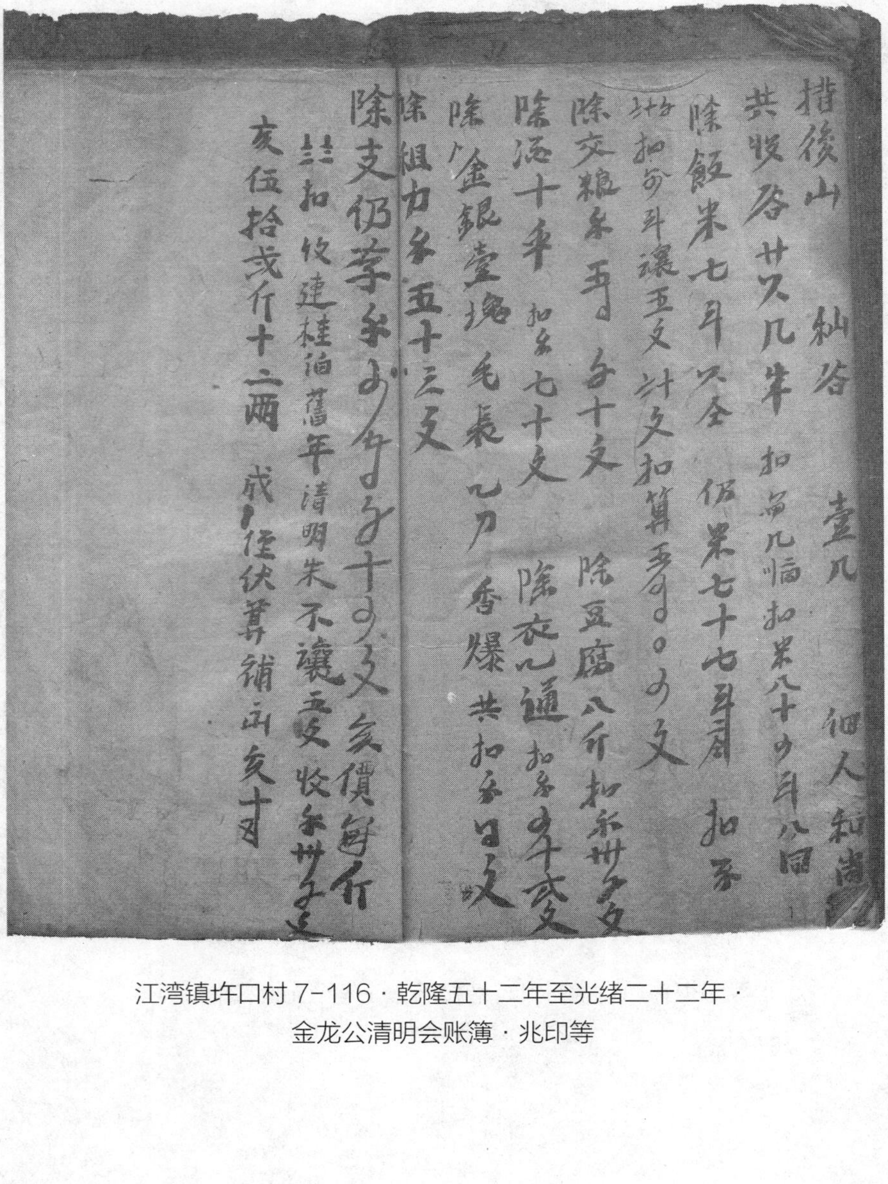
措後山 秈谷 壹几 佃人和尚
共收谷廿六几半 扣两几幅 扣米八十四斗八回
除飯米七斗六合 仍米七十七斗有 扣房
共扣分斗穰五文 計文扣算
除交粮 十文 除豆腐八斤 扣
除添十牟 扣 七十文 除衣几鍾 扣
除金銀壹塊 毛表几刀 香爆 共扣 文
除紐扣 五十三文
除支仍芋 文 亥價每斤
共扣 收連桂油舊年清明米不讓五文 收
亥伍拾弍斤十二兩 戌 伕算補兩亥十

江湾镇圩口村 7-116 · 乾隆五十二年至光绪二十二年 ·
金龙公清明会账簿 · 兆印等

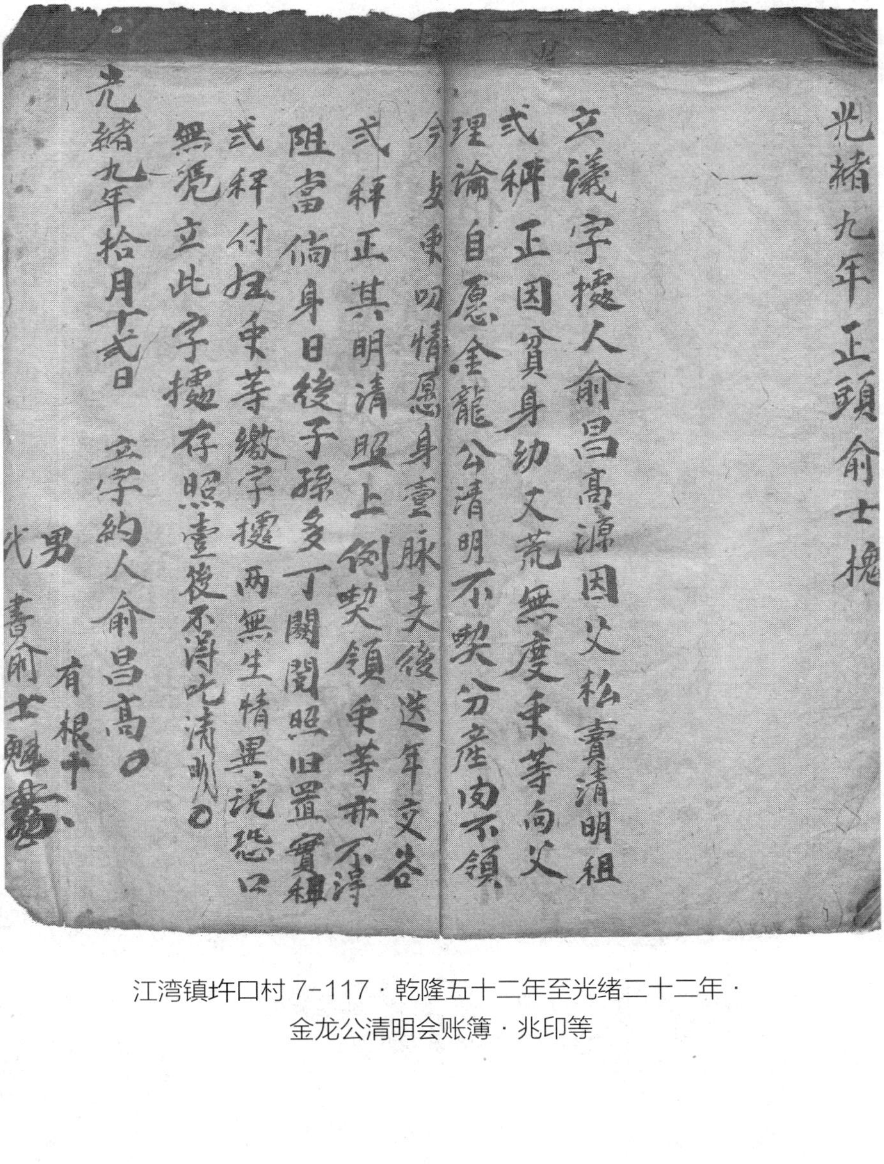

光緒九年正頭俞士槐

立議字攙人俞昌高源因父私賣清明租
弍秤正因貧身幼丈荒無處秉等向父
理論自愿金龍公清明不喫分產內不領
今央秉叨情愿身壹脉支後逐年文各
弍秤正其明清照上例喫領秉等亦不得
阻當倘身日後子孫多丁關閱照旧置實租
弍秤付扗秉等繳字攙兩無生情異說恐口
無憑立此字攙存照壹樣不得吃清明
光緒九年拾月十弍日　立字約人俞昌高
男　有根
代書俞士魁

江湾镇坾口村 7-117 · 乾隆五十二年至光绪二十二年 ·
金龙公清明会账簿 · 兆印等

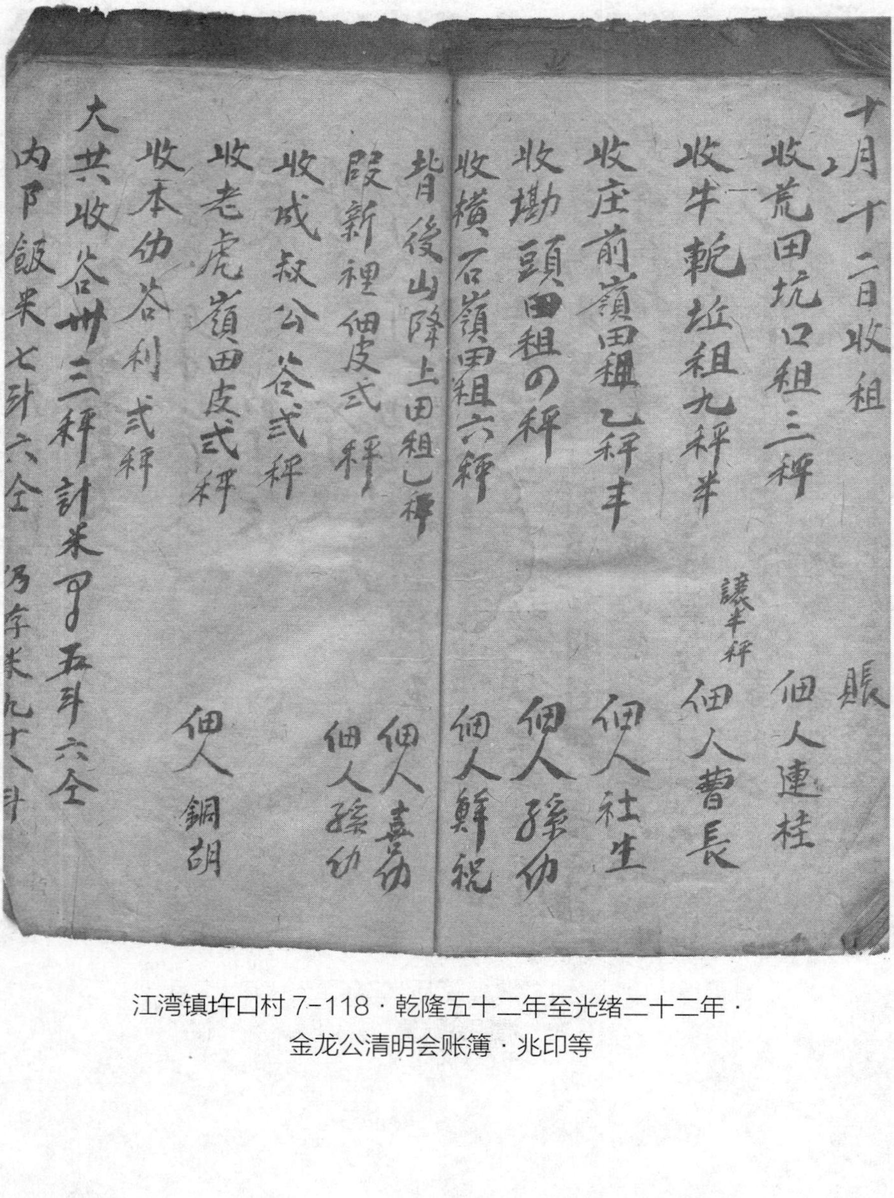
十月十二日收租 賬

收荒田坑口租三秤 佃人連桂

收牛軛塅租九秤半 讓半秤 佃人曹長

收庄前嶺田租乙秤半 佃人社生

收墈頭田租四秤 佃人孫仂

收横石嶺田租六秤 佃人鮮昶

背後山降上田租乙秤 佃人喜仂

段新裡佃皮弍秤 佃人孫仂

收成叔公谷弍秤

收老虎嶺田皮弍秤 佃人銅胡

收本仂谷利弍秤

大共收谷卅三秤 計米石五斗六仝

内下飯米七斗六仝 仍存米九十八斗

江湾镇坪口村 7-118 · 乾隆五十二年至光绪二十二年 ·
金龙公清明会账簿 · 兆印等

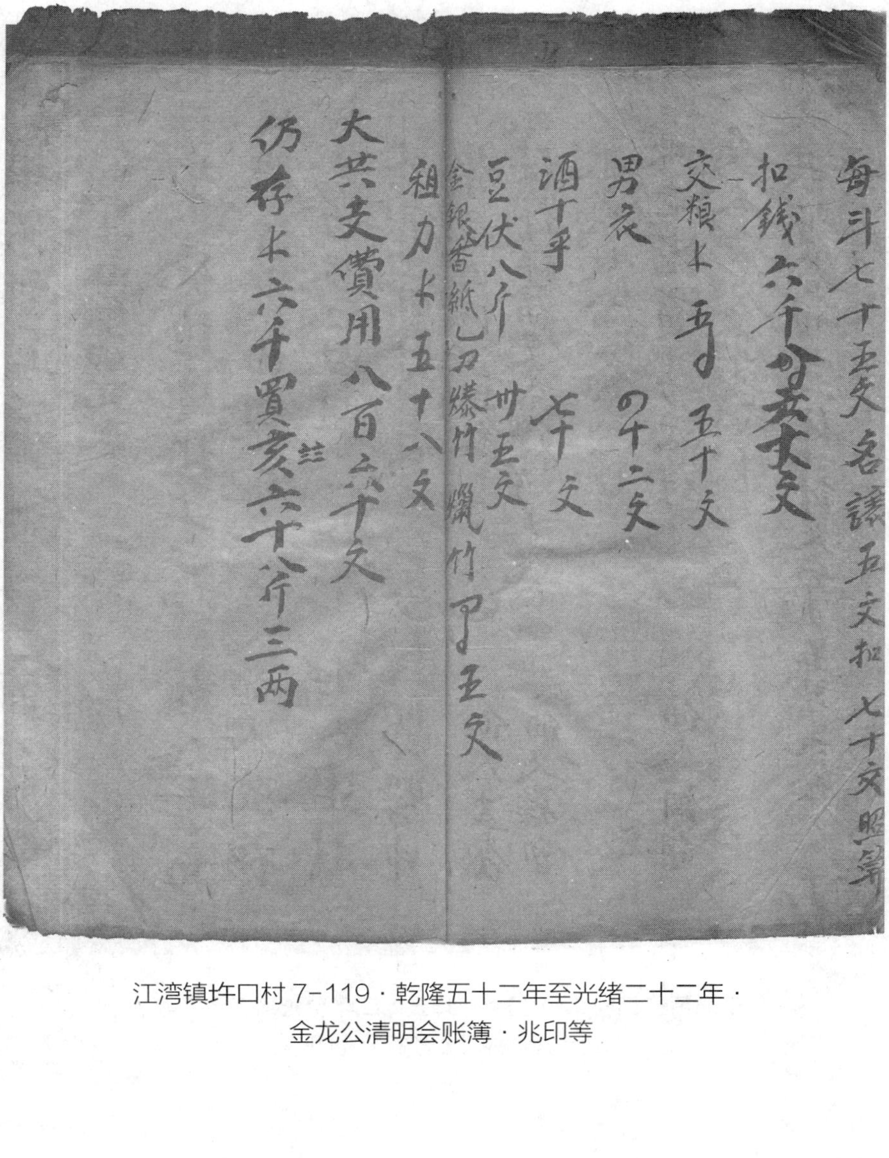

每斗七十五文各議五文扣七十文照算
扣錢六千〇五十文
交粮卜五千五十文
男衣四十二文
酒十斤七十文
豆伏八斤廿五文
金銀香紙乚刀爆竹爛竹[illegible]五文
祖力卜五十八文
大共支費用八百六十文
仍存卜六千買亥六十八斤三两

江湾镇玣口村 7-119 · 乾隆五十二年至光绪二十二年 ·
金龙公清明会账簿 · 兆印等

光緒十年正頭俞有序

牧坳頭田租四凡　佃人孫仂

牧牛軋坳田租十凡　佃人孫仂

牧橫百岑田租六凡　佃人先祝

牧荒田坑口田租三凡　佃人連桂

牧庄前岑田租乙凡半佃人燥申

牧戍仂二凡

牧本仂二凡牧肯後山七凡佃人和上

牧胺敖裡田皮二凡　佃人孫仂

大共牧三七凡半汁米九十三斗二全

內下飯米七斗六全存牛九十四文

存牛五千六百五十二文買亥五十八升

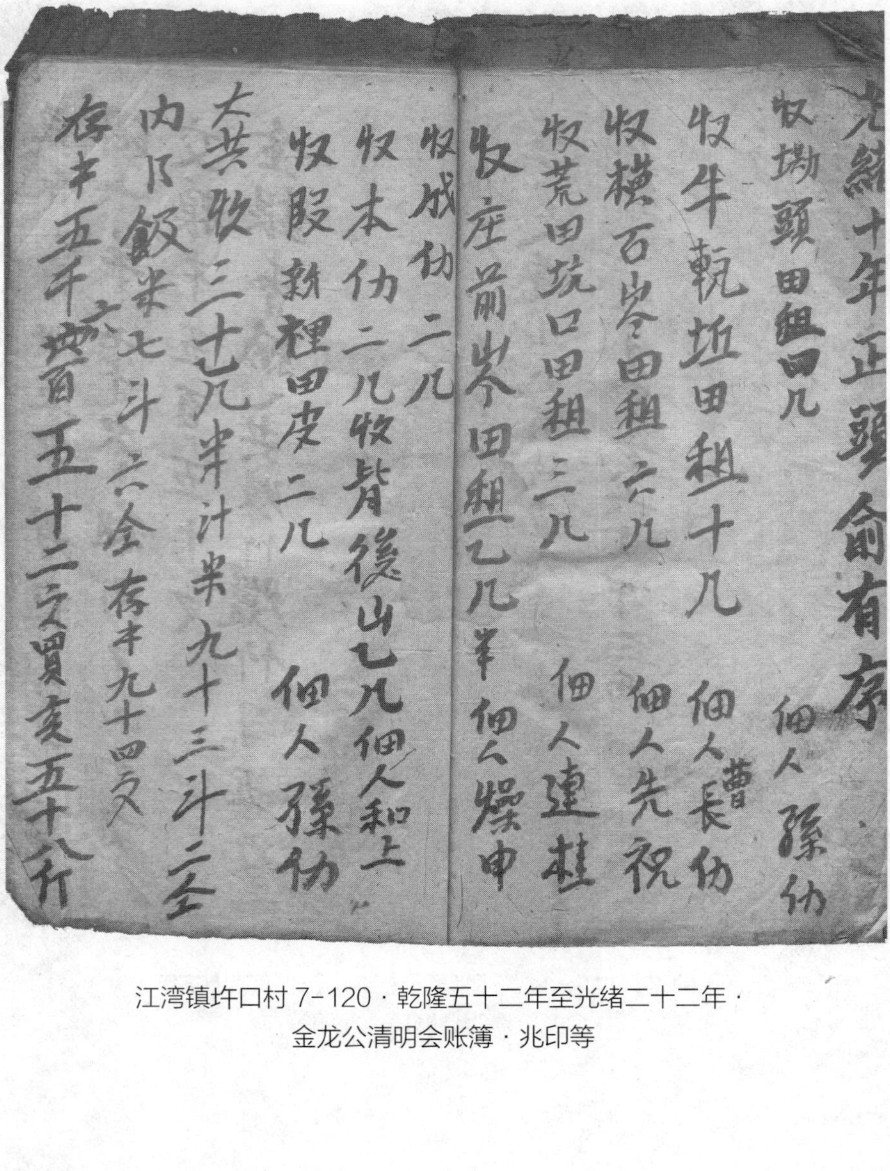

江湾镇圩口村 7-120 · 乾隆五十二年至光绪二十二年 · 金龙公清明会账簿 · 兆印等

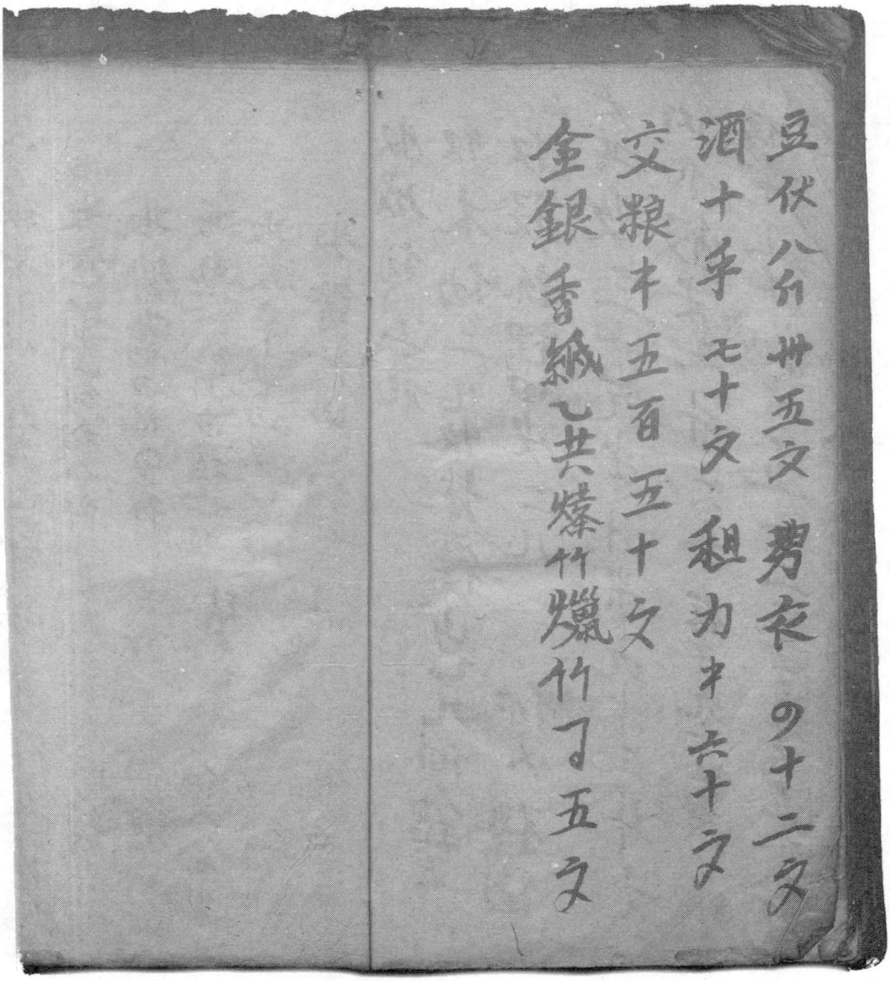
豆伏八斤卅五文 剪衣四十二文
酒十斤七十文 租力廿六十文
交粮廿五百五十文
金银香纸乙共爆竹爛竹了五文

江湾镇圩口村 7-121 · 乾隆五十二年至光绪二十二年 ·
金龙公清明会账簿 · 兆印等

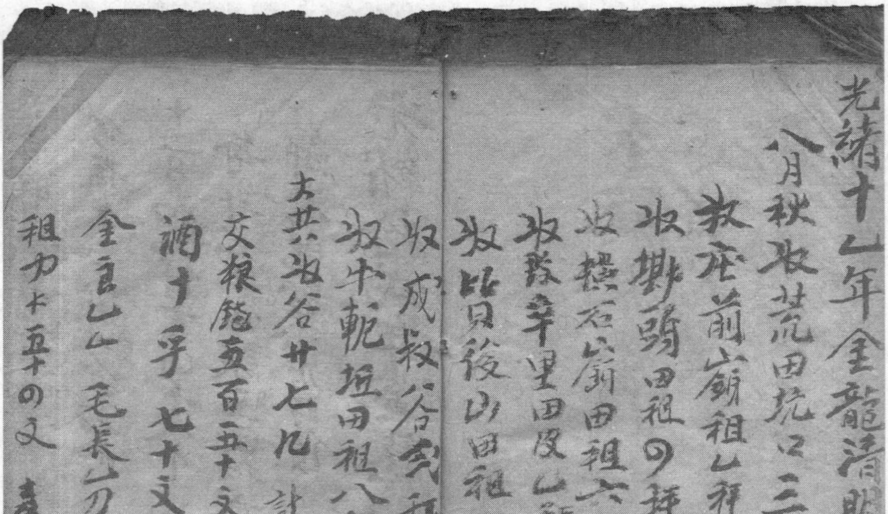
光緒十七年金龍清明首人會前有壬
八月秋收荒田坑口三秤 佃人連程收
收施前嶺祖山秤半 佃人樟來弟
收掛號田租四秤 佃人孫一弟
收標石嶺田租六秤 佃人合仰
收路辛里田皮山秤半 隸半九奇 佃人翁弟
收塔貝後山田租山秤 佃人喜弟
收成收八谷式秤
收牛軛垣田租八秤 監劃 佃人曹長
大共收谷廿七九 計米八十六斗四合
交粮飽五百五十文 男衣山通四十二文
酒十乎 七十文 豆伏八斤卅五文
全良山 毛長山刀紅燭香帋共大五百五十五文
租力大五十四文 支用大八百五十四文

江湾镇坾口村 7-122 · 乾隆五十二年至光绪二十二年 ·
金龙公清明会账簿 · 兆印等

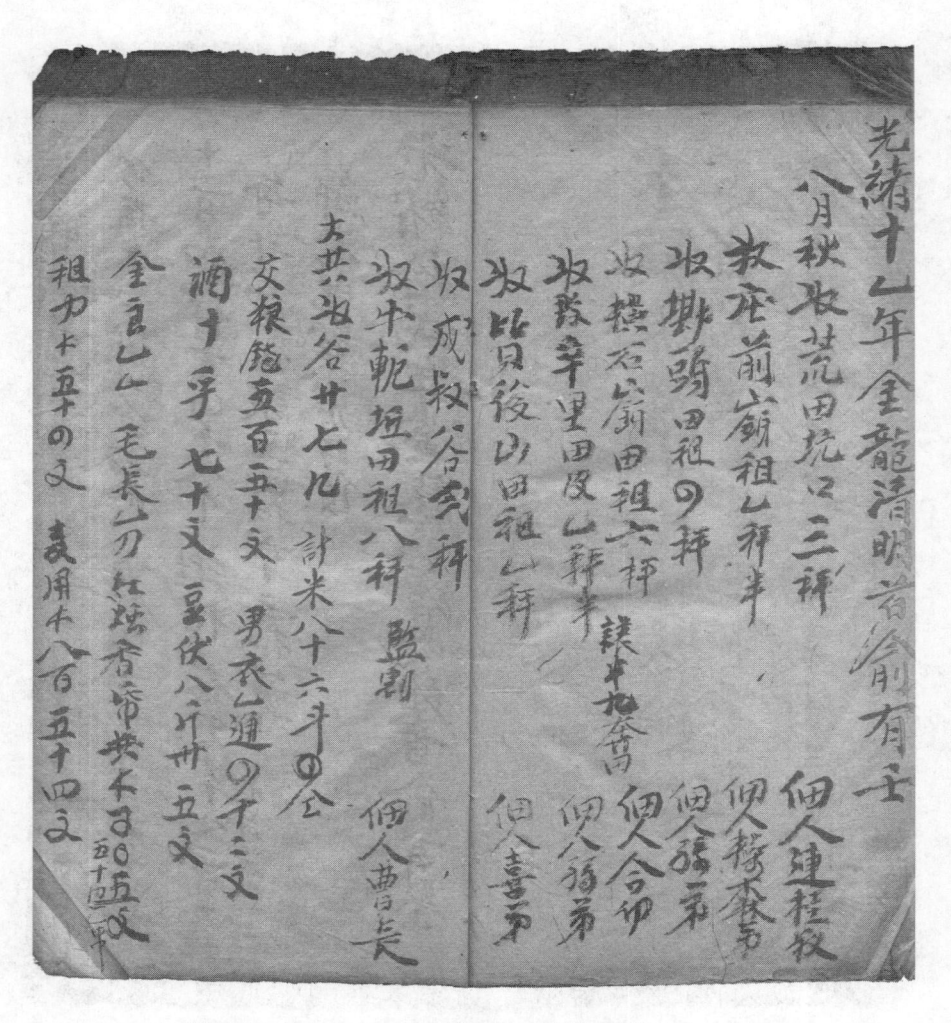

清明飯米七斗六合地
仍烝弟七十分八合均和 仍錢○千弍千六文曾玄
十二月初九付玄○十八斤 非扣 店年○千文買大炮
每斗七十文讓五文和空五和算 明年清明逼帝
歸源義界泰店時價

光緒拾弍年金龍公清明頭首俞有榮

八月秋收荒田坑口三秤　　佃人連桂
收牛軛坵監收八秤　　　　佃人麻長
收庄前嶺二秤半　　　　　佃人燦木林
收塪頭○秤　　　　　　　佃人孫幼
收橫石嶺六秤　　　　　　佃人鮮祝
牧畈心里三秤　　　　　　佃人孫幼

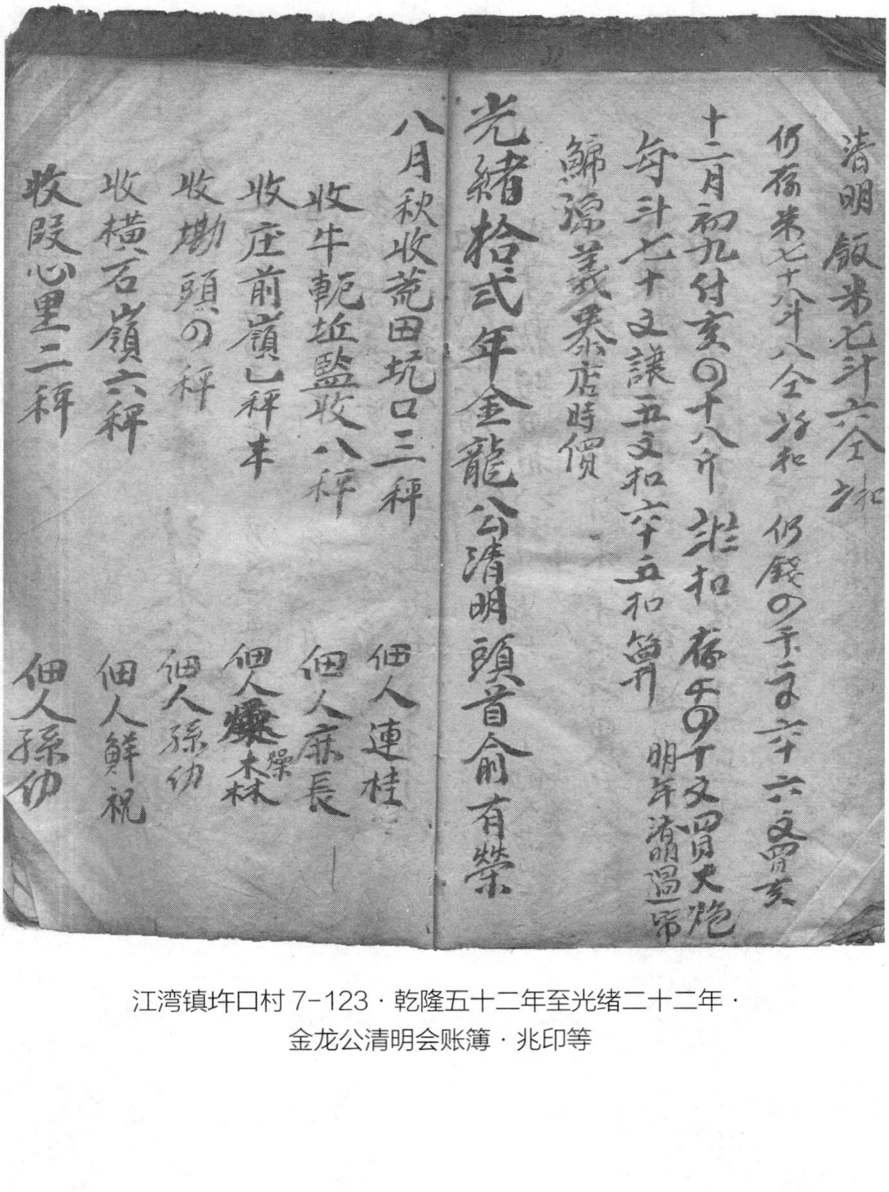

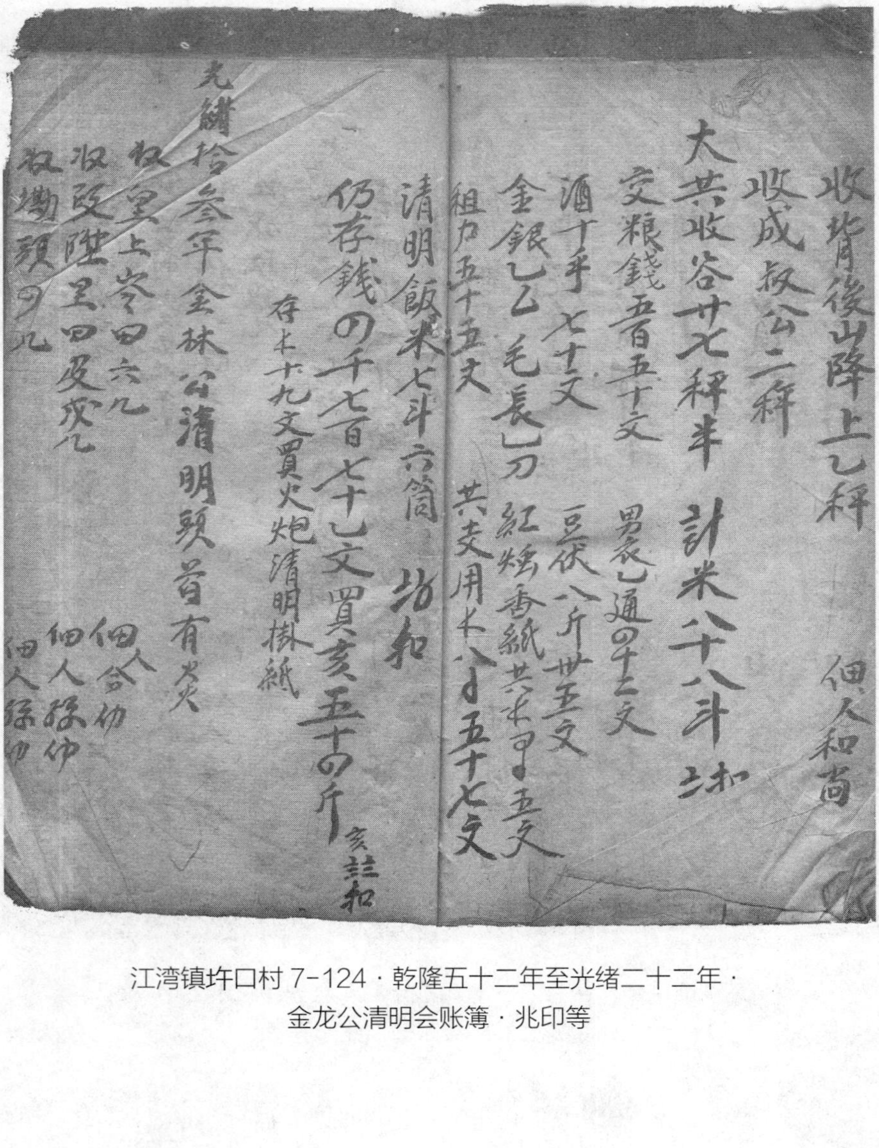
收背後山降上乙秤　佃人和尚
收成叔公二秤
大共收谷廿七秤半　計米二十八斗　二和
交粮錢五百五十文　男衣乙通の千乙文
酒十斤七十文　豆伏八斤廿五文
金銀乙厶毛長乙刀　紅燭香紙共卞四五文
租力五十五文　共支用卞八斗五十七文
清明飯米七斗六筒　占和
仍存錢の千七百七十乙文買具亥五十の斤　亥註和
存卞十九文買火炮清明掛紙
光緒拾叁年金林公清明頭首有炎
收皇上岑田六几　佃人合仂
收段陞里四及伍几　佃人孫仂
收坳頭四几　佃人孫仂

江湾镇岞口村 7-124 · 乾隆五十二年至光绪二十二年 ·
金龙公清明会账簿 · 兆印等

收半新坦九九丸
收菜四坑口乙丸
收庄前岺乙丸年
收背後山陣上乙丸
收成叔成丸

大共收谷二十七秤八六斗9筒
清明飯七斗六筒付五伏八斤4斗文
酒十斤七十文明日另飯鹽4十文二文
文麵五百千文香紙巾大炮燭共乙百文
力奇六十2文明下廿百十2文下4屏共十2平
净穴十五文伋牛賣亥五八斤分司夕計和礬十貪文

光緒拾四年金龍公清明頭首俞有日
收荒田坑口三秤　佃人建桂
收皇上岺田租六秤　佃人合仍
㚢令乾坦八秤半　佃人曹衆
　　　　　　監收佛薈兄佃人曹衆

欠年收 佃人麻袭
鉴收 佃人建稔
佃人標森
佃人喜仍

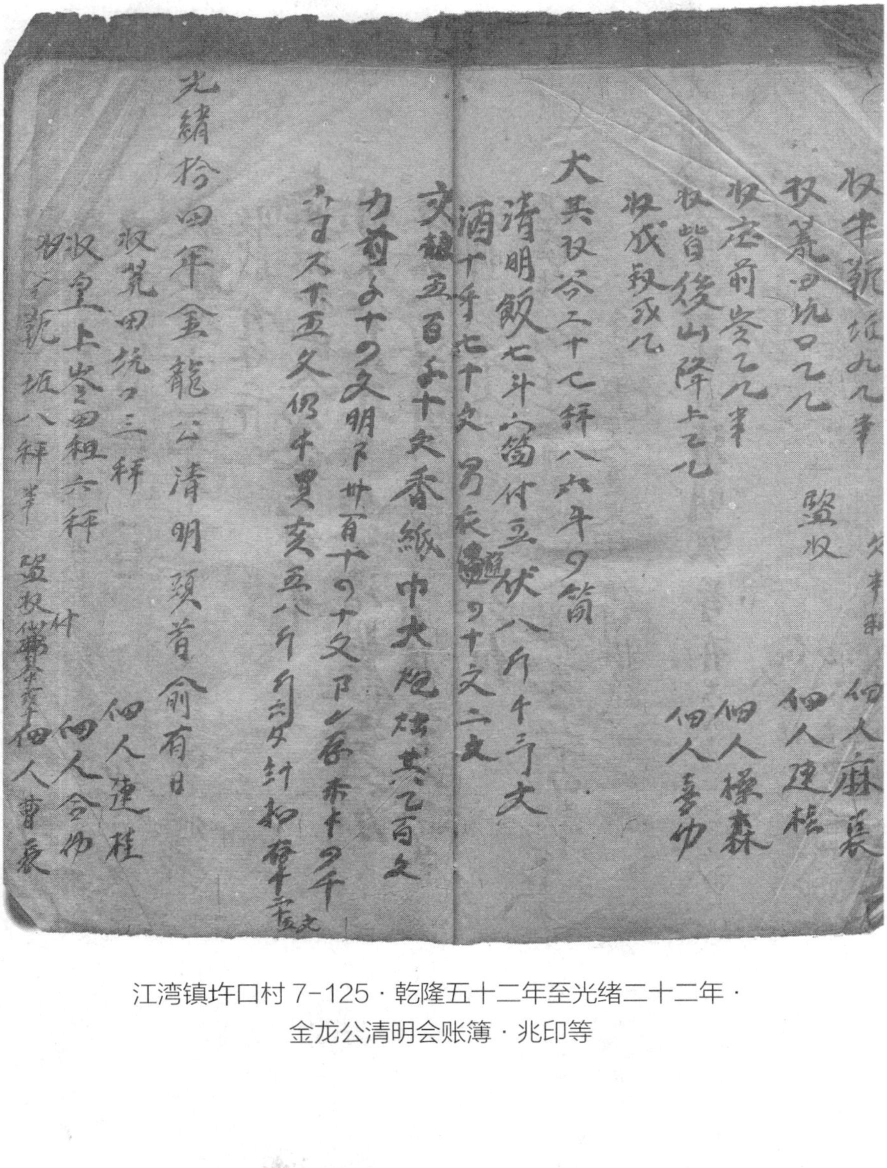

收捌頭四秤租
收改中山秤半另交 自讓半秤 佃人孫仂
收背後山降上山秤 佃人妻沙
收來(金來)兄牛 佃八標森
收成分谷二元
大共收秖與谷戈拾七秤半
割米八十八斤 內除清明飯七斗六金
佴米八十井四団 除支用錢八百七十文
仍存錢四十七千五十六文
付買亥五十四斤席五支
付男襪山通四十二文 付根錢五百五十文
付酒十三千七十又 付紅煙(金良)六十五出方
付租刀本五十五又 付牛乾垣祉費廾文 付三伏八斤十卅五文
鯆㵆義泰庄買米七十五和支註

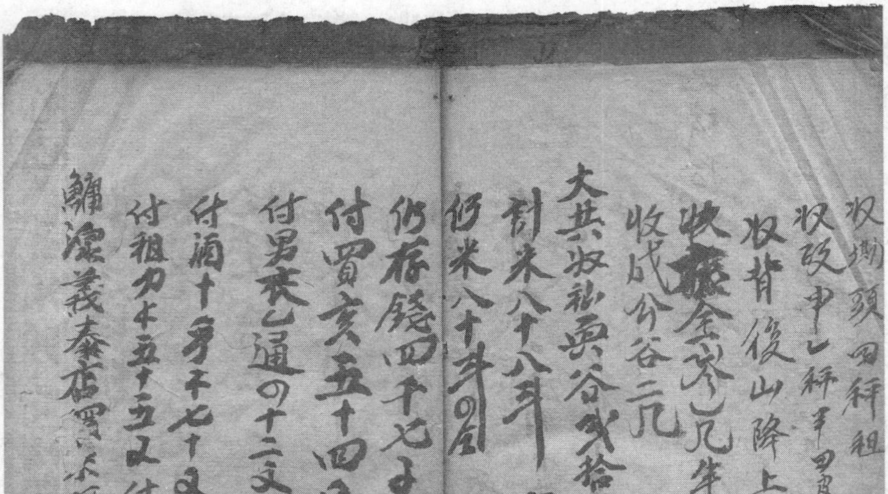

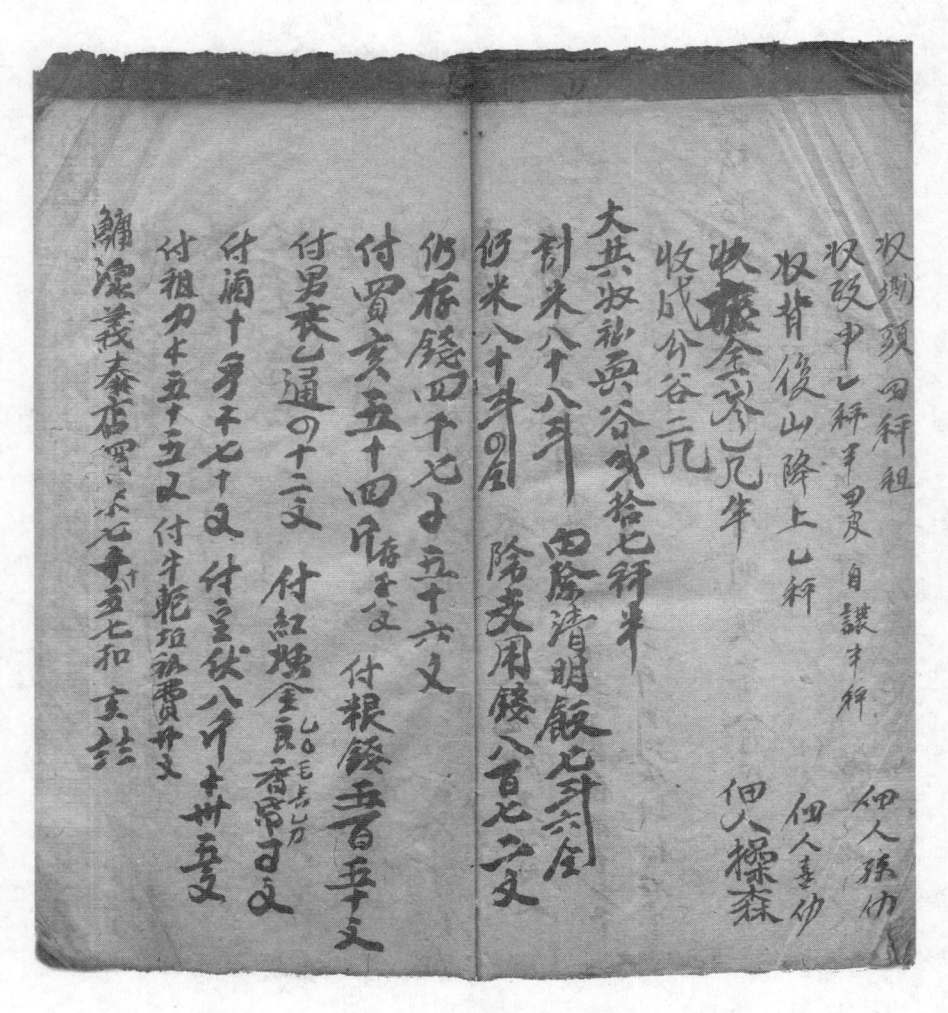

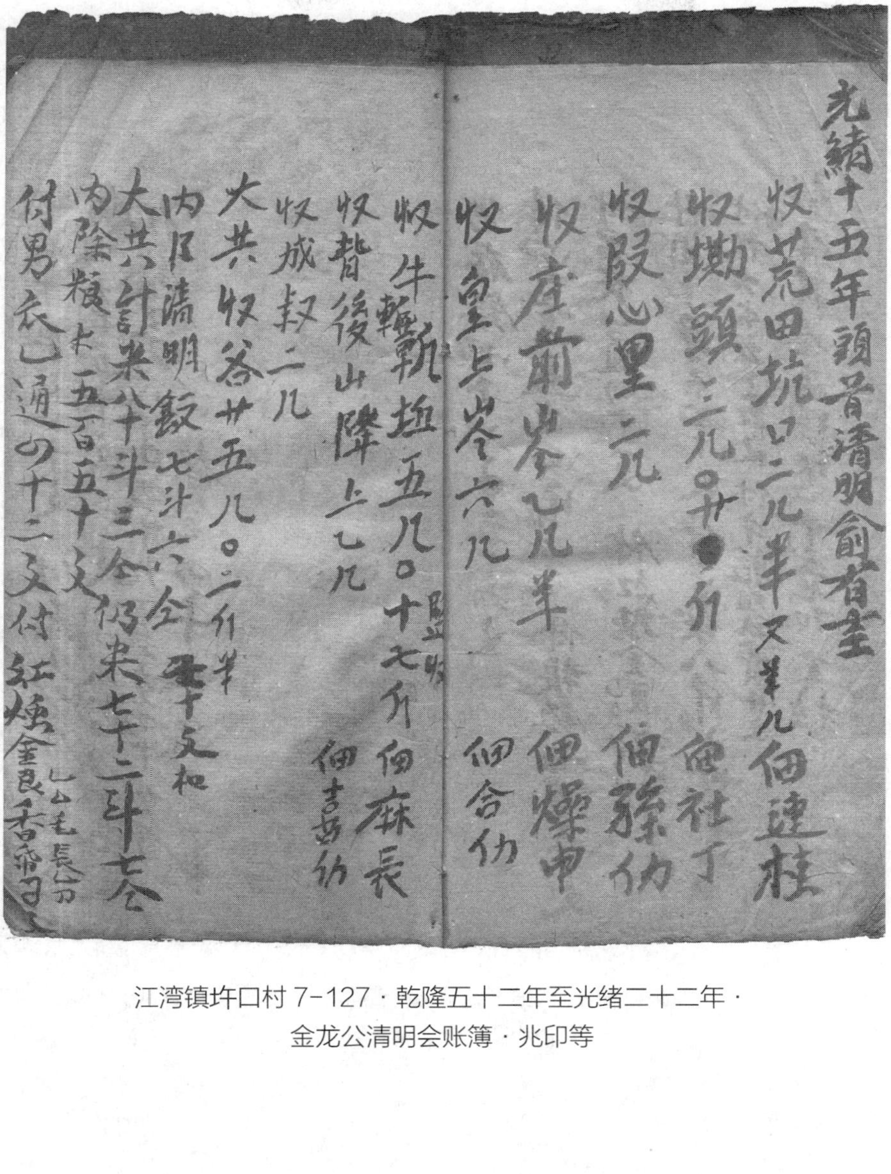

光緒十五年頭首清明會者圭
收荒田坑口二几半又半几 佃連桂
收墈頭三几〇廿斤 佃社丁
收段心里二几 佃孫仂
收庄前岑乙几半 佃爍申
收皇上岑六几 佃合仂
收牛軛塅五几〇十七斤 監收 佃麻長
收背後山降上乙几 佃吉安仂
收城叔二几
大共收谷廿五几〇二斤半
内除清明錢七斗六合 十文和
大共計米八十斗三合 仍米七十二斗七合
内除粮米一五百五十文
付男衣乙通四十二文 付紅燭金艮香帋
乙山毛長仂

江湾镇坪口村 7-127 · 乾隆五十二年至光绪二十二年 ·
金龙公清明会账簿 · 兆印等

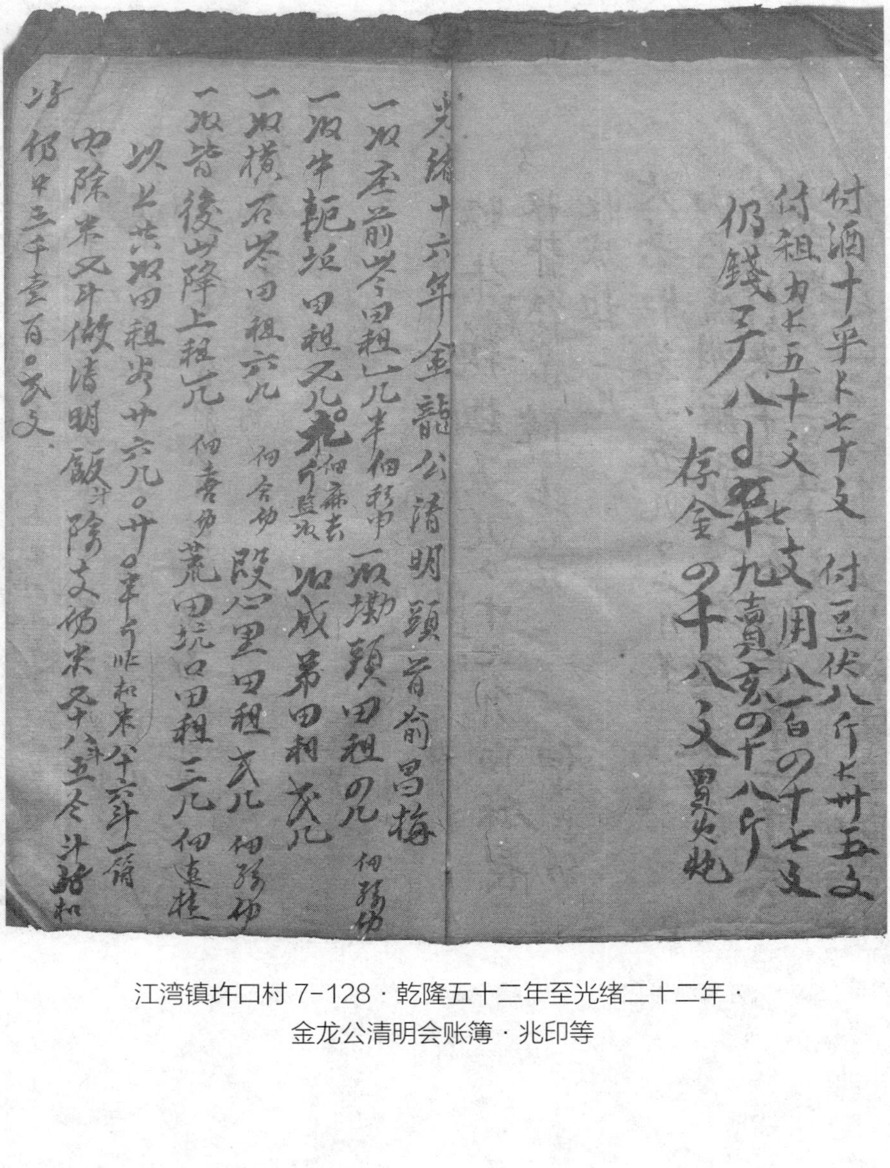

光緒十六年金龍公清明頭首前昌梅
一收屋前塋田租 佃彩中
一收牛軛坵田租
一收横石塋田租 佃會
一收背後山降上租
以上共收田租
內除米做清明飯
仍

付酒十乎 付豆伏
付祖 五十文 用八百
仍錢 存金 十八文

江湾镇圩口村 7-128 · 乾隆五十二年至光绪二十二年 ·
金龙公清明会账簿 · 兆印等

光緒十又年輪值做金龍公清明俞士穗等

收撒頭裡和四祥 佃人幸丁
收庄前嵗和 山祥平佃新新
收荒田杭和 叁祥 佃人連桂
收咸仲交和 弍祥
　　以上共收田租共捌。九杆計粜坐斗
收恩心裡硬四百斤 佃蝾卬
收和尚凸和六祥 佃人輝稅
收牛栀栏禟九祥 佃人喜
收背凼塝上和山祥 佃人喜
收菁園塝上和山祥 佃人喜

支年糞斗工 伱版隆支仳寔粜米廿三年の会山扚子五千の
支米五伯五十文 交粮
支年糞斗工⋯

[右側列]
支□玉百五十文交粮
支此早文 水沾柏芋
支此茅文 并伏八分
…
以上共支用此此分引大文除支仍生四千叁早大文
計和亥三十三斤甚
支此早文 男夜心通
支此早文の玉文 大连召毛玄户几岛
支此 升の文 租加 朱兄紅砌

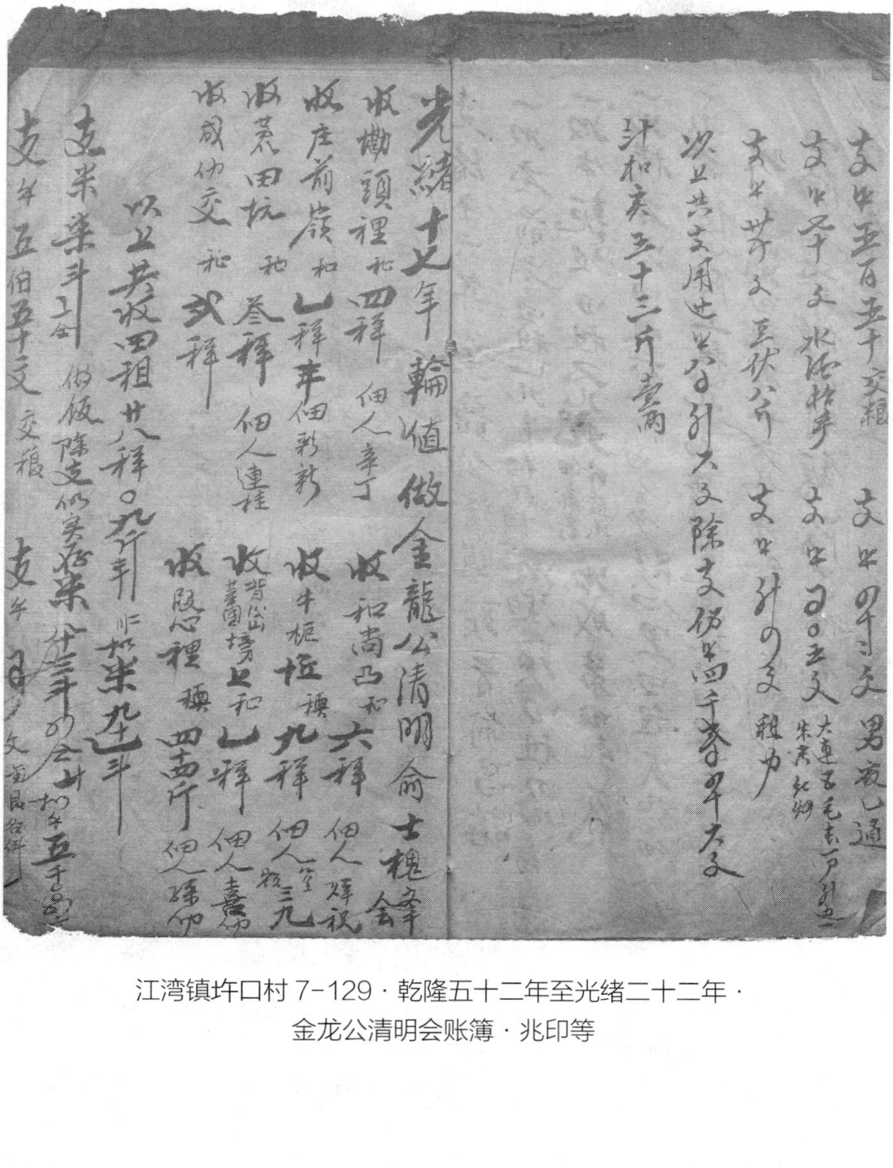

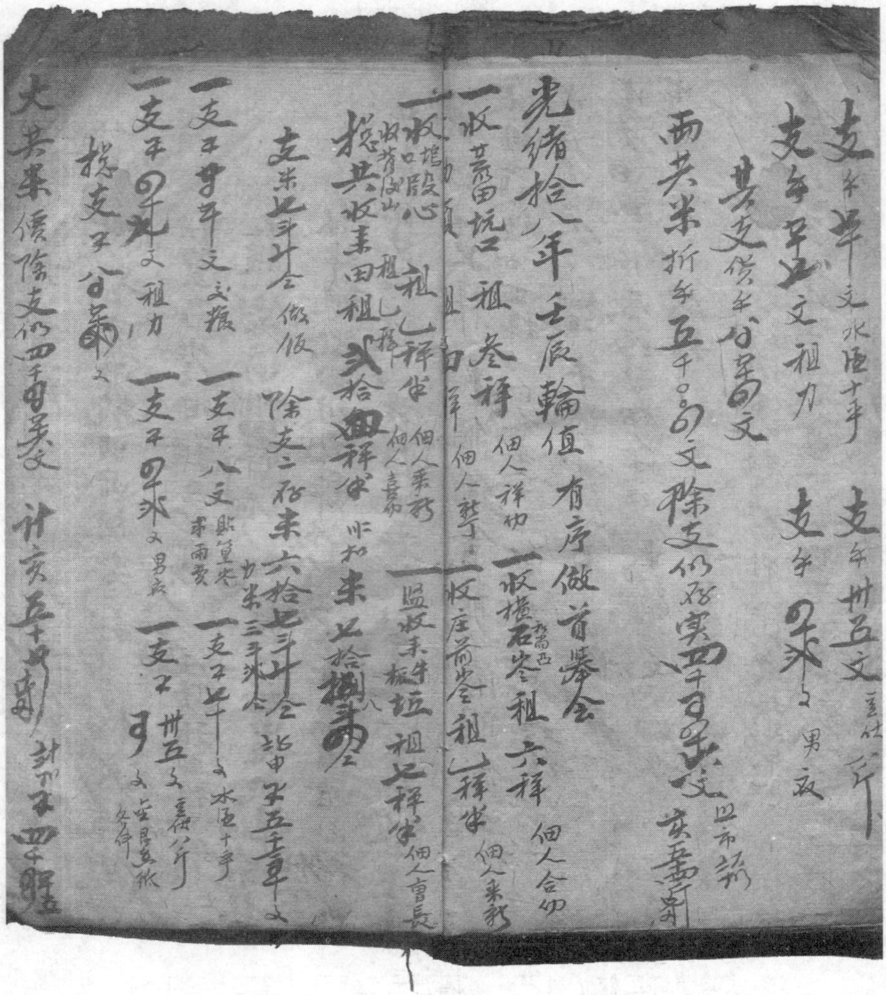

江湾镇圩口村 7-130 · 乾隆五十二年至光绪二十二年 ·
金龙公清明会账簿 · 兆印等

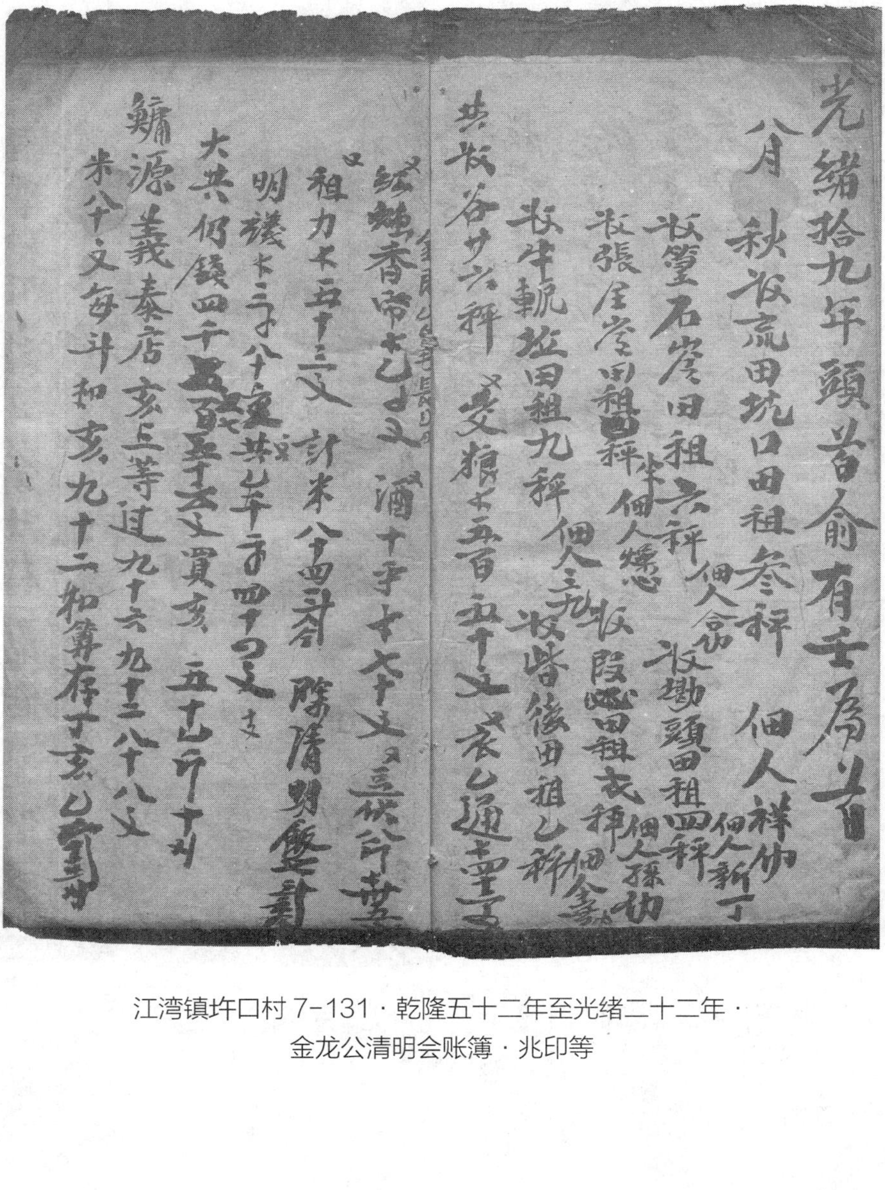

江湾镇圩口村 7-131 · 乾隆五十二年至光绪二十二年 ·
金龙公清明会账簿 · 兆印等

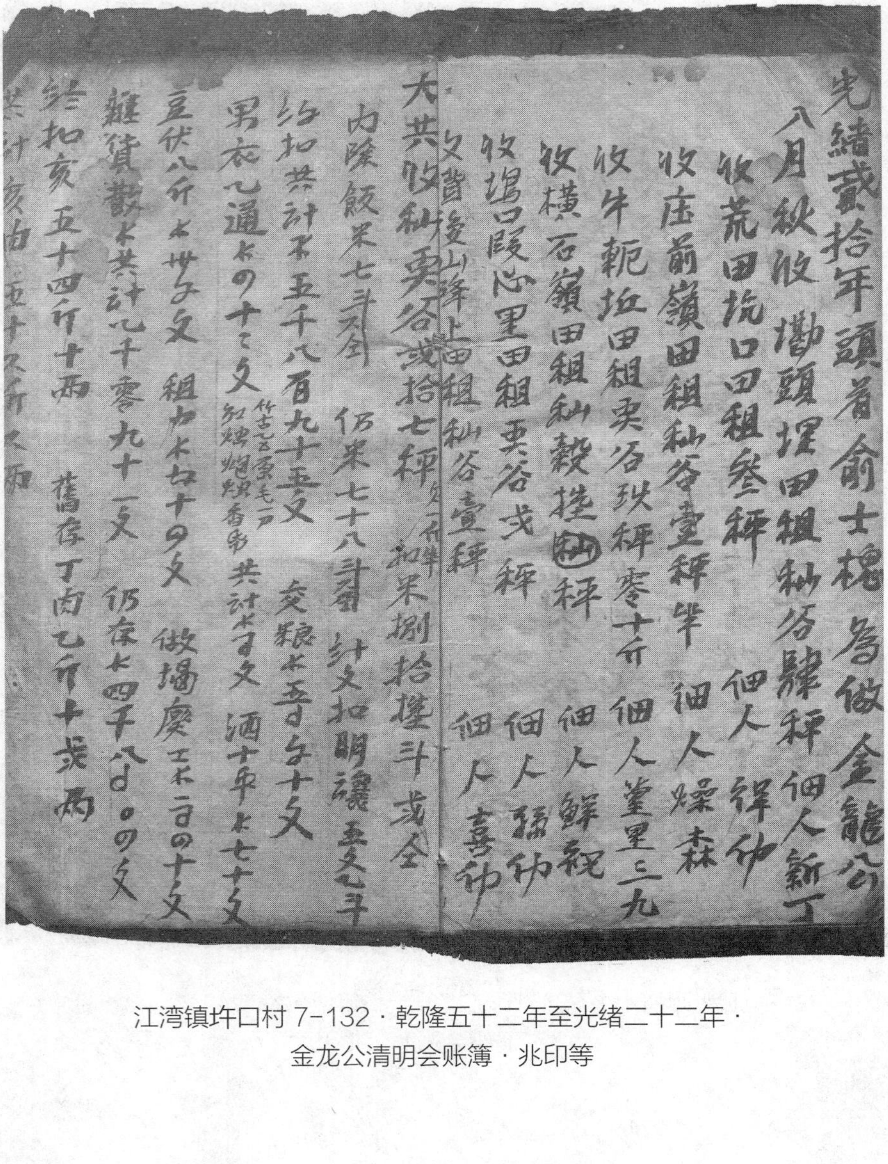
光緒貳拾年頭首俞士槐為做金龍公
八月秋收 塢頭埕田租秈谷肆秤 佃人新丁
收荒田坑口田租叁秤 佃人祥仂
收庄前嶺田租秈谷壹秤半 佃人燦森
收牛軛坵田租粟谷玖秤零十斤 佃人董里三九
收横石嶺田租秈穀搓秈秤 佃人鮮觀
收塌口段心里田租粟谷弍秤 佃人孫仂
又當檀山降上田租秈谷壹秤 佃人喜仂
大共收秈粟谷弍拾七秤 兑一斤半 和米捌拾捌斗弍全
内除飯米七斗不全 仍米七十八斗全 計文扣明讓 五文乙斗
給扣共計錢五千八百九十五文 交粮錢五百五十文
男衣乙通錢四十七文 竹古乙〤豪毛二戶 紅燭炮燭香帋 共計錢五十文 酒十斤錢七十文
豆伏八斤錢廿五文 祖加錢百四十文 做場慶工錢二百四十文
雜貨數錢共計乙千零九十一文 仍存錢四千八百〇四文
結扣亥五十四斤十两 舊存丁酉乙斤十弍两
共計亥肉五十〤斤〤两

江湾镇坾口村 7-132 · 乾隆五十二年至光绪二十二年 ·
金龙公清明会账簿 · 兆印等

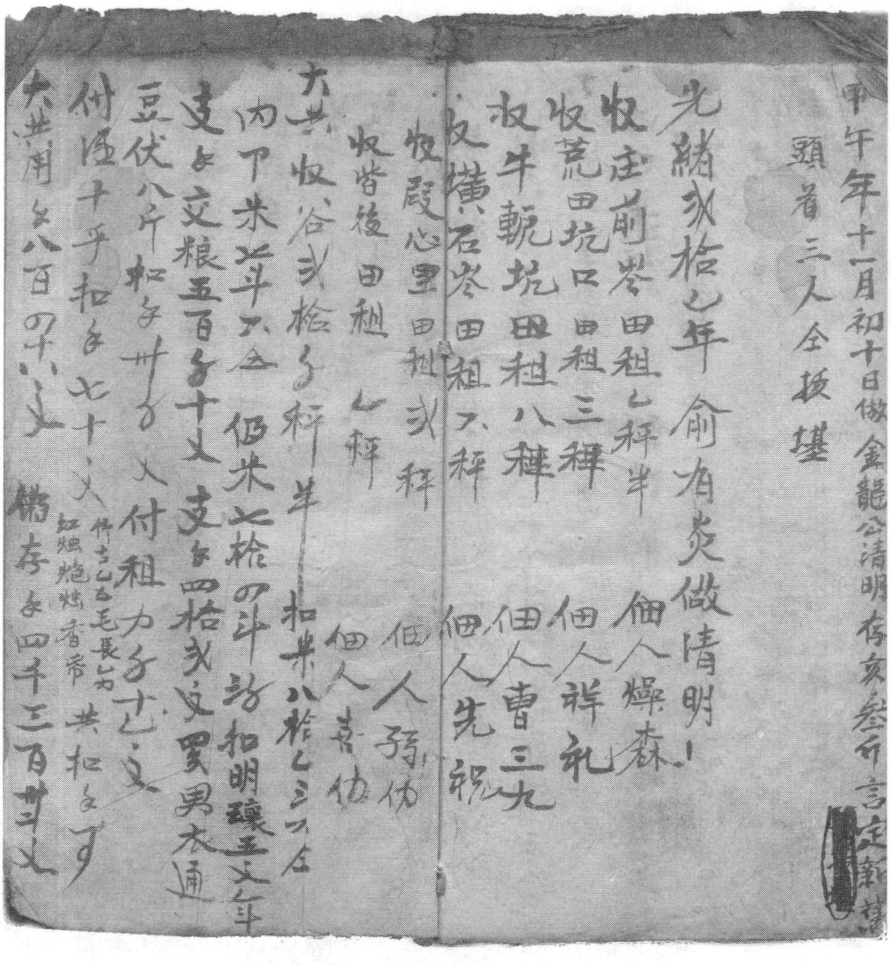

甲午年十一月初十日做金龍公清明存交叁[illegible]言定新[illegible]
頭首三人全接堪
光緒弍拾乙年俞有炎做清明
收庄前岑田租乙秤半 佃人爆森
收荒田坑口田租三秤 佃人祥礼
收牛軛坑田租八秤 佃人曹三九
收横石岑田租六秤 佃人先积
收殿心里田租弍秤 佃人孫仂
收皆後田租乙秤 佃人喜仂
大共收谷弍拾乙秤半 扣米八拾乙[illegible]六合
內下米七斗六合 仍米七拾四斗[illegible] 扣明讓五文斗
支钱交粮五百五十文 支钱四拾弍文買男衣通
豆伏八斤 扣钱卅五文 付租力钱十乙文
付酒十乎 扣钱七十文 付[illegible]毛長[illegible] 紅烛炮烛香帋 共扣钱[illegible]
大共用钱八百四十六文 餘存钱四千三百卅三文

江湾镇圩口村 7-133 · 乾隆五十二年至光绪二十二年 ·
金龙公清明会账簿 · 兆印等

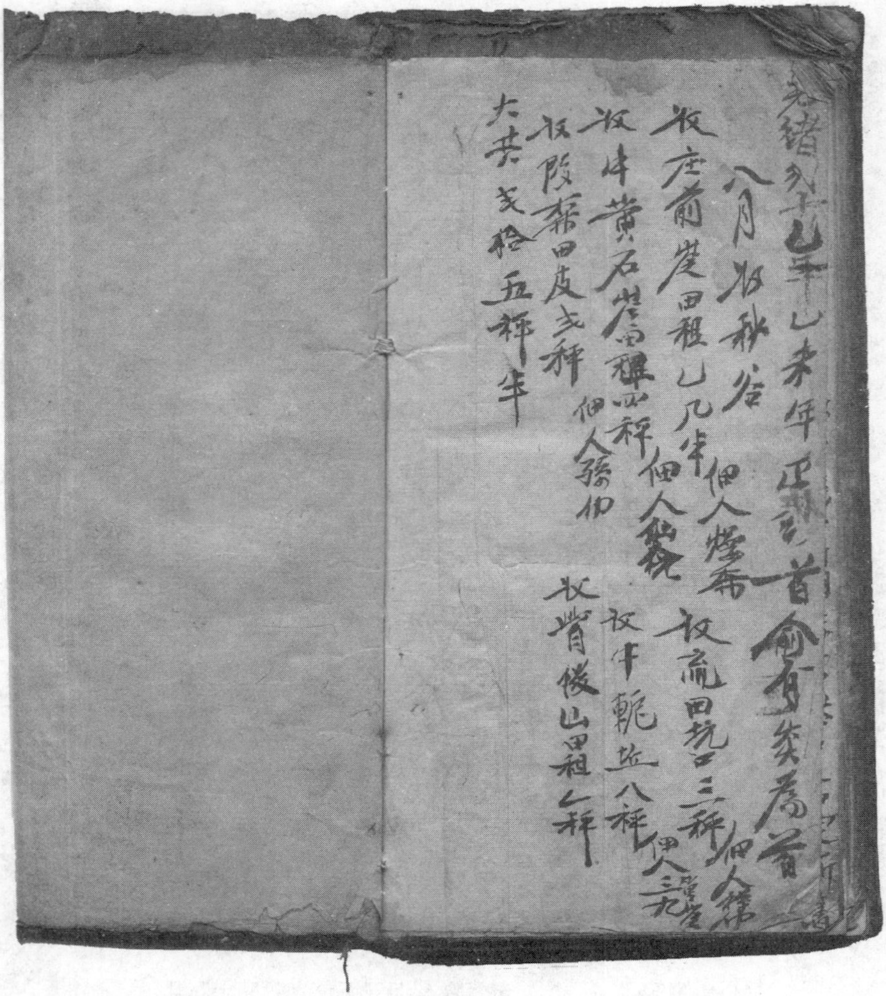

光绪贰十二年来年正会首俞有炎为首
八月收秋谷
收庄前塝田租〡几半 佃人燮希
收荒田坑口三秤 佃人[illegible]
收牛黄石塝田租四秤 佃人[illegible]
收牛轭丘八秤 佃人三九
收陂塝田皮弍秤 佃人孙仂
收背后山田租〡秤
大共弍拾五秤半

江湾镇坾口村 7-134 · 乾隆五十二年至光绪二十二年 ·

金龙公清明会账簿 · 兆印等

江湾镇圩口村 7-135 · 乾隆五十二年至光绪二十二年 ·
金龙公清明会账簿 · 兆印等

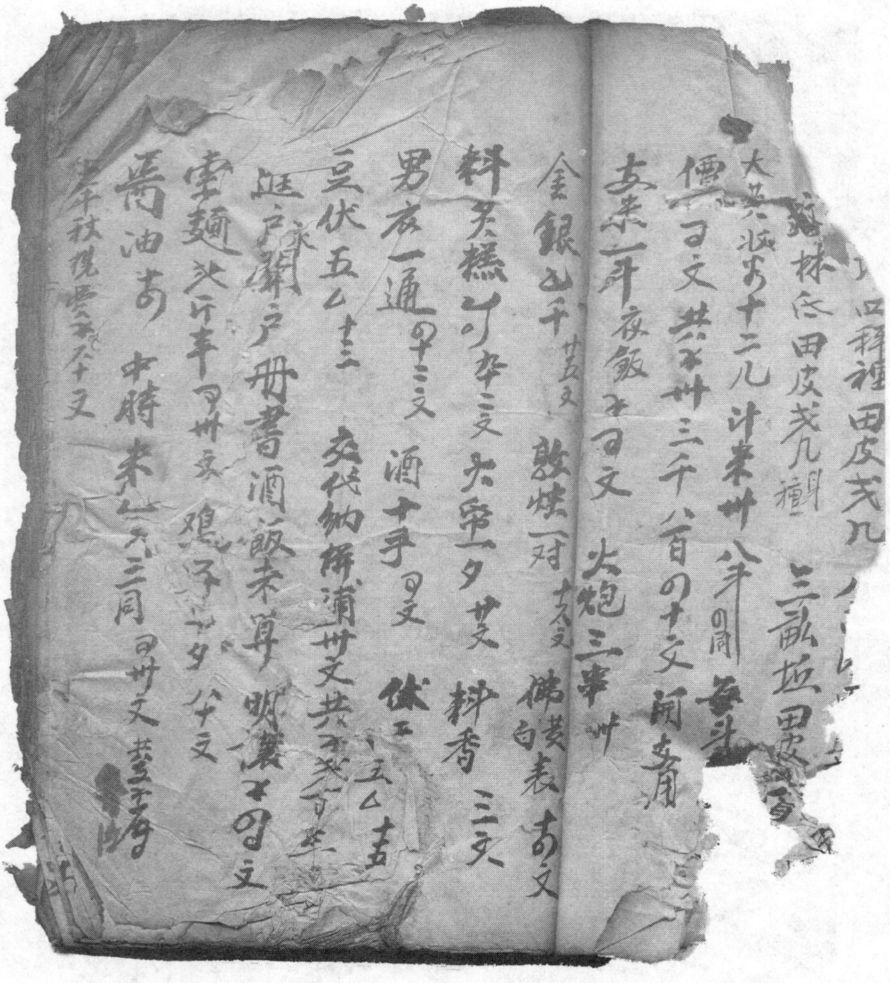

江湾镇圩口村 6-1 · 咸丰六年至民国二十九年 · 收租账簿

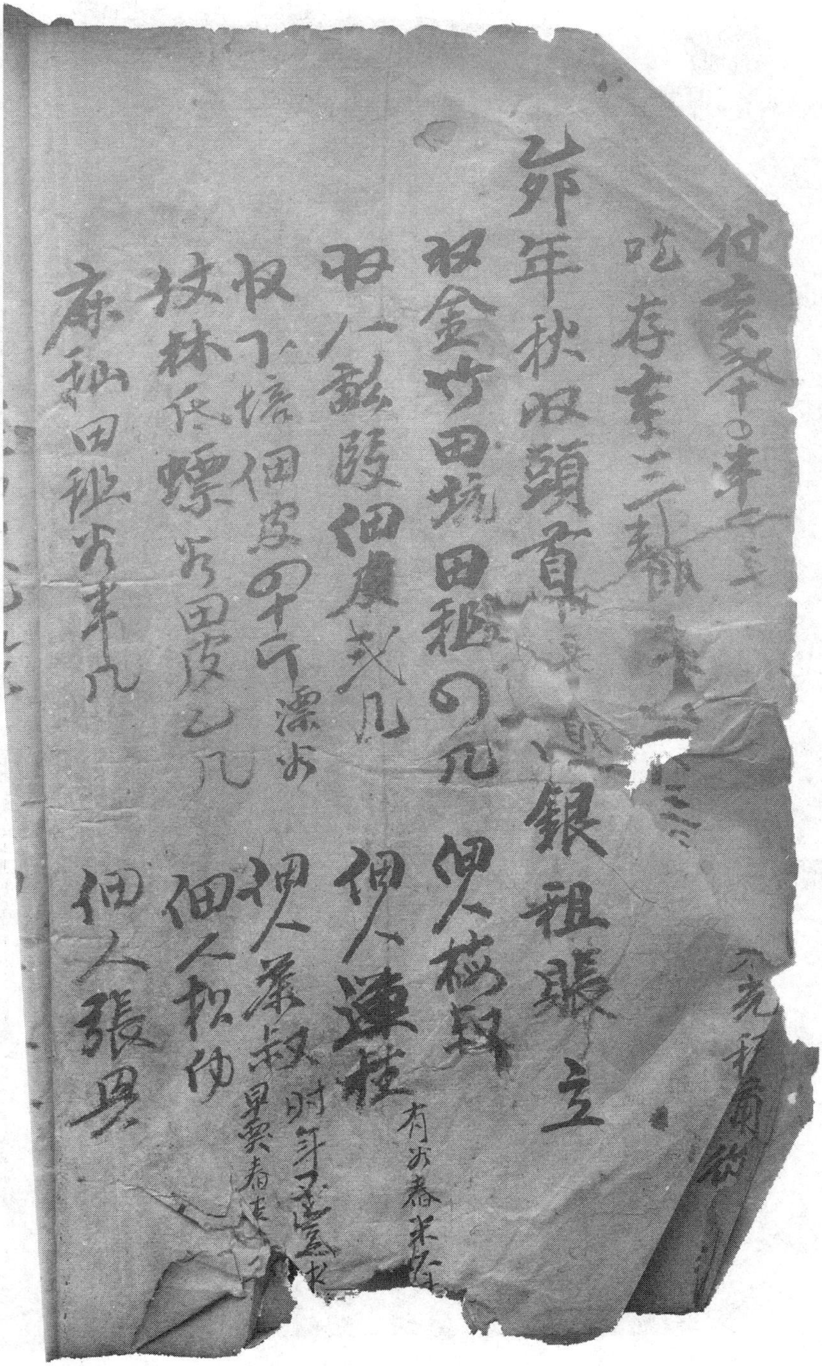
乙卯年秋收頭晉銀租張立
收金竹田坑田租四几　佃人樹叔
收八畝段佃康戈几　佃人蓮桂　有米春米在
收下塘佃客四十斤漂米　佃人兼叔　時年
枝林係螺形田皮乙几　佃人松伯　早晚春在
康秈田租谷二十几　佃人張興

江湾镇圩口村 6-2 · 咸丰六年至民国二十九年 · 收租账簿

收三畝地田皮乙几年 佃人天保 米□文

丙辰六年 五月十三頭首昌银

共收穀十九〇十七斤 每二扣米廿四斗三升八合

每斗八十文 扣钱[illegible]百五十文

米斗一斗八十 飯 火炮一串廿共 廿百二千五 数[illegible]对[illegible]

黄表 十文 料[illegible] 毛[illegible] 三[illegible] 三 [illegible]

酒十斤 八文 伏[illegible] 文 付[illegible]

午飯米一斗八十 三合共[illegible]十文 [illegible]

江湾镇圩口村 6-3 · 咸丰六年至民国二十九年 · 收租账簿

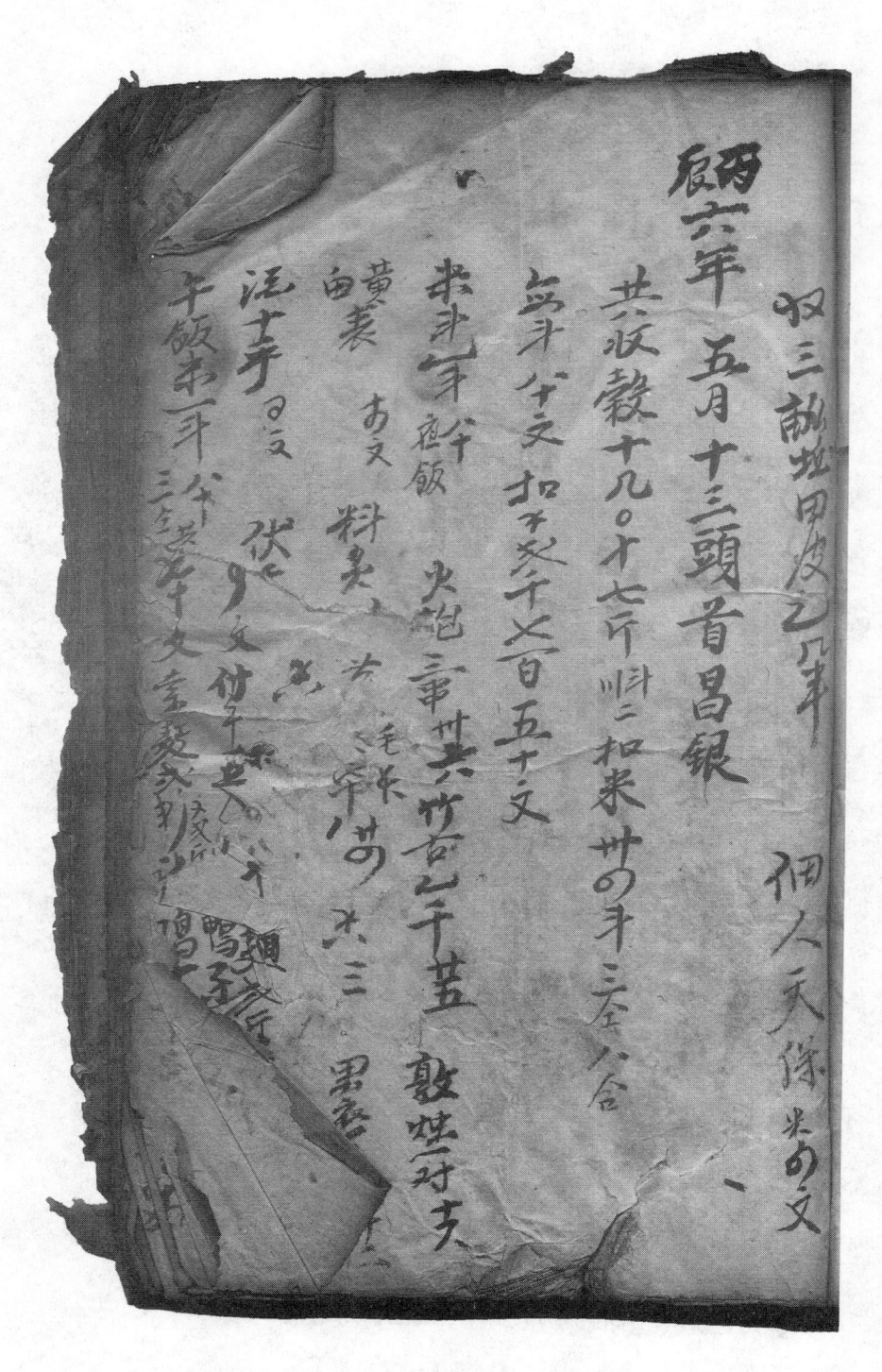

明讓錢□□文□□□ 外錢□百七十文
大支用眉員錢二十□□ □□合錢午九文□□
付貢十六斤大錢□□ □□十二文
丙辰年秋冰頭晋俞天保經理
收坐竹田坑一田租四秤佃梅祥 付貼田塅工一百□□文
收八畝段田皮弍秤佃華桂
收下塘田皮乙秤零九斤佃□祥 付貼田塅工一百□□
收坡林氏田皮弍秤佃松先

江湾镇竏口村 6-4 · 咸丰六年至民国二十九年 · 收租账簿

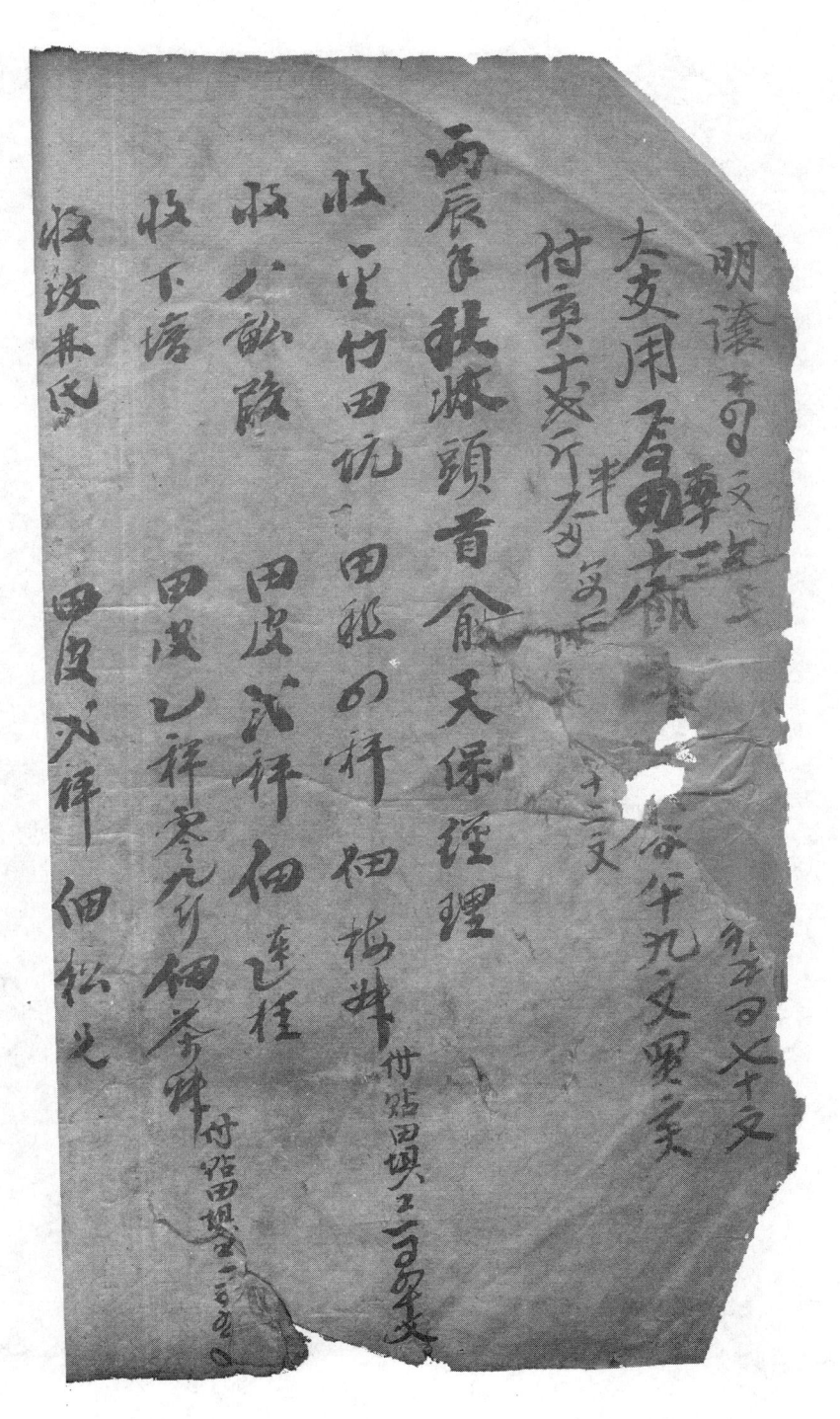

收康祀田、　田租十七斤　佃攸婴久

收三龄姤　田皮七秤半　佃天保

共收岁拾壹尺零八斤半对扣米廿七斗四合

每斗计文扣叁仟贰百七十六文

支帐

米贰斗叁　午存钱　共[illegible]

缴姓七对十六　共　黄白蒸[illegible]　共[illegible]

火帛七夕十六　共　[illegible]

汪　十五　共[illegible]

支银四　共[illegible]

江湾镇圩口村 6–5 · 咸丰六年至民国二十九年 · 收租账簿

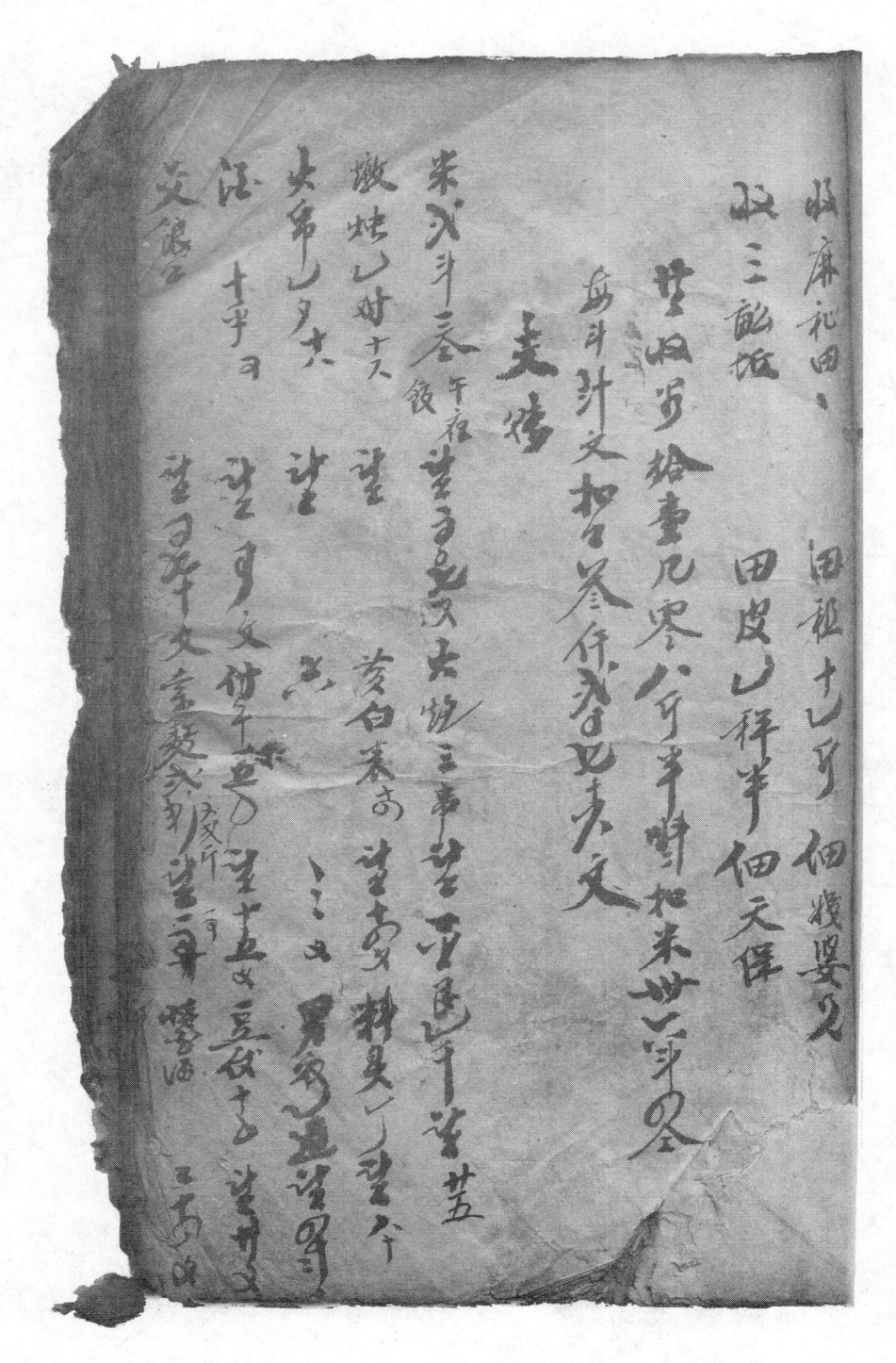

鸡子十斤　芝八斤　的讓[illegible]　田供[illegible]

自伏五[illegible]　十　陈支付吃[illegible]三斤　[illegible]二百十二[illegible]　[illegible]人派[illegible]二百[illegible]

咸豐七年丁巳秋收頭首俞昌淮

收金竹田坑　租四几　佃梅叔

收三畝坵　田皮乙几半　佃天保

收下塔　田皮弍几　佃茶叔

收八畝段　田皮乙几半　内除半几做田塝　佃連桂

收麻仙田　租十三斤

江湾镇坼口村 6-6 · 咸丰六年至民国二十九年 · 收租账簿

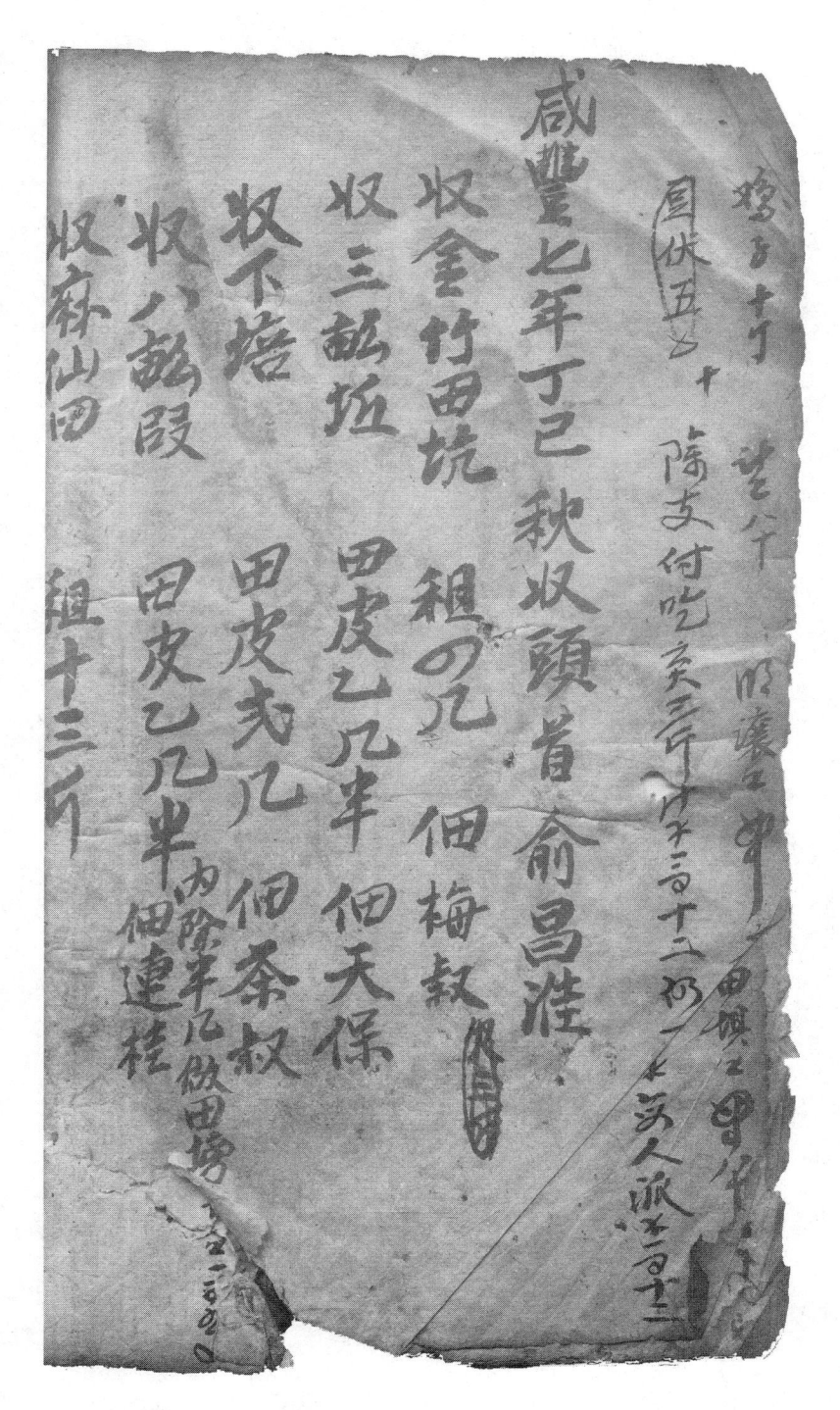

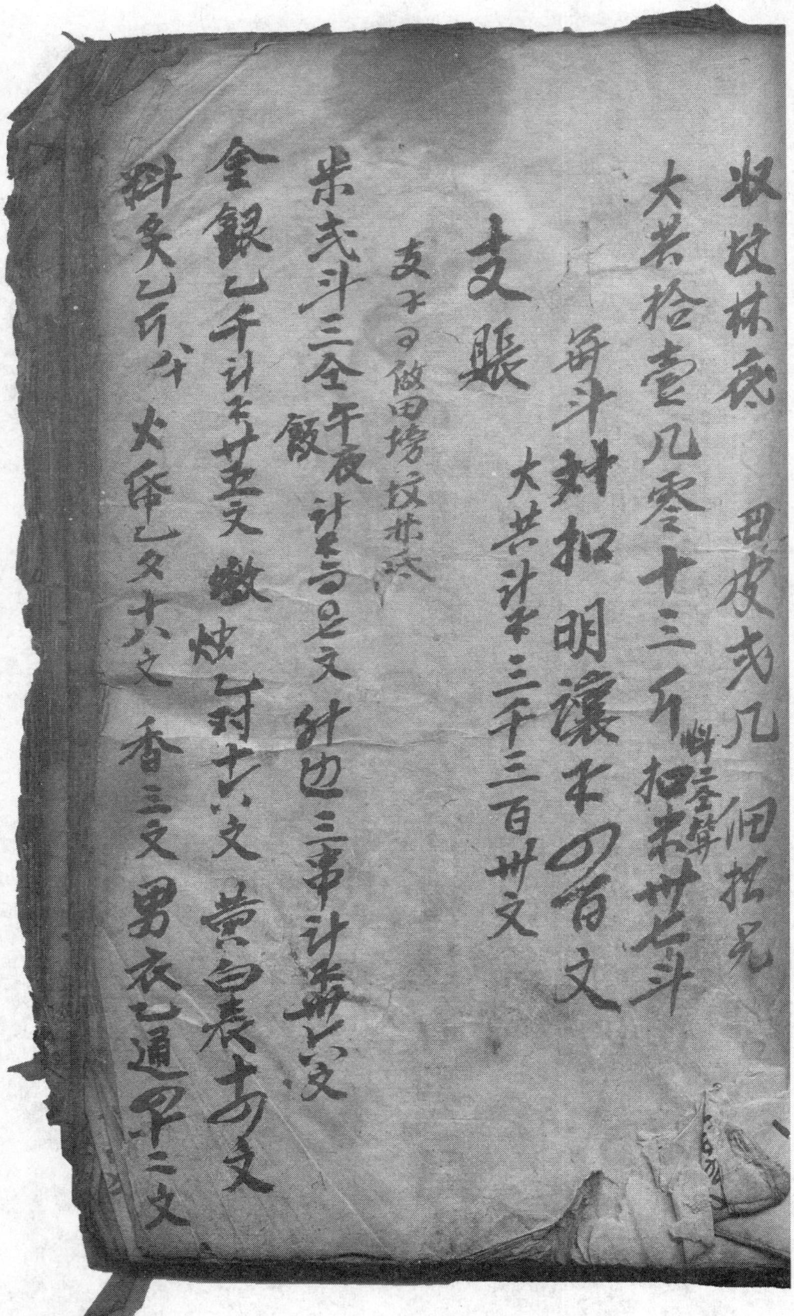

收坟林㤠 田坟戈几佃拉兄

大共拾壹几零十三斤料二签等扣米廿七斗

每斗对扣明讓米四百文

大共计米三千三百卅文

支賬

支下口做田塝坟米碗

米弍斗三仝午夜饭 计米一百是文 外边三事计米卌六文

金銀乙千计米廿五文 蠍烛乙对十六文 黄白表十五文

料炙乙斤代 火纸乙夕十六文 香三文 男衣乙遍 四十二文

江湾镇岾口村 6-7 · 咸丰六年至民国二十九年 · 收租账簿

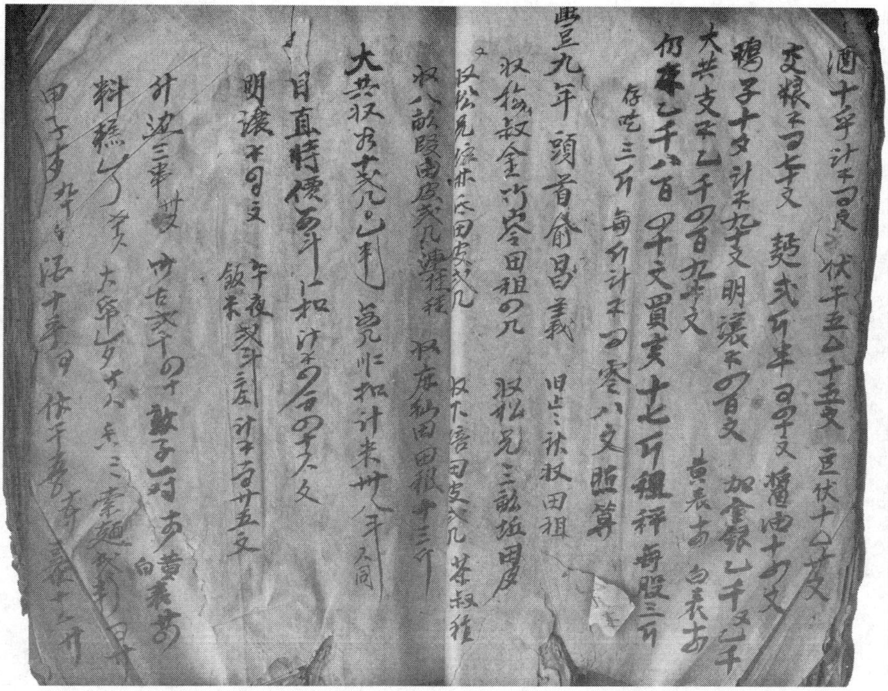

江湾镇圩口村 6-8 · 咸丰六年至民国二十九年 · 收租账簿

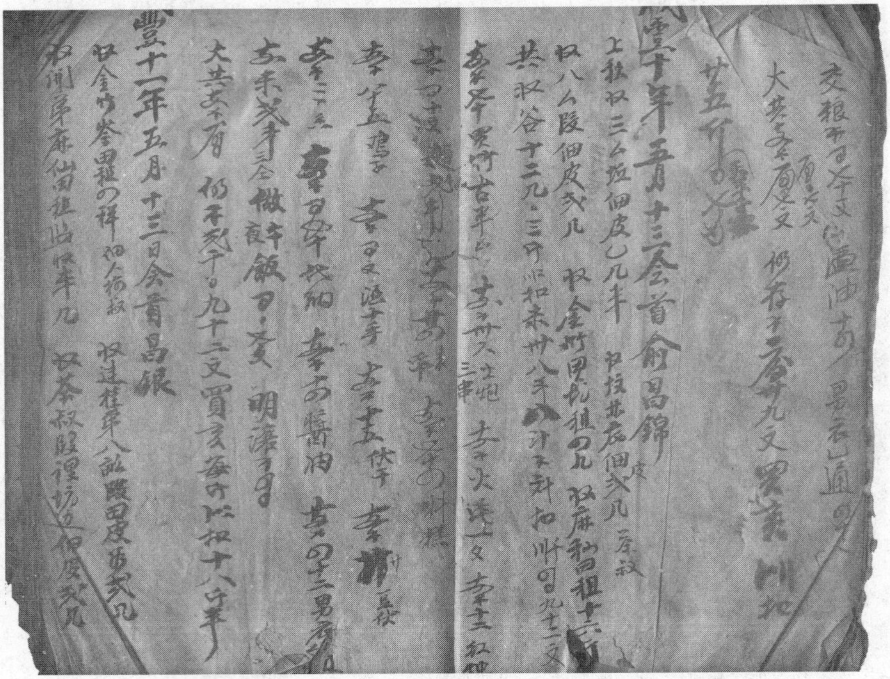

江湾镇垰口村 6-9 · 咸丰六年至民国二十九年 · 收租账簿

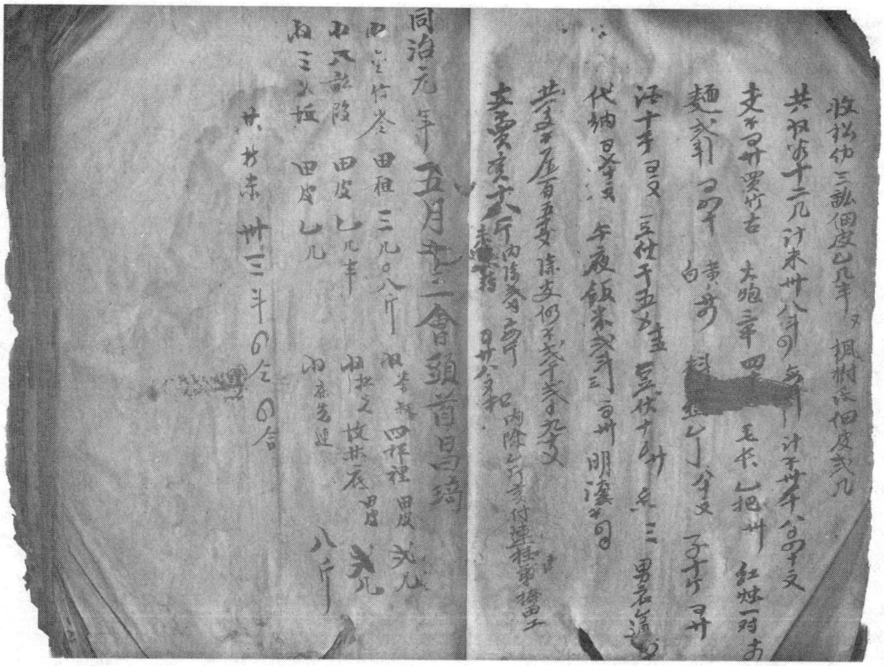

江湾镇圩口村 6–10 · 咸丰六年至民国二十九年 · 收租账簿

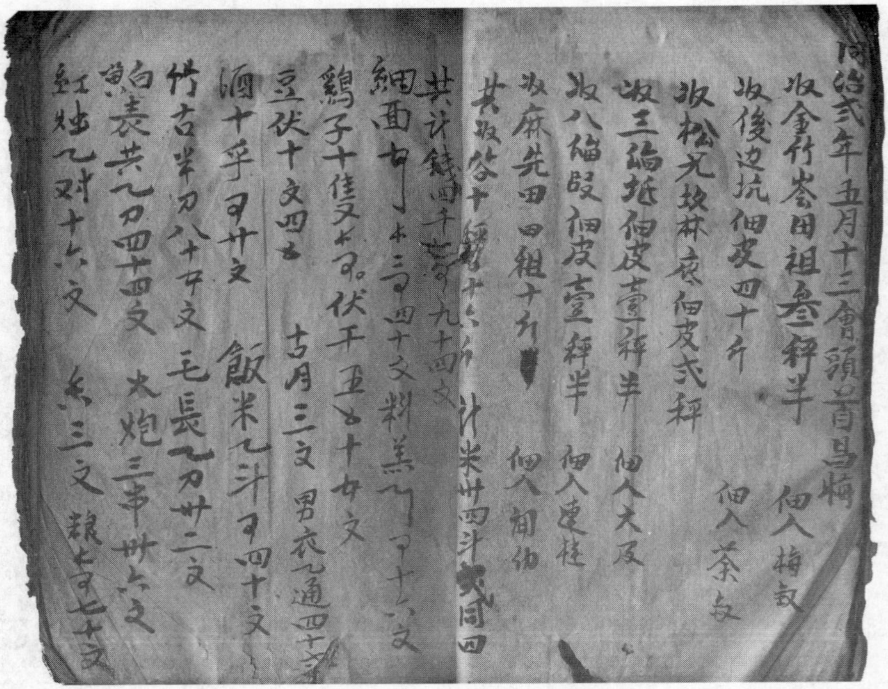

同治弍年五月十三會頭首呂梅
收金竹崙田租叁秤半　佃人梅叙
收後边坑佃皮四十斤　佃人茶友
收松兄坟林底佃皮弍秤
收三偏垅佃皮壹秤半　佃人大反
收八偏段佃皮壹秤半　佃人連桂
收麻先田田租十斤　佃人閏幼
共收谷十一秤十六斤　計米廿四斗弍同四
共計錢四千七百九十四文
細面七斤　十三斤四十文　料羔一斤十六文
鷄子十隻又七斤　伏干五斤十女文
豆伏十文四五　古月三文　男衣一通四十文
酒十斤　斤廿文　飯米一斗　斗四十文
竹古半刀八十女文　毛長一刀廿二文
白表共一刀四十四文　大炮三串卅六文
紅烛一对十六文　糸三文　粮七斤七十文

江湾镇垰口村 6-11 · 咸丰六年至民国二十九年 · 收租账簿

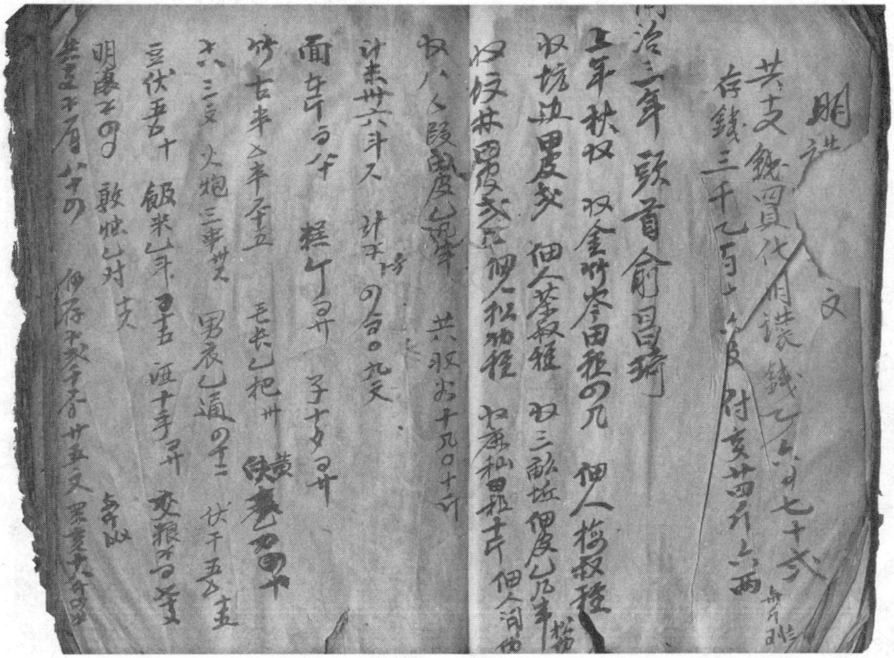

江湾镇岕口村 6-12 · 咸丰六年至民国二十九年 · 收租账簿

同治四年跟首俞昌錦

舊欠：狄收倍等金竹岑田租四凡
又收段心坑边田家弍凡
收連樣第八弦段田皮四千斤
収闸第麻祕田田租八斤 監収分派
收松自楓坂下田皮弍凡
又收三凱坯田皮夷凡半 共許収弍十凡弍斤

水扣来三十七秤十四合八答 卅二扣之三十五百四十定
二月
竹古一塊 羊奶 毛長山火炭卅支 表鱼四千支
料香山簽又支 五十边炮三筆廿六支 白火烛山対六支
毀娘已対十六支
男表乙通□千二 伏千五△五支 耕糕乙千九千九支
三伏五十三支 索麵五千 ☐☐☐☐支
雞子十夕乙支 六千粮□五十久支 鹽十平十支
飯米弍平子支 朋澄子四又
共支弍千七百五十三支 奶茶弍十○卅五支 拾其八文
買米八又

江湾镇圳口村 6-13 · 咸丰六年至民国二十九年 · 收租账簿

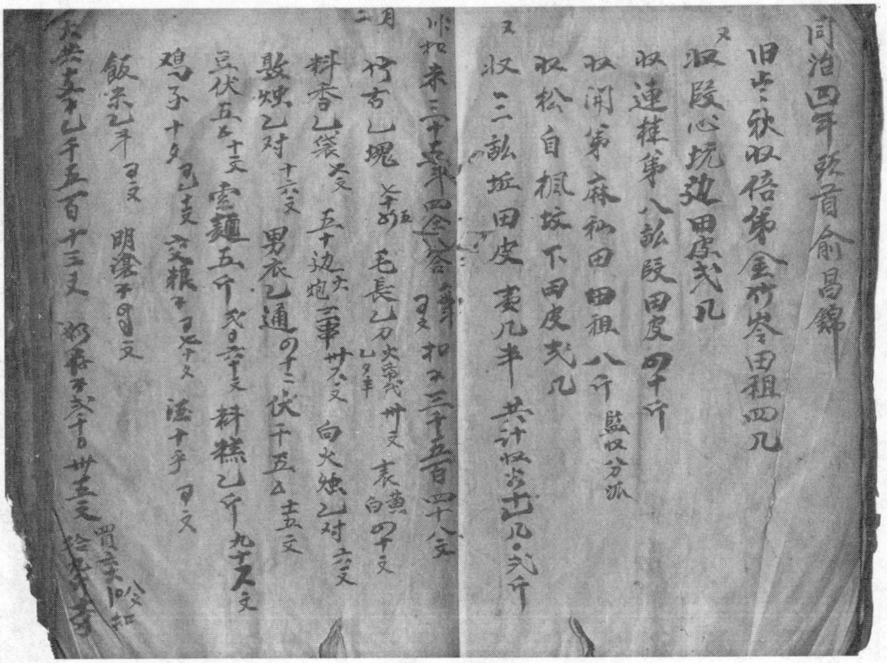

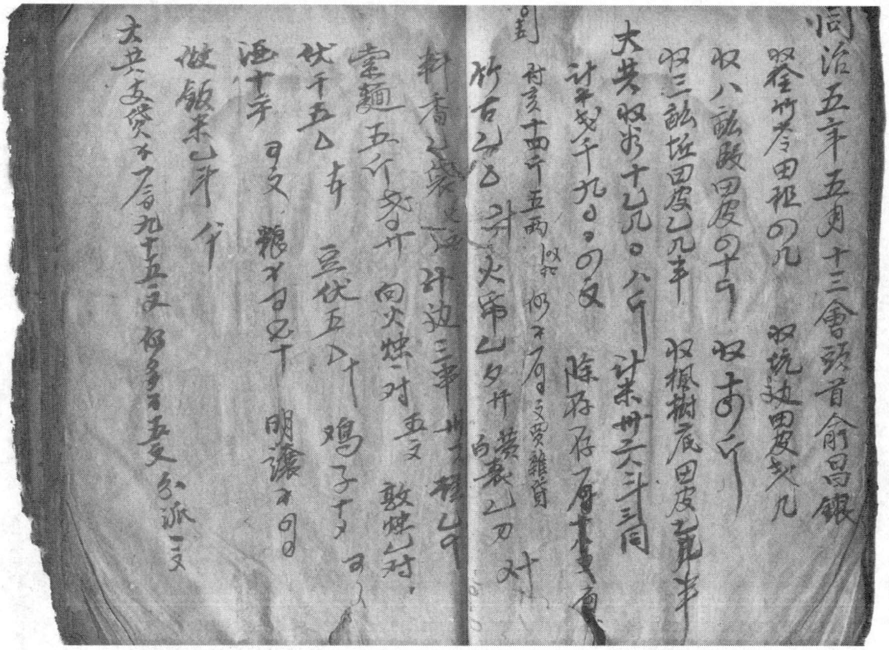

江湾镇圩口村 6-14 · 咸丰六年至民国二十九年 · 收租账簿

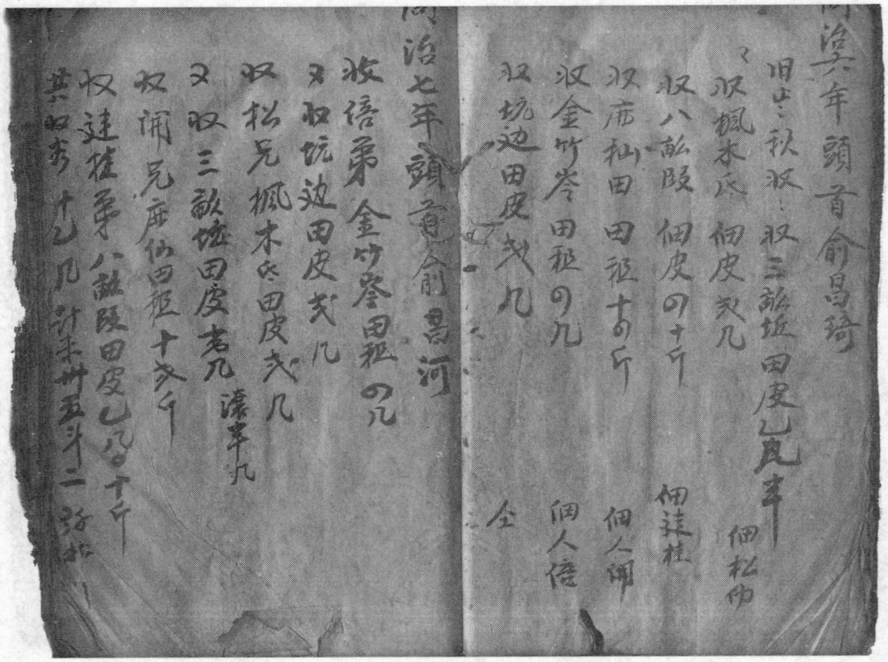
同治六年頭首俞昌琦
旧上之秋收 收三畝坵田皮乙旦半 佃松仂
又收楓木氏佃皮叁几
收八畝陂佃皮四十斤 佃逵桂
收庙秈田田租十四斤 佃人誦
收金竹岑田租四几 佃人倍
收坑边田皮弍几 仝
同治七年頭首俞昌河
收倍弟金竹岑田租四几
又收坑边田皮弍几
收松兄楓木氏田皮弍几
又收三畝坵田皮壹几 讓半几
收誦兄庙仙田租十叁斤
收逵桂弟八畝陂田皮乙几四十斤
共四方十乙几 計米卅五斗二 許松

江湾镇圩口村 6-15 · 咸丰六年至民国二十九年 · 收租账簿

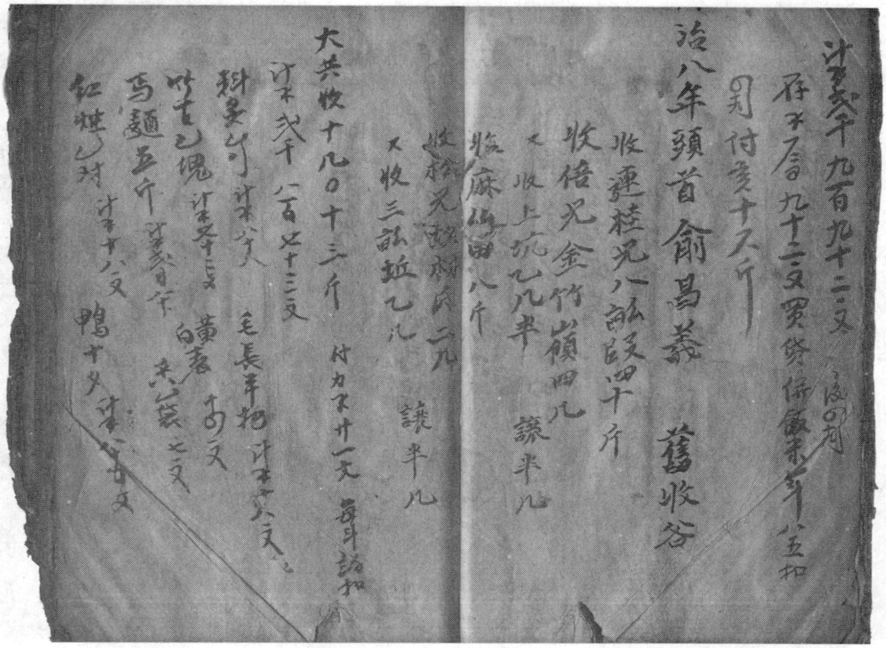

江湾镇岕口村 6-16 · 咸丰六年至民国二十九年 · 收租账簿

竹边三亩廿二文　男夜山通洋の千二文
壮千五五查　玄伏五△十文湿十亩日文
飯来山坪查　明漾不可日文叐雉千可亩文
大其家不山千可卅四文信主
何存不山千日卅九文黑主
キ三斤十二子

同治九年庚午為首俞昌錦

佃秋殷　金竹岭　田祖四秋
半殷裡坑边佃皮山几亩读丰九　佃人培仍
收麻种田祖盢收参佰斤　佃人用仍
收八丞殷田皮の十斤　佃人运程
收三酙垣田皮山几亩
改枫树坑田乙几亩

佃人松

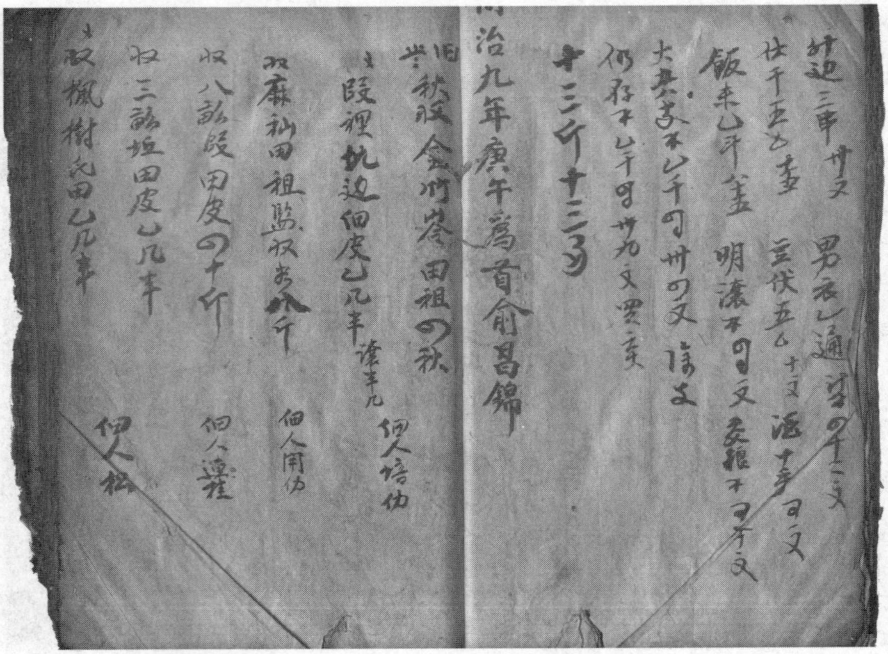

江湾镇圩口村 6-17 · 咸丰六年至民国二十九年 · 收租账簿

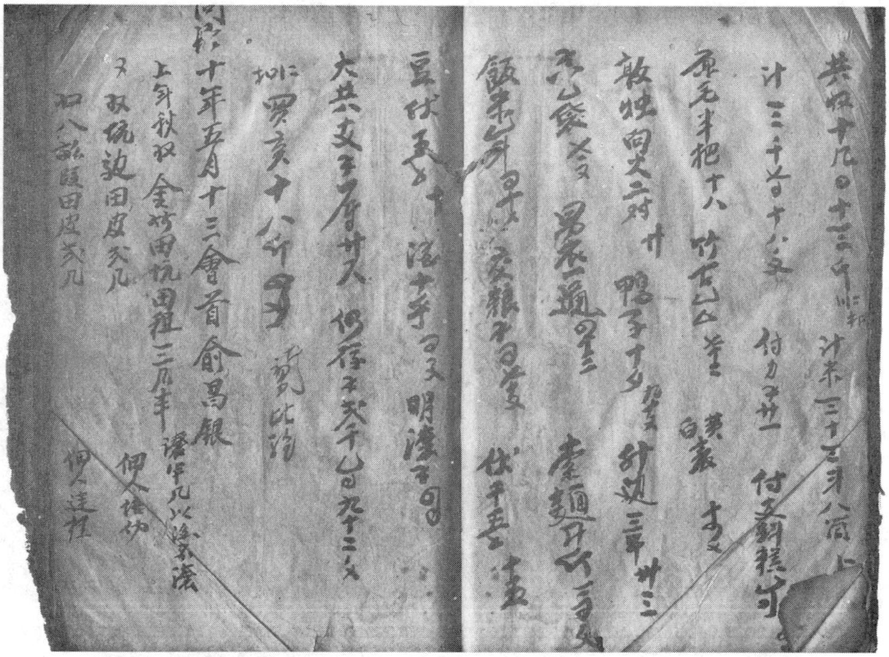

江湾镇圩口村 6-18 · 咸丰六年至民国二十九年 · 收租账簿

收三畝坵田皮乙几年　佃人金弟

楊樹帘田皮乙几年　滚光

照收屋秋田租卅九斤　共收卅十九〇卅斤

计米三十三斤叁合　计米叁千零八十文

付麦十七斤　计钱千乙百七十八文

付料糕乙斤　卅八文　毛巾半把　十四文　竹古乙个　四十二文

白表十四文　卅文　鞭烛乙对　廿文

佃火鞭乙对　八文

江湾镇圩口村 6-19 · 咸丰六年至民国二十九年 · 收租账簿

什边三串卅三 另乙袋七文 鸭子十夕二百文

索麵五斤二百文 男衣乙通四十文 力[illegible]廿一 飯米乙斗二百十文

交粮二百六十文 伙干五百五十五文 豆伙五十文 酒十斤二百文

明讓二百文 共支下買貸乙千五百四十三文 湊數出廿三文 貝[illegible]

同治十年五十三會頭普昌琦

收金竹麥田租秋谷四九欠三斤 佃人傳壽

收八畝段佃度秋谷四十斤 佃人達桂

收麻秋田田秋廿二斤 佃人會徑

江湾镇圩口村 6-20 · 咸丰六年至民国二十九年 · 收租账簿

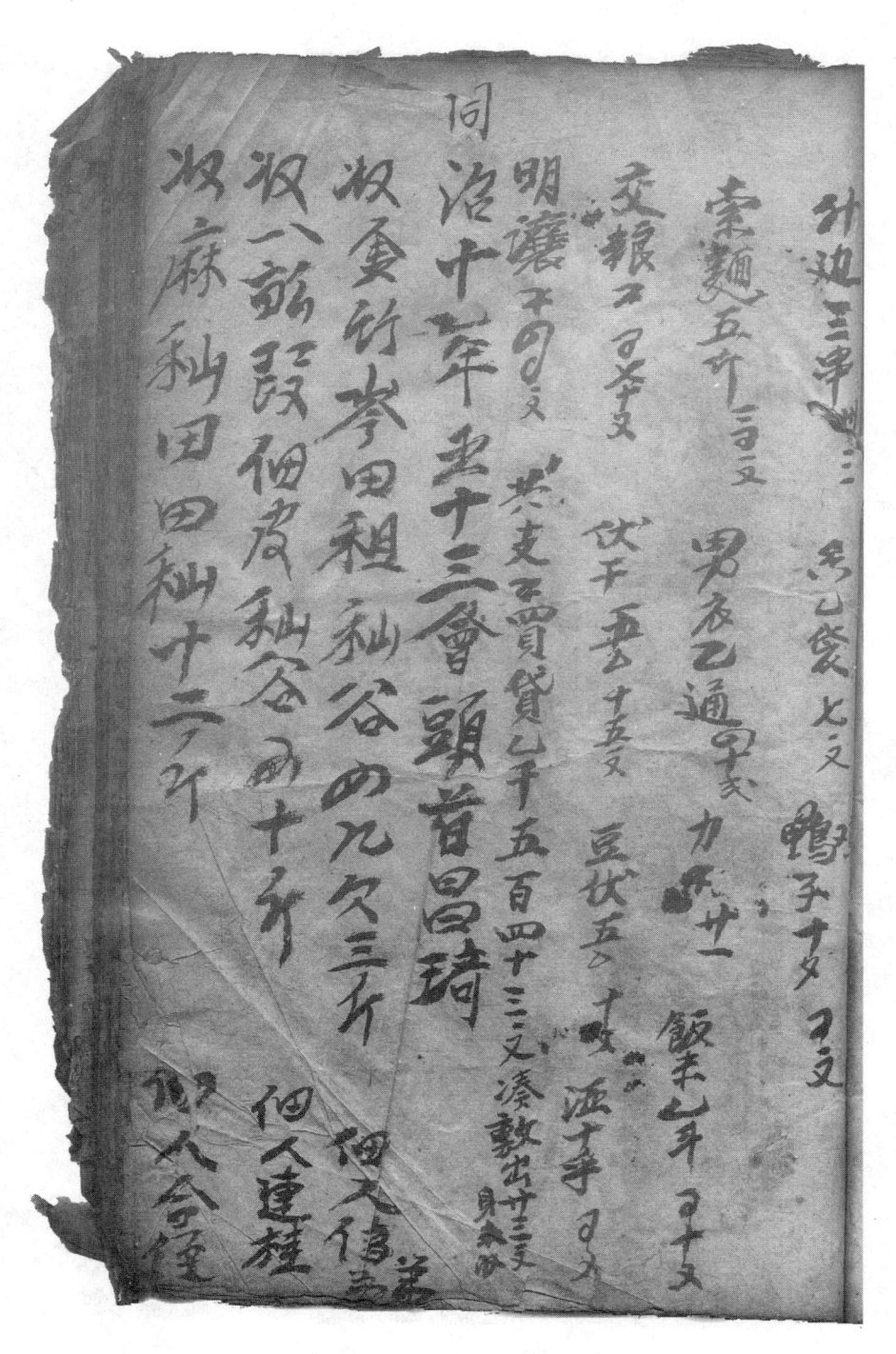

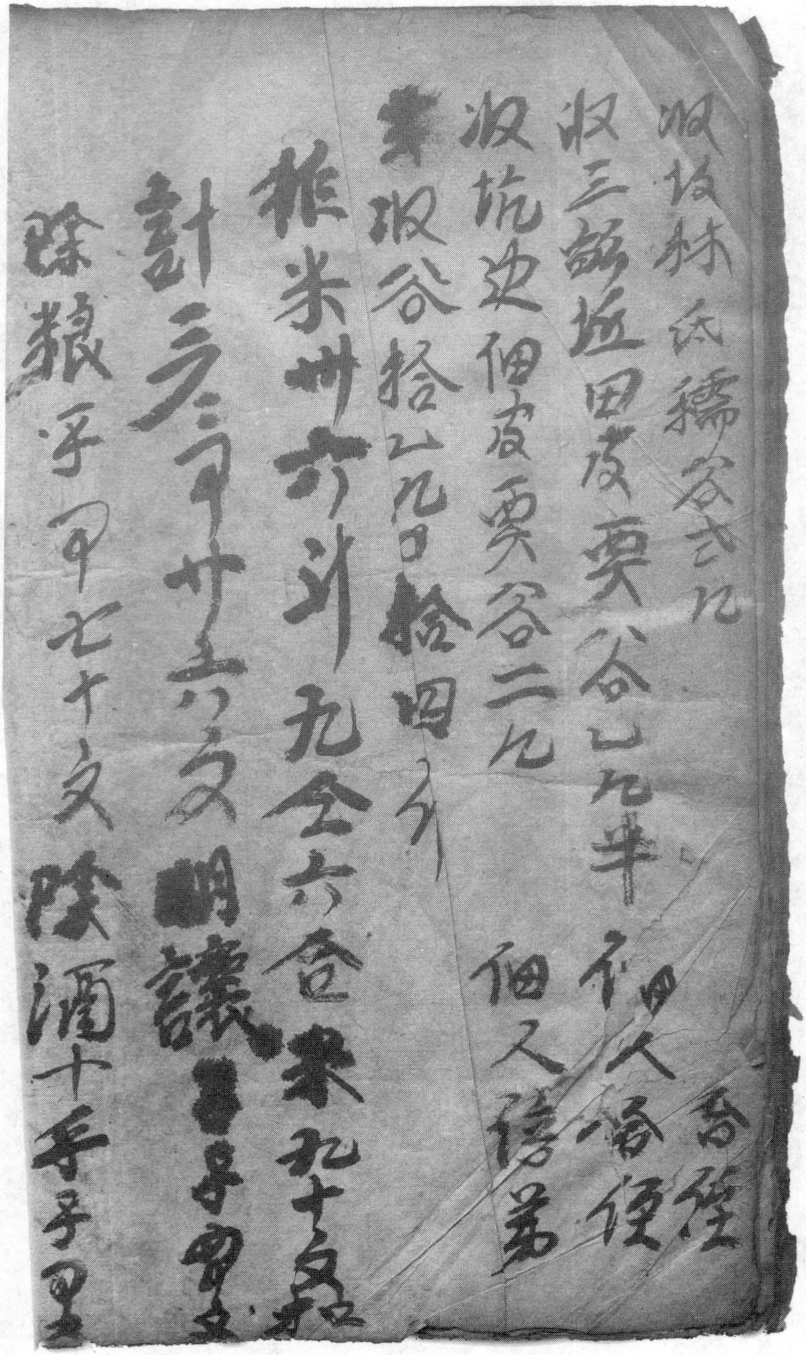

收坟林氏糯谷弍乙　吾侄
收三姊坵田皮要谷乙乙半　和人嗒便
收坑边佃皮要谷二乙　佃人德弟
收谷拾乙乙四拾四合
糙米卅六斗九合六合　米九十文
計三千廿五八文　明議
除粮平甲七十文　除酒十平平甲

江湾镇岕口村 6-21 · 咸丰六年至民国二十九年 · 收租账簿

除米乙洣扣手九十文 豆伏手五塊十数

豆伏十文 除男衣一通手四十二文

料炙糕乙斤手十二文 甲子十文

細西瓜乙斤三两 麦原毛半斤 手十七文

黄乙袋七文 竹台乙塊手七十六文 炮燭三第手卅文

黄白表半斤四十文 腰腊乙对廿四文

江湾镇岕口村 6-22 · 咸丰六年至民国二十九年 · 收租账簿

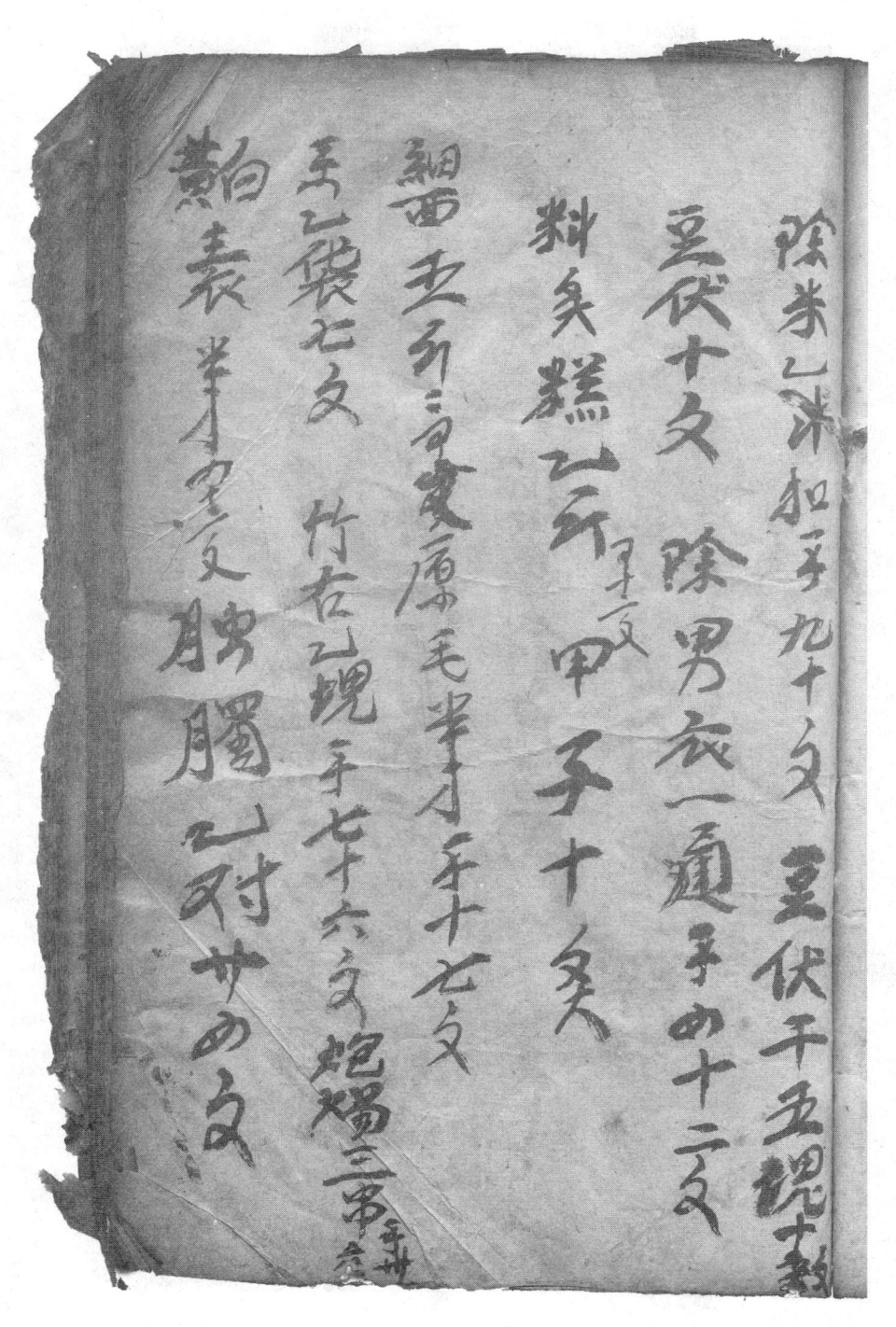

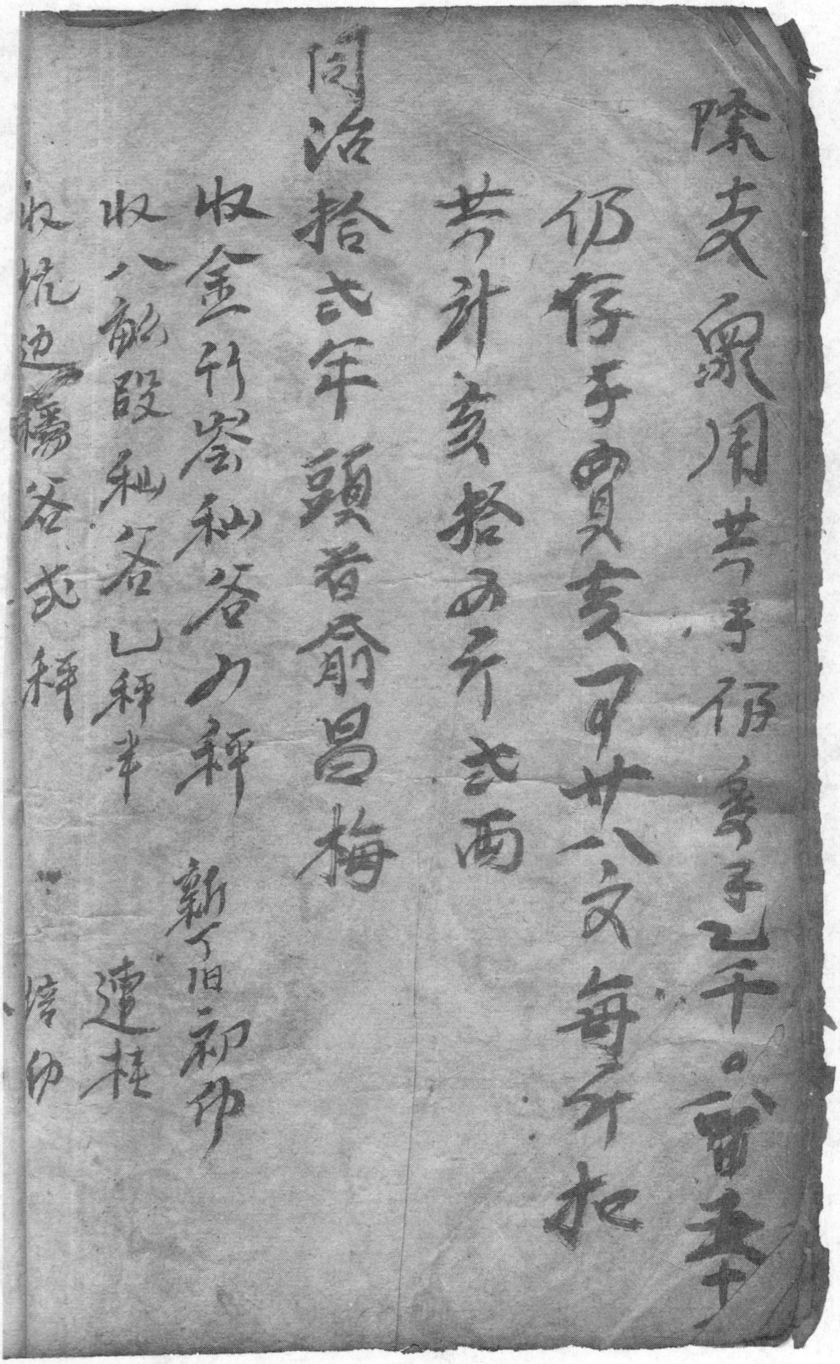
除支衆用共手仍多手乙千〇八百五十
仍存手實支丁廿八文每斤把
共計多拾两斤弍两
同治拾弍年頭首俞昌梅
收金竹塢秈谷八秤 新丁旧二初仰
收八畝段秈谷乙秤半 運桂
收坑边碣谷弍秤 培仰

江湾镇岾口村 6-23 · 咸丰六年至民国二十九年 · 收租账簿

收麻秈田秈谷拾斤　合坊

收坡林背糯谷贰秤　合坊

收三畝垅糯谷乙秤半　合坊

共收谷拾壹石四十斤　扣米廿六斗六合　同扣米十二斤六百六十文

五十畲米一斗扣米甲　又水酒十斤扣米甲　又細面五斤扣米一百七十文

村蕎一斤扣米甲七文　又表黄半刀廿文　又表白半刀廿文

毛長半刀扣米十九文　又金艮一百扣米九十文　又鷄子十文扣米甲廿文

冬　扣米三文　又升边三串扣米卅九文　又香月扣米三十文

江湾镇圩口村 6-24 · 咸丰六年至民国二十九年 · 收租账簿

熬磚一對 相钱廿七文 男衣一付 相钱四十七文 交粮[illegible]四十五文

明胜钱四百文 大共支用钱一千五百四十六文

仍钱二千四百十五文 余实秤四斤十两

江湾镇坾口村 6-25 · 咸丰六年至民国二十九年 · 收租账簿

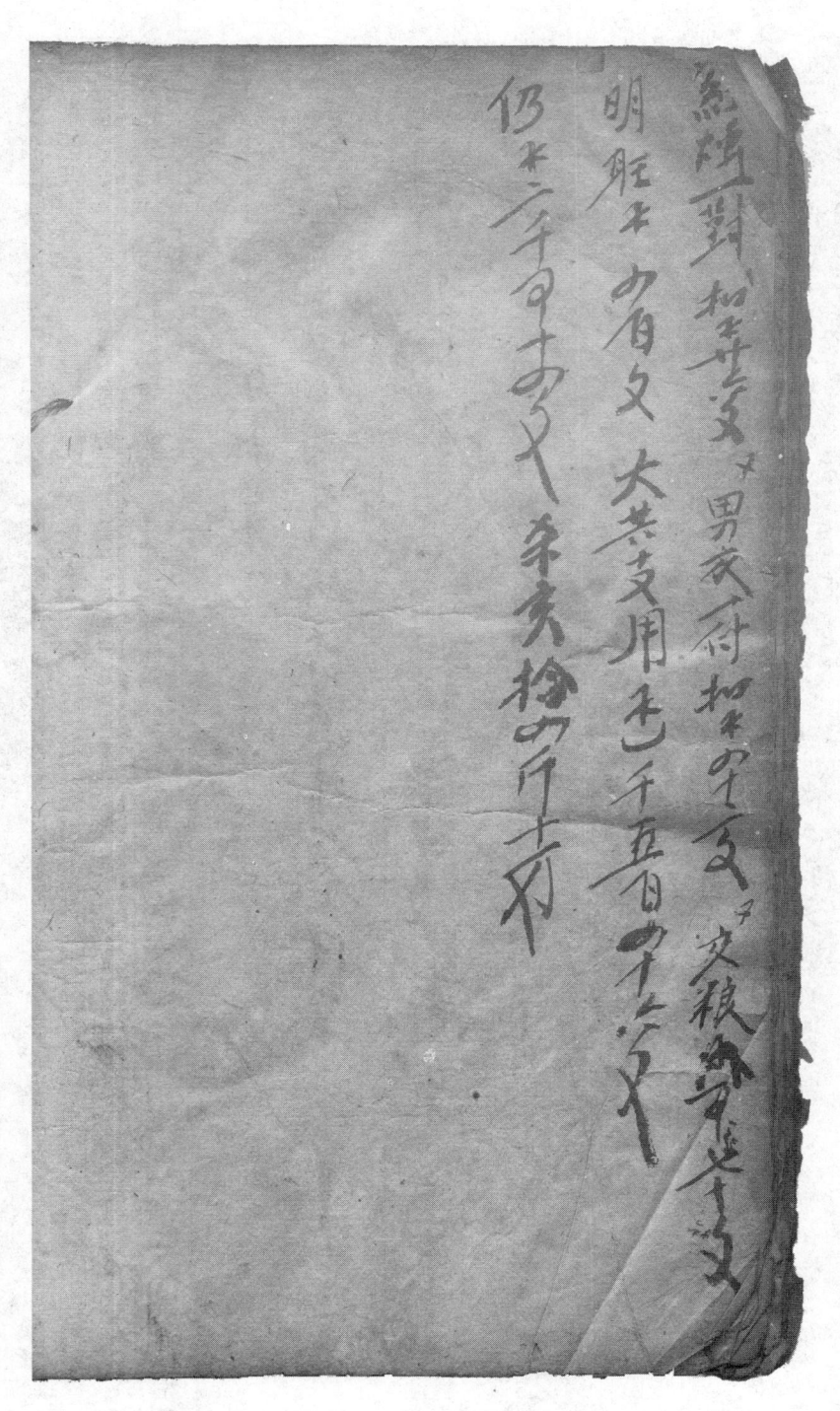

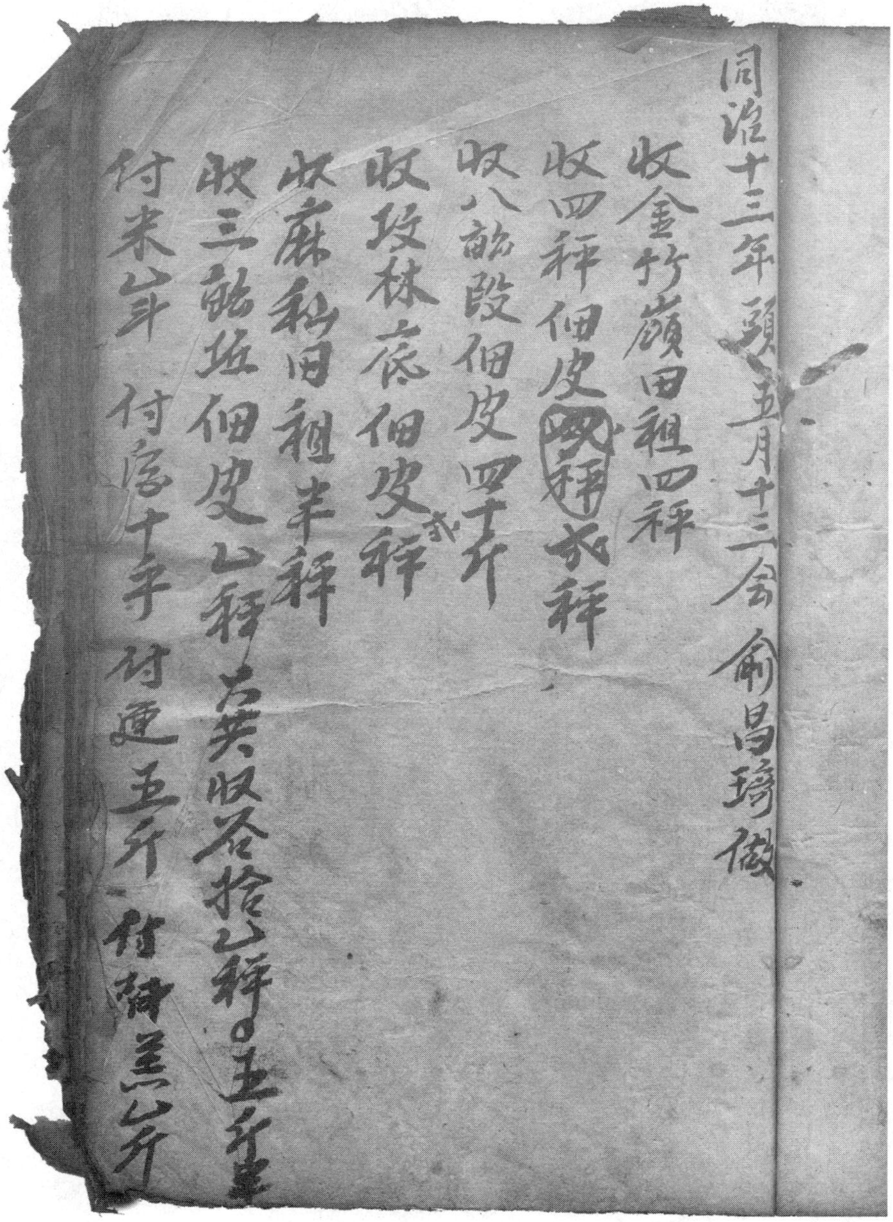
同治十三年頭五月十三会 俞昌琦做
收金竹嶺田租四秤
收四秤佃皮四秤弍秤
收八畝段佃皮四十斤
收坟林底佃皮弍秤
收麻私田租半秤
收三畝垅佃皮乙秤 共收谷拾乙秤〇五斤正
付米乙斗 付客十斤 付遲五斤 付猪羔乙斤

江湾镇坍口村 6-26 · 咸丰六年至民国二十九年 · 收租账簿

付表黄半力　表白半力　毛長半刀　金艮山鬼

縉子十隻　系八三文　針边三串　红燭山对

男衣山付　交粮千四十文　明灘木四十文

同治十四年頭首俞有壬

收鳳樹底田皮田十石　佃人合仂

收三鍂坵田皮乙凡　佃人天保

收麻樹租半凡　佃人合仂

江湾镇圩口村 6-27 · 咸丰六年至民国二十九年 · 收租账簿

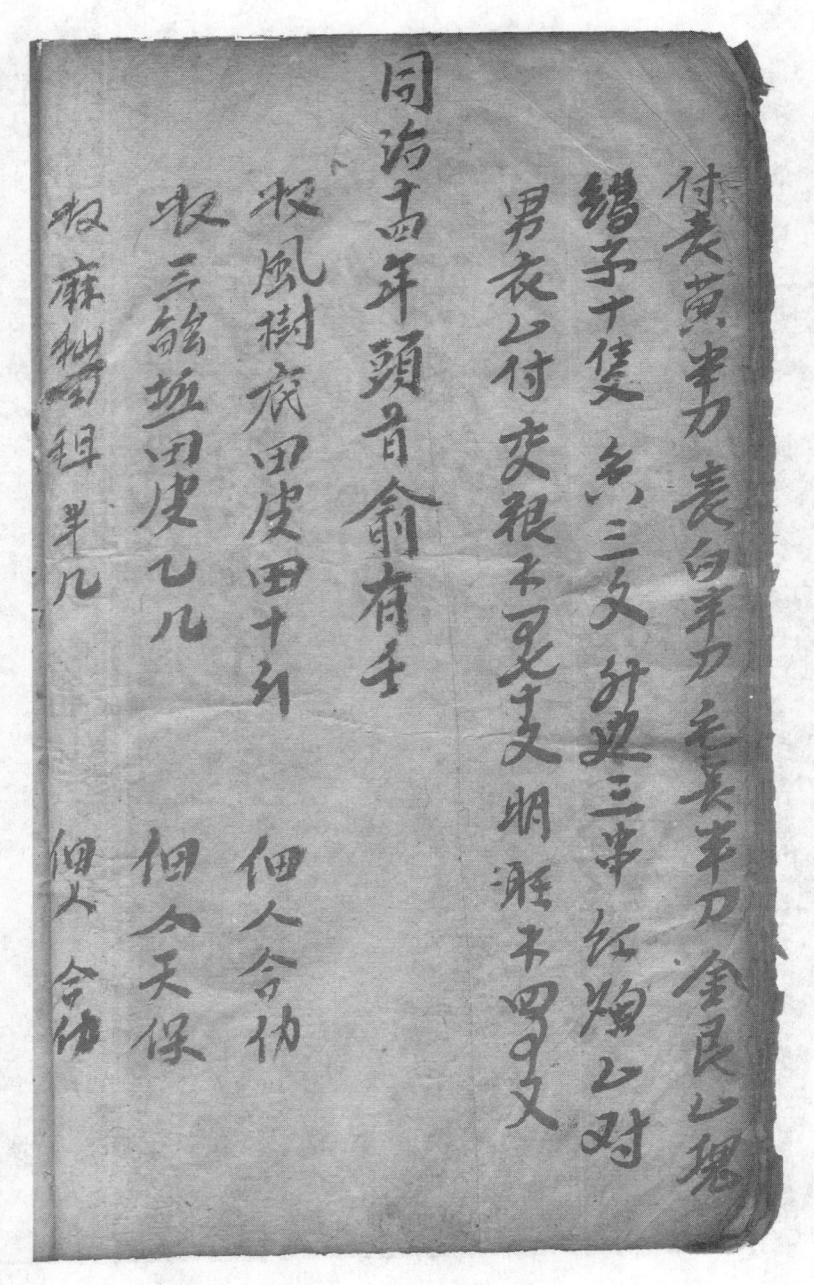

仓金坑叁田割西九議六斤　佃人初优

收坑垇田皮貳九　佃人培伯

贅八龍段田皮十五号六千文　佃人連桂

大共收谷拾九石七斤　計錢三万四千文

料兵丁　三千廿文　卅伍　三吊卅六文　毛長乙力　五千六文　鈞惠

竹古乙梘九十文　紅燭乙封　十八文　香乙代七文

鴨子十只　□千文　通五年二千八十文　藏乙力　六千□文

江湾镇圩口村 6-28 · 咸丰六年至民国二十九年 · 收租账簿

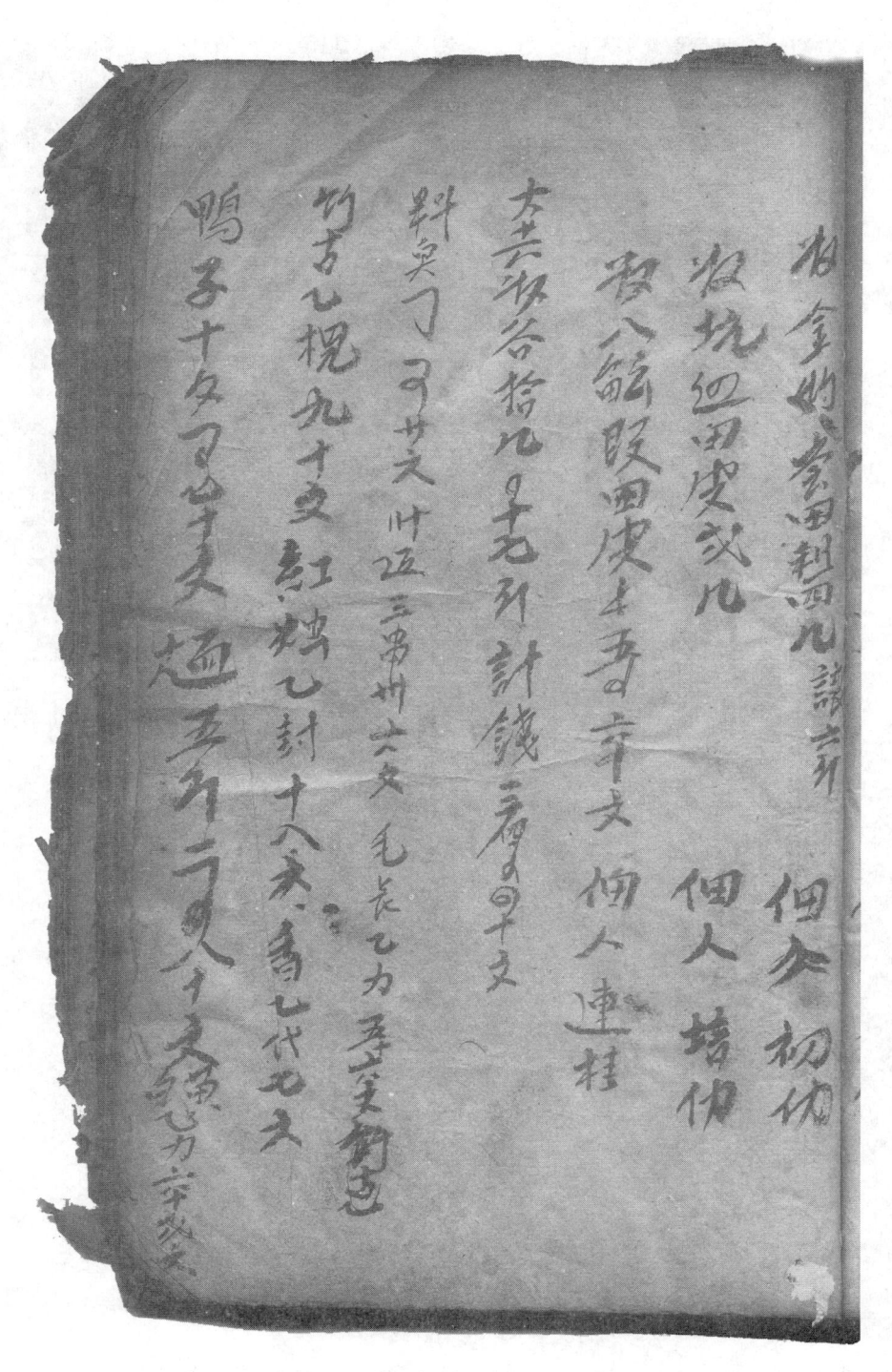

伏千五百十五文 五佾當十並文 飯米乙斗?文
酒十斤?文 粮錢?九十文 吃亥??言亥
賣麻?廿文 付亥 明議??
光緒元年頭首俞昌銀
收金竹亥田租?秤
收統边田皮出秤
收八畝?甲皮?秤羊   佃人初仂
收麻納田俱駄收羊秤   佃人廾仂
收三畝?甲皮?秤羊   佃人合仂
田鳳樹俄田皮?秤羊   佃人連桂
大共羽谷拾八羊 計羊卅三斗六空剉   佃人天保
大共上回羊?卅二文
毛菁羊乃外 賛青?乃以 顡五?
升廷廾串帳 香乙價代三 鴨子?文卅

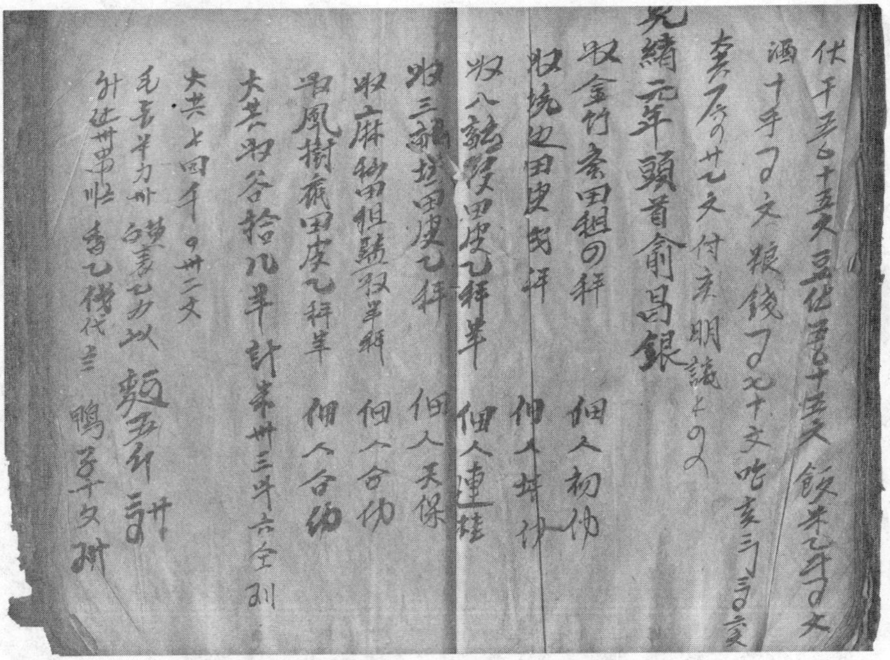

江湾镇圩口村 6-29·咸丰六年至民国二十九年·收租账簿

光緒二年丙子秋收三年做頭首俞昌耀
一收金竹崙田租四石　　佃人初仰
收麻仙田租九斤　　　　佃人合仰
收鼠樹底田皮成元　　　佃人合仰
收八畝段田皮成半　　　佃人連桂
收坑邊田皮賣谷卌千　　佃人倍仰
收三畝垣田皮　元　　　佃人天保
大共收谷梧凡零十六斤計共卌叼斤

男衣邊听軒买乙外供大把才
紅燭乙對餃半乙斗半酒十斤才
豆伏十五文　伏半十五　粮本丁七十文
明議上四百文
共其貨上彦四五十文共拾六文
價存上彦四五十文員去拾六面政

江湾镇坅口村 6-30 · 咸丰六年至民国二十九年 · 收租账簿

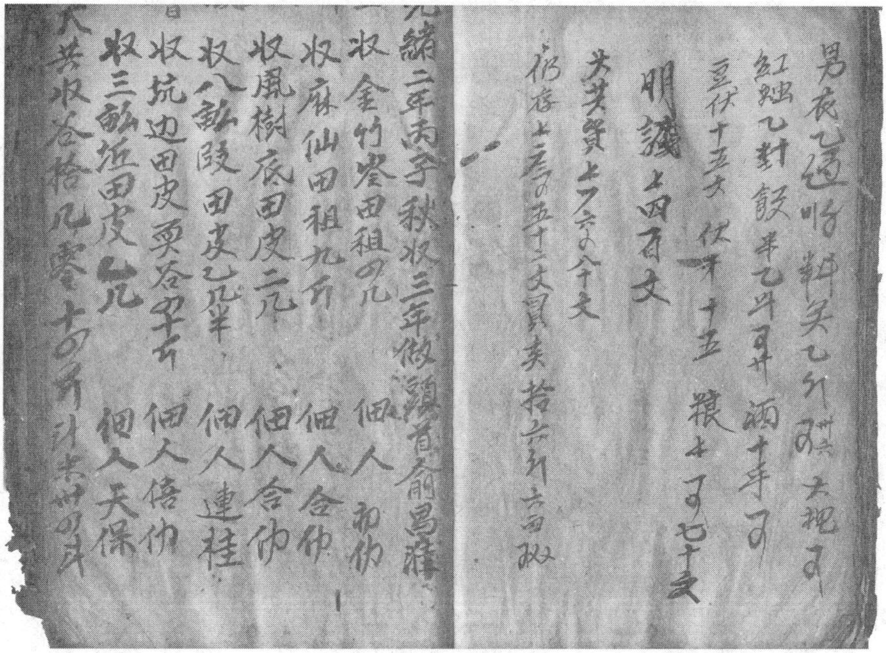

大共計禾五千一百　每斗一百三十文扣
饒米乙斗一百三十文　酒十斤　又豆伏十五文
毛振乙刀紙　黃白表乙刀仁　伏千五百五十文
外边三串炷　男衣乙通　紙　紅燭乙對　共文
大棍竹杏乙丛坊　鴨子十只肉　料魚乙乡
料魚乙斤以　麵五斤　雞粮禾一百七十文明議酒百文
買貨共禾乙千八百四十文　每斤江
仍存禾五千五百七十文　買穀十九斤　穀禾一百

江湾镇圩口村 6-31 · 咸丰六年至民国二十九年 · 收租账簿

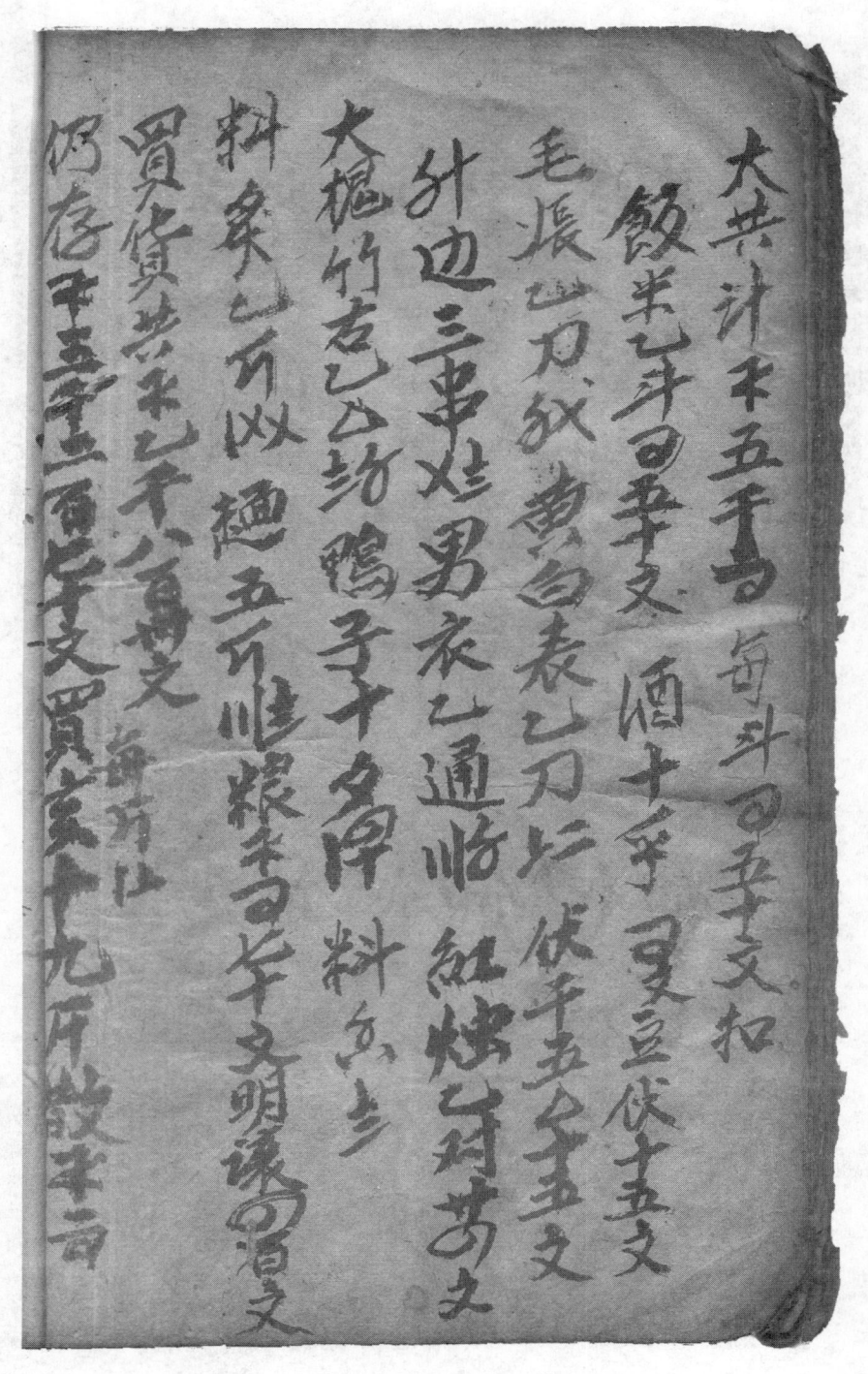

光绪三年丁丑经理八甫有德收 关帝会谷

收行岑谷四几 初。

收校林底谷弍几 合。

收麻仙田 谷半几 合。

收八亩段 谷四斗斤 連桂

收本身三亩坑谷山几

收坑边 秧谷弍几 培。

大共收谷拾几四几斤 計米卅三斗 計十四千九百五文

江湾镇圩口村 6-32 · 咸丰六年至民国二十九年 · 收租账簿

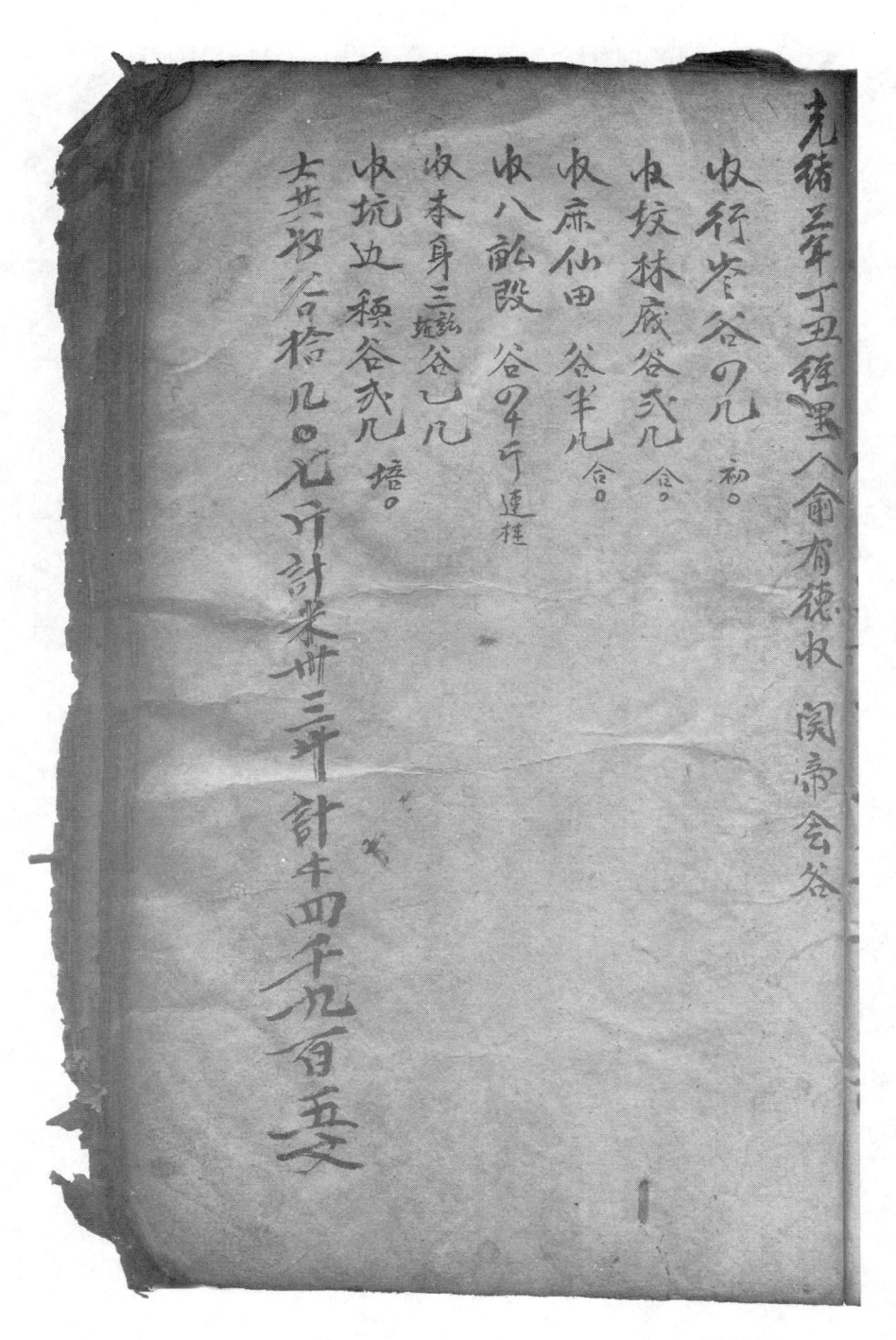

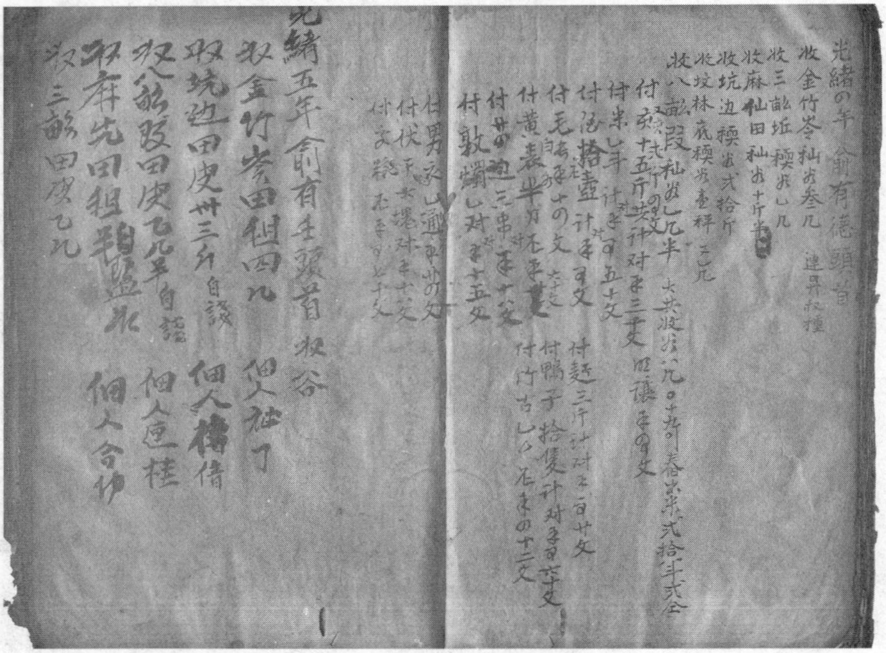

光緒の年俞有德頭首 連昇叔種
收金竹岑秈出叁几
收三畝坵稬出乜几
收麻秈田秈出十斤半
收坑边稬出弍拾斤
收坟林底稬出壹秤 乙乜几
收八畝段秈出乜几半 大共收出八几〇十斤 又谷出米弍拾斤弍合
付[illegible]十五斤共计对手三十文 旧讓手の十文
付米乜斤 计手の五十文
付[illegible]拾壹 计手の十文 付麪三斤计对手〇百廿文
付毛[illegible]十の文 付鴨子拾隻计对手〇六十文
付黄裱半刀[illegible] 付竹古乜斤[illegible]の十二文
付廿の[illegible]三串 手十文
付敦燭乜对手十五文
付男[illegible]山[illegible]手廿の文
付伏[illegible]对手六文
付[illegible]手の乜十文

光緒五年俞有壬頭首收谷
收金竹岑田租四几 佃人祉丁
收坑边田皮卅三斤自談 佃人樟倩
收八畝段田皮乙几半自讓 佃人迪桂
收麻先田租乙半[illegible]水 佃人合仂
收三畝田皮乙几

江湾镇坾口村 6-33 · 咸丰六年至民国二十九年 · 收租账簿

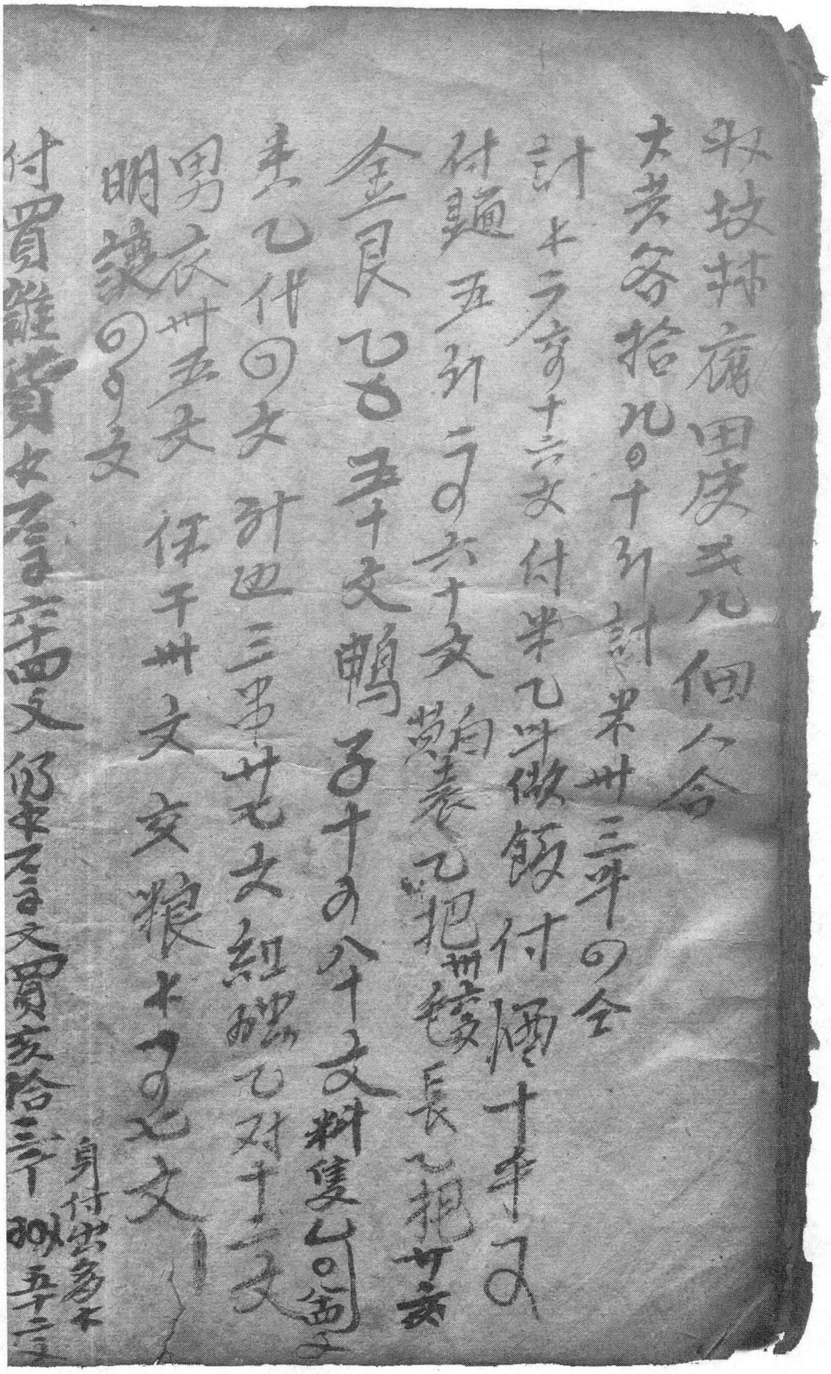

收坟坛庵田屋二九佃人合
大麦谷拾九〇十斤 計米卅三斗〇合
計十二千十六文 付米乙斗做飯 付僊十斗〇
付麵五斤二〇六十文 萝卜乙把卅文 芼長乙把廿文
金艮乙〇 手十文 鴨子十〇八十文 料隻〇〇〇
煮乙什〇文 計四三斗廿七文 紅糖乙对十二文
男衣卅五文 仔千卅文 交粮十〇乙文
明讓〇〇文
付買雜貨女〇〇四文 仍〇〇文 買家拾三千 五十二文

江湾镇圩口村 6-34 · 咸丰六年至民国二十九年 · 收租账簿

光緒元年 六 吳義會前度業倒会

九初九秋收金竹岑田租四秤 佃人社登叔

初六收橋坑田皮弍拾斤 佃人增叔

收硤鼢田租乙秤半 佃人連桂叔

收坟底田皮弍秤

收三畝塅田皮乙秤

收麻私田租半秤盟叔 佃人合

共收谷九秤〇廿斤 計米卅乙斗〇七合 計大洋七十文

江湾镇圩口村 6-35 · 咸丰六年至民国二十九年 · 收租账簿

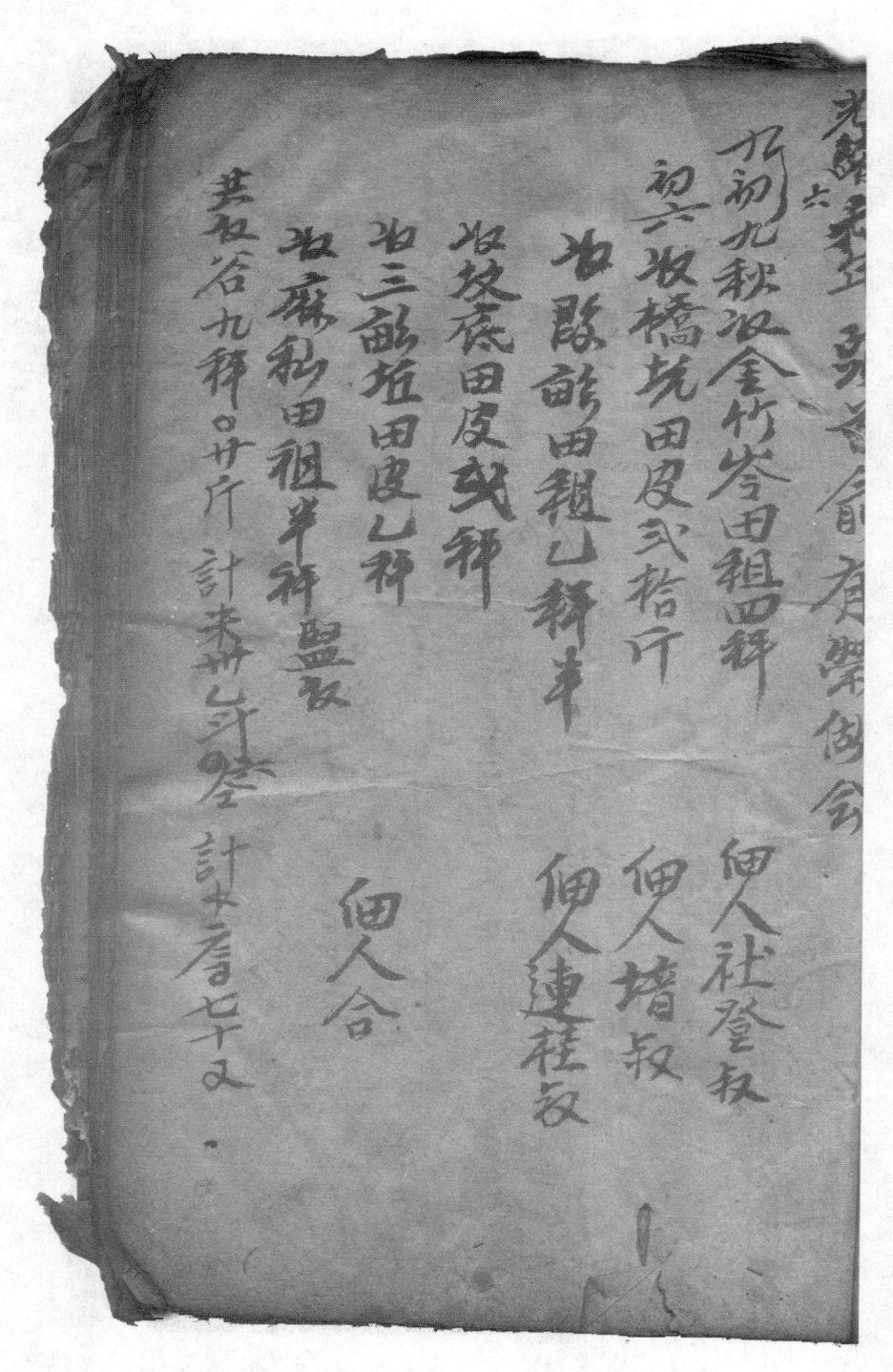

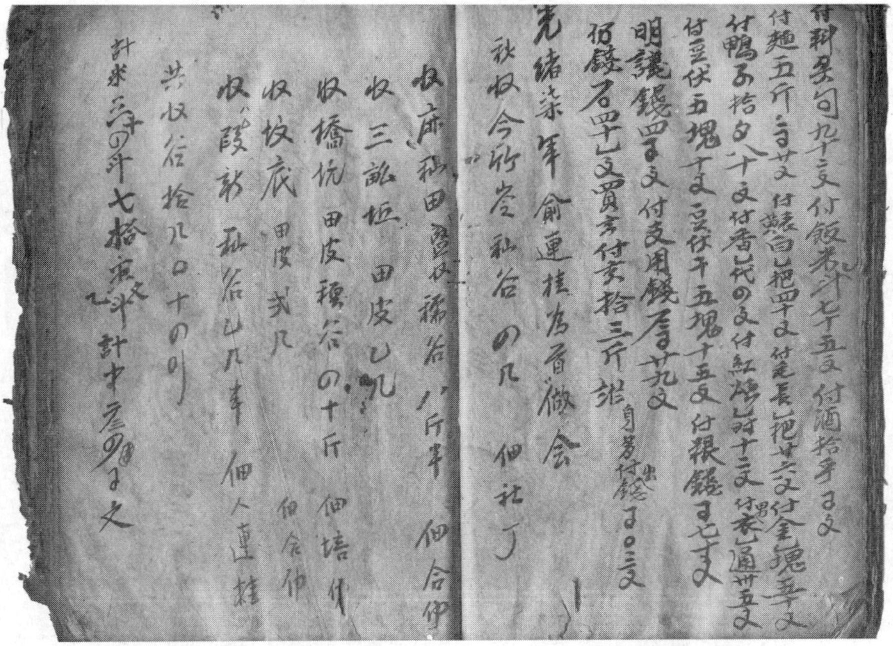

江湾镇圩口村 6-36 · 咸丰六年至民国二十九年 · 收租账簿

付斛夾勺九拾文付鉸米乙斗計七拾五文付酒拾子文
付麵五斤子九文付表黄白乙把四拾文付毛長乙把廿六文
付金乙挹五十文付鴨子拾只七拾文計出三串拾五文
付香山代卅文付紅燭乙對十二文付衣易通廿の文
付点伏五挹拾文点伏千五挹十五文付猳錢子七十文
明謎錢四千文　金竹學收捌の十文　自付出八十四文　多
仍錢乙千〇の廿四文賣叏拾斤
[redacted]

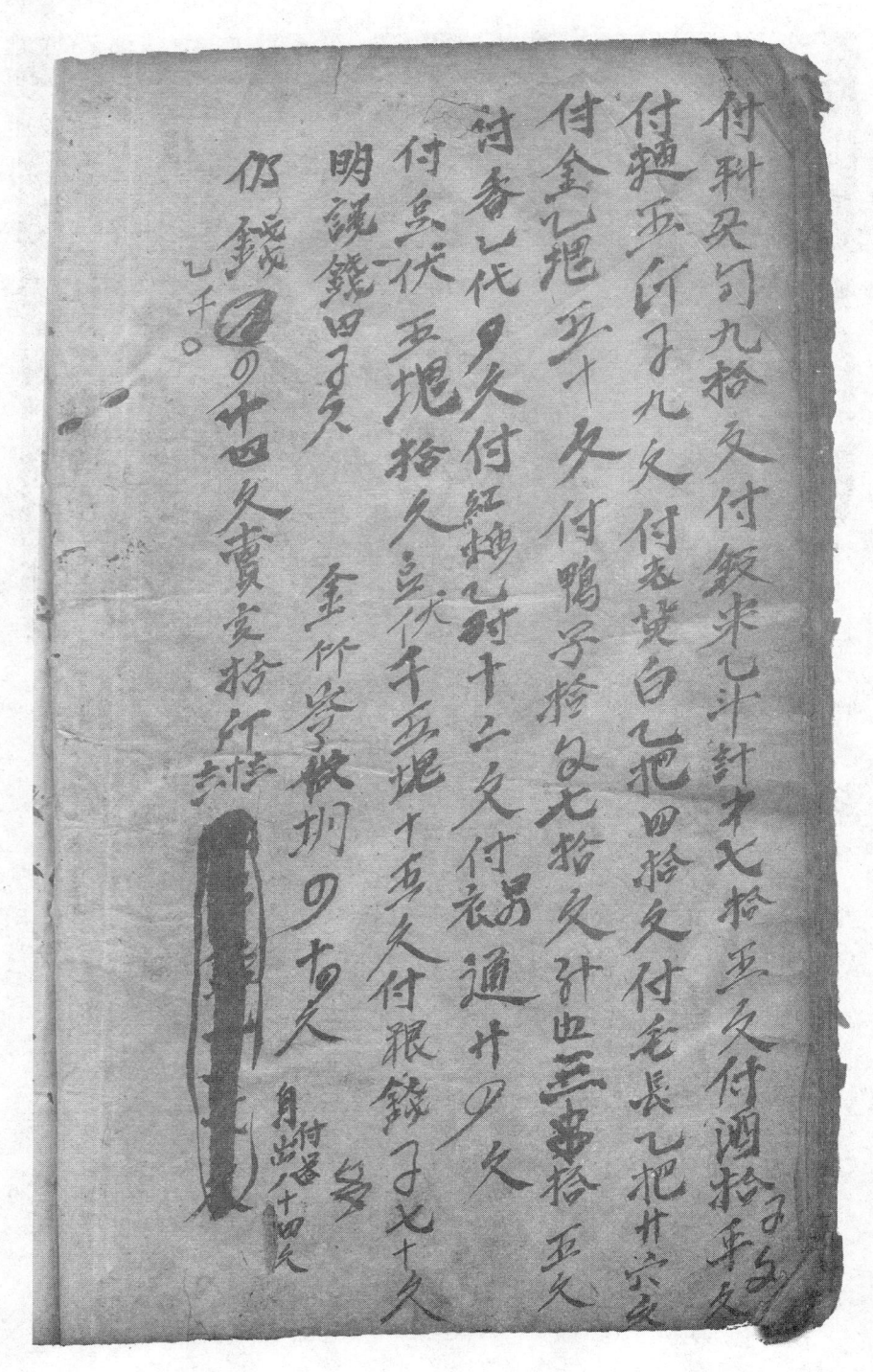

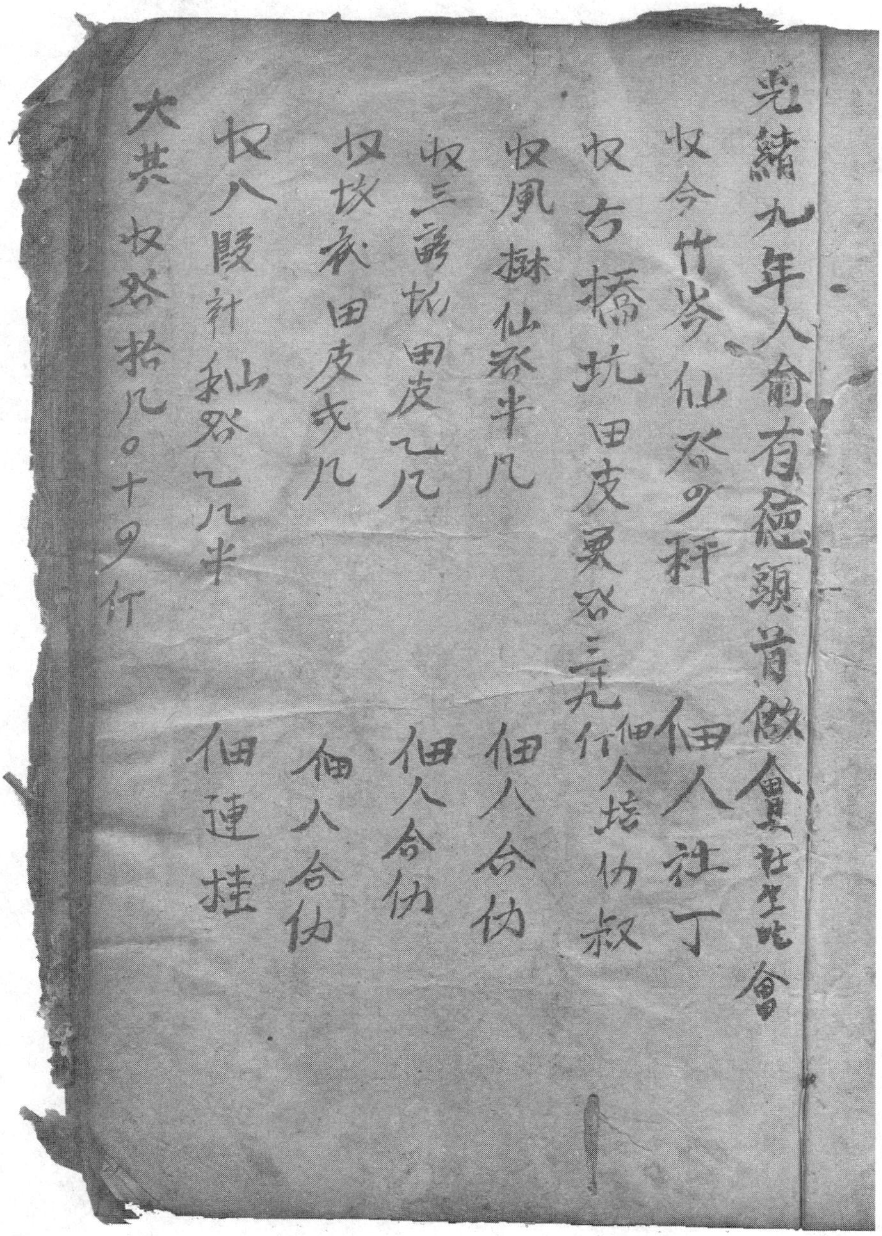

光緒九年人俞有德頭首做會社坐吃會

收今竹岑仙谷夕秤　佃人社丁

收古橋坑田皮叒谷三千九仃　佃人培仂叔

收凤林仙谷半几　佃人合仂

收三角坵田皮乙几　佃人合仂

收坟底田皮弍几　佃人合仂

收八段计秈谷乙几半　佃連桂

大共收谷拾几〇十夕仃

江湾镇坪口村 6-38 · 咸丰六年至民国二十九年 · 收租账簿

什米三拾〇三斗九合拾合 什中 支千〦〩 九拾三
佃边三川对 甲〢字十夂 七对 白麦半斤廿〇
斗灸〡 九才大进 笔墨 什斗 芙蓉半斤十九 紅竹乙对十九
蚕長乙斤廿八文 香乙〇文 男衣乙斗廿廿文 大麵五什〇十文
酒十手〩 付干五〇拾五文 飯米乙斗七十五文
根中〩七十文 明滋才〇〩文
賣亥乙千三〩廿弍文 今什岑錢中三拾文 力中廿乙文

江湾镇圩口村 6-39 · 咸丰六年至民国二十九年 · 收租账簿

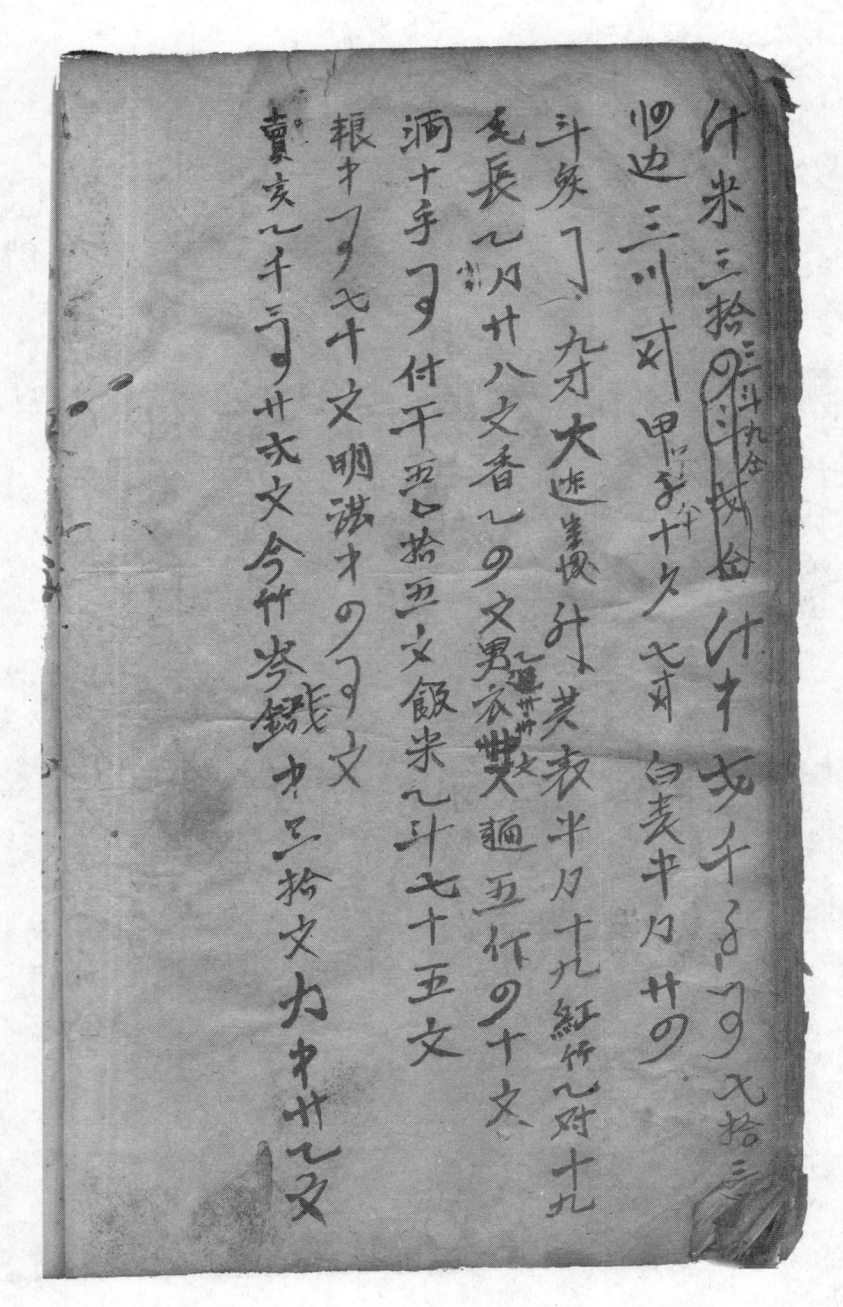

光緒九年份頭倫有德連桂吮會

收金竹岺田租田秤　佃人初旧

收八陵针田租四行　佃人蓮桂

收庙仙田田租半儿　佃人合伙

收三韶坳田皮儿儿　佃人合伙

收坟林田皮头儿　佃人合伙

收坑垅田皮头儿又六行　佃人增伙

江湾镇圩口村 6-40 · 咸丰六年至民国二十九年 · 收租账簿

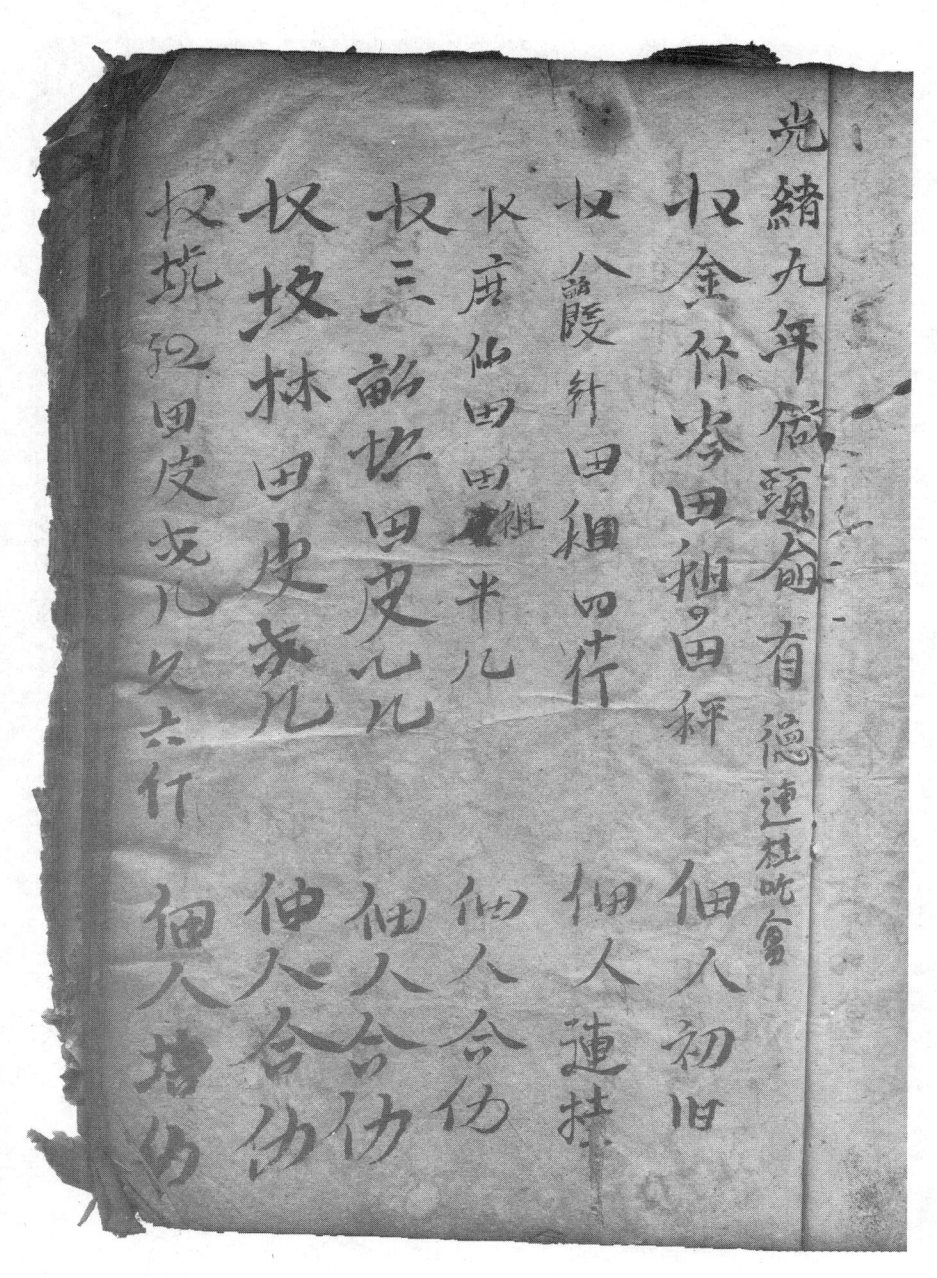

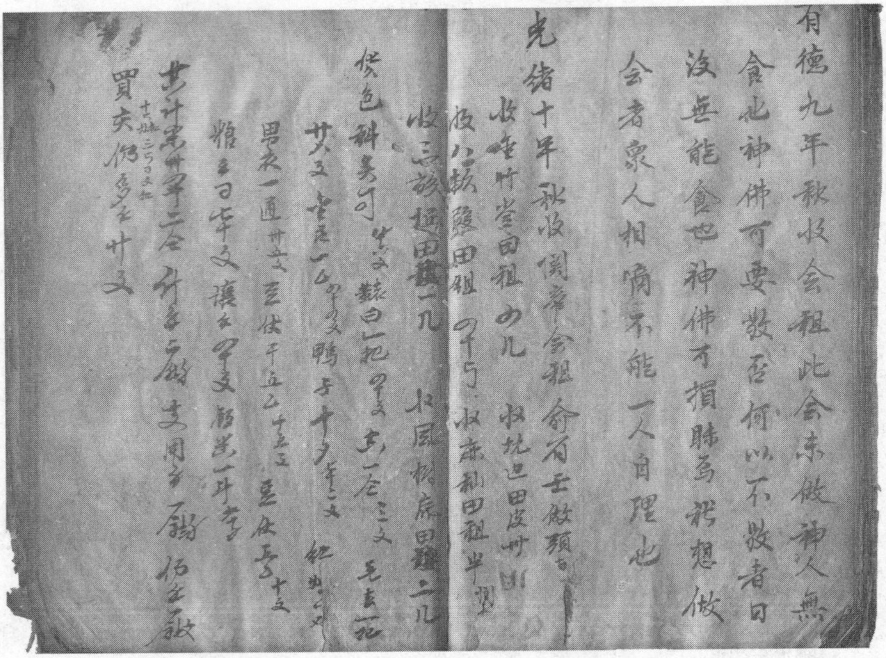

有德九年秋收会租此会未做神人無
會也神佛可要敬否何以不敬者曰
沒無能會也神佛可損賠為我想做
会者衆人相商不能一人自理也
光緒十年秋收倒帝会租命有壬做頭
收唯竹堂田租四几　收坑邊田皮廿[illegible]
收八畝[illegible]田租四十斤　收[illegible]和田租半[illegible]
收三[illegible]田租一几　收風[illegible]田租二几

江湾镇坾口村 6-41 · 咸丰六年至民国二十九年 · 收租账簿

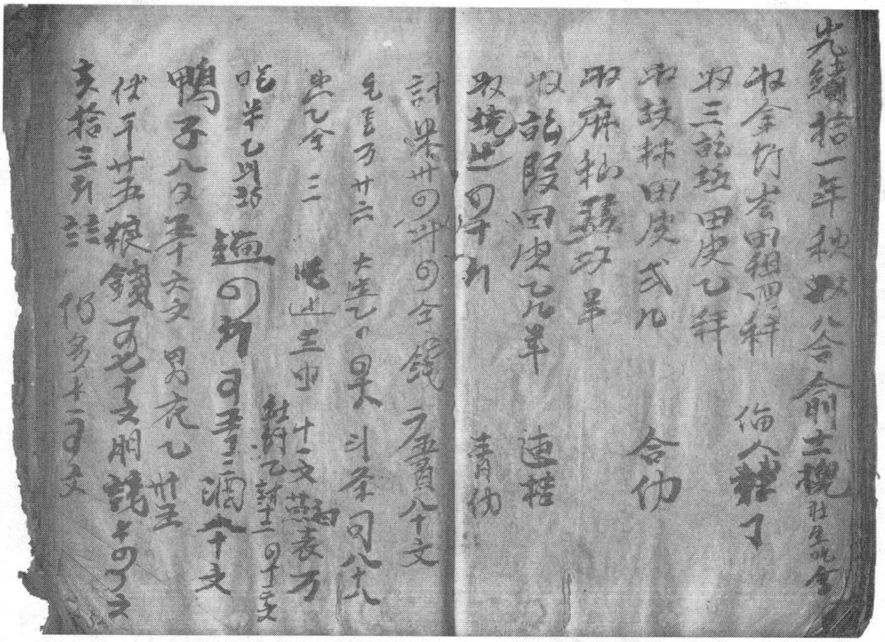

江湾镇圩口村 6-42 · 咸丰六年至民国二十九年 · 收租账簿

光緒拾貳年秋收谷俞有圭做頭 連吃 連桂

收八畝段田皮乙九○乙斤　佃人連桂

收麻仙田租十斤半　佃人合仂

收金竹岑田租四九　佃人社丁

收風林夜田皮二九　佃人合仂

收三畝坵畧皮乙九　佃人合仂

收坑边三十三斤　佃人青仂

共收九九○二十乙斤　汁米卅乙斗八仝

江湾镇坾口村 6-43 · 咸丰六年至民国二十九年 · 收租账簿

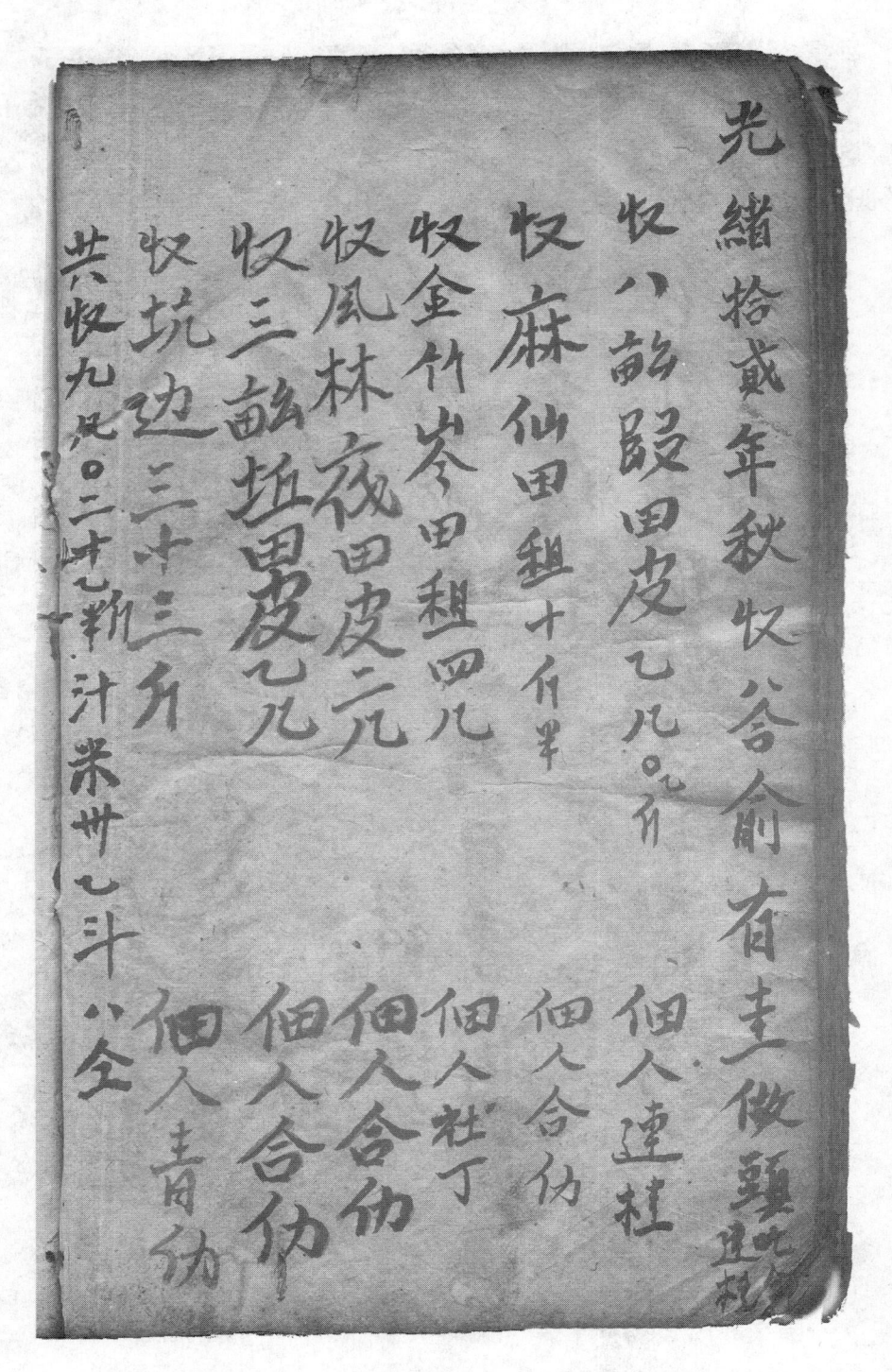

支丰三文買香　支丰四十六文金銀乙△
支丰廿八文毛長乙瓦　支丰四十三文白黄表乙刀
支丰八十八文高乙斤　支丰五十六文鴨子八只
支丰紅竹乙对十四文　支丰十二文二五边三一串
支丰卅五文男衣乙通　支丰伏干五△十五文　支丰十文豆伏五△
支丰丁四十四文面四斤　支丰酒八手八十文
阝錢米乙斗　粮丰丁七十文明錢丰四百文
帄米七十五文乙斗　帄丰二千三丁乙十文

江湾镇岓口村 6-44 · 咸丰六年至民国二十九年 · 收租账簿

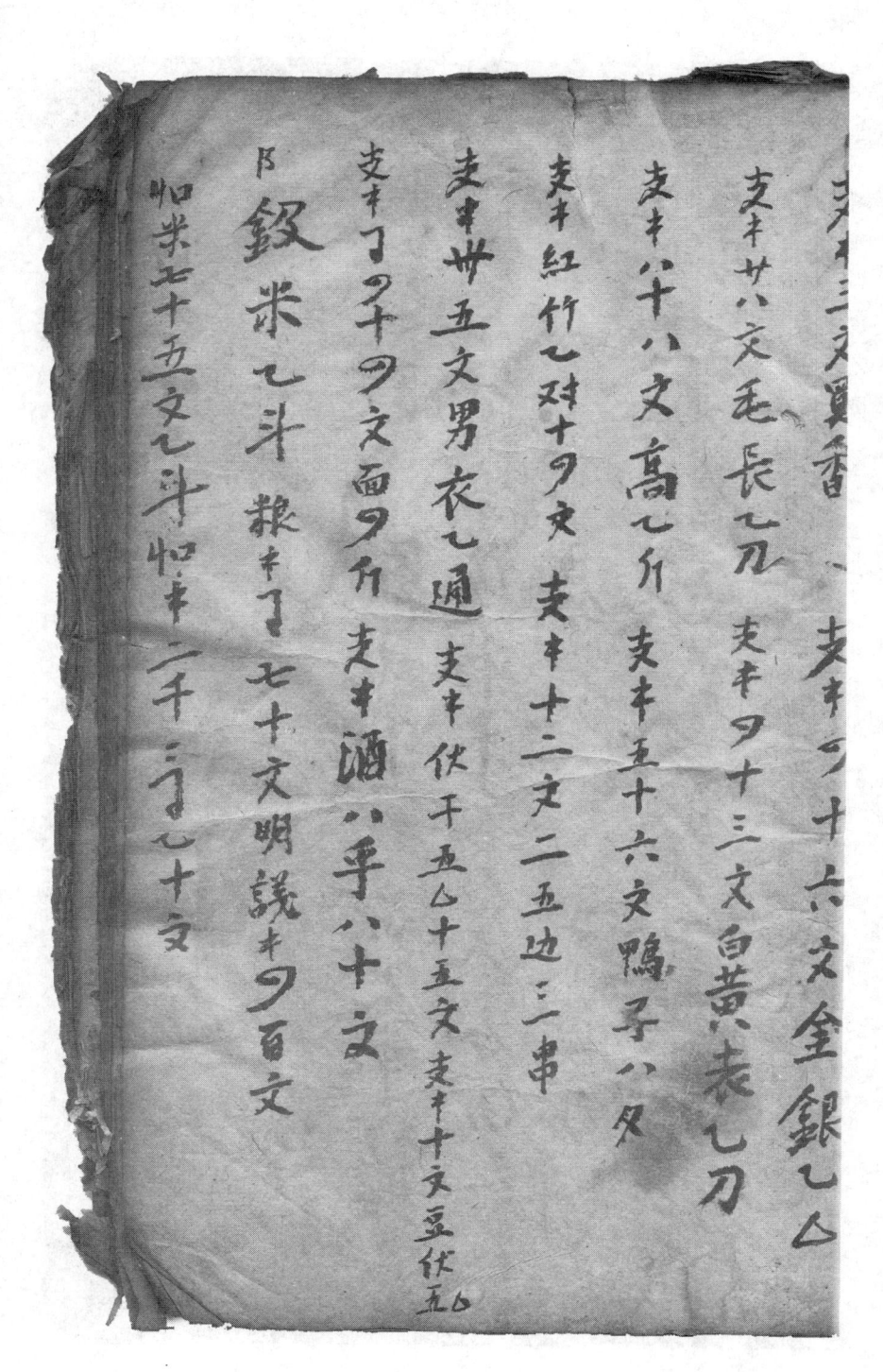

仍丰買亥十ㄋ斤半 扣丰壹千乙百七十六文

光緒拾叁年俞昌梅頭手

收八畝段田皮乙几半 佃人連桂

收麻丘田租十斤半半几 佃人合仂

收金竹山岺田麵四几 佃人社丁

收風林夜田皮二几 佃人合仂

收三畝垣田皮乙几 佃人合仂

收坑史田皮二几 佃人請仂

江湾镇圩口村 6-45 · 咸丰六年至民国二十九年 · 收租账簿

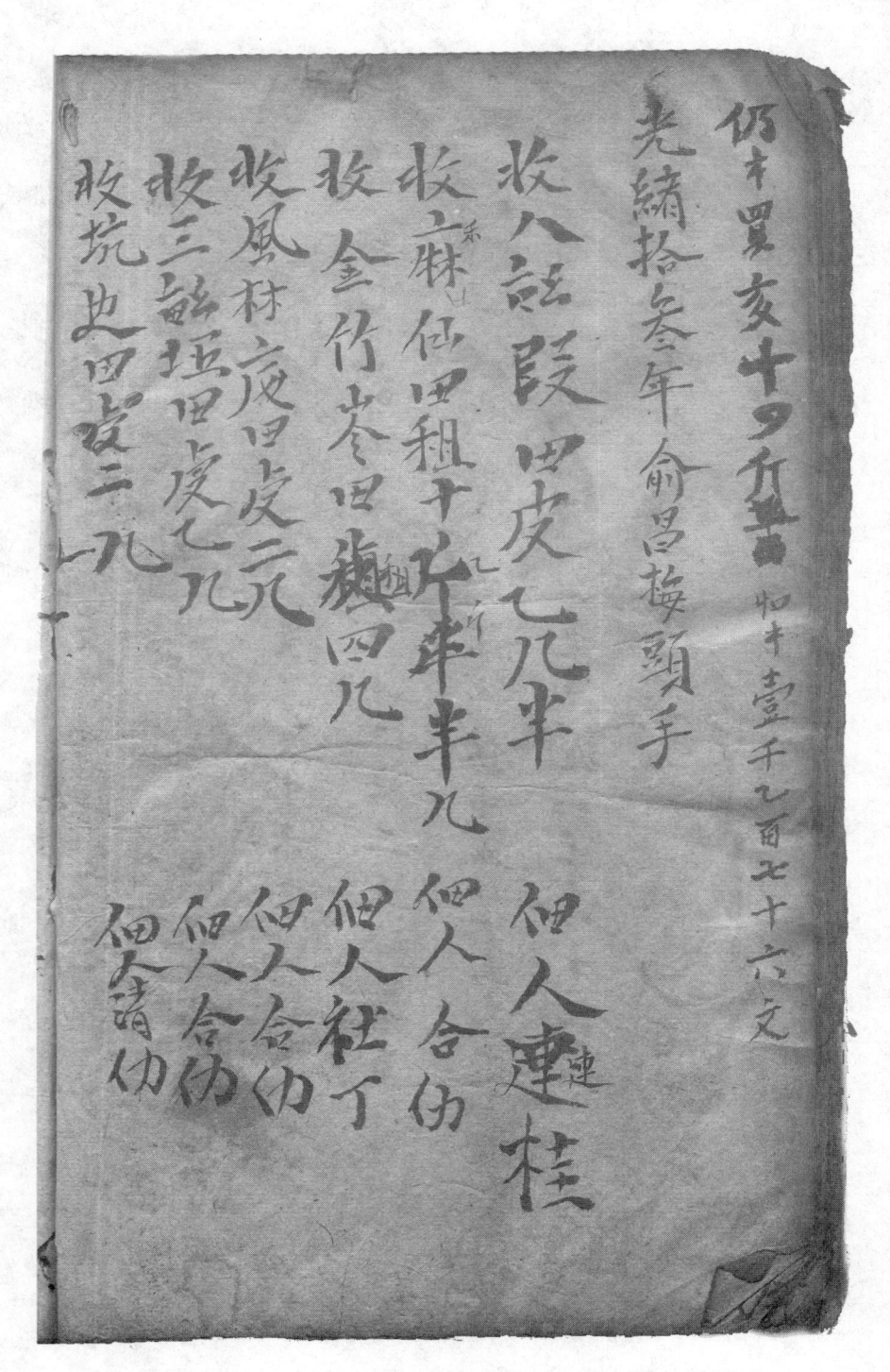

大共收租實谷十乙九 計米卅五斗二合

計錢二仟〇廿六文 斗和每斗

金銀乙矣大卜四十八文

黃白表乙 刀大卜四十文

毛長乙刀大卜廿八文 香兒伐三文 川他 二串大卜十五文

男衣乙通大卜廿八文

料紅燭十二文

料盖乙斤 分面 麥四斤大卜有六十文 鴨子八則五十六文

酒八手本 八十文 米半斗卜斗文 料盖乙斤八十四文

江湾镇坪口村 6-46 · 咸丰六年至民国二十九年 · 收租账簿

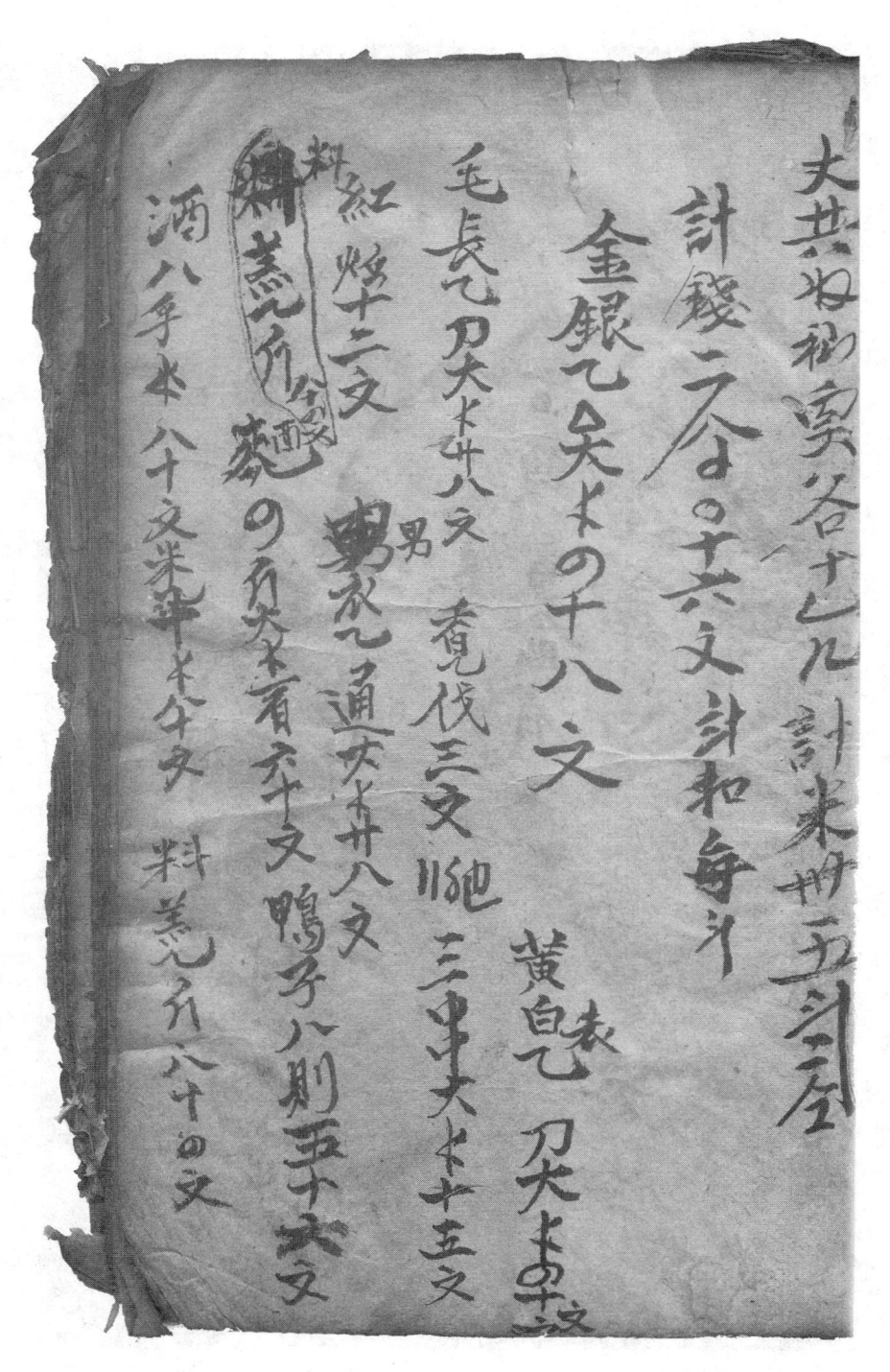

粮米乙七十文　明議米四有文　伏千五百伏五集廿五文

共支用平乙千四廿九文付家十五斤

又五百八十四文　每人散大卅四文

光緒拾五年　頭首俞有壬

收金竹岑田租四秤　佃人社丁

收麻仙田田租十山斤　佃人合仂

收風樹塔田租叁秤　佃人合仂

江湾镇圩口村 6-47 · 咸丰六年至民国二十九年 · 收租账簿

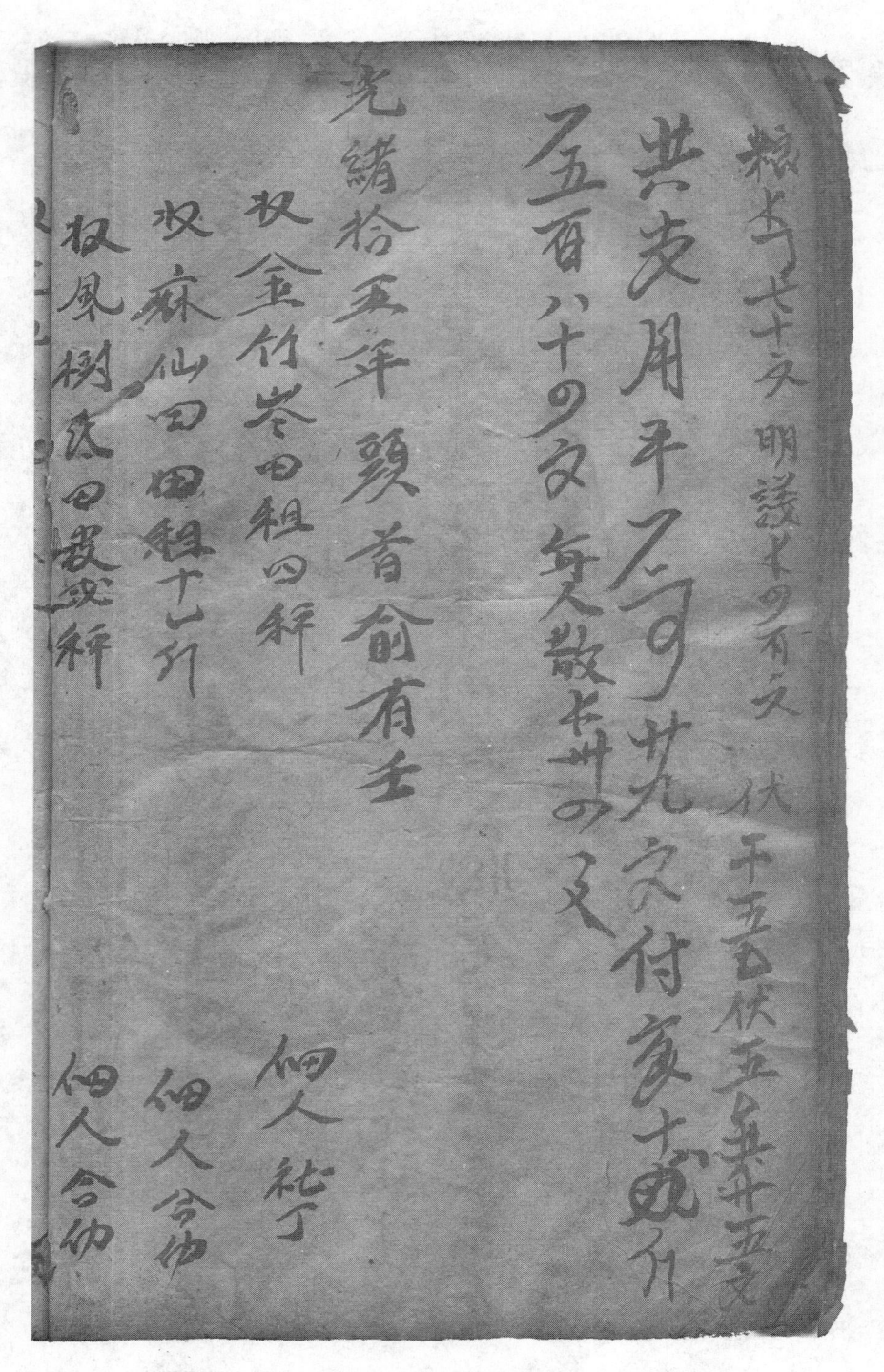

收坑也田皮三十四秤　佃青仂

收外餘段田皮乙秤半　佃達桂

收三餘坵田皮乙秤　佃人合仂

大共收谷拾乙秤半　三欠乙斤　義秦居鉢

大共計米卅五斗六合　計廿一五丁二千文

金良乙今四千六文　黄白乙刀四千二文

香乙代四文　計總三串廿七文

紅燭乙刈十二文　男衣乙通卅五文

江湾镇坾口村 6-48 · 咸丰六年至民国二十九年 · 收租账簿

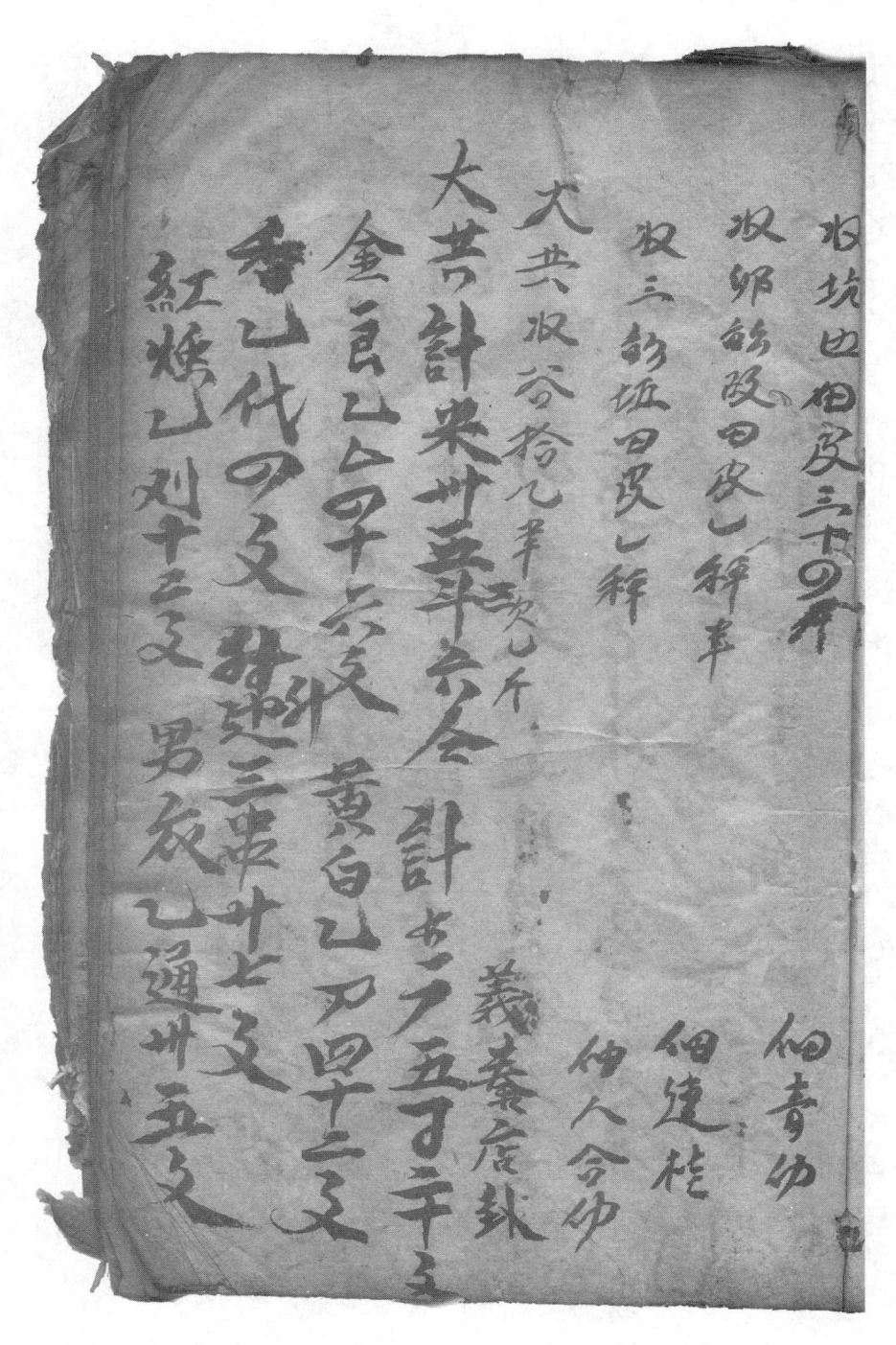

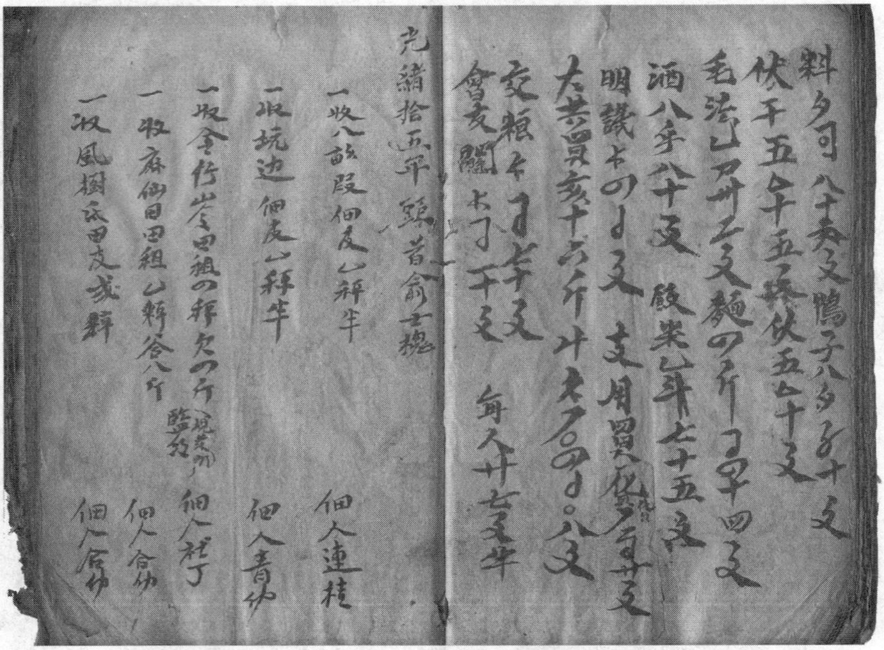

江湾镇圩口村 6-49 · 咸丰六年至民国二十九年 · 收租账簿

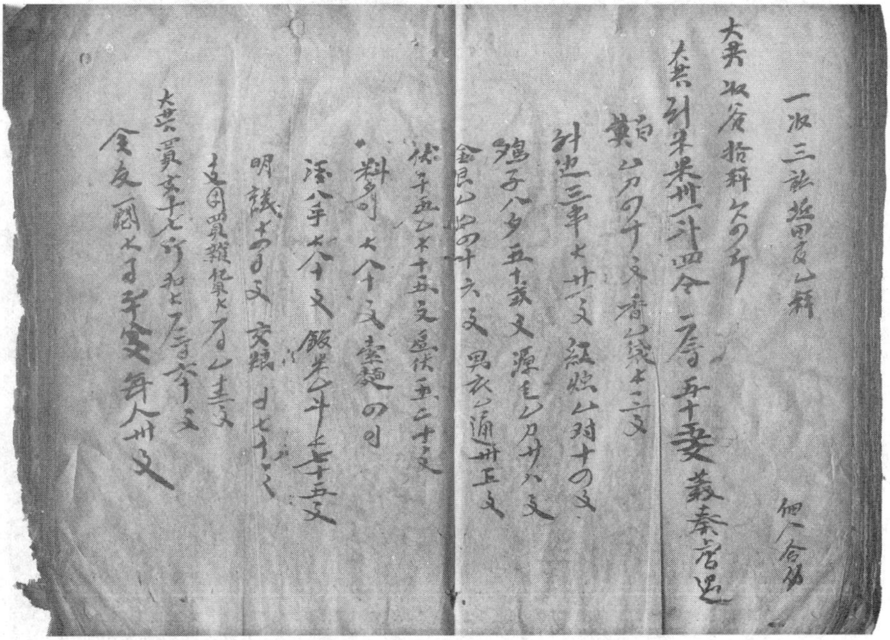

江湾镇圩口村 6-50 · 咸丰六年至民国二十九年 · 收租账簿

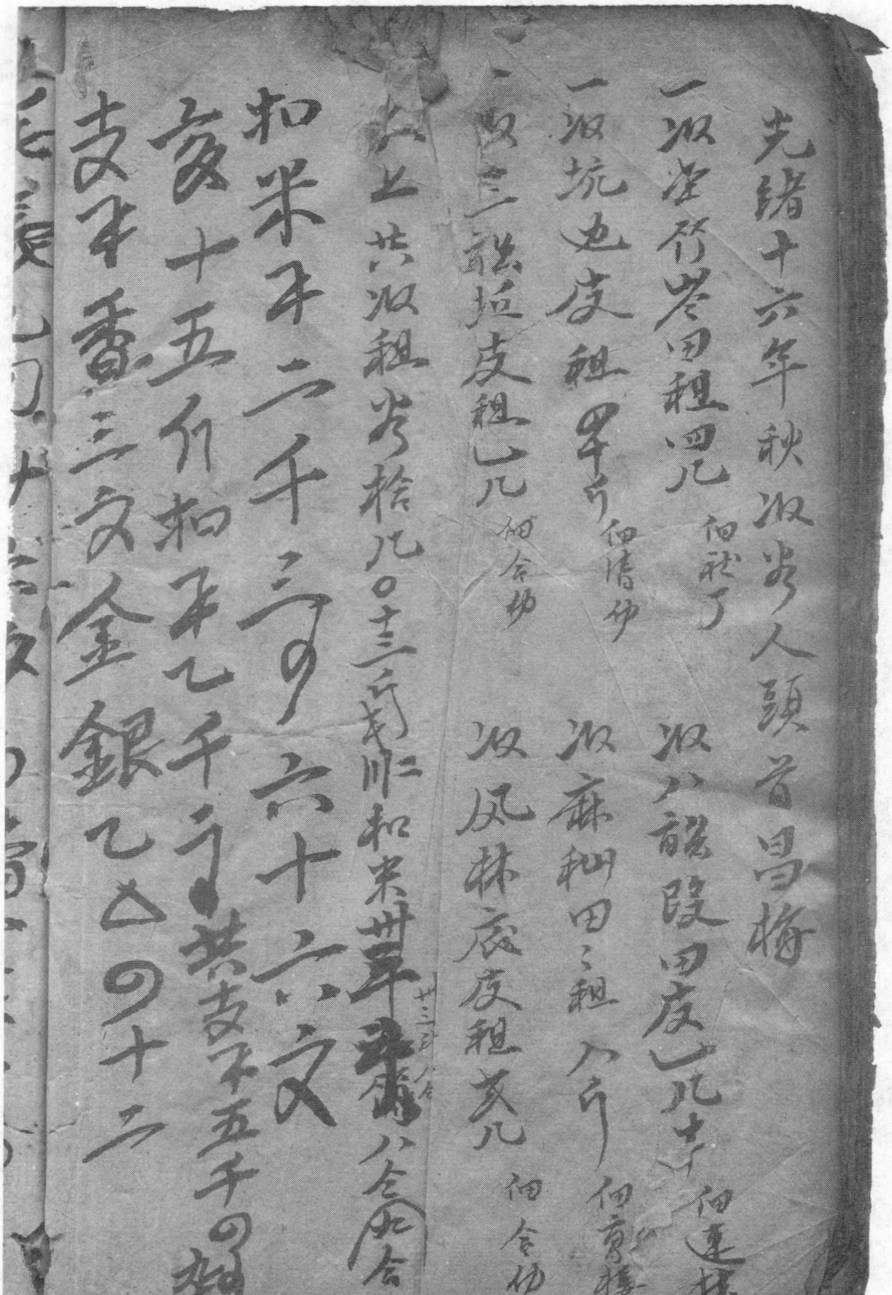

光緒十六年秋收出人頭首昌梅
一收深竹岑田租四儿 佃秋了　收八龍段田皮〡儿半 佃建桂
一收坑边皮租四斤 佃清仂　收麻𥞊田之租八斤 佃育樓付
一收三龍垣皮租〡儿 佃令仂　收凤林底皮租〢儿 佃令仂
以上共收租出拾儿〇十三斤 [illegible] 和米廿 [illegible] 八合
和米乎二千三百六十二文
亥十五斤和乎乙千三百 共支乎五千〇[illegible]
支乎番三文金銀乙〇〇十二

江湾镇圩口村 6-51 · 咸丰六年至民国二十九年 · 收租账簿

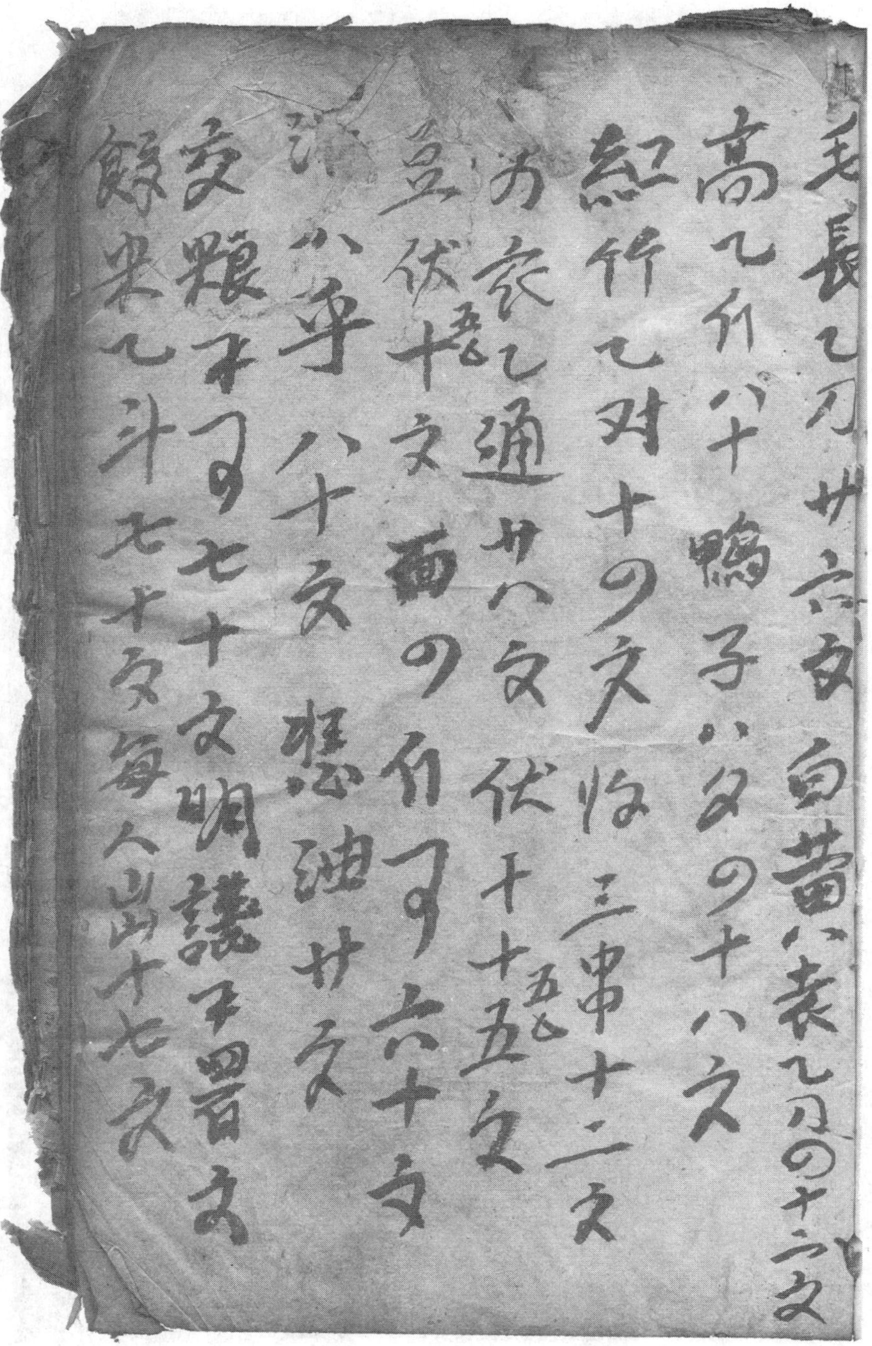
毛長乙刀廿六文 白黄八表乙刀の十六文
高乙斤八十 鴨子八夕の十八文
紅斤乙对十の文 恰三串十二文
方袋乙通廿八文 伏十十五文
豆伏十文 面の斤寸六十文
汀八手八十文 糕油廿文
交粮米寸七十文 明議米罾文
餘米乙斗七十文每人出十七文

江湾镇岕口村 6-52 · 咸丰六年至民国二十九年 · 收租账簿

光绪廿三年関帝会收头首人𦘕簿

一收三龍坑皮租三〢 刘发佃合仂 收黄背岑田租四〢 佃世吉

收𤰝边皮租〤十斤 佃清仂 收八亩陇皮租一〢半 佃建桂

收麻田土租拾斤 佃接发 以上共收租谷拾〢〤十五斤

一卖谷二十四斗一合半 照依義泰店價 计钱〥千一百〢〣文 明支钱〣〢文

支年〢〤文 粮 支年卅文 红烛对 香金 收过川事

支年𠄡〤文 表 黄白刀 支年卅五文 男通

支年廿六文 毛边 支年〢〤文 纸刀

支年〢〣文 大匡 支年 〡十〤文 米炆糕刀

江湾镇圩口村 6-53 · 咸丰六年至民国二十九年 · 收租账簿

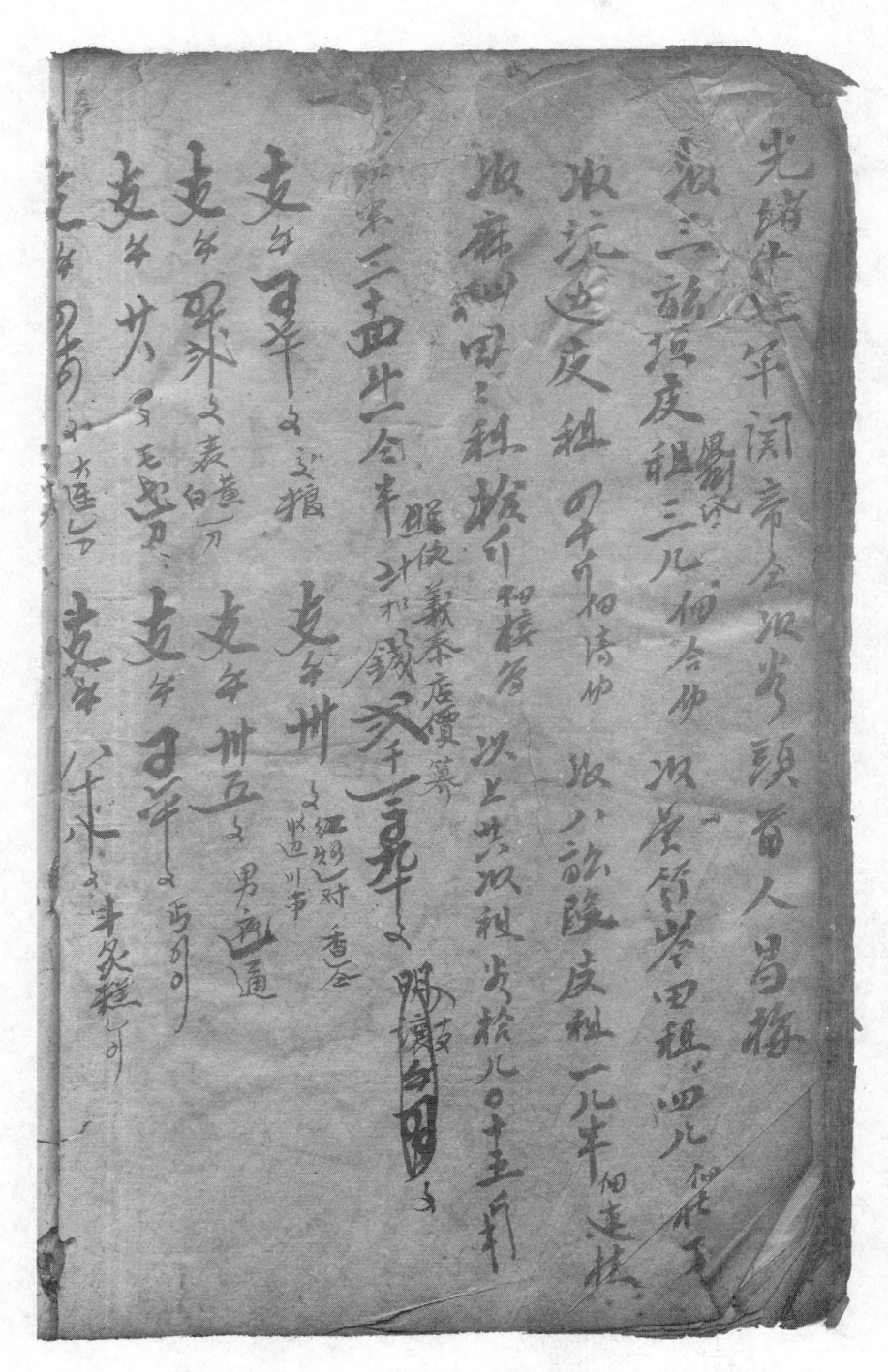

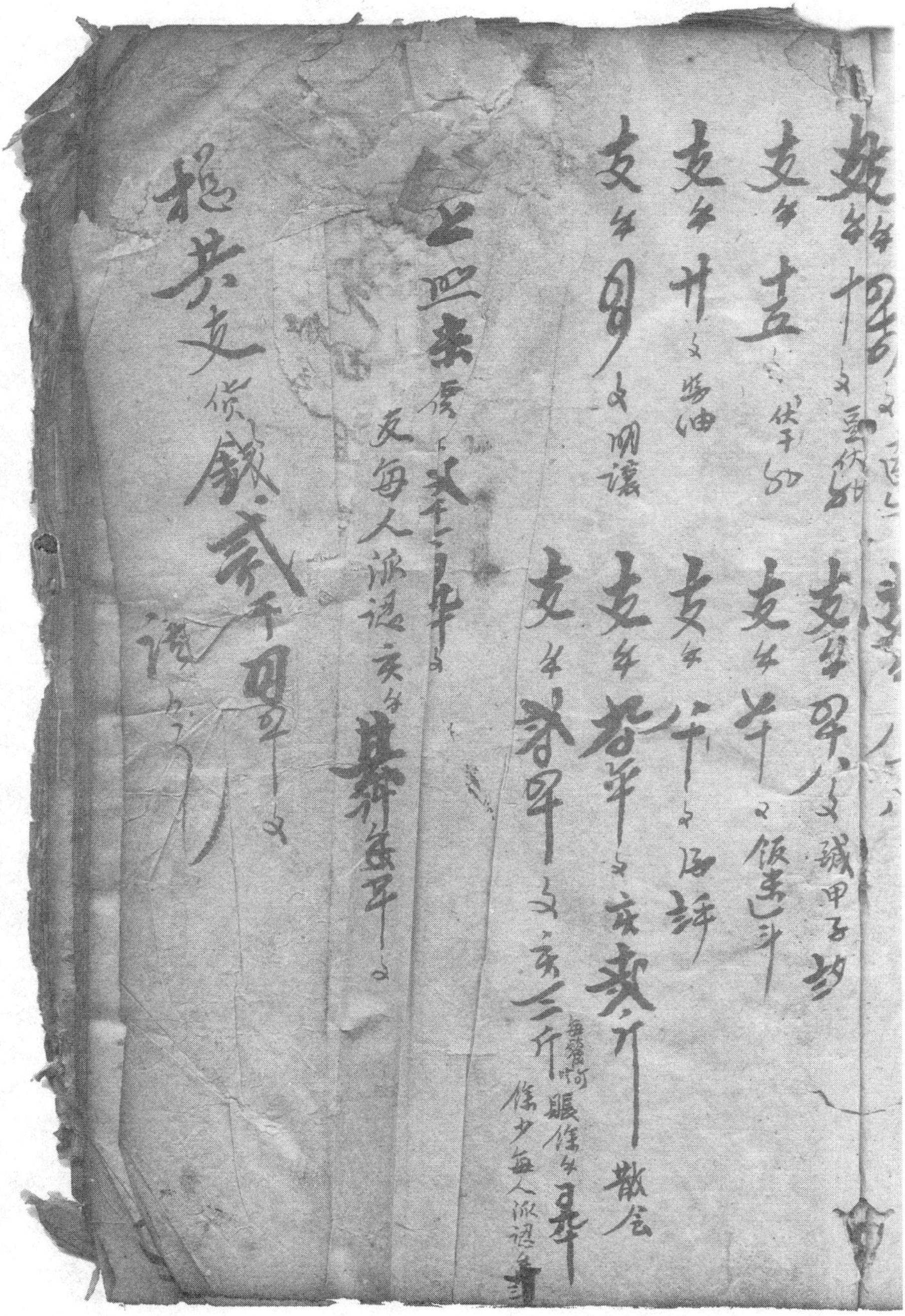

江湾镇坾口村 6-54 · 咸丰六年至民国二十九年 · 收租账簿

光緒十九年觀帝會頭首俞有壬

廿年八月芝秋收

收麻先田租拾乙斤　佃人夏容穩

收金竹岺租四秤欠乙斤　佃人社丁

收八弦段租四十斤　佃人連桂

收阮坦度弍秤　佃人喜仂

收三弦塅度乙平　佃人節

江湾镇圩口村 6-55 · 咸丰六年至民国二十九年 · 收租账簿

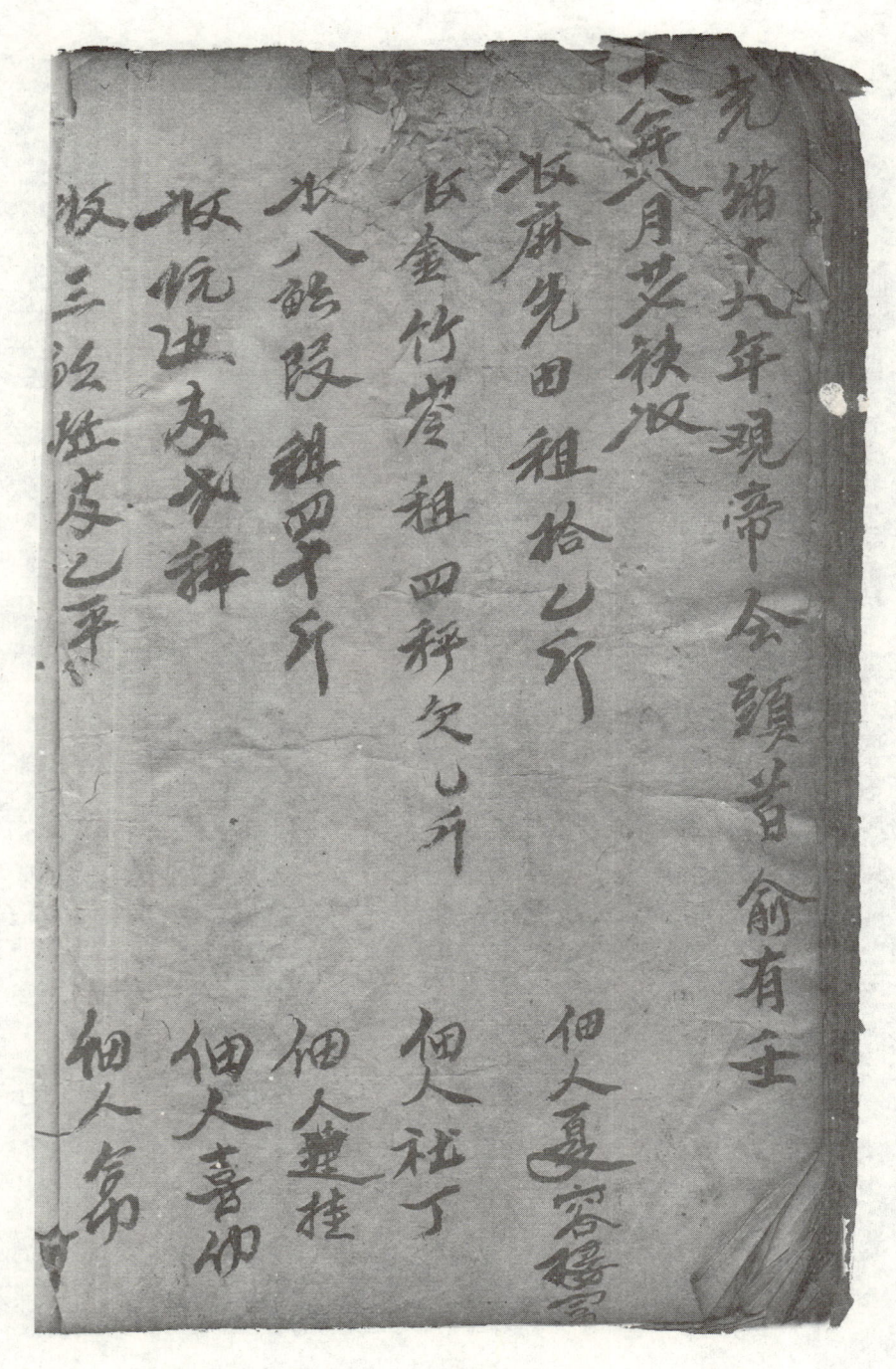

仍風衡伙支发餅　個人合伙

本年收茶拾乙几四斤　共計米三十升斗文備

共和計錢二千五十六文義泰店过油

白黄表乙把卡四十文　香乙代卡四十文　纤边三千三百文　三弟[illegible]支

紅蝕乙对卡十四文　鸭子八夕卡五十文子

毛長乙把卡廿文　金良乙只卡四十二文子

男衣乙通卡廿五文　料夕糕乙斤卡八十文子

江湾镇圩口村 6-56 · 咸丰六年至民国二十九年 · 收租账簿

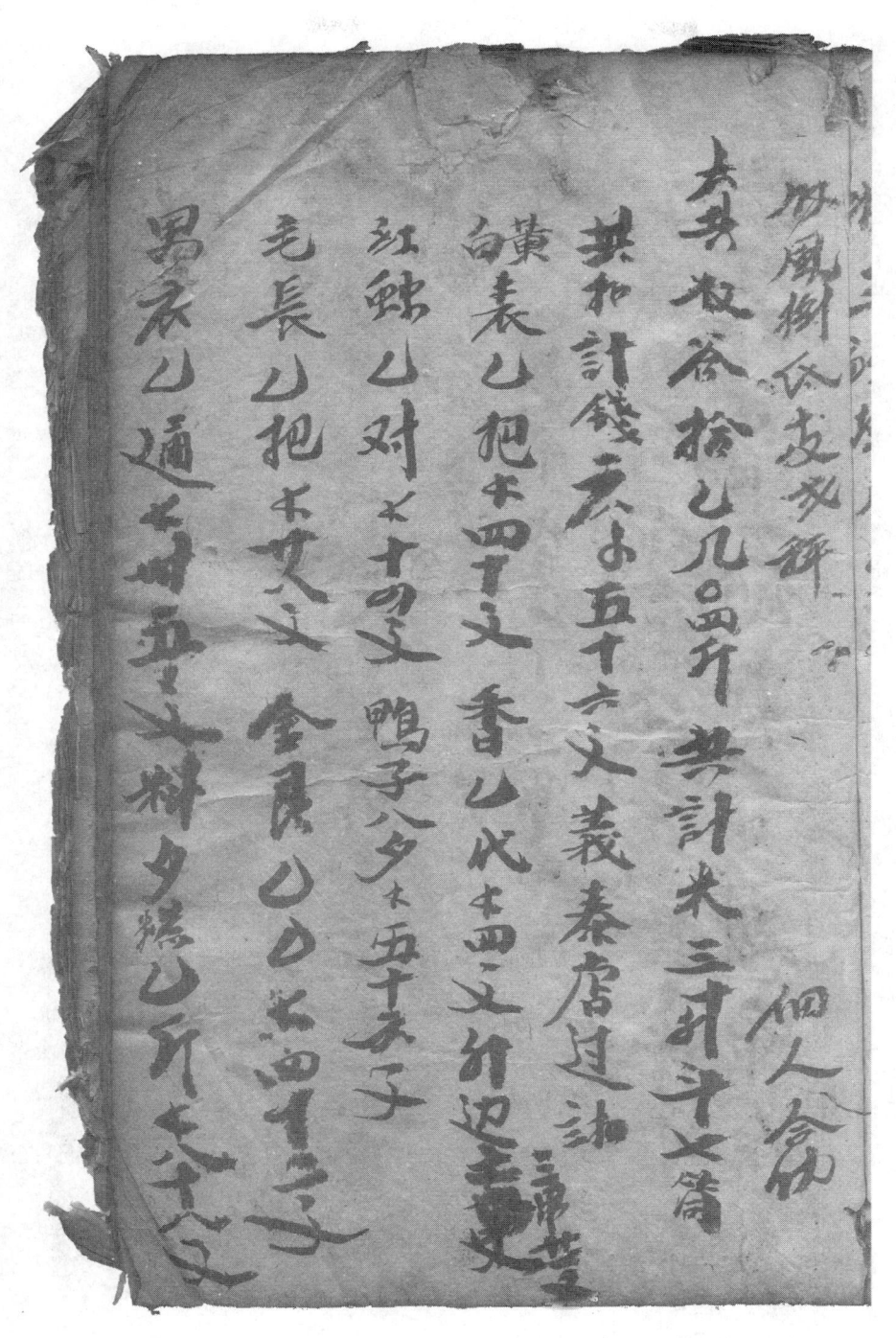

麥麵四斤廿子壹錢乙千五乙七十五文

壹仟五△ 酒八斤 七八廿子 交良米乙七壹文

飯米乙斗 七八千文 明讓七四子 二子

茶油七廿文

大共支用化錢山千手罕四文 多七十三文兑三子

大共仍七乙千六百乙千二文 入和 買亥廿斤

光緒廿年頭首俞有日觀帝會

江湾镇圩口村 6-57 · 咸丰六年至民国二十九年 · 收租账簿

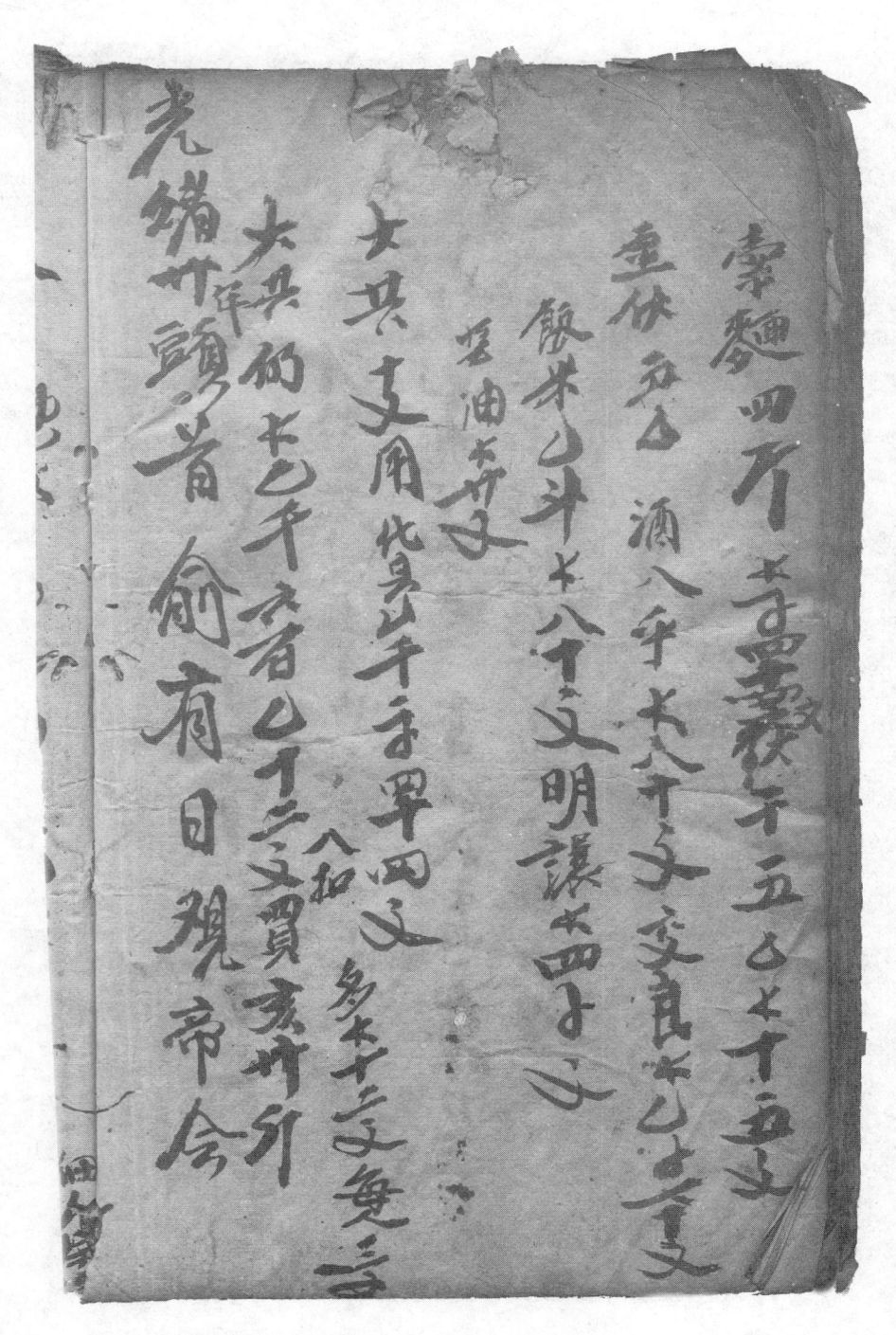

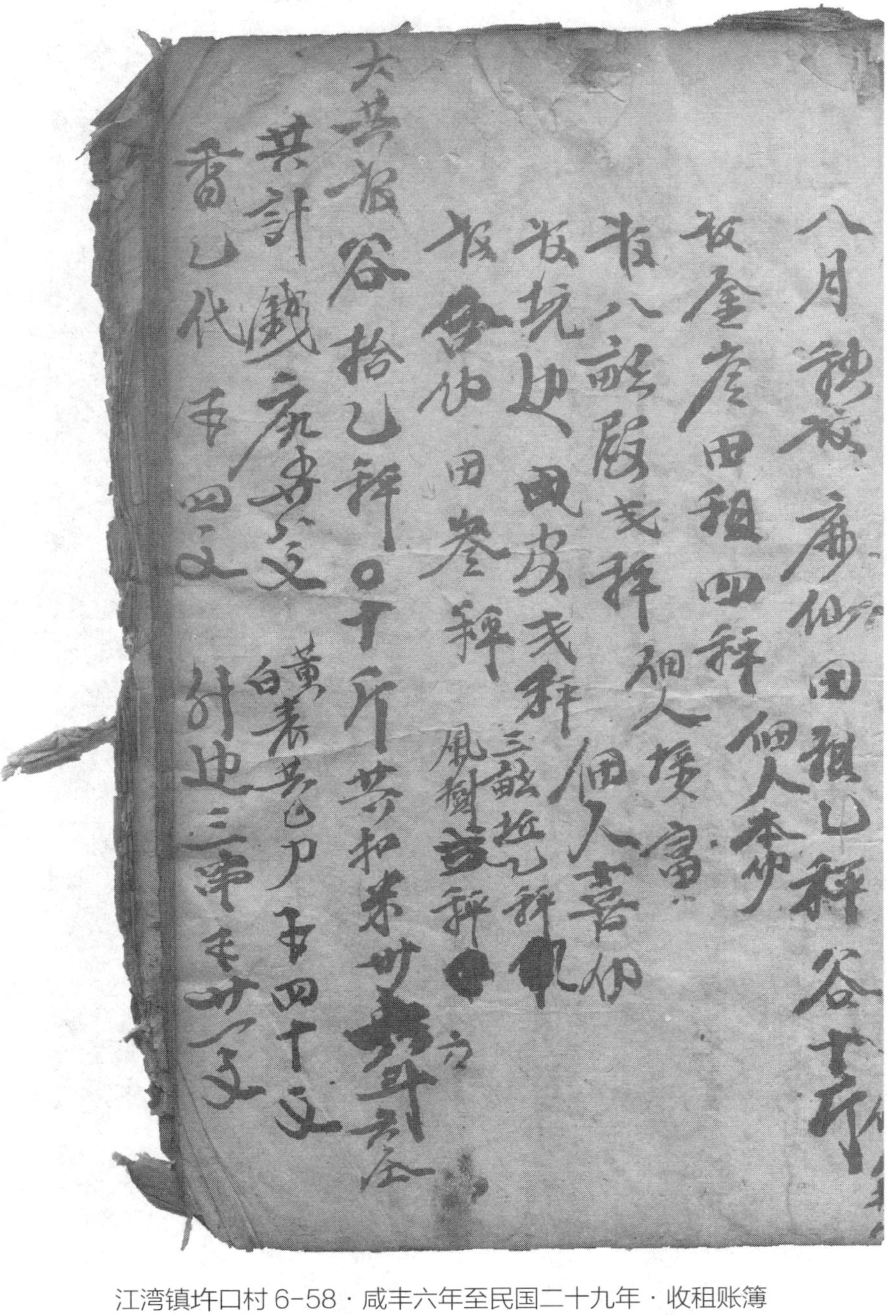

八月秧收康伯田租乙秤谷十斤
收金崖田租四秤 佃人秦伊
收八亩段十秤 佃人焕富
收坑坞田十秤 佃人喜伯
三亩坵乙秤
收金伯田叁秤
凤树坑秤
大共收谷拾乙秤〇十斤 共扣茶廿斤
共计钱康文
黄素共乙刀 钱四十文
白
番乙代钱四文
付坞三席钱廿文

江湾镇坪口村 6-58 · 咸丰六年至民国二十九年 · 收租账簿

红糖乙对去十四文　鴨子八夕扣去六十文
毛長乙刀去廿文　金良乙〇去廿二文
男衣乙通扣去廿五文　料隻糕乙斤扣去八十文
書麵四斤去了五十二文　伏牛五百去十五文
豆伏五百十文　酒八斤（醬）去八十文　麦粮去子[illegible]文
飯米乙斗八十文　藥油去廿文
明礬去四百文　大共支用雜貨存七十八文
大共仍存去房五文　計彥拾八斤　義春堂過　九十二拾

江湾镇圩口村 6-59 · 咸丰六年至民国二十九年 · 收租账簿

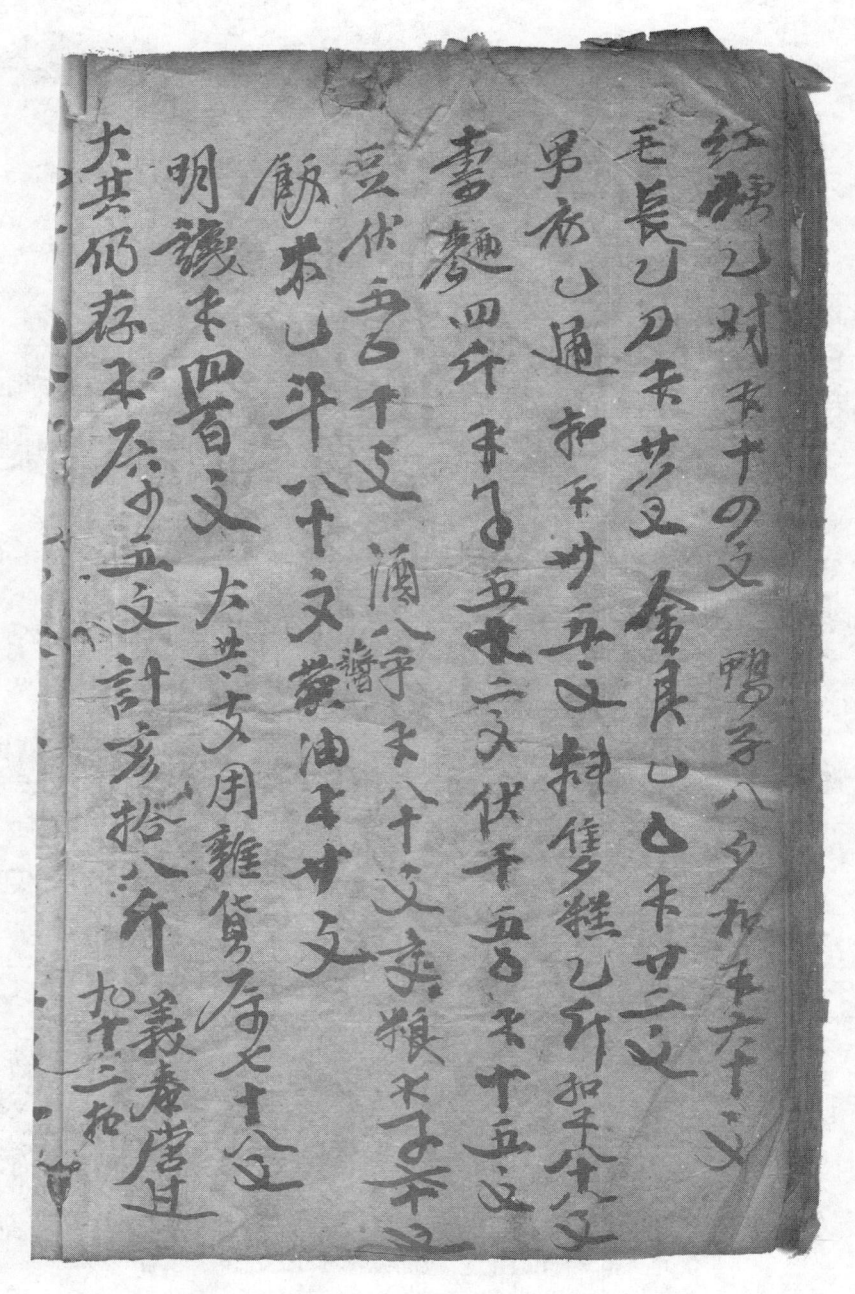

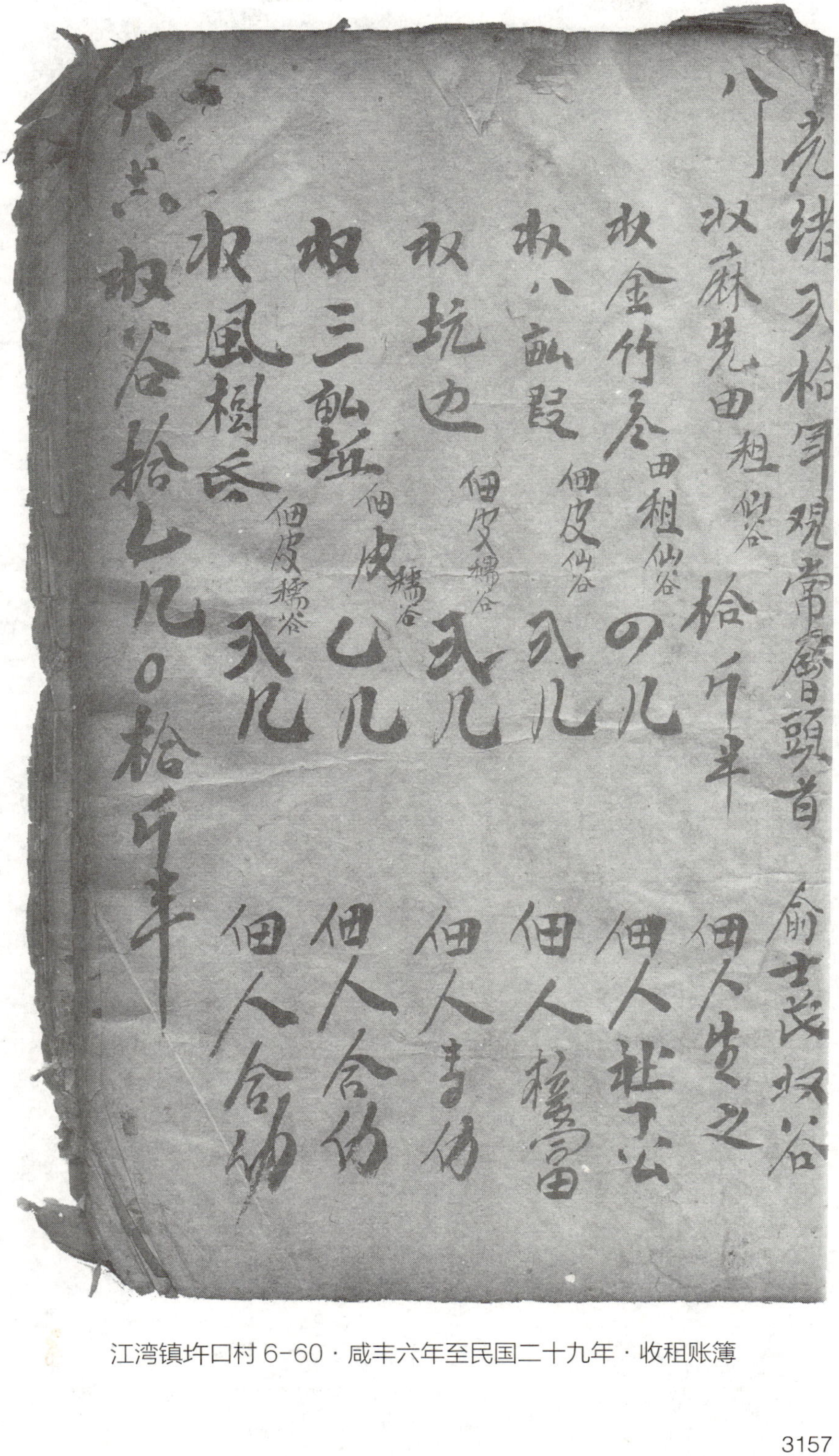
光绪弍拾四年观常會頭首　俞士良收谷
收麻先田租仙谷　拾斤半　佃人貴之
收金竹冬田租仙谷　四几　佃人社公
收八畆段佃皮仙谷　弍几　佃人穟當
收坑边佃皮糯谷　弍几　佃人青仂
收三畆坵佃皮糯谷　乚几　佃人合仂
收風樹岙佃皮糯谷　弍几　佃人合炳
六共收谷拾乚几〇拾斤半

江湾镇坍口村 6-60 · 咸丰六年至民国二十九年 · 收租账簿

旧秋收租拾壹〩〇拾斤 〣扣米卅〤斗一〇

計扣钱弍千五伯〣弍文

支用黄白表钱〥〡 珠点〤 針边〣〡钱廿〢文

紅烛〡对钱十〤 鸡子〤〢〤 毛来〡把 廿八文

金银〡〤〥八 爆炮钱廿五 料角〡〥 九十六文

麺〤〥〢〡千 伏千五百〤十五 〣〤五〤钱十

酒八〢钱〢千 飯米钱〥十 交粮钱〢〥十

[illegible]廿〡 [illegible]钱〣〢 [illegible]〣〥钱〢〢八文

江湾镇圩口村 6-61 · 咸丰六年至民国二十九年 · 收租账簿

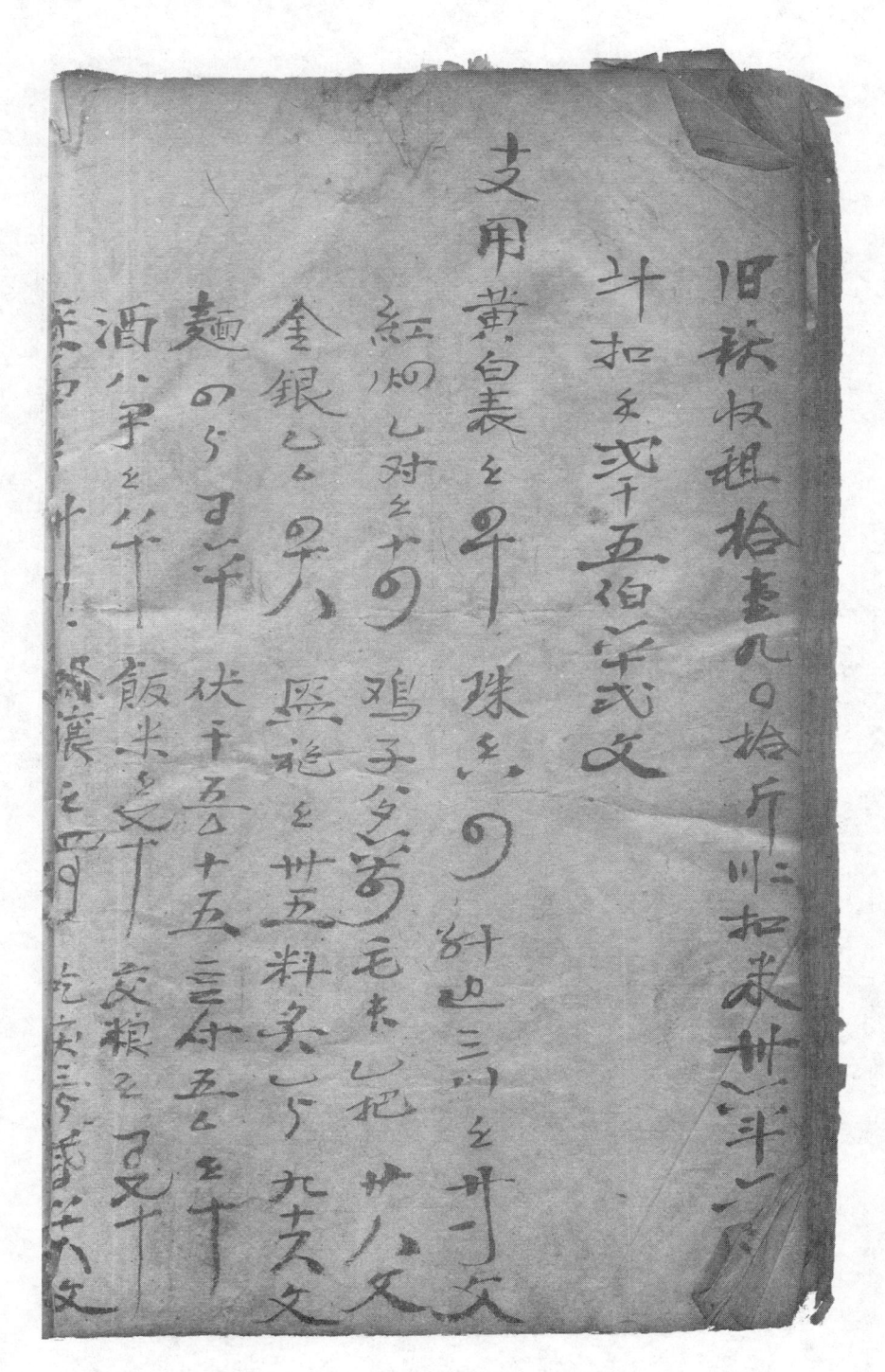

已上廿八支用乙乙千〡〤〩文 除支仍乙存九十八

照屠价社扣存拾乙六两四友各派存弍斤九两半

光緒廿二年覌常會頭首人俞存炎收谷

收麻先田租拾斤半 佃人曹細仔

收金竹塆租四几 佃人社丁

收八亩段佃皮二几 佃人樓富

收三亩塅佃皮乙几 佃人合仂

收鳳樹氏佃皮二几 佃人合仂

江湾镇坼口村 6-62 · 咸丰六年至民国二十九年 · 收租账簿

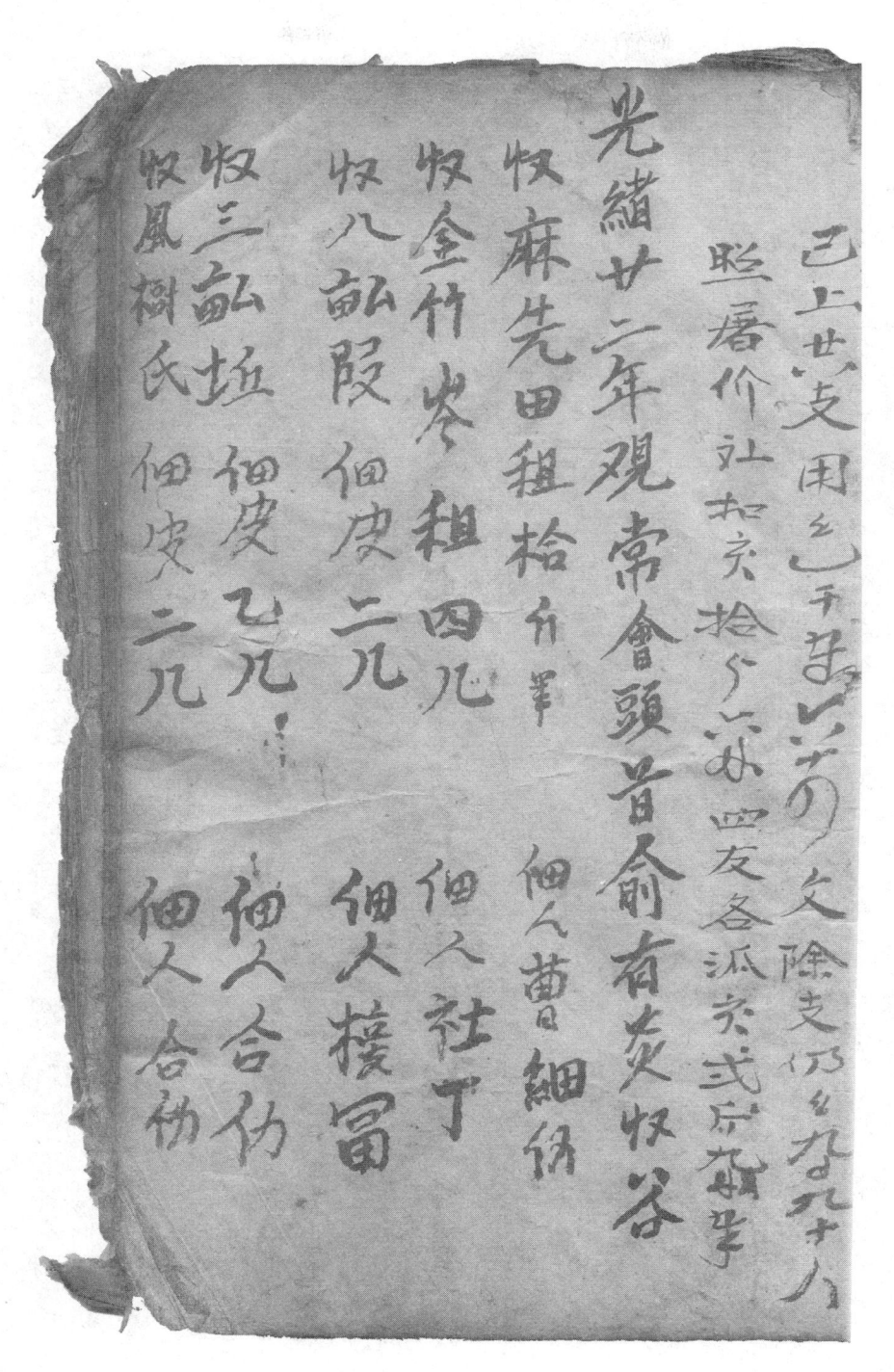

收坑边佃麦　收米〡　佃人清坊

大共拾乙几〇拾斤半和米廿六亣仝

汯扣戋千乇〡〇十五文

大共仍存米乙千伍百〇十五計交拾乇斤拾乙〡

表黄半刀廿二文　表白半刀廿二文伏千五乇十五文

永伏五〡十文　盛袍乙付廿五文毛米乙刀廿二文

正酒〇斤〡九十二文料炭乙斤〡〇金良乙〡〇千〇文

针边三川廿乙文　豆乇乙仝〇文　紅竹乙对十〇文

江湾镇坾口村 6-63 · 咸丰六年至民国二十九年 · 收租账簿

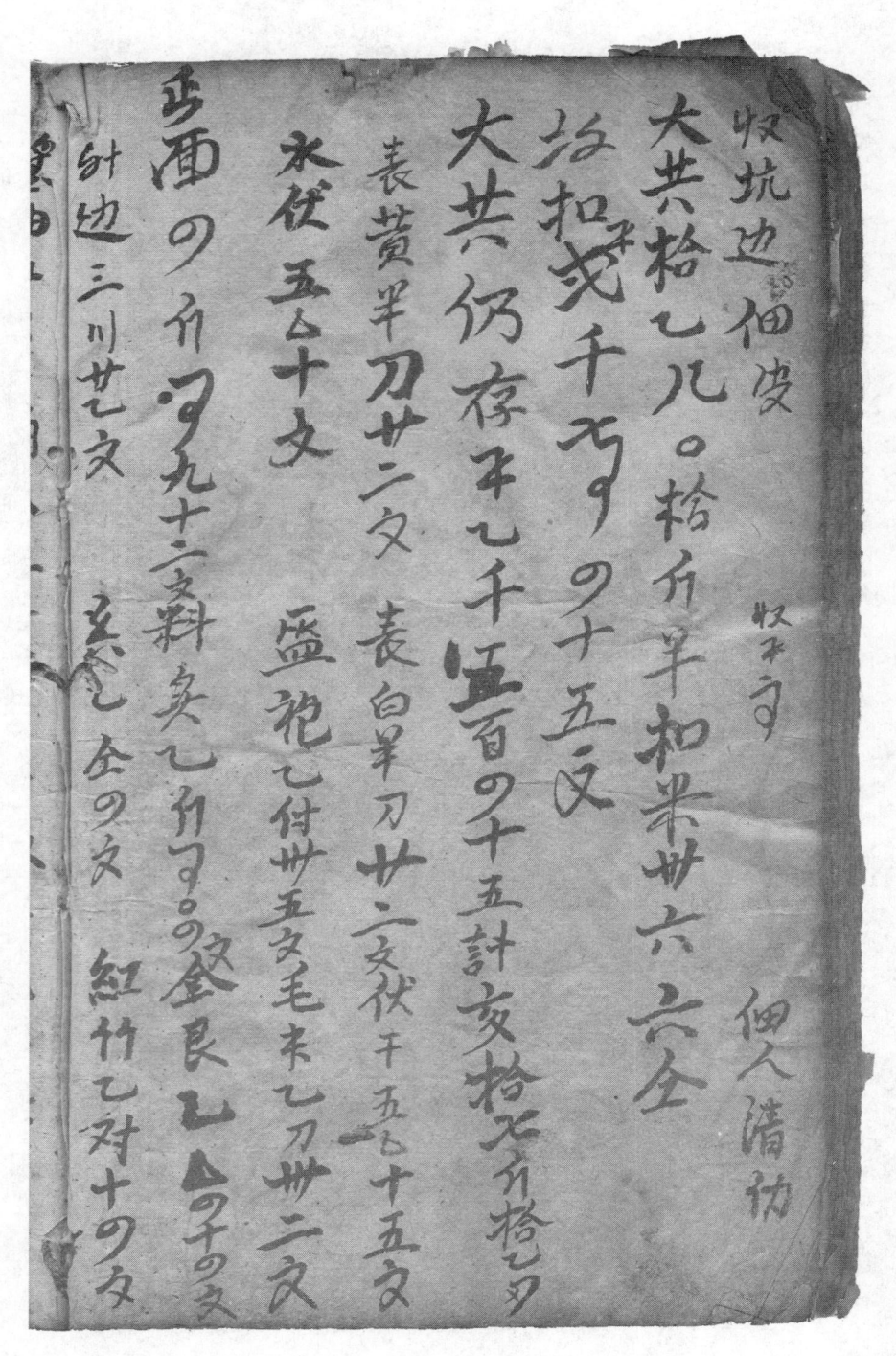

燈油廿文　酒八手八十文　飯米乙斗七十五文

鴨子八隻六十文　交粮钱乙百子文

明燭钱四百文

光绪叁年五月拾三日　覌帝会爲首俞有壬

菊八月　秋收　收金竹冬田租四秤　佃人社丁　收八畝段二秤　佃人徐

佃人殿申　收三畝坵　堀樹下　佃收三秤　佃人合仂

收坑边佃皮四十斤

收庵兜田租乙尺派谷拾斤　佃人曹细　共收谷拾乙尺〇乃斤

共計三二仝和等叁拾五斗乂合　乙五亦

計又六

江湾镇玗口村 6–64 · 咸丰六年至民国二十九年 · 收租账簿

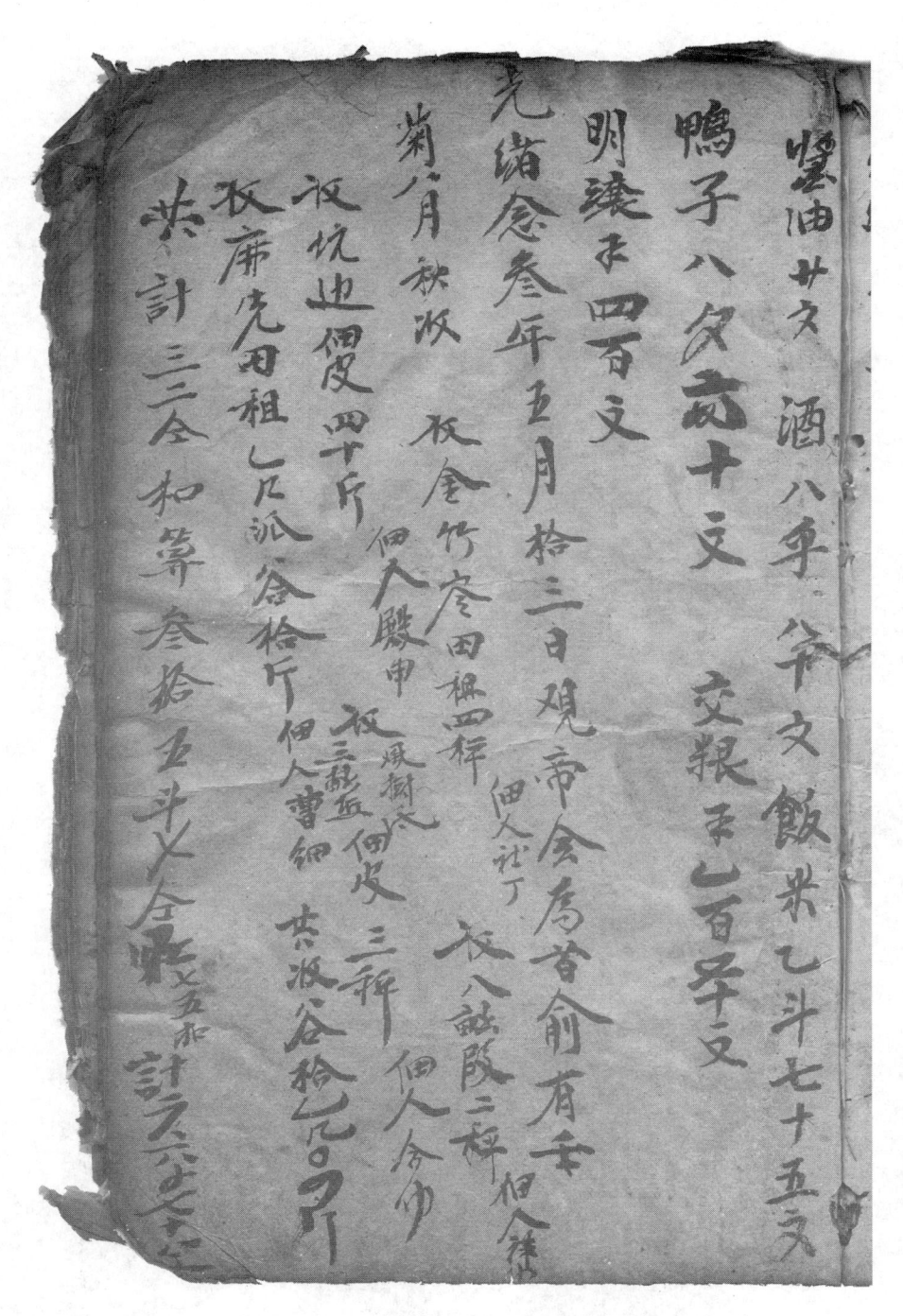

五月拾三日
白黄蔴共壹刀 罡六文 毛長乙刀卅六文
蜡紅乙对 卞十五文 香四文 料美糕乙斤卅文
针血三串 卞廿乙文 細面四斤 卞二十卅の文
蔴油廿文 鸭子八只 卞二六十の文 金艮乙万罡四文
男衣乙通 罡四罡の文 伏五绕十文
伏干兩壹文 燉柴乙斗 卞八十壹文 糧卞千二十文
酒八斤 卞八十文 明議 卞四百文

江湾镇坼口村 6-65 · 咸丰六年至民国二十九年 · 收租账簿

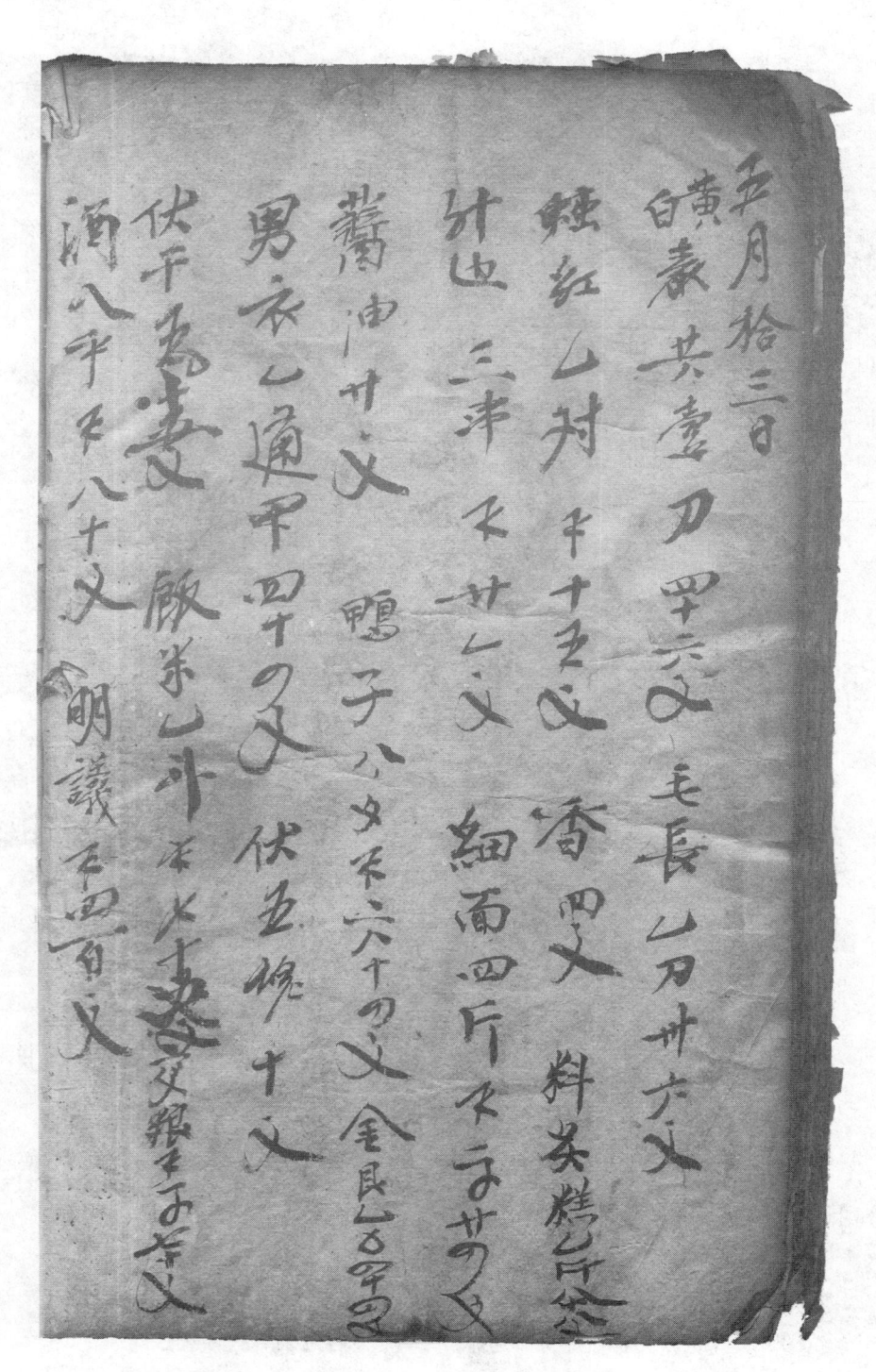

總共文用乙百廿六十六文 付去拾叁

四友角派每股叁百四十 永光戶秤
大去仍錢廿三音廿三文 買去拾六斤半

光緒廿四年歲次戊戌三月十五日觀帝會為首俞有日

小劉九月秋收金脩岑田租四秤 佃人社丁喜房
何八就所祖共秤 佃人祥位智坑坐茂秤佃人似抗
為低租佃友三秤 減廣四田租包谷斤共記
共將田谷拾乙秤国三斤 三斗二余算

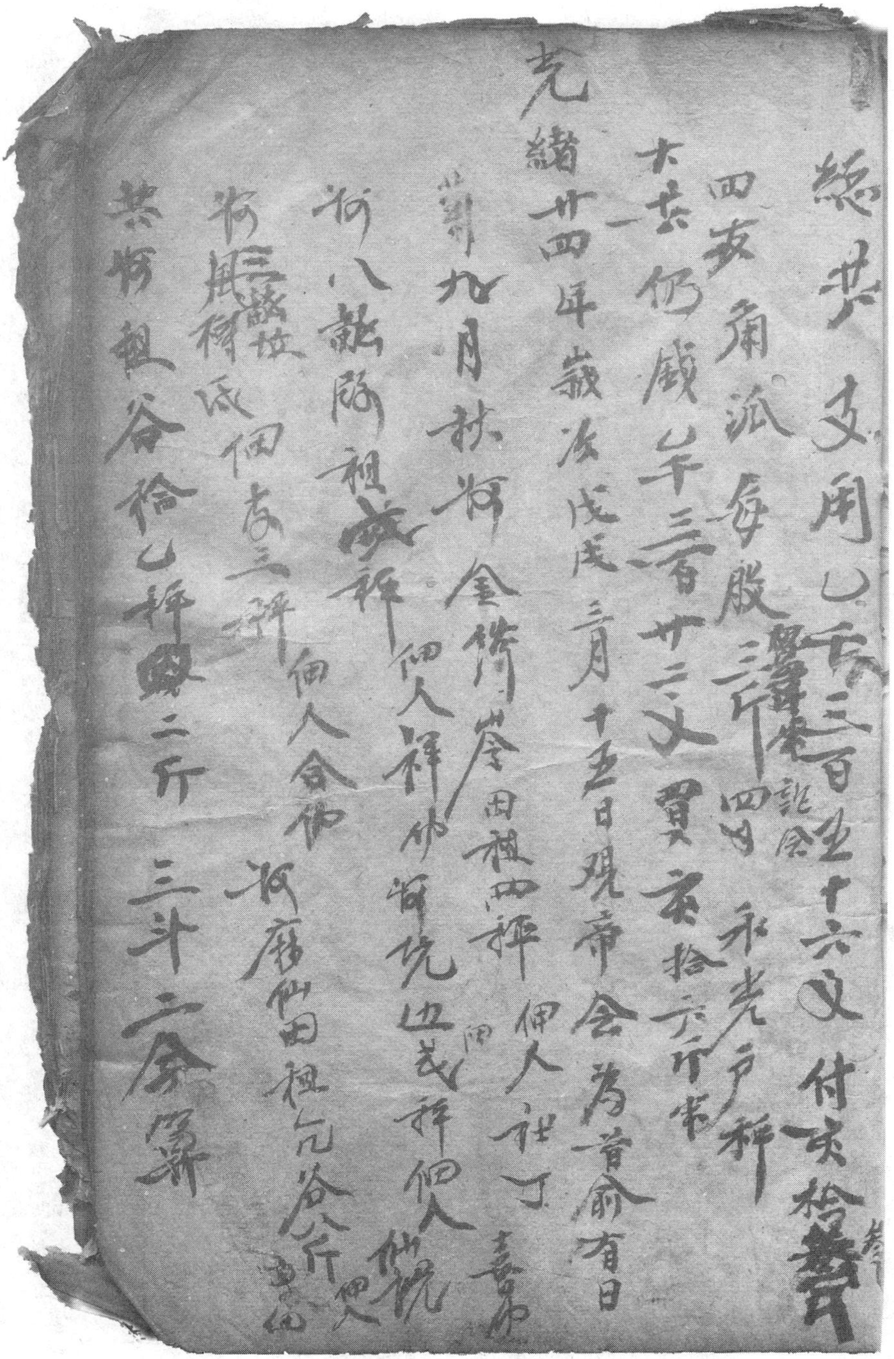

總共和來膽四合○計芎每斗乙百○共計錢半未□
黃春蔴乙把下甲二文 毛長乙尺共廿六文 紅煙乙對十文
□乙合○文 妣放良乙塊半午五文
料菜料糖乙斤九十六 針五三束廿文
細麵○斤 子□廿○文
丙子八夕六十七文 醬油廿文
交□乙□七十三文 伏半十五付五卅文
阿□□乙□文 泥八年八十 明鑄玉百○文
□禾□乙通 甲二文其□□乙年○□

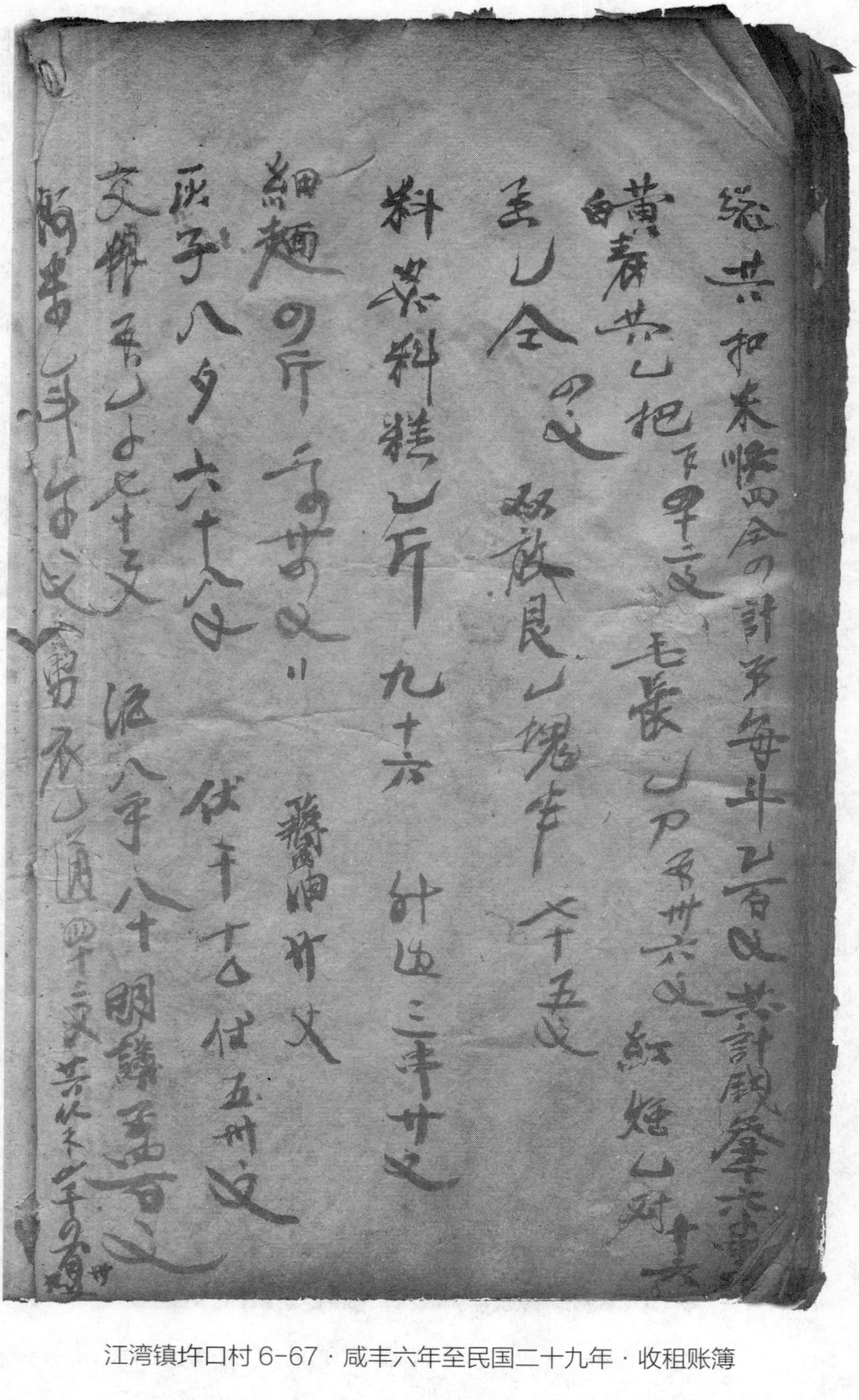

共仍錢二千弍百卅貫 文 廿三斤 社材

光绪廿四年九月秋收田租秈穤谷今前详收谷

收麻秈田租秈谷八斤佃人曾细

收金竹嶺田租秈谷四秤佃人社丁

收八畝段田租秈谷四秤佃人祥仂

收三畝坵田租占谷乙秤佃人合仂

收風樹下田租占谷弍秤佃人合仂

收塘边田租占谷乙秤佃人先祥

江湾镇坑口村 6-68 · 咸丰六年至民国二十九年 · 收租账簿

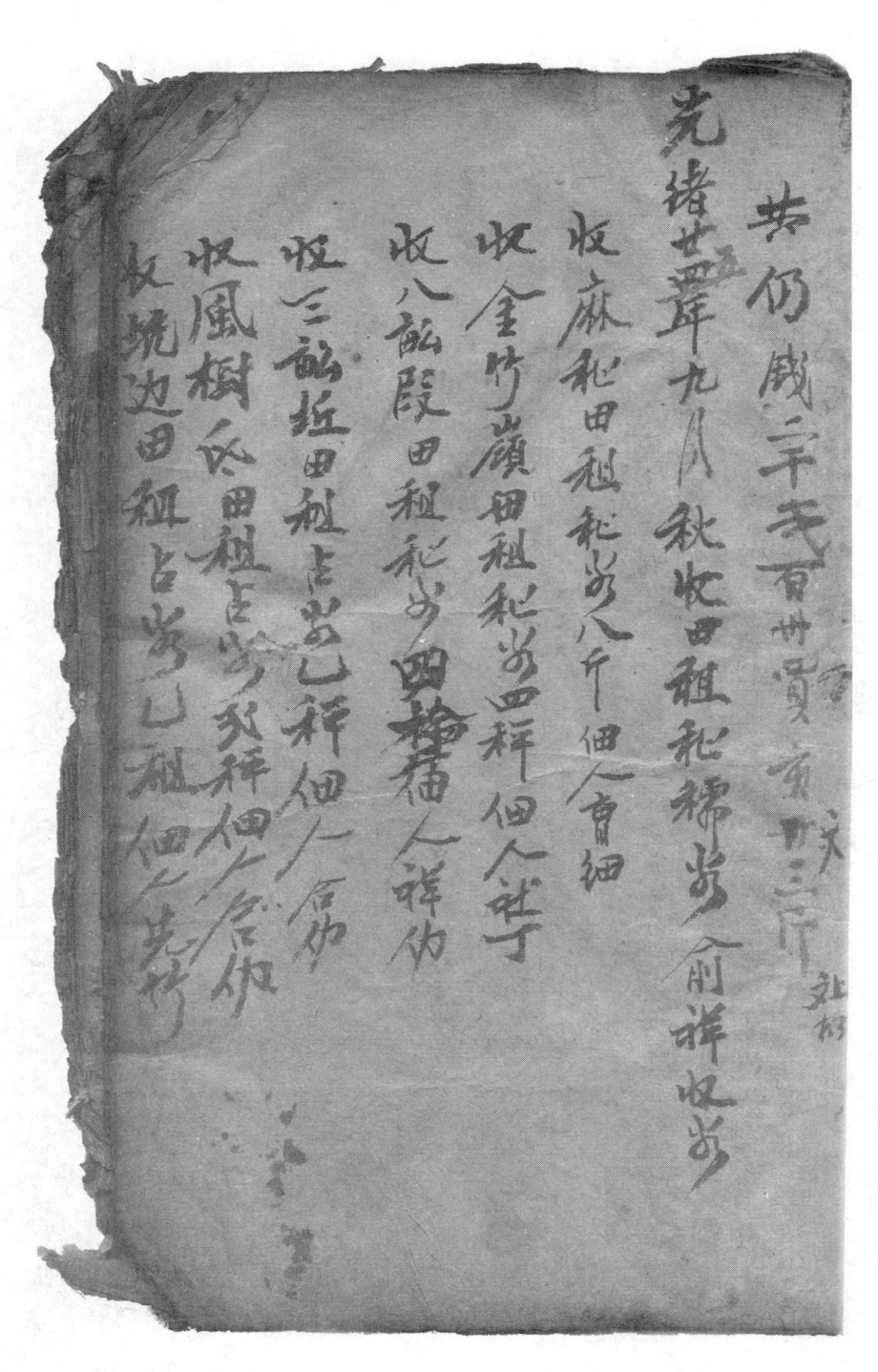

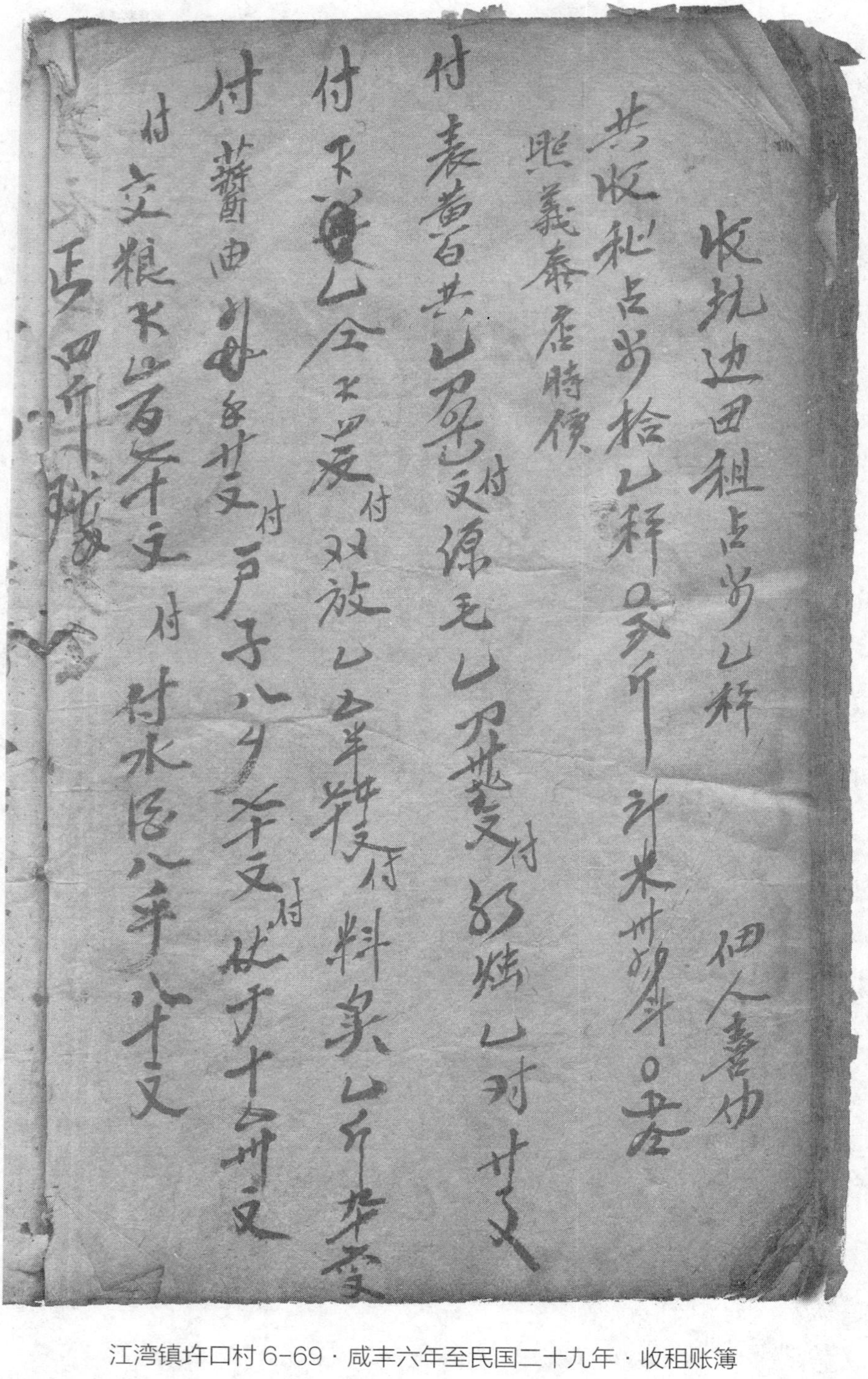

收坑边田租占岁乙秤　佃人喜仂
共收秈占岁拾乙秤〇叁斤　計米卅〇斗〇五合
照義泰店時價
付表黄白共乙刀[illegible]文　付源毛乙刀[illegible]文　付紹烛乙对廿文
付下[illegible]乙仝[illegible]文　付双放乙[illegible]文　付料[illegible]乙斤[illegible]
付藕曲[illegible]文　付户子八[illegible]文　付[illegible]文
付交粮米[illegible]文　付水[illegible]八[illegible]文
[illegible]四斤[illegible]

江湾镇岕口村 6-69 · 咸丰六年至民国二十九年 · 收租账簿

明讓平四百文　膳飯米乙斗

付男衣乙通四百四文　共支肆千百五十五文

大共支用下净仍千百五十乙文

旧收秋租與步乙雞

收府租田租步六斤　佃細仂

收金竹崖租步四秤　佃社丁

收三畝坵與步乙秤　佃楊仂

江湾镇圩口村 6-70 · 咸丰六年至民国二十九年 · 收租账簿

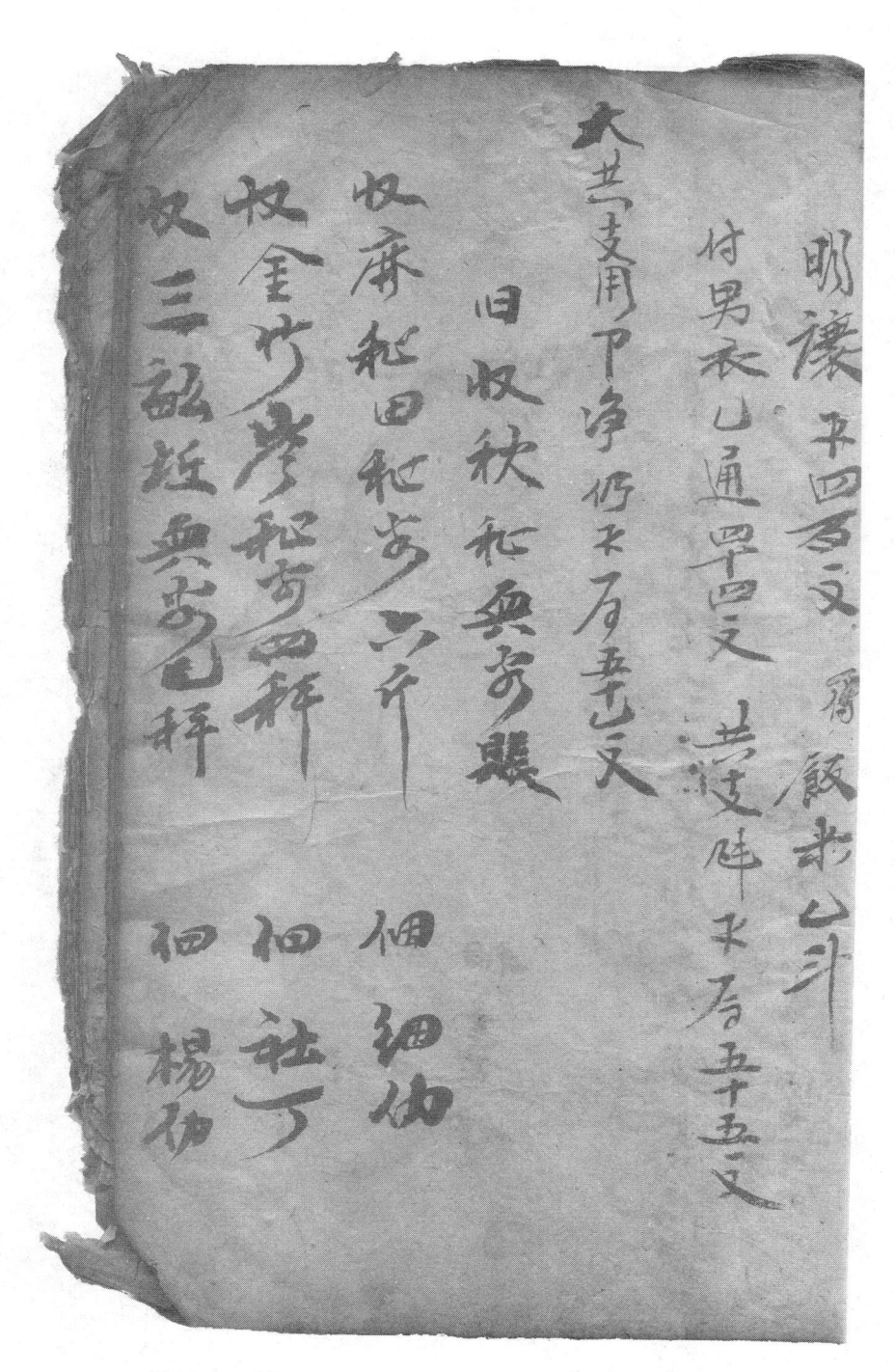

收鳳樹丘無字乙秤半　佃楊仂

收八畝段秈字乙秤半　佃祥仂

收坑边無字乙秤　佃先竹

收坑边無字十八斤　佃喜仂

大共收字拾秤　秈米卅二斗

光绪念六年五月拾三觀帝會做頭爾士衣

付袁黄四芑乙刀卡四千二文　付毛丰乙刀卡卅三　边三刀十文

江湾镇圩口村 6-71 · 咸丰六年至民国二十九年 · 收租账簿

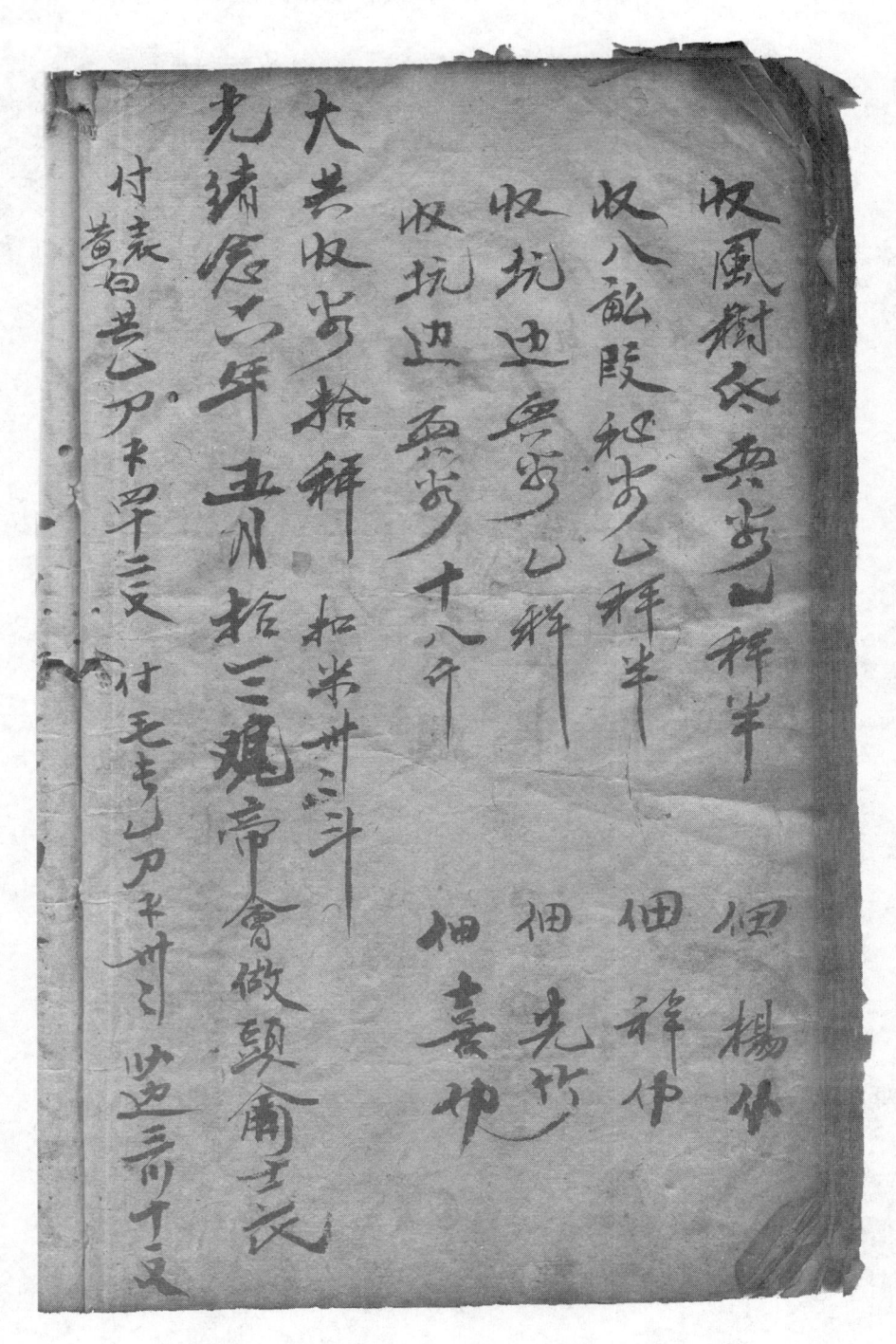

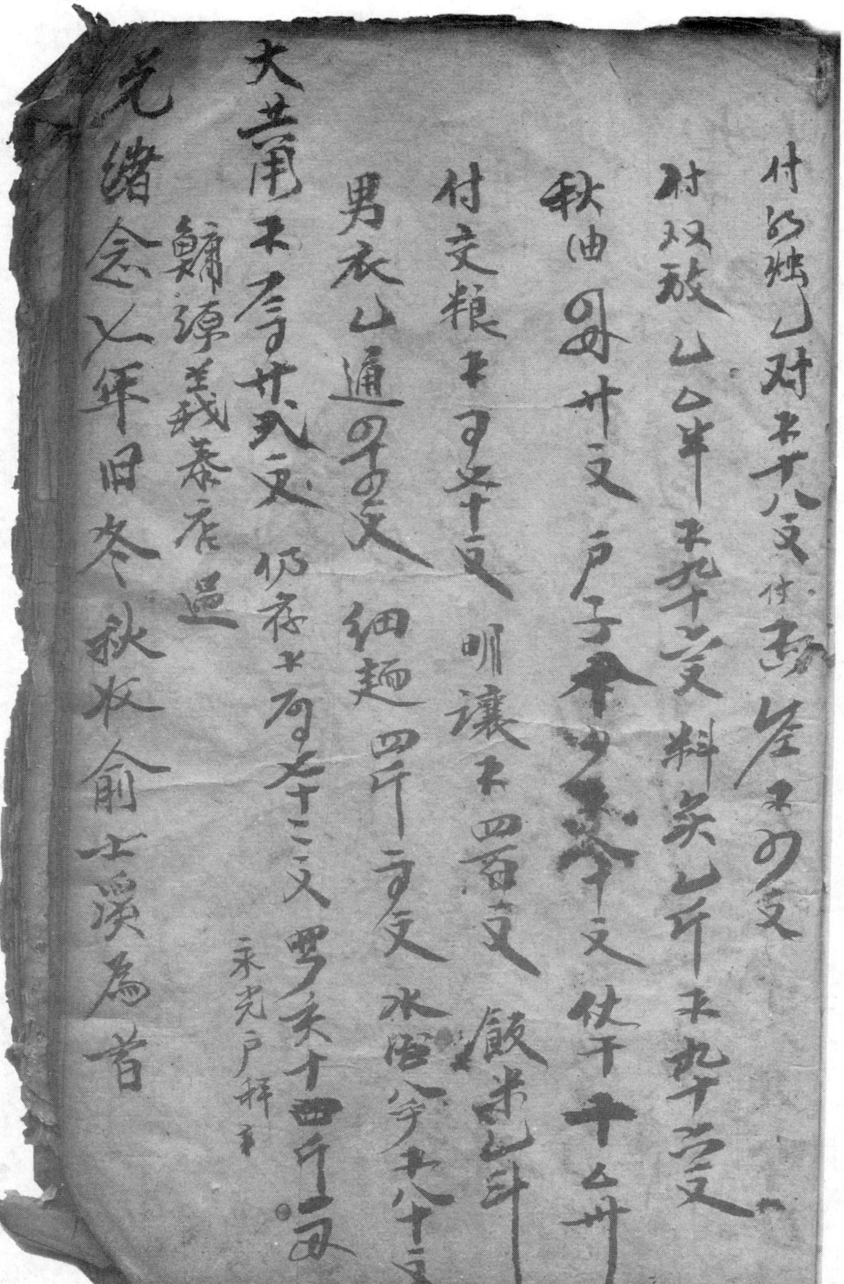
付〡烛〡对钱十八文 付香〡烛钱〤文
付双鞭〡〢串钱〢千〢百文 料炭〡斤钱〢千〢百文
秋曲〤〥廿文 户子〢〡〢千〤百文 伙计十〥千
付交粮钱〣〥十文 明让钱四百文 饭米〡斗
男衣山通〤〣〥文 细面四斤〣文 水酒八斤〤十八十文
大共用钱〣〢廿〤文 仍存钱〣〥十二文 罗禾十四斤〥〤
录光户拜手
鏞源美𢦏泰居過
光绪念八年旧冬秋收俞士溪為首

江湾镇岾口村 6-72 · 咸丰六年至民国二十九年 · 收租账簿

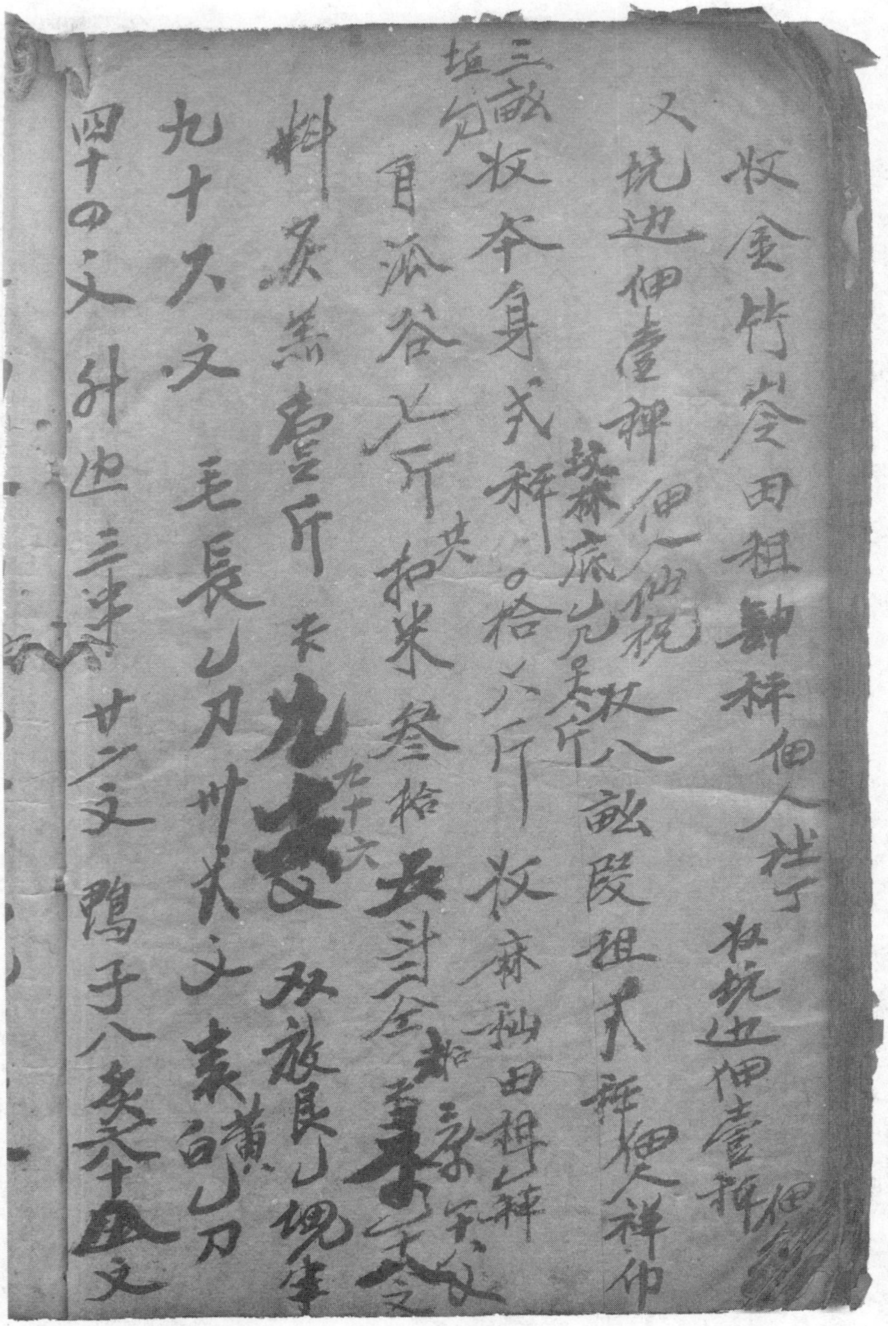

收金竹𡺀田租𨻶秤佃人祉丁 收坑边佃壹秤佃

又坑边佃壹秤佃人仙親 收八畝段租大秤佃人祥仰

三畝收本身弍秤○拾六斤 收麻秈田得山秤

垣分 自添谷乙斤 共和米叁拾五斗三合

料炭羔壹斤 长九十六文 双旅艮乙規

九十六文 毛長乙刀 卅六文 表白乙刀

四十四文 升边二斗 廿二文 鸭子八隻 十五文

江湾镇圩口村 6-73 · 咸丰六年至民国二十九年 · 收租账簿

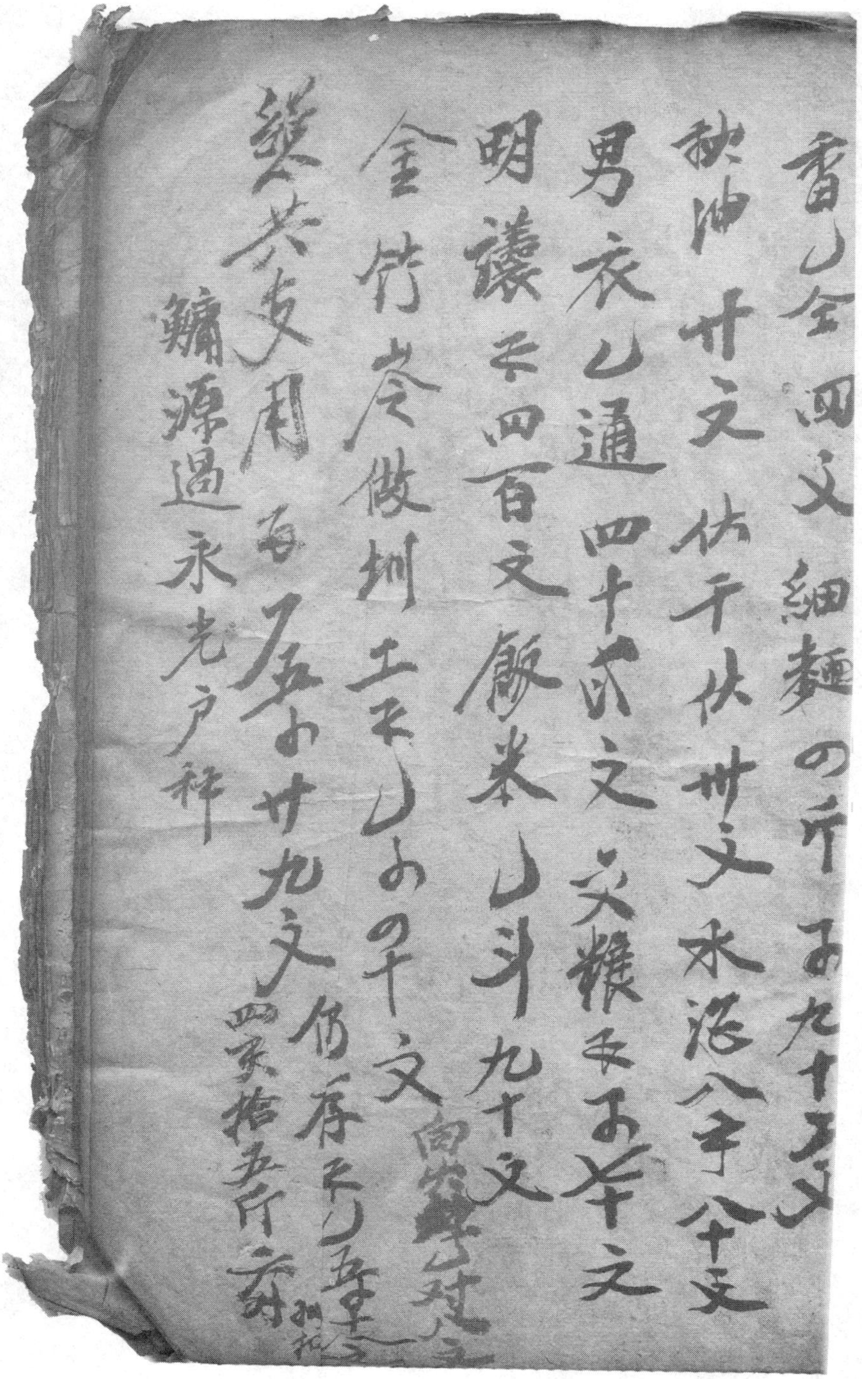
香乙全四文 細麵〇斤〥九十〥文
秋油廿文 什千什廿文 禾落八斤八十文
男衣乙通四十弍文 交糧乙〥〥十文
明讓乙四百文 飯米乙斗九十文
全竹養做圳工乙〥〇千文 向客蜂乙對乙文
總共支用乙〥〥廿九文 仍存乙〥〥〥
鏞源過永光户秤 四家㨿五斤二兩 扣秤

江湾镇坪口村 6-74 · 咸丰六年至民国二十九年 · 收租账簿

光绪戈拾八年旧冬秋收 俞七槐为首
收八亩段籼谷二几　　　　佃人祥助
收全竹贩田租供容见　　　佃人社丁
收麻仙田目派谷六所　　　佃人新富
收三亩垅田一几　　　　　佃人杨助
收坟林底田租一石年　　　佃人杨助
收坑迎稻谷贰千斤　　　　佃人喜助
收坑边　稻谷贰千斤　　　佃人龙祝

大共收仙谷占谷拾㭍年　九东廿三石六斗□数
智四午䃼　料夸二厅　酒文
双於良乙塊半九十六文　毛長己刁卅文
表黄白乙刀 □ 刂文 针叉三車廿二
鸭平八矣八十八文　一香石五文
细麺四斤　礼文　秋油式十文
伏干伏卅文　水酒八斤廿文
男衣一道四千反　更粮七殘

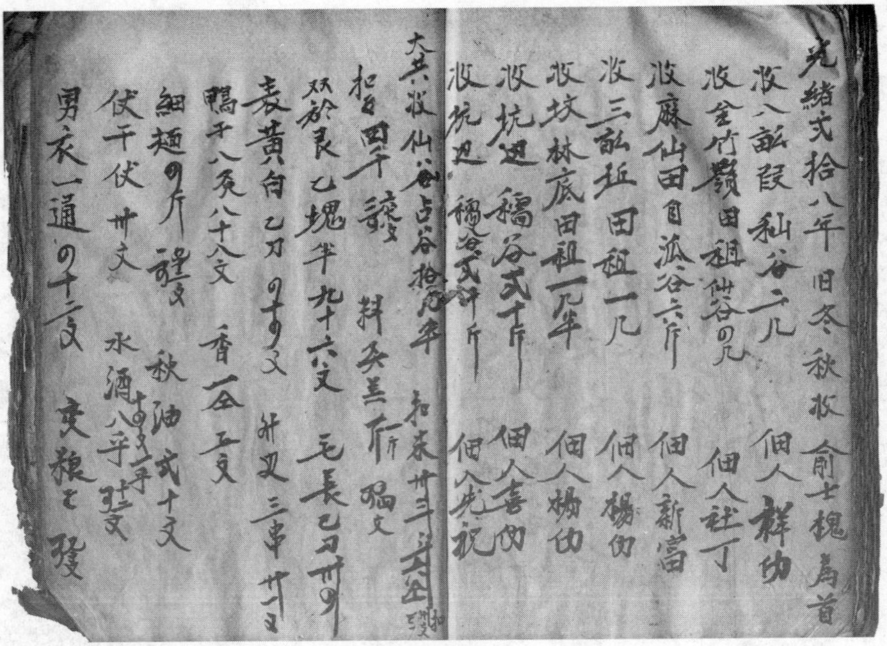

光緒芫年秋收爷俞有亨首
奴八硪段二九　佃人祥保
奴金竹尖の九　佃人社丁
奴麻仙田自派の所曹玉花佃

鯑源過永光戶科

飯米一年殘
總共支用木　厚金文　仍存K房の八文貝云
　　　　　　　　　　共十一斤打地义

向火一到廿文　明讓乙四文

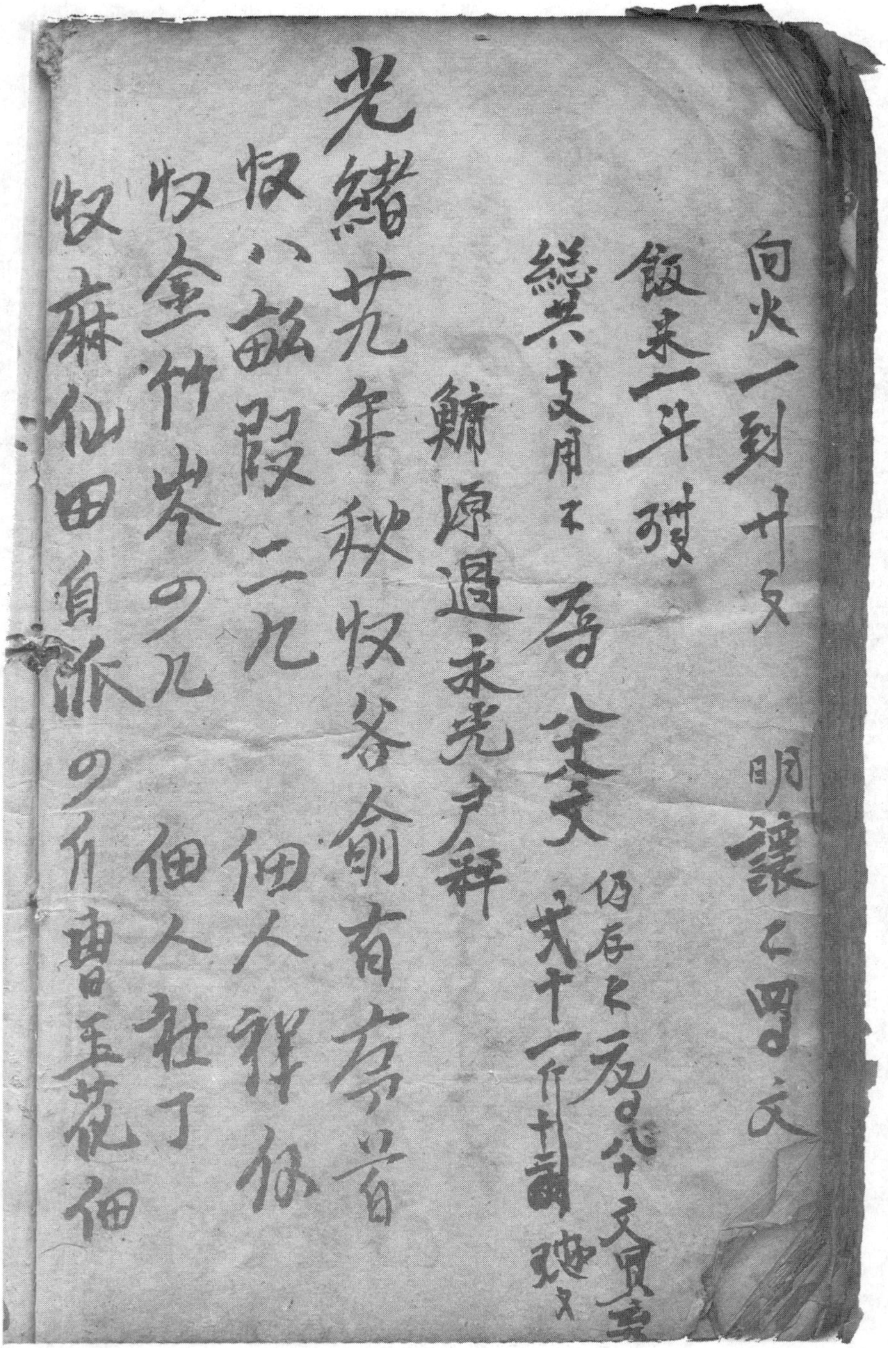

收三畝坵 二共五十六斤佃人楊仕

收坟林底

收坑边二几佃人先鋭

共收谷拾秤半〇二斤扣秤三斗八合 補扣 扣平

叁千弍百十二文 料头猪一斤对六文

毛長一刀四十二文 男衣一通四十二文

红烛一对廿文 黄面表一刀五十文

纸边三串廿四文 香一合四文

江湾镇圩口村 6-77 · 咸丰六年至民国二十九年 · 收租账簿

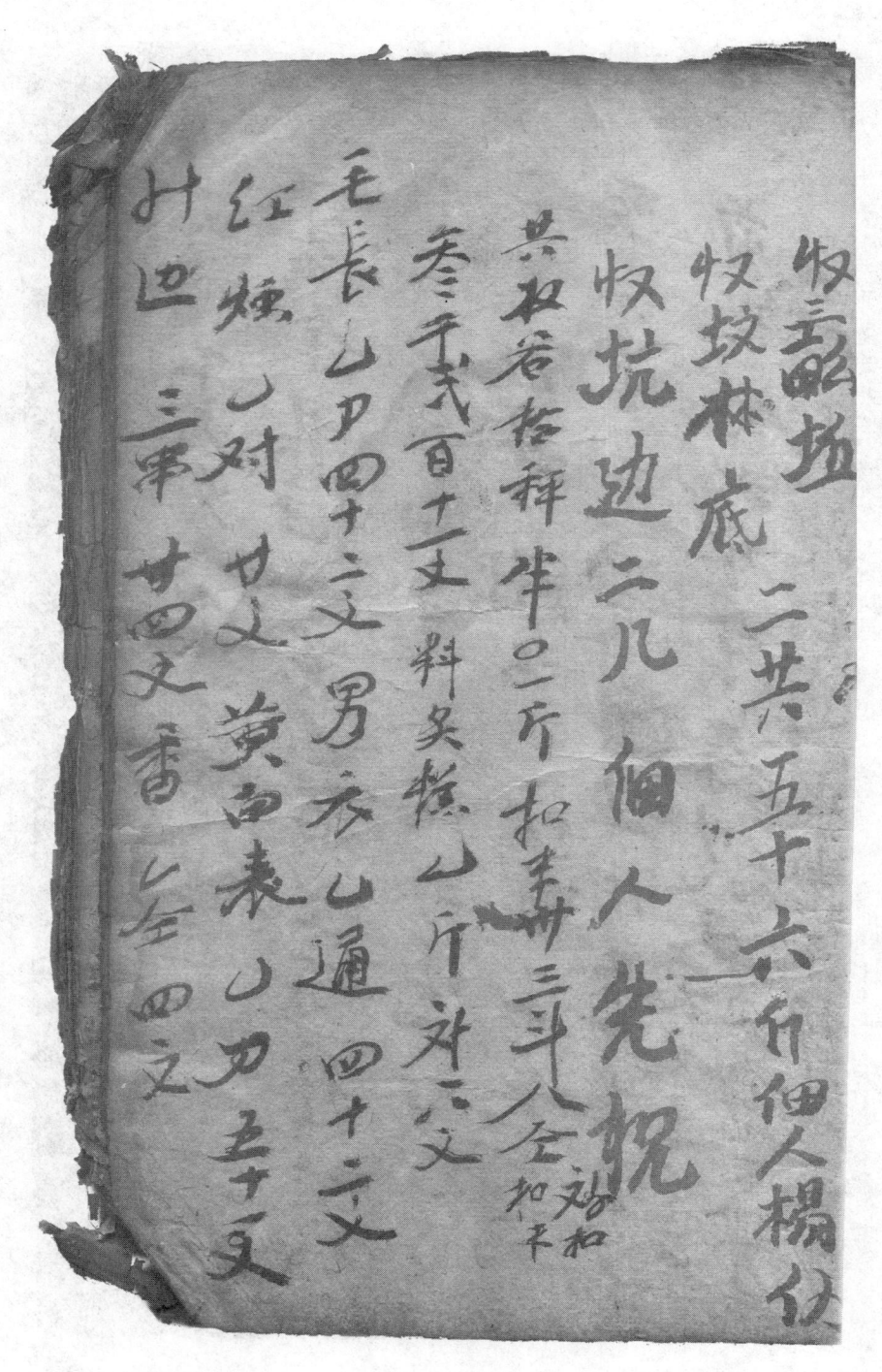

买鸭子八只八十文 细麺四斤弍百三十文
双鞋全良一斗一百一十一文 秋油廿文
付十斗五廿文 米尾八斤一百一十文
顾荣一斗羽斗文 二斗粮子七十文
明让手四百文 共数用去五百五十文
前敬实九斤半 厚廿八文 和米子卅六文寄 仍存四百十一文
归源义兴店过永光户秤

江湾镇圩口村 6-78 · 咸丰六年至民国二十九年 · 收租账簿

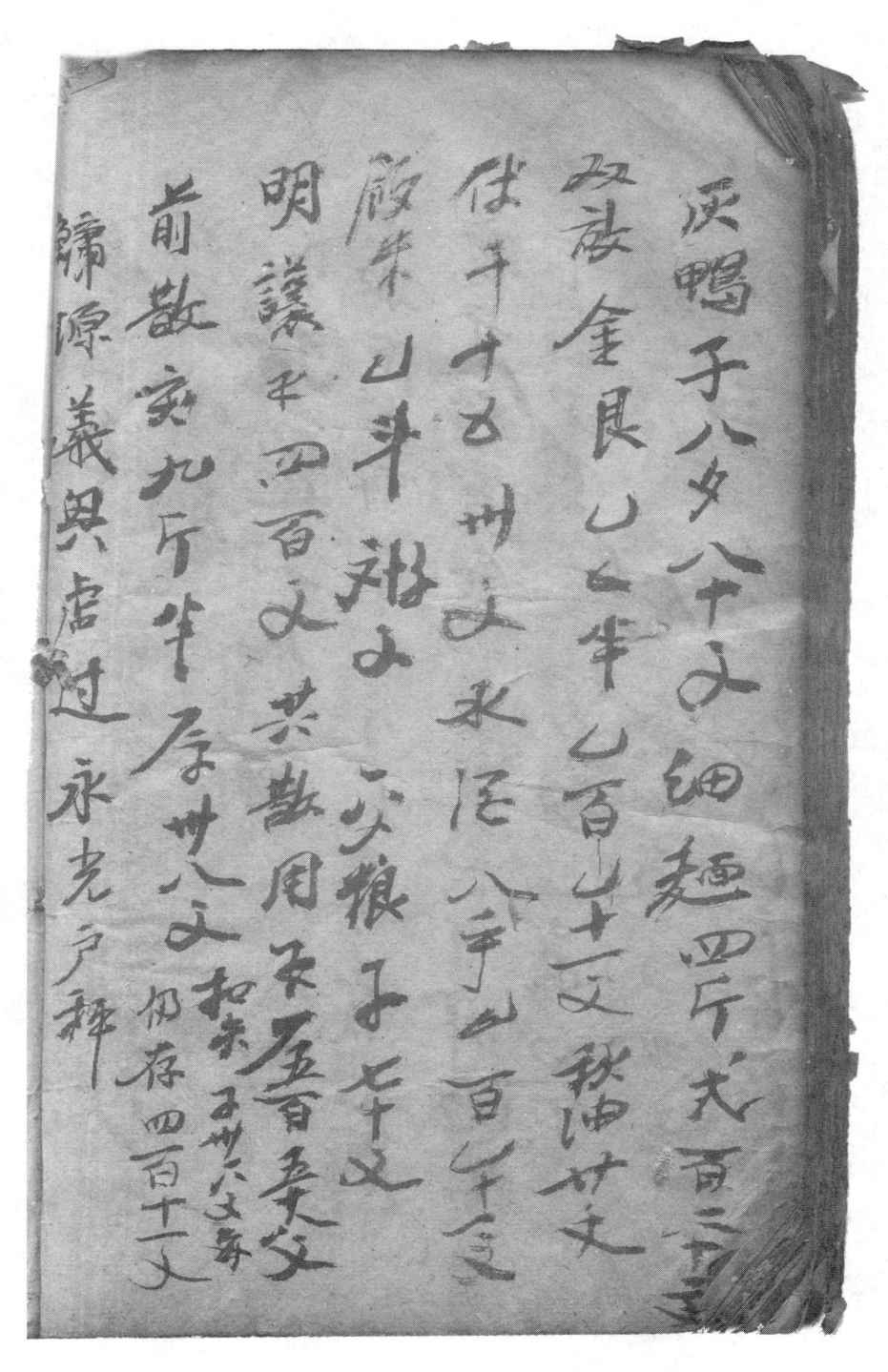

光緒卅年歲次甲辰五月徐三会俞灶祥做

旧秋收米賬青升

收八畝段租米乙石半　俞灶祥

收金竹岸田租米乙石　俞德揚

收三畝姪田租米乙石　佃人揚仂

收風樹段米乙石　侄德揚

江湾镇圩口村 6-79 · 咸丰六年至民国二十九年 · 收租账簿

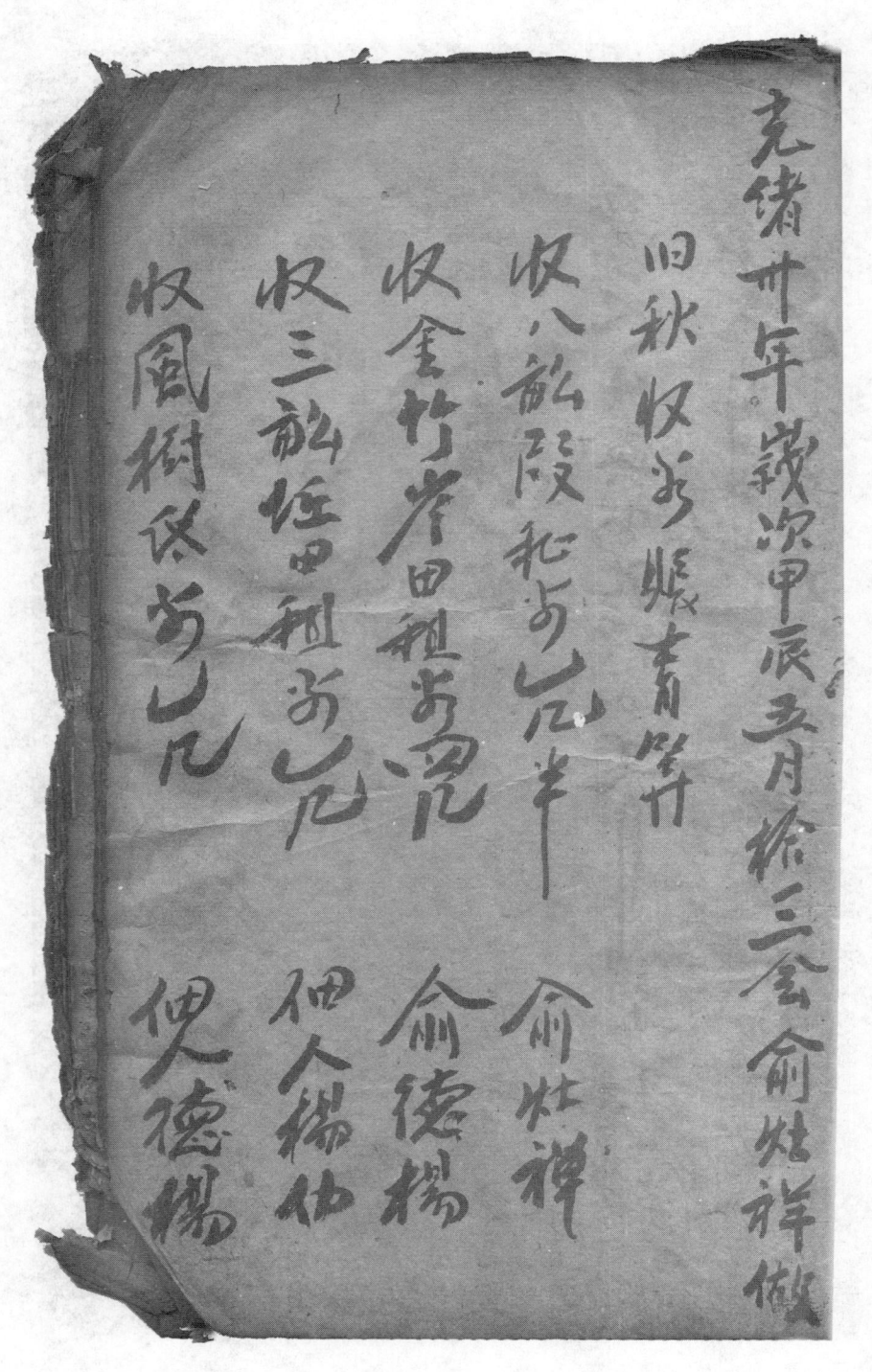

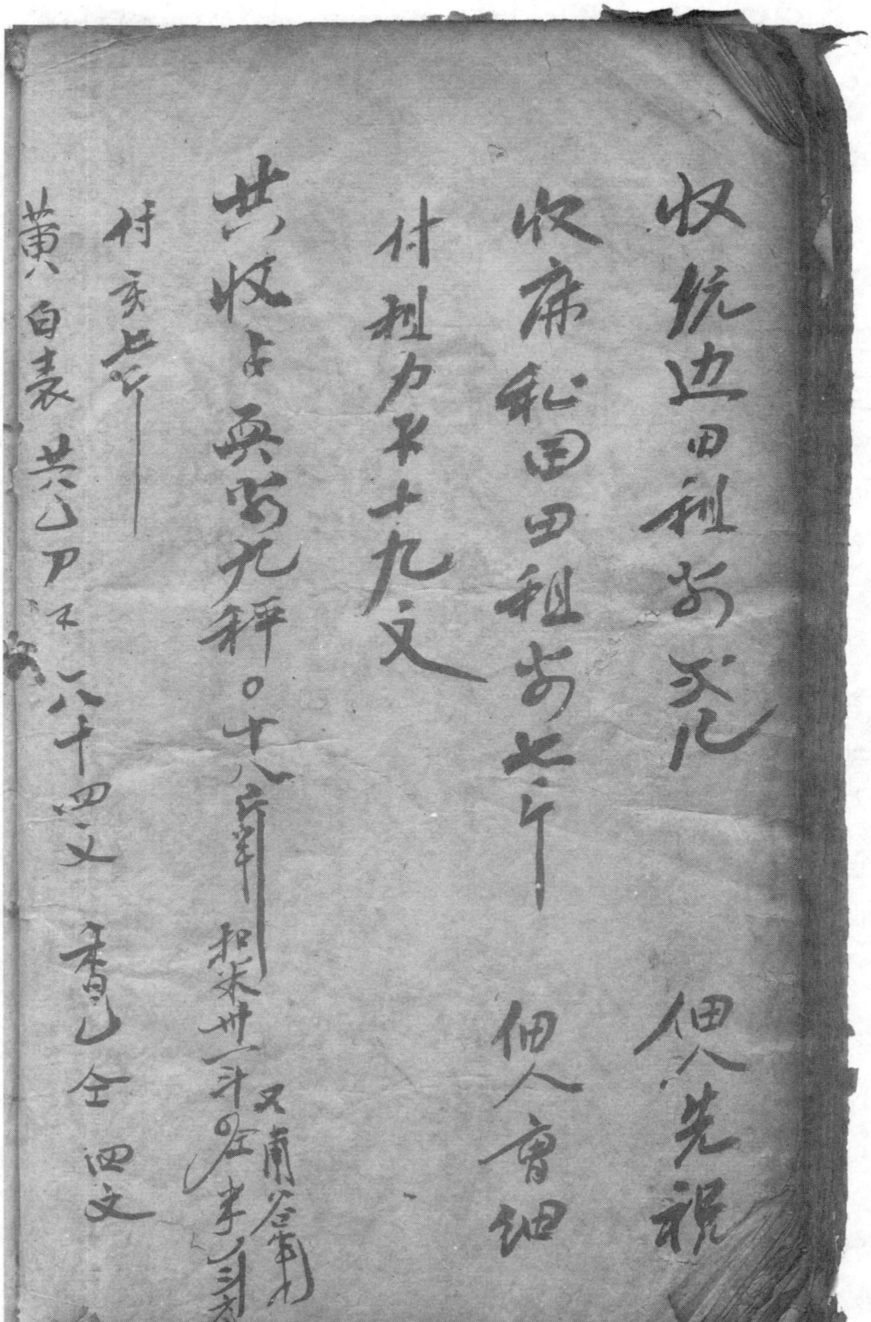
收坑边田租谷叁几　佃人先視
收麻和田田租谷七斤　佃人曾细
付租力米十九文
共收谷兵九秤〇十八斤
扣米卅一斗〇合　又南谷牛力　李
付夹七斤
黄白表　共乙刀下　六十四文　香乙全　四文

江湾镇垰口村 6-80 · 咸丰六年至民国二十九年 · 收租账簿

毛長山柜罗八文　買花山通　五十二文　紅烛乙对廿五文

外边三串廿四文　料菜料乙斤九十六文

灰子八斤菜八十文　細麵四斤七百〇八文

双灰金艮乙七半　手乙十三文　醬油廿文

伏千十壜卅文　諸飯米乙斗八十文

水活八年壹百乙十三文　公粮壹百二十文

明臻戚肆百文　共欺支用錢千五百乙十五文

共收租谷拾秤　○又七斤　外和卅零斗九合　每斗計十

錢七千六百卅二千　仍存谷乙秤十八斤　每斤三十

補原未賣完每斤子十二前数

江湾镇圩口村 6-81 · 咸丰六年至民国二十九年 · 收租账簿

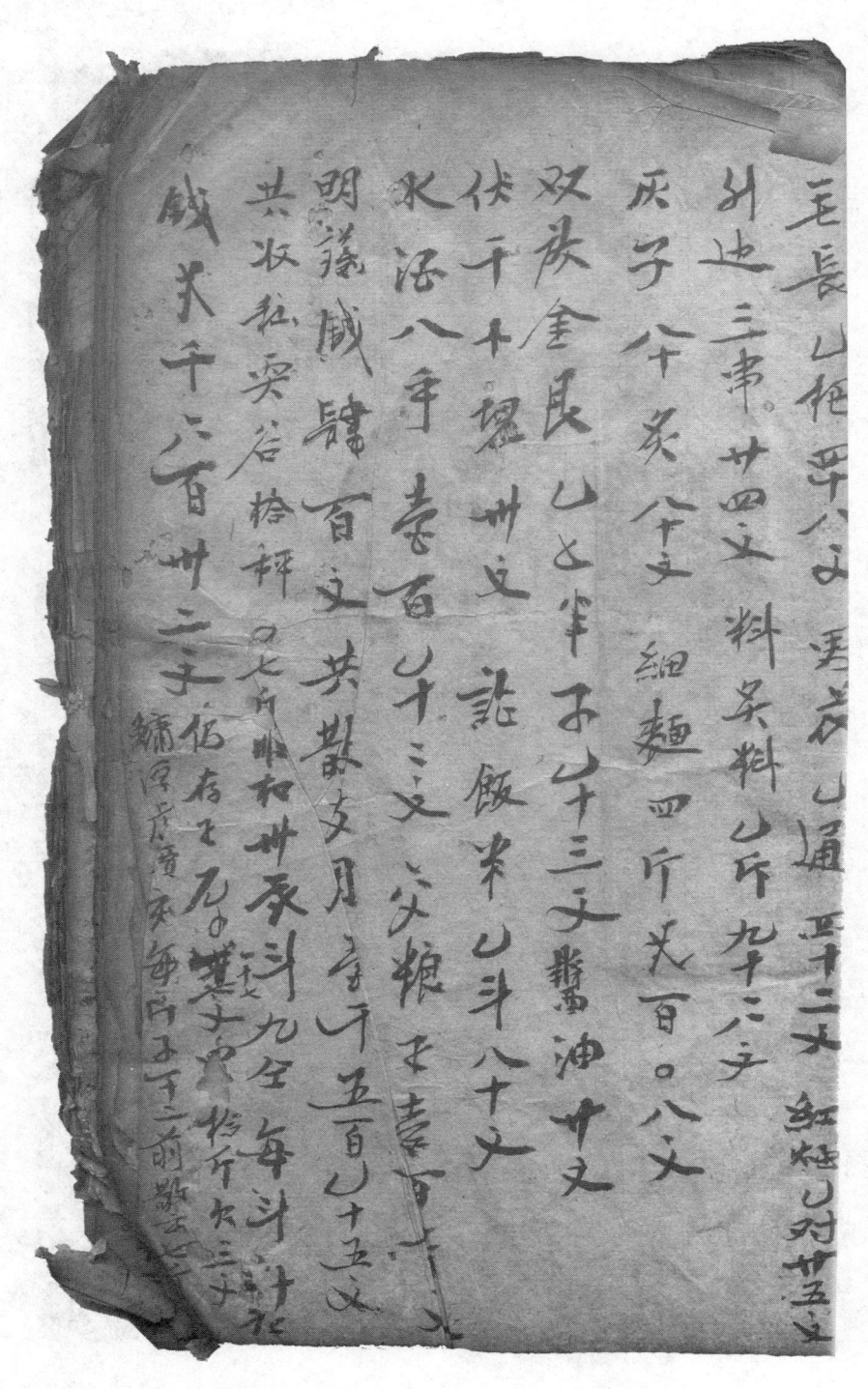

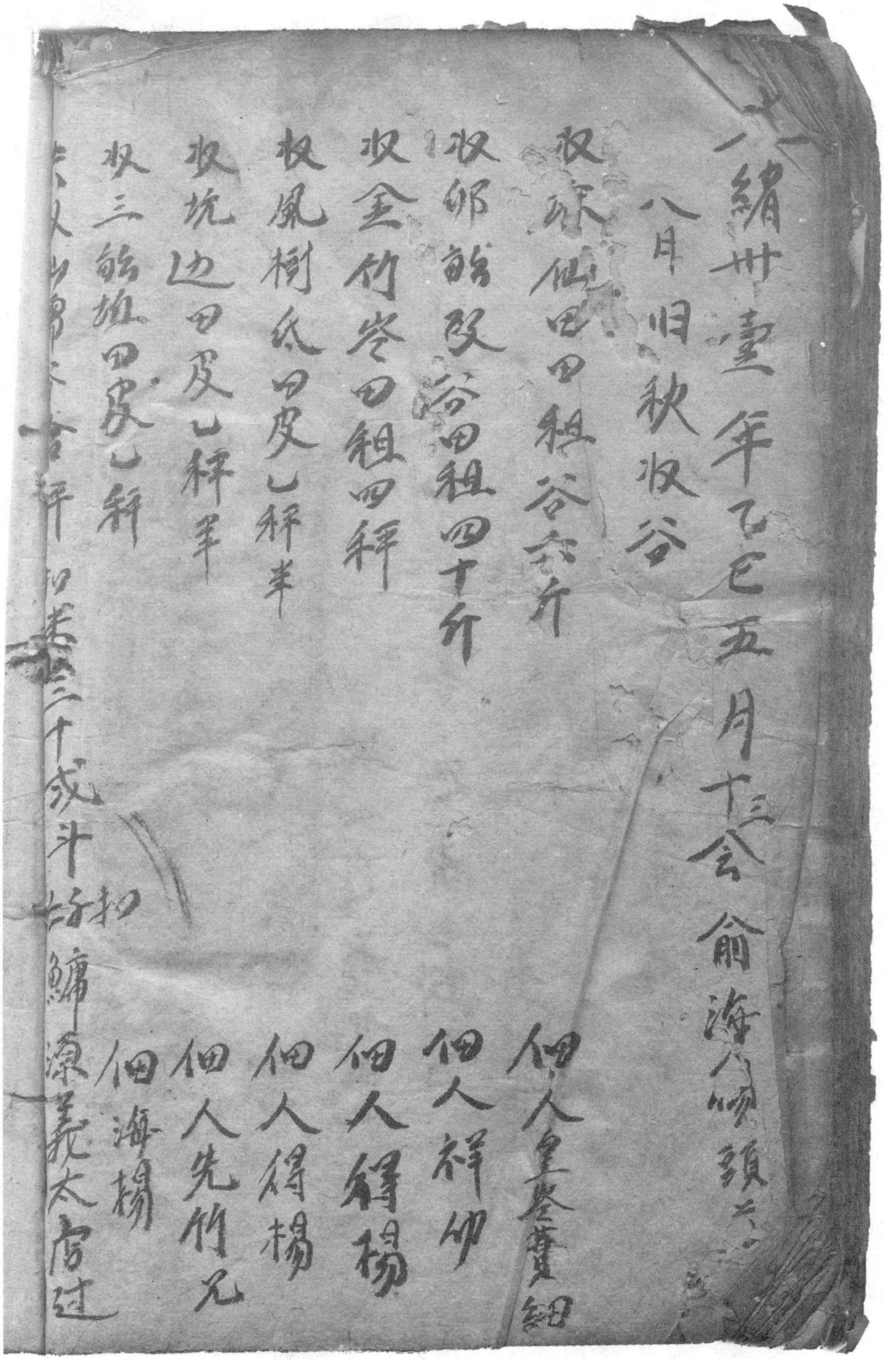

緒卅壹年乙巳五月十三会 俞海顺頭

八月旧秋收谷

收孫仙田田租谷六斤　佃人皇養寶細

收鄉舘段谷田租四十斤　佃人祥仰

收金竹冬田租四秤　佃人得楊

收鳳樹紙田皮乚秤半　佃人得楊

收坑边田皮乚秤半　佃人先竹兄

收三舘塘田皮乚秤　佃海楊

共收[illegible]合秤 扣米三十弍斗 [illegible]扣 [illegible]鱅源義太唐过

江湾镇坪口村 6-82 · 咸丰六年至民国二十九年 · 收租账簿

升也三串弍十一文　料矣高〡斤九十六文
乇長〡把四十六文　男衣〡通四十二文
紅竹〡对廿五文　鸭子八只八十文
香〡伐四文　細麵四斤〢寸廿四文
双敘金銀〡旨華九十六文　醬油廿文
竹干十塊廿文　吃飯米〡斗七十五文
水酒八手〡百〡十二文　交粮千〢寸七十文
鑛表〡把六十文　明讓千四百文

江湾镇坑口村 6-83 · 咸丰六年至民国二十九年 · 收租账簿

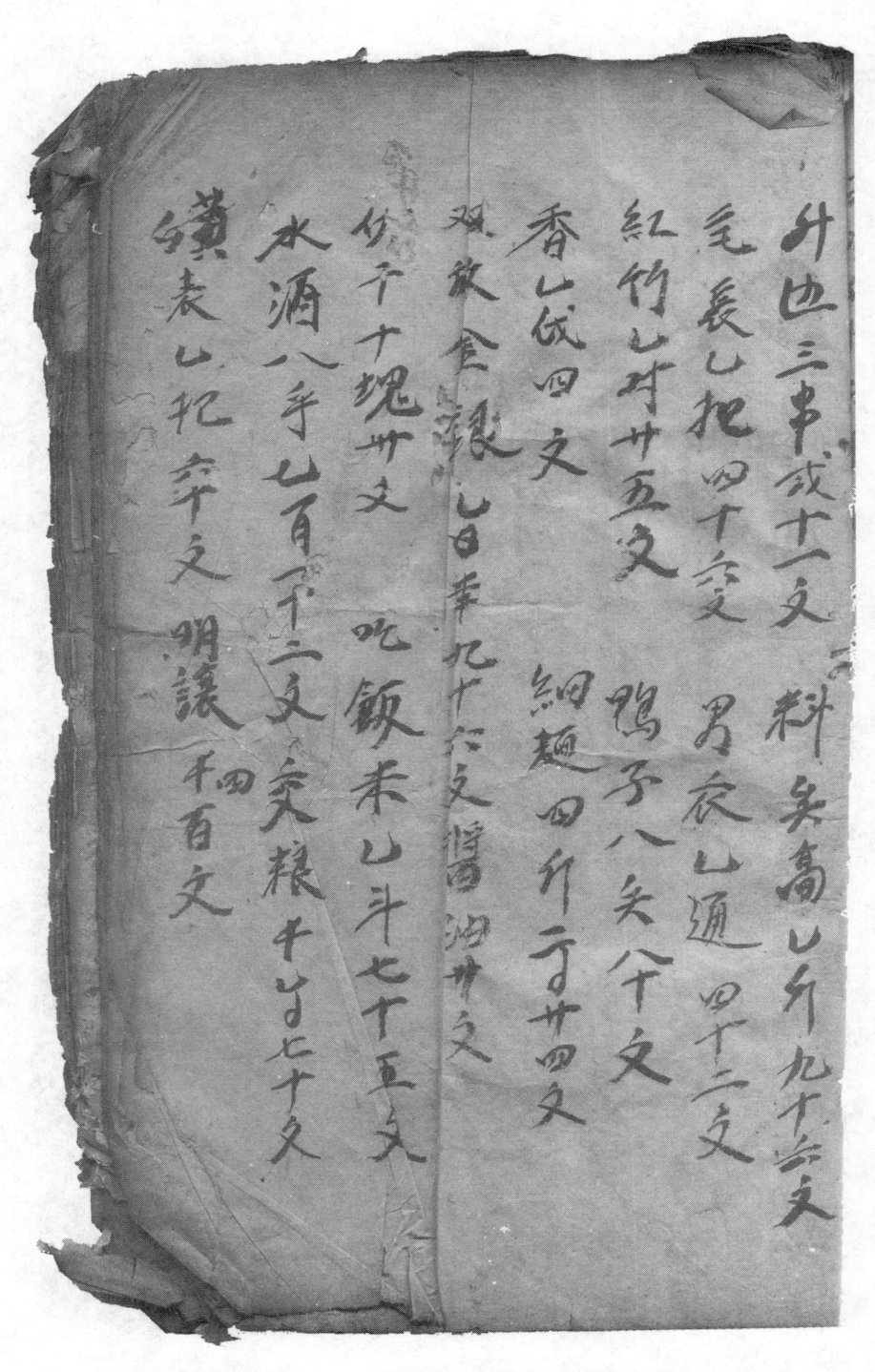

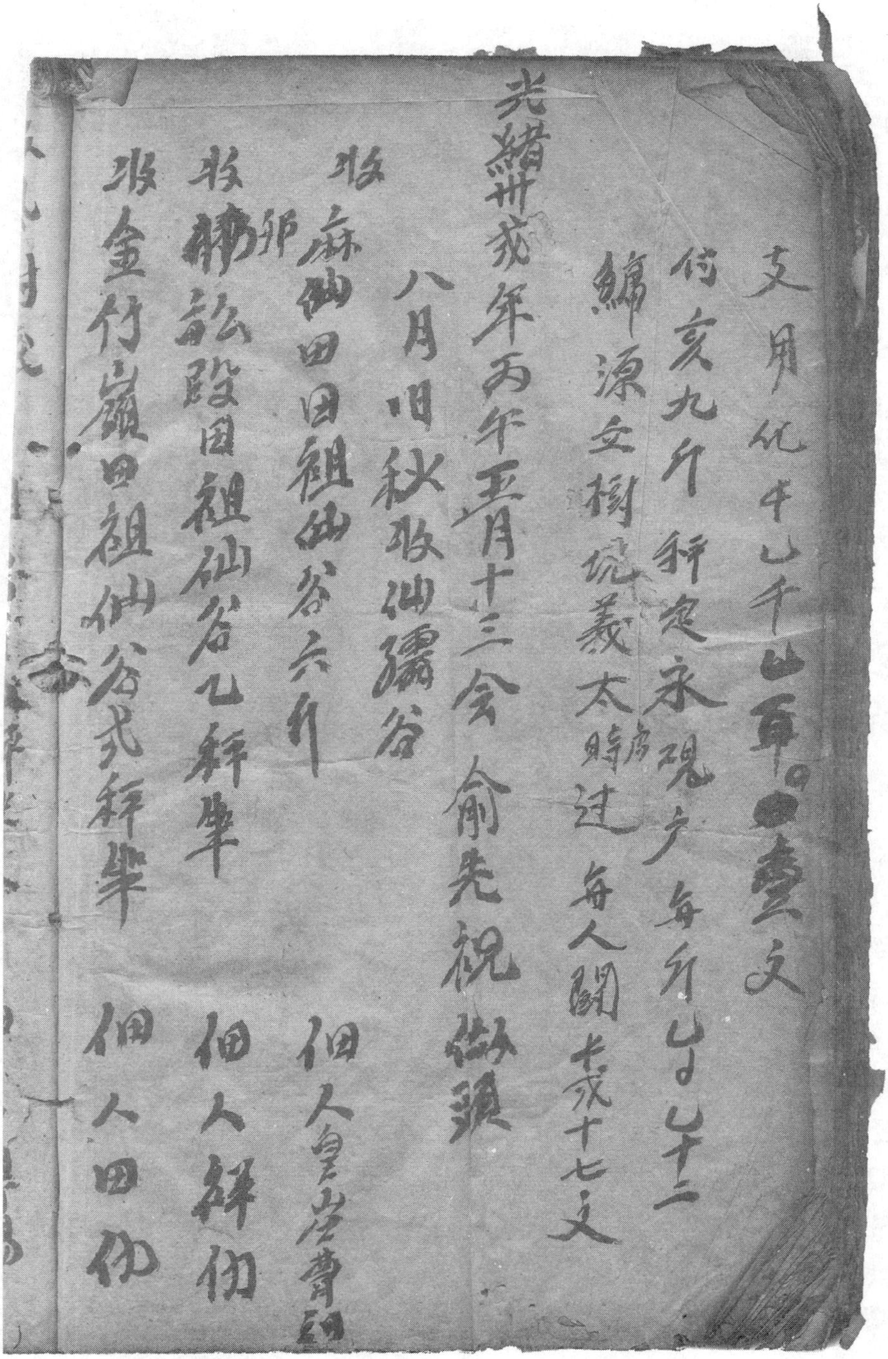
支用伙牛山千山百□□壹文
付亥九斤秤兑永硯户每斤山□山十二
錦源交樹坑義太時廣过每人關长戎十七文
光緒卅弍年丙午五月十三会俞先覌做頭
八月旧秋收佃穭谷
收麻佃田田租佃谷六斤 佃人自居青□
收□□苟公段田租佃谷乙秤半 佃人胖仂
收金竹嶺田租佃谷弍秤半 佃人田仂

江湾镇岭口村 6-84 · 咸丰六年至民国二十九年 · 收租账簿

收風樹塆田租穀乙秤半 佃人得楊
收坑边田租穀乙秤半 佃人先覌
收三斩垸田租穀乙秤 佃人詢楊
大共收仙穀八秤〇六斤 扣来弍十六斤四两
鳞穀乙秤太房建承光户秤
升边三串弍十乙文 料吴高日乙千二文
毛長乙把四十六文 男衣乙通四十二文
紅竹乙刹卅五文 鴨子八隻八十文

江湾镇圩口村 6-85 · 咸丰六年至民国二十九年 · 收租账簿

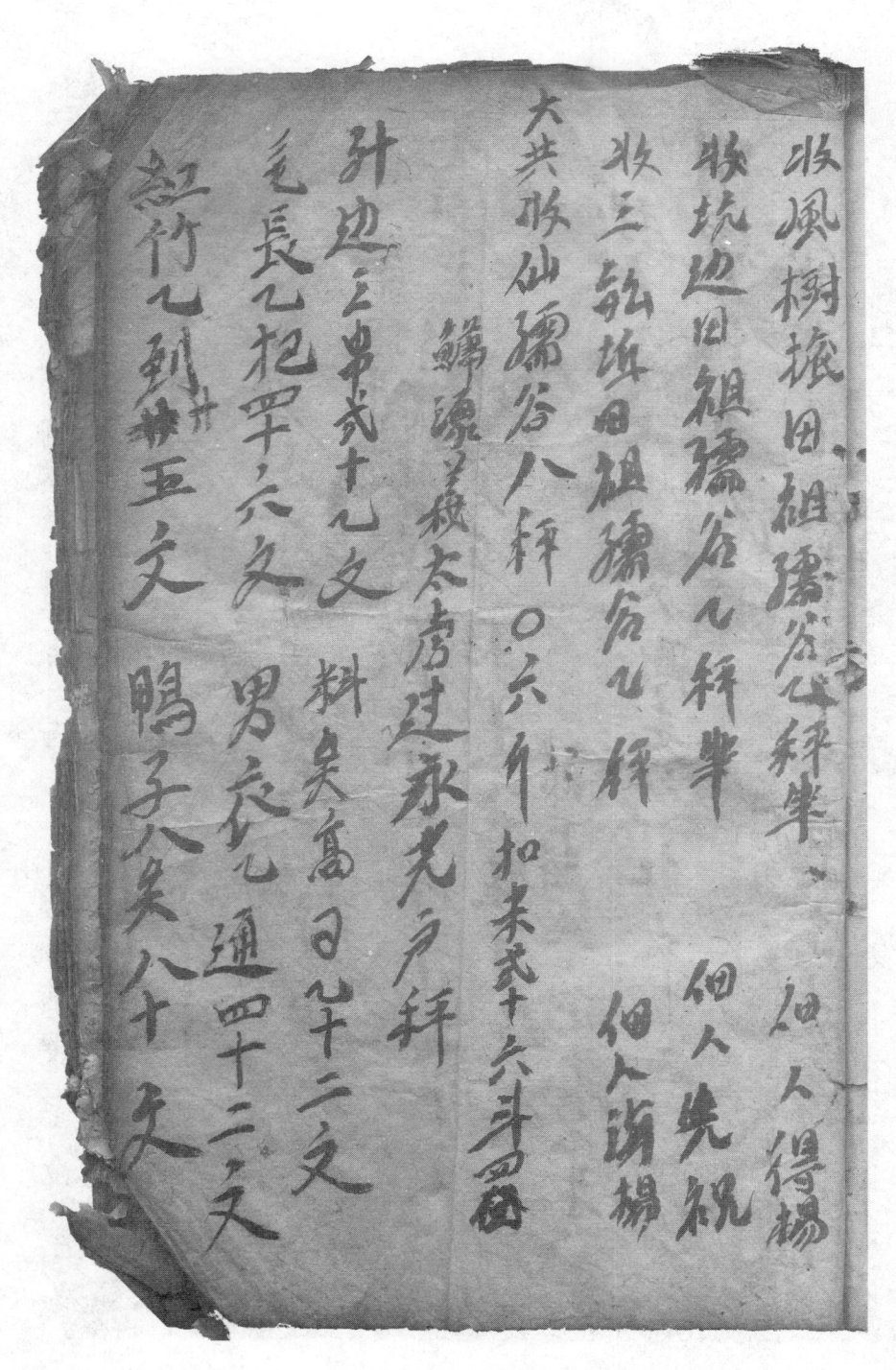

香乙仝四文　細麵四斤三百五十二文

双放金銀乙五半百〇六文〇猪油廿文

伙千十塊卅文　吃飯米乙斗百五十文

水酒半乙斗八斤郭扣半百五十文

蒔下時巡酒定米乙斗八斤

交粮半百七十文蒲包八素乙把六十二文

明讓半百文

大共支用洋十九千七百七十文

江湾镇圩口村 6-86 · 咸丰六年至民国二十九年 · 收租账簿

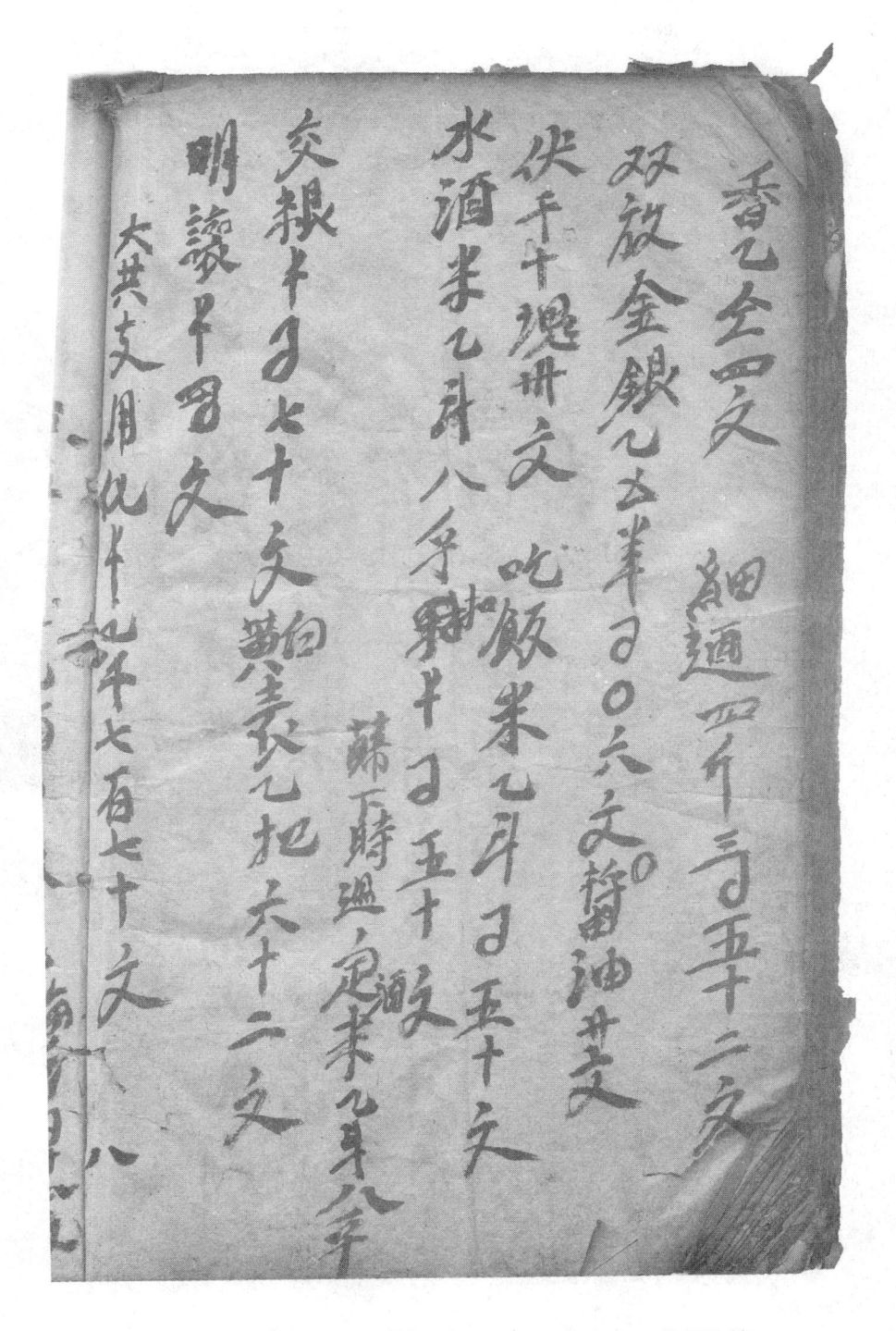

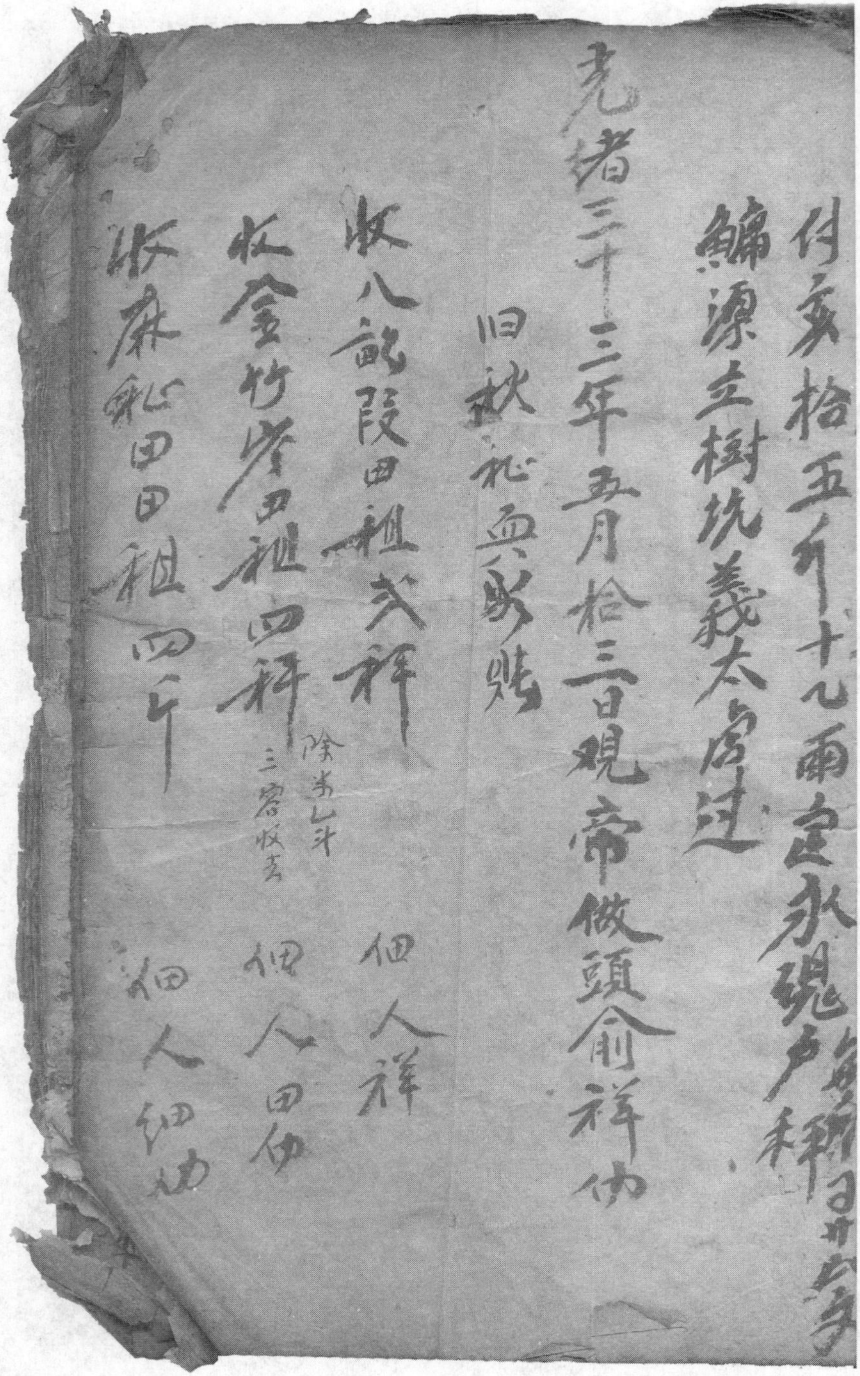
付亥拾五斤十九兩定永現户賓新日廿六字

鯿源立樹坑義太户过　户秉

光緒三十三年五月拾三日觀帝做頭俞祥仂

旧秋租共貳號

收八畝段田租貳秤　佃人祥

收金竹塆田租四秤　除此山斗 三宕收去　佃人田仂

收麻租田田租四斤　佃人细仂

江湾镇垳口村 6-87 · 咸丰六年至民国二十九年 · 收租账簿

收三畝坵田租壹秤　佃人楊[illegible]

收坟林底田租壹秤半　佃人德楊

收坑边田租秤贰秤　佃人先竹

共收租與拾秤〇四斤　扣米三斗廿文斗六分　以租过

付斗毛壹千[illegible]文　付双被壹斗半　子千八文

付針边三串廿九文　付茶叶山了　廿二文

秋油四廿文　表黄白　共壹刀　計三文

江湾镇圩口村 6-88 · 咸丰六年至民国二十九年 · 收租账簿

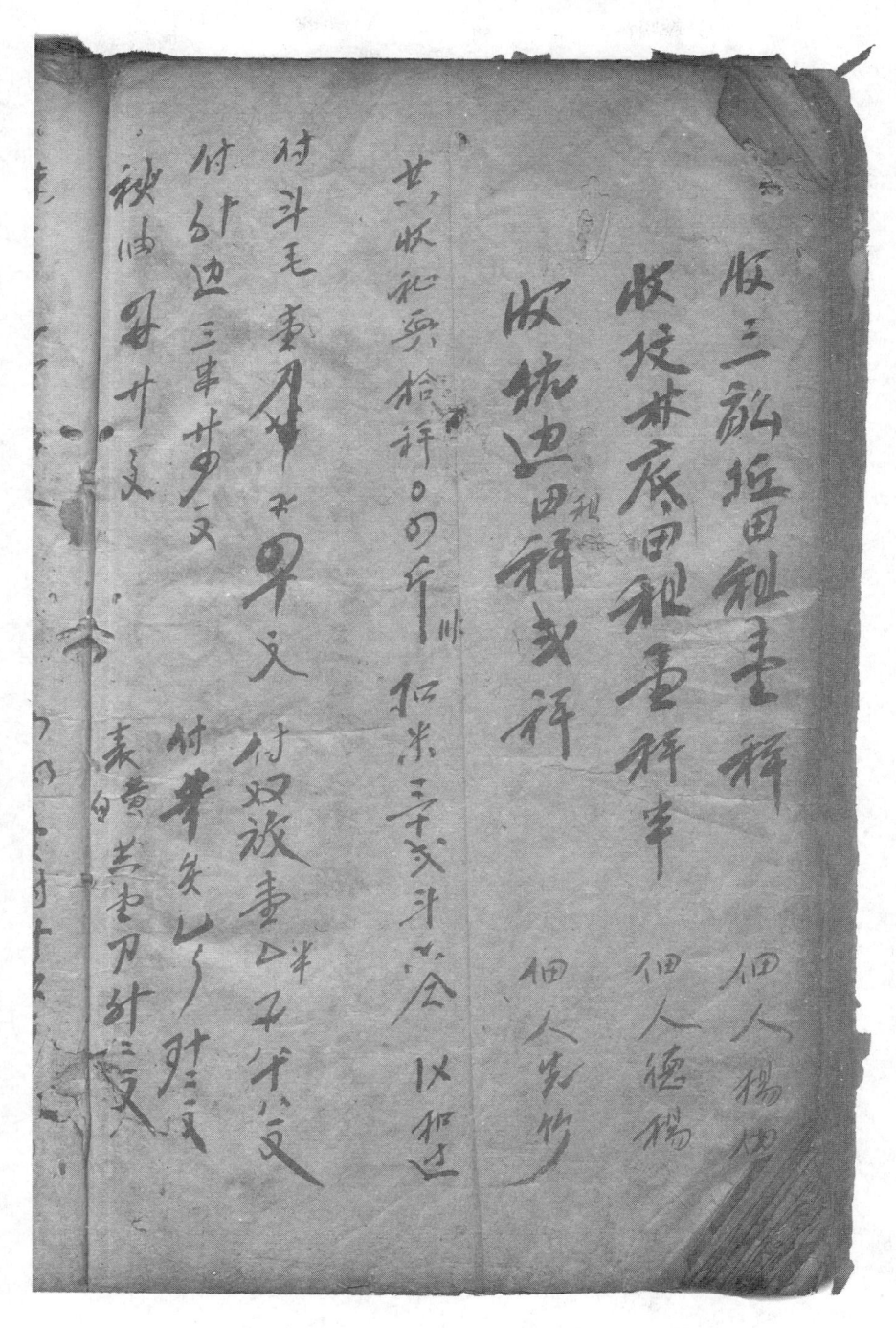

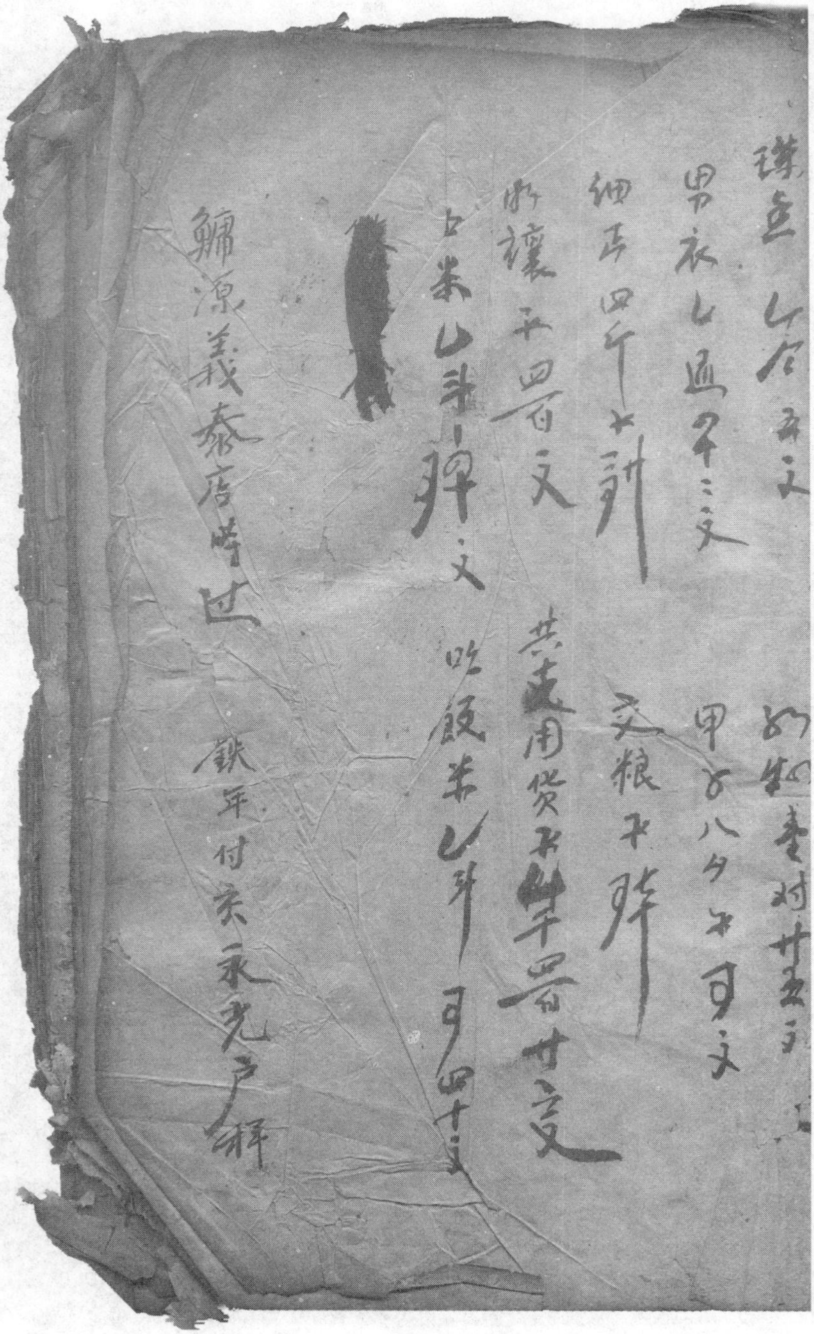

江湾镇垳口村 6-89 · 咸丰六年至民国二十九年 · 收租账簿

旧秋收田租記要

收冬梅金竹岑田租四秤

收细兄麻祀田田租四斤

收祥仂八亩段田屋壹秤半

收杨兄三亩坵田租壹秤

收德杨坟井底田租廿斤

收先竹兄坑边田租壹秤半

江湾镇坾口村 6-90 · 咸丰六年至民国二十九年 · 收租账簿

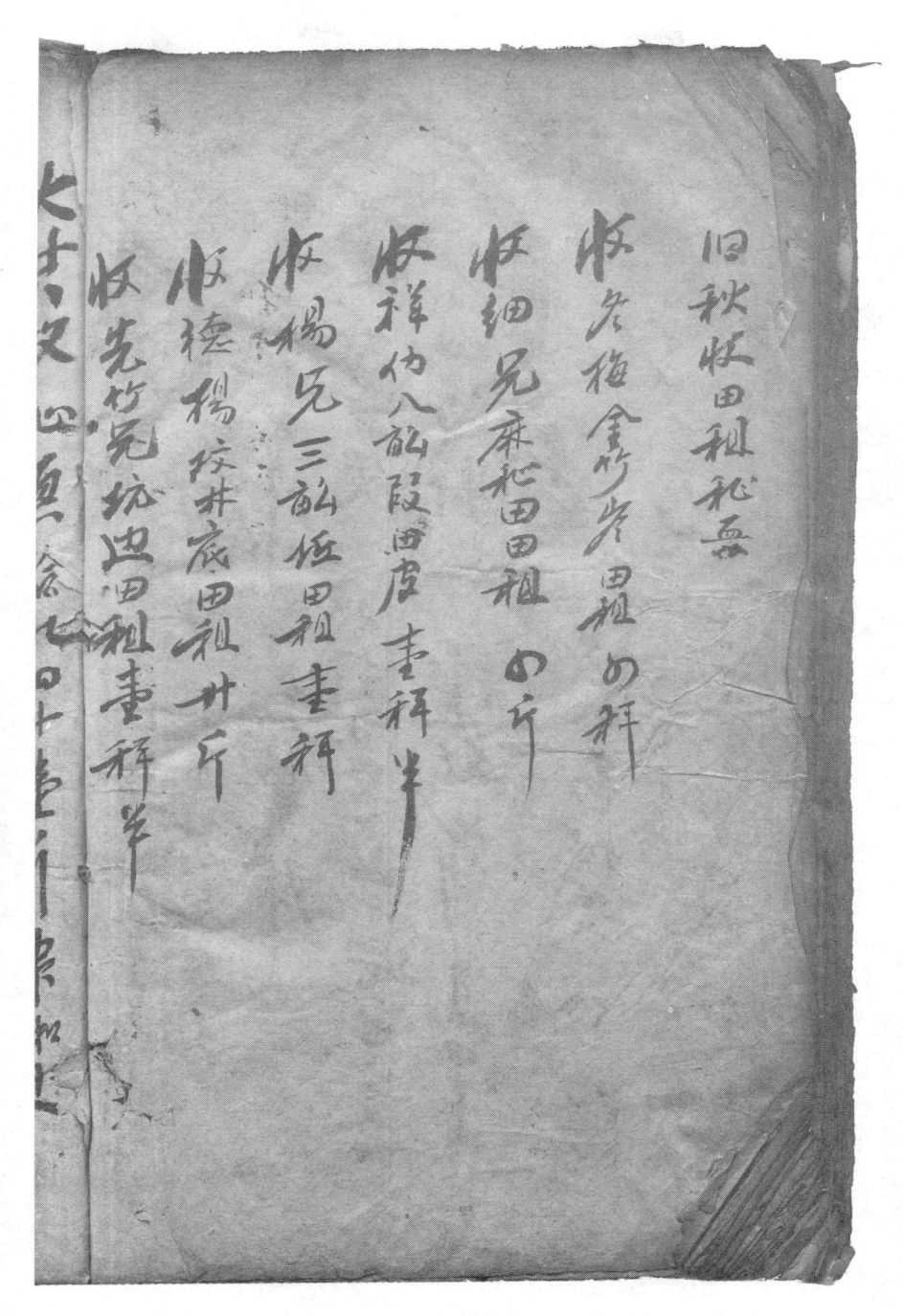

大共收租谷拾八石十壹斤[illegible]

大清光绪三十四年頭首昌[illegible]

毛長壹刀千另文　双放壹[illegible]半九十八文

外边三串千廿四文　料[illegible]壹斤共八文

秋油四斤廿文　黄白數表壹把五十六[illegible]共五文

石蠋壹对廿四文　男夜壹[illegible]千四十五文

江湾镇坾口村 6-91 · 咸丰六年至民国二十九年 · 收租账簿

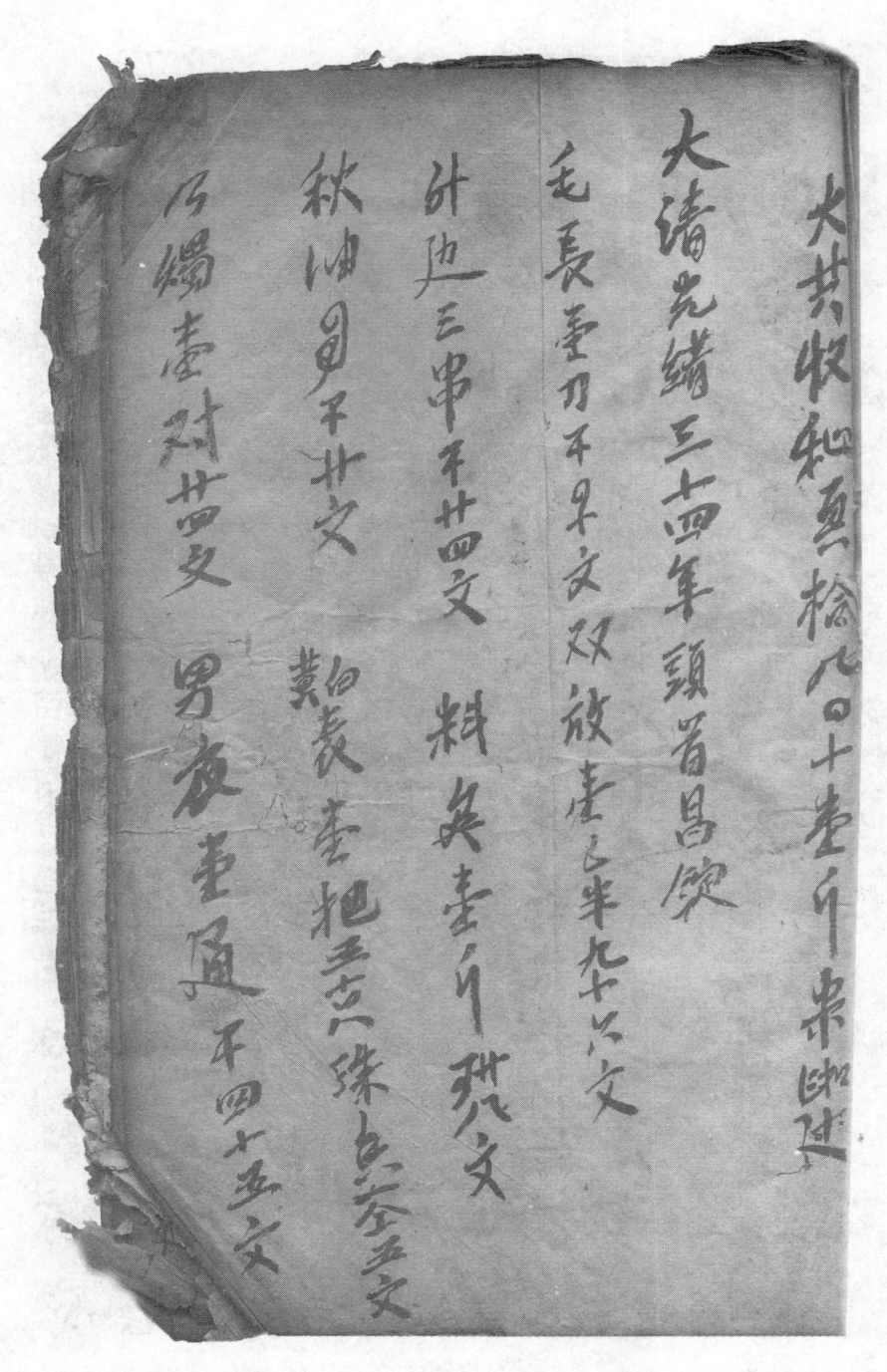

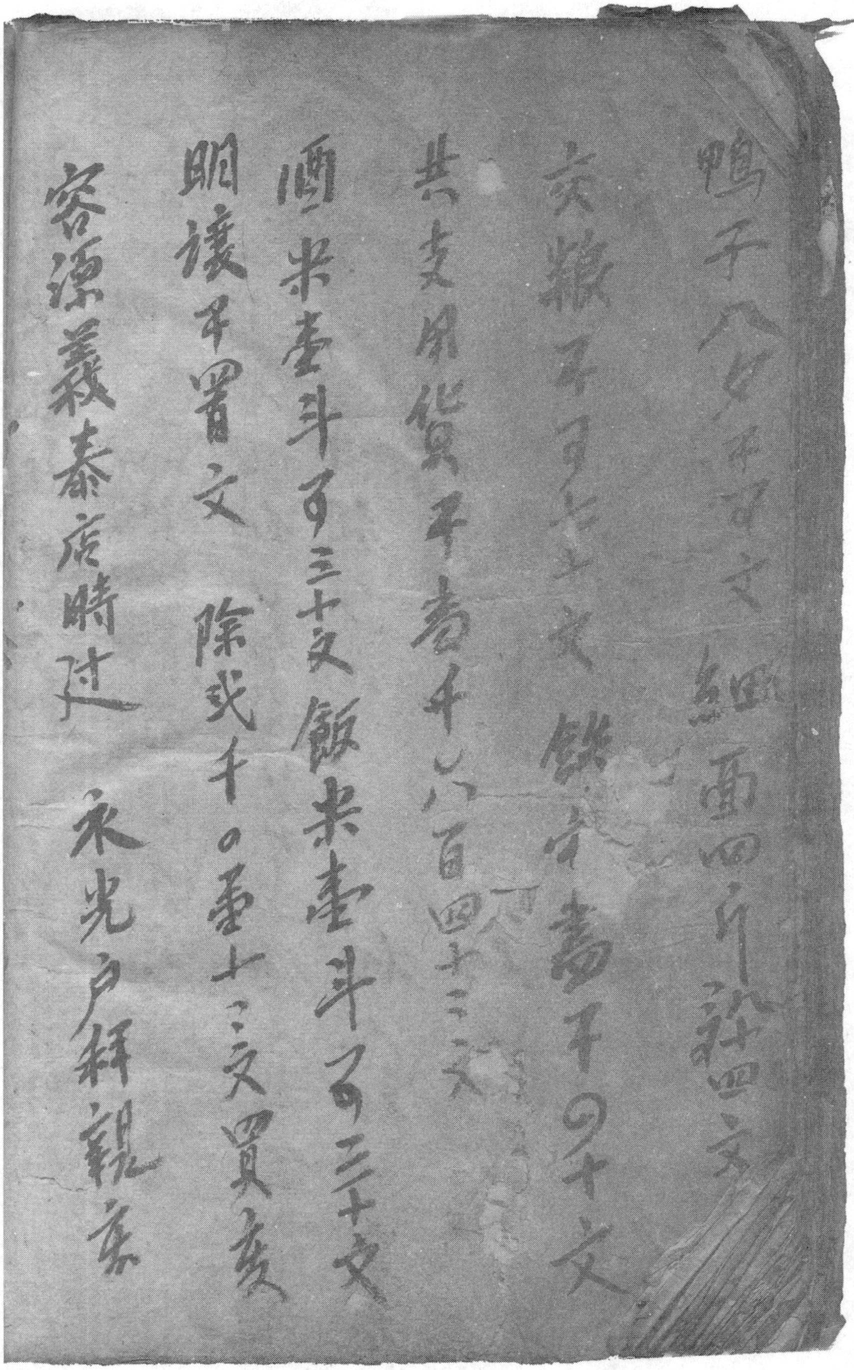

鴨子八斤千百文　麵面四斤計四文
交粮千百十二文　鈔壹千〇十文
共支用貨千壹千八百四十三文
酒米壹斗千三十文　飯米壹斗千〇三十文
明讓千買文　除弍千〇壹十二文買麦
容源義泰店時过　永光户拜親寿

江湾镇岕口村 6-92 · 咸丰六年至民国二十九年 · 收租账簿

旧九月秋收仙典谷

收八畝段田租乙秤半　佃人祥仂

收金竹岺田租乙秤〇9斤　佃人志金

收麻仙田田租9斤　佃人組仂皇岺

收凤树田皮乙秤半　佃人得观

收坑边田皮乙秤半　佃乙三十人

收三畝坵田皮乙秤秤　佃人本有

江湾镇岕口村 6-93 · 咸丰六年至民国二十九年 · 收租账簿

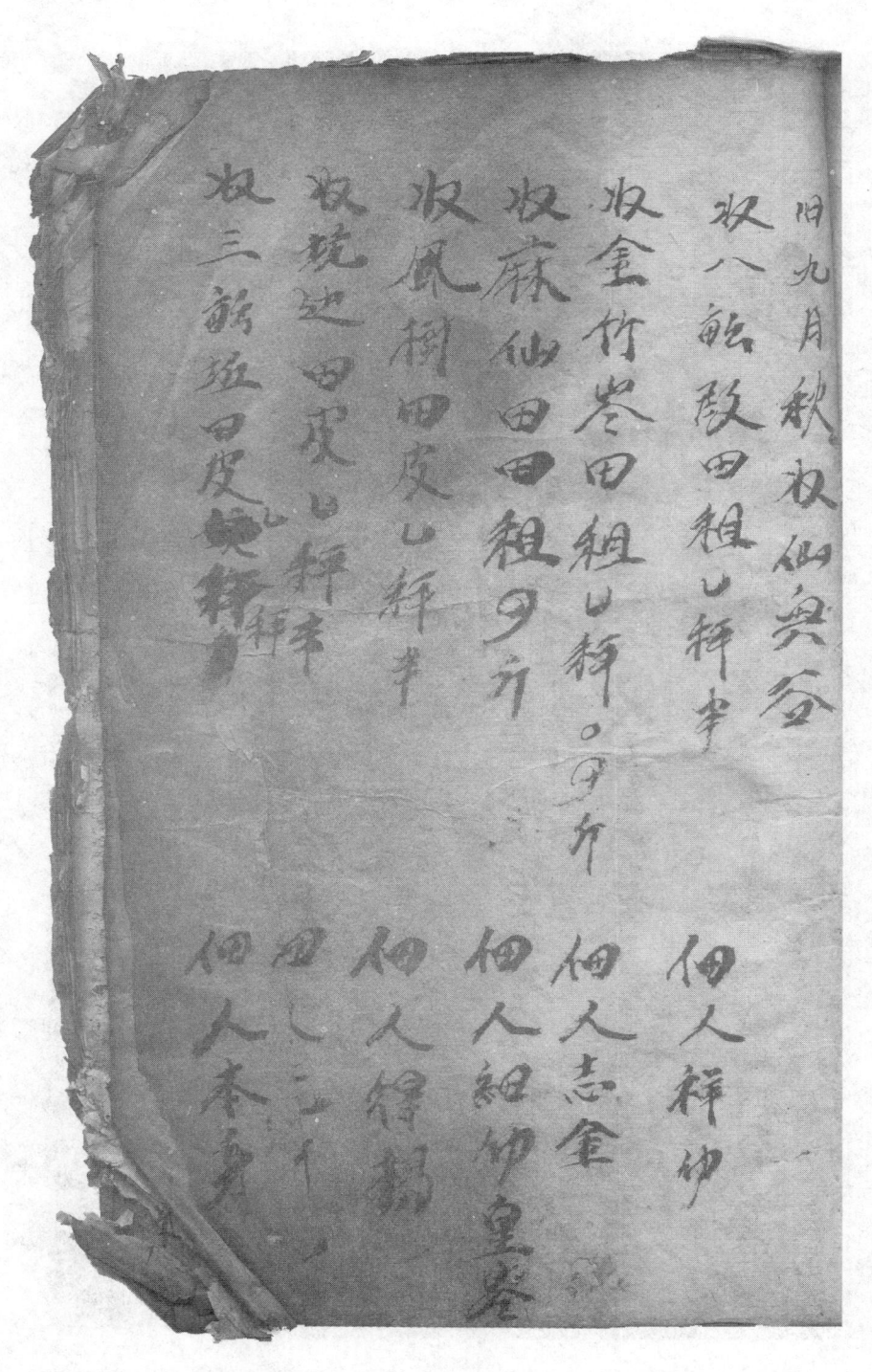

共収佃典谷六秤半〇八斤三升又仝扣

扣米弍拾壹斗七仝 尸米弍七錢 吃酒 米扣米弍斗七 五斗一分

扣泣米斗四合斗

宣統元年五月十三仝 徽頭士溪

料々高々竹千斗廿六文 毛長々把千四十七文

白鰱表々把串七十七文 双放金兵々埋串斗一十々文

竹边三串千廿四文 男衣々通千四串二文 鱔鰤廿文

香々代千四文 紙燭々燭千廿五文 使千十乃千册文

江湾镇吓口村 6-94 · 咸丰六年至民国二十九年 · 收租账簿

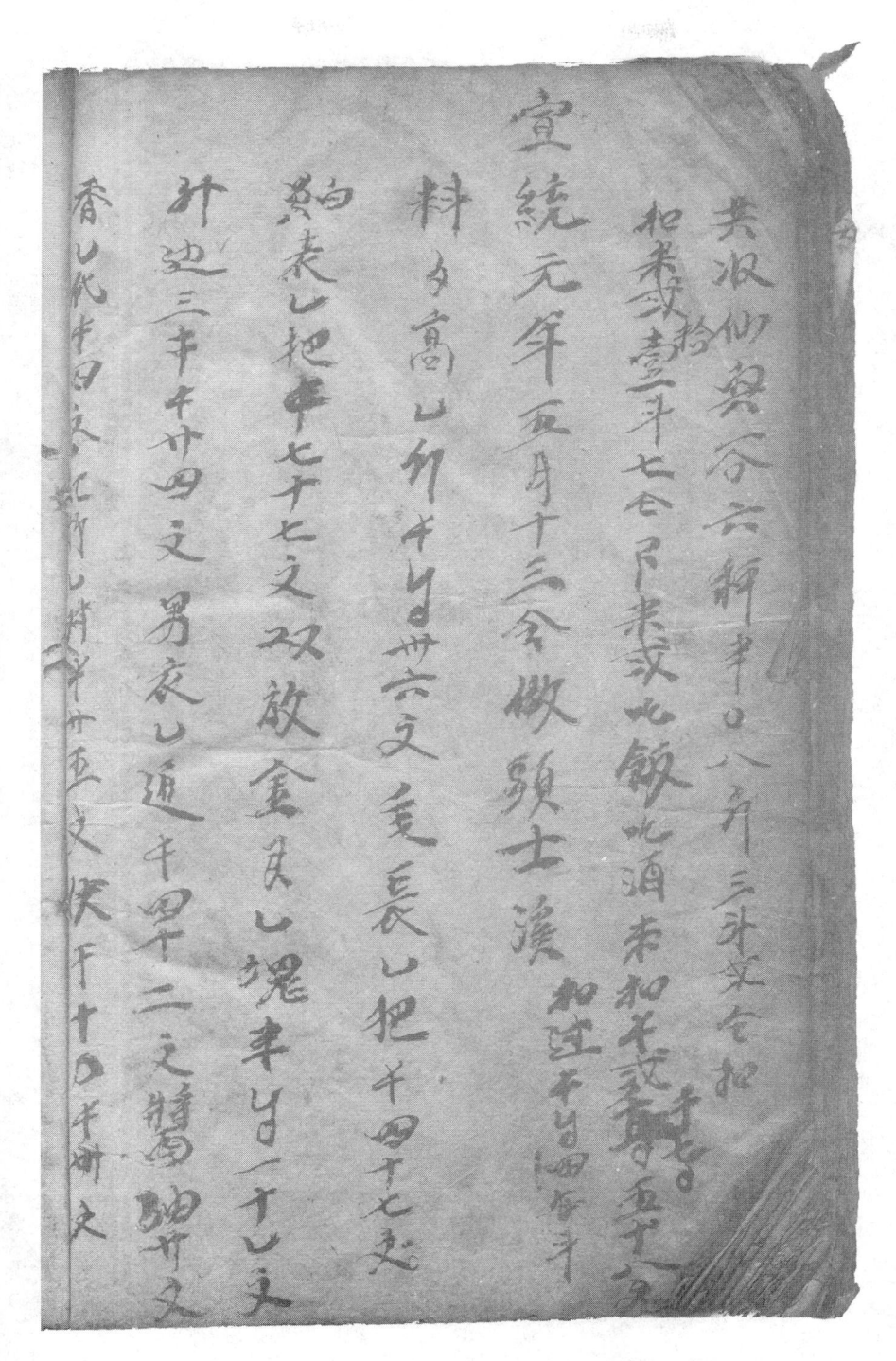

鴨子八斤十二两四文 交良洋一元七十四文
細麵四斤十二两八十四文 鉄定書十五十文
明讓十四文 克飯米一升 酒米一升八斗
大共支用伙洋十年六十廿四文
仍存十七千二百卅八文 買豕五斤拾一兩留作〇文
大鏞源義泰店時述
永元户䊵

江湾镇圩口村 6-95 · 咸丰六年至民国二十九年 · 收租账簿

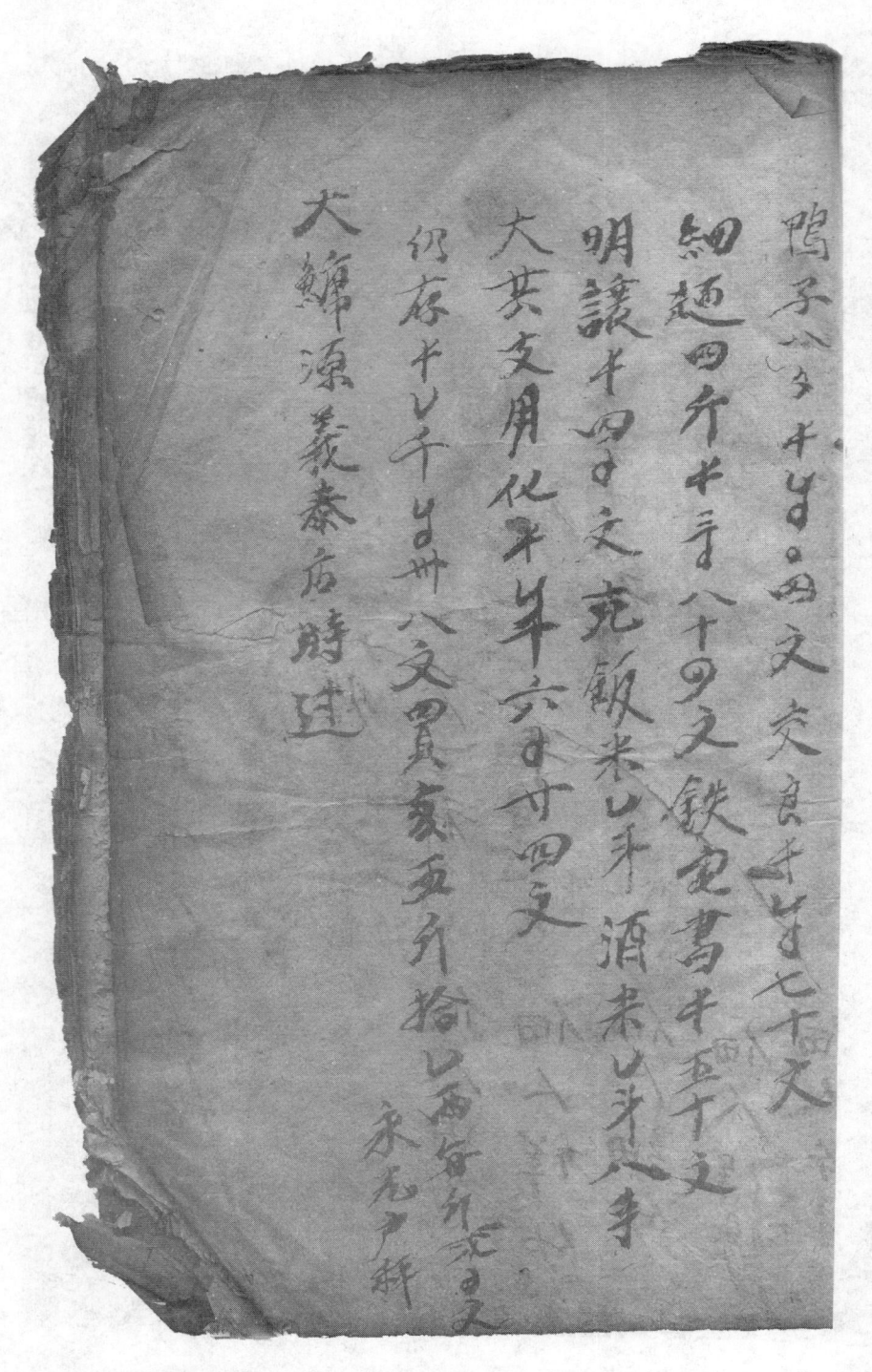

宣統二年五月十三關帝會爲頭首人

俞士槐

旧冬九月秋收谷賬

收金竹岺田租秈谷三秤　佃人貴仂

收八畝段屋后山几半　佃人祥仂

收麻先田租五斤　佃人細仂

收坊林底山几半　佃人得楊

收坑边坡山几半　佃人本身

江湾镇岕口村 6-96 · 咸丰六年至民国二十九年 · 收租账簿

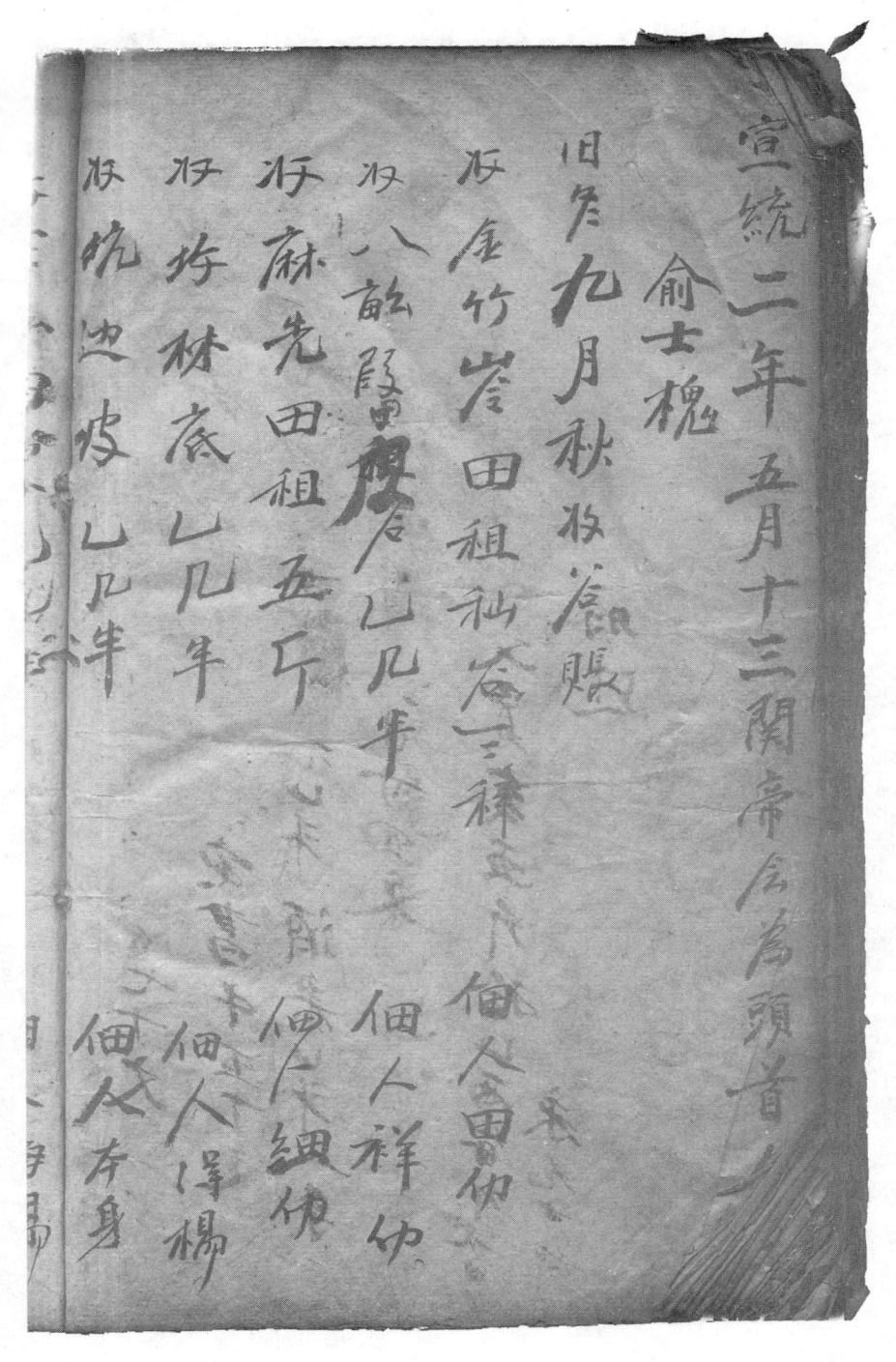

右三畝田□乚尺半 佃人海楊
共收租穀九几〇五斤
共結租米弍拾九斗五合 内除米叁斗活餘每担活乚乇
共米苞斗五合計錢即仟卅五文 折米價每斗卌和
料条蕉乚斤卆卅乇 源長乚刀乍五十八文
黄、白表共乚刀乍八十文 双放良乚快半乍卅五文
什边三串乍卅乇 男衣乚通乍四千二文
藝油乍卅文 鴨子八夂乍卅四文
交粮乍卅文 細麵四斤肆百廿文

江湾镇圩口村 6-97 · 咸丰六年至民国二十九年 · 收租账簿

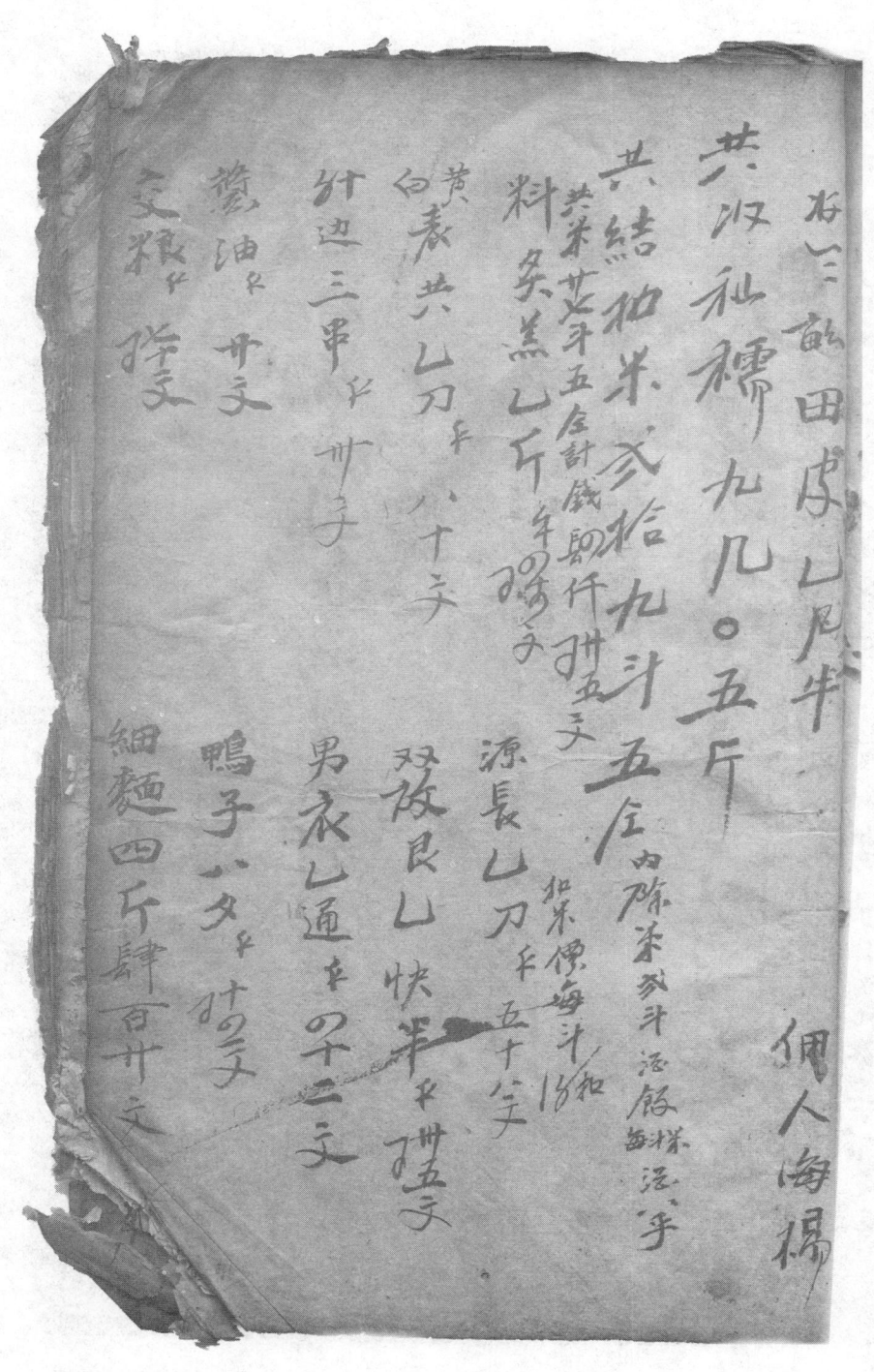

錢繕〇千 千文　香山金五文　孙乡山对廿

明讓錢肆百文

共收千〇十五　廿文

共支除錢

大共除付出支用仍存錢貳仟肆百廿八文

照鋪源義泰店時價

宣統三年五月十三日關帝會為首俞源泉

旧　九月秋收谷賬

收金竹岺秋谷田租貳秤〇斤　佃人田弟

收麻秋田租　骨租有八秤　收谷八斤　佃人茂仂

江湾镇圩口村 6-98 · 咸丰六年至民国二十九年 · 收租账簿

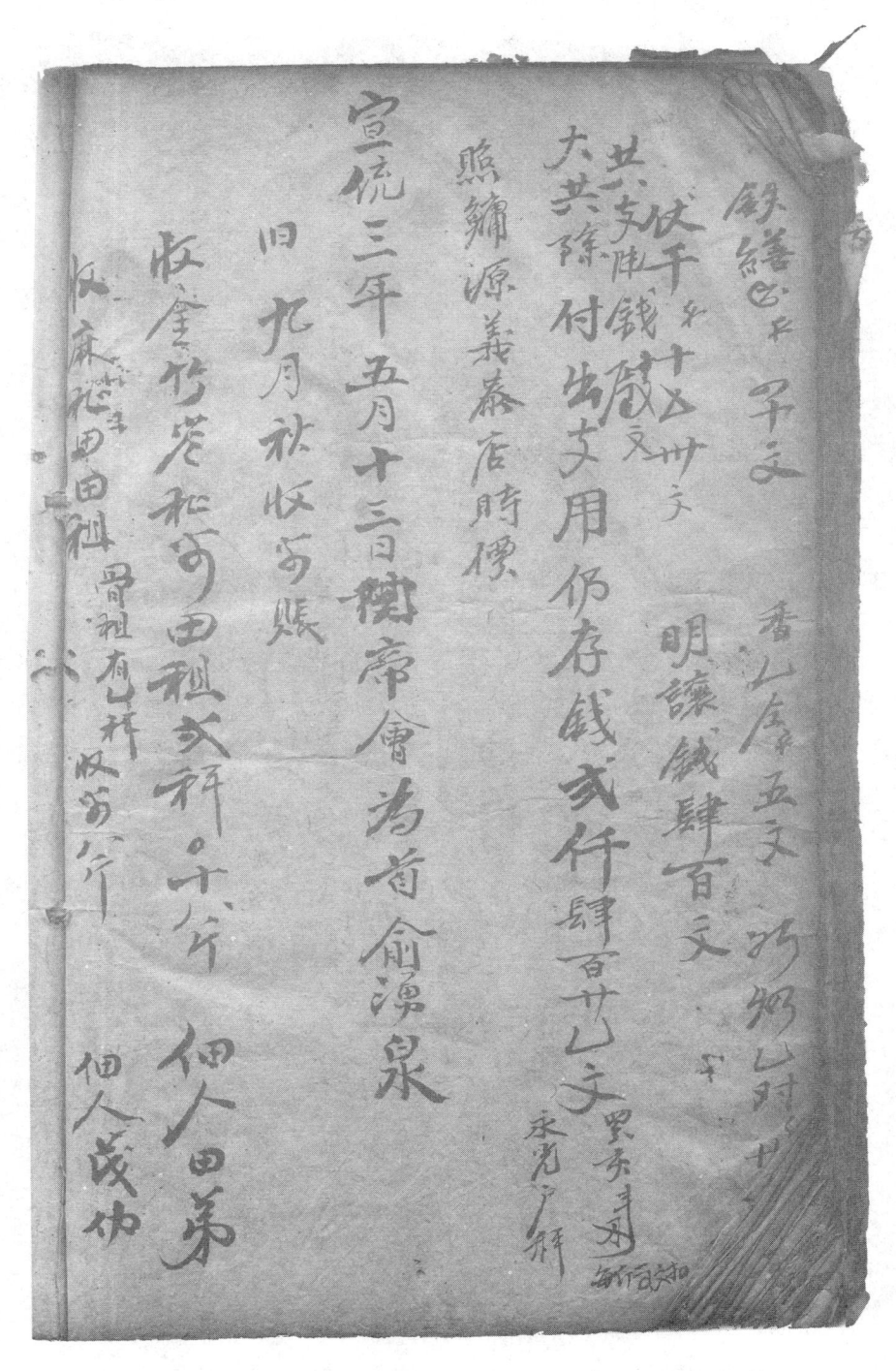

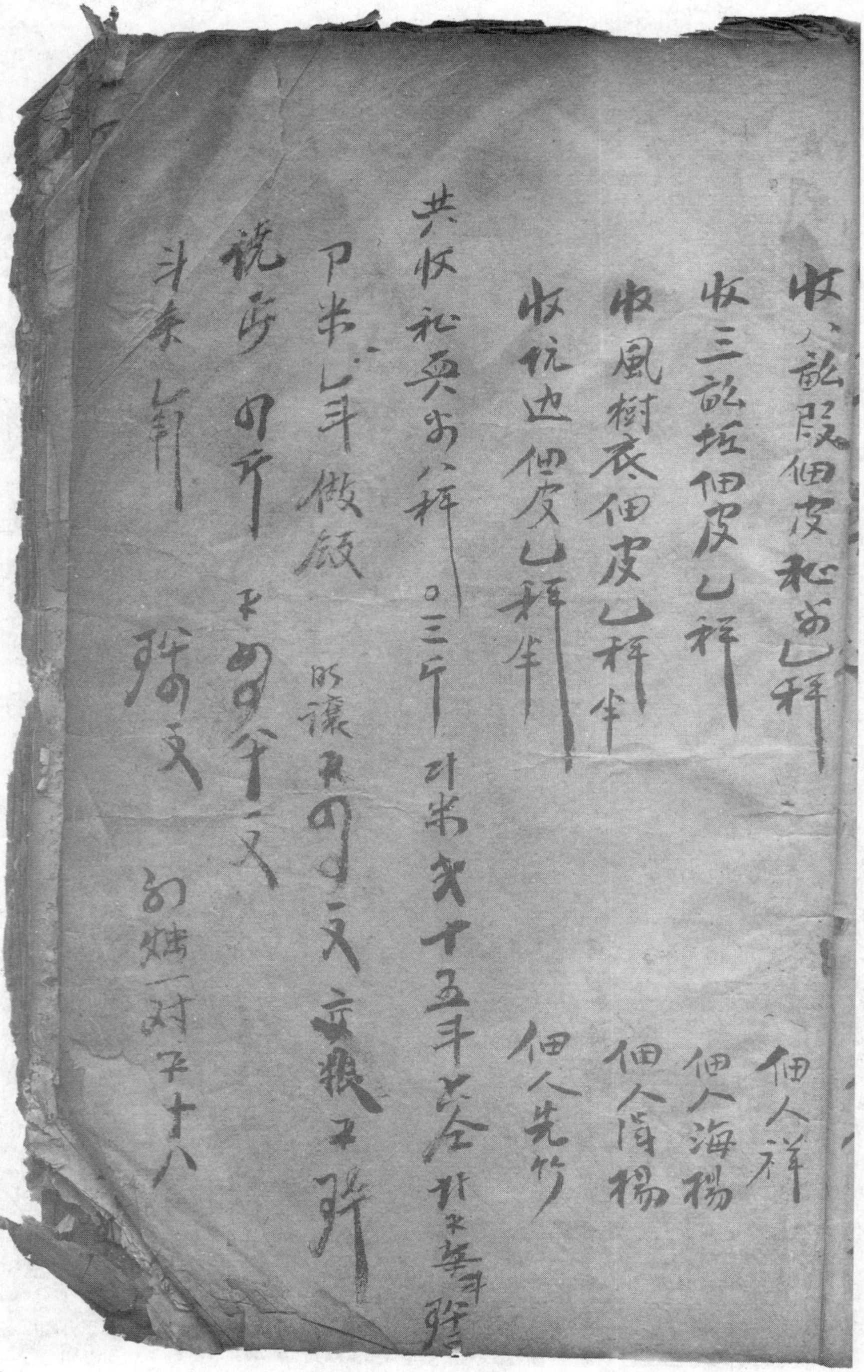

收八畝段佃皮租谷乚秤　佃人祥
收三畝坵佃皮乚秤　佃人海楊
收風樹底佃皮乚秤半　佃人[illegible]楊
收杭边佃皮乚秤半　佃人先竹
共收租谷卅八秤〇三斤　計米式十五斗六合　折米每斗錢
乃米乚斗做飯　所讓錢四百文　交糧錢
桃子四斤　錢四百一文
斗条乚斤　錢四百文　[illegible]糖一对　錢十八

江湾镇圩口村 6-99 · 咸丰六年至民国二十九年 · 收租账簿

秋由異平卅 表 黄白 〥刀亍文

廿也三年 平卅八 澤毛〥刀牛九丁

王母族式块平亍文 伏千九〥五十

甲子八年等米 亍芊文

扣交每片〣千文

付交九斗

民國元年正月十三觀帝會爲首俞七發

江湾镇圩口村 6-100 · 咸丰六年至民国二十九年 · 收租账簿

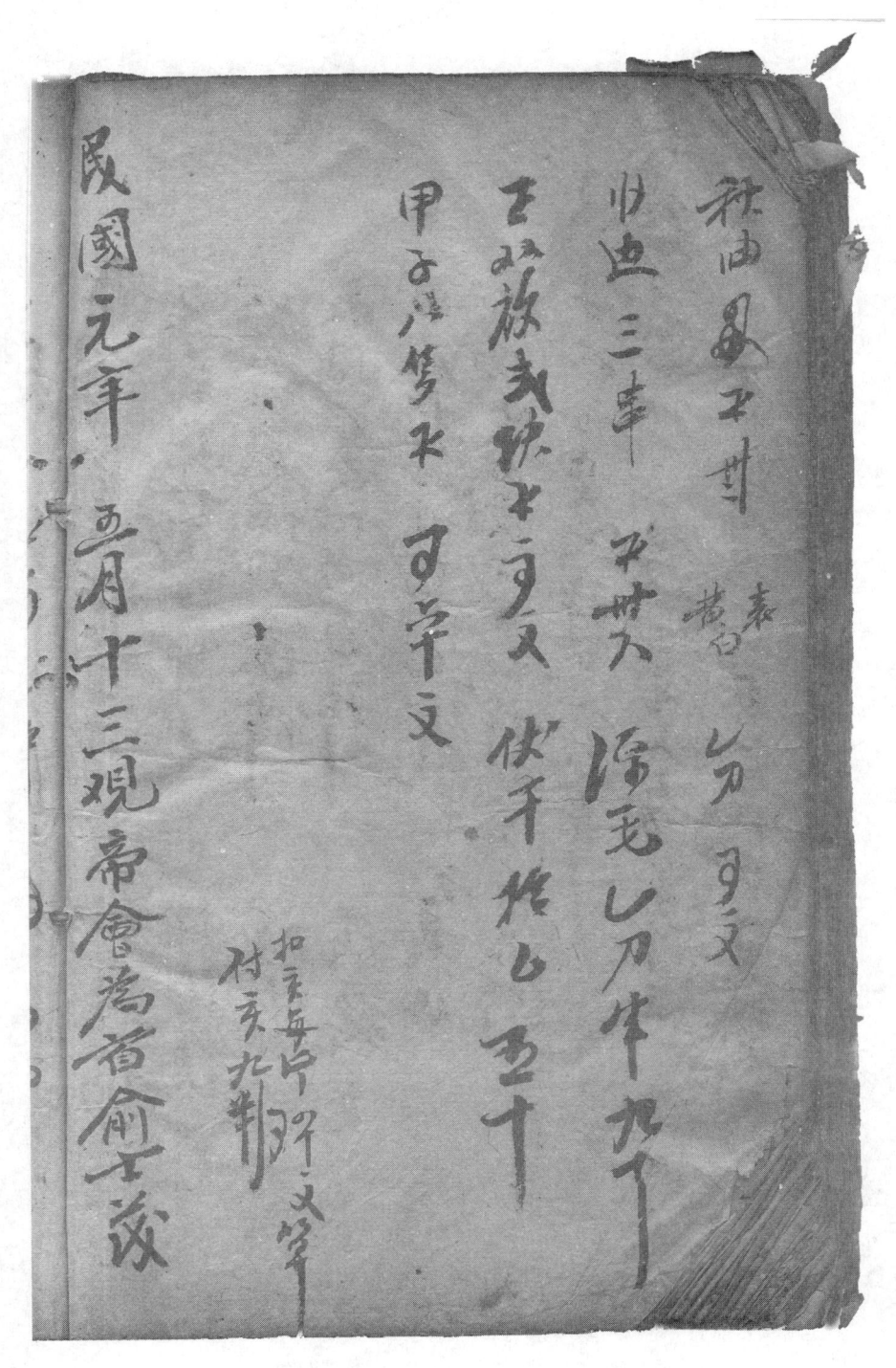

收金竹莹租荷三秤
收三畝坂租荷十0斤
收八畝段租荷重秤
收風樹峇租荷山秤
收廉和田租荷四斤
收坡迪田段租荷甘山秤
共收租皆六秤。大斤
鏡弓の斤五ム　斗五乙刀䇹䇹五
斗头　乙一䇹り　甲子分口王䇹

姪人田你
佃海楊
祥你
陽楊
茂伯
光竹

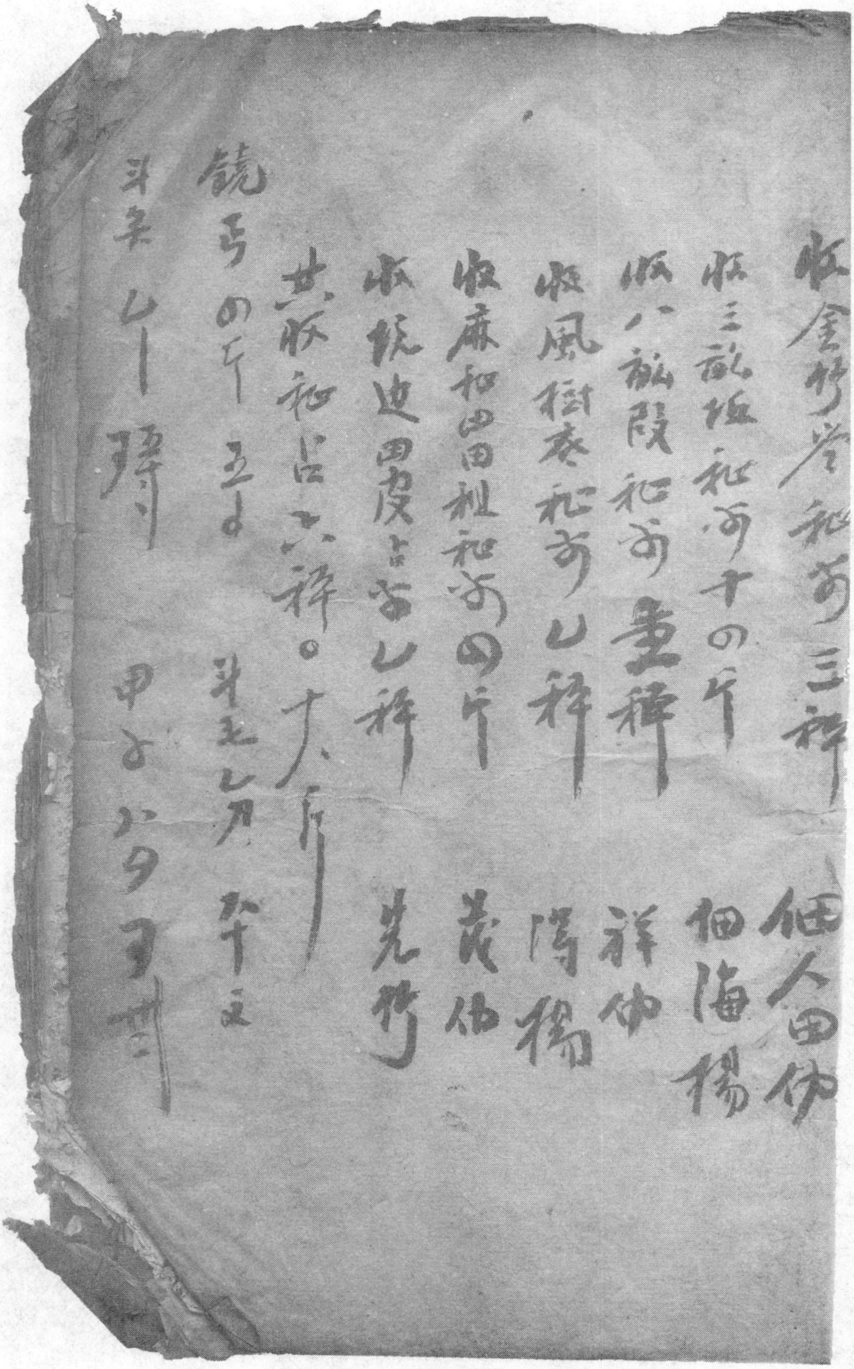

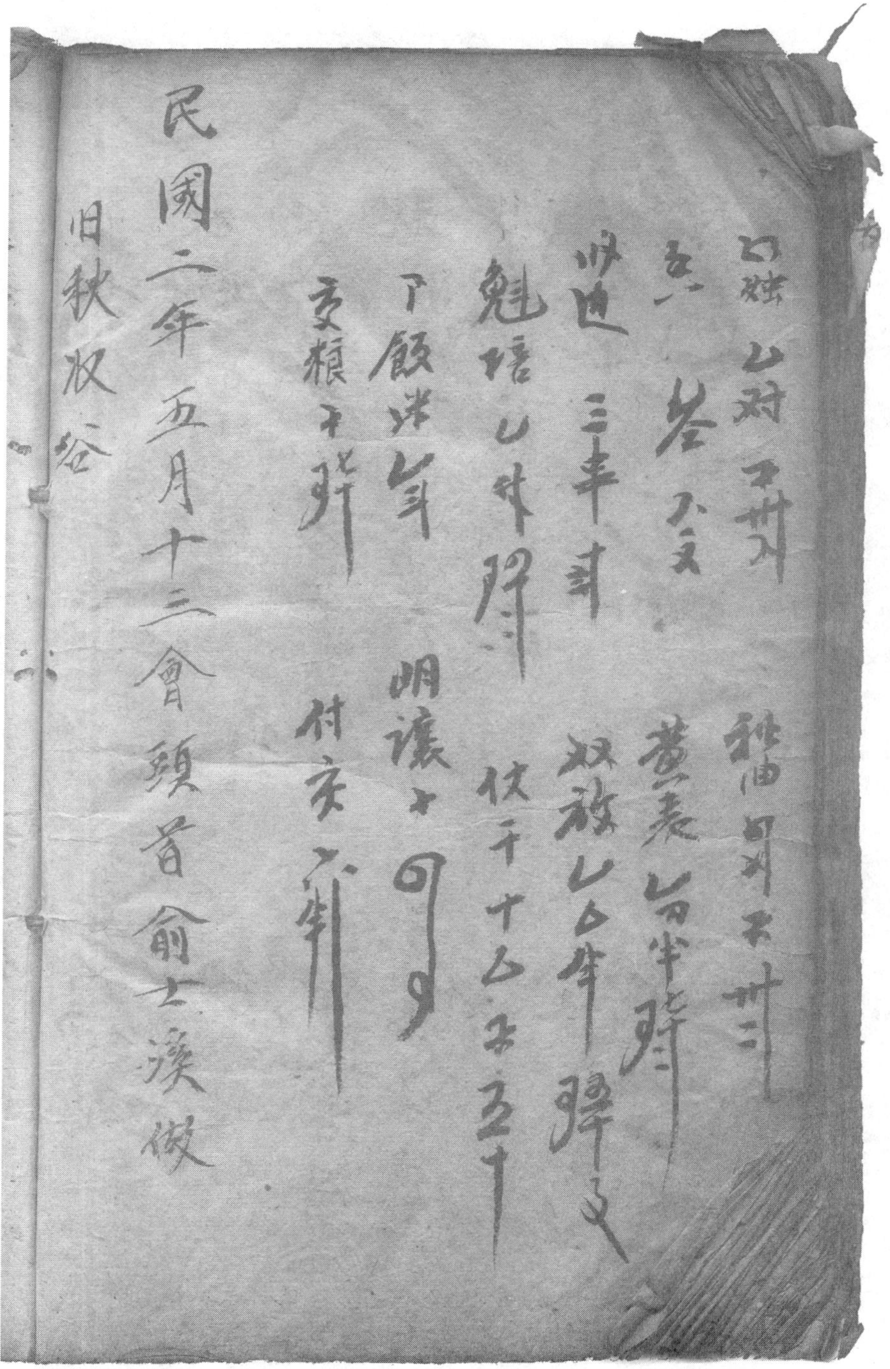

白礁山租□卅刈
盆 谷 六文 稚油□刈二卅二
炒迪 三丰封 黄麦 五半秤
魁培山牛秤 奴敖七▲年秤又
下飯米年 伏干十▲五五十
交粮干秤 明讓十回
付交六秤
民國二年五月十三會頭晉俞士溪做
旧秋收俗

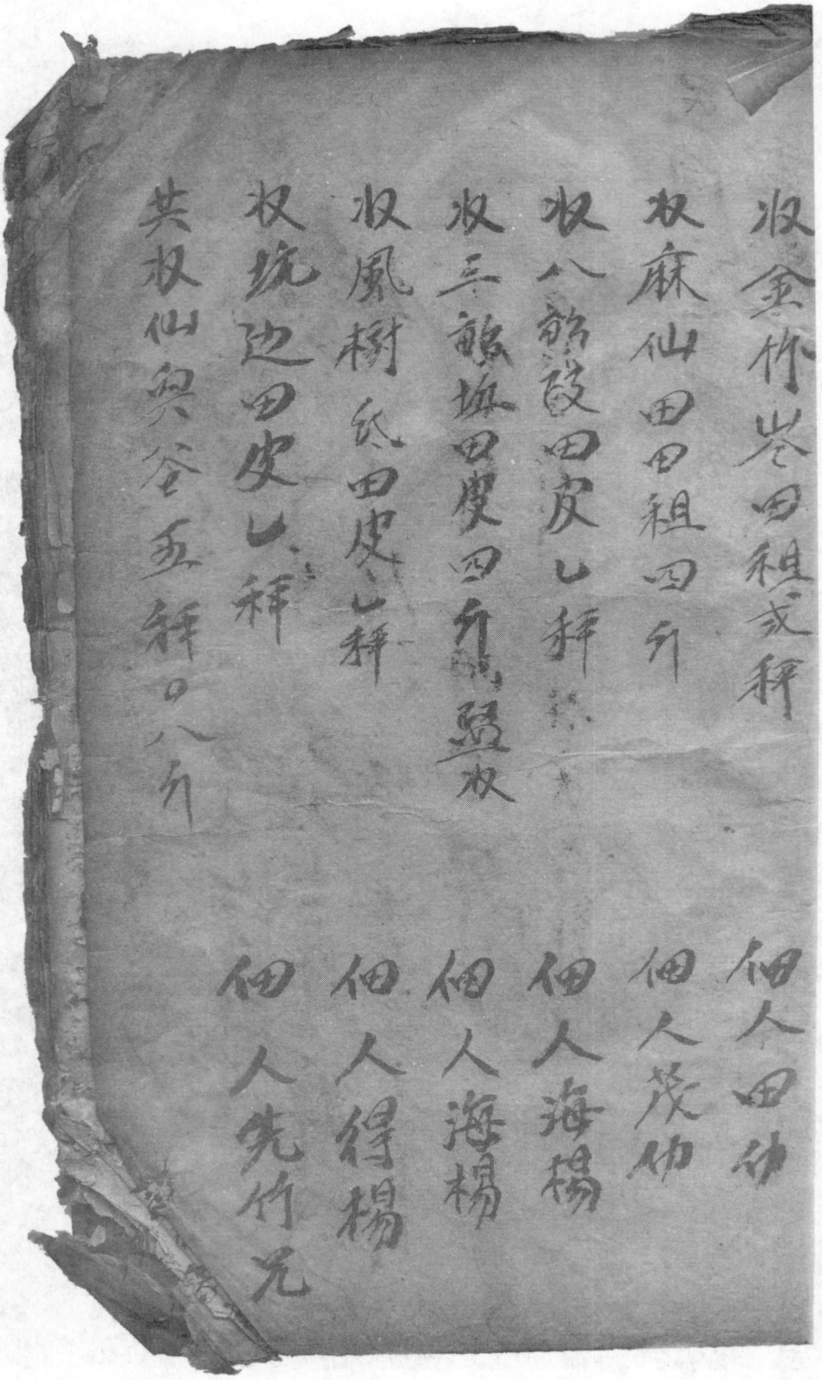
收金竹岺田租贰秤　佃人田仂
收麻仙田田租四斤　佃人茂仂
收八翁段田皮七秤　佃人海楊
收五龍塢田皮四斤竪收　佃人海楊
收鳳樹底田皮七秤　佃人得楊
收坑边田皮七秤　佃人先竹兄
共收仙與谷五秤〇八斤

江湾镇圩口村 6-103 · 咸丰六年至民国二十九年 · 收租账簿

租米每九三斗二仝租
租米拾七斗乙仝 每斗租千一百廿照算
饒饅四斤 租千四百八十文 香乙仝千五文
紅竹乙对千廿四文 伙千十乙千五十文
料豆黑乙斤千百六十文 菜油四两千六十文
白頁表乙把千七十文 叶边三串千十五文
毛長乙刀千五十文 鴨子八只千百卅文

江湾镇坼口村 6-104 · 咸丰六年至民国二十九年 · 收租账簿

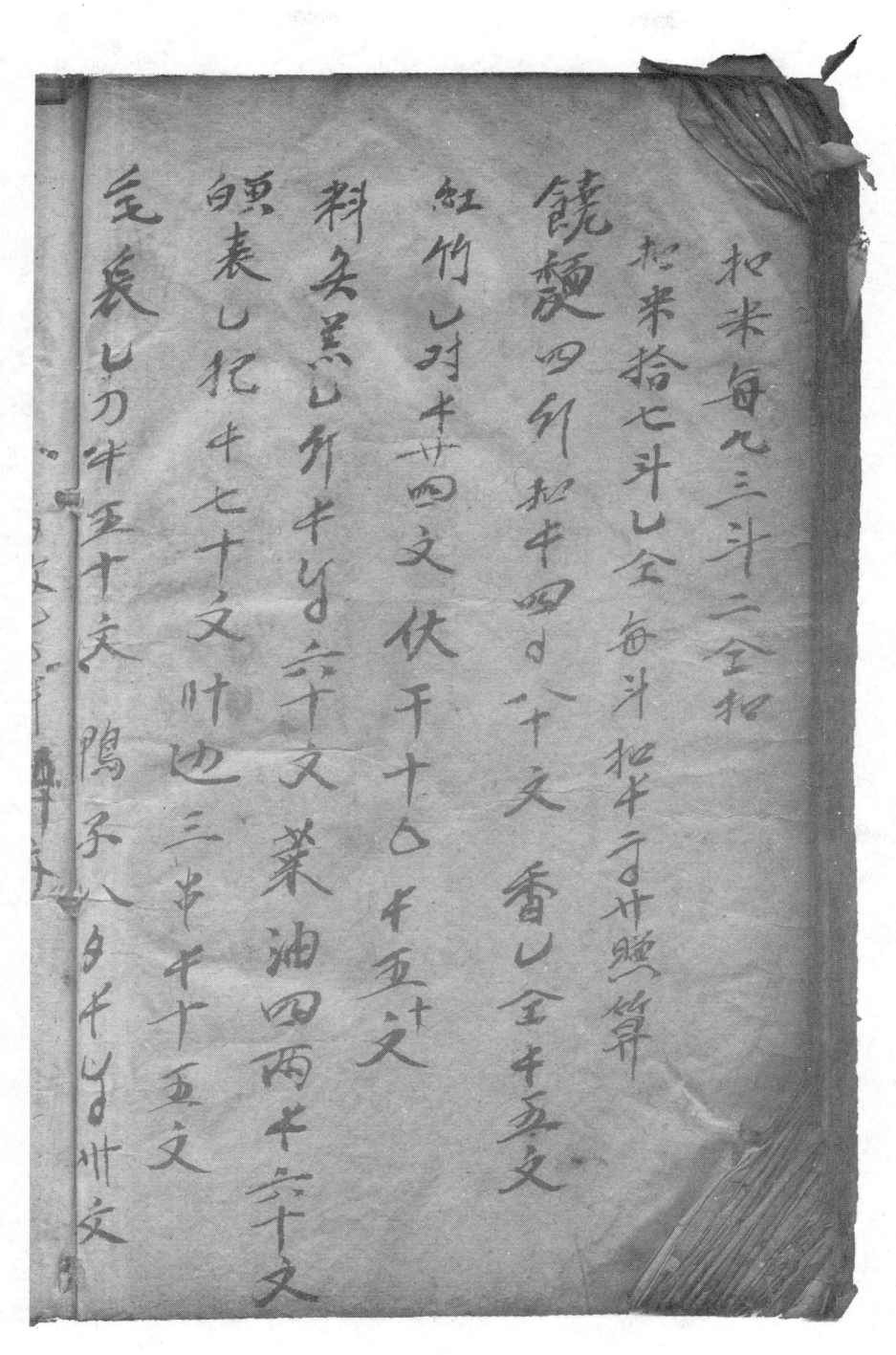

雜油廿廿文 男夜乚通廿四十二文 对放乚九年廿 子

交根廿廿七十文 明讓廿四十文

米乚斗做酒十手乚斗才米做飯

支用雜化明讓廿乚千六十七十六文

仍廿乚千六七十六文 買亥付亥七斤半 每斤六百廿六 知

歸源義太唐時過

江湾镇圩口村 6-105 · 咸丰六年至民国二十九年 · 收租账簿

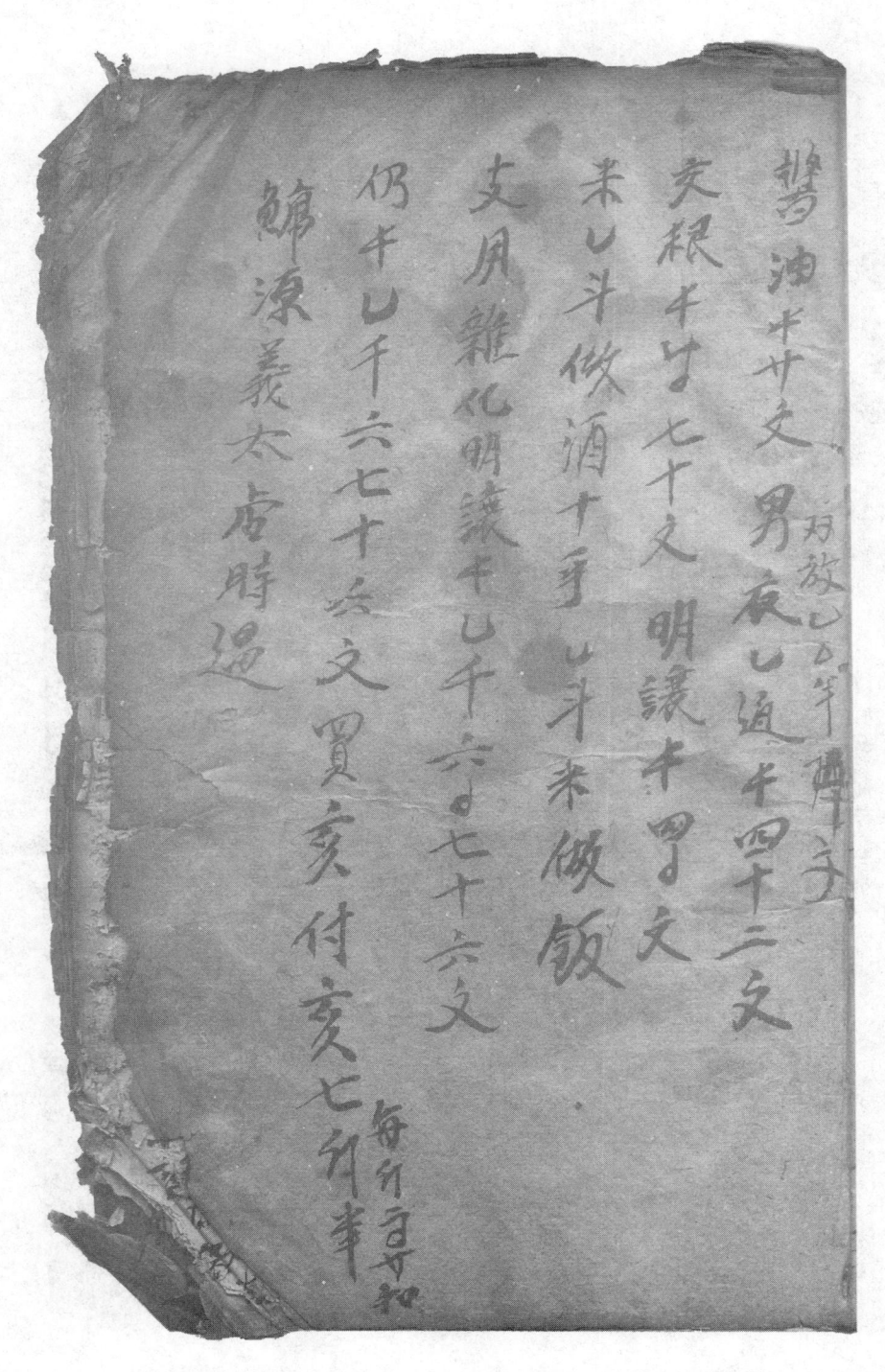

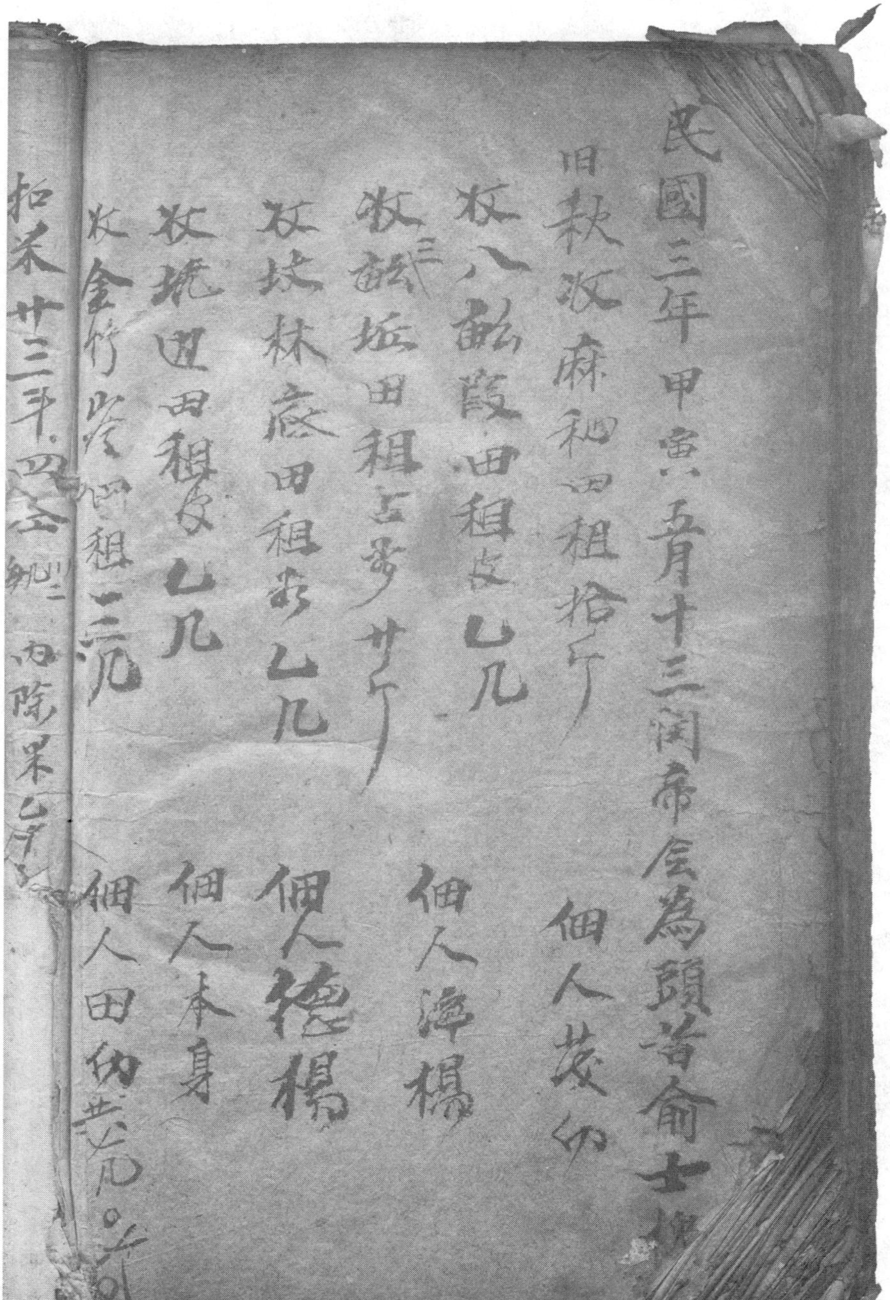
民國三年甲寅五月十三潤帝會為頭首俞士[illegible]
旧秋收麻䄂田租拾斤　佃人茂仂
收八畝段田租皮乚几　佃人净楊
收三畝垅田租占弍廿斤
收坟林底田租弍乚几　佃人德楊
收垅阻田租皮乚几　佃人本身
收金竹垅田租二三几　佃人田仂共乚几〇五〇
拓禾廿三年四五[illegible]两除果乚斤[illegible]

江湾镇岞口村 6-106 · 咸丰六年至民国二十九年 · 收租账簿

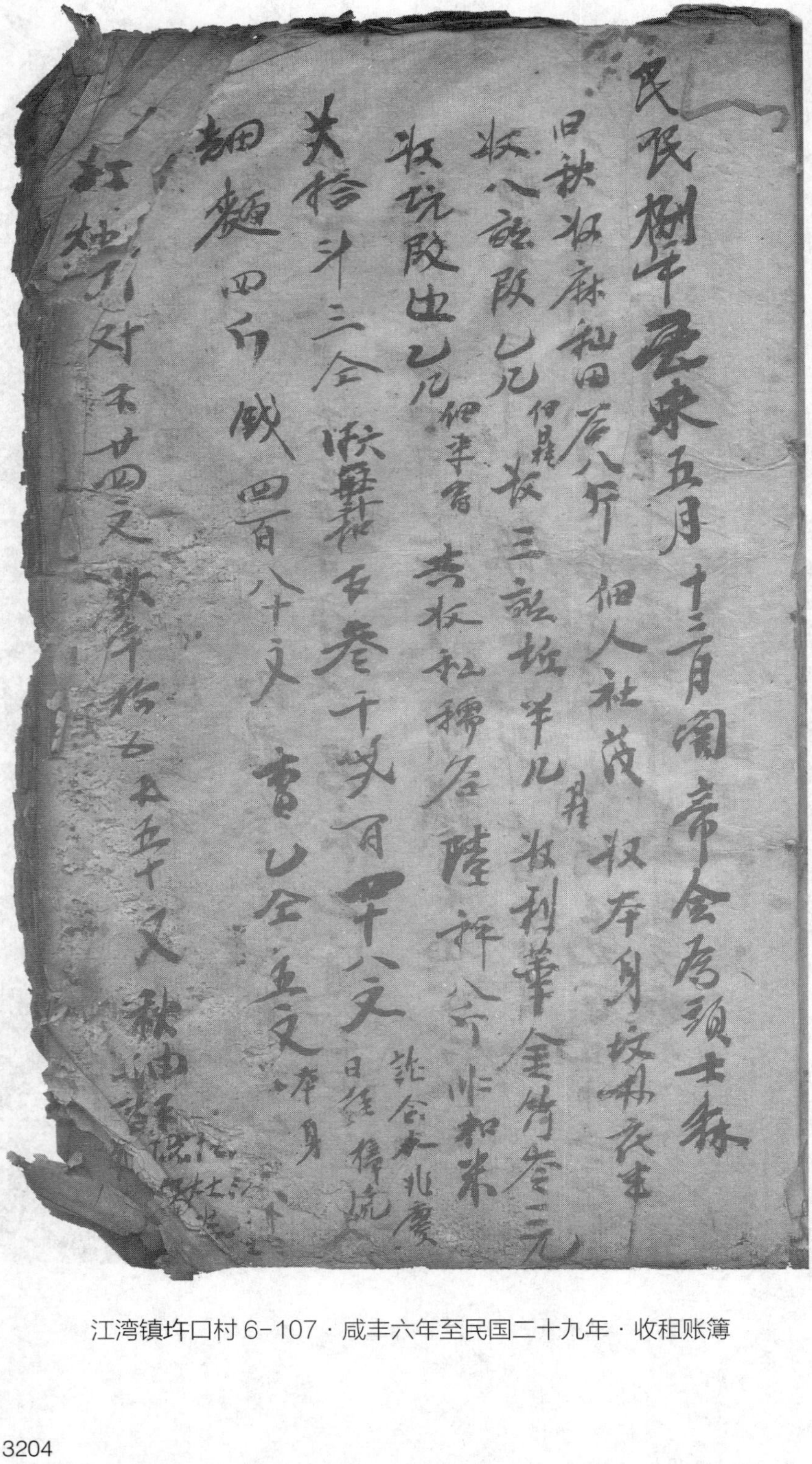

江湾镇圩口村 6-107 · 咸丰六年至民国二十九年 · 收租账簿

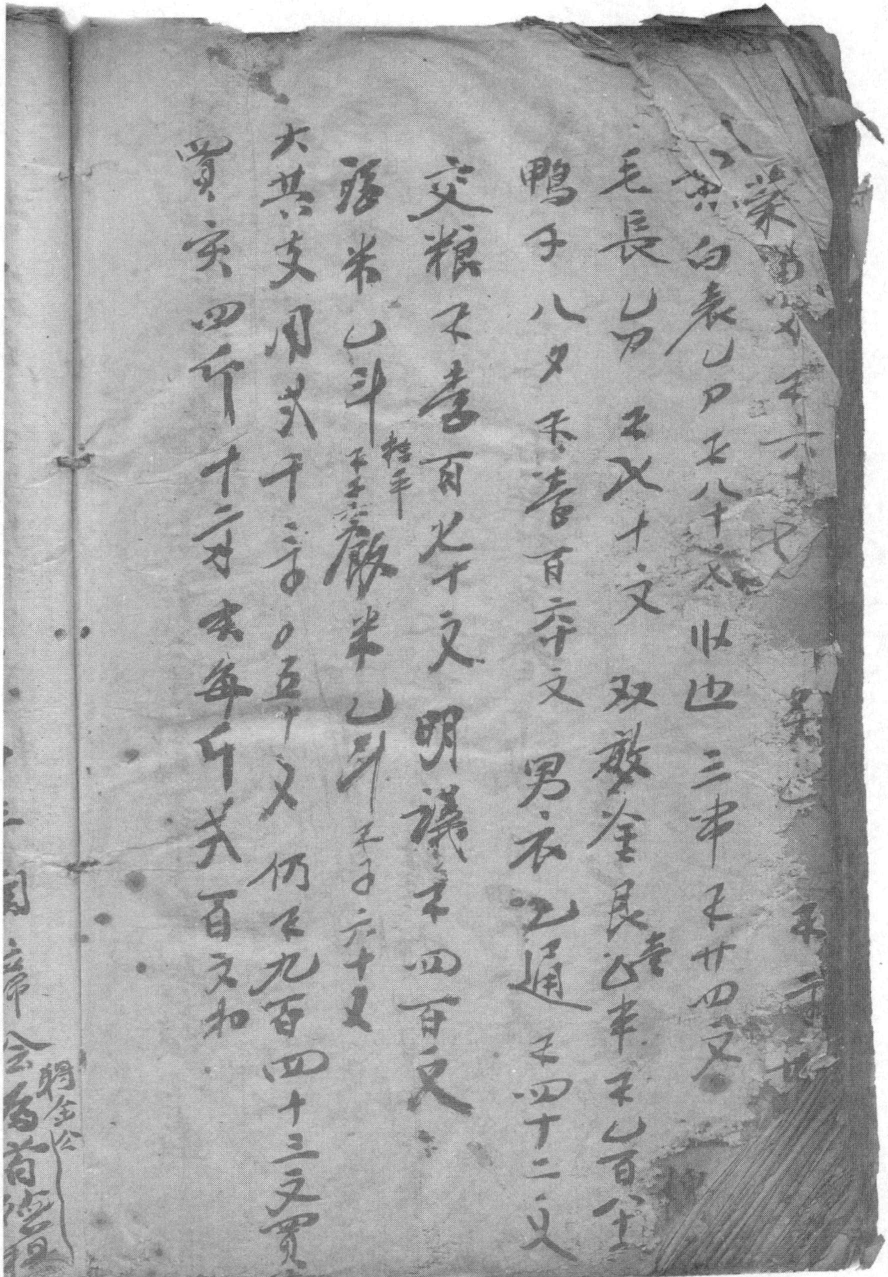

江湾镇坑口村 6-108 · 咸丰六年至民国二十九年 · 收租账簿

民国九年庚申五月十三閏帝会眉首簿 聘金

旧秋收磨和田租额壹秤 三話收谷半 自派谷八斤一边人社

收八畝段租分秤 收谷壹几佃人日桂

收金竹壹田租四秤 收谷叁几佃人江利華

收坑边彦文秤谷壹秤 收妆佃彦年种 佃金

大共收谷陸秤〇八斤 畔知弟戈拾斗三全

每斗壹例拾伍元叁千陸百五十四文

支去四百八十文 売麺四斤 支去五百文 酱

江湾镇圩口村 6-109 · 咸丰六年至民国二十九年 · 收租账簿

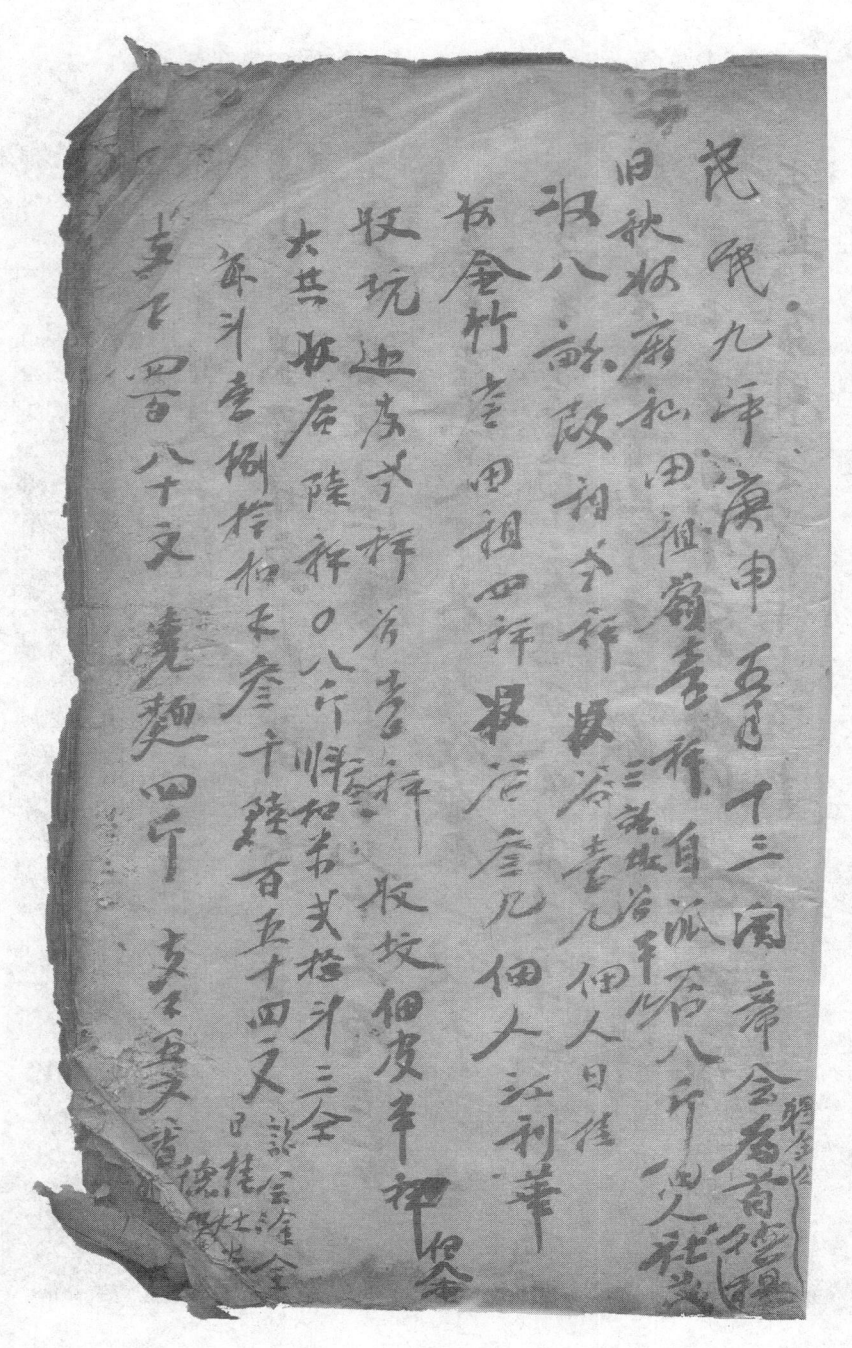

一□家□

支钱廿四文红烟乙□　支钱五十文人秋下

支钱廿文秋沖　支钱六十文葉沖□

支钱壹百廿文籽米乙斤　支钱八十文□□壹□

支钱卅文盐三串　支钱七十文烟丝乙斤

支钱壹百八十文双放金银山纸串

支钱壹六十文鸭子八只　支钱四十二男衣壹通

支钱壹百七十文交银明镪　钱四百文

支钱壹百八十文　做酒支钱作饭

大共支用钱弍千七百九十文

江湾镇岕口村 6-110 · 咸丰六年至民国二十九年 · 收租账簿

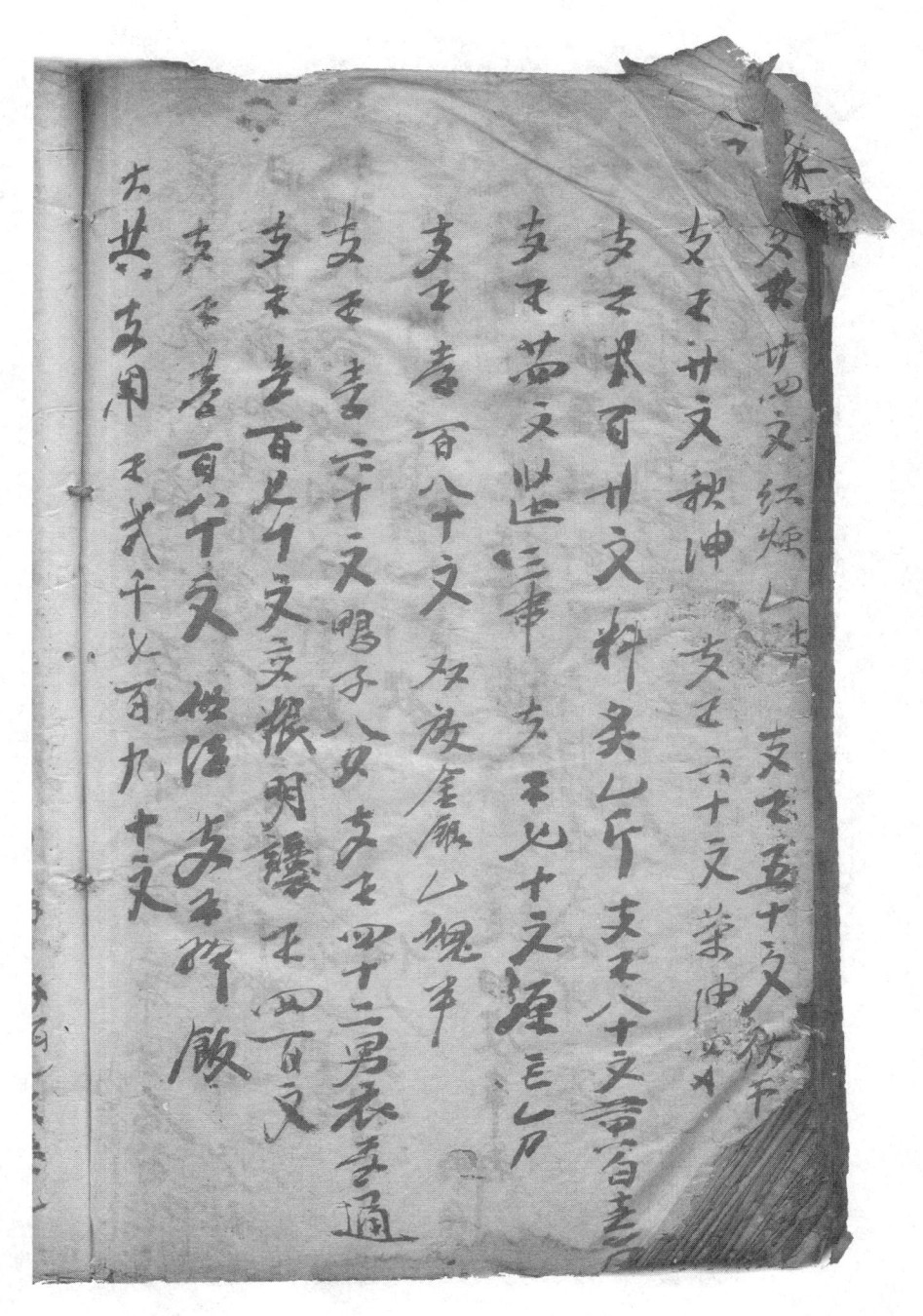

支用仍李子茅百九十文買子茶稍百要一斤七日

民戌抬(?)芋一帝廟五青十三潭帝金屋晋俞德奎

日桂做全

旧秋收谷金竹岩二秤半佃人日桂

收麻心田八斤佃人茂仰

收八畝踏田皮乙秤佃人日桂

收三畝坵田租半秤佃人日桂

收風樹砳田皮半秤 佃人德揚

收抗边田皮乙秤

日桂做全

江湾镇圩口村 6-111 · 咸丰六年至民国二十九年 · 收租账簿

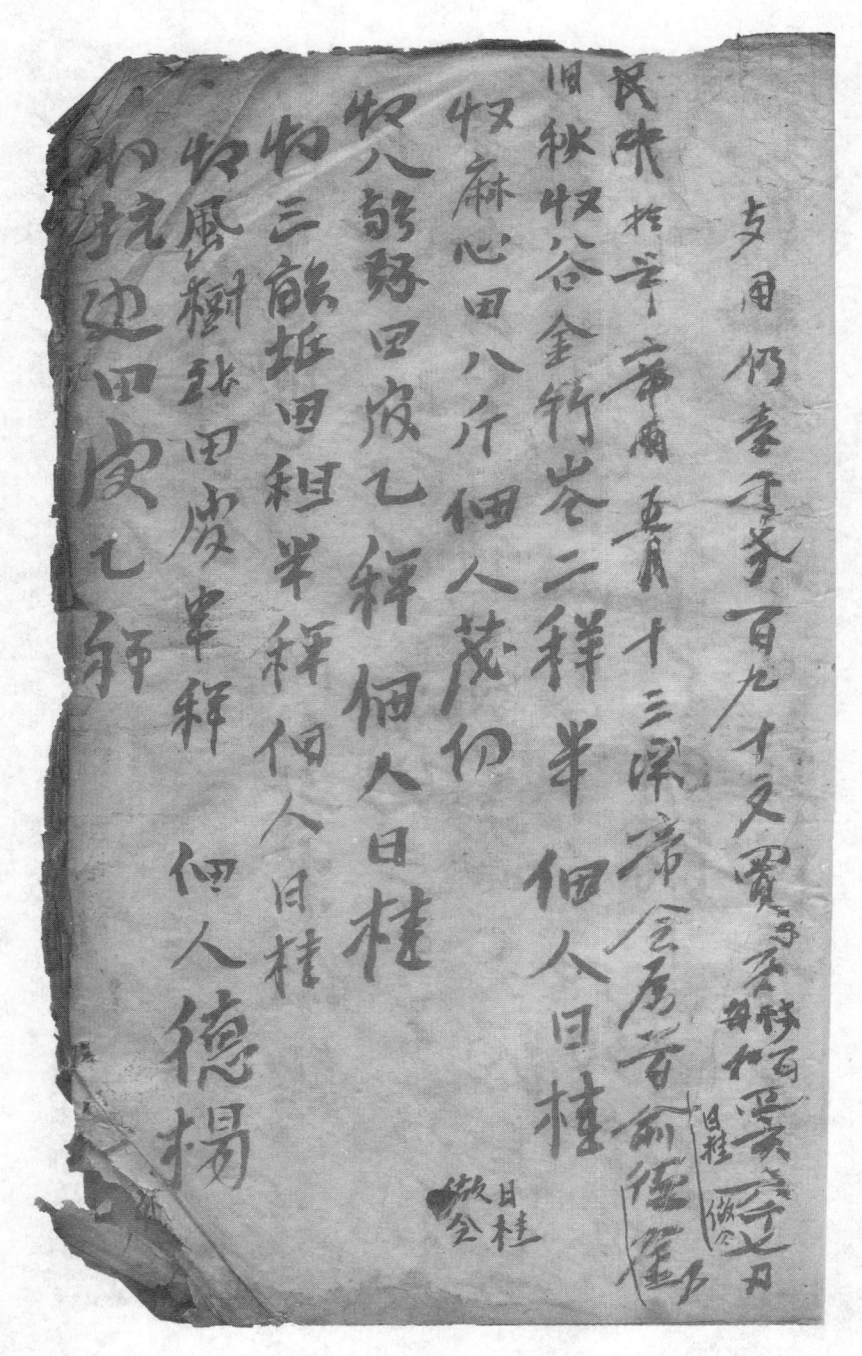

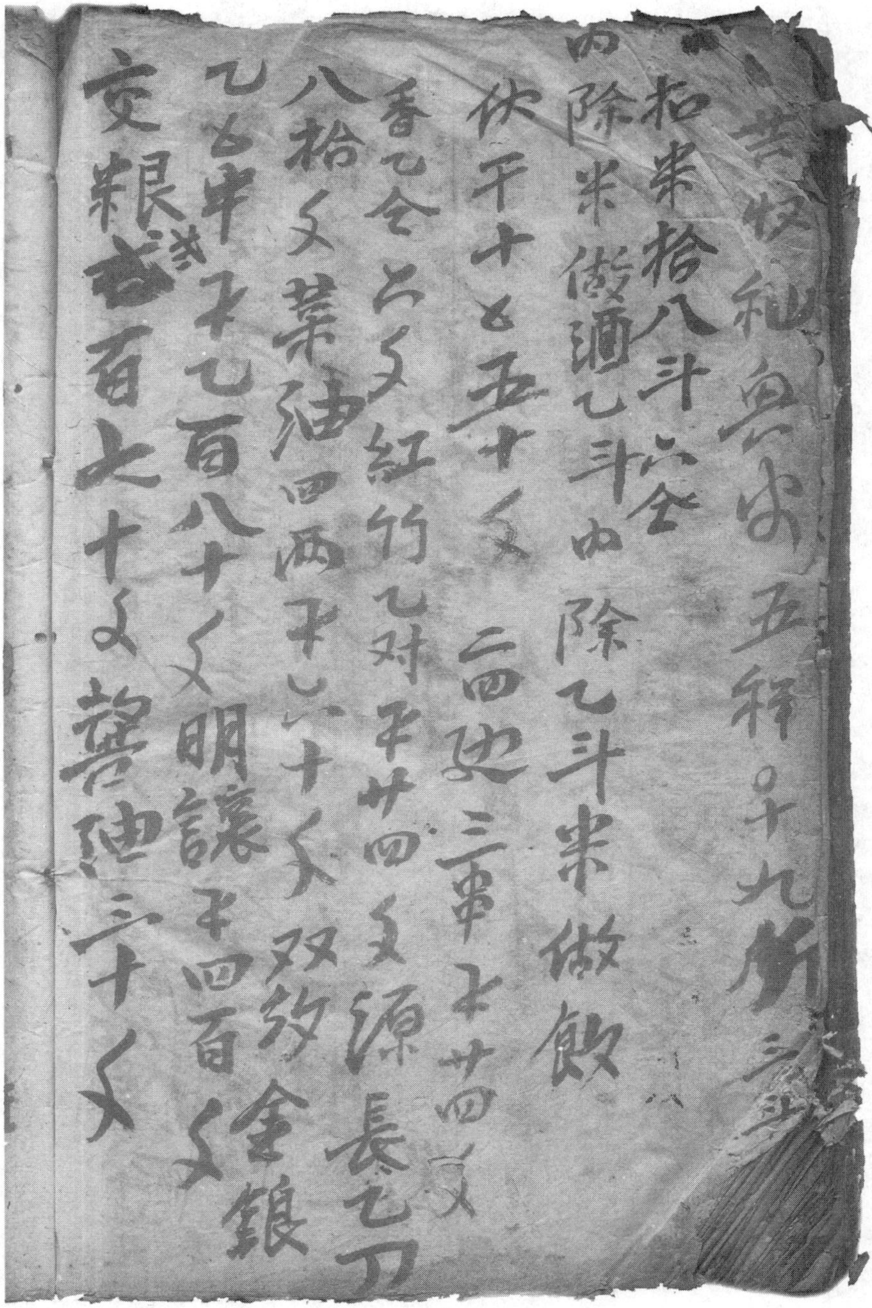

江湾镇玕口村 6-112 · 咸丰六年至民国二十九年 · 收租账簿

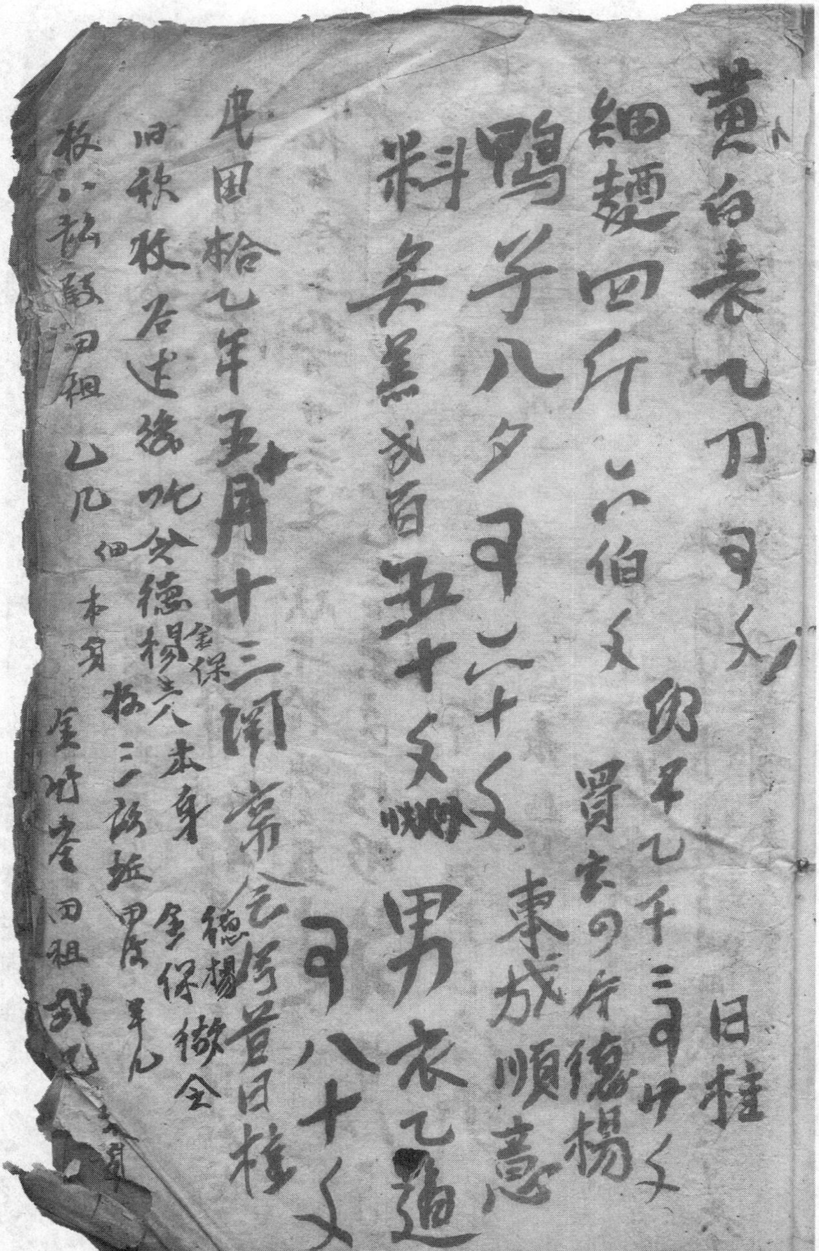

黄白素乙刀目乂
細麵四斤六伯文 肉羊乙千三可廿文
鴨子八夕目廿八文 買玄四斤德楊
料炙羔武百五十文 柬成順意
男衣乙逋
目八十文
民国拾乙年五月十三開常會停普日桂
回秋收谷边陸听冬德楊六本身 金保 德楊
松三砠垭甲民羔几 金保繳金
教八秋颗甲租山几 佃本身
新
金叶荟回租奴几半身

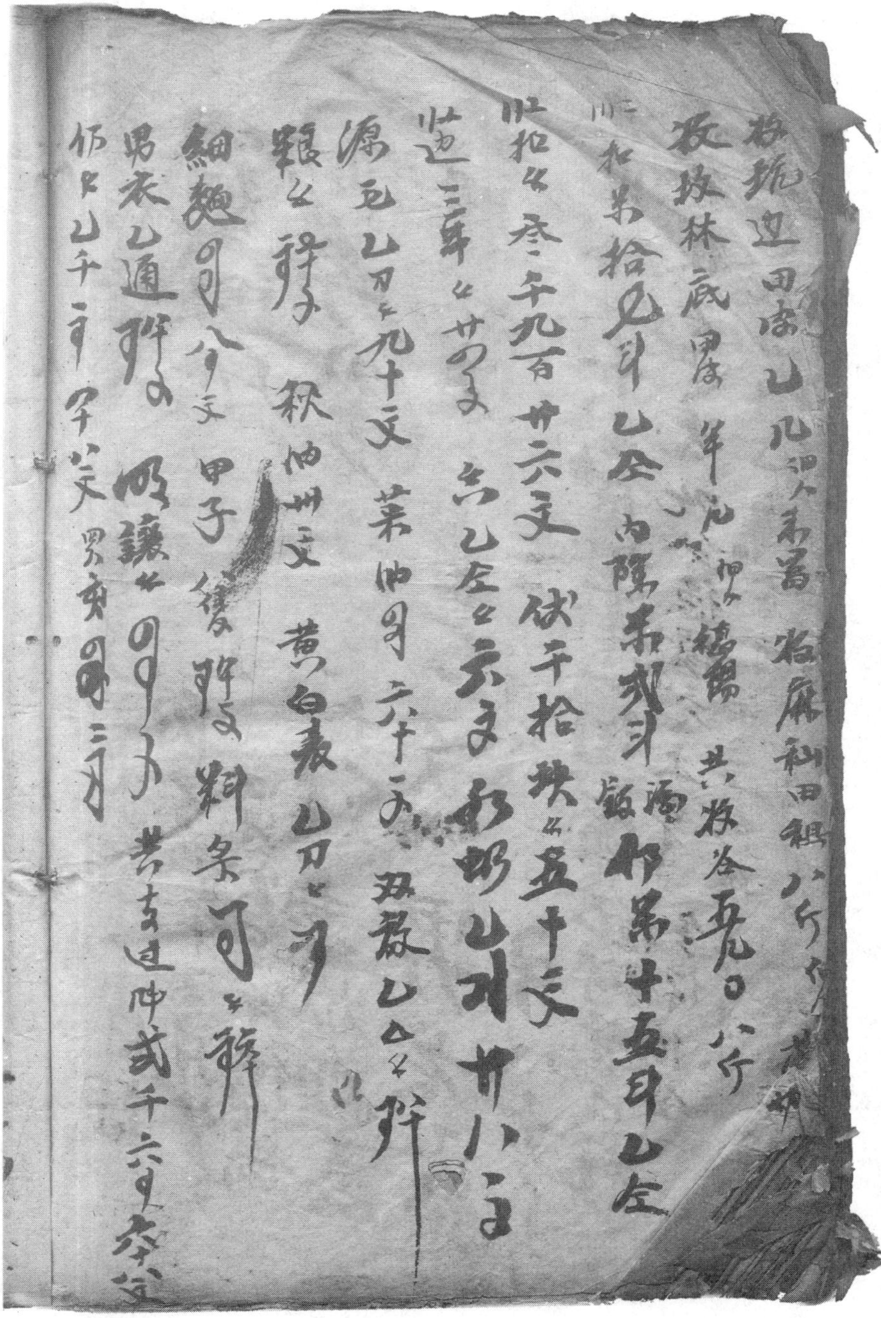

江湾镇坾口村 6-114 · 咸丰六年至民国二十九年 · 收租账簿

民國拾弍年癸亥五月十三日瑞庚會眾首人俞士坤
旧冬收全竹岔田租谷弍、九八敍殺田租谷九
收三敍坞田皮半九 杜庚和田谷半秤
杉樹坑田皮半九 坑边吴君租乚九 共收谷五九半
出松川出賣杉光斗 共全川批杉钱五千五百八十文 伏平五乚千□文
收边三年廿七文 □乚全 平天文 紅烛乚对 平卅文
香毛乚廿平千文 香油四斤 平九十文 秋油罗 平四十文
又放金長乚炮 華平秤文 黄白表乚刀 平千卅文
又烟平秤文 細麵四斤 平八百文 鴨子谷□

江湾镇圩口村 6-115 · 咸丰六年至民国二十九年 · 收租账簿

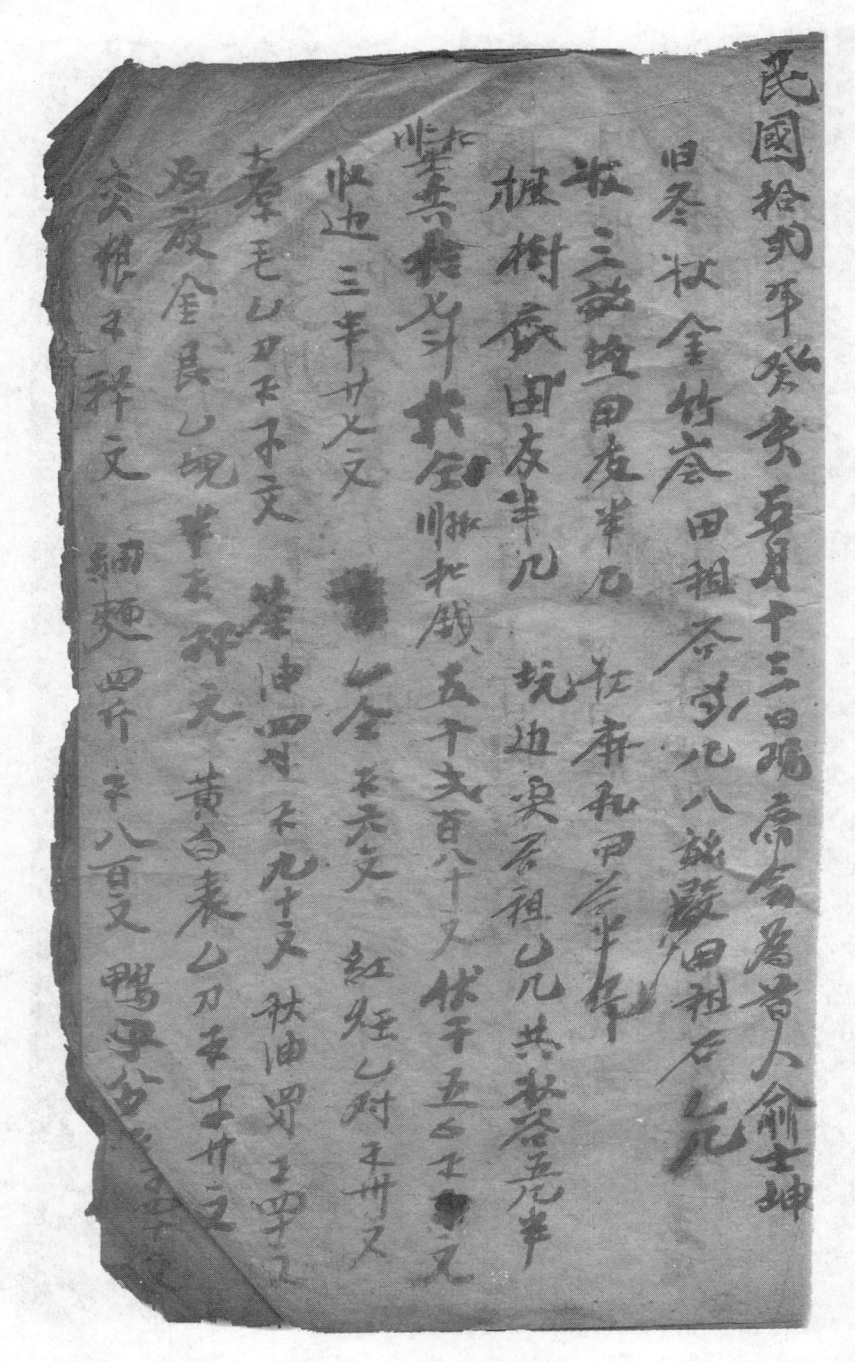

料矣糧乙斤〦〇文 男乙遍〇〇文

酒米乙斗〦〇文 飯米乙斗〇〇文 明議五百文

共支用㕛叁千五百四十三文

仍存本洋千六百〇八十六貫三〇〇 十二月

安〇〇〇

民國拾叁年甲子五月十三日関帝会為首俞鏡輝

旧秋收金竹嵒叁田租弍几 佃人日桂 三厶垭半几仝

坟林底田租秈谷半 倘楊 收麻秈田十 佃茂仍 收坑边乙几来富

〢扣弟拾几斗 ㄌ仝 〢扣〻 五千〇〇廿一文

江湾镇圩口村 6-116 · 咸丰六年至民国二十九年 · 收租账簿

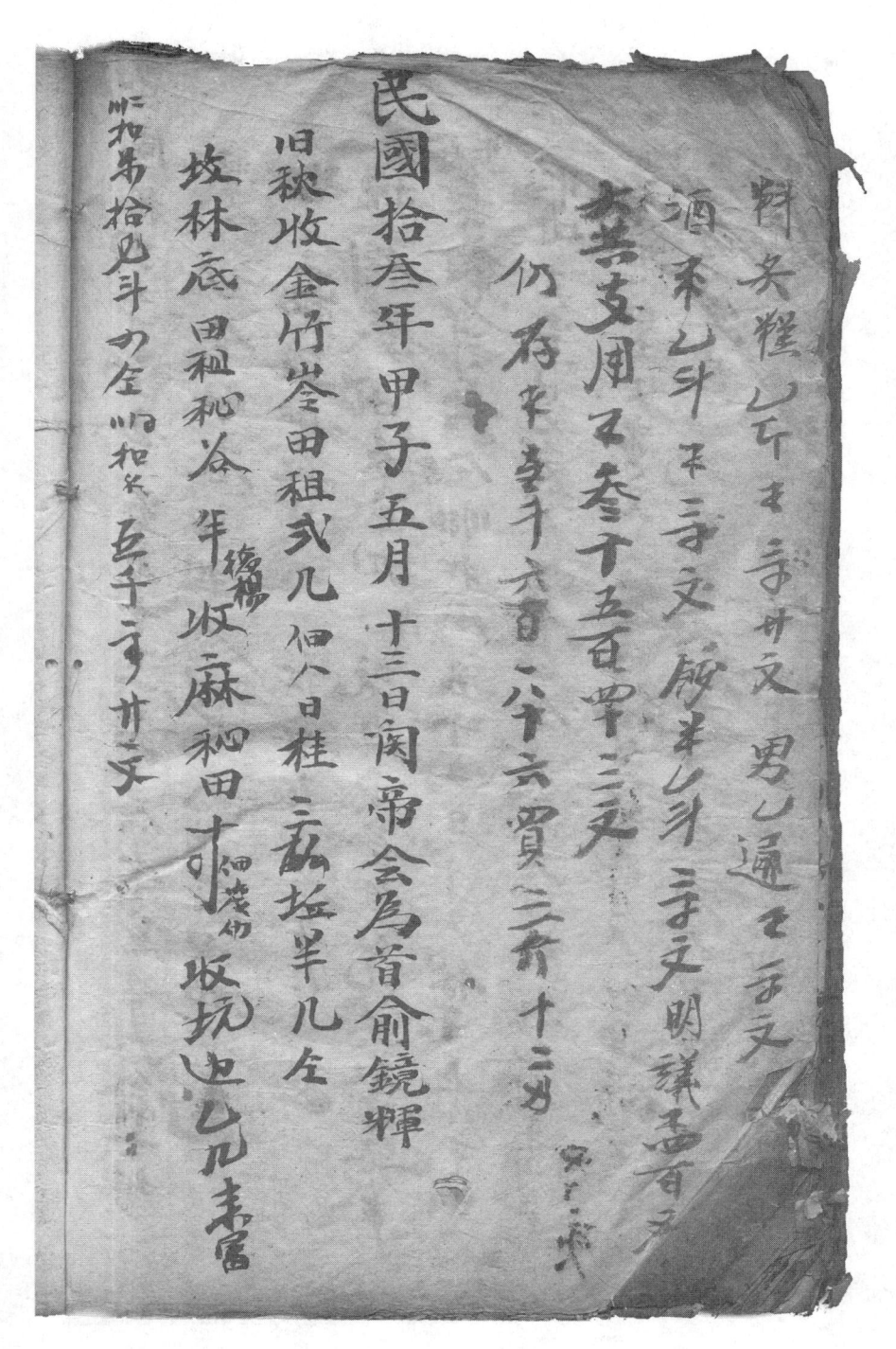

伏干壹錢四百文　迭三串〢廿〢　〢〡乙仐三八文

纱帕乙对〢廿文　原毛乙刀〢〢　葉油〥〤斤

秋油〥〤斤　双放金艮〢〤〤　〤九十文

黄表乙刀〢斤　粮〢〢　細麵〧〢　八〤文

白

甲子八雙〢〢九十文　料灸乙〡　〧〢文　男衣乙道二〢

酒米乙斗三〢文　飯米乙斗三〢　〧〢讓　鐵〧〢

内陈三千九〢〢千八文　仍〢乙千〢〢　〢〢〢　买卖

江湾镇岕口村 6-117 · 咸丰六年至民国二十九年 · 收租账簿

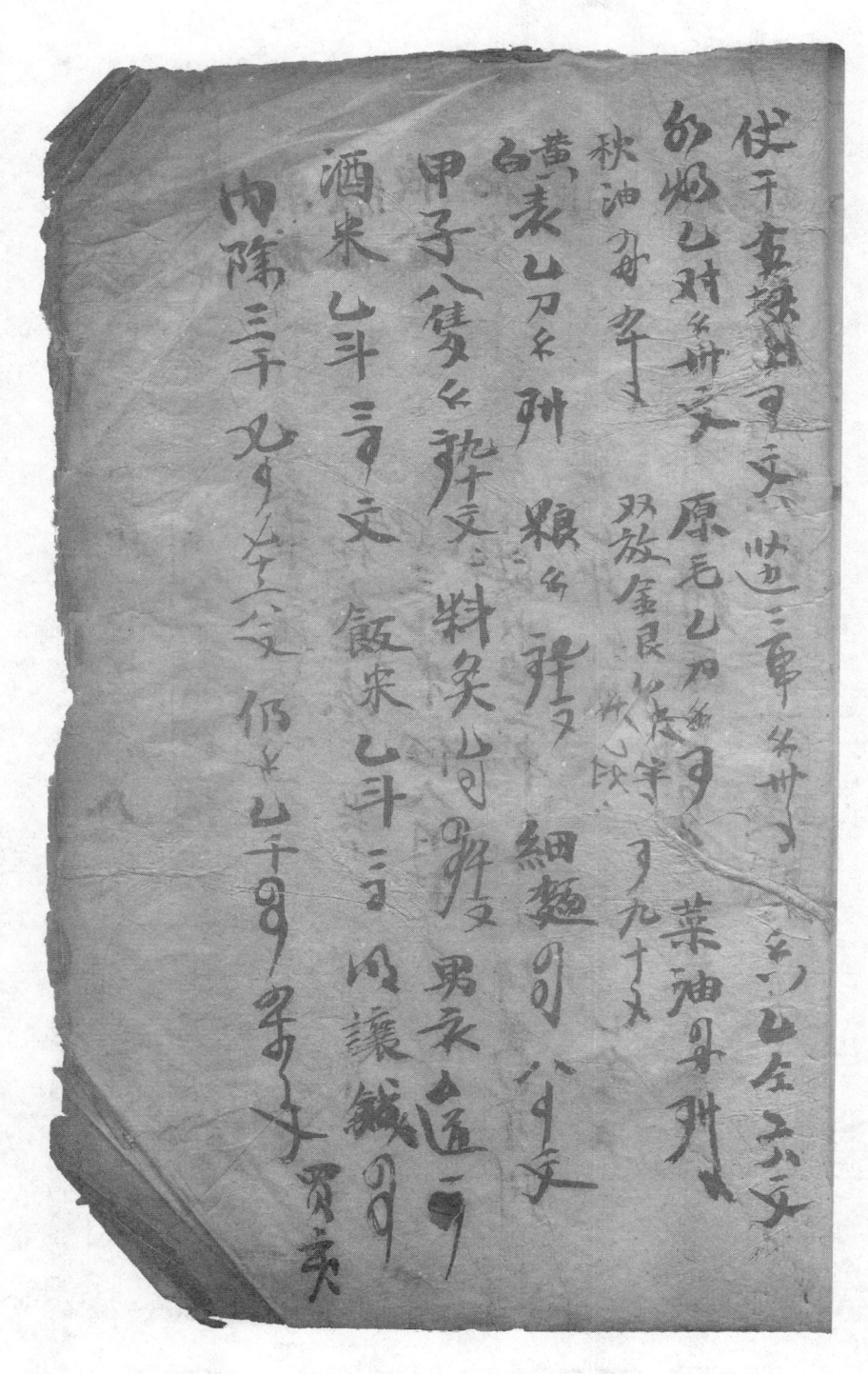

同治肆年乙丑五月十三日詞帝会名首人

日交胡收坂林氏田租谷拜細人德福

收坑塅乚秤 佃人茱富

收麻仙田十斤 佃人繼法

收金竹坔八畝三坵段三几斗 佃人日桂　共收五秤四十斤

和米十七斗 調[illegible] 收也三串乘卅文 料𥺃乚斤 升

飯米乚斗 酒米乚斗 紅燭乚对 錢二十文 香乚 錢十文

双 放金艮乚块 半升 厚毛乚刀 子人文

秋菜 油半斤 猪肉 男家乚通 白黄 蠟乚刀

江湾镇垳口村 6-118 · 咸丰六年至民国二十九年 · 收租账簿

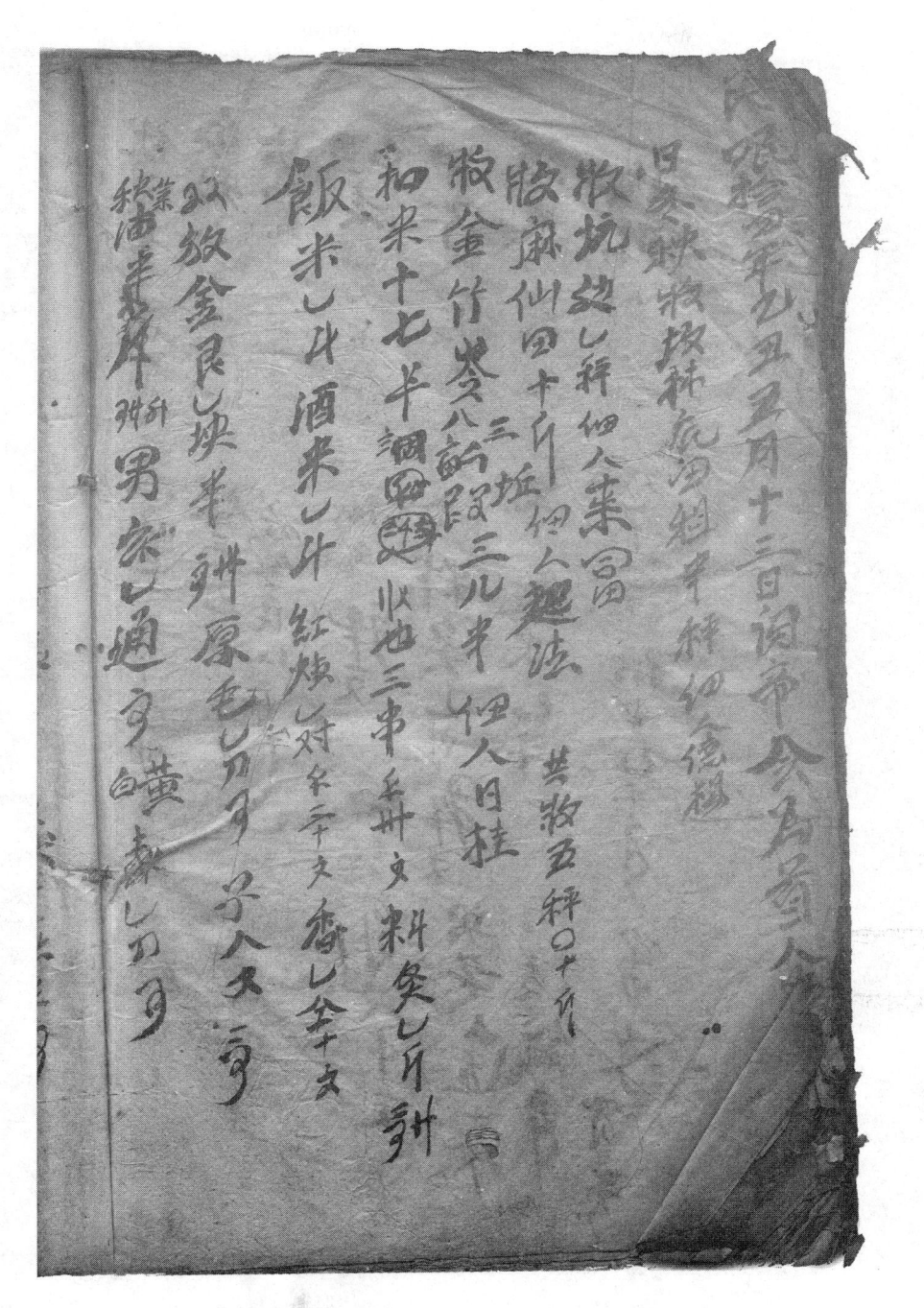

細麵〇擔〡千〇〡十文　明鑲元〇〡文伙千十〇元〇

粮元〇千文　挑兵用元〇卅文　扣元〇〡文大共支用元〇千卅〇

買炭元〇〇廿大

民國十五年丙寅為首人許德增叔

江湾镇岸口村 6-119 · 咸丰六年至民国二十九年 · 收租账簿

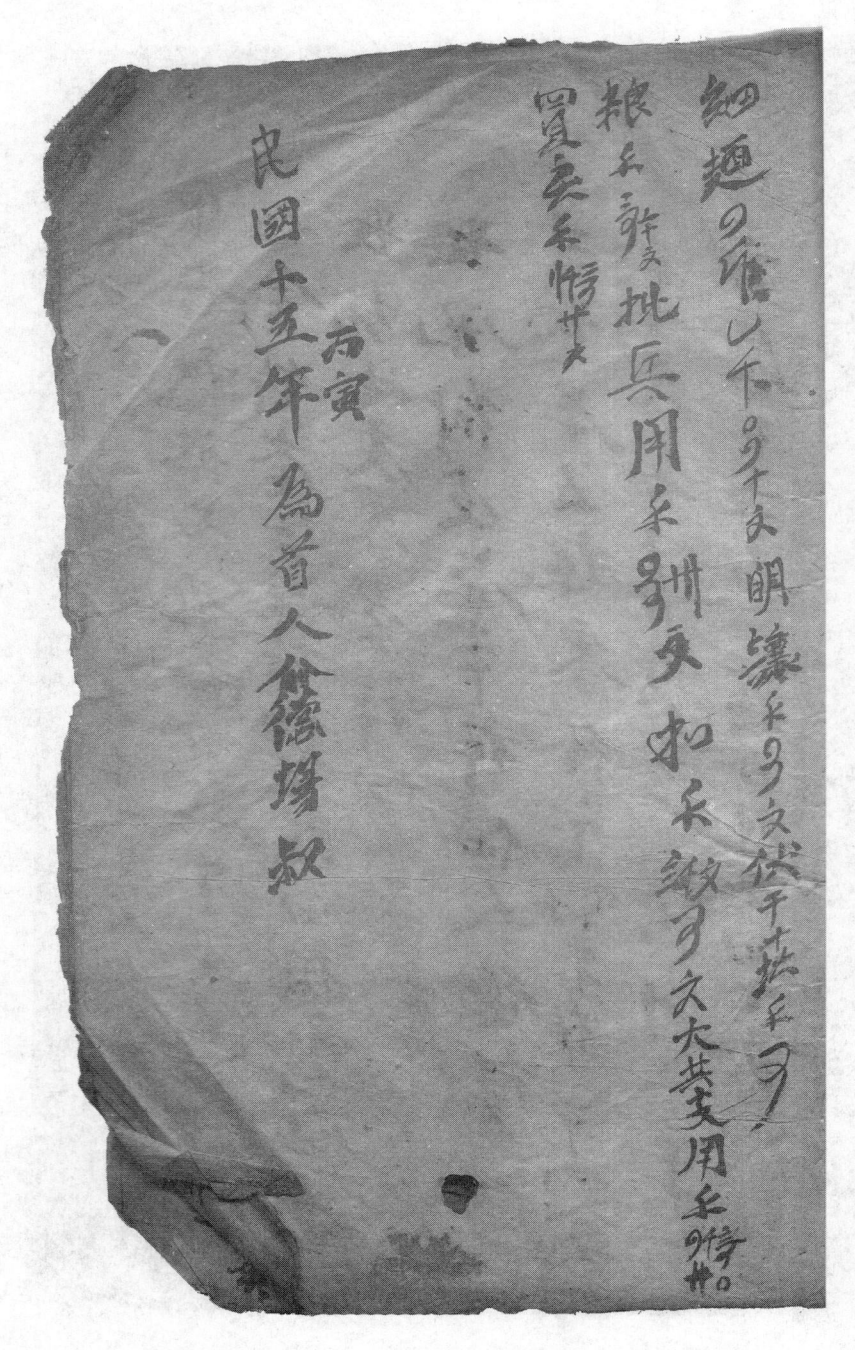

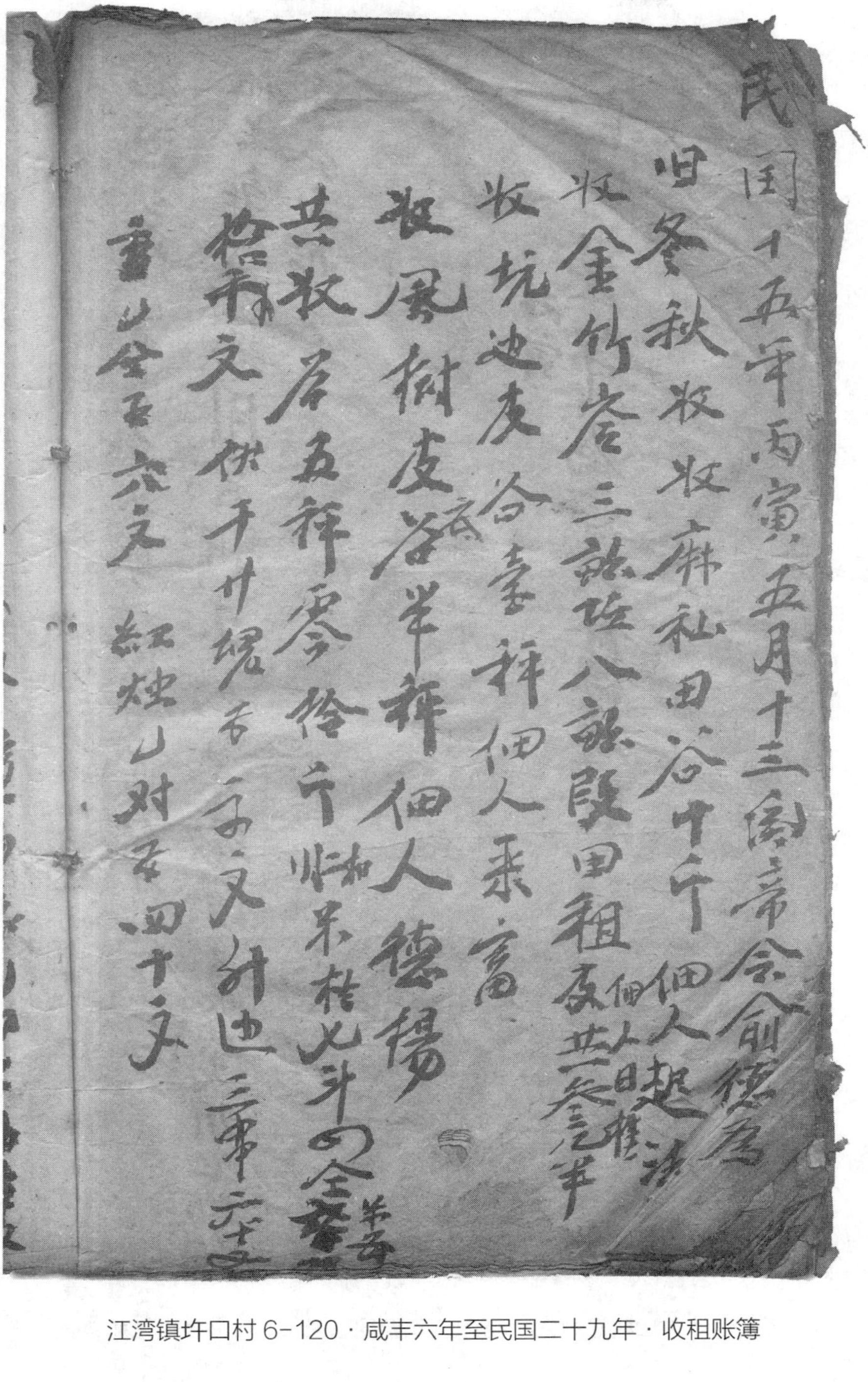

民国十五年丙寅五月十三日帝会俞德庵
旧冬秋收收收麻社田谷十斤 佃人旭法
收金竹岙三跡坵八跡段田租麦 佃人日權 共谷二斗半
收坑边麦谷壹秤 佃人秉富
收屋树皮谷半秤 佃人德扬
共收谷五秤零拾斤 加米桂火斗四全 华合
拾两文 供于廿绲香一千文 针边三弟六十文
番山金石六文 红烛山对子四十文

江湾镇岕口村 6-120 · 咸丰六年至民国二十九年 · 收租账簿

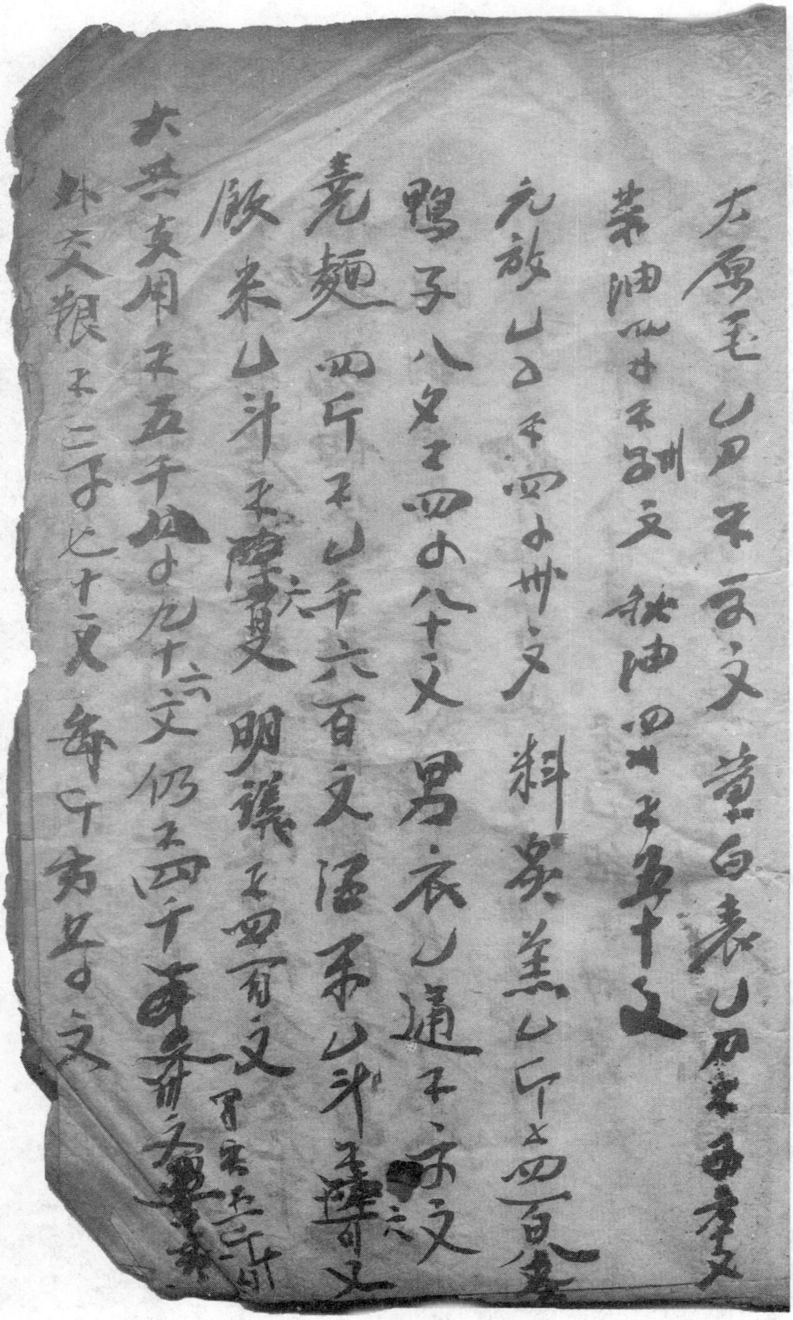

大廣毛[illegible]文 董白表[illegible]文
菜油[illegible]文 秋油[illegible]十文
元放[illegible]文 料[illegible]
鴨子八[illegible]八十文 男衣[illegible]文
蕘麵四斤[illegible]六百文 酒[illegible]文
飯米[illegible]文 明議[illegible]文
大共支用[illegible]九十六文 仍[illegible]
外交銀[illegible]七十文 每斤[illegible]文

江湾镇垳口村 6-121 · 咸丰六年至民国二十九年 · 收租账簿

民国十六年丁卯五月十三日亲人会俞德阳
旧冬秋收谷拾斤　佃人曹廷法
收坑金竹垄三亩地八亩段田租支叁几半　佃人白桂
收边坑佃皮麦秤　佃黄豆收五秤零七斤
收风树脚佃米秤　归和米拾九斗西全号舞斗
六首柳木拾千四百廿文　支子文钱千十五
射三帝木八十文　香山把木廿文
红烛木四十文　大煌毛山叉木光百廿文

江湾镇坑口村 6-122 · 咸丰六年至民国二十九年 · 收租账簿

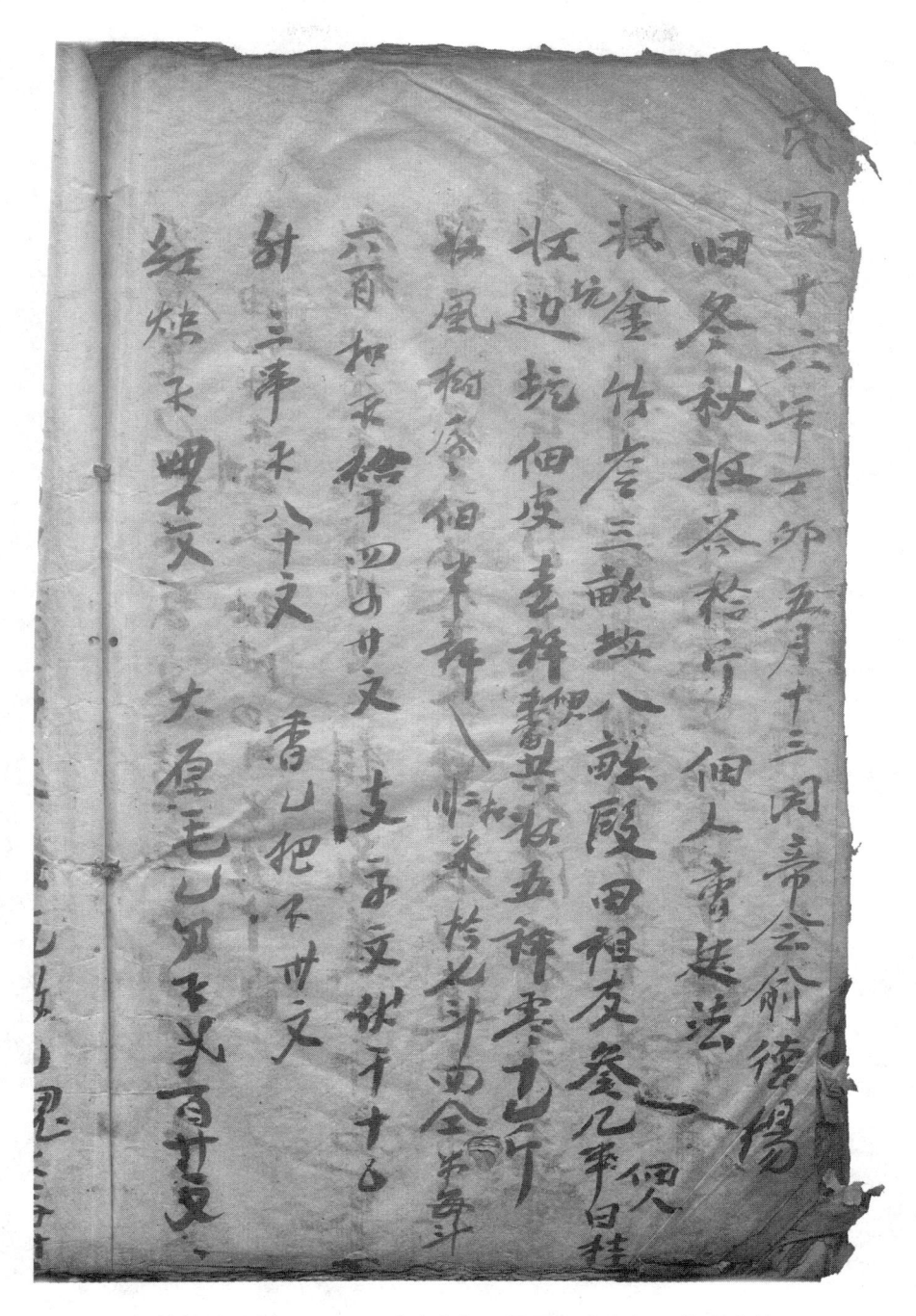

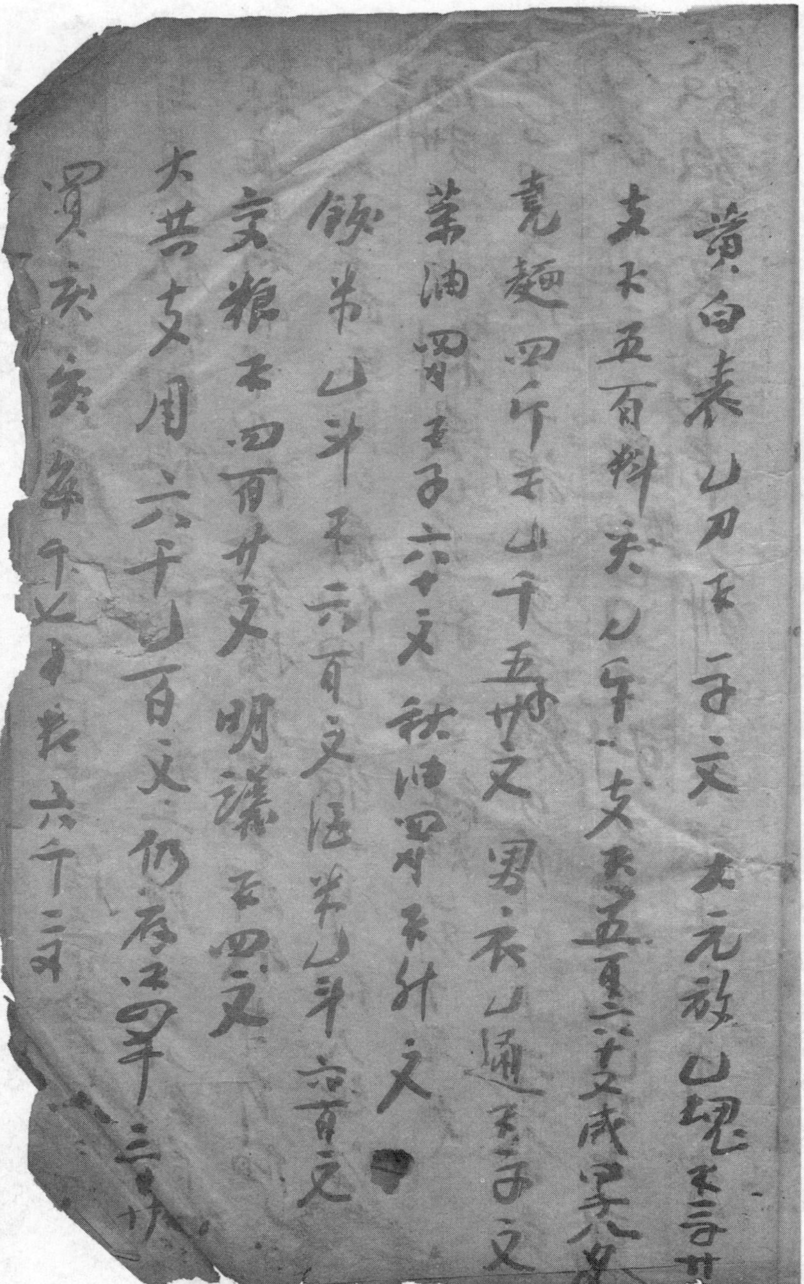
黄白表乙刀钱一千文 大元放乙塊钱二千廿
支钱五百料钱乙千一支钱五百三十文 咸□八文
亮麵四斤钱乙千五百廿文 男衣乙通钱二千文
菜油四斤钱子六百文 秋油四斤钱什文
饭米乙斗钱六百文 活米乙斗六百文
完粮钱四百廿文 明議钱四百文
大共支用六千乙百文 仍存钱四千二百□
買□□每千以□钱六千二百

江湾镇坾口村 6-123 · 咸丰六年至民国二十九年 · 收租账簿

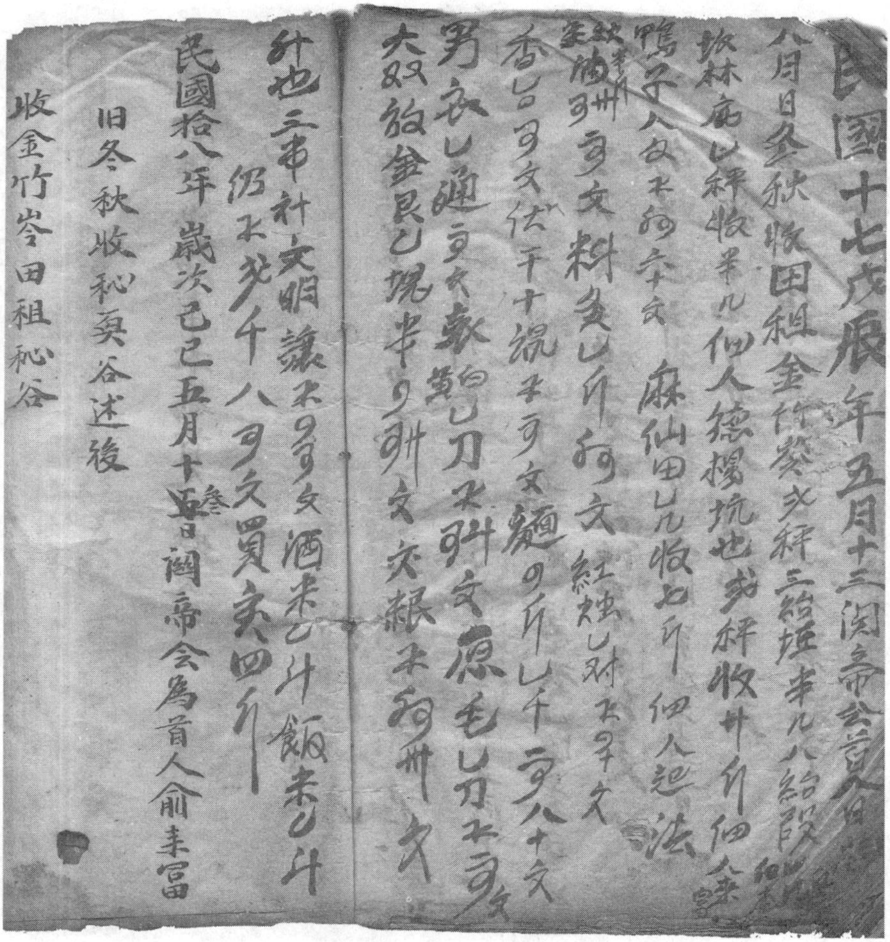

民國十七戊辰年五月十三関帝会首人俞

民國拾八年歲次己巳五月十三日関帝会爲首人俞来富

旧冬秋收秈奠谷述後

收金竹岑田租秈谷

江湾镇坪口村 6-124 · 咸丰六年至民国二十九年 · 收租账簿

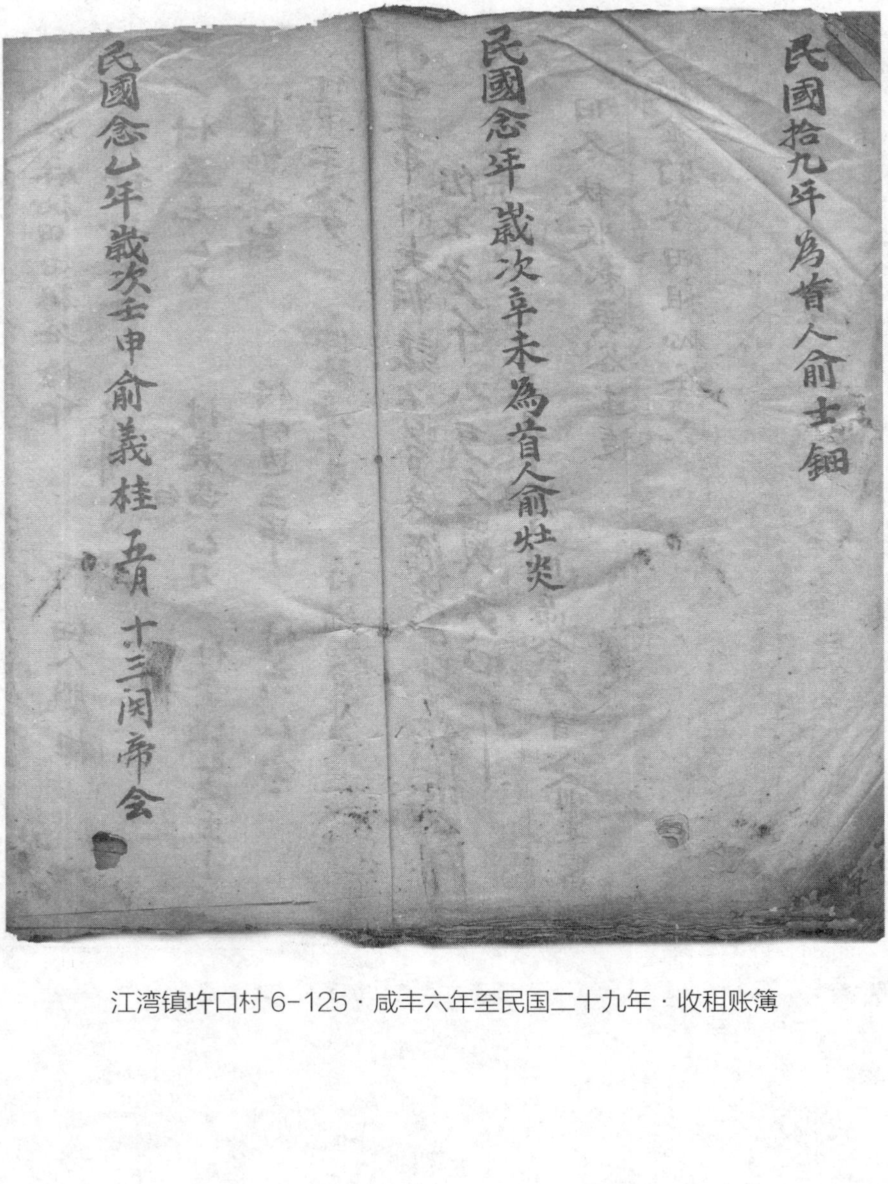
民國拾九年為首人俞士鈿
民國念年歲次辛未為首人俞灶炎
民國念一年歲次壬申俞義桂 五月 十三 関帝会

江湾镇岕口村 6-125 · 咸丰六年至民国二十九年 · 收租账簿

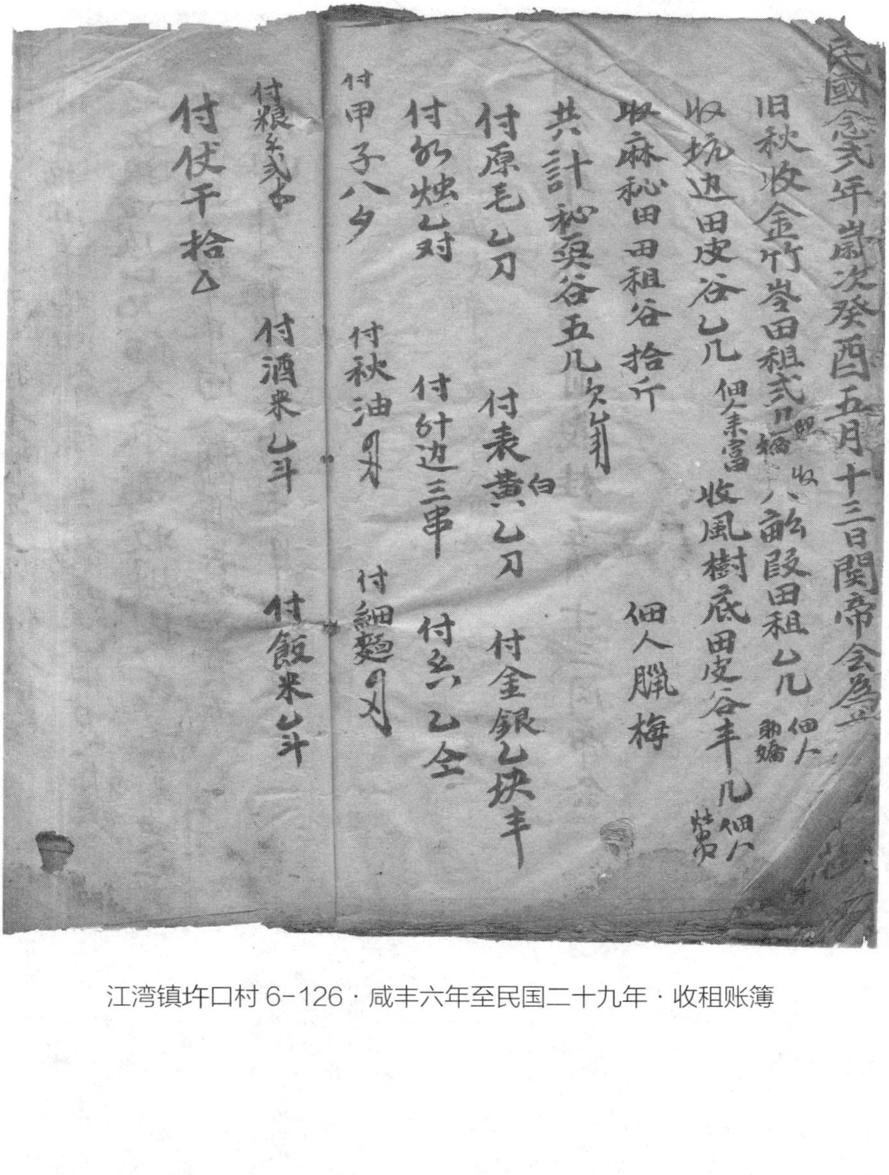
民國念癸年歲次癸酉五月十三日關帝会為
旧秋收金竹嶴田租弍〢 卽輪 收八畝段田租〢几 佃人鄭𡡉
收坑边田皮谷〢几 佃人秉富 收風樹底田皮谷丰几 佃人楚郎
收麻秘田田租谷拾斤 佃人臘梅
共計秘谷五几欠〢
付原毛〢刀 付表黄白〢刀 付金銀〢块丰
付奶烛〢对 付竹边三串 付〢〢全
付甲子八夕 付秋油〢 付細麵〢
付粮〢弍〢 付酒米〢斗 付飯米〢斗
付仗干拾△

江湾镇岕口村 6-126 · 咸丰六年至民国二十九年 · 收租账簿

民國廿三年丙子五月十三関帝会爲首

民國念五年乙亥五月十三関帝会爲首人刘灶奕

旧冬八月秋收田租金竹岺二元　佃人日桂

收三畝坵半元　佃人日桂　收八畝段山元　佃人助嬌

收坑坵田皮山元　佃人来富　收風樹底田皮半元　佃人灶奕

收麻秋田租十斤　佃人腩梅　共收秋真五元半　欠角

秋油四斤　計文　菜油半斤　計文

江湾镇垰口村 6-127 · 咸丰六年至民国二十九年 · 收租账簿

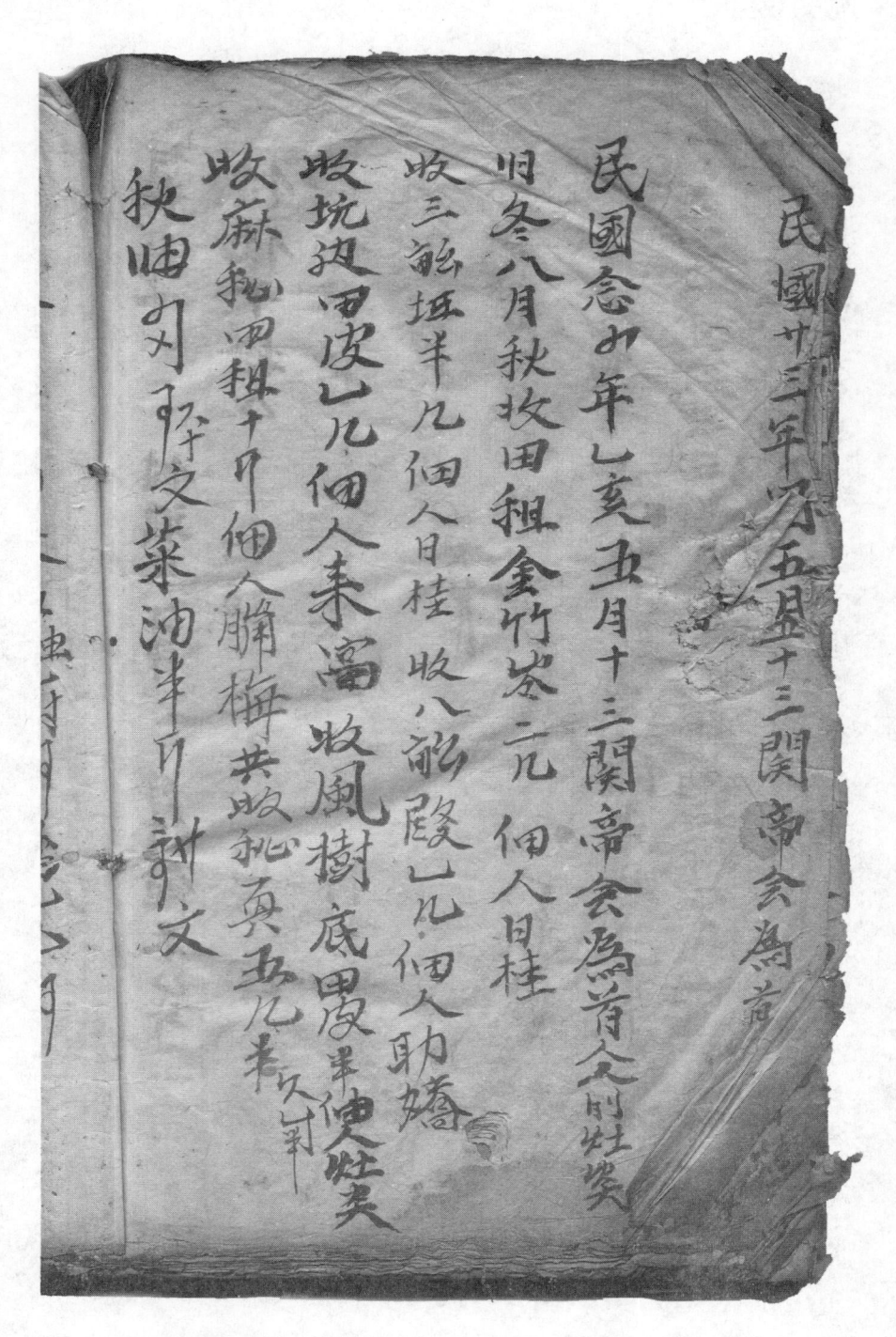

甲子八夕才四十文紅燭山对才香山〇才

表黄白山刀才原毛山刀才刃十文男衣山道才

双敘山块半三刃八十文伏千十〇才外边三串刃十文

禾三仝六十文饒麵句山千八才八十文

酒米山斗飯米山米加文粮乡禾三下

民國念五年丙子為首人俞義桂

旧收出開述

收仝竹山仝田租[illegible]

收三畝[illegible]白[illegible]

江湾镇岕口村 6-128 · 咸丰六年至民国二十九年 · 收租账簿

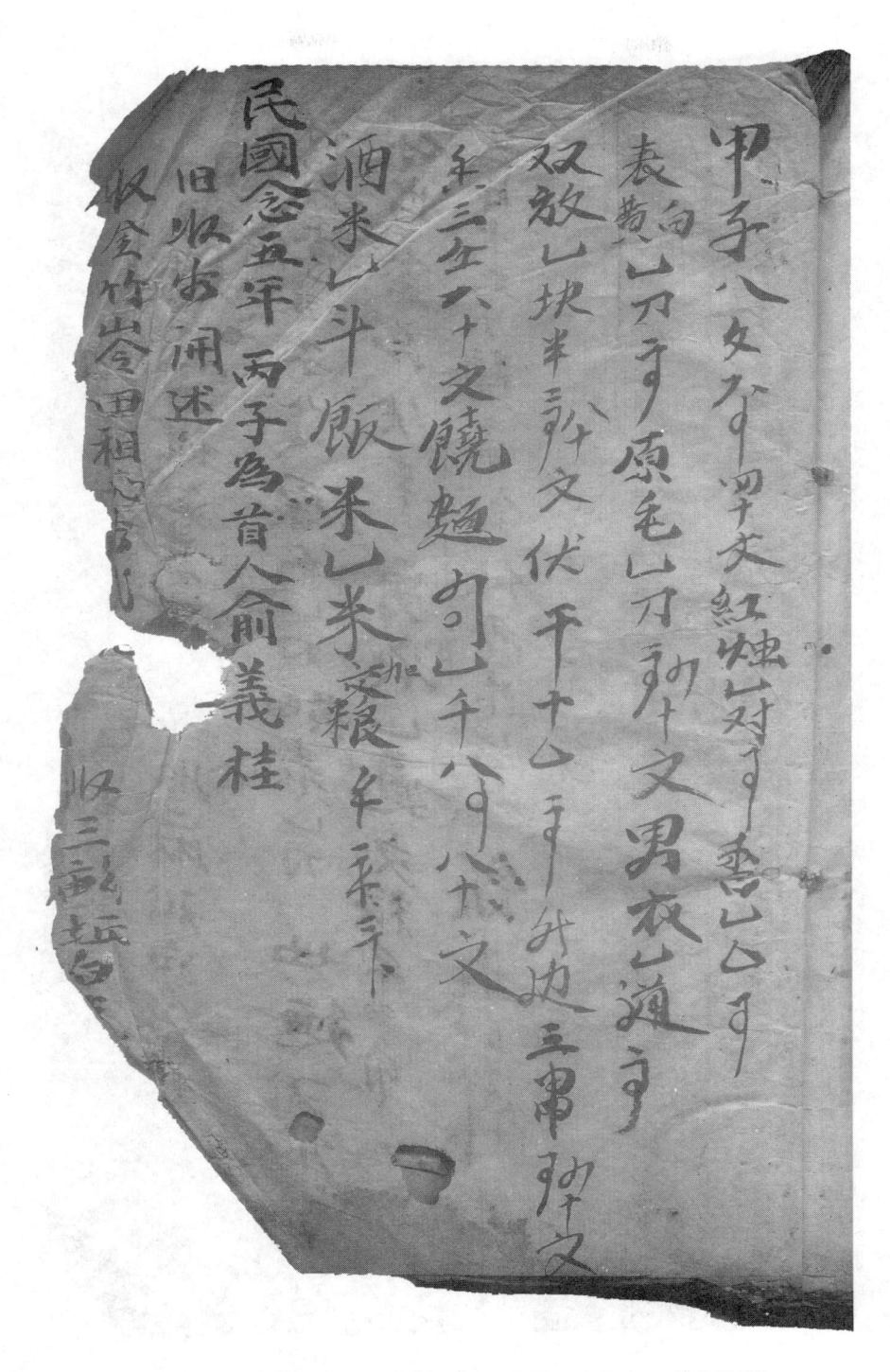

收八畝段[illegible]二[illegible] 收坑边白豆[illegible]

收楓樹底田租白豆[illegible] 收麻秋田三秤

付出香𠂤子八文 原毛二刀 黄白表二刀 世麵[illegible]

付出金良块半 男衣二通 交粮[illegible]角

五月十三日 関帝会 付酒米二升 飯米二升

江湾镇圩口村 6-129 · 咸丰六年至民国二十九年 · 收租账簿

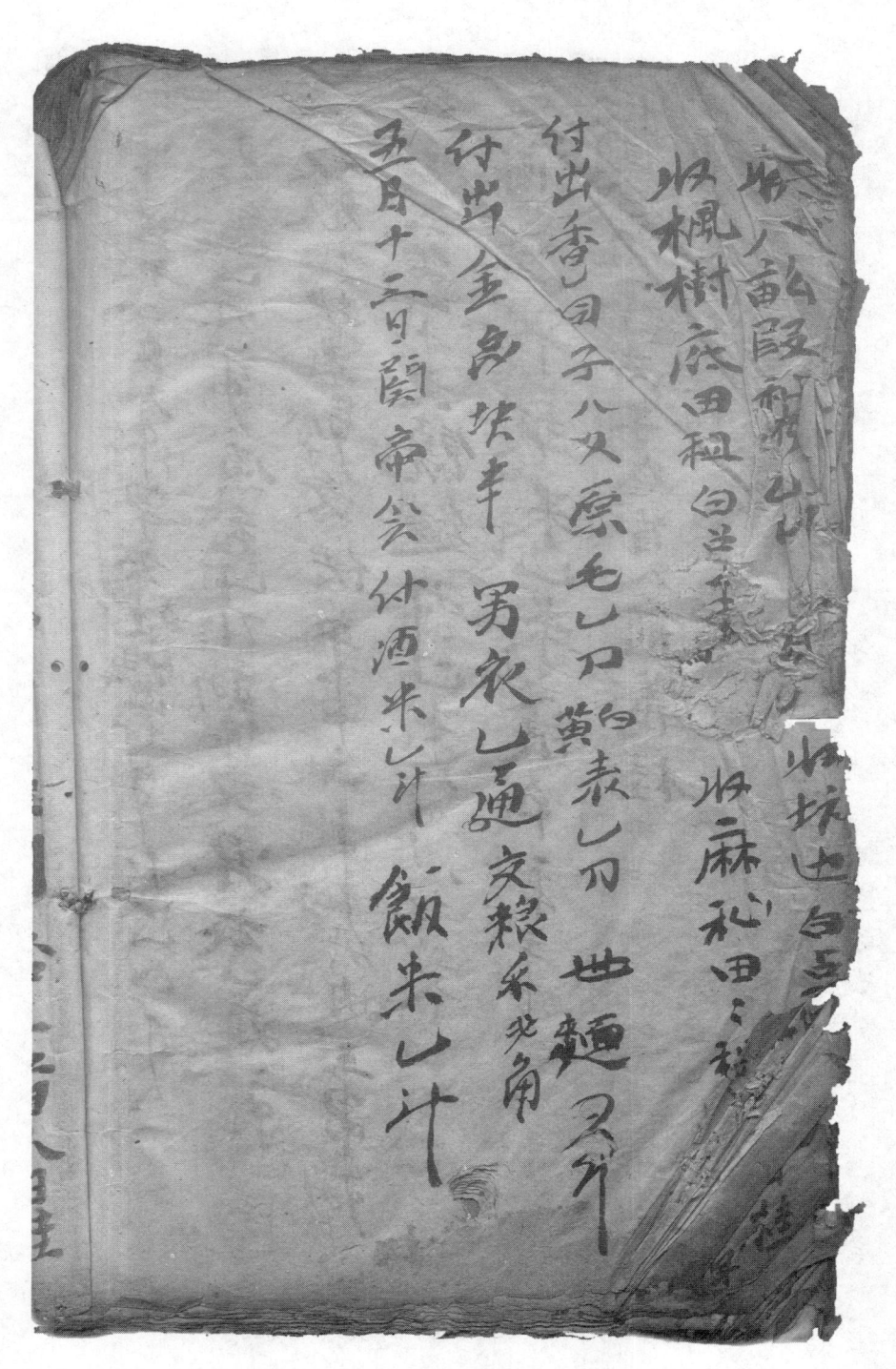

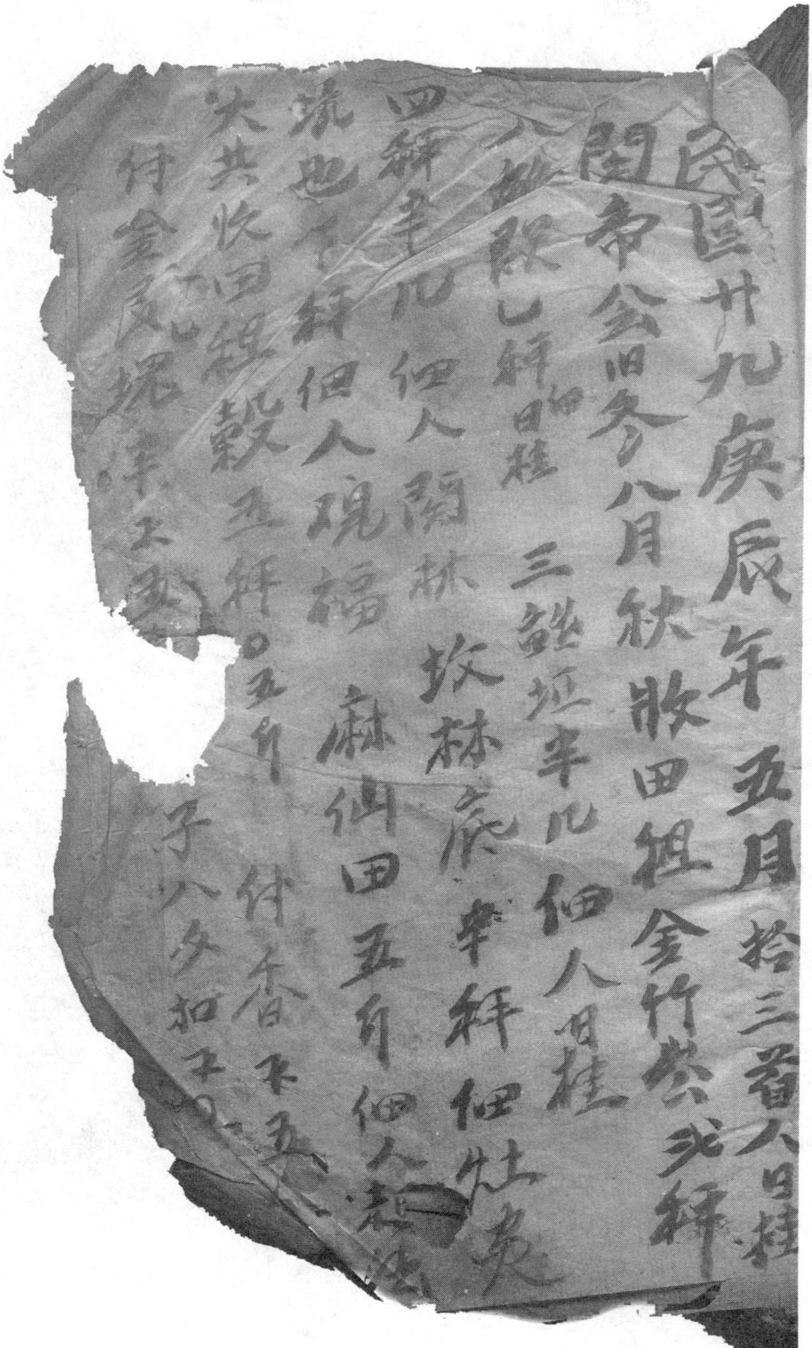

民国廿九庚辰年五月拾三番八日桂
関帝公旧冬八月秋收田租金竹坎弍秤
八丝段乙秤佃日桂 三丝坵半几佃人八日桂
四秤半几佃人閃林 坟林底半秤佃灶兔
流也乙秤佃人覌福 麻仙田五斤佃人
大共收田租谷五秤〇五斤 付香下五
付金茂坭半丁几 子八夕扣子[illegible]

江湾镇坪口村 6-130 · 咸丰六年至民国二十九年 · 收租账簿

江湾镇圩口村 6-131 · 咸丰六年至民国二十九年 · 收租账簿

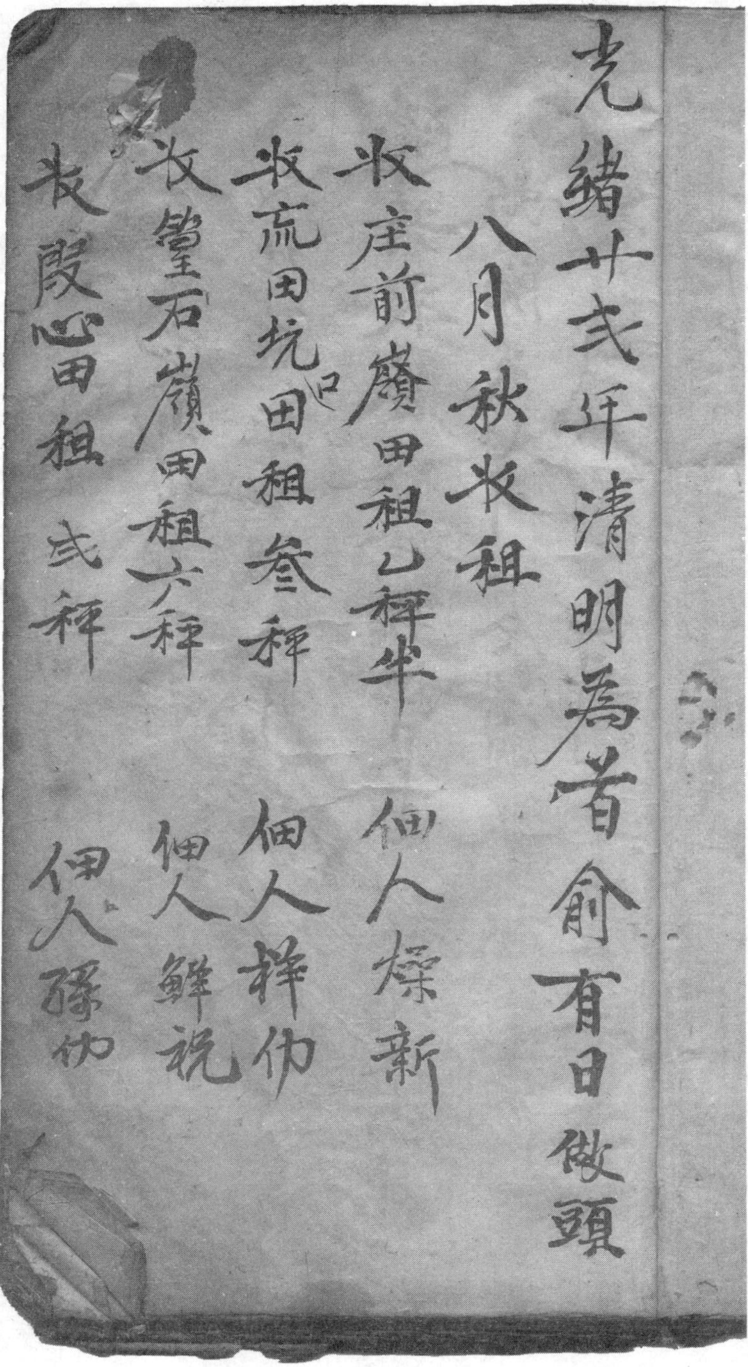
光緒廿弍年清明爲首俞有日做頭
八月秋收租
收庄前廣田租乙秤半　佃人燦新
收流田坑口田租叁秤　佃人祥仂
收鎣石嶺田租六秤　佃人鲜祝
收殿心田租弍秤　佃人孫仂

江湾镇岓口村 4-1 · 光绪二十二年至宣统二年 · 清明会账簿 · 俞有日等

收勘头里田租四秤　佃人新□
收晋後山田租乙秤　佃榮喜仂
收牛軛垣田租八秤 八秤半　佃人曹三九
總共收谷弍拾五秤半　扣米八十乙斗六仝
内除米七斗六仝清明飯　仍米七拾四斗
收和明議五文乙斗　支錢五百□文糙
支□四十二文男衣乙通　支□卅五文豆伕八斤
支錢七十文酒拾　支錢乙百文 金艮乙子毛長□ 色蠟紅燭香紙
支錢五拾文祖力　總共支用八百四八文
總共仍四十三百卅二文　買□五十四□
□外源義泰□價　除□三斤　新蘭□□

江湾镇坾口村 4-2 · 光绪二十二年至宣统二年 · 清明会账簿 · 俞有日等

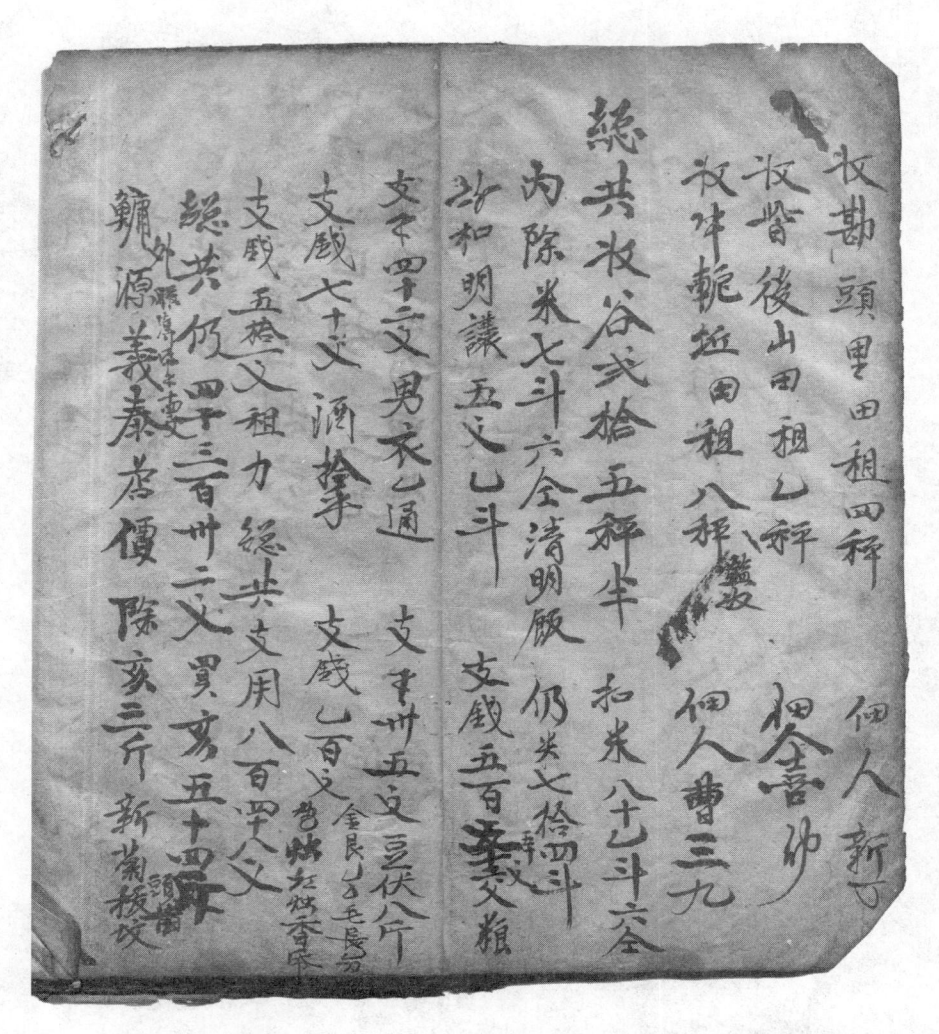

光緒廿叁年清明頭首俞有圭做頭

九月秋收租

收庄前嶺田租乙九半　佃人燥森

收流田坑口田租三九　佃人祥仂

收望石嶺田租六九　佃人先竹

收段心田租二九　佃人田仂

收勘頭里田租四九　佃人勤丁

江湾镇圩口村 4-3 · 光绪二十二年至宣统二年 · 清明会账簿 · 俞有日等

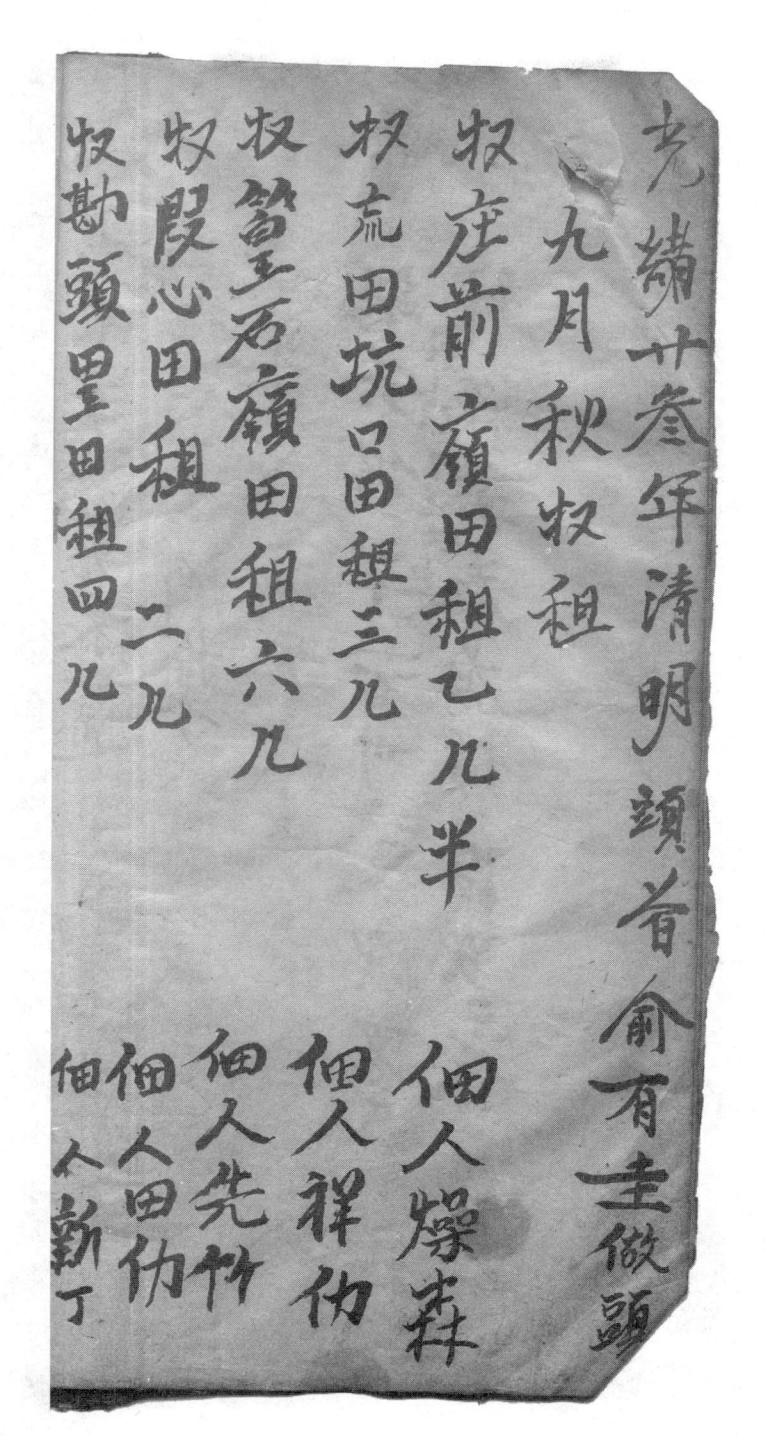

收牛軏塩六八监叔　佃人曹三九
大共廿三八畢扣米七十五斗十二仝
内除米七斗六仝清明飯仍米六十七斗
六仝九十文乙斗洽扣明羹五文乙斗
支下五百五十文交粮支下四千二两男衣乙通
支下卅五文豆伏八斤支下七十文酒十斤
支下金艮乙毛長乙刀香弄也紅烛了。
支下四十七文力大共支下八百四十九文

江湾镇圩口村 4-4 · 光绪二十二年至宣统二年 · 清明会账簿 · 俞有日等

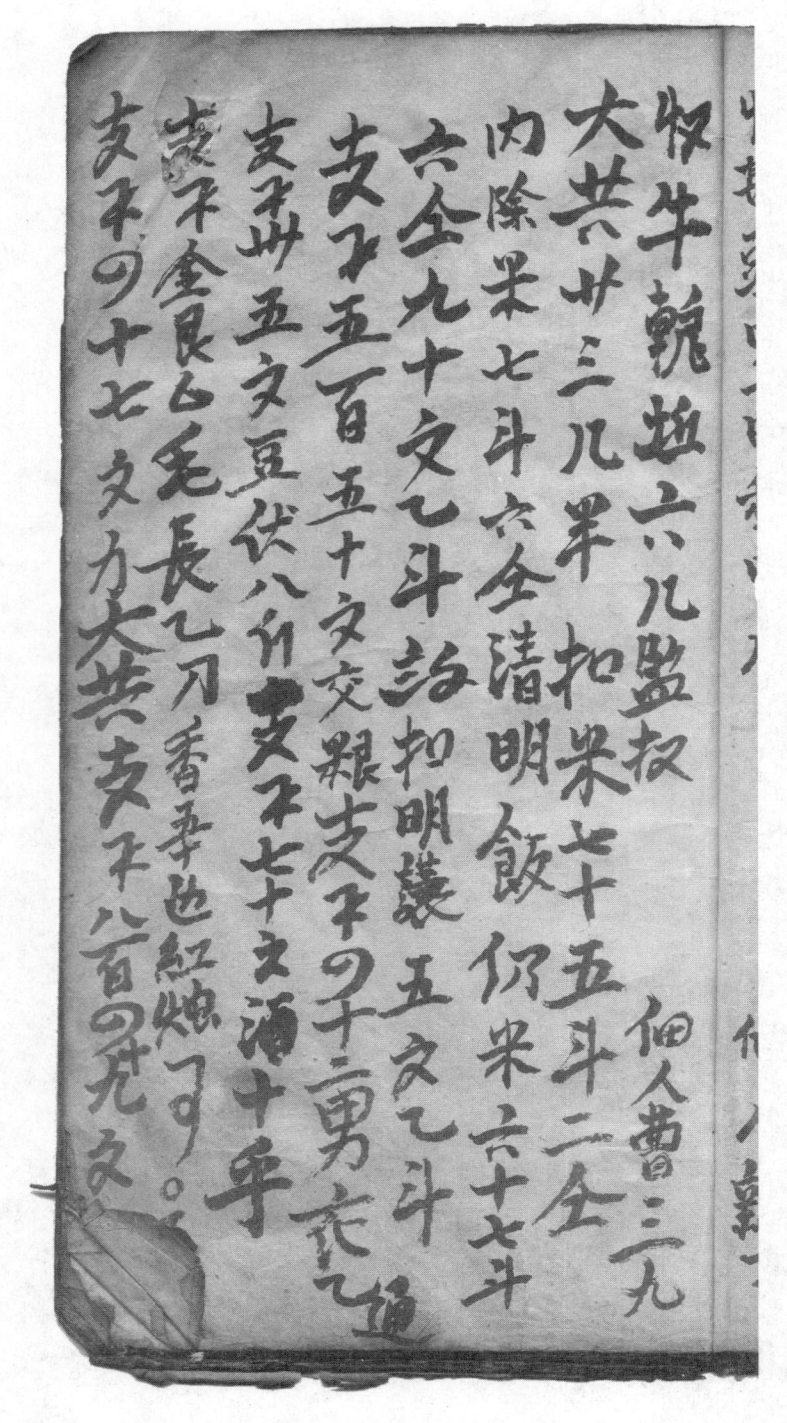

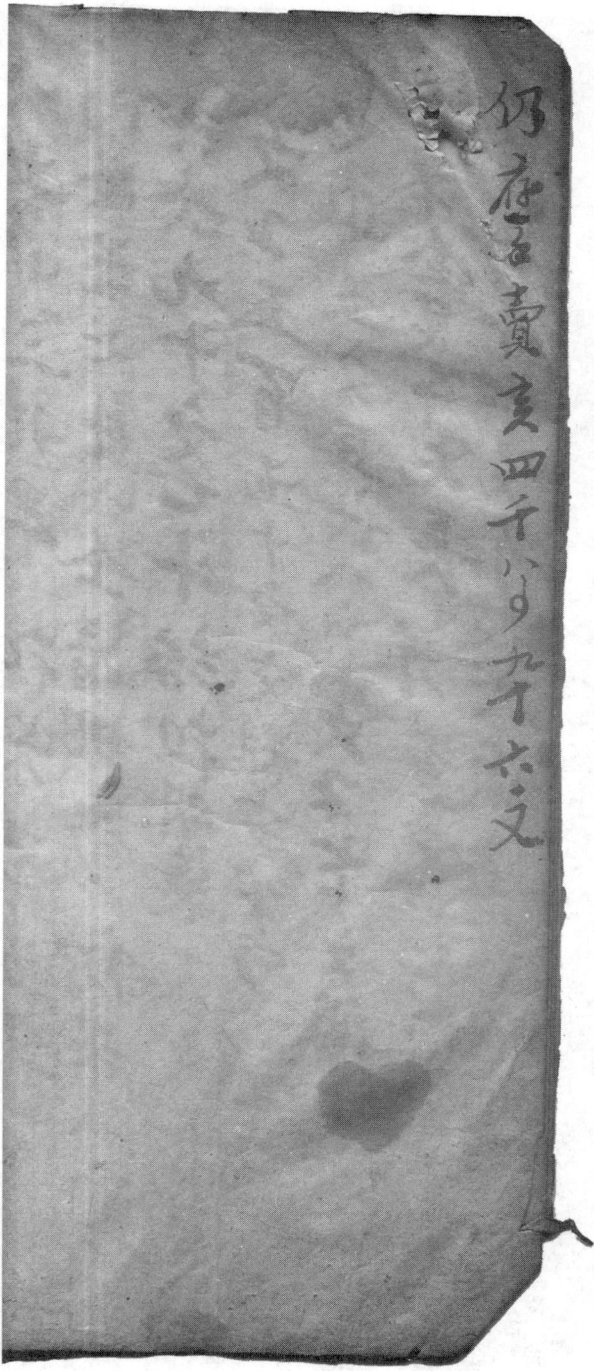

江湾镇岕口村 4-5 · 光绪二十二年至宣统二年 · 清明会账簿 · 俞有日等

光緒念四年清明為首人俞士岩做頭

金林公 九月秋收田租秈穤

收勘頭田租秈谷四秤 又谷一秤

收在前山嶺田租秈谷乙秤半

收荒田坑口細租谷三秤

收橫石山嶺田租秈谷八秤

收牛軛坵田租穤谷八秤半 藍收

收股心里田租穤谷弍秤

佃人新丁

佃人新申

佃人祥仂

佃人先竹

佃人曹三九

佃人田仂

江湾镇岕口村 4-6 · 光绪二十二年至宣统二年 · 清明会账簿 · 俞有日等

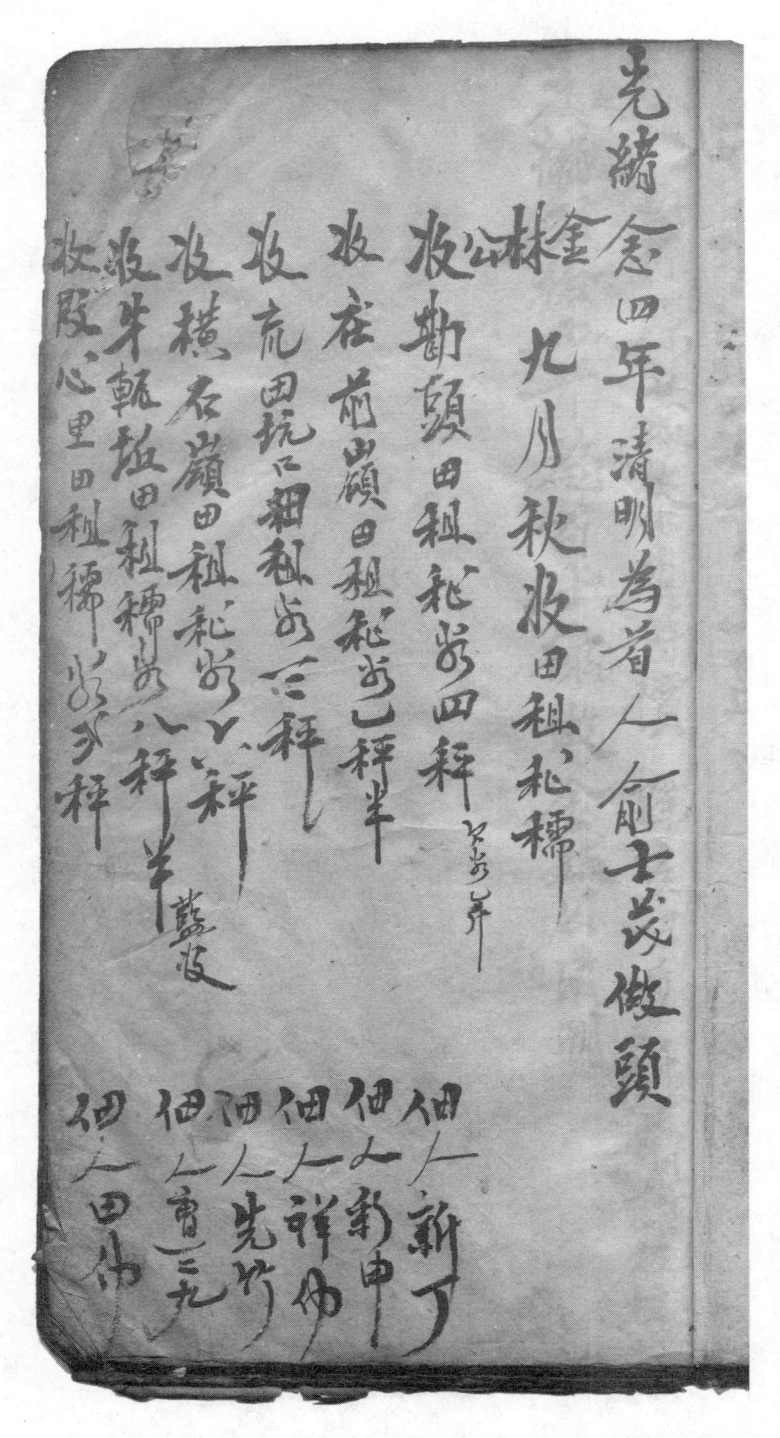

光緒念四年[illegible]首人[illegible]收[illegible]錢

辦得義泰店時價隆亥三斤新葑頭枝坟

光緒弍拾五年為首士槐做金林公清明

江湾镇圩口村 4-7 · 光绪二十二年至宣统二年 · 清明会账簿 · 俞有日等

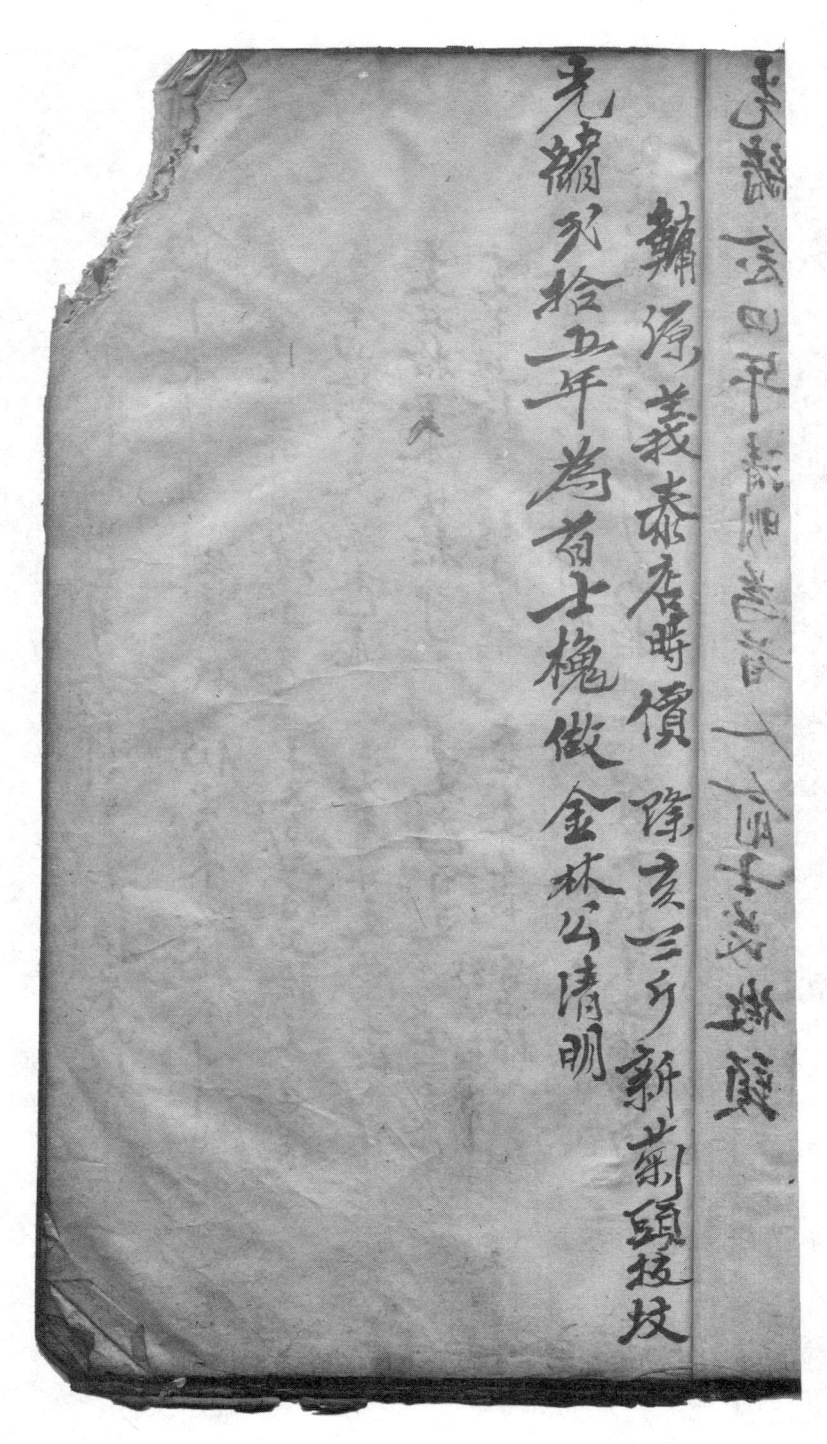

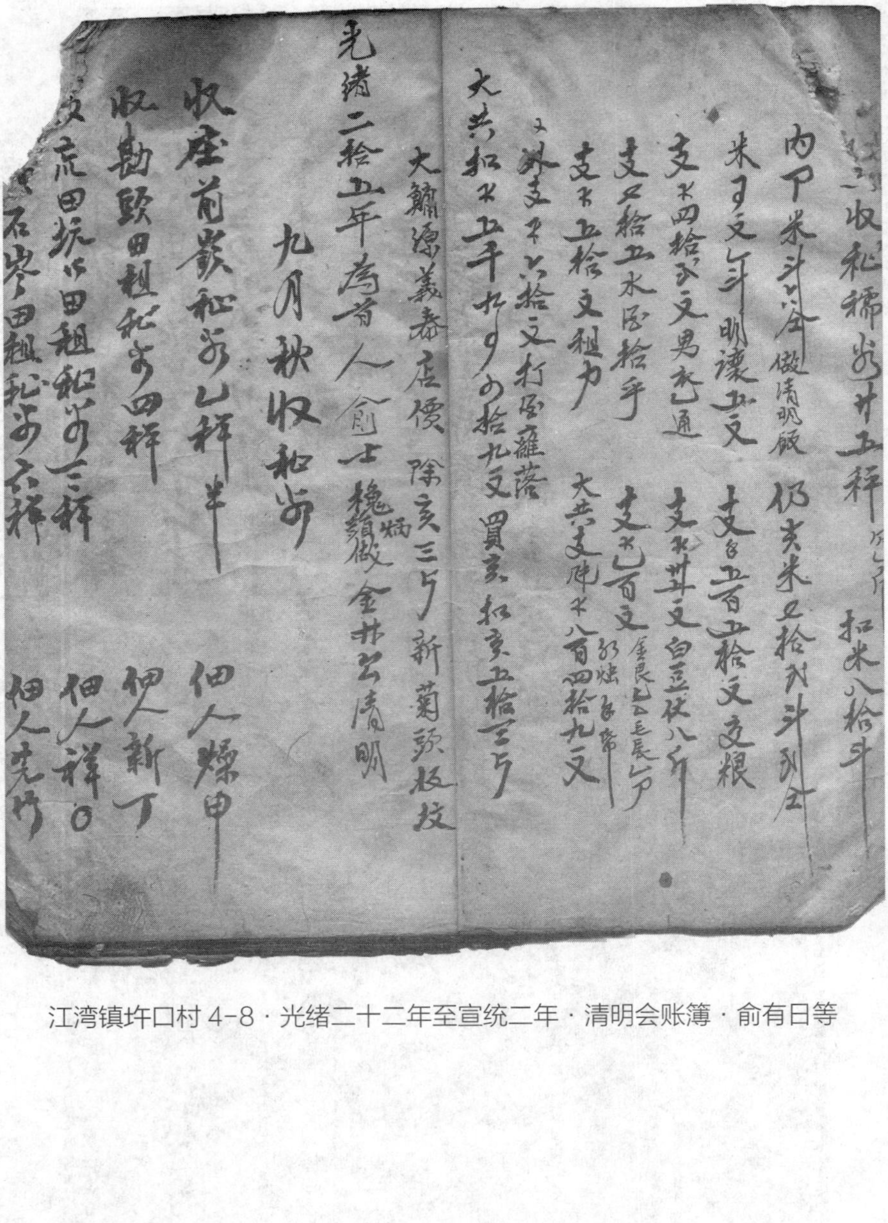

收秈糯谷廿五秤 扣米八拾斗

内下米斗六合 做清明飯 仍实米五拾[illegible]斗[illegible]合

米[illegible]文[illegible]斤 明讓[illegible]文 支[illegible]百五拾文 交粮

支[illegible]四拾[illegible]文 男衣[illegible]通 支[illegible]廿文 白豆仗八斤

支[illegible]拾五水谷拾斗 支[illegible]百文 [illegible]

支[illegible]五拾文 租力 大共支[illegible]八百四拾九文

又外支[illegible]六拾文 打谷羅落

大共扣[illegible]五千[illegible]拾九文 買实 扣实五拾三斤

大舖源義泰店價 除实三斤 新菊頭枚枝

光緒二拾五年為首人 俞士槐 [illegible] 做 金林 宗清明

九月秋收秈谷

收屋前嶺秈谷山秤半 佃人燦申

收勘頭田租秈谷四秤 佃人新丁

收荒田坑下田租秈谷[illegible]三秤 佃人祥[illegible]

收石岑田租秈谷六秤 佃人先竹

江湾镇圩口村 4-8 · 光绪二十二年至宣统二年 · 清明会账簿 · 俞有日等

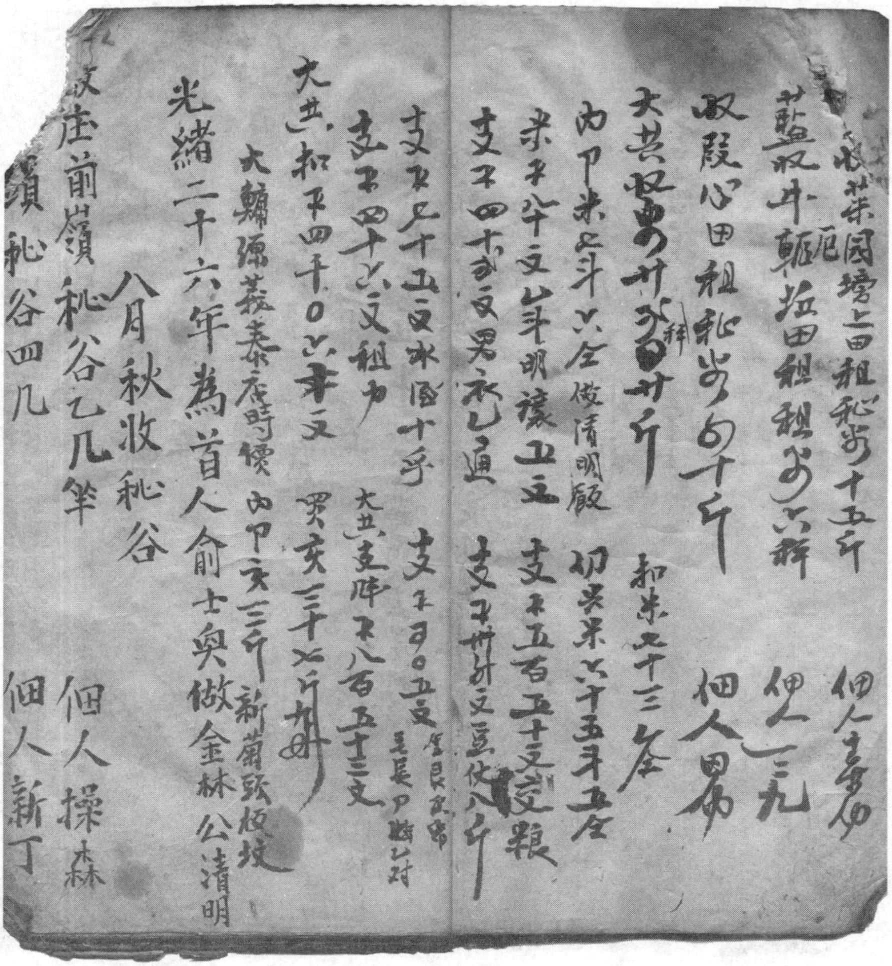

江湾镇圩口村 4-9 · 光绪二十二年至宣统二年 · 清明会账簿 · 俞有日等

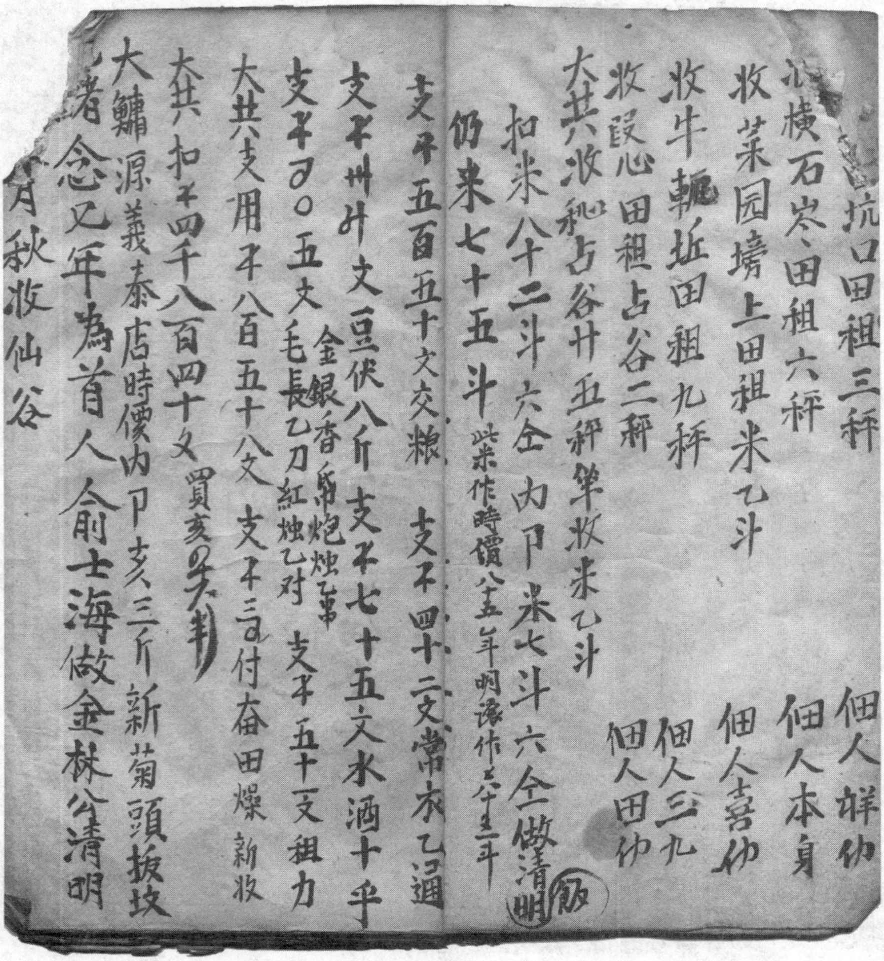

□坑口田租三秤　佃人祥仂
□横石岑田租六秤　佃人本身
收菜园墈上田租米乙斗　佃人喜仂
收牛軛坵田租九秤　佃人三九
收叚心田租占谷二秤　佃人田仂
大共收租占谷廿五秤并收米乙斗
扣米八十二斗六仝内卩米七斗六仝做清明
仍米七十五斗　棠作時價八五年明讓作六斗五升
支〒五百五十文交粮　支〒四十二文常衣乙通
支〒卅廾文豆伏八斤　金銀香帋炮烛笋　支〒七十五文水酒十斗
支〒刁〇五文毛長乙刀紅烛乙对　支〒五十文租力
大共支用〒八百五十八文　支〒三文付奋田爆　新收
大共扣〒四千八百四十文　買亥の头利
大鏞源義泰店時價内卩亥三斤新菊頭拔坟
□緒念乙年為首人俞士海做金林公清明
□月秋收仙谷

江湾镇圩口村 4-10 · 光绪二十二年至宣统二年 · 清明会账簿 · 俞有日等

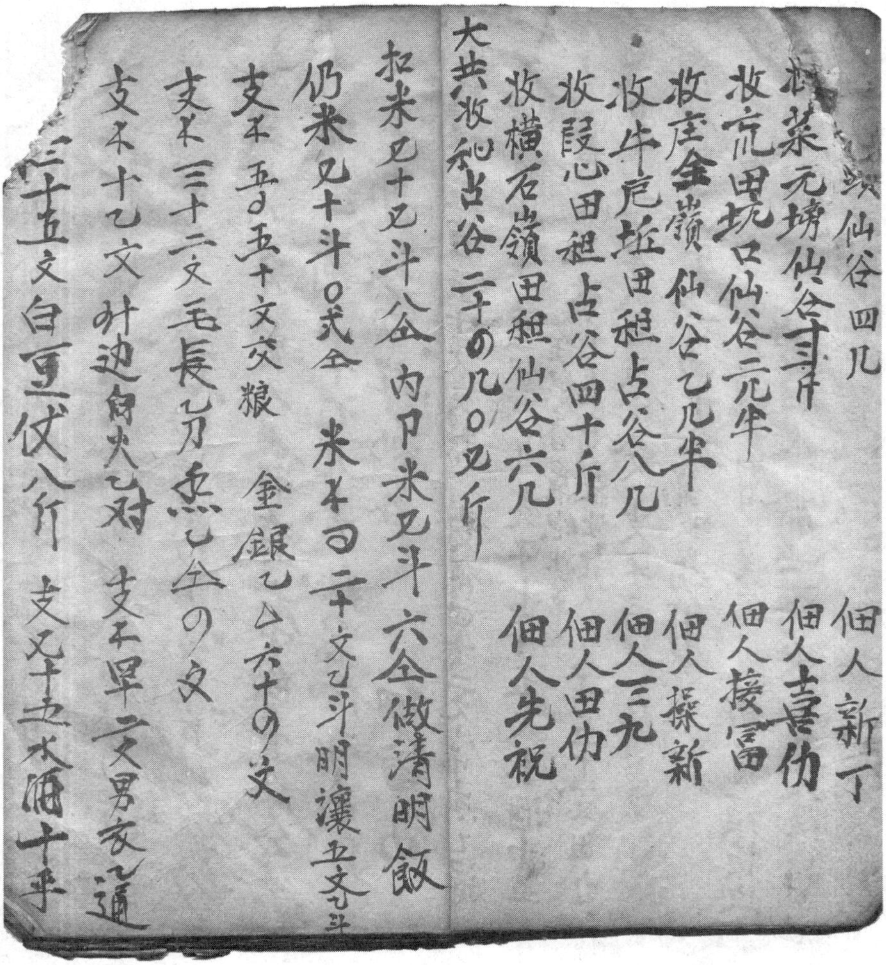

收□頭仙谷四几
收菜元塝仙谷十三斤
收亢几田塝口仙谷二几半
收庄金嶺仙谷乙几半
收牛尼坵田租占谷八几
收段心田租占谷四十斤
收横石嶺田租仙谷六几
大共收租占谷二十〇几〇乙斤

佃人新丁
佃人吉仂
佃人接富
佃人操新
佃人三九
佃人田仂
佃人先祝

扣米乙十乙斗八合 内卩米乙斗六合做清明飯
仍米乙十斗〇式合 米本曰二十文乙斗明讓五文乙斗
支本五百五十文交粮 金銀乙合六十〇文
支本三十二文毛長乙刀魚乙合〇文
支本十乙文卄边肉火乙对 支本早二文男家乙道
支三十五文白豆腐八斤 支乙十五文酒十乎

江湾镇岸口村 4-11 · 光绪二十二年至宣统二年 · 清明会账簿 · 俞有日等

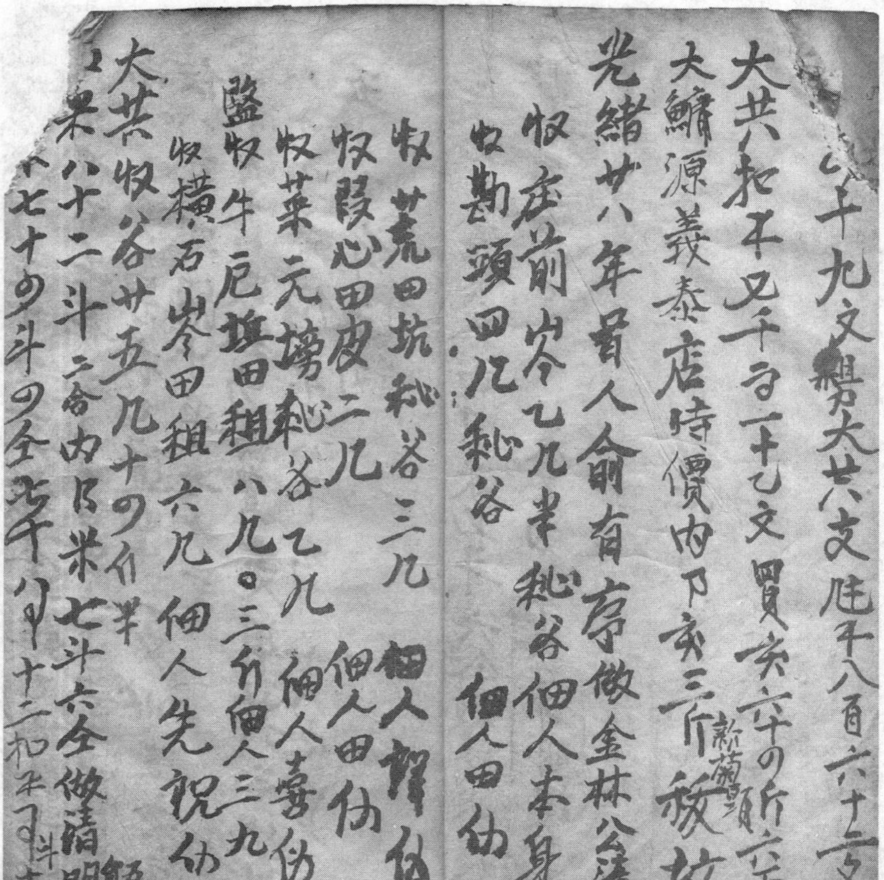

乙千九文　大廿六文　乙千八百六十二文
大共扣本又千乙十乙文　買炭六十四斤六兩
大鮮源義泰店侍價内下炭三斤　新蘭頭　發坟
光緒廿八年晋人俞有存做金林公清明
收庄前岺乙九半秈谷　佃人本身
收勘頭田九秈谷　佃人田仂
收廿荒田坑秈谷三九　佃人謝仂
收段心田皮二九　佃人田仂
收菜元塝秈谷乙九　佃人喜仂
監收牛尼塆田租八九〇三斤　佃人三九
收横石岺田租六九　佃人先祝仂
大共收谷廿五九十四斤半
又果八十二斗二合内下米七斗六合做清明飯
又七十四斗四合七斗八升十二和米下斗十

江湾镇圩口村 4-12 · 光绪二十二年至宣统二年 · 清明会账簿 · 俞有日等

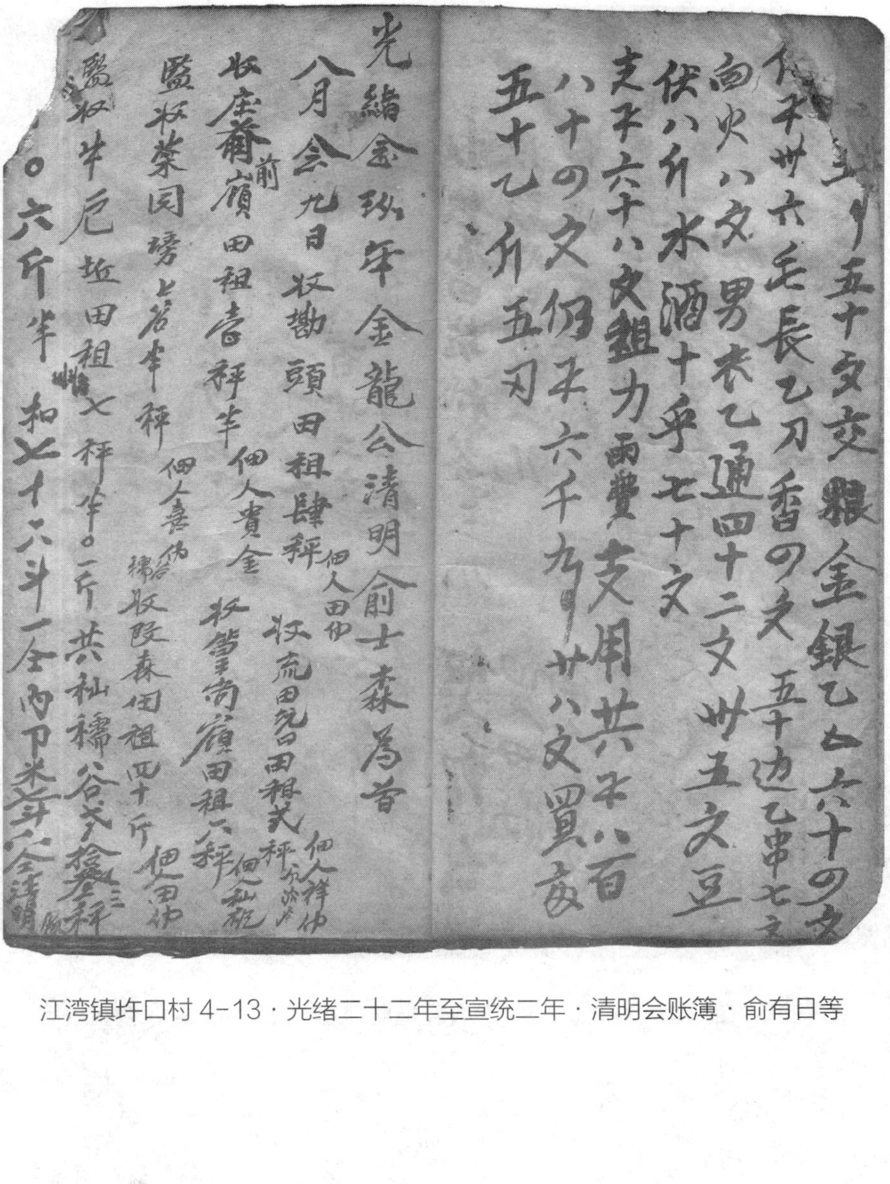

江湾镇坍口村 4-13 · 光绪二十二年至宣统二年 · 清明会账簿 · 俞有日等

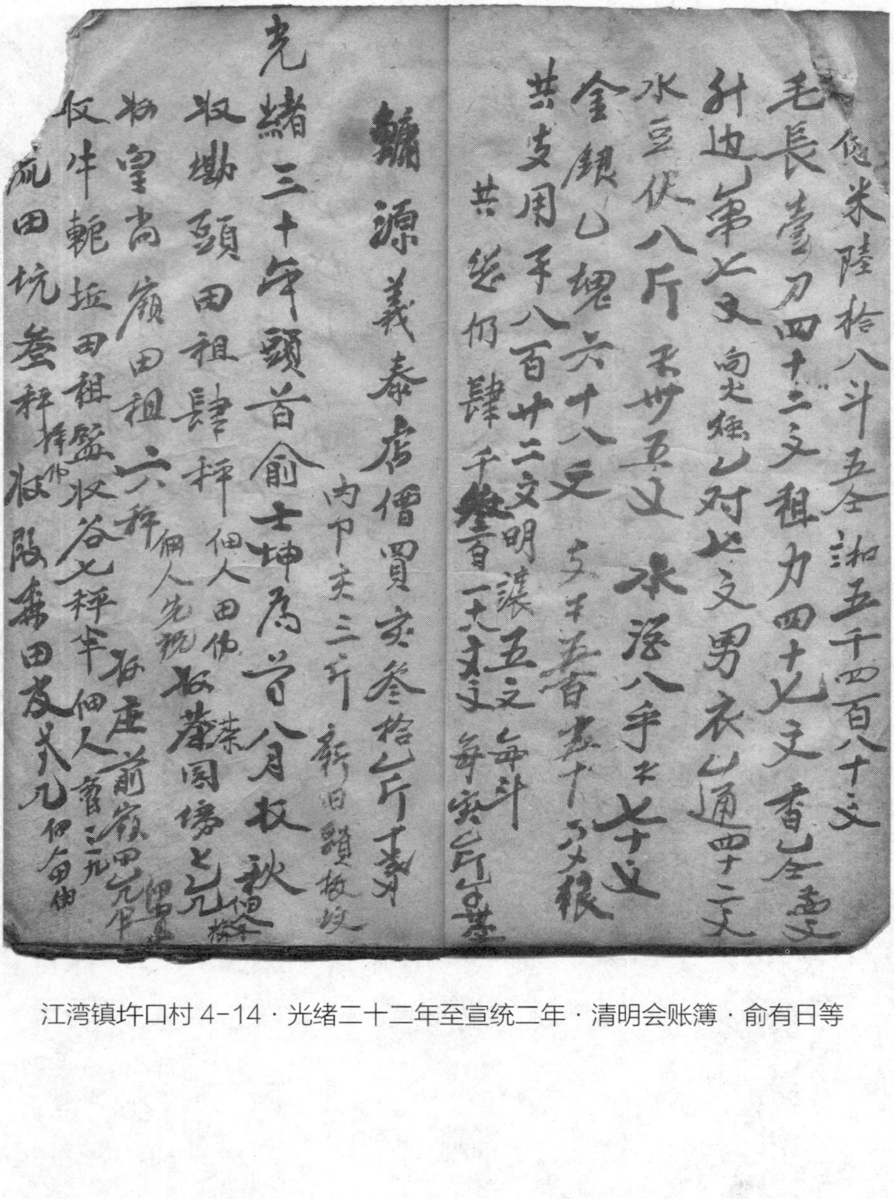
毛長壹刀四十二文 祖力四十七文 香仝壹支
升边第七文 自火烛仝对七文 男衣仝通四十二文
水豆伏八斤 卅五文
金银仝壜六十八文 水酒八手 七十文
共支用手八百廿二文
鑛源義春店價買來叁拾斤
光緒三十年頭首俞士坤爲首八月收秋
收塅頭田租肆秤
收皇尚嶺田租六秤
收牛軛坵田租盤收谷七秤半

江湾镇坾口村 4-14 · 光绪二十二年至宣统二年 · 清明会账簿 · 俞有日等

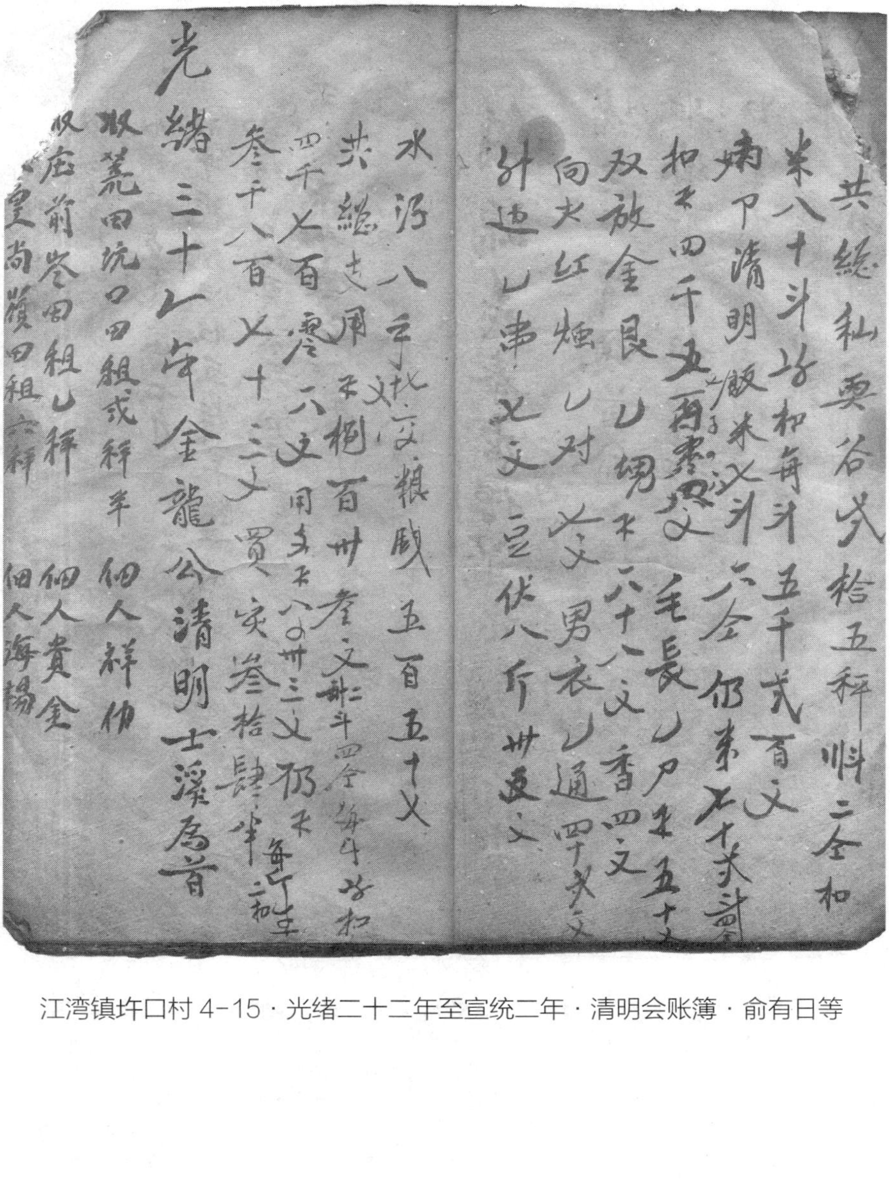

共總私要谷弍拾五秤料二仝和
米八十斗 共和每斗五千弍百文
炳卩清明飯米□斗六仝 仍來弍十弍對
和米四千五百零四文 毛長一尸米五十文
双放金艮一纫米六十八文 香四文
向大紅燭一对 六文 男衣一通 四十文
計進一串 七文 豆伏八斤 卅五文

水酒八斤找交粮戥 五百五十文
共總支用米捌百卅叁文 斗二斗四仝 每斗 合和
四千七百零六文 用去米八斗卅三文 仍米每斤二和
叁千八百七十二文 買米叁拾肆斗半
光緒三十一年金龍公清明士溪為首
收蒄田坑口田租弍秤半 佃人祥伯
收庄前㟁田租一秤 佃人貴金
□塆尚嶺田租六秤 佃人海楊

江湾镇圩口村 4-15 · 光绪二十二年至宣统二年 · 清明会账簿 · 俞有日等

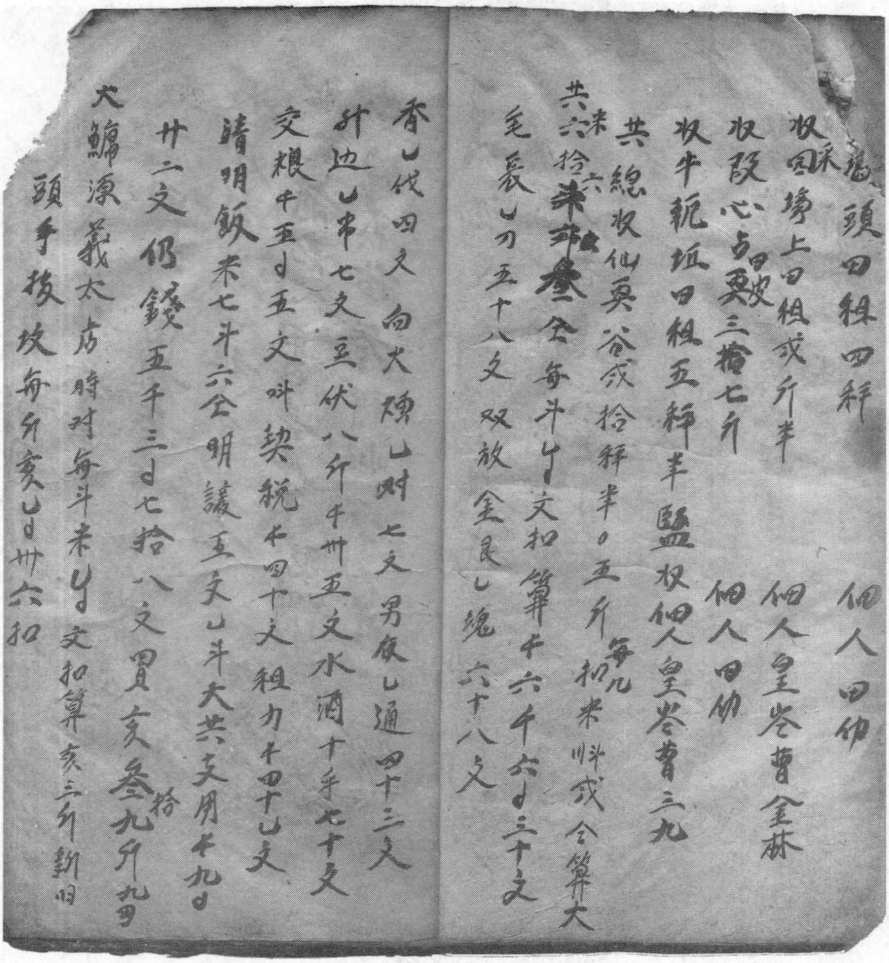

收采頭田租四秤　佃人田仂
收周塝上田租貳斤半　佃人皇岑曹金林
收段心占田叓三拾七斤　佃人田仂
收牛瓶垣田租五秤半監收佃人皇岑曹三九
共總收仙莫谷貳拾秤半〇五斤每九扣米[illegible]貳[illegible]算大
共米拾六[illegible]叁[illegible]每斗[illegible]文扣算[illegible]六千六[illegible]三十文
毛長[illegible]刀五十八文　双放金艮[illegible]兑六十八文

香[illegible]代四文　向大燭[illegible]紙七文　另夜[illegible]通四十三文
升边[illegible]米七文　豆伏八斤[illegible]卅五文　水酒十手七十文
交粮[illegible]五[illegible]五文　叫契税[illegible]四十文　租力[illegible]四十[illegible]文
請明飯米七斗六[illegible]　明議豆文[illegible]斗大共支用[illegible]九[illegible]
廿二文　仍錢五千三[illegible]七拾八文　買亥叁拾九斤九两
大鳊源義太店時对每斗米[illegible]文扣算亥三斤新旧
頭手拔坟每斤亥[illegible]卅六扣

江湾镇垳口村 4-16 · 光绪二十二年至宣统二年 · 清明会账簿 · 俞有日等

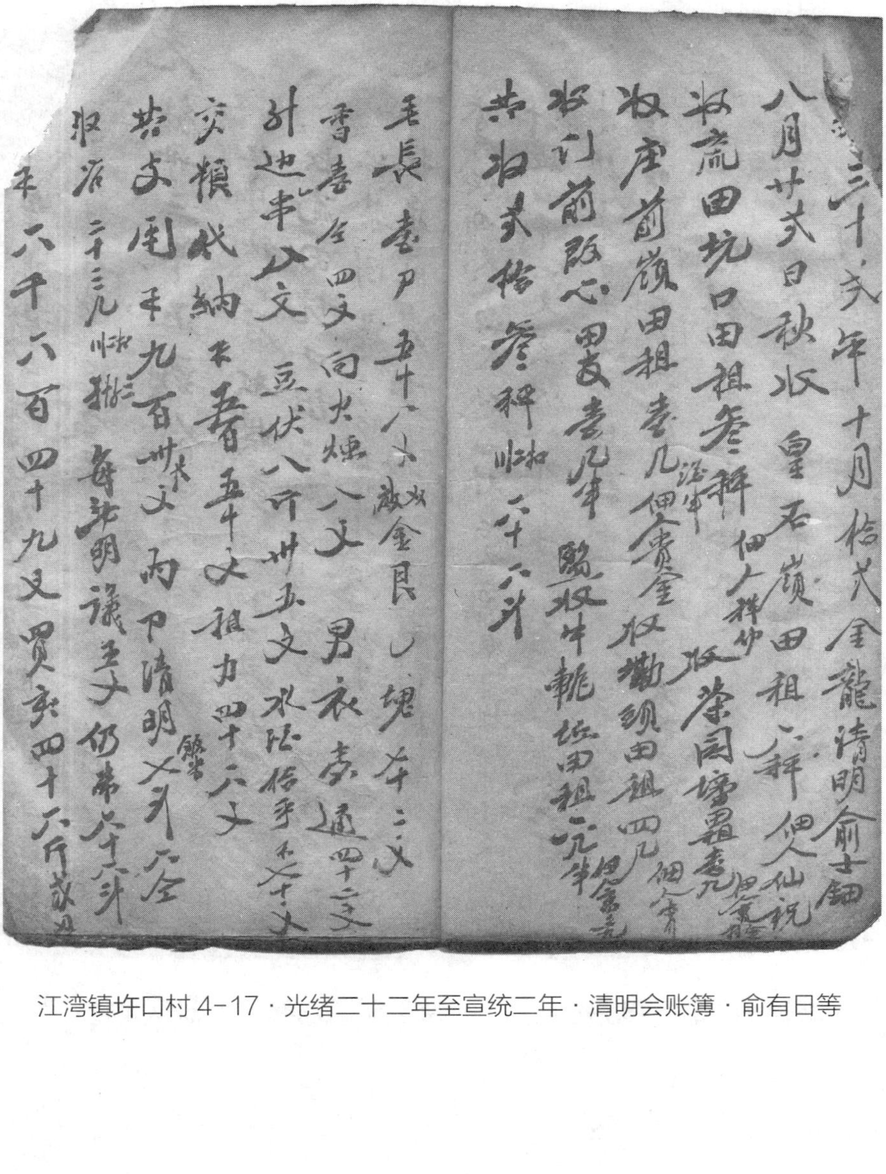

江湾镇圩口村 4-17 · 光绪二十二年至宣统二年 · 清明会账簿 · 俞有日等

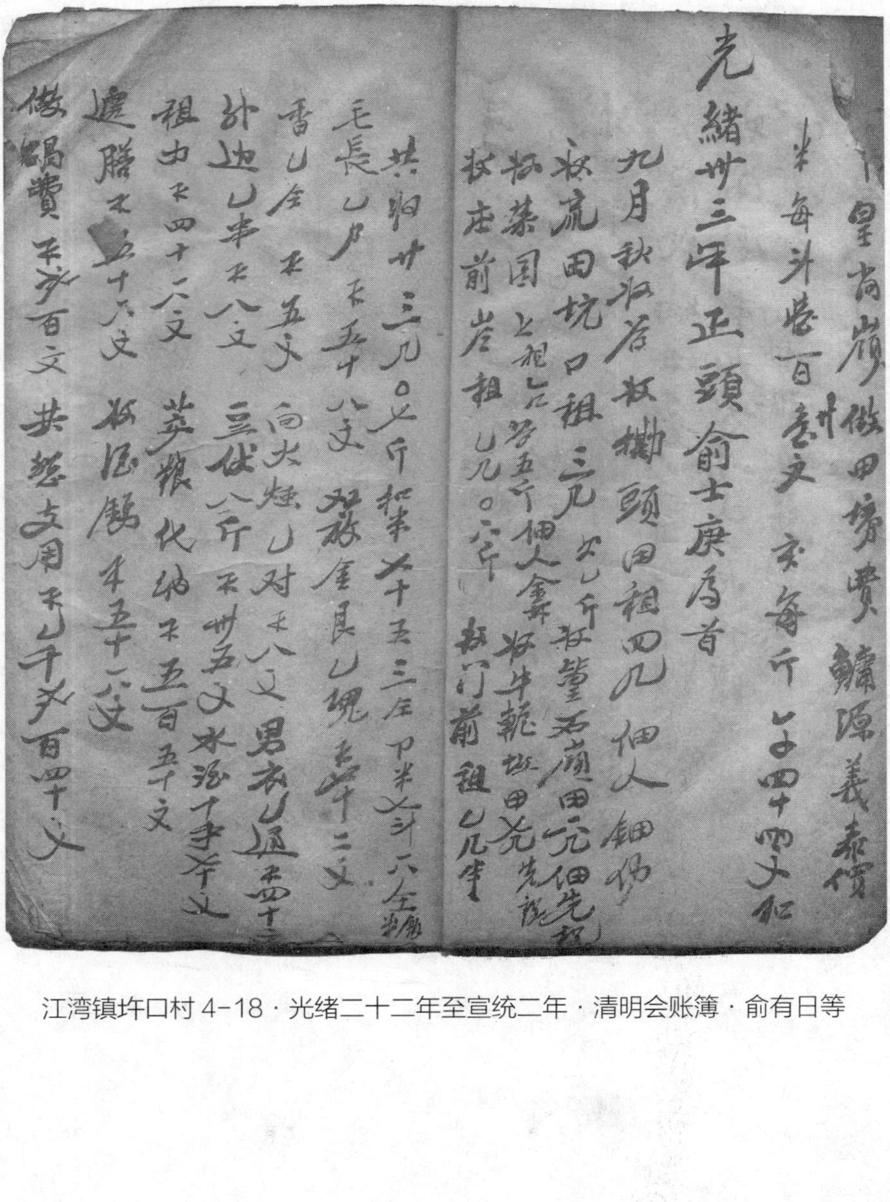

光緒卅三年正頭俞士庚為首

九月秋水唇收撕頭田租四凢佃人鉏仍
收流田坑口祖三元凢山斤按蘿石蘭田一元先和
收茶園上租二岁五斤佃人套好牛蘢挞田光先和
校庄前岩租四九○六斤

半每斗巻百卅文 實每行七十四十四文ㄣ
皇首嶺做田幇費 婺源義泰價

共归廿三凢○七斤探斗十五左卬米六斗六全粬
毛長山戶下五十八文
外秧金艮山䋲長廿二文
香山金五五文 向火煠山對下八文 男老山退下四十二
外地山束下八文 三伏八斤下卅五文水泊十二斤十义
祖山下四十六文 茅粮化納下五百五十文
遠膳下五十六文 放风鶡下五十六文
做喝費下艹百文 共經文用下山千又百卌义

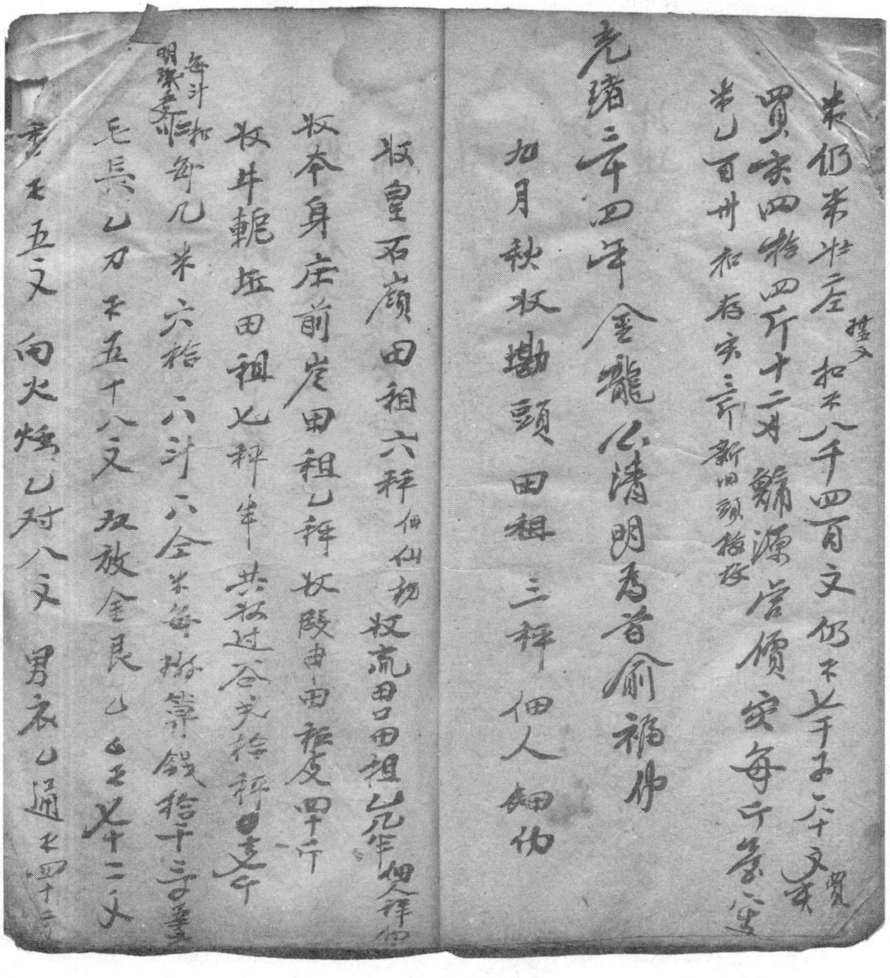

来价弟壮庄 扗文 和本八千四百文 价本七千[illegible]八十文

買实四拾四斤十二两 鲭源尝价 实每斤[illegible]

米一百卅 和存实三斤 新田头存

光绪二十四年金龍公清明為首俞福仂

九月 秋收坳頭 田租 三秤 佃人 細仂

收皇石嶺田租六秤 佃仙初 收流田口田租[illegible] 佃人祥仂

收本身庄前岸田租一秤 收殿由田租[illegible]斤

收牛轭垃田租七秤半 共收过谷[illegible]拾秤[illegible]斤

每斗和 明账在 每几米六拾六斗六合 米每擔 算钱拾[illegible]

毛長一刀 本五十八文 收放金良一 [illegible]十二文

費本五文 向火烛一对八文 男衣一通 本四十[illegible]

江湾镇圩口村 4-19 · 光绪二十二年至宣统二年 · 清明会账簿 · 俞有日等

交粮代納五百五十文 租力五四十二文
升边山串八文 北斗六全清明做讨八千三百
共净结做带下贾结米千零六十二文
奶木存八千茭百八十七文买立器八斤斗
鳙源店价卖每斤八百文知

宣统元年金龍公清明為首士義做
秋收仙糯谷 收田仍墈頭秈谷三元半
收河上西秈谷六秤 收幌口坑口秈谷三九
收舡请菜園塘上秈谷九九 收牛樵埕红占九九
收綱維您弘占九米半 收堪边分九九
大共收仙糯廿茭九 付力矣四十三文

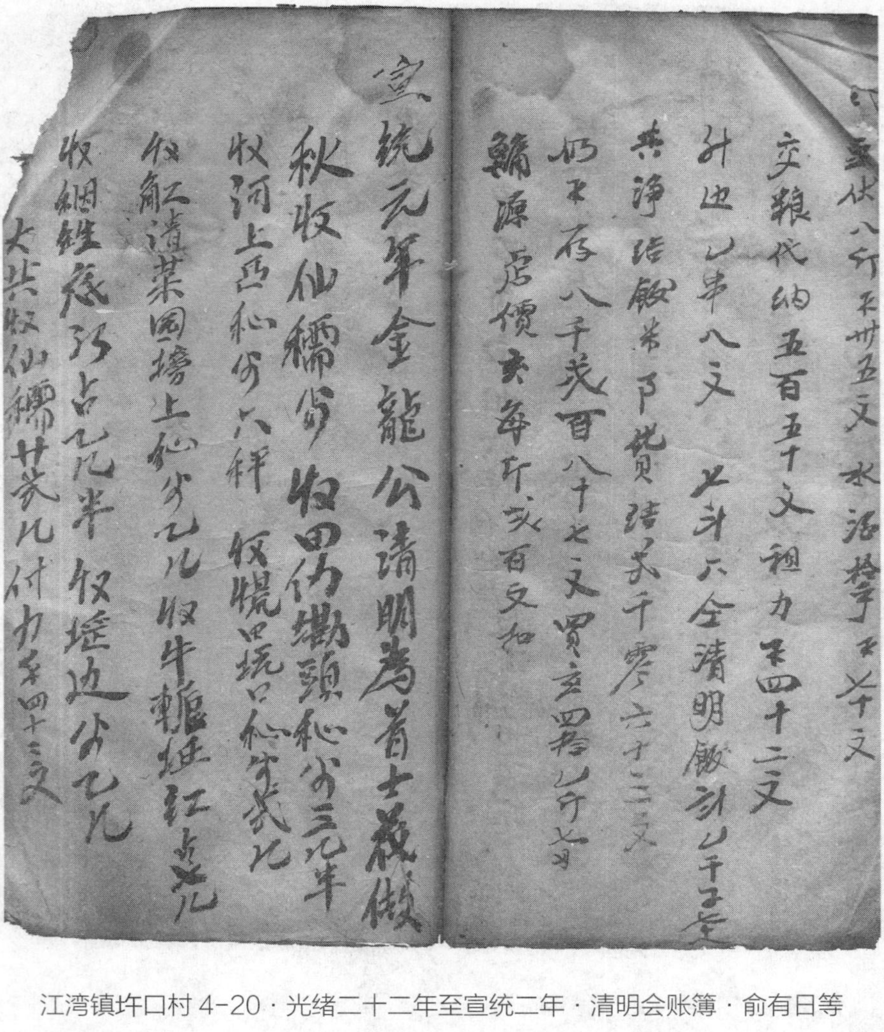

江湾镇圩口村 4-20 · 光绪二十二年至宣统二年 · 清明会账簿 · 俞有日等

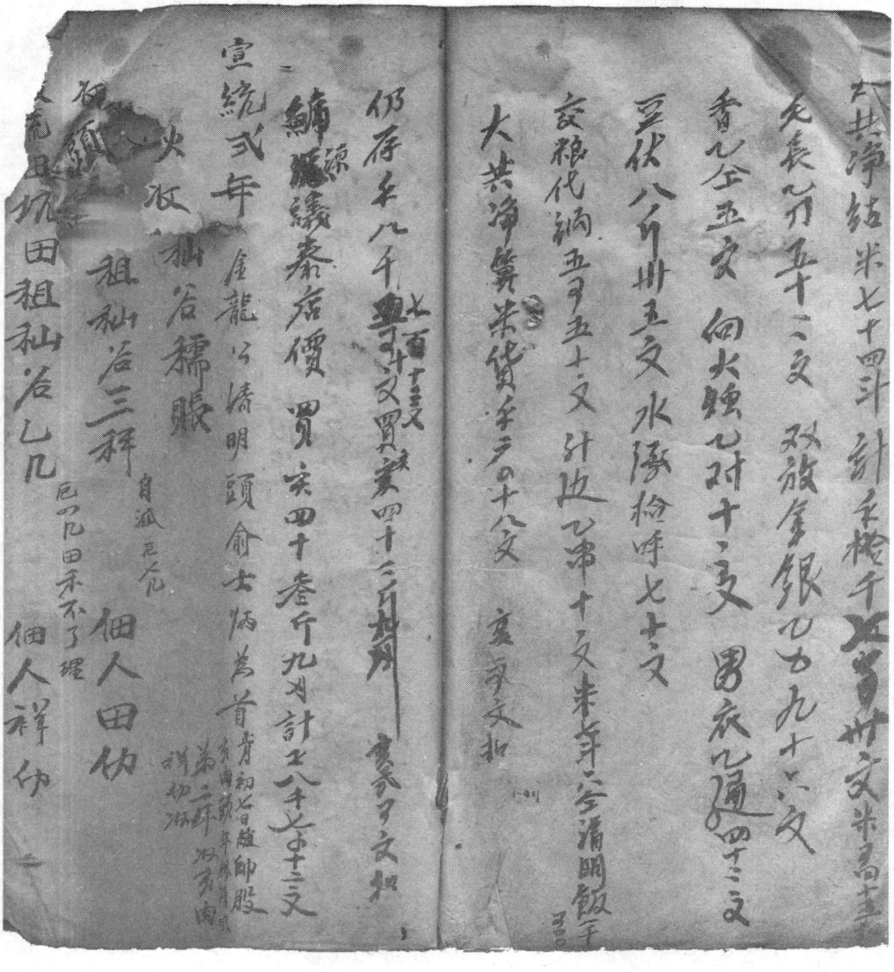

大共净结米七十四斗 計禾検千文贯卅文 米富十五
先衣乙刀五十二文 又放金银乙力九十六文
香乙仝五文 向火烛乙对十二文 男衣乙通四十二文
豆伏八斤卅五文 水像检呼七十文
交粮代纳五百五十文 計支乙弗十文 米卒六分清明飯
大共净籴米贷千户四十八文
裹文文柏

仍存手乙千七百十三文 買肉四十二斤 ……
裹文文柏

二 鳞源議秦店價 買肉四十叁斤九兩 計二八千文十二文

宣統弍年 金龍公清明頭俞士炳為首 青初七日 ……

決收租谷糯賬

租谷三秤 自派 佃人田仂

荒田坑田租谷乙几 佃人祥仂

江湾镇圩口村 4-21 · 光绪二十二年至宣统二年 · 清明会账簿 · 俞有日等

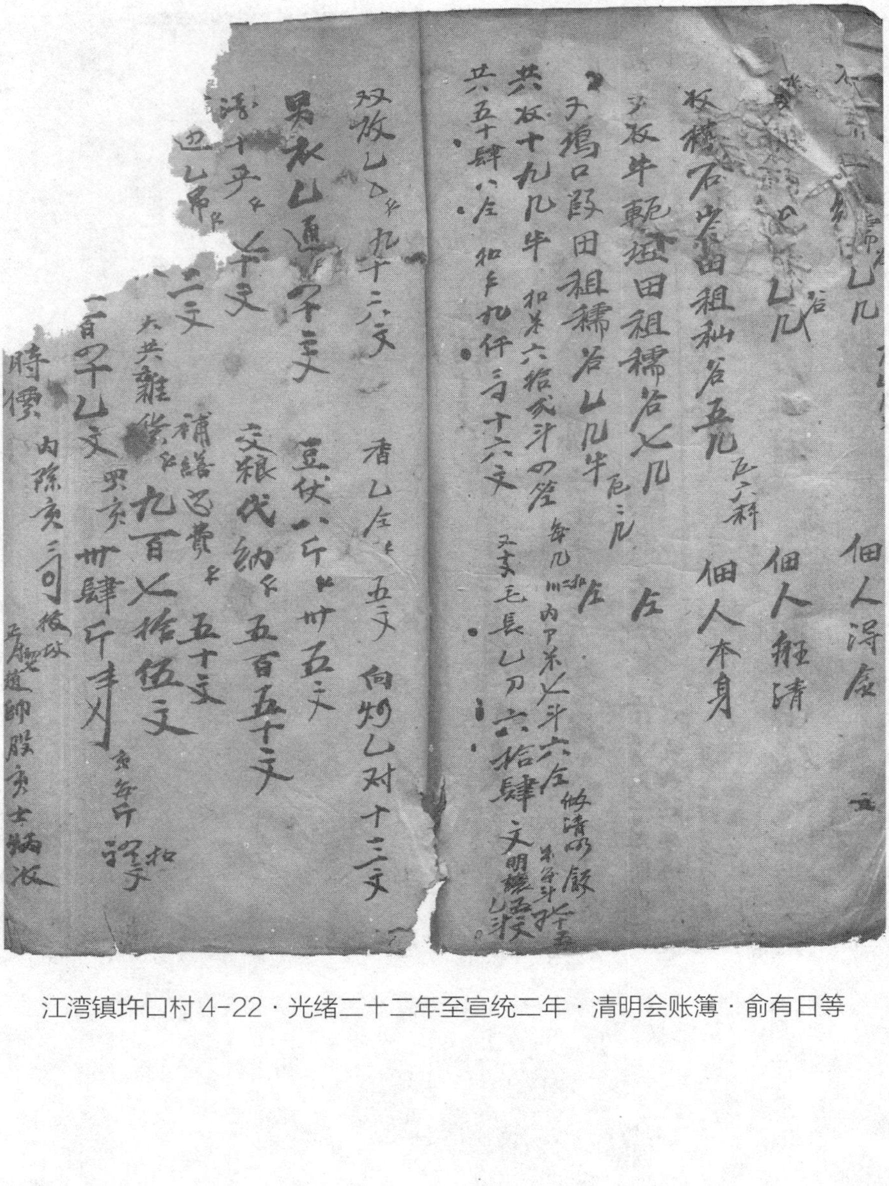

收糯谷　田祖秈谷五几　佃人本身
少收牛厄坵田祖糯谷乙几　左
子鸡口段田祖糯谷乙几牛　左
共收十九几牛　扣米六拾贰升四合
共五十肆八合　扣斤九仟三十六文　又麦毛長乙刀　六拾肆文

双放乙ㄆ斤　九千二八文　香乙合　五文　向烛乙对　十二文
男衣乙道　八千三文　豆伏八斤　廿五文
交粮代纳　五百五十文
补谱造费　五十文
大共杂货　九百乂拾伍文
一百四千乙文　买炭　卅肆斤半
時價

江湾镇圩口村 4-22 · 光绪二十二年至宣统二年 · 清明会账簿 · 俞有日等

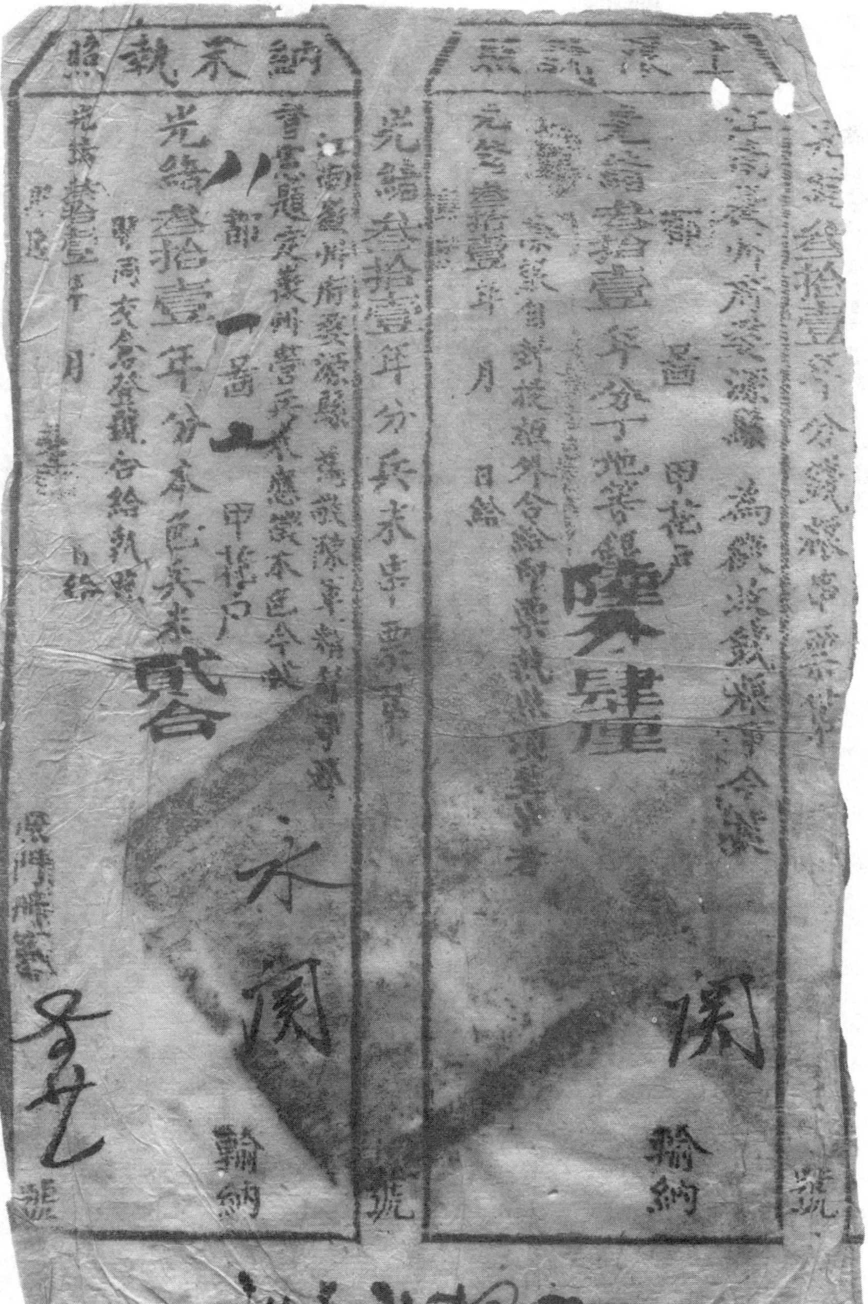

江湾镇坪口村 100 · 光绪三十一年 · 纳米执照 · 永关

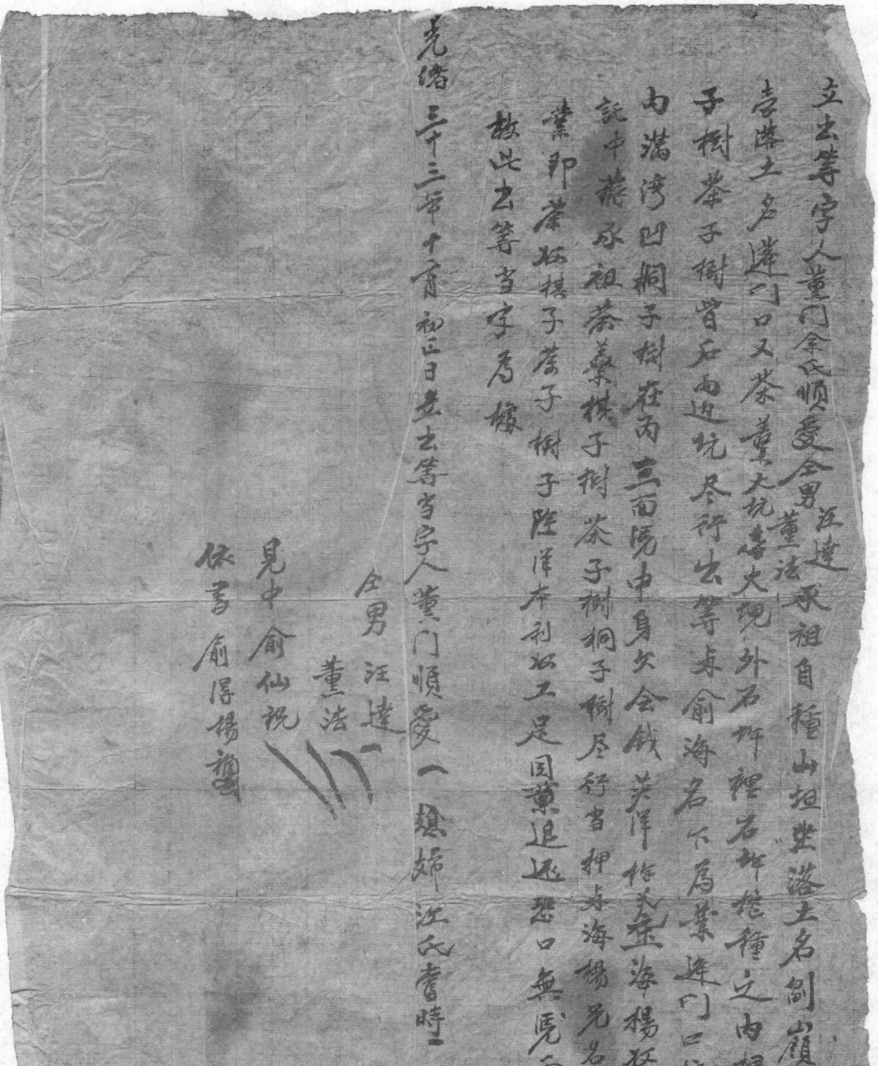

立出等字人董门余氏顺爱仝男汪達、董法承祖自種山垣坐落土名創山嶺里有茶
字號土名塝门口又茶葉大坑嘴大塊外右坪裡右坪塝種之内桐子樹棋
子樹茶子樹背右两边坑尽行出等与俞海名下為業塝门口棕櫚樹在
内滿湾凹桐子樹在内　三面憑中身欠仝錢英洋拾大元正海揚收乞仝大叔
託中請承祖茶葉棋子樹茶子樹桐子樹尽行当押与海揚先名下过手管
業即茶棕棋子茶子樹子陸洋本利収足是回葉退还恐口無憑兩無異説
故此出等当字為據

光緒三十三年十一月初三日立出等当字人董门顺爱（押）媳婦汪氏書時（押）

仝男　汪達（押）

董法（押）

見中　俞仙說（押）

依書　俞得揚（押）

江湾镇坾口村 106 · 光绪三十三年 · 出等当字 ·

董门余氏顺爱同男汪达、董法出等与俞海

上限執照

江南徽州府婺源縣

宣統元年分丁地漕銀

除將銀封投櫃外合給印串執照

宣統元年　月　日給

宣統元年分兵米串

納米

江南徽州府婺源縣

宣統元年分本色兵米

月　日給

江湾镇坑口村 28 · 宣统元年 · 纳米执照 · 永关

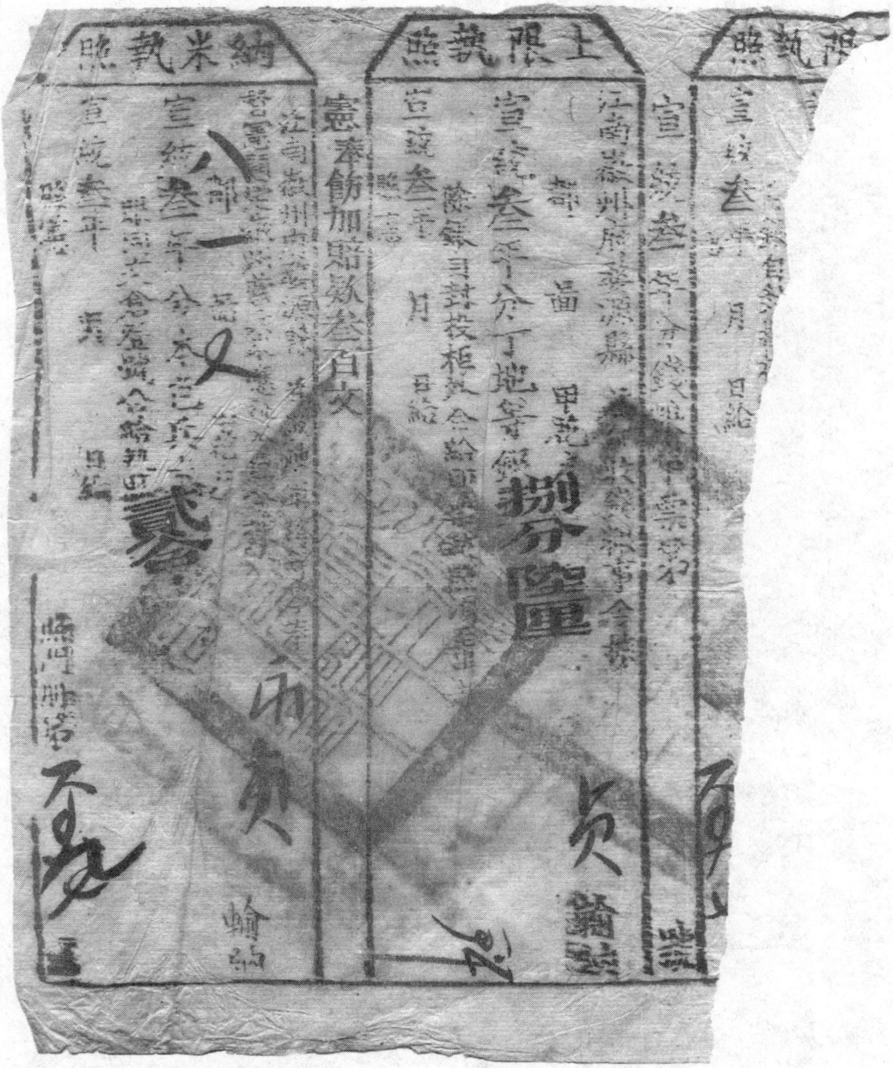

納米執照

宣統叁年

上限執照

江南徽州府婺源縣

都 圖 甲花戶

宣統叁年分丁地等銀 捌分壹

宣統叁年 月 日給

憲奉飭加賠款叁百文

江湾镇圩口村 76 · 宣统三年 · 纳米执照 · 永贞

九月收谷賬　為首人俞士槐

收塥頸田租秈谷三几牛　㐀七几目三文
收獅辺田租秈谷乙几　㐀叁九目ㄖ
收萊園塝田租秈谷乙几　㐀三元
收横石岺田租秈谷肆几　㐀
收牛軛圻田租穤谷六秝
收[　]段田租

佃人田[　]
佃人德金
佃人江[　]

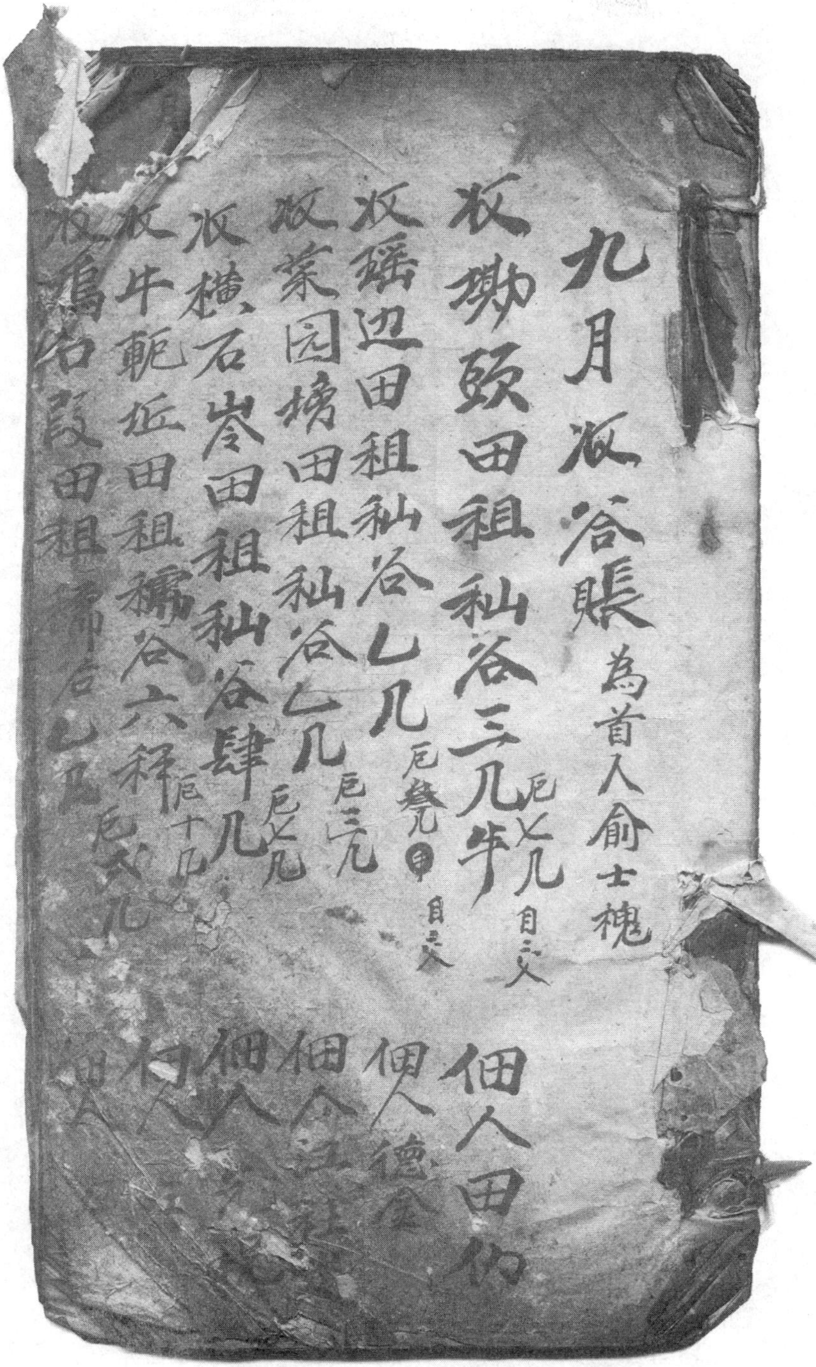

收花早坑田租籼谷乙几年

晚衣籼糯谷十捌秤 居冠目交 佃人神吖

扣米五拾七斗九合 每几三斗店 内除七斗九合米故硕明

仍米伍拾斗扣钱测秤五千文 每斗七扣明五文乙斗半

双放金银乙〇九拾九文

向火蚓乙对 十三文

豆伏八斤 卅五文 男衣乙通 五千文 河十乎七十文

交粮 拈大奥粟交五百五十文 新迎乙串十二文

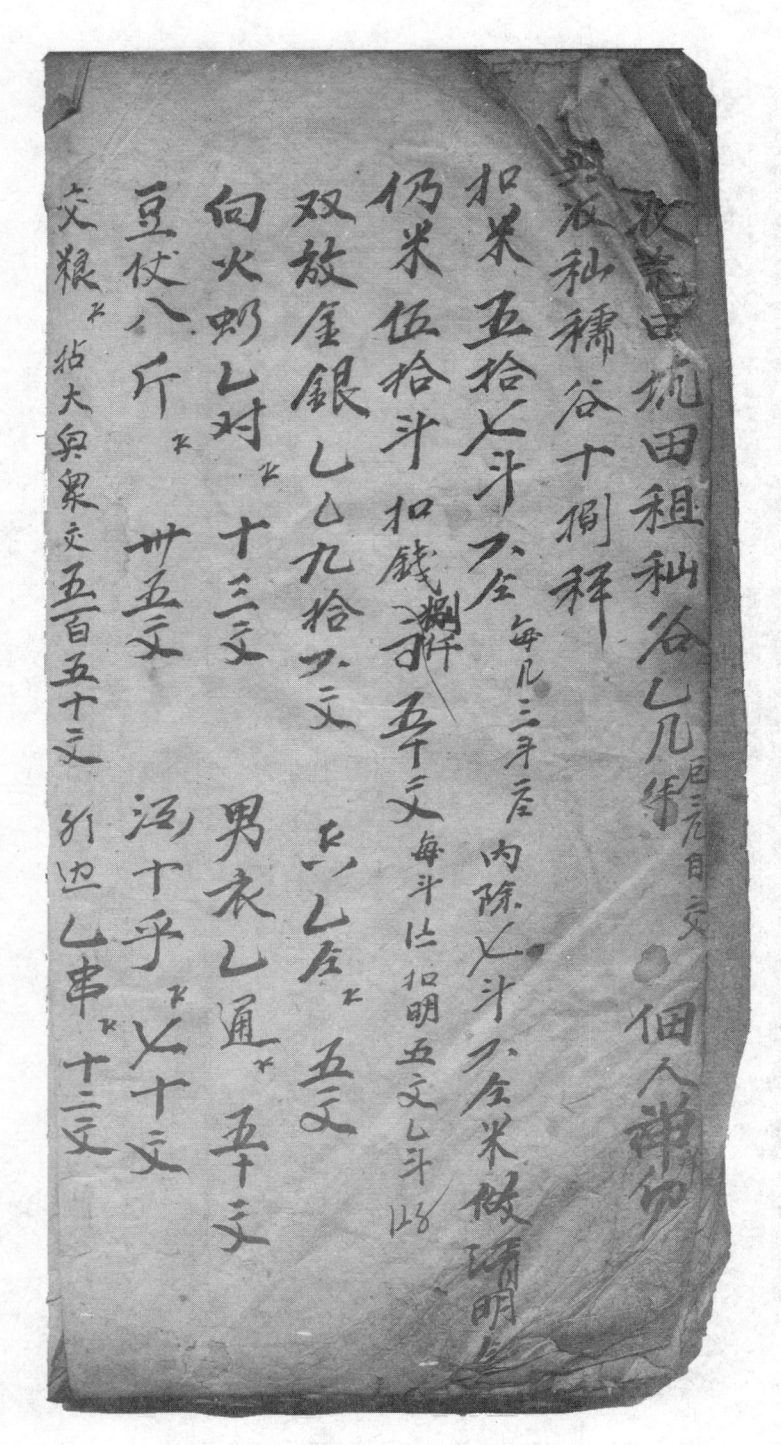

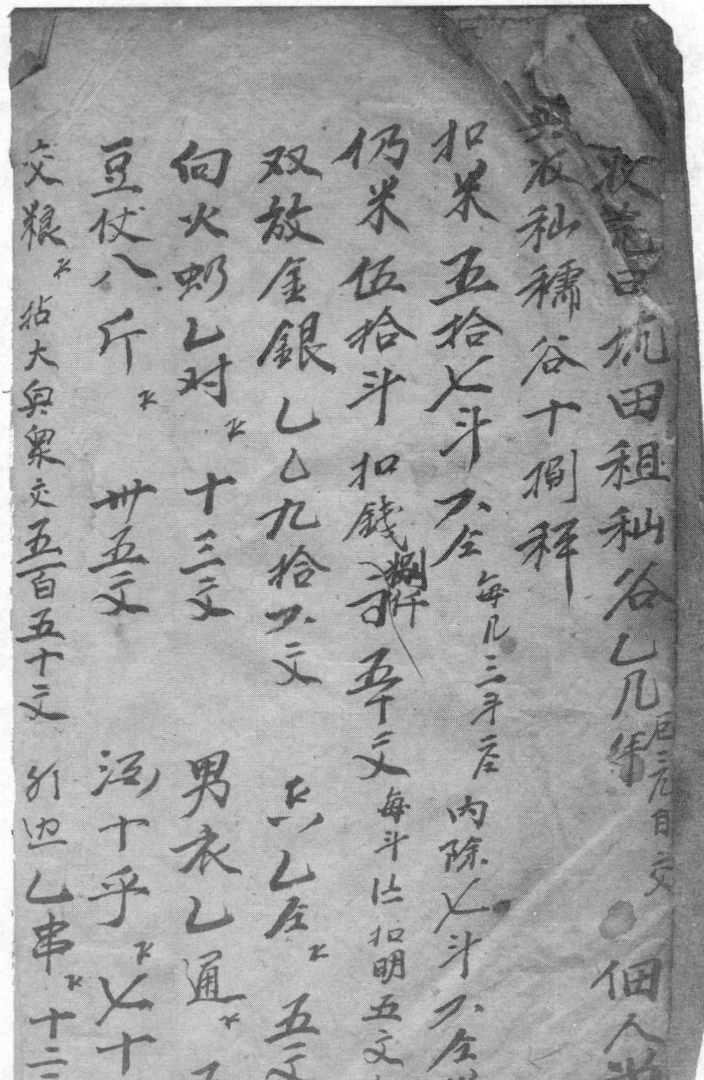

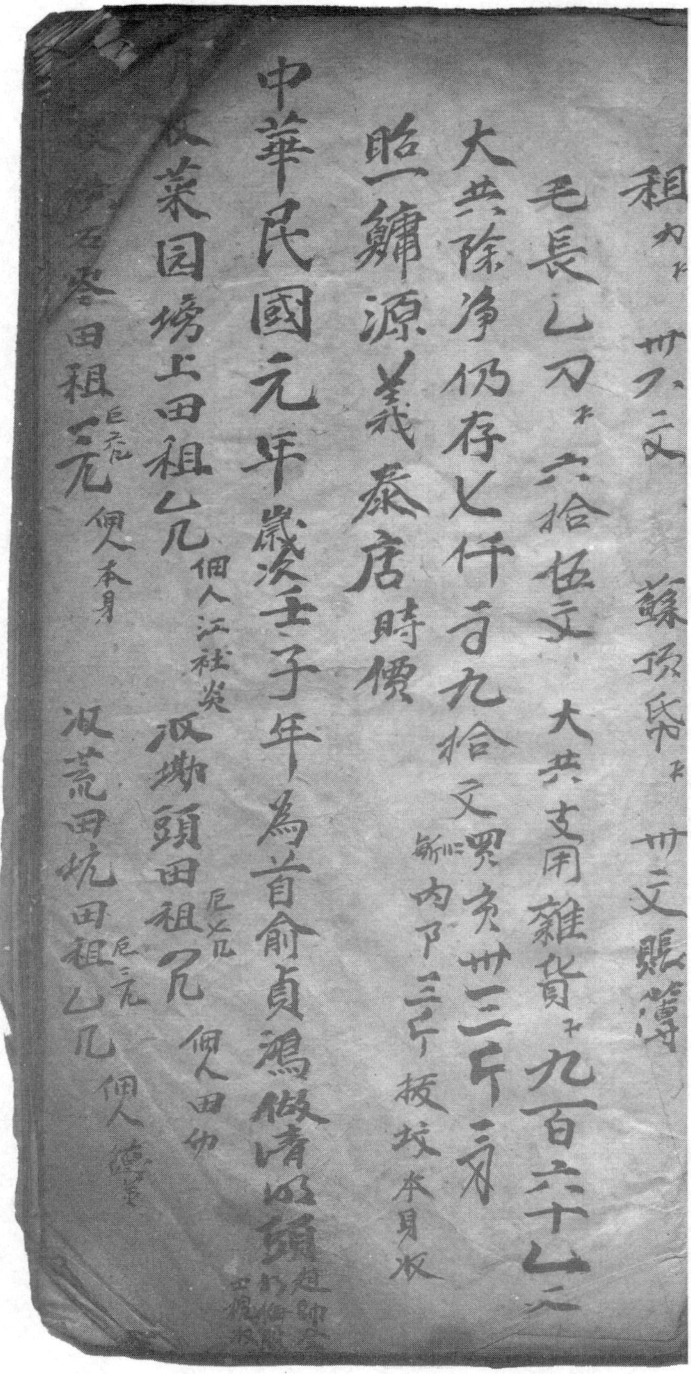

租內卅八文 蘇項器卅文賬簿

毛長乙刀六拾伍文 大共支用雜貨九百六十四二

大共除淨仍存七仟方九拾文買貨卅三斤方新內下三斤扳坟本貝衣

昭鱐源義茶店時價

中華民國元年歲次壬子年為首俞貞鴻做清明頭

菜園傍上田祖乙丘佃人江社炎 波塘頭田祖丘佃人田炒

汝荒田坑田祖乙丘佃人德堂

汝牒石爷田祖乙丘佃本身

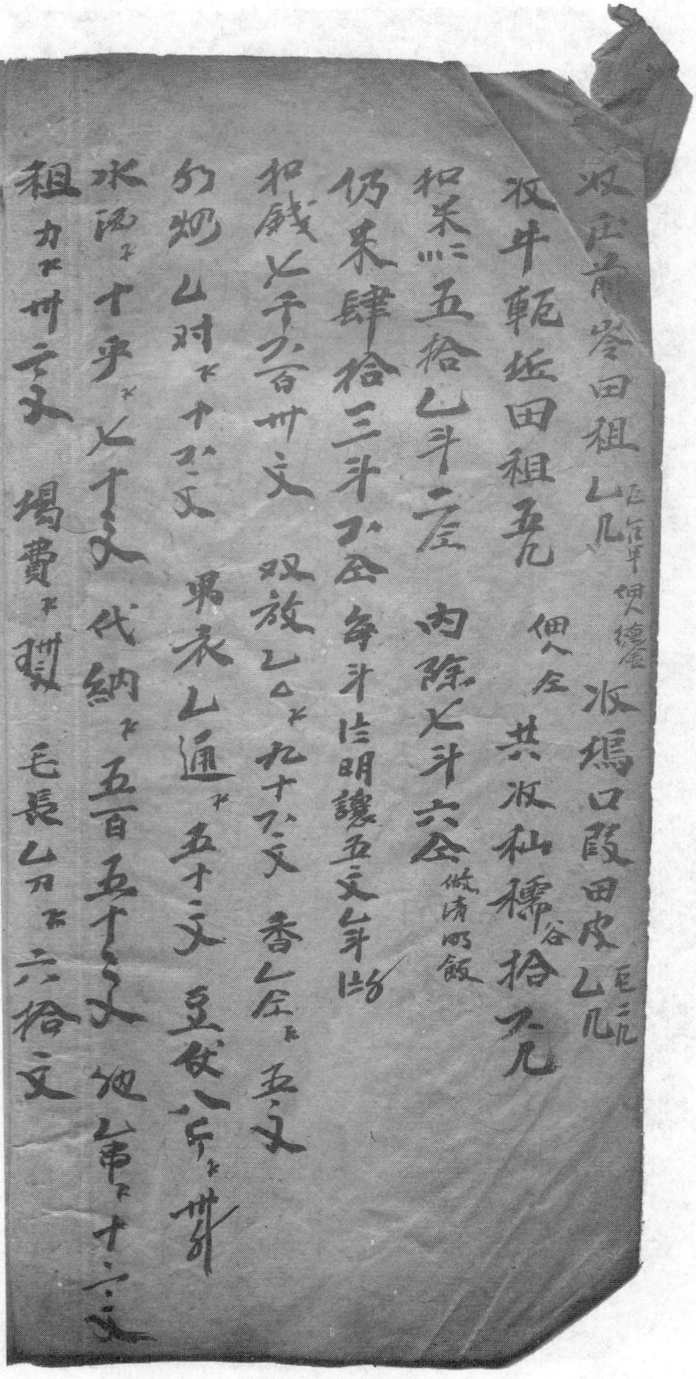

收庄前岑田租〡几 毛谷年佃人德金 收塢口段田皮〡几 毛二几
收牛軛坵田租〥几 佃人全 共收私穤谷拾〥几
籼米〢五拾〡斗二合 内除〢斗六合 做清明飯
仍米肆拾三斗〦合 每斗照明讓五文〡斗出
籼錢〢千〦百卅文 双放〡〇〤九十〦文 香〡合〤五文
紗烟〡对〤十〦文 果衣〡通〤五十二文 豆腐〢斤〤卅
水酒〤十兩〤〢十〢文 代納〤五百五十〢文 地〡串〤十六文
祖力〤卅六文 塲費〤卅 毛長〡刀〤六拾文

江湾镇竏口村 5-4 · 民国元年至二十年 ·
收谷帐簿及清明会帐簿 · 俞士槐等

共支用雜貨下乙千〇五十六文
除收淨仍存六千五百乙拾肆文 買永州二荊 內月三斤撥收 新式百文扣
熙鏞源義泰店時價劃不二

秋收谷賬述後

民國二年歲次癸丑為首人俞士佳做清明頭 元川趙師會可 梅股共頁鴻波

收菜園塝上田租谷五斤盡收亢旱 巨三几
收墈頭田租四几 巨底內稼乙几砺水
收塝谷苓五几 祖 巨九几

佃人江社炎
佃人田仍
佃人尧祝

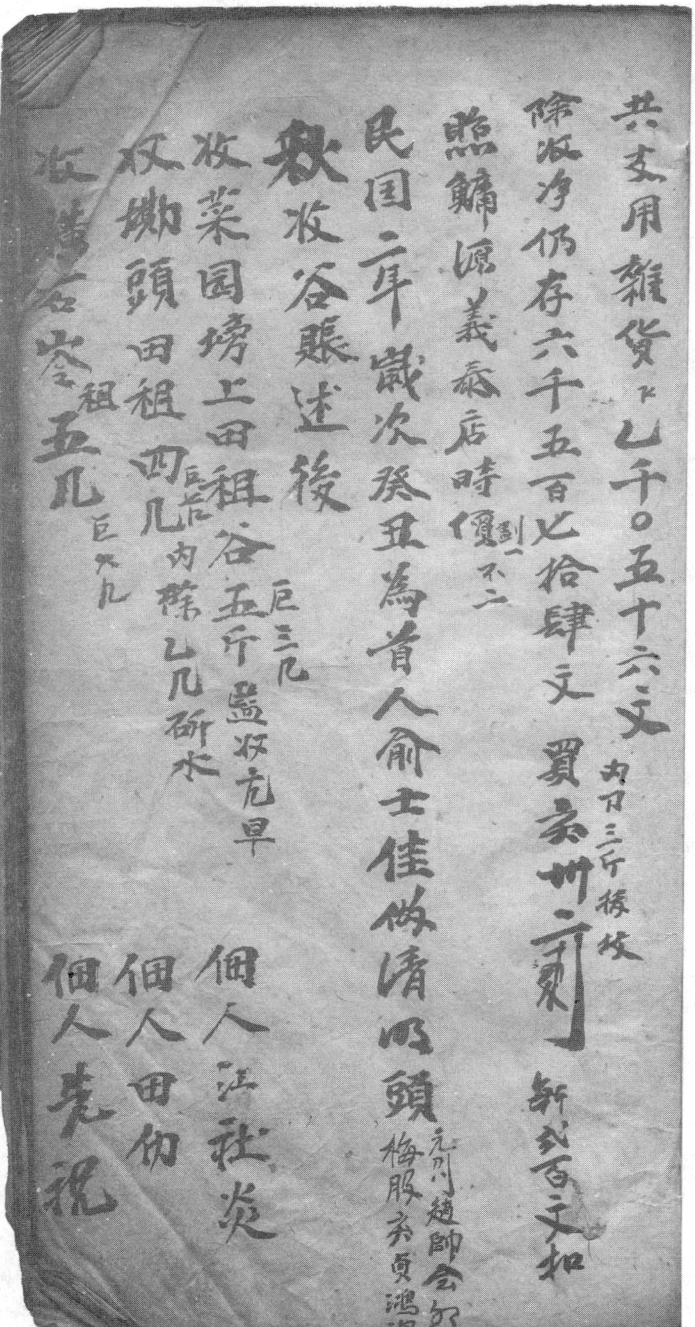

〣二年记

收荒田坑口田租〤几 巨四几 佃人本身

收庄前岑田租〤几 巨〢半 佃人仝

收坞口段田皮〤几 巨弍几

收井乾垢田租〦几 巨花 佃人先祝

大共收私谷拾八几〇五斤

扣米五拾捌斗三仝 内除〦斗大仝做清明饭

仍米五拾斗〇〦仝 每拾扣明让五文〤斗

支下司手双敬〤五 支下宴乐人〤仝五手

江湾镇圩口村 5-6 · 民国元年至二十年 ·
收谷帐簿及清明会帐簿 · 俞士槐等

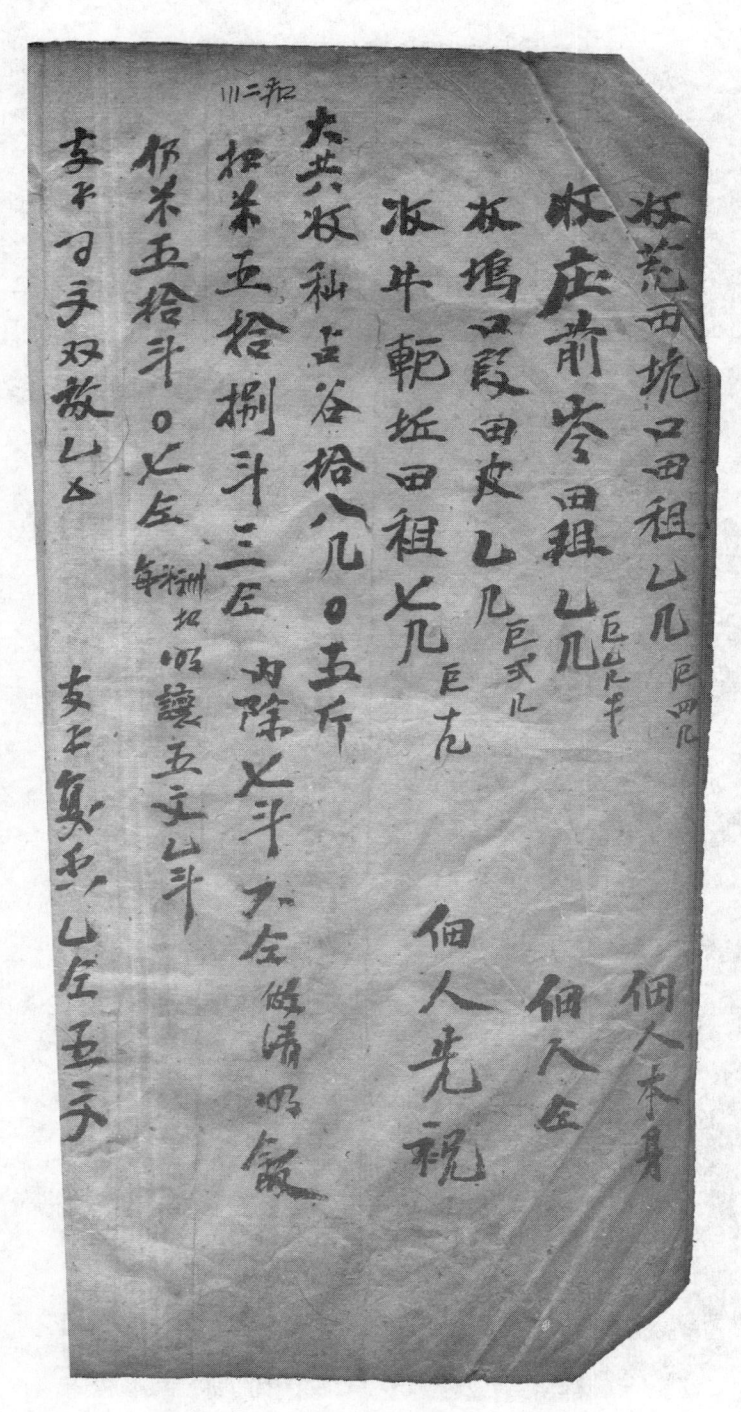

支〻十八千多虾山对　支〻五拾文男衣山道

支〻卅五〻文豆伏八斤　支〻七十文水酒十壹

支〻五百五十二文代纳付福兴众收　支〻十二文纸山串

支〻卅七〻文租刀　支〻六拾文毛長山刀

共支用雜貨錢九百卅八文

大共除收净仍存拾仟〇四百七拾弍文買炭四拾斤〇日才

每斤拾文

内除三斤新旧首板清明众收

照鏞源義泰店時價不二

江湾镇圩口村 5-7 · 民国元年至二十年 ·
收谷帐簿及清明会帐簿 · 俞士槐等

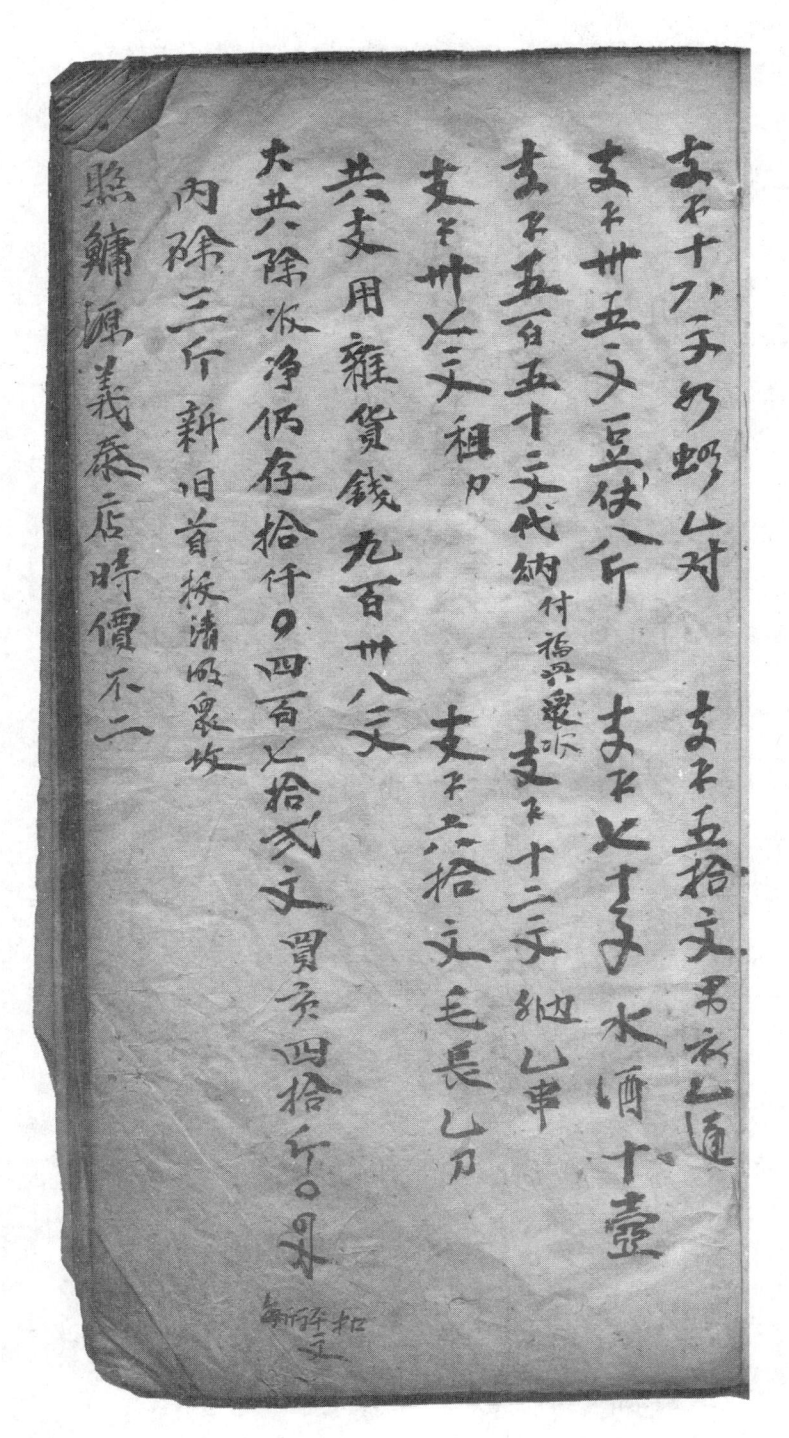

民國三年歲次甲寅房首俞士森置衆公清明

收荣园塝田租秦□　佃人江祀炎

收流田坑田租壹秤半　為見

长在前擧由猪店秤居民秤

收賞石崟田租叁四秤居五秤

收牛艷坭田租谷捌秤居柒秤　佃人先祝

收段新田皮居壹秤居共秤

收勒頭荅三秤居九秤　佃人田伊

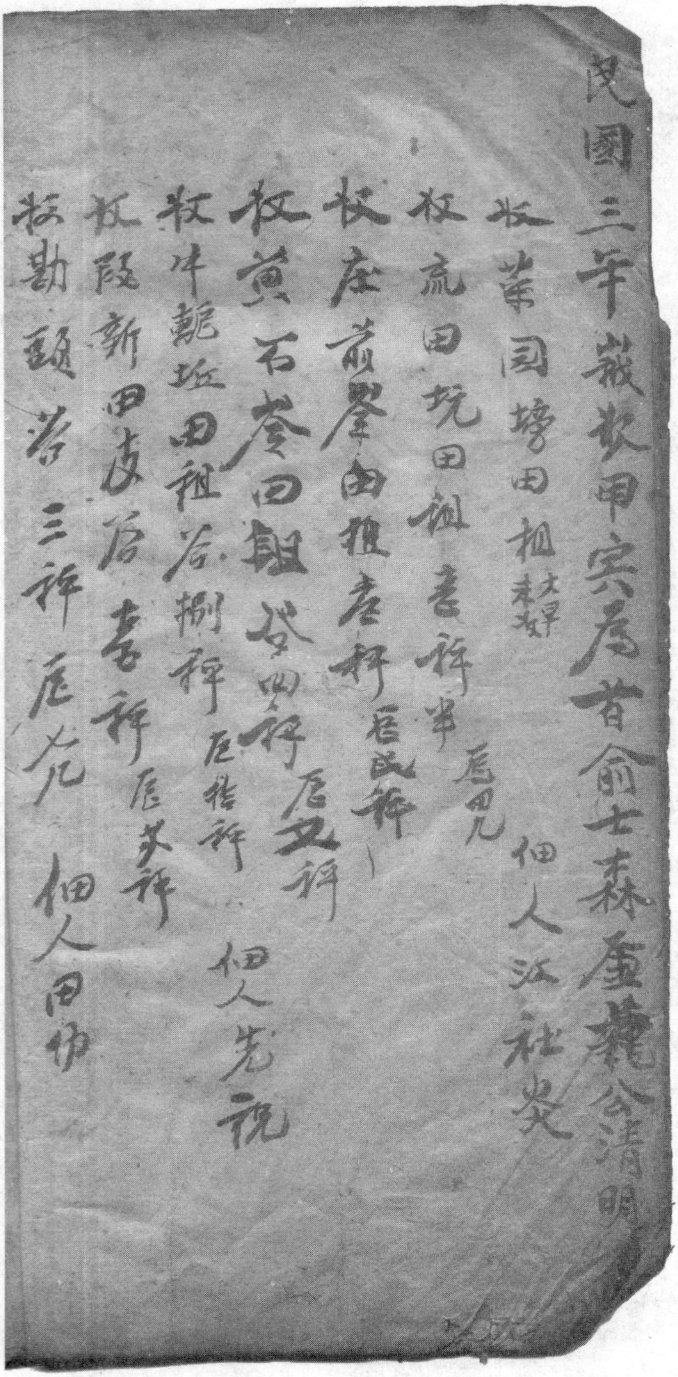

太典叔祖禮谷拾捌秤半 收租米五十九斗二合

陳东足斗六合清明酘 作米五拾乙斗六合

米每斗拾五加钱九千零六十八文

及放金良壹塊卞壹百文 半肯乙垒卞五○

新烛壹卞拾八文 男衣乙遍卞五拾文

白豆伏八斤卞卅五文 大添拾斤卞九十文

又猪卞六百の文 計進乙千卞十二文

力卞卅七文 毛長壽卞六千文

江湾镇坾口村 5-9 · 民国元年至二十年 ·

收谷帐簿及清明会帐簿 · 俞士槐等

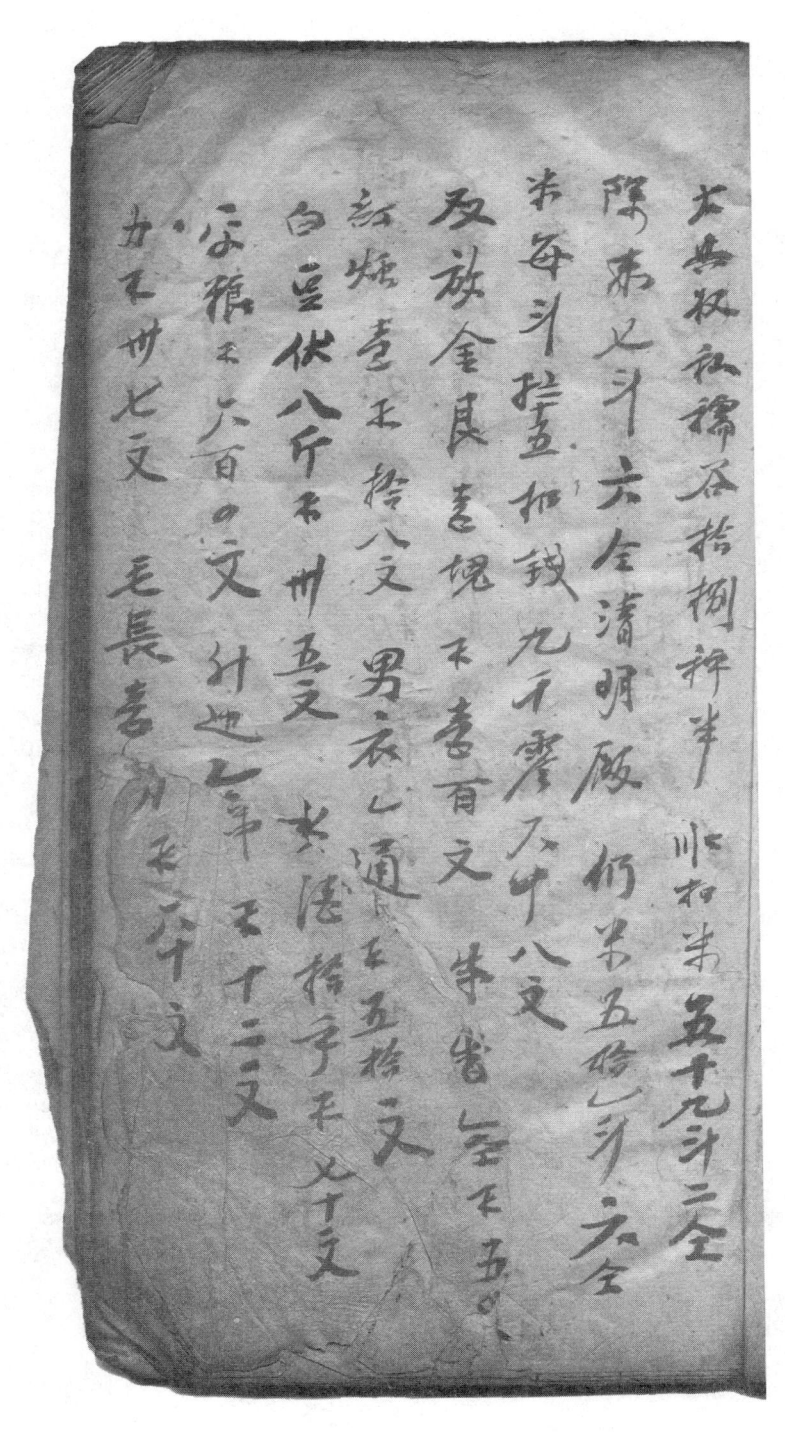

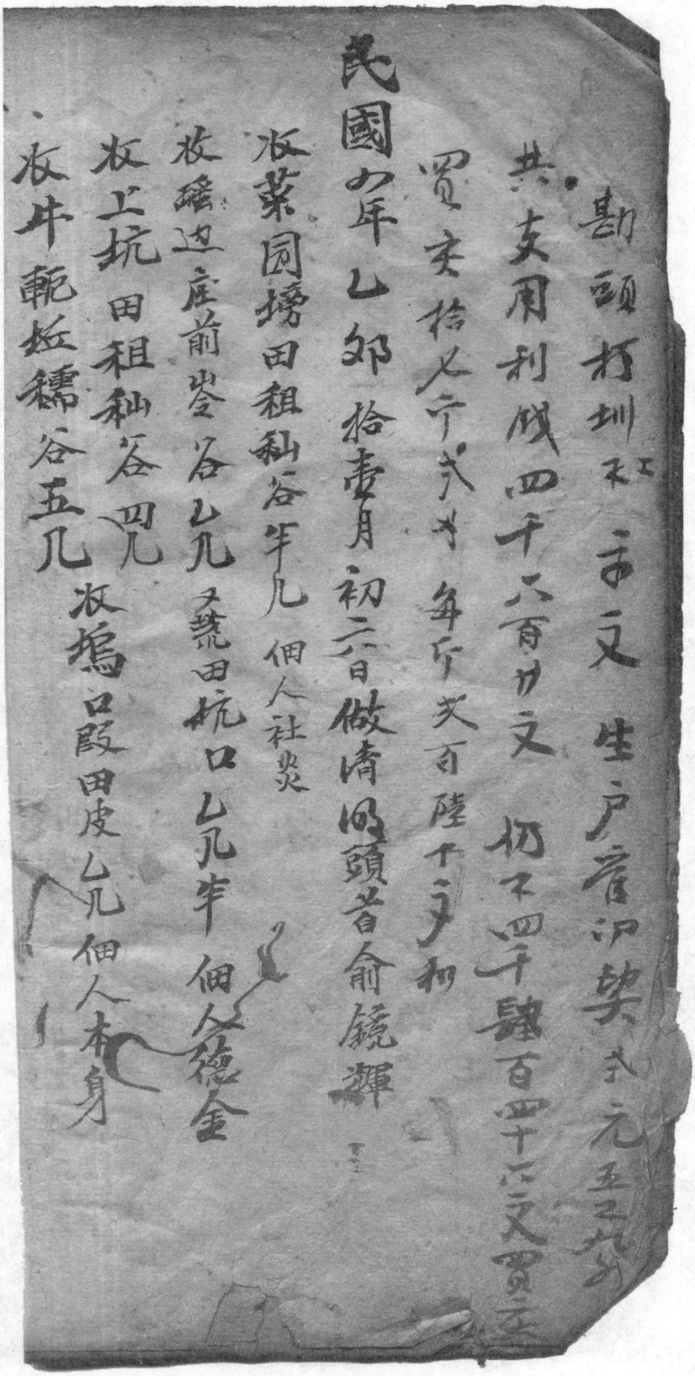
勘頭打圳杠工 手文 生户詹沪染弍元五角
共支用利錢四千八百廿文 仍不四千肆百四十六文買走
買米拾八斤弍升 每斤艾百陸十文和
民國元年乙卯拾壹月初二日做清明頭首俞鏡輝
收菜園塝田租秈谷半几 佃人社炎
收磘边屋前坐谷乙几 又蒜田坑口乙几半 佃人德金
收上坑田租秈谷四几 收塢口段田皮乙几 佃人本身
收牛轭坵糯谷五几

江湾镇玗口村 5-10 · 民国元年至二十年 ·
收谷帐簿及清明会帐簿 · 俞士槐等

收車碓上田租晚谷三元半　佃人田仰

共衣秈糯谷拾陸几半 以秈果五拾式斗八文

肉陈米七斗不左做清明飯 仍米四十五斗式全 秈把

扣下七千○八文　　支米五百文 买鐵銃七把 的讓五文五平

交粮七五角　以　車碓洋式角 七五

　　　　　　　　上坑查田七 卅文

坐秕埕揭費々 卅三文

扣敖良山七 宇文 邵邦山对 七十八文

男衣山通七 五十文 白豆伐八斤七 卅五文

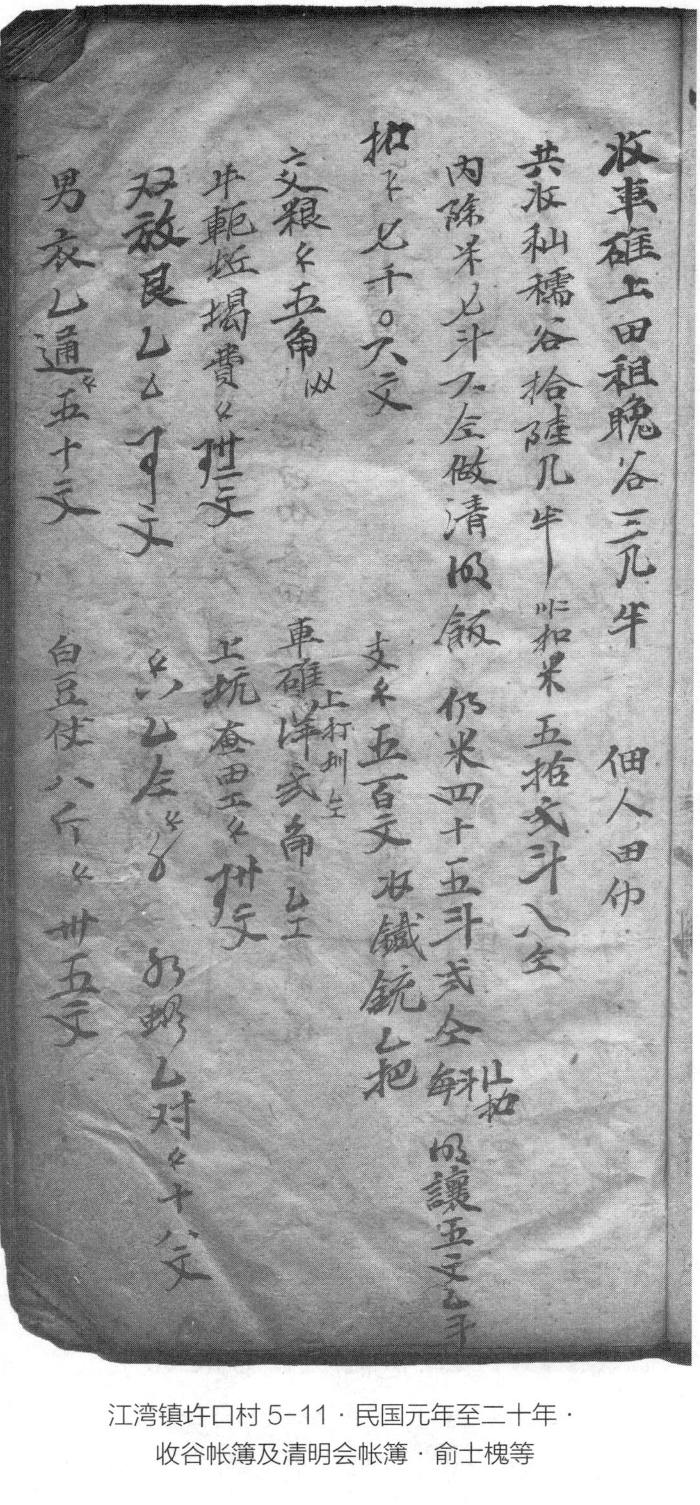

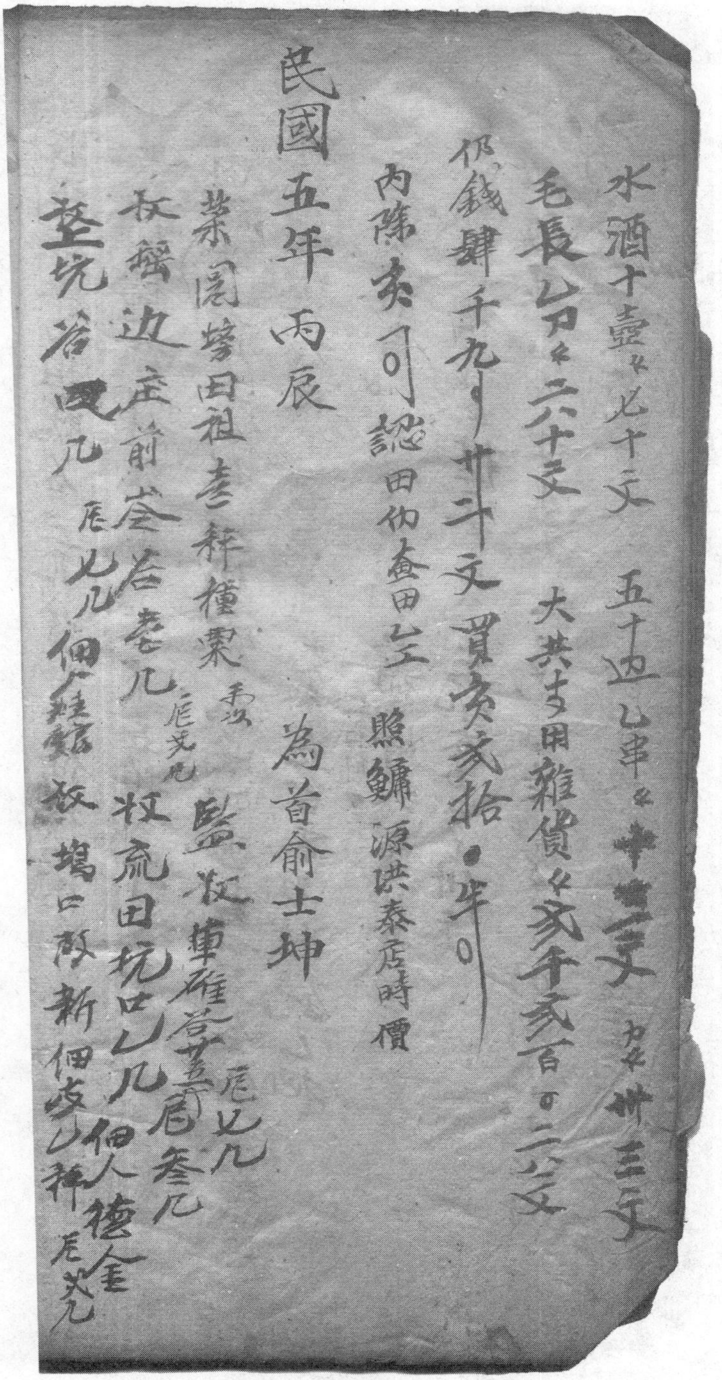
水酒十壹々七十文 五十边乙串々十三文 九年卅三文
毛長〡〤々二六十文 大共支用雜貨々叁千贰百〡二八文
仍錢肆千九〡廿二十文 買糞贰拾〇半〇
内除糞可認田伯查田〡三 照鏞源洪泰店時價
民國五年丙辰 為首俞士坤
菜園塆田祖耒耗種粟 禾収 瞿收華碓塆蓋 尼乂几
收塆边庄前塆右叁几 尼艾几 收流田坑口〡几 尼叁几
埜坑塆砚几 尼乂几 佃人鮭虎 收塢口畈新佃坟〡稀 佃人德金 尼艾几

江湾镇吓口村 5-12 · 民国元年至二十年 ·
收谷帐簿及清明会帐簿 · 俞士槐等

拾年輅坂田租谷陸几斤十九共谷租禾谷拾肆秤[illegible]

收和米和米肆拾五斗〻全　除米七斗六合清明饭

仍米卅七斗五合　米每斗孫太和五千五百[illegible]文

文錢　支七[illegible]文　文粮　支钱〻文　又合〻碗

大毛長〻刀钱八十文　支钱五文　米香〻全

支钱十文　向大娘〻对　支钱卅五文　白状八十文　支钱〻文

支钱十三文　升通〻年　支钱七十文　水话十子

支钱廿文　男衣〻通　共支用钱　石七十七文

江湾镇垳口村 5-13 · 民国元年至二十年 ·

收谷帐簿及清明会帐簿 · 俞士槐等

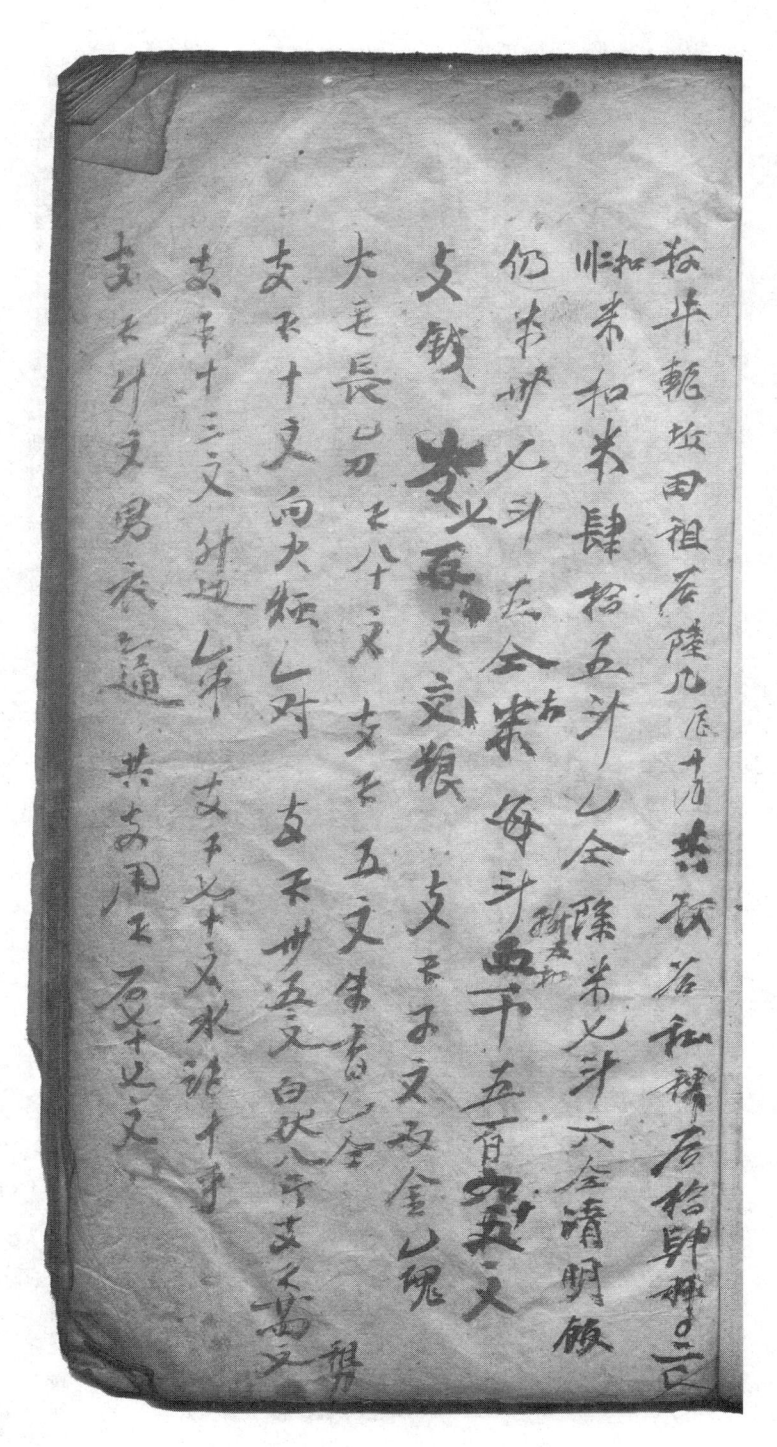

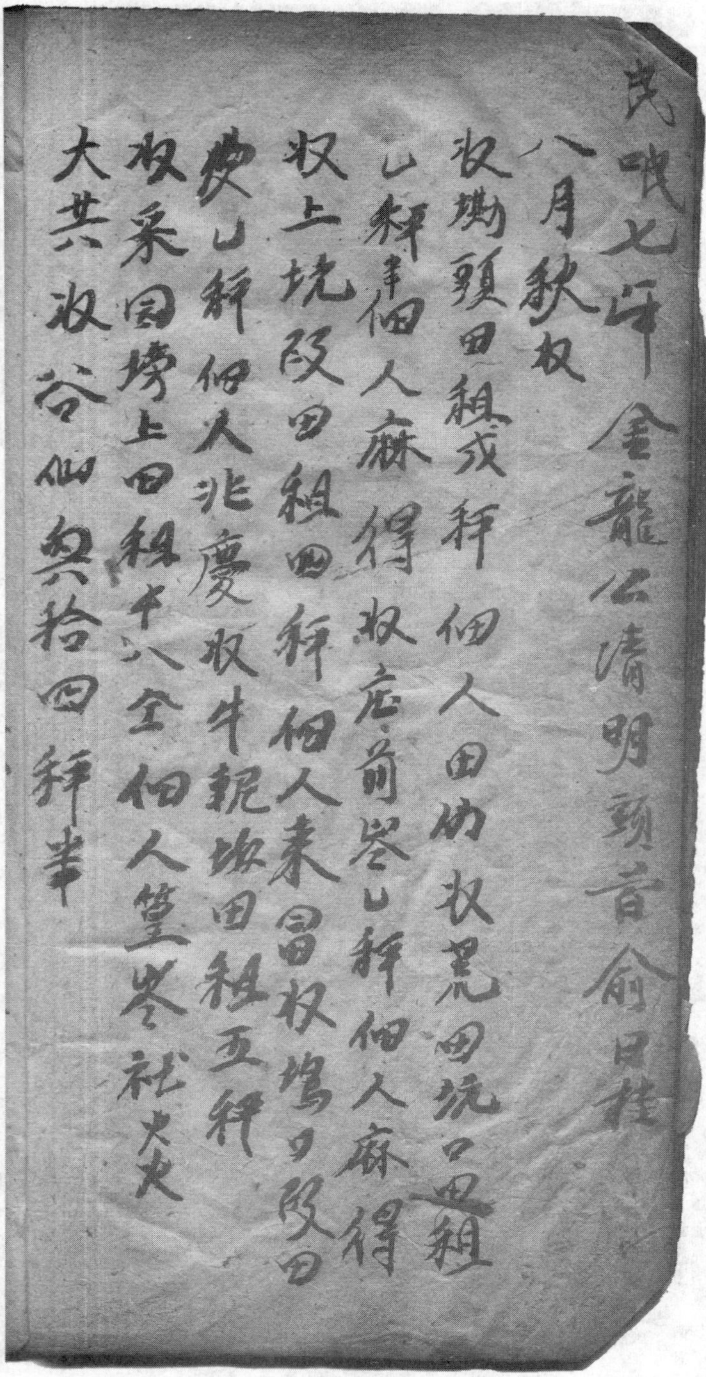

江湾镇坾口村 5-14 · 民国元年至二十年 ·
收谷帐簿及清明会帐簿 · 俞士槐等

收業園壙匕田租启元 大旱种豆 启年几佃人解金 清明会

大共收租穀启拾陆半 佃来五拾贰斗八合 除支乙斗六合

仍谷四十五斗二合 粜明让每斗折文加六千乙百七

交粮去乙千零九十六文 惺放金艮乙百七十文

大原毛乙刀去八十 向大炼针边香去卅文

男衣乙通去六十文 水酒拾手去乙十文

租力去卅三文 大共支用去乙千五百廿一文

仍存 买 五千贰百五十六文 实 ……叁仟……

江湾镇圩口村 5-15 · 民国元年至二十年 ·
收谷帐簿及清明会帐簿 · 俞士槐等

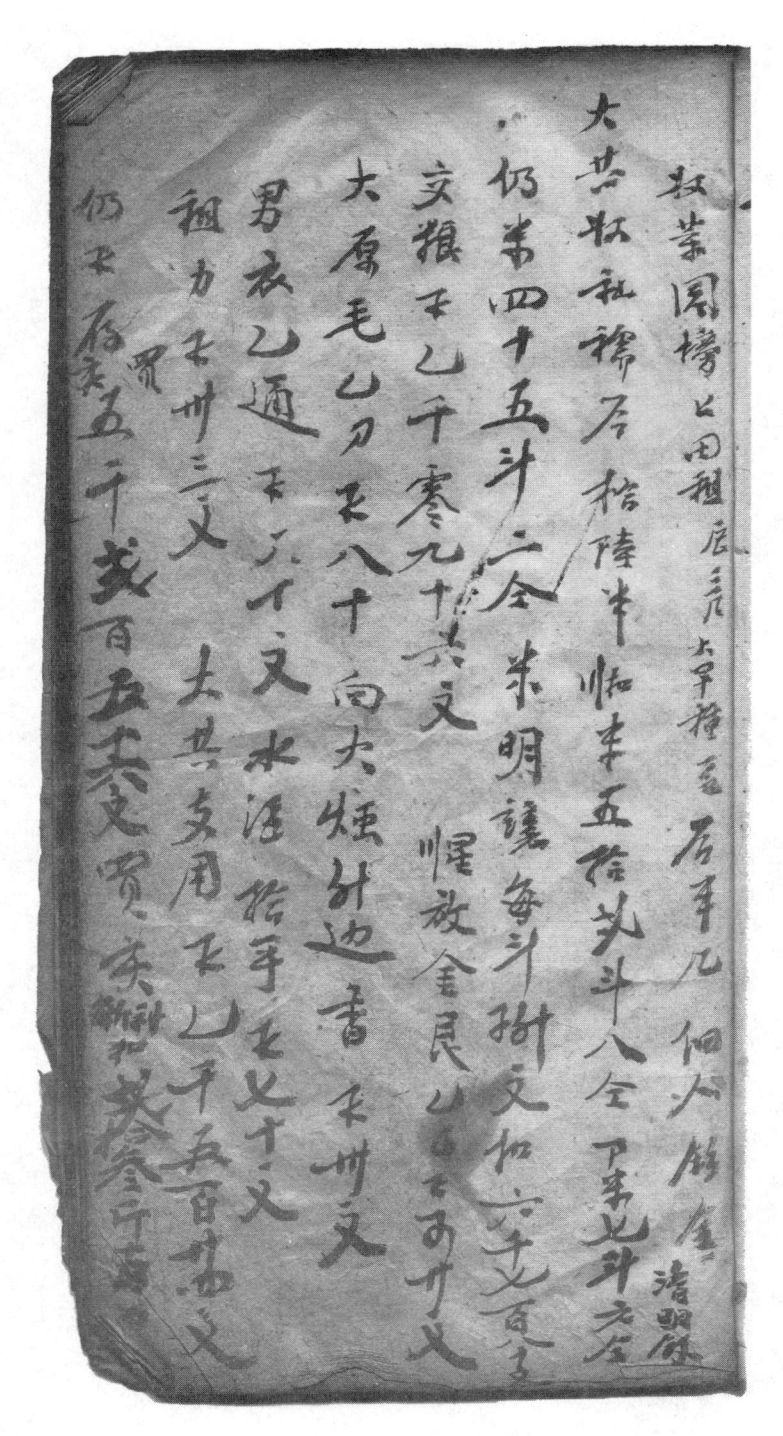

民國七年金龍公清明頭首俞日桂

八月秋收

收塅頭田租弍秤佃人田仂收罡田坑口田租

山秤半佃人麻得收店前喈山秤佃人麻得

收上坑段田租四秤佃人來冒收塢口段田

收山秤佃人兆慶收牛鈮塢田租五秤

收桑園塝上田租十八全佃人篁喈社大

大共收谷仙叁拾四秤半

江湾镇圩口村 5-16 · 民国元年至二十年 ·
收谷帐簿及清明会帐簿 · 俞士槐等

扣米四拾七斗或全扣除清明飯七米六合
仍米卅九斗六合扣米一斗四升五文每斗卅
明讓一千五文山斗文粮米一千或五文
金銀山塊米子山十二文毛辰山乃八十文
向火山對升山中香山伙其千卅文另衣山遮
十八十文水酒拾平米七十文三伏八行卅五
力千卅文仍千三千四了八十二文買賣拾七行車
每斤子文

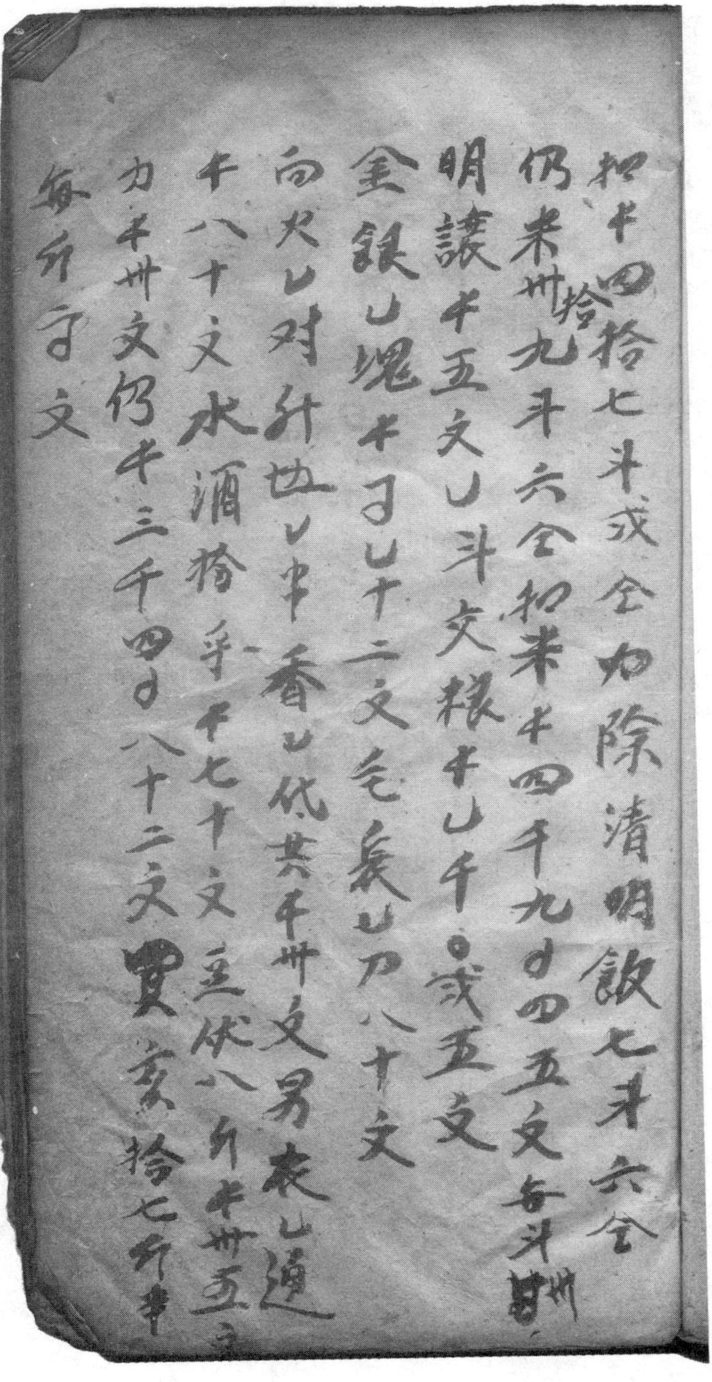

民國八年金龍公清明頭首俞士田

八月初收 收墈頭田租谷叉秤半 佃人應旻

收庄前嶺田租谷山秤 佃人德金

收上坑段田租谷叁秤 佃人 奉富 兆慶

收牛軛田租谷六秤欠三斤 收段申田皮谷兑

出收初夾租谷拾叁秤〇八斤 川二加 姜嫏豬養全

交糧米壹千零廿文 双放金山槐米寸廿

大秃長山刀米八十文 向火楦 封迎香

江湾镇圩口村 5-18 · 民国元年至二十年 ·

收谷帐簿及清明会帐簿 · 俞士槐等

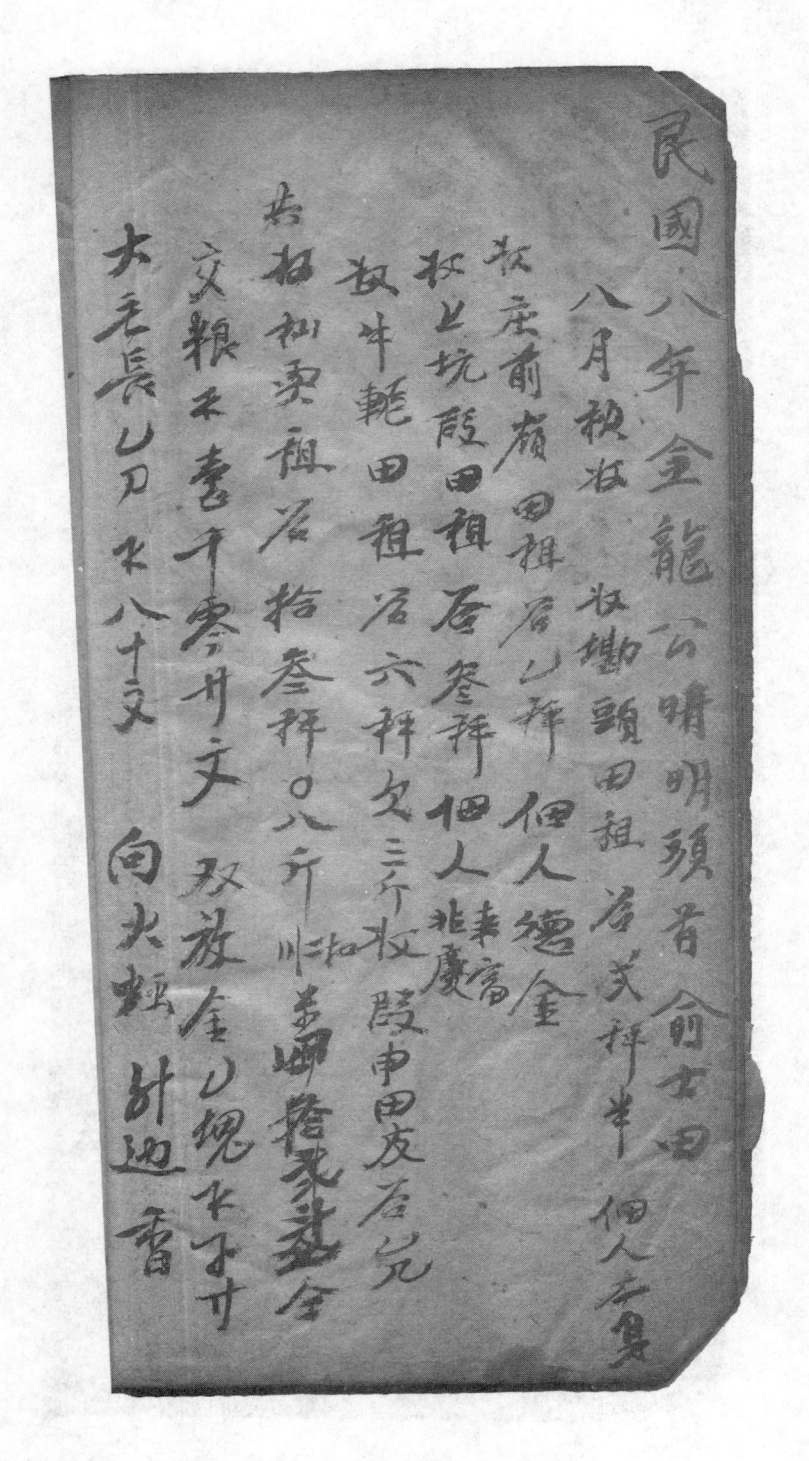

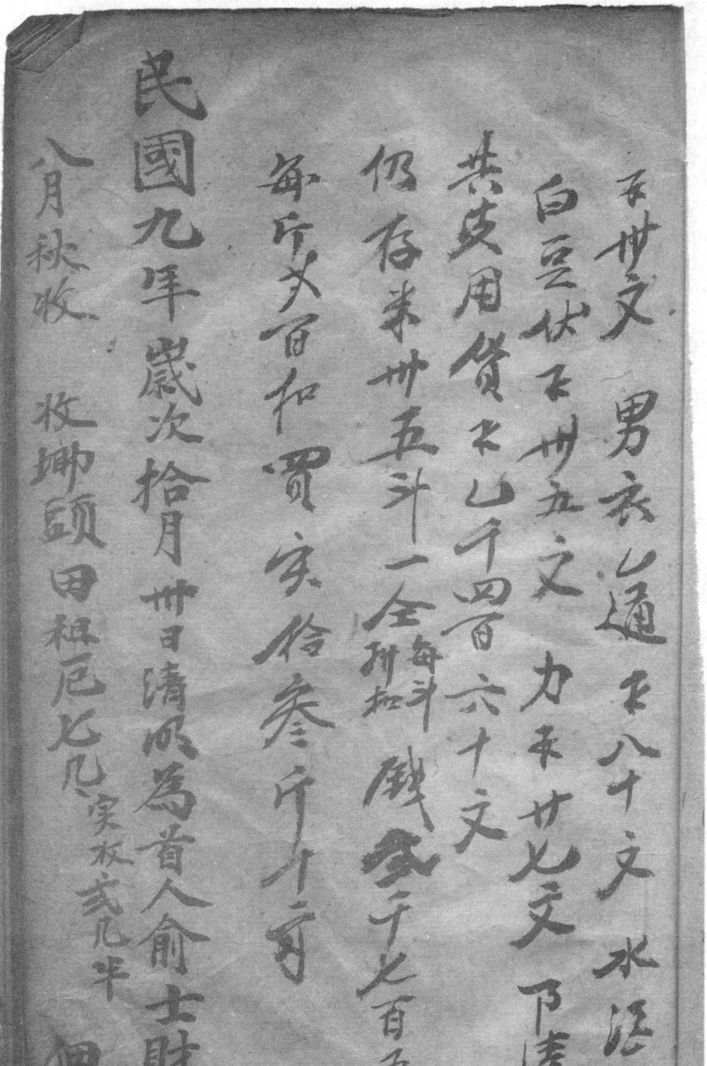
下卅文　男衣乚通下八十文　水泾拾手下廿文
白豆伏下卅五文　力下廿乚文　下清明米乚斗六合
共支用貨下乚千四百六十文
仍存米卅五斗一合　每斗钱拾　钱叁千乚百五十文實洋
每斤文百和　買实拾叁斤半
民國九年歲次拾月廿日清明為首人俞士財
八月秋收　收塆頭田租𫝀乚几　实收弍几半　個人生助

江湾镇圩口村 5-19 · 民国元年至二十年 ·
收谷帐簿及清明会帐簿 · 俞士槐等

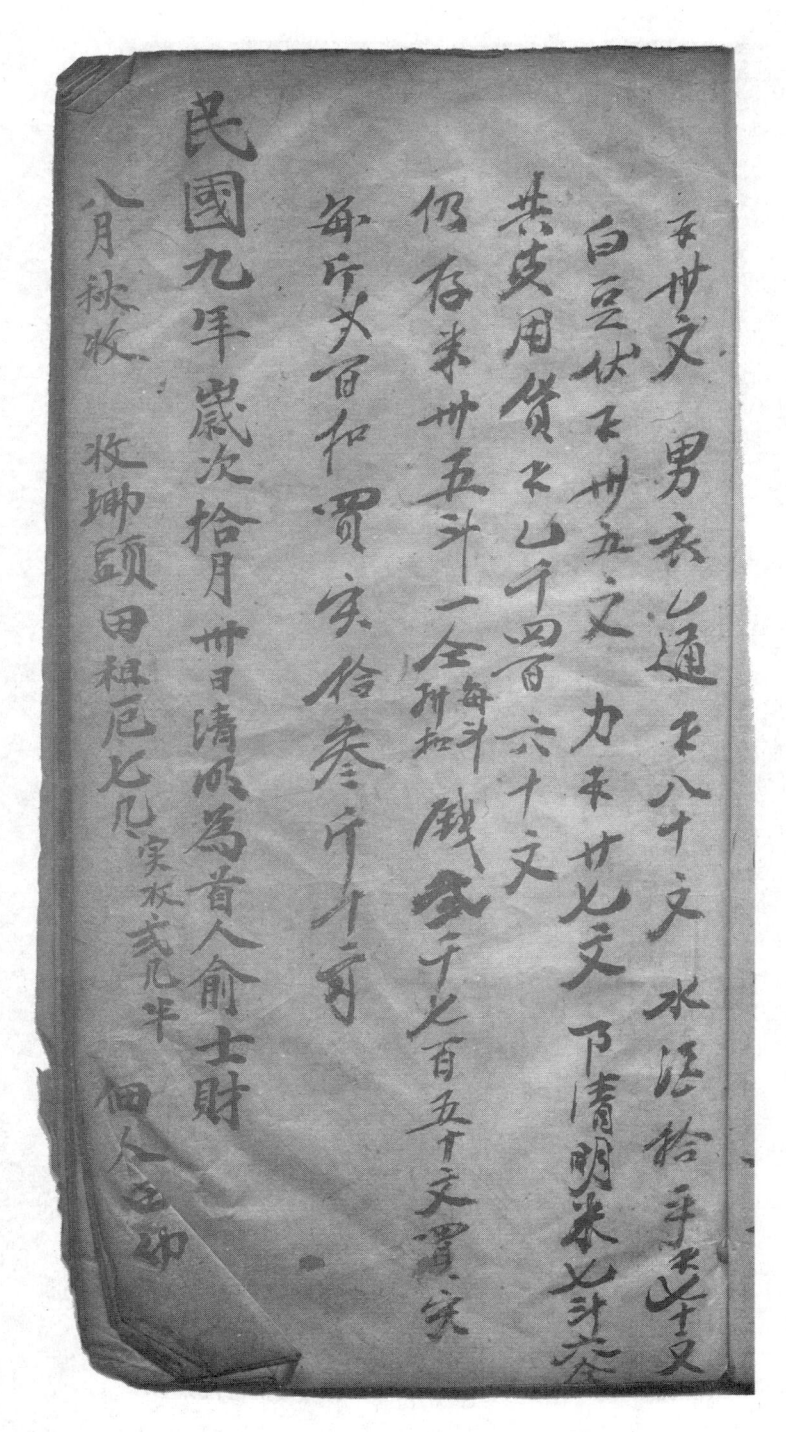

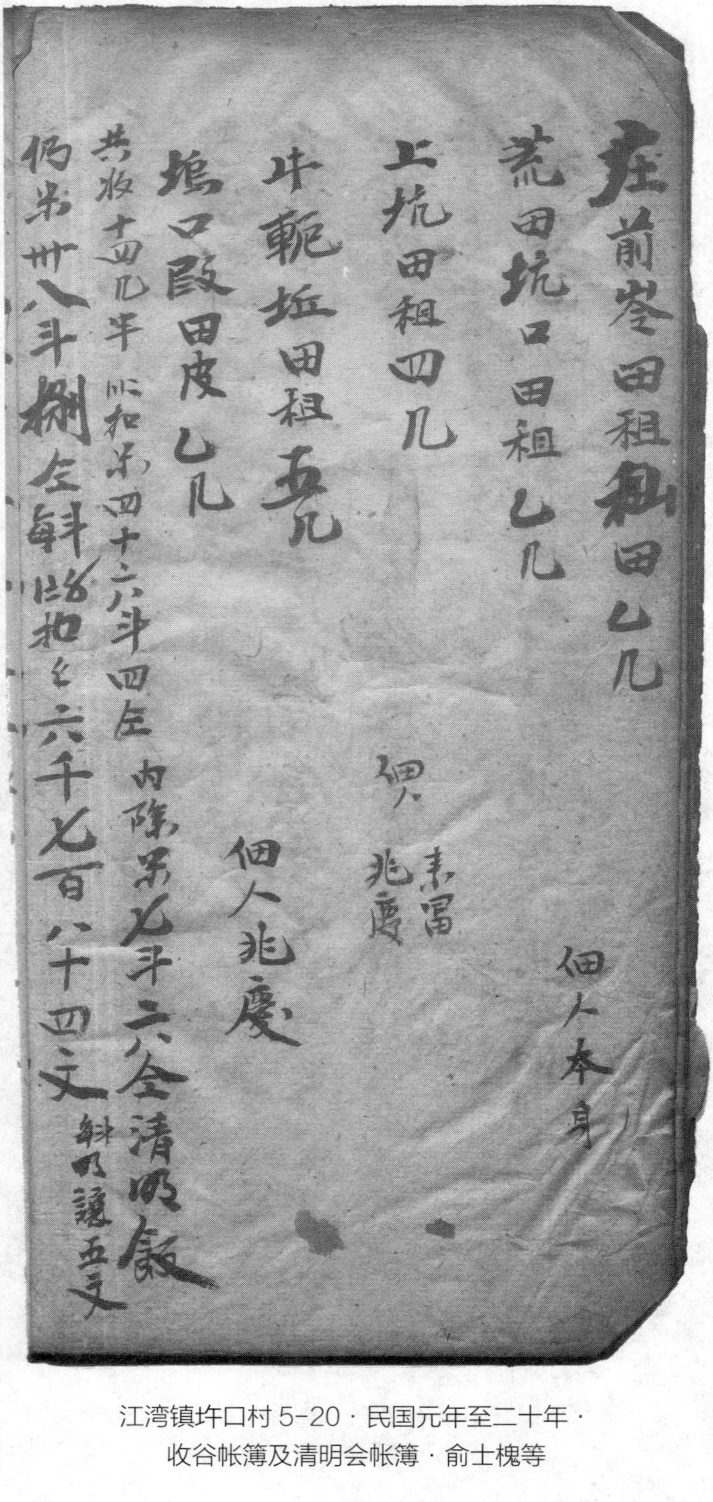

庄前峑田租秈田乙几
佃人本身
荒田坑口田租乙几
佃人 来富 兆慶
上坑田租四几
牛軛垭田租五几
佃人兆慶
塢口段田皮乙几
共收十四几半 以和米四十六斗四仓 内除米乙斗六仓清明饭
仍米卅八斗粜仓斛 照扣钱六千乙百八十四文 斛明讓五文

江湾镇圩口村 5-20 · 民国元年至二十年 ·
收谷帐簿及清明会帐簿 · 俞士槐等

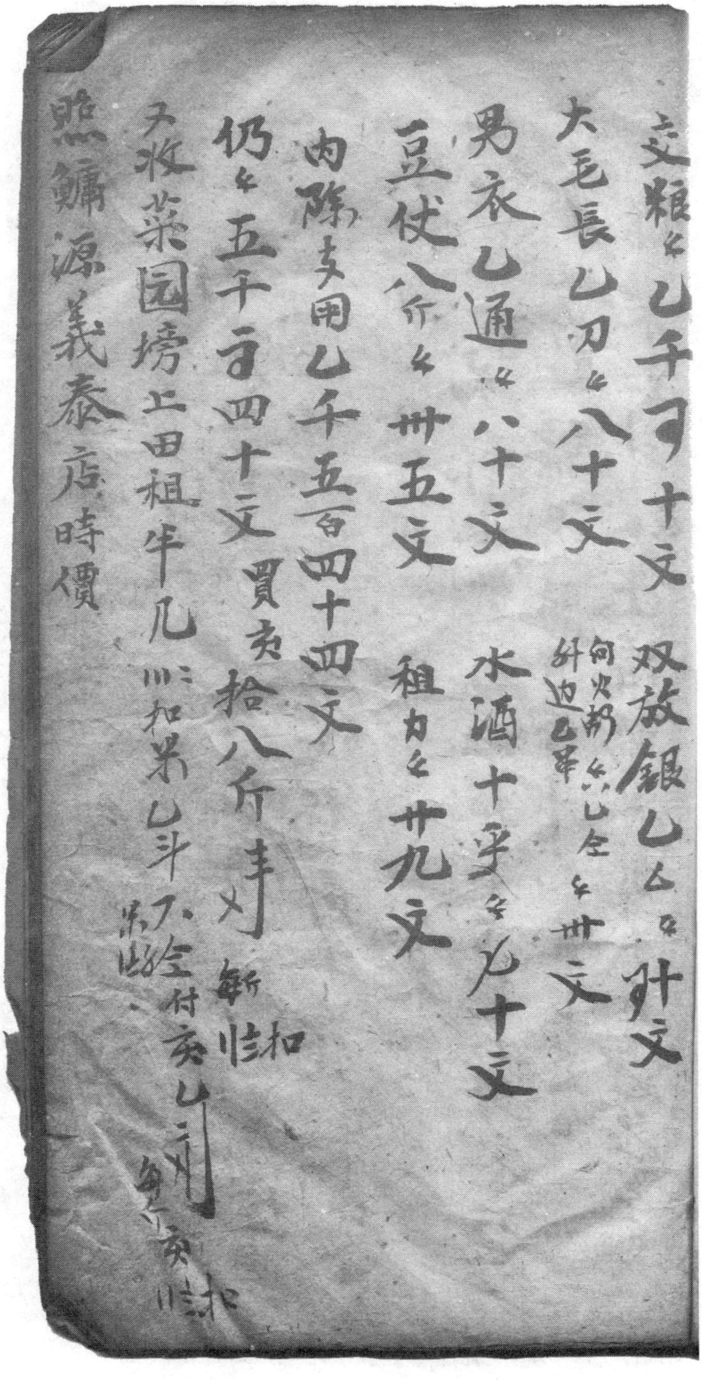

支粮〃乙千丁十文　双放銀乙〃〃廾文
大毛長乙刀〃八十文　何火邦〃〃乙仝〃卅文　升边乙单
男衣乙通〃八十文　水酒十乎〃九十文
豆仗八斤〃卅五文　粗力〃廿九文
内除支用乙千五百四十四文
仍〃五千丁四十文　買炎拾八斤手刈　斩怯和
又收菜园塝上田租牛几川三加米乙斗不给付炎乙刈　每〃炎怯和
米出
照鏞源義泰店時價

江湾镇圩口村 5-21 · 民国元年至二十年 ·
收谷帐簿及清明会帐簿 · 俞士槐等

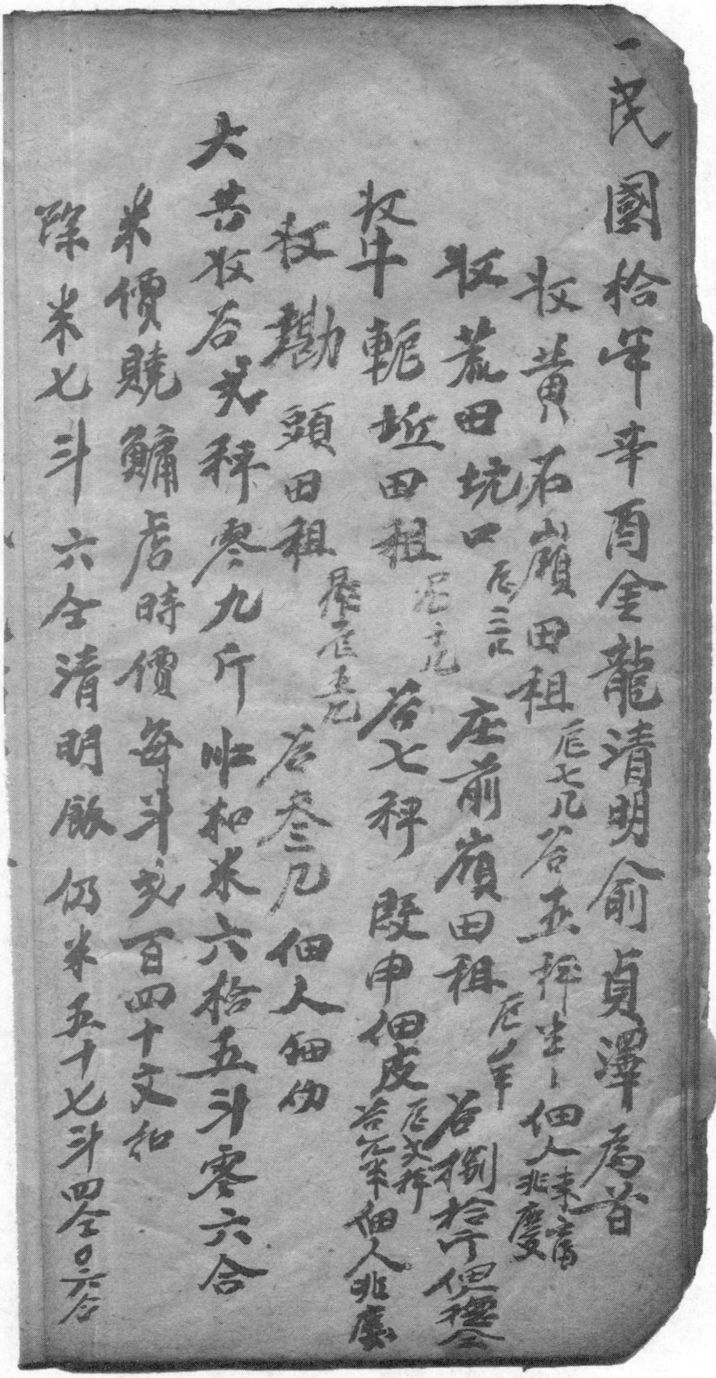
民國拾年辛酉全龍清明俞貞澤為首
收黄石山嶺田租庄七几谷五秤生一佃人来富兆慶
收荒田坑口庄三几庄前嶺田租庄年谷捌拾斤但穫仝
收牛𧿹垅田租庄九几谷七秤瞪申佃皮庄式秤谷元斗佃人兆慶
收𡑞頭田租庄五几谷叁几佃人細仂
大共收谷式秤零九斤折和米六拾五斗零六合
米價饒鏞照時價每斗式百四十文扣
除米七斗六合清明廠仍米五十七斗四合零六合

江湾镇圩口村 5-22 · 民国元年至二十年 ·
收谷帐簿及清明会帐簿 · 俞士槐等

米計錢拾弍千九百七十文
大共原毛乙刀錢九十文 惺敌乙塊錢壹百[illegible]十二文
外边山串錢七文 香錢五文 男衣乙通錢七千二文
交粮錢壹千叁百文 乙十文 豆伏錢卅五文
水済拾千錢七十文 向火炼乙对 [illegible]外边山串錢十五文
祖力錢四十文 共支用錢壹千五百六十五文
除收支用仍錢拾壹千四百零五文 買实[illegible]
存实叁斤新旧頭首按坟过籍本年头中収租

江湾镇坑口村 5-23 · 民国元年至二十年 ·
收谷帐簿及清明会帐簿 · 俞士槐等

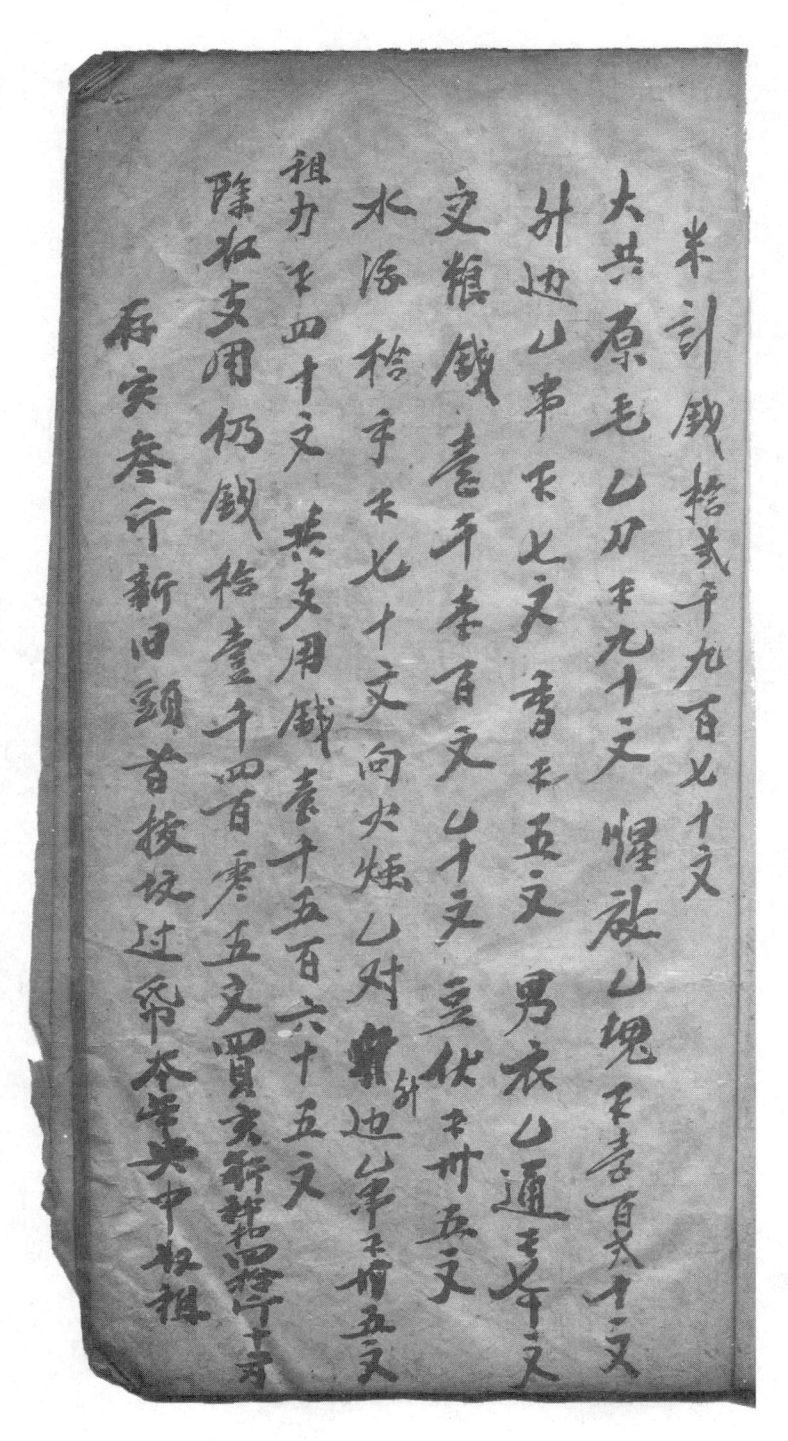

中華民國十年潤五月初二日因省房支丁題藪不興出浮蓄將漆樹坪出拚

澄衍樹竹壹仝八元正附因同治拾叁起調爭山

均派因系延宕至今因民國十年六月復議托十八人壹

鏡清先機七有砍 各侵春親挑解問揹山之杉樹之項 仝八元正浮

將此歀分派再用抜倩之歀毋先清出

五元書有後議因來祖廿後賣知此處未成支取艰丁歧異

其間鉦到挈先賠丁永年本嘗丁海楊處洋拾元

嘗支丁其浮之洋孫同修壹叁年出拚之項四老筆 各出各派均

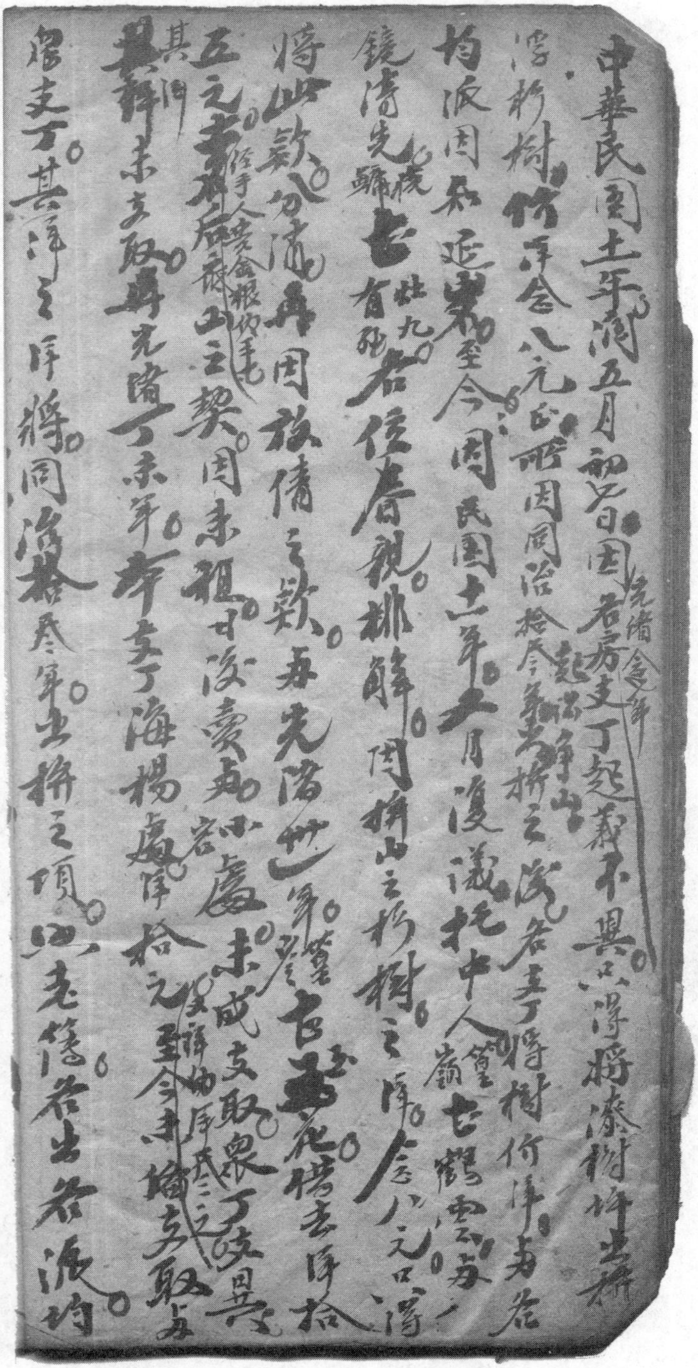

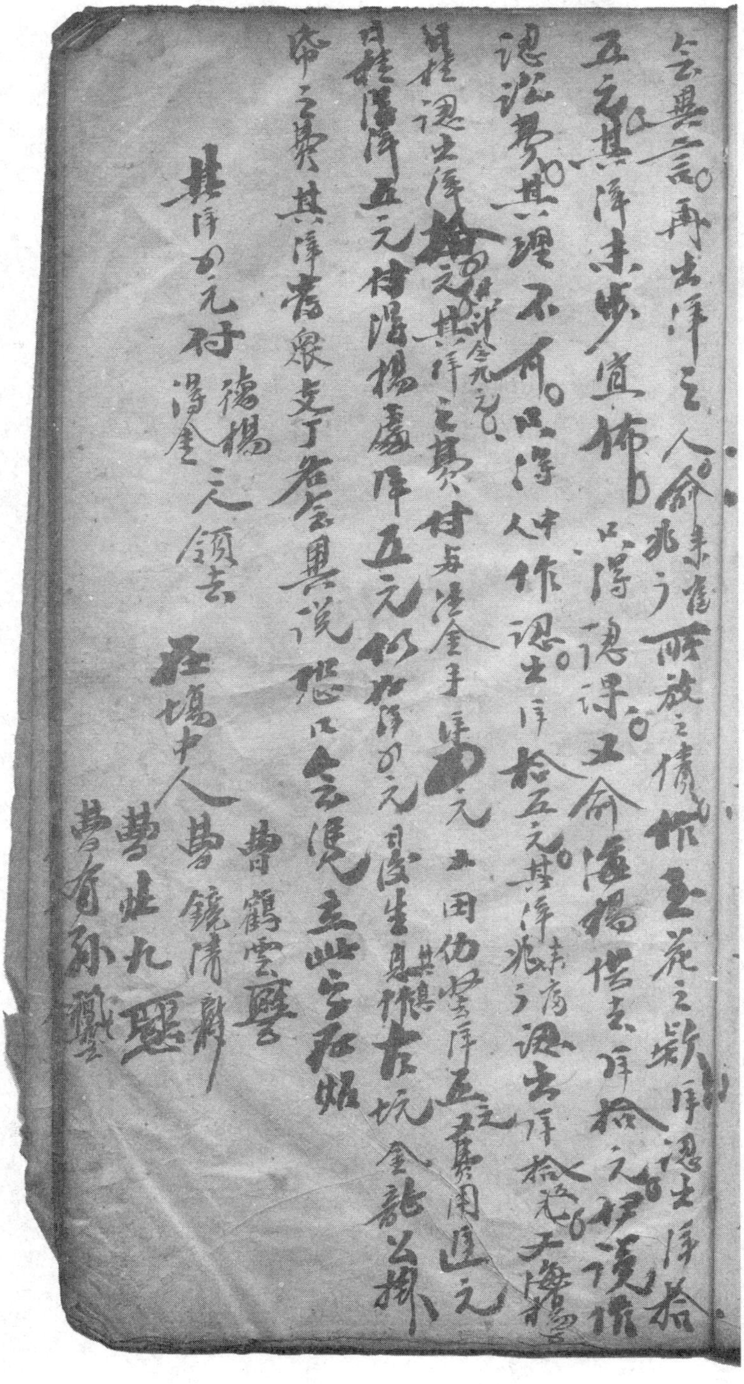

江湾镇圩口村 5-25 · 民国元年至二十年 ·
收谷帐簿及清明会帐簿 · 俞士槐等

其日設立賬項均無舊中人 在場經理人 俞得楊親筆

俞來富 親筆 俞法金

（管明）

另有撿出作為基賬山地批禮 俞兆慶親筆 俞士田

依筆人 葛浩孙

民國拾壹年壬戌為首人俞序芳

江湾镇圩口村 5-26 · 民国元年至二十年 ·
收谷帐簿及清明会帐簿 · 俞士槐等

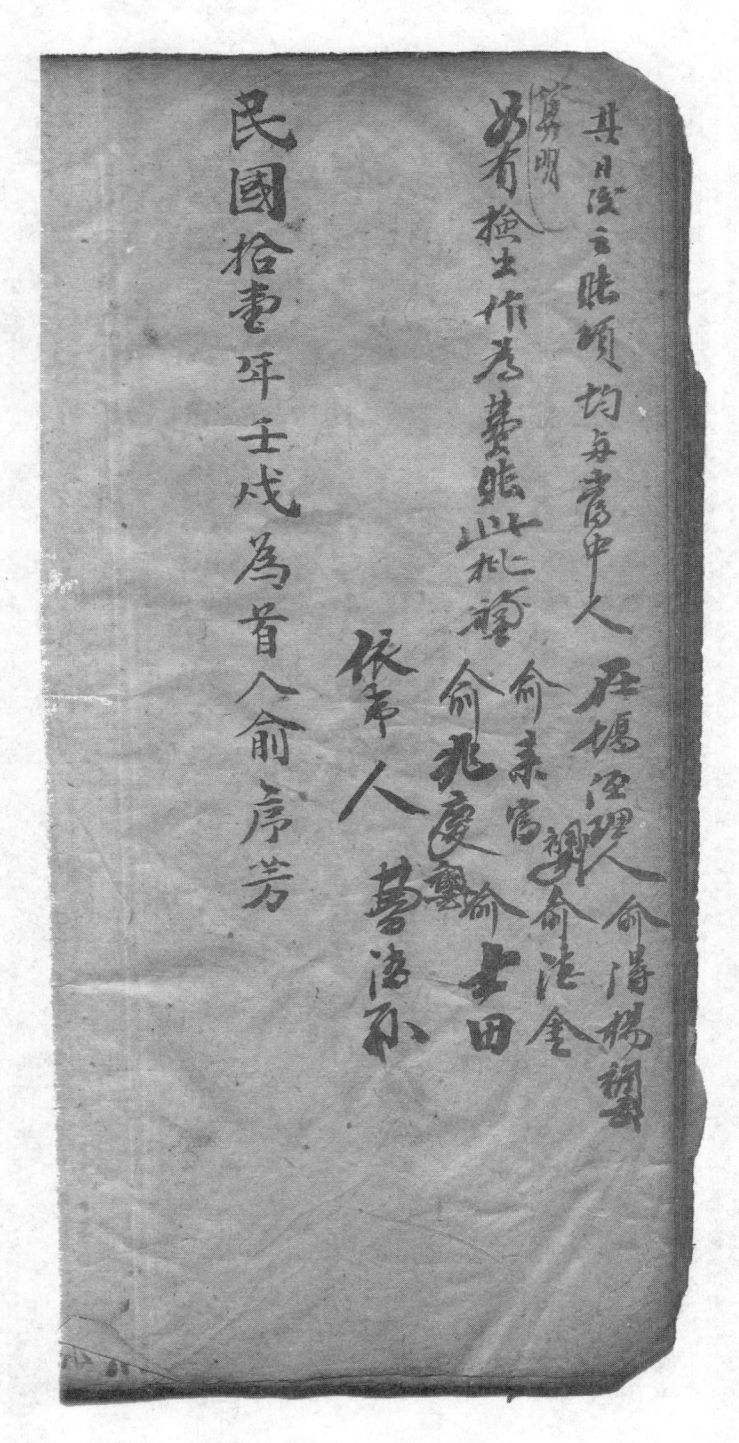

民國拾弍年癸亥十乙月初七鏡輝代貞桂

收庄前岑田租乙几 額叁几

收荒田坑口田租弍几 原額叁几 佃人德金

收上坑田租皮四几 佃人未冨

收牛軛坵田租六几 額九 佃人鏡輝

收擲頭八畝段三几 額叁几 未交 今作洋乙几〇〇九又十六文貫灰 內除洋乙元做田塍費 佃人白仰

收塢口段田皮乙几 額弍几 佃人鏡輝

收菜园圻降上田租詞荒作米叁琤文 原額三几 佃人曾義新

江湾镇圩口村 5-27 · 民国元年至二十年 ·
收谷帐簿及清明会帐簿 · 俞士槐等

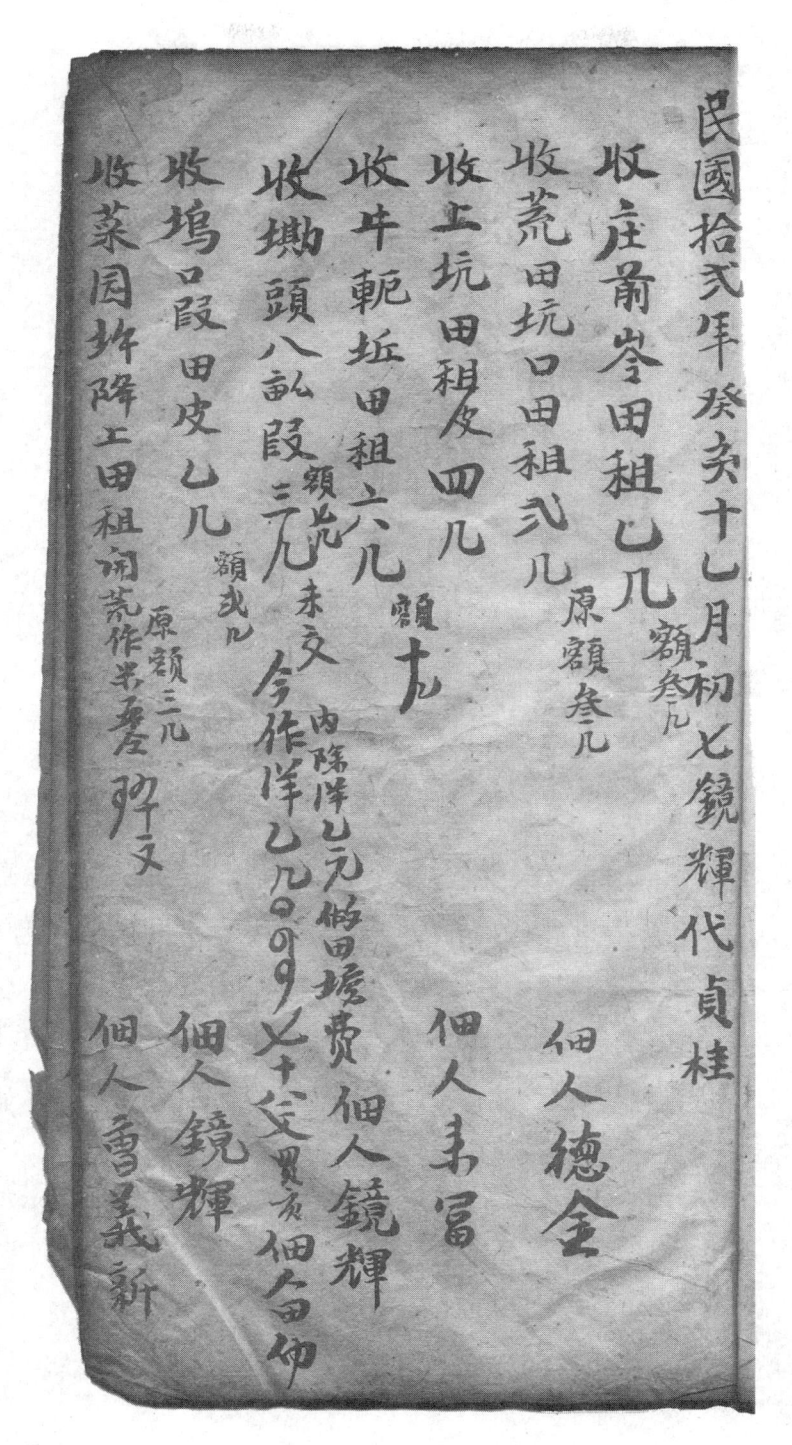

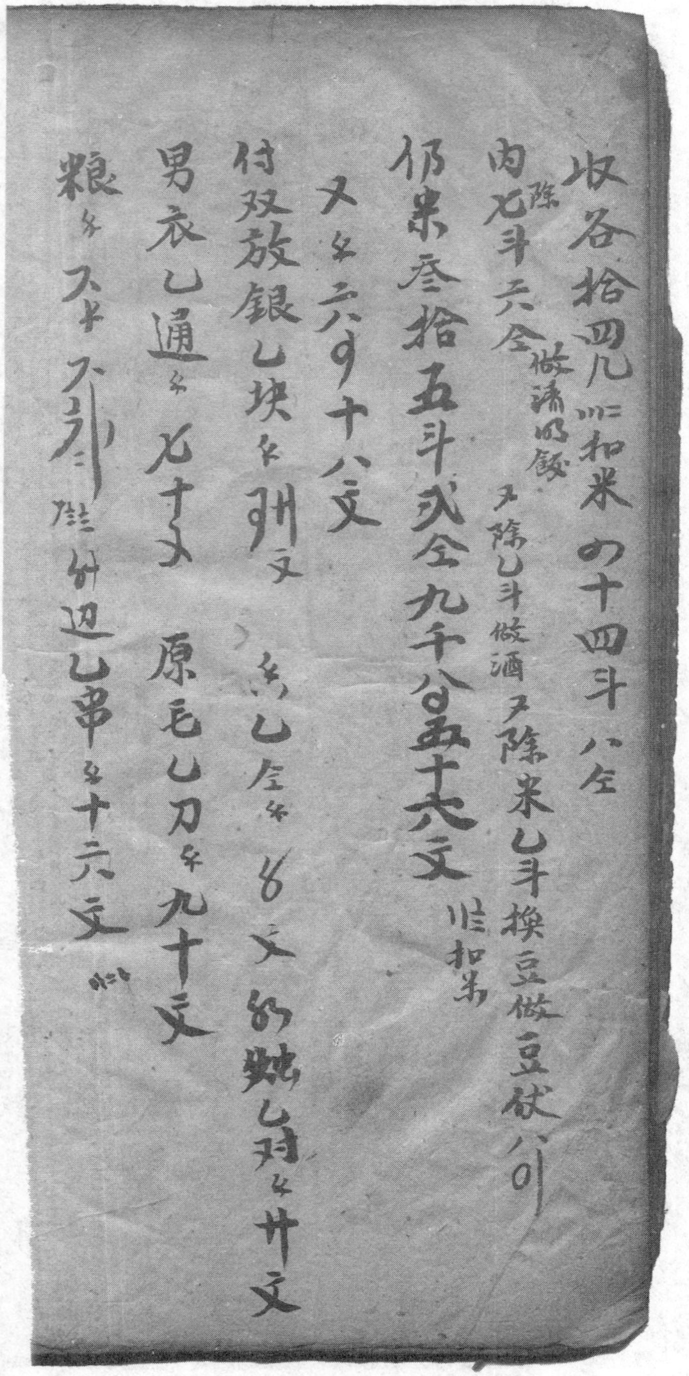

收谷拾四几〣和米 四十四斗 八合

除
内七斗六合做清明饭 又除乙斗做酒 又除米乙斗换豆做豆腐八〡

仍米叁拾五斗弍合九千分五十六文 〣和米

又〃六〃十八文

付双放银乙块〃卅文 〃乙分〃 多文 纸烛乙对〃廿文

男衣乙通〃七十文 原毛乙刀〃九十文

粮〃又〃不计 外边乙串〃十六文

江湾镇坼口村 5-28 · 民国元年至二十年 ·
收谷帐簿及清明会帐簿 · 俞士槐等

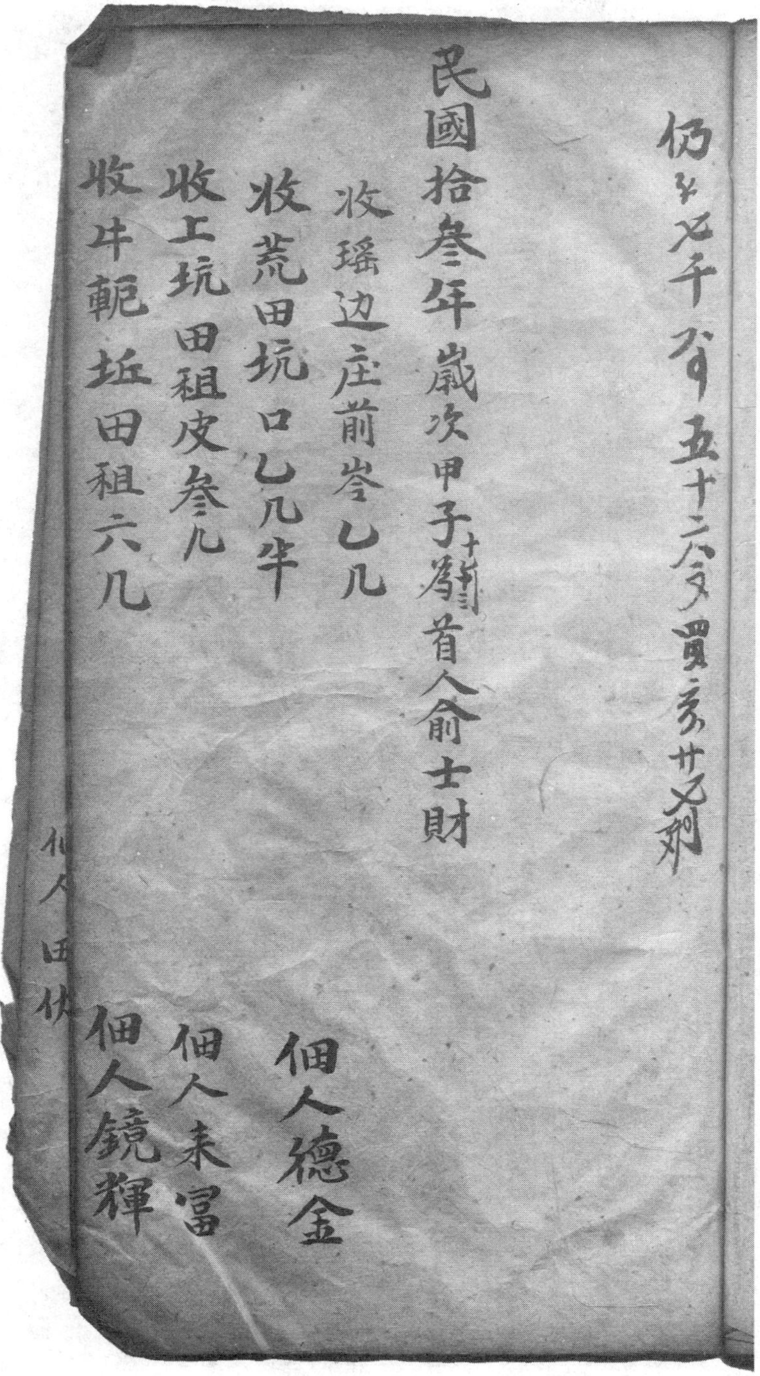
仍々乙千[illegible]五十六文買[illegible]廿乙刻
民國拾叁年歲次甲子十輪首人俞士財
收瑶边庄前岺乚几
收荒田坑口乚几半
收工坑田租皮叁几
收牛軛坵田租六几
佃人田供
佃人德金
佃人来富
佃人鏡輝

江湾镇圩口村 5-29 · 民国元年至二十年 ·
收谷帐簿及清明会帐簿 · 俞士槐等

收塢口段田皮乙几　佃人仝

收墈頭車碓上田租叁几　佃人鈿仂

共收十五几丰　〣〢扣米四拾九斗六仝

内除米七斗六仝　清明飯　又除米乙斗酒

又除米乙斗作豆水仗八〡　仍米四十斗　〣〤扣〻拾式千文

粮〻乙千〻四十文　双放乙快〻卅文

糸〻乙仝〻㸚　另糖乙对〻廿文　男衣乙通〻七十文

原毛乙刀〻九十文　〣边乙串〻十文　租力〻卅文

江湾镇坾口村 5-30 · 民国元年至二十年 ·
收谷帐簿及清明会帐簿 · 俞士槐等

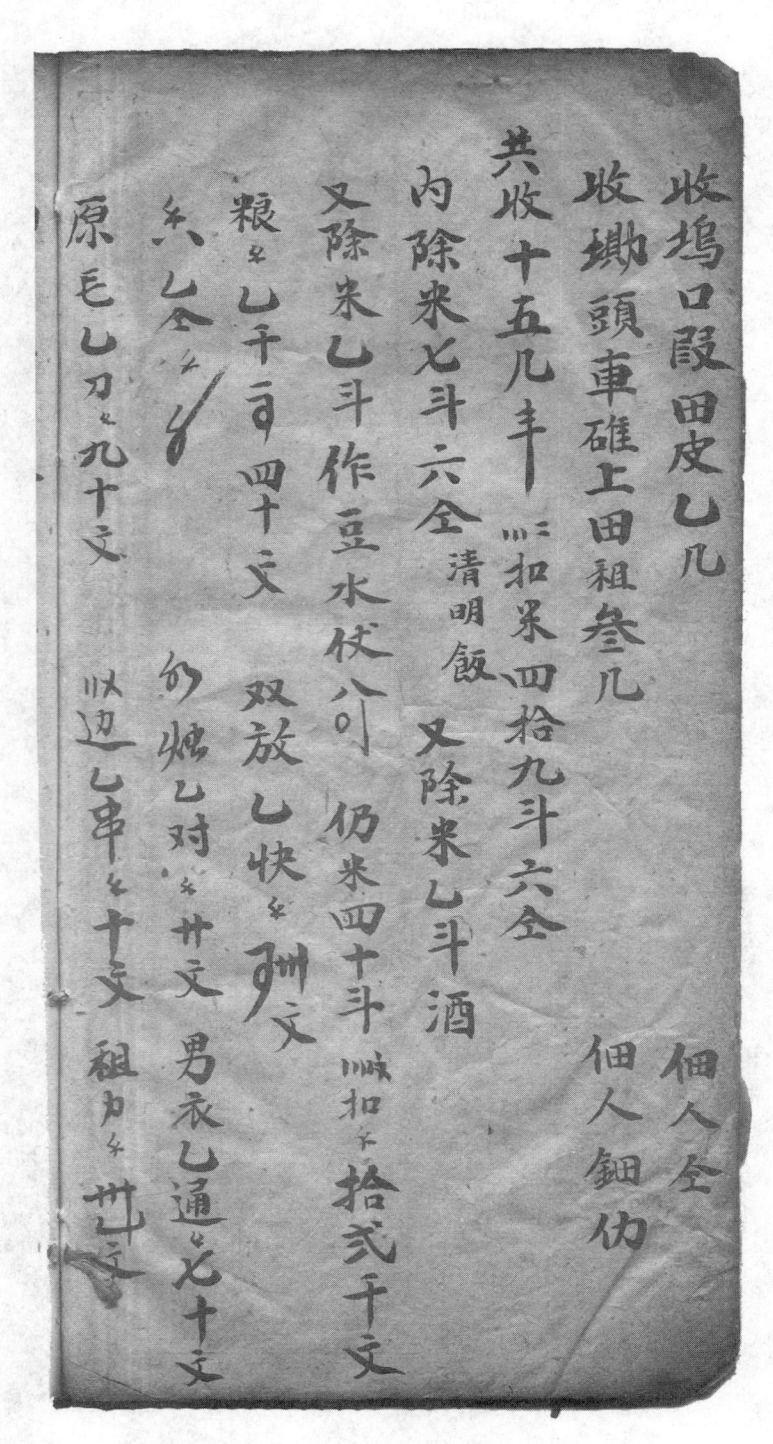

原[illegible]

油〻丰〻ㄎ文　盐丰〻ㄎ文

支用〻乙千〤ㄎ九十六文　仍〻十千ㄋ〇〤文以贯矣

弍十三日

民國拾四年歲次乙丑為首人俞来富

收瑶边庄前岺乙几

收荒田坑田租乙几半

收上坑田租皮弍几

收牛軛垳田租五几

佃人德金

佃人兆慶　来富

佃人兆慶

江湾镇�口村 5-31 · 民国元年至二十年 ·
收谷帐簿及清明会帐簿 · 俞士槐等

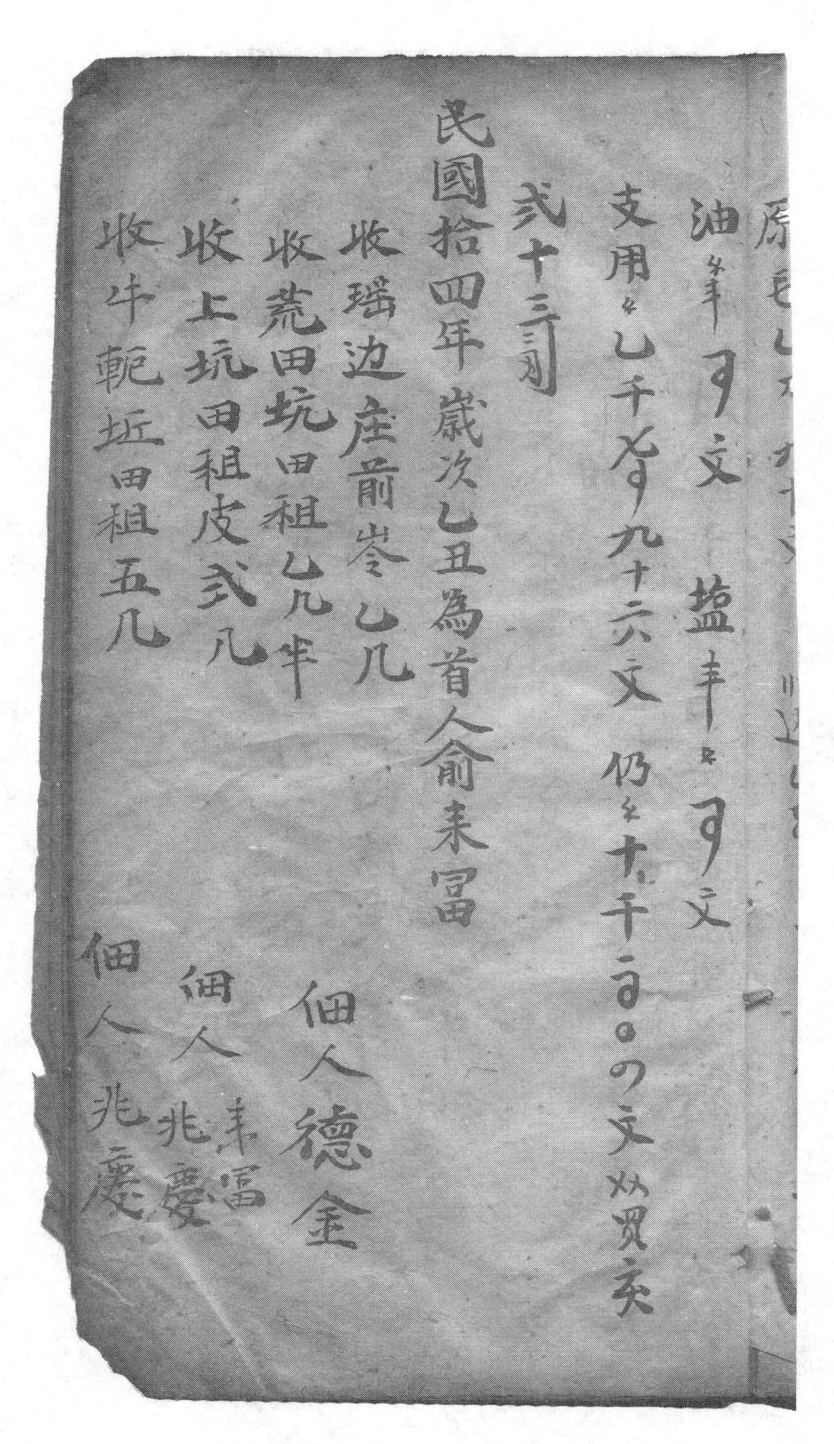

收塢口殷田皮乙几　佃人鏡輝

收車碓上田租弍几半　佃人田伯

共和穀拾叁几〃和来四拾乙斗六合

内除来乙斗六合做清明飯　内除来乙斗做酒

内除来換豆腐伏八斤　仍来叁拾弍斗

錢拾六千文　軍費洋八角弍分

粮〃乙角　双放乙块〃文〃乙金〃五〃文

紙燭乙对〃四十文　男衣乙通〃八千文　厚毛乙刀〃卌文

江湾镇圩口村 5-32 · 民国元年至二十年 ·
收谷帐簿及清明会帐簿 · 俞士槐等

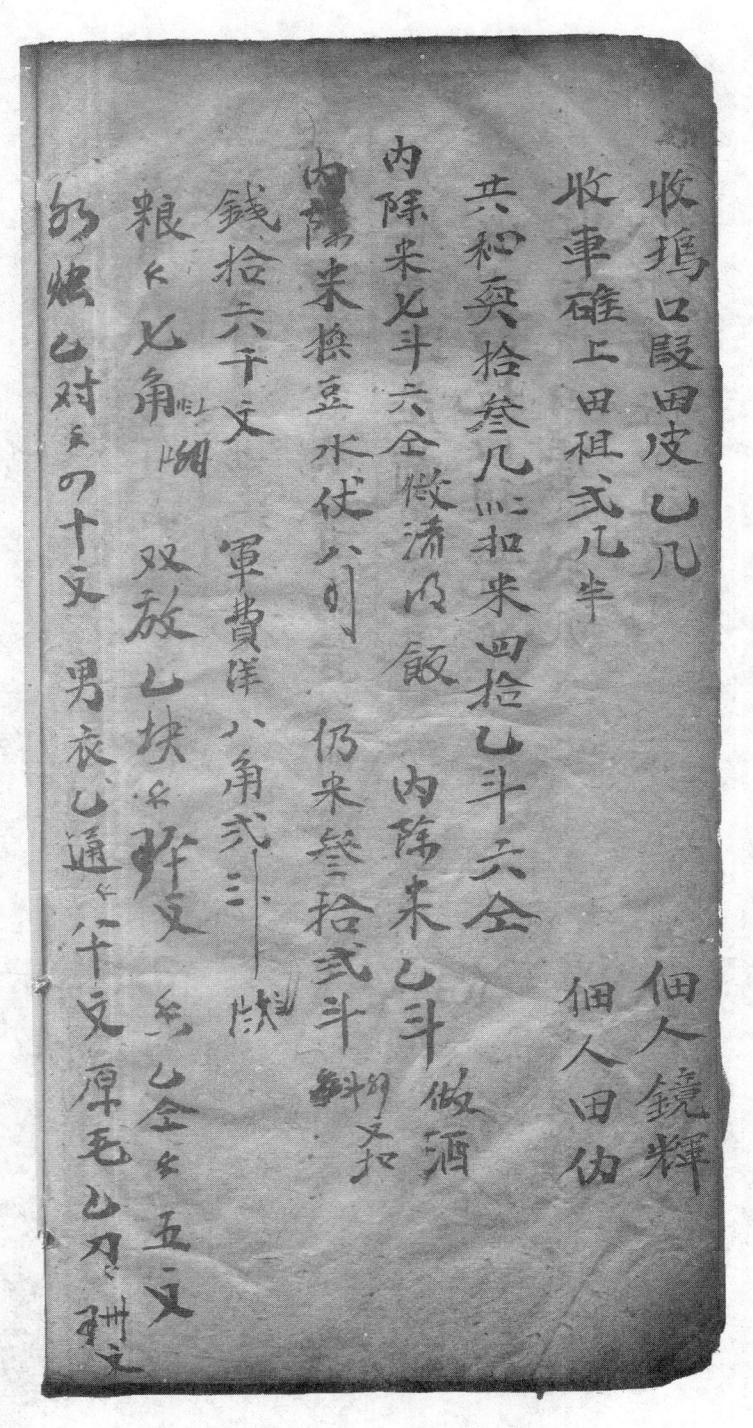

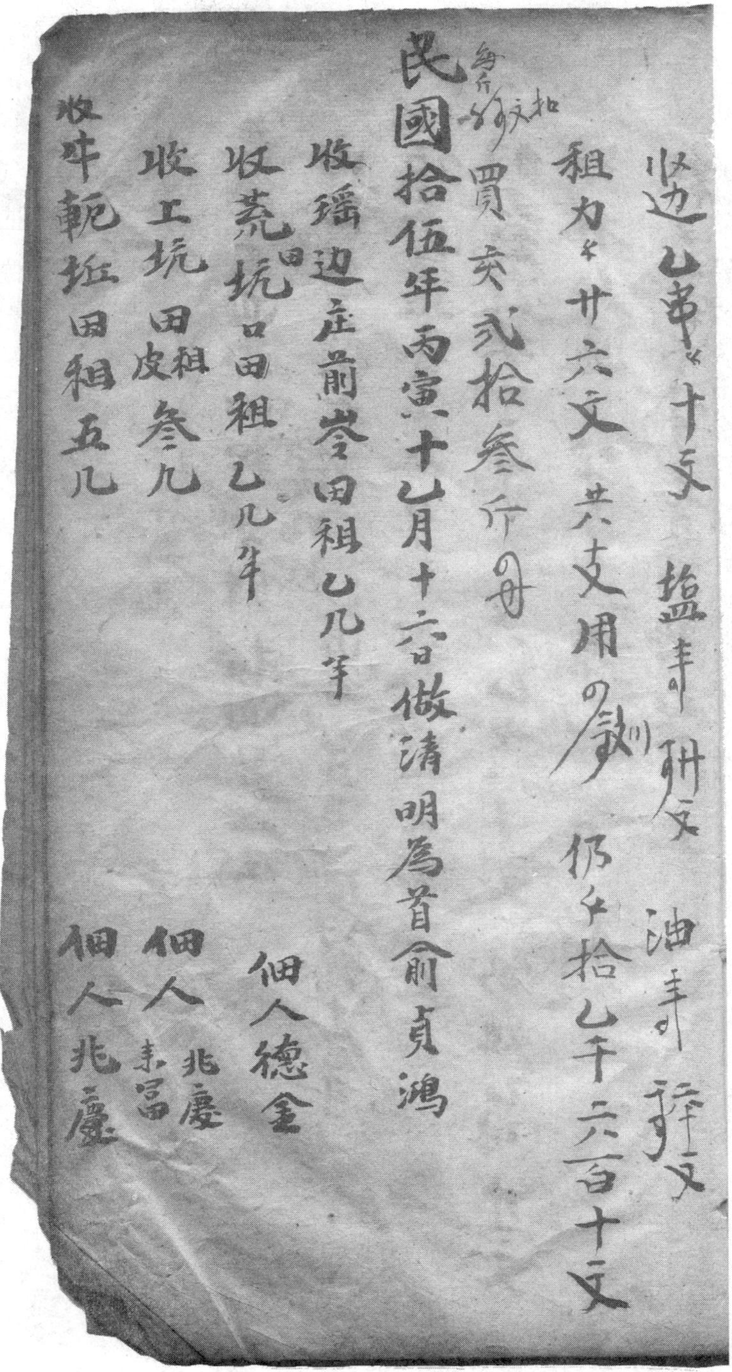
收边〻串〻十文 盐弍卅文 油弍拾文
租力〻廿六文 共支用四钏 仍〻拾乙千六百十文
每斤 文扣
買灰弍拾叁斤毋
民國拾伍年丙寅十二月十六日做清明為首俞貞鴻
收瑶边庄前叁田田租乙几半
收荒坑田口田租乙几半 佃人德金
收工坑田皮田租叁几 佃人来富 兆慶
收牛轭垅田租五几 佃人兆慶

江湾镇岕口村 5-33 · 民国元年至二十年 ·
收谷帐簿及清明会帐簿 · 俞士槐等

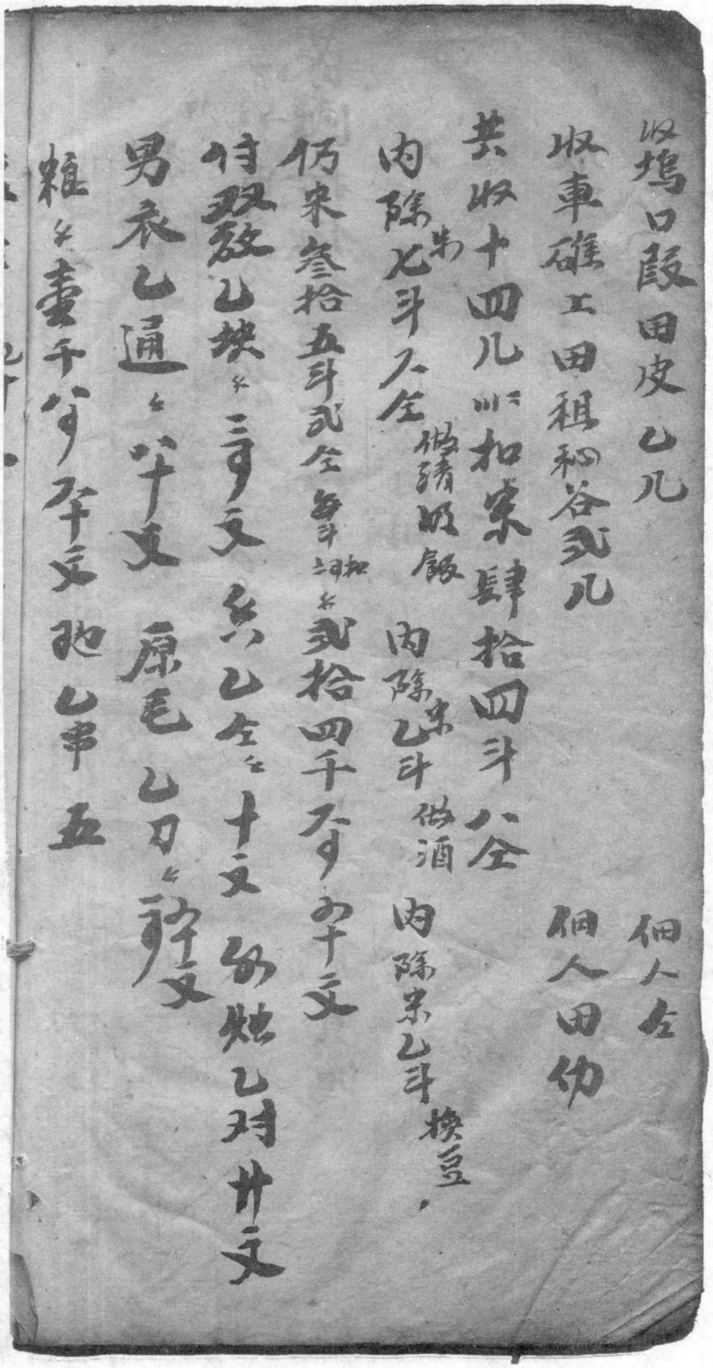
收塢口畈田皮乙儿　佃人仝
收車碓工田租秈谷贰儿　佃人田仂
共收十四儿〣〤秈米肆拾四斗八仝　内除米乙斗做酒　内除米乙斗换豆
内除米七斗八仝　做清明飯
仍米叁拾五斗弍仝　每斗二百加〻贰拾四千〥百〤十文
付發山坟〻三千文　点〻乙仝〻十文　红烛乙对廿文
男衣乙通〻八千文　原毛乙刀〻[illegible]文
粮〻壹千〥百〤十文　地乙串五

江湾镇垰口村 5-34 · 民国元年至二十年 ·
收谷帐簿及清明会帐簿 · 俞士槐等

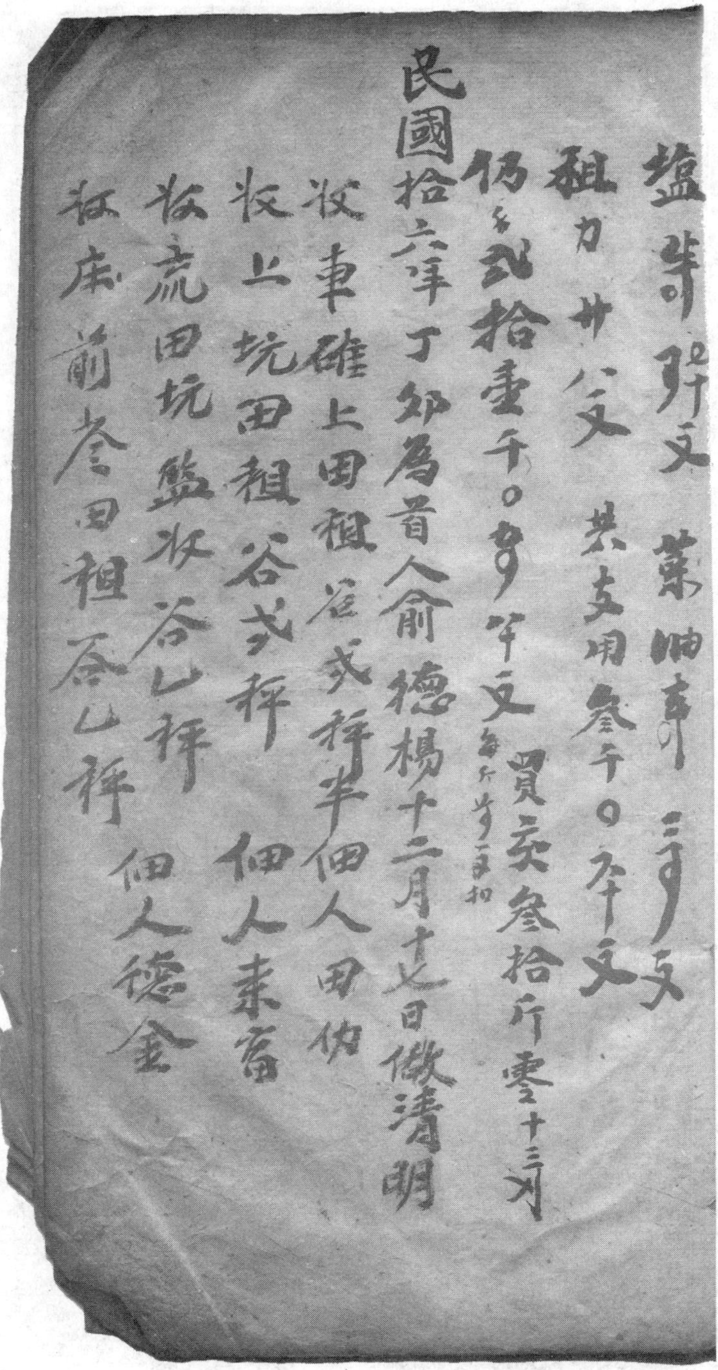

塩等叁仟文　菜油等三千文
租力廿八文　共支用叁千〇八千文
仍存贰拾壹千〇八百文 每斤廿文扣　買炭叁拾斤零十三文
民國拾六年丁卯爲首人俞德楊十二月十七日做清明
收東碓上田租谷贰秤半　佃人田仂
收上坑田租谷贰秤　佃人来富
收荒田坑盤收谷山秤　佃人德金
收庄前叁田租谷山秤

江湾镇垳口村 5-35・民国元年至二十年・
收谷帐簿及清明会帐簿・俞士槐等

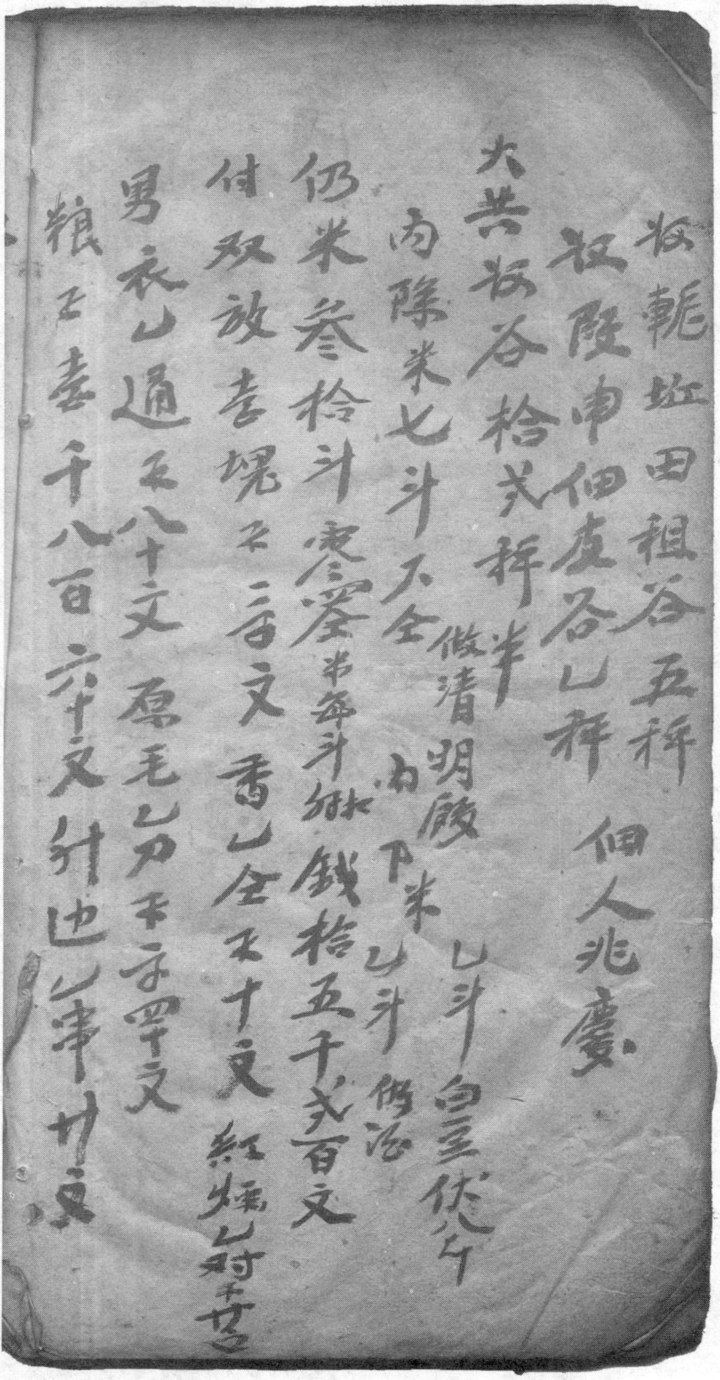

收軶坵田租谷五秤
收陞申佃度谷乙秤 佃人兆慶
大共收谷拾弍秤半
内除米七斗不全 做清明飯乙斗 白豆伏八斤
内下米乙斗 作酒
仍米叁拾斗 [illegible] 錢拾五千弍百文
付双放麦堀不二千文 香乙全不十文 紅燭乙対 [illegible]
男衣乙通不八十文 厚毛乙刀不千四百文
粮不麦千八百六十文 針边乙筆廿文

江湾镇圩口村 5-36 · 民国元年至二十年 ·
收谷帐簿及清明会帐簿 · 俞士槐等

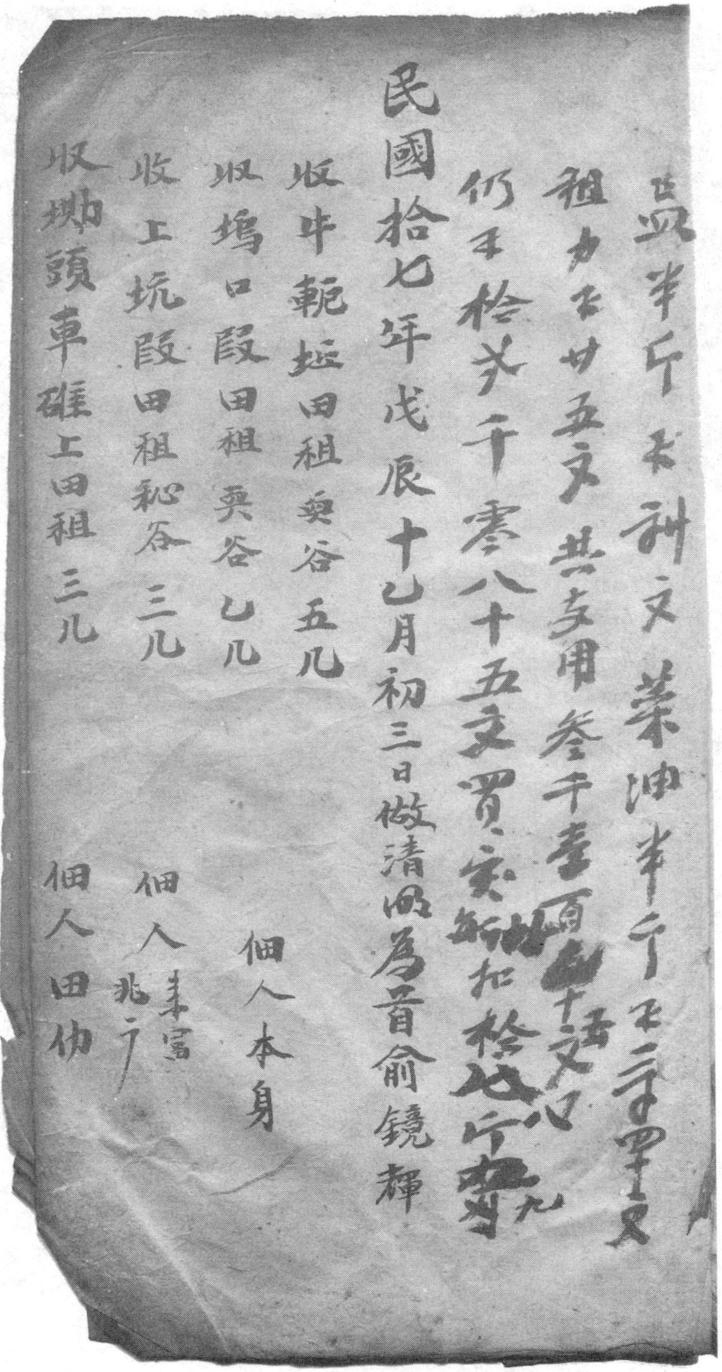
鹽半斤卅文 菜油半斤 [illegible]
租力廿五文 共支用叁千壹百[illegible]
仍手拾弍千零八十五文 買穀[illegible]
民國拾七年戊辰十二月初三日做清明爲首俞鏡輝
收牛軛垅田租乾谷五几 佃人本身
收塢口段田租乾谷乙几
收上坑段田租秕谷三几 佃人 兆广 丰富
收坳頭車碓上田租 三几 佃人田仂

江湾镇圩口村 5-37 · 民国元年至二十年 ·
收谷帐簿及清明会帐簿 · 俞士槐等

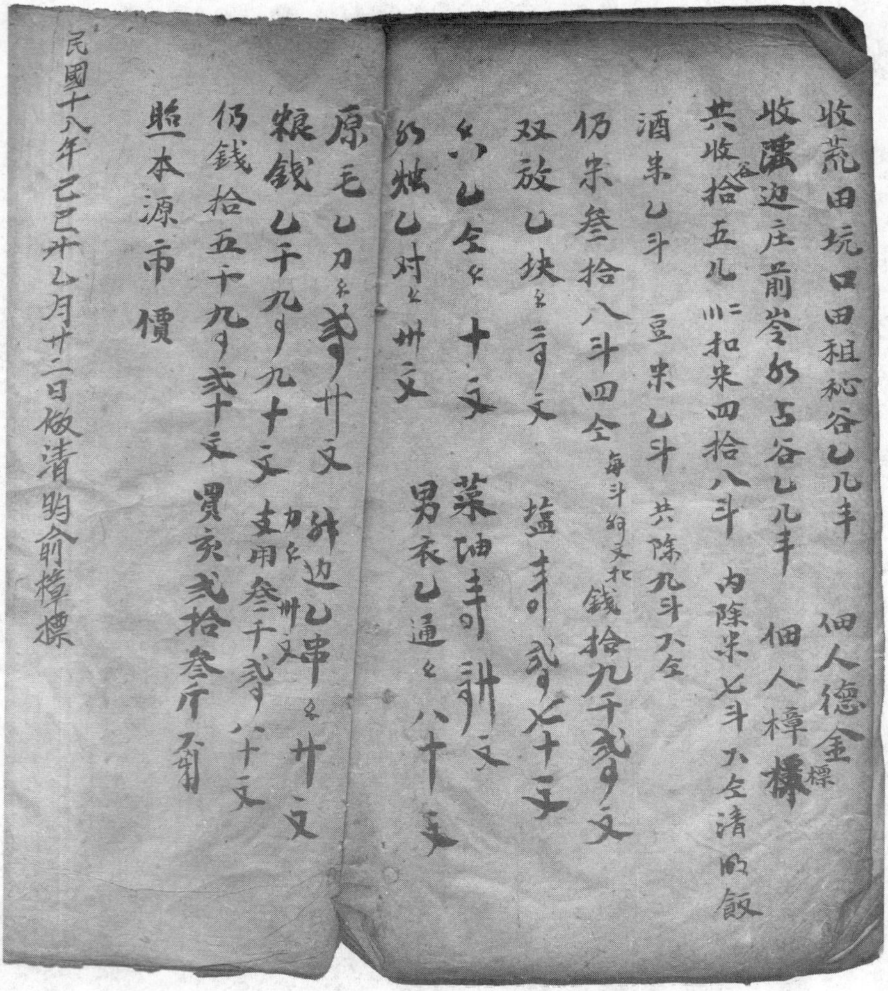

收荒田坑口田租秈谷乙几丰 佃人德金標
收灣边庄前叁奶占谷乙几丰 佃人樟標
共收谷拾五几〢扣米四拾八斗 内除米七斗入全清明飯
酒米乙斗 豆米乙斗 共除九斗入全
仍米叁拾八斗四全 钱拾九千贰ㄅ文
双放乙块〻三ㄅ文 塩丰贰ㄅ七十三
〻山全〻十文 菜油丰卅文
奶烛乙对〻卅文 男衣乙通〻八十〻
原毛乙刀〻贰ㄅ廿文 外边乙串〻廿文
粮钱乙千九ㄅ九十文 力〻卅文
仍钱拾五千九ㄅ贰十文 支用叁千贰ㄅ八十文
照本源市價 買灰贰拾叁斤
民國十八年己巳廿乙月廿二日做清明俞樟標

江湾镇圩口村 5-38 · 民国元年至二十年 ·
收谷帐簿及清明会帐簿 · 俞士槐等

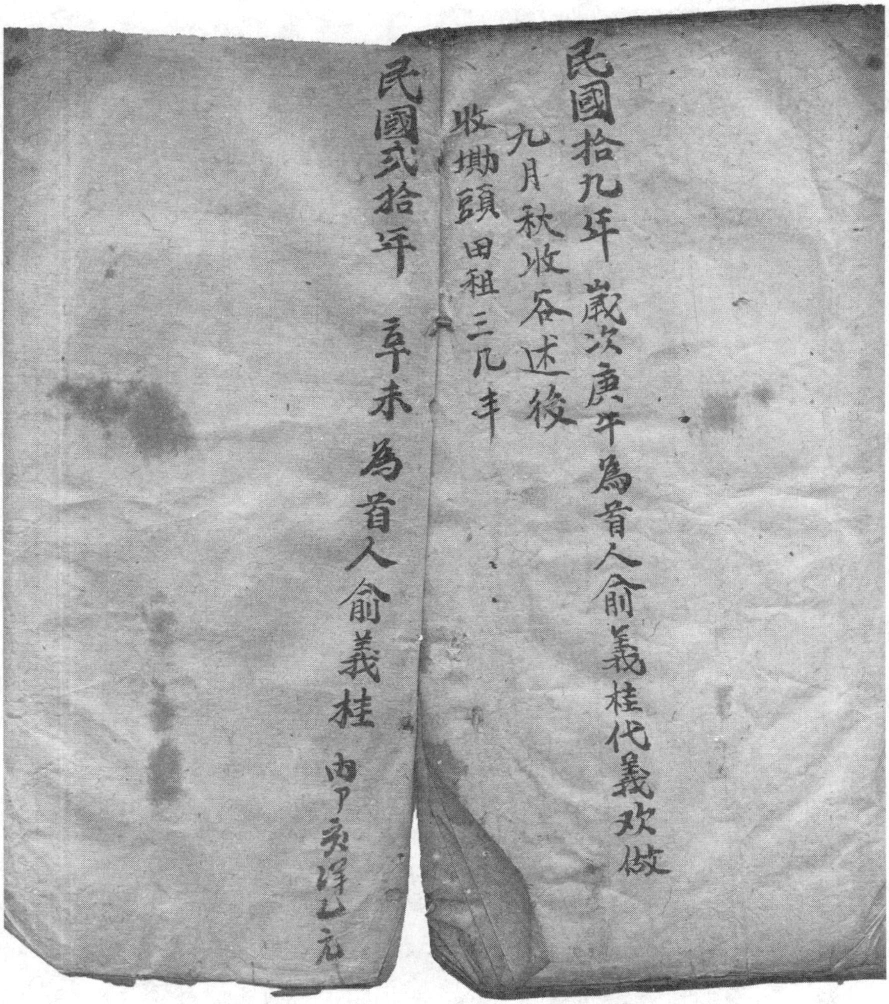

江湾镇坪口村 5-39 · 民国元年至二十年 ·
收谷帐簿及清明会帐簿 · 俞士槐等

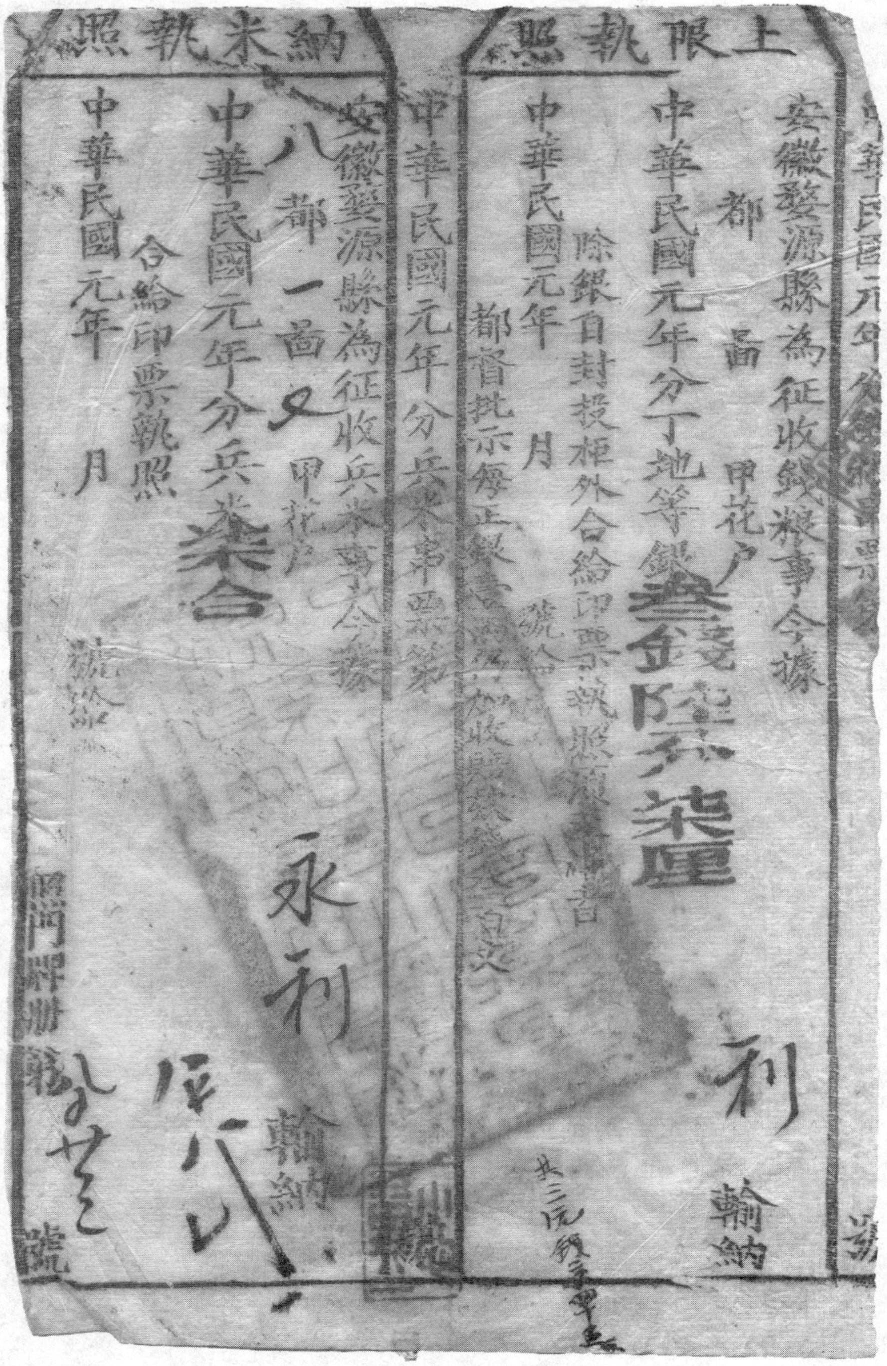

上限執照

安徽婺源縣為征收錢粮事今據

都　啚　甲花户

中華民國元年分丁地等銀

除銀自封投柜外合給印票執照須至執照者

中華民國元年　月

納米執照

安徽婺源縣為征收兵米事今據

八都一啚　又　甲花户

中華民國元年分兵米

合給印票執照

中華民國元年　月

永利

江湾镇圩口村 99 · 民国元年 · 纳米执照 · 永利

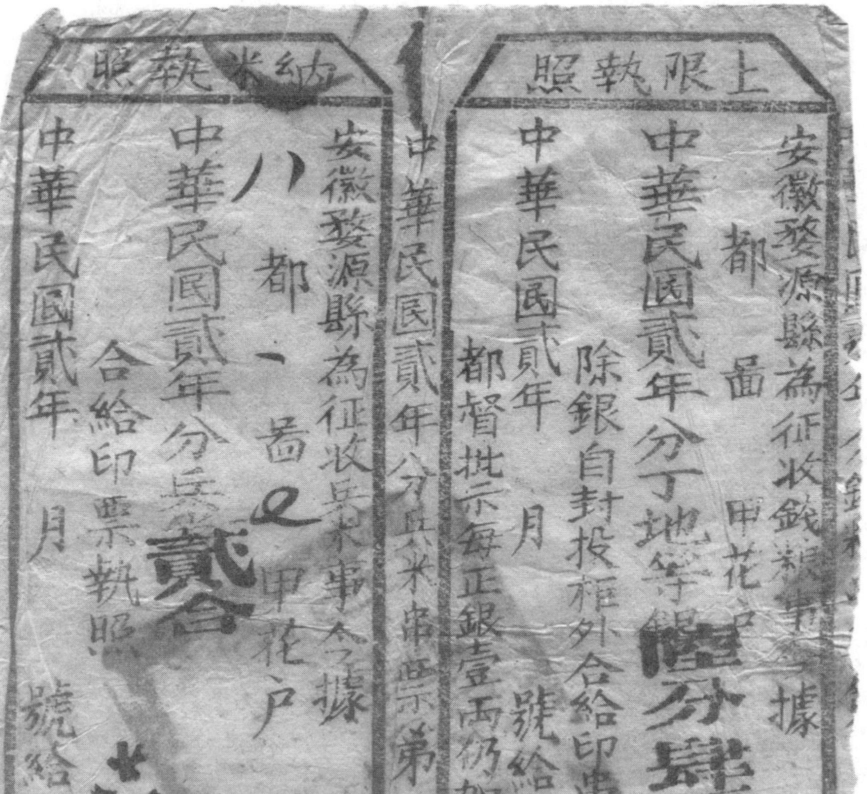

江湾镇圩口村 77 · 民国二年 · 纳米执照 · 永关

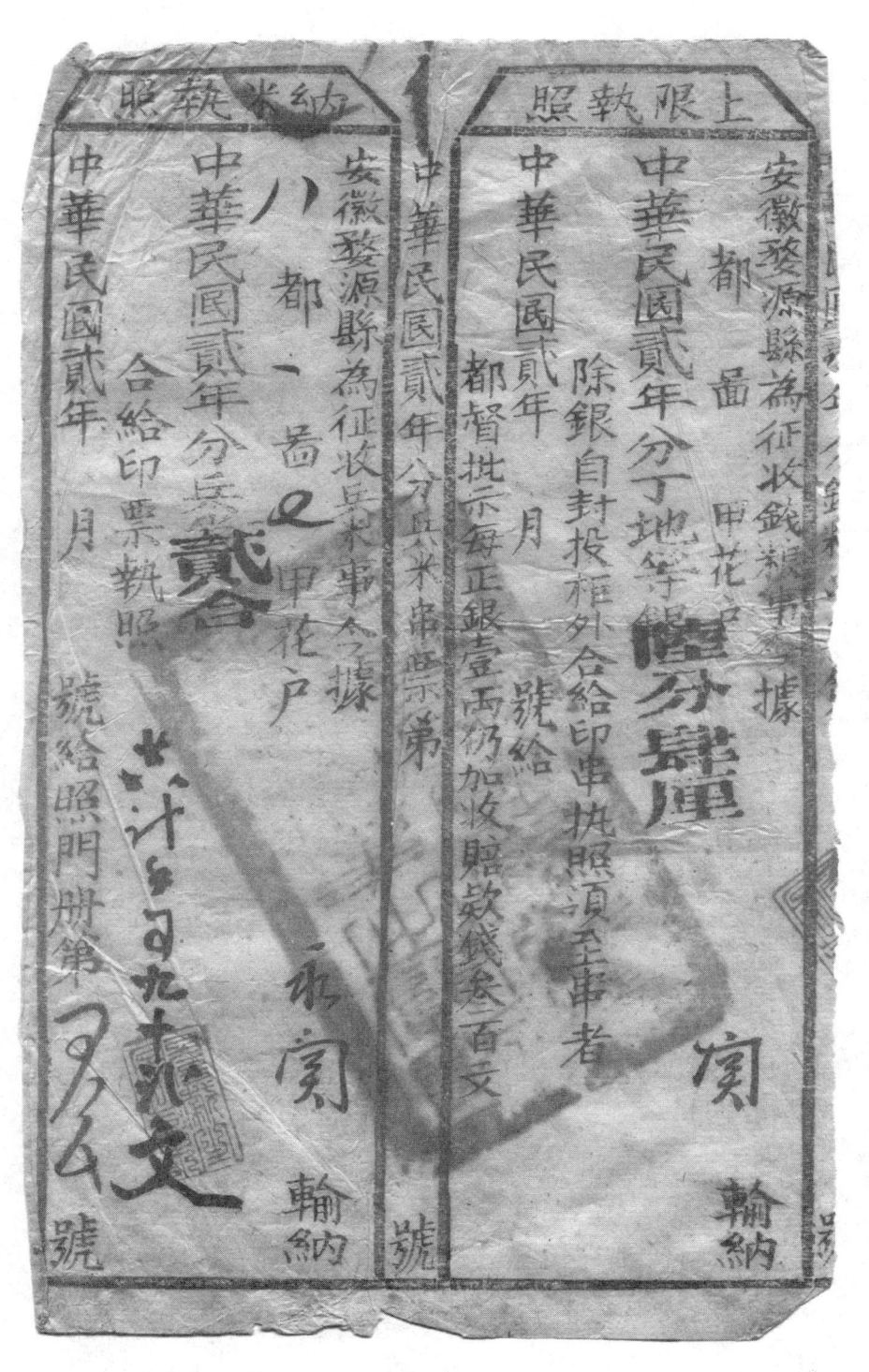

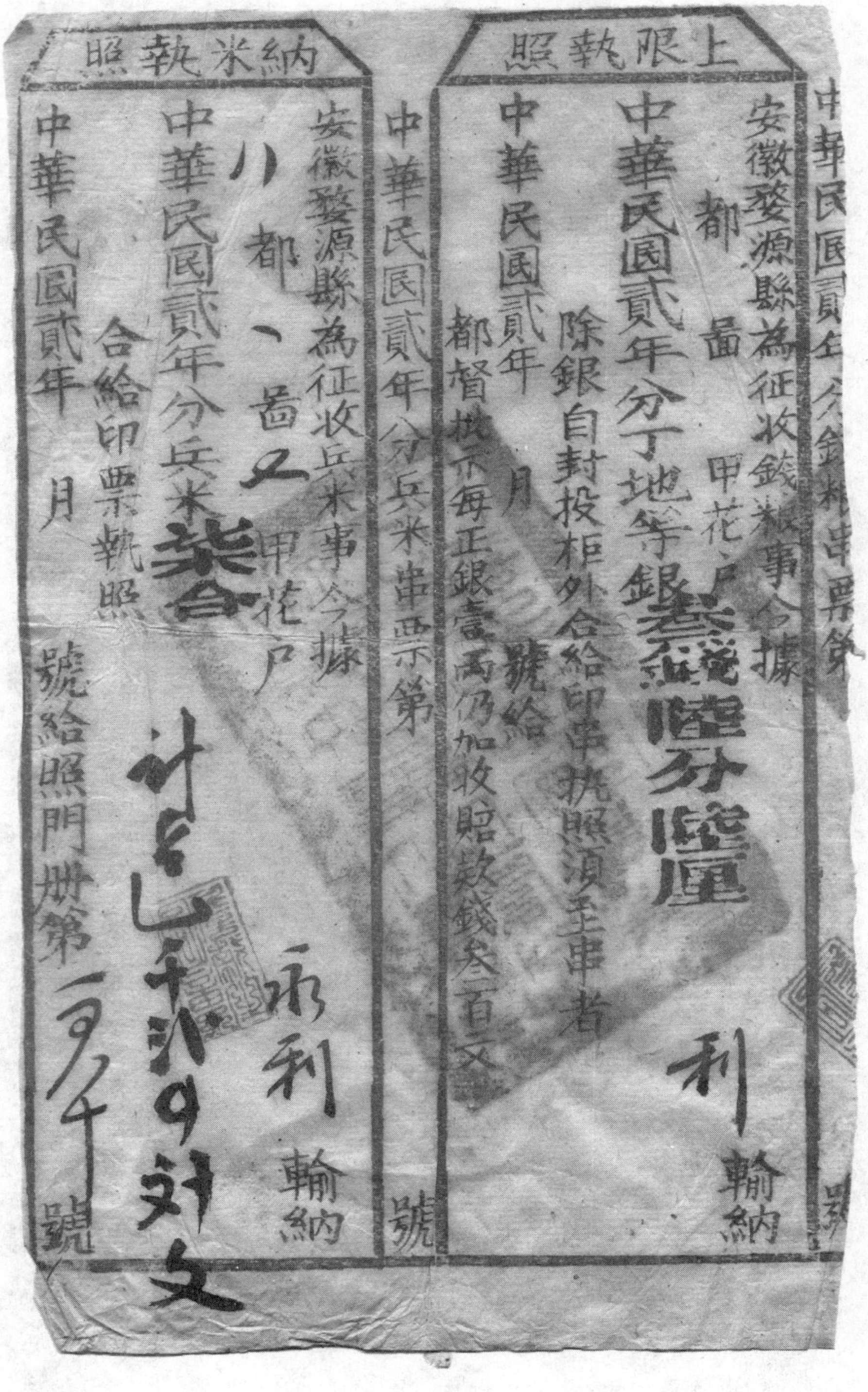

中華民國貳年分錢糧串票第　　號

上限執照

安徽婺源縣為征收錢糧事今據

都　啚　甲花户　[illegible]　利　輸納

中華民國貳年分丁地等銀　[illegible]

除銀自封投柜外合給印串執照須至串者

中華民國貳年　月　號給

都督批示每正銀壹兩仍加收賠款錢叁百文

中華民國貳年分兵米串票第　　號

納米執照

安徽婺源縣為征收兵米事今據

小都、啚又甲花户　永利　輸納

中華民國貳年分兵米　[illegible]

合給印票執照

中華民國貳年　月　號給照門册第一万千　號

[illegible]

江湾镇圩口村 98 · 民国二年 · 纳米执照 · 永利

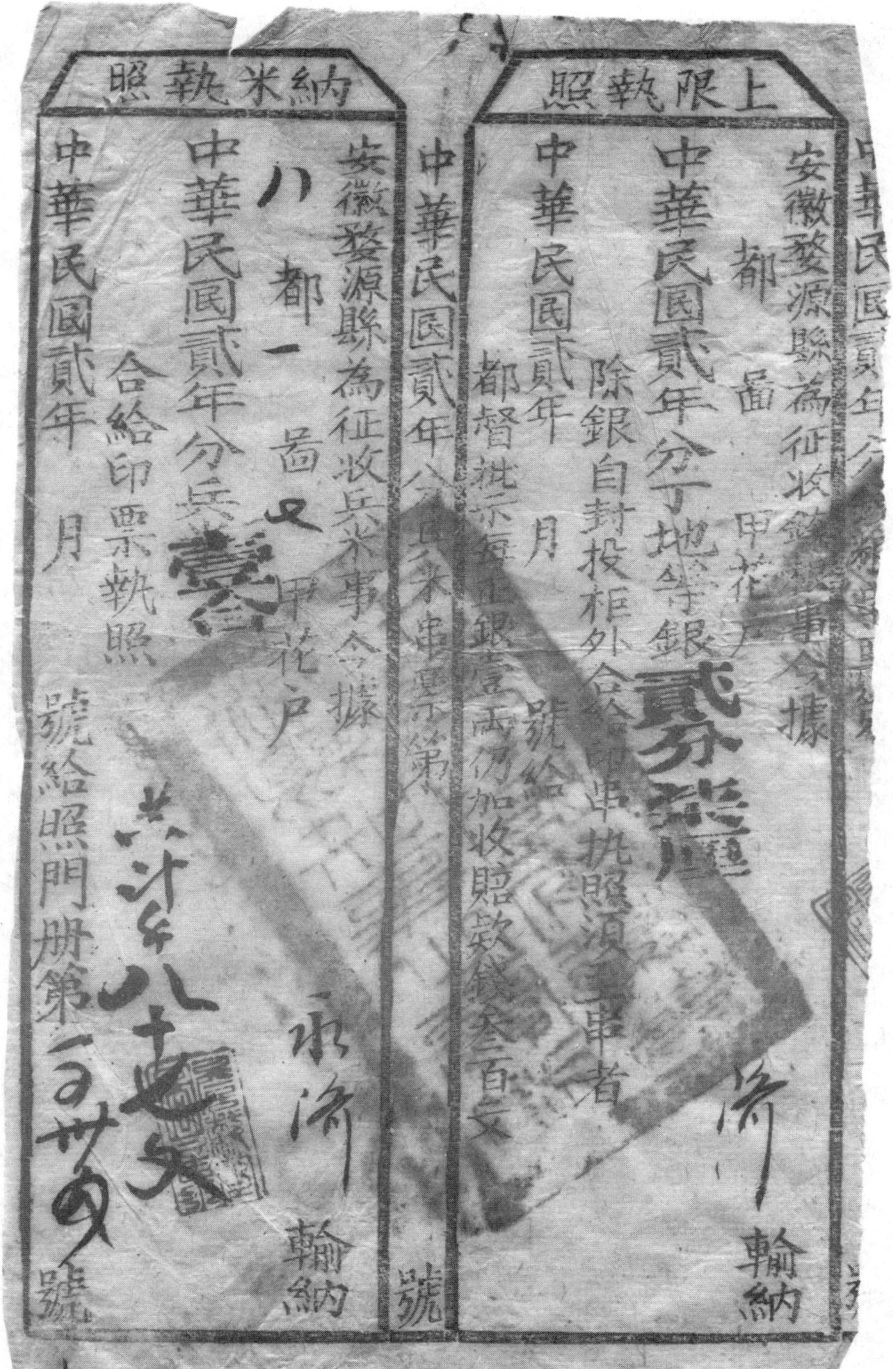

江湾镇圩口村 101 · 民国二年 · 纳米执照 · 永济

江湾镇圩口村 43 · 民国五年 · 纳米执照 · 聚成

納米執照

安徽婺源縣為征收

八都一圖 又

民國伍年分

民國 年 月

永順

上忙執照

民國伍年分

民國 年 月

壹錢叁分捌釐

順

江湾镇圩口村 90 · 民国五年 · 纳米执照 · 永顺

立自情愿断骨出賣山契人俞有高，身承祖遺有園山壹大塊，坐落土名飛田山，今係經
理馮字三千五佰五十七號，計山稅三厘正。其山四至：東至圳，南至田，西至田，北至田為界。今因正事
应用，自情愿托中將山四至內尽行断骨出賣与
俞士溪名下承買為業。当三面憑中議作時值價英洋　　元正。其洋是身当即親手收訖。
其山自今出賣之後，任听買人随即过手管業，無阻。未賣之先，及本家內外人等並無重
張典押不明等情，如有，是身自理，不干買人之事。其來阻老票與別相連，不便繳付，日
後要用，将出無辞。其稅粮听至本都本啚本甲，宣起户下照數扒納本甲，蓋合户收受不另
立推单。今欲有憑，立此断骨出賣山契為據。再批。（押）

民国五年丙辰五月　日　立断骨出賣山契人　俞有高（押）

知见　母　俞洪氏（押）

俞有湯十

代書親筆　俞有高（押）

所是契價當日兩相交絶。

契　再批（押）

江湾镇圩口村 110 · 民国五年 · 断骨出卖山契 · 俞有高卖与俞士溪

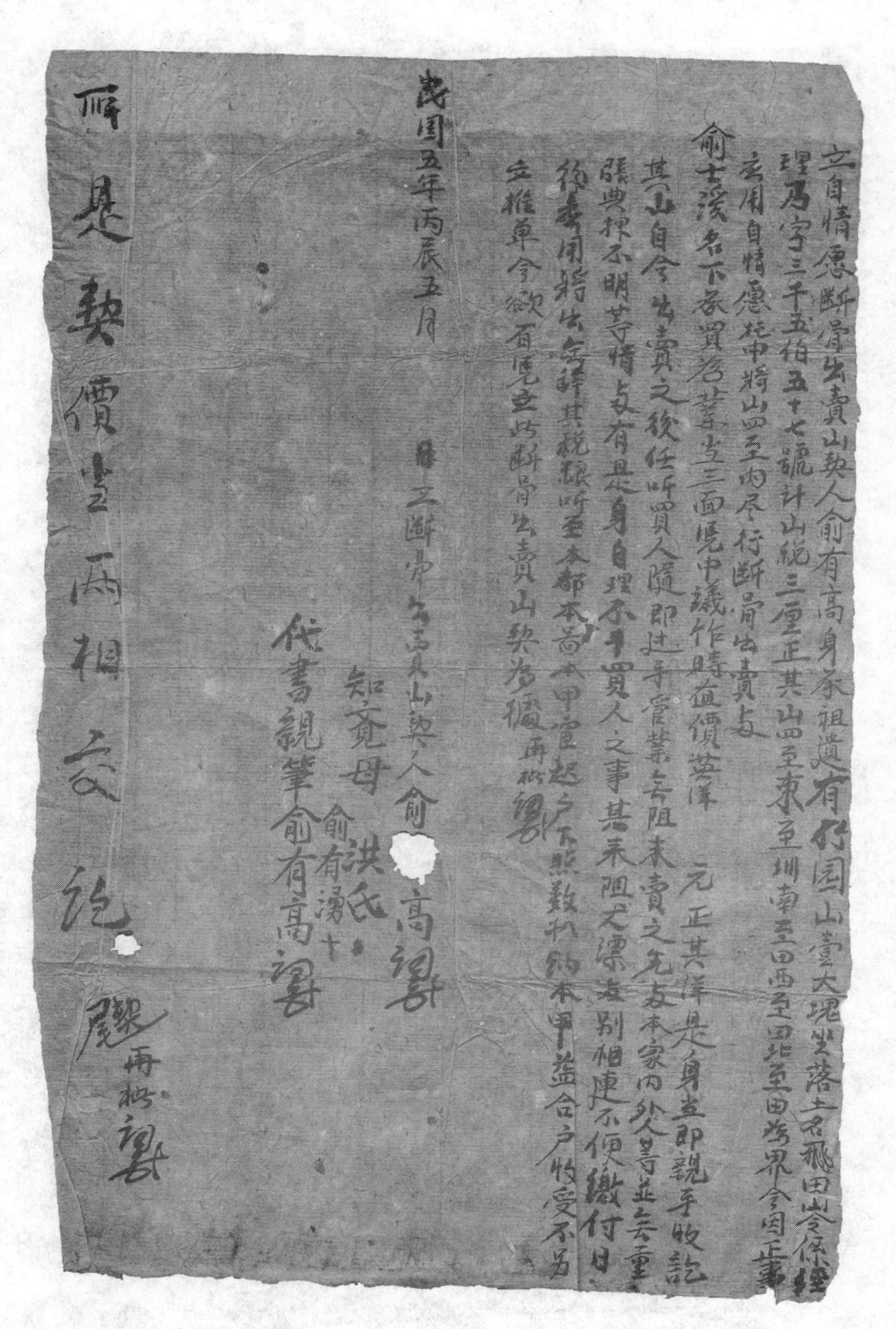

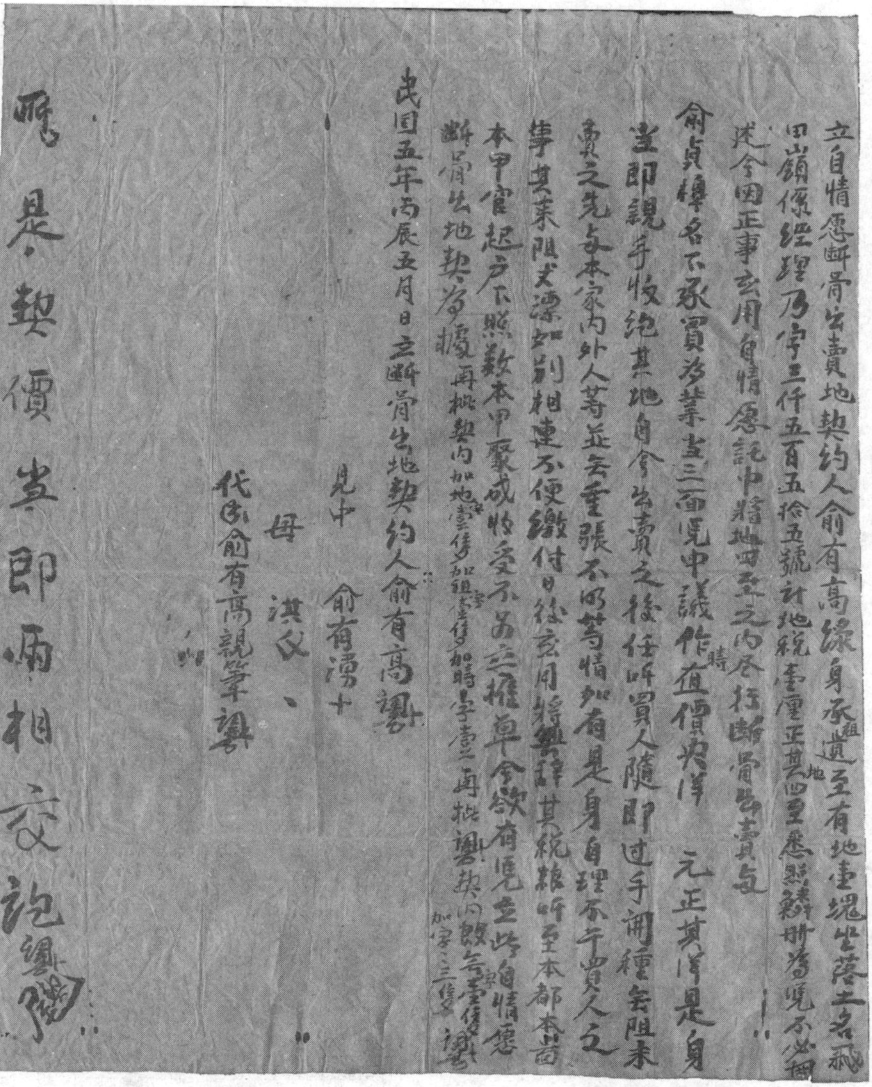

江湾镇坍口村 111 · 民国五年 · 断骨出卖地契 · 俞有高卖与俞贞樟

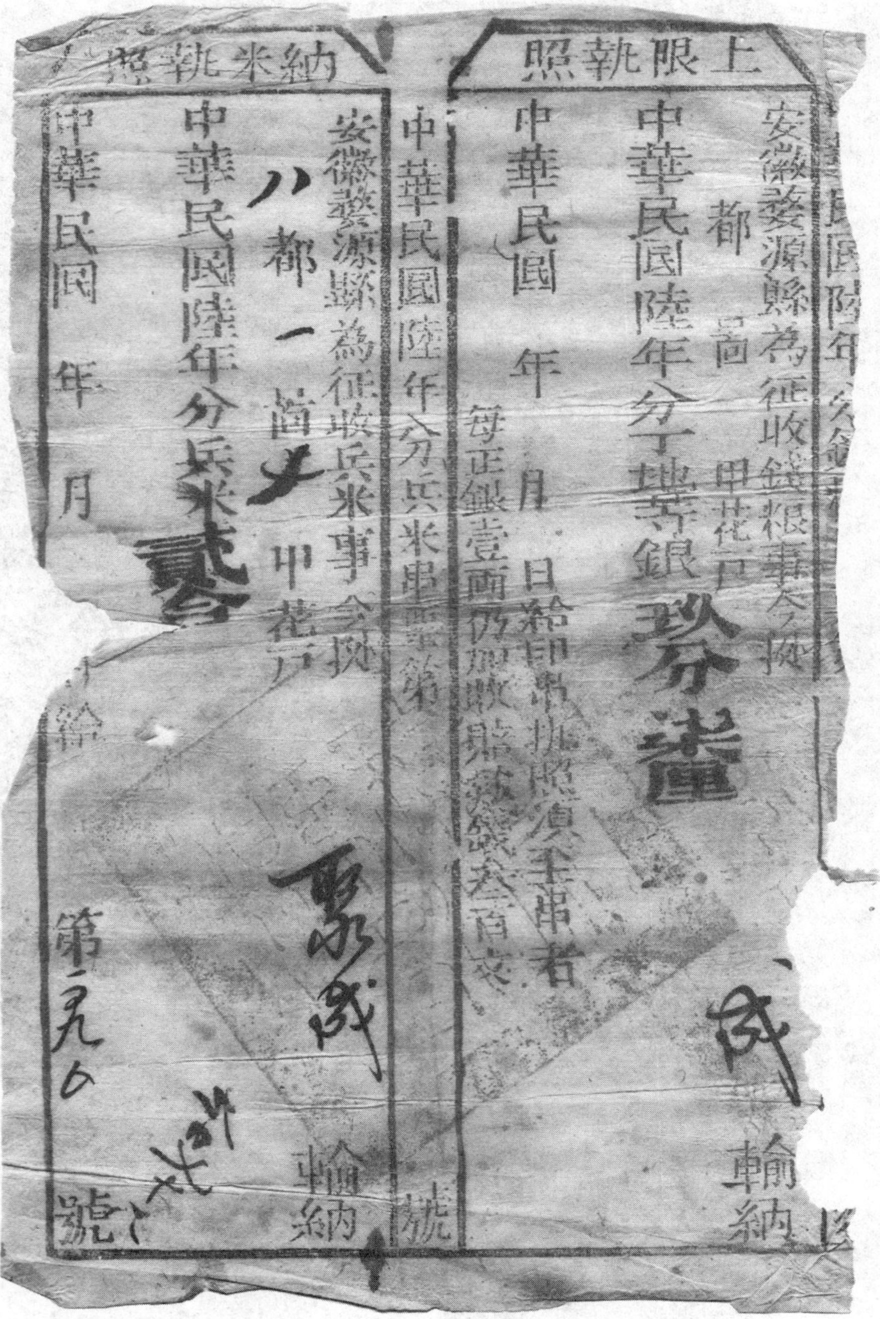

上限執照

安徽婺源縣為征收錢粮事今據

都 啚 甲花戶

中華民國陸年分丁漕銀 玖分叁釐

中華民國 年 月 日給印串執照須至串者

每正銀壹兩仍加收賠款錢叁百文

成 輸納

中華民國陸年分兵米串票第 號

納米執照

安徽婺源縣為征收兵米事今據

八都一啚 甲花戶

中華民國陸年分兵米 貳合

聚成 輸納

中華民國 年 月 日給

第一九八 號

江湾镇圩口村 42 · 民国六年 · 纳米执照 · 聚成

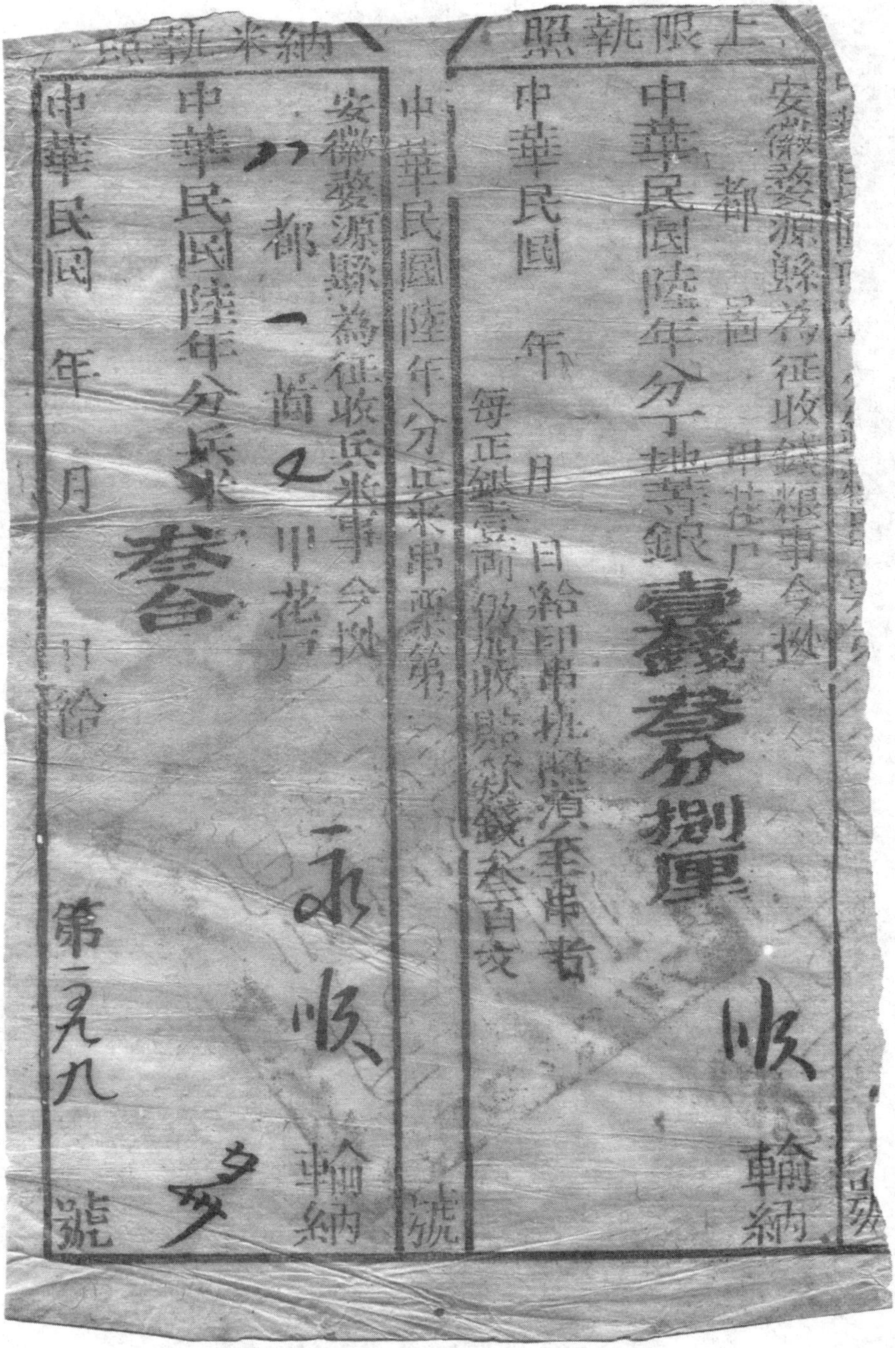

上限執照

安徽婺源縣為征收錢糧事今據 都 圖 甲 花戶 輸納

中華民國陸年分丁地漕銀壹錢叁分捌厘 收

中華民國 年 月 日給印串執照須至串者

每正銀壹兩倣加收戶款錢叁百文

中華民國陸年分兵米串票第 號

納米執照

安徽婺源縣為征收兵米事今據八都一圖又甲花戶永順 收 輸納

中華民國陸年分兵米叁 多

中華民國 年 月 日給 第一一九九號

江湾镇圩口村 95 · 民国六年 · 纳米执照 · 永顺

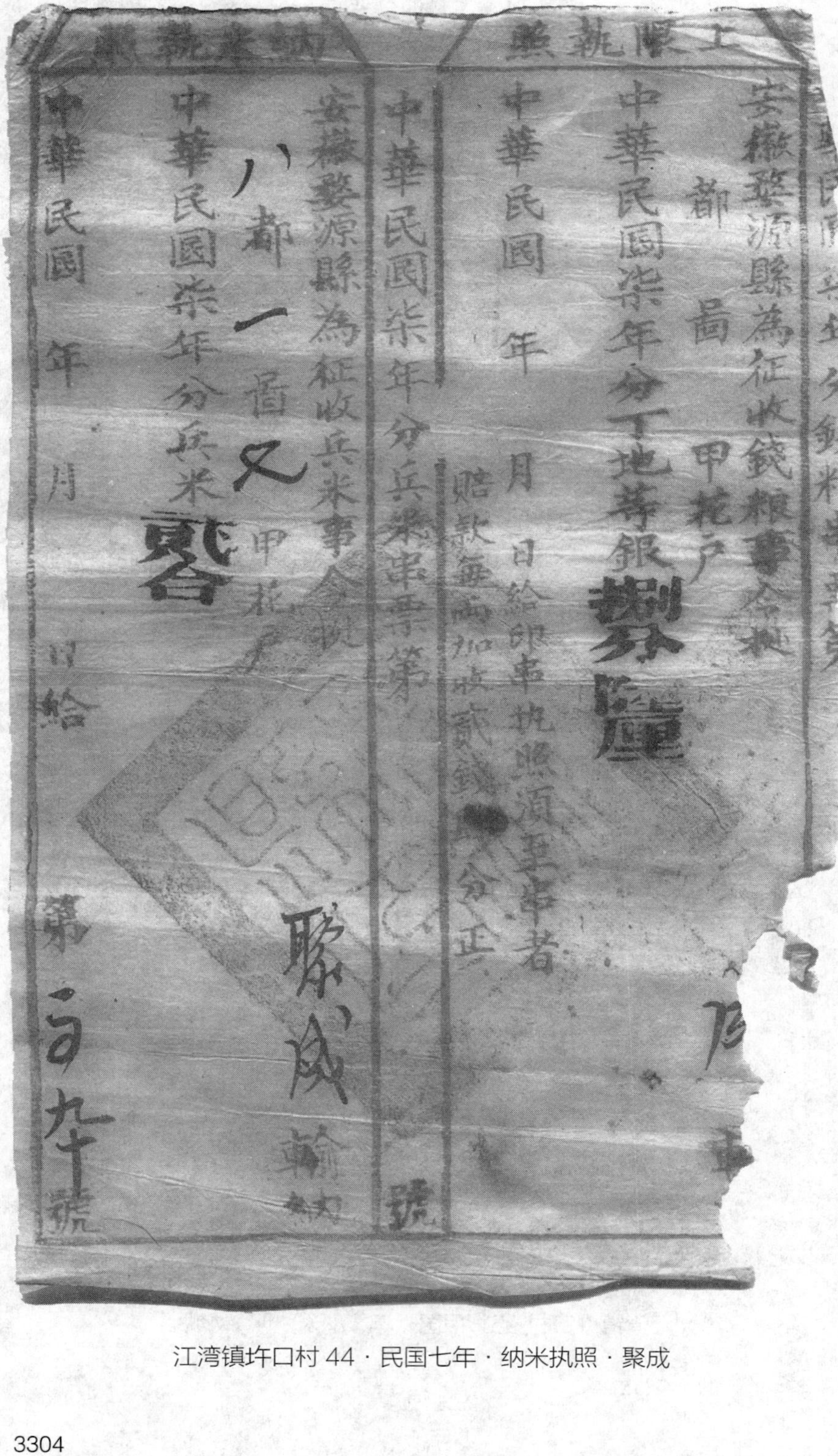
上限執照
安徽婺源縣為征收錢粮事今據
都 啚 甲花户
中華民國柒年分丁地等銀
中華民國 年 月 日給印串執照須至串者
賠款每兩加收貳錢 分正
中華民國柒年分兵米串票第 號
納米執照
安徽婺源縣為征收兵米事今據
八都一啚又甲花户 聚成
中華民國柒年分兵米
中華民國 年 月 日給
第 號

江湾镇圩口村 44 · 民国七年 · 纳米执照 · 聚成

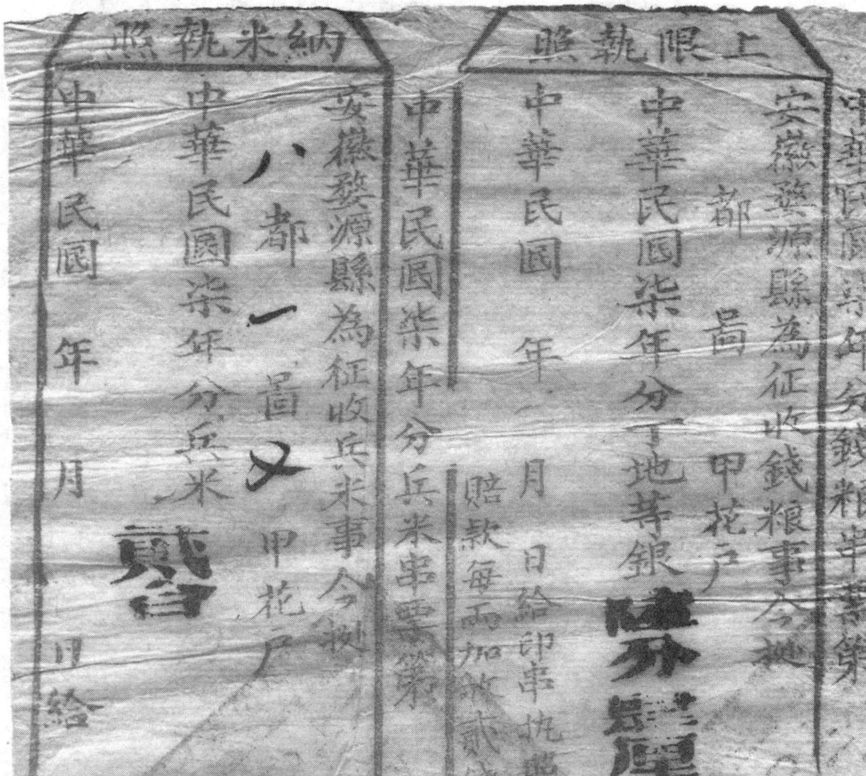

中華民國柒年分錢粮串票第

上限執照

安徽婺源縣為征收錢粮事今據

都 啚 甲花户 閔

中華民國柒年分丁地等銀 [illegible]

中華民國 年 月 日給印串执照須至串者

賠款每兩加收貳錢肆分正

輸納

中華民國柒年分兵米串票第 號

納米執照

安徽婺源縣為征收兵米事今據

八都一啚又甲花户 永閔

中華民國柒年分兵米 [illegible]

輸納

中華民國 年 月 日給

第 [illegible] 號

江湾镇岾口村 45 · 民国七年 · 纳米执照 · 永关

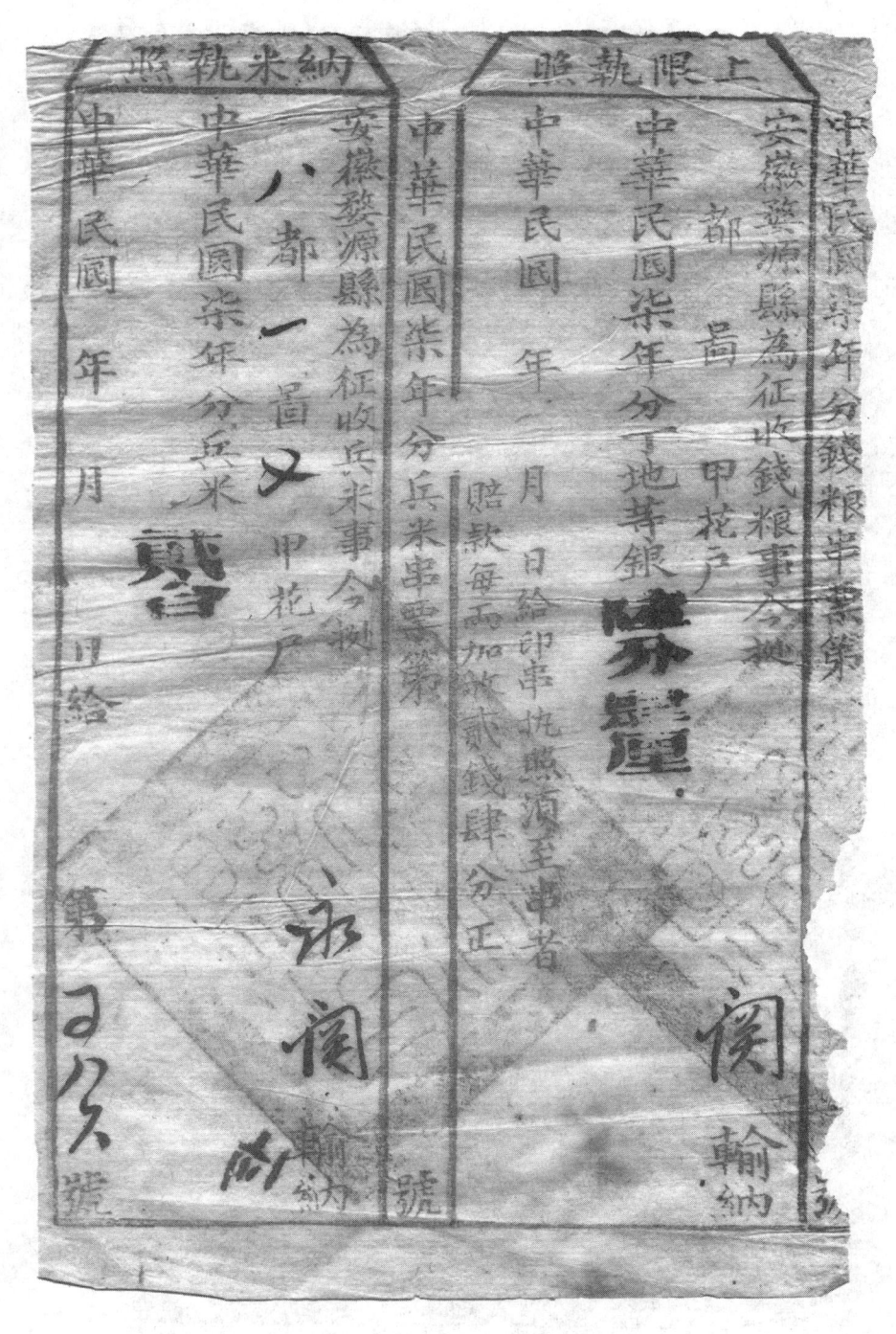

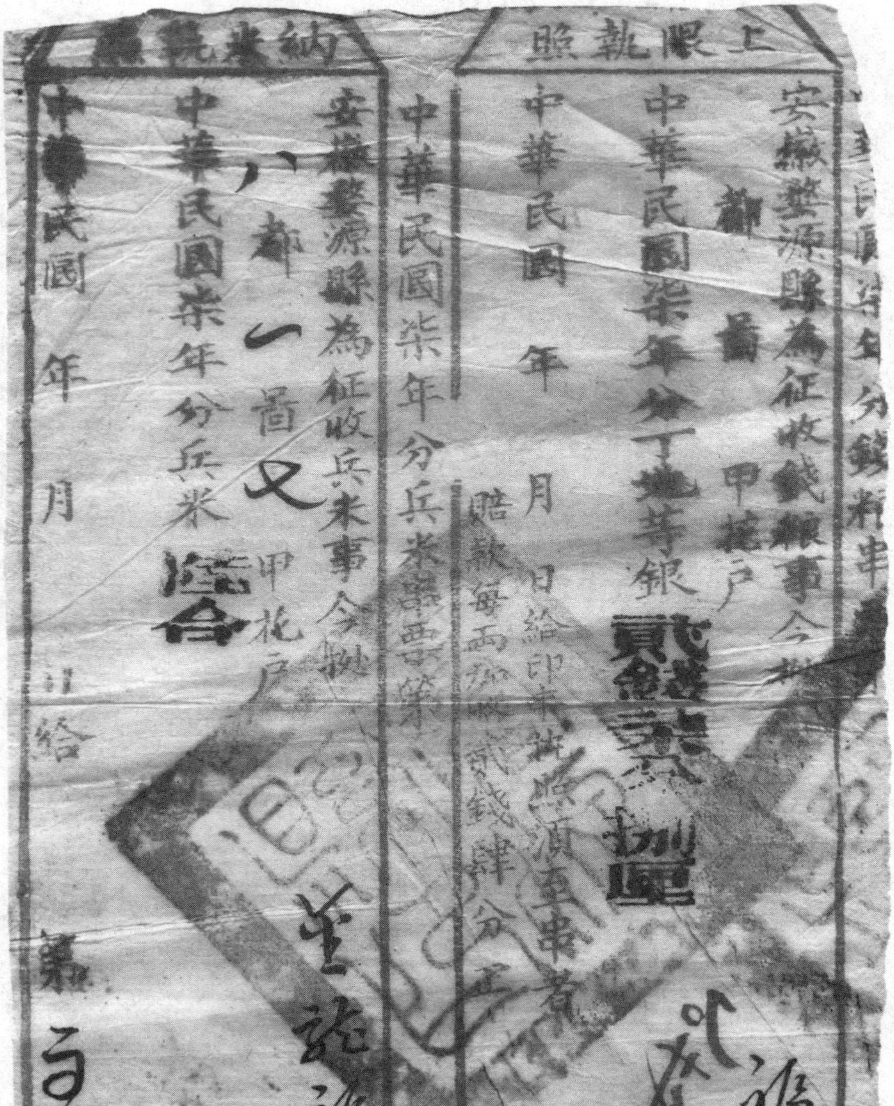

江湾镇圩口村 80 · 民国七年 · 纳米执照 · 金龙福

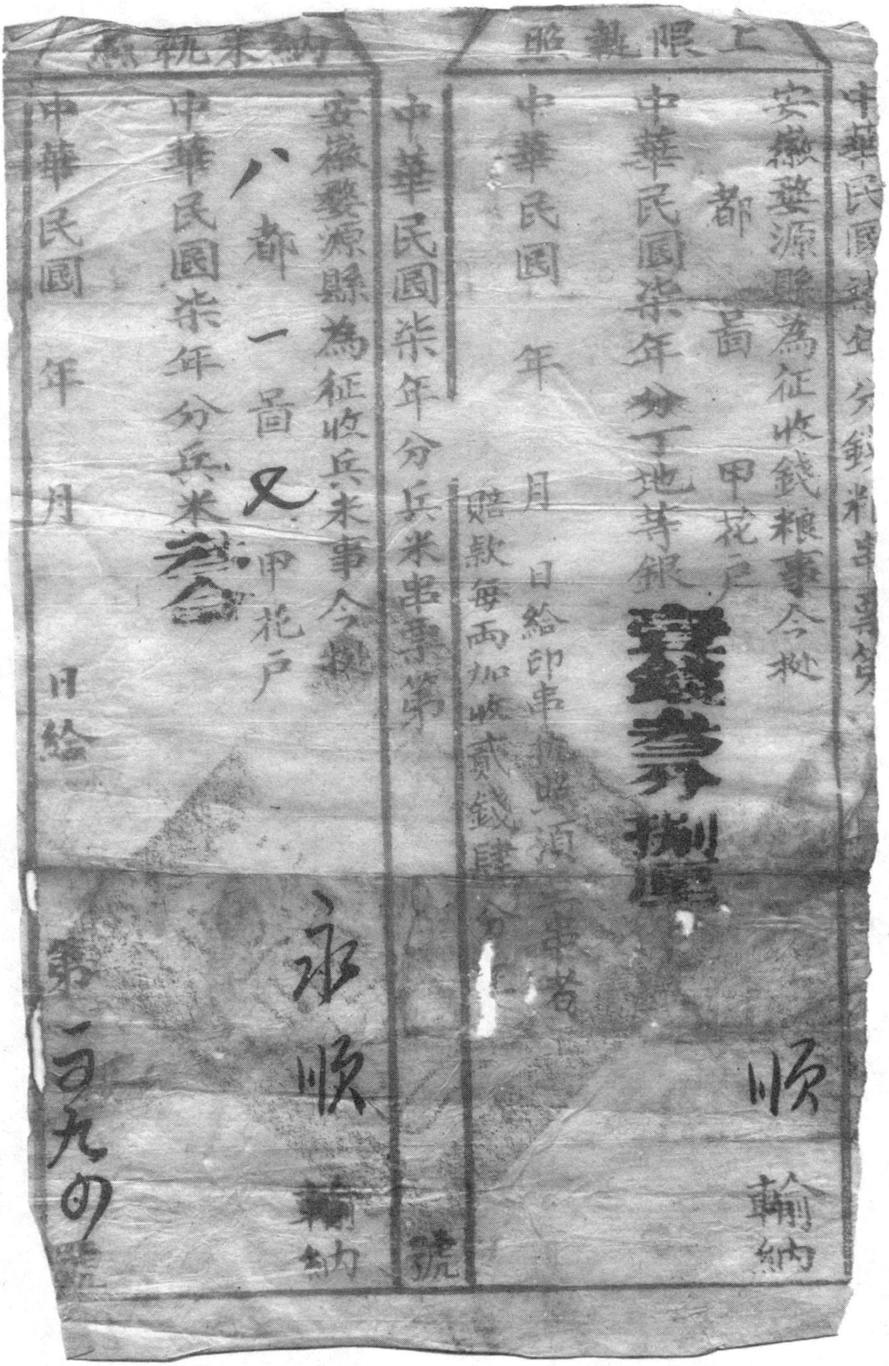
上限執照
中華民國柒年分錢糧串票第
安徽婺源縣為征收錢糧事今據
都 啚 甲花户
中華民國柒年分丁地等銀
中華民國 年 月 日給印串
賠款每兩加收貳錢肆分
順 輸納
中華民國柒年分兵米串票第 號
納米執照
安徽婺源縣為征收兵米事今據
八都一啚又甲花户
中華民國柒年分兵米
永順 輸納
中華民國 年 月 日給
第一百九〇號

江湾镇岕口村 81 · 民国七年 · 纳米执照 · 永顺

納米執照　上限執照

中華民國捌年分丁地漕銀叁圓

中華民國捌年

婺源縣為征收錢糧諭令執

長福鄉漂縣為征收兵米給令執

中華民國捌年分兵米叁斗

八都一圖七甲花戶

中華民國捌年

永順

江湾镇圲口村 88 · 民国八年 · 纳米执照 · 永顺

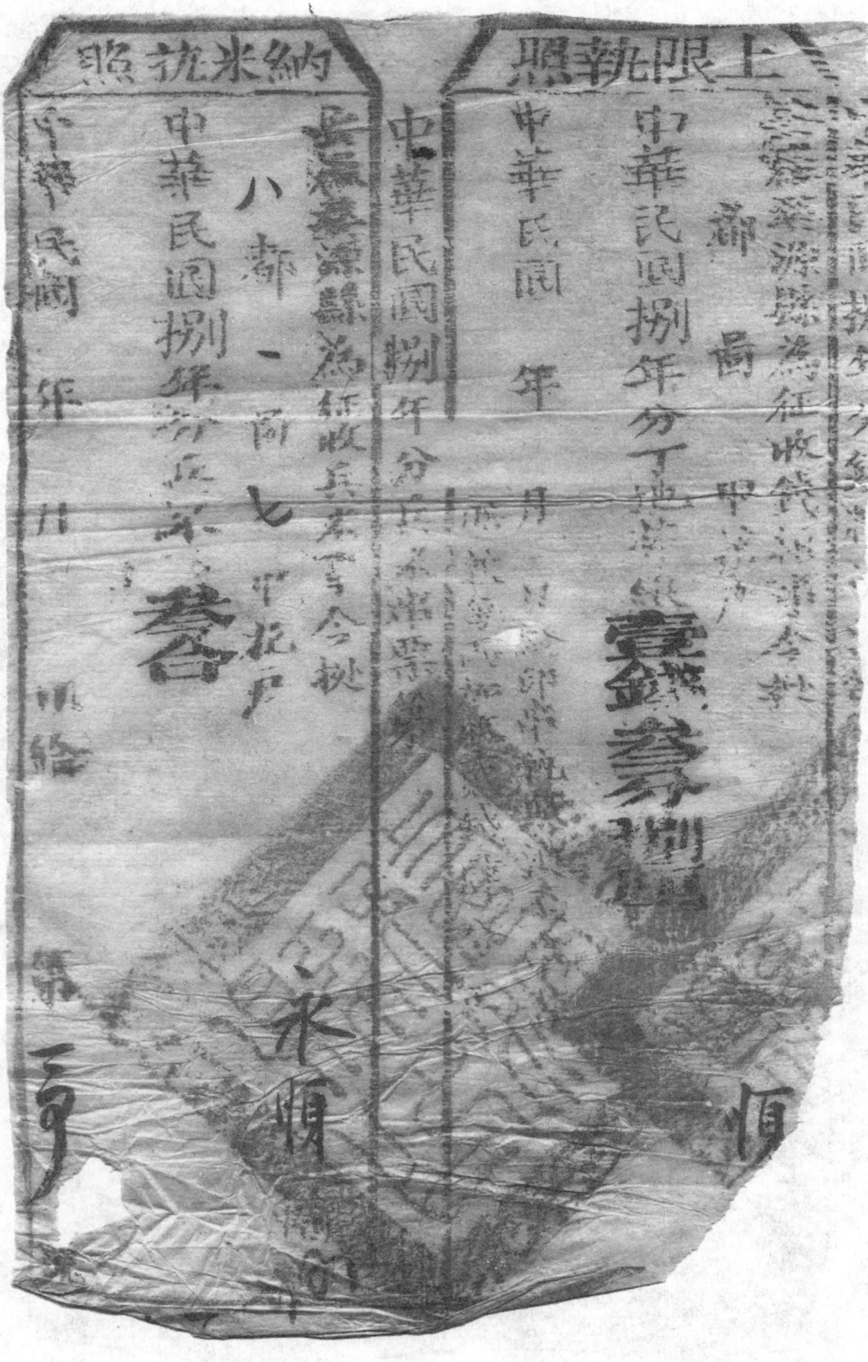

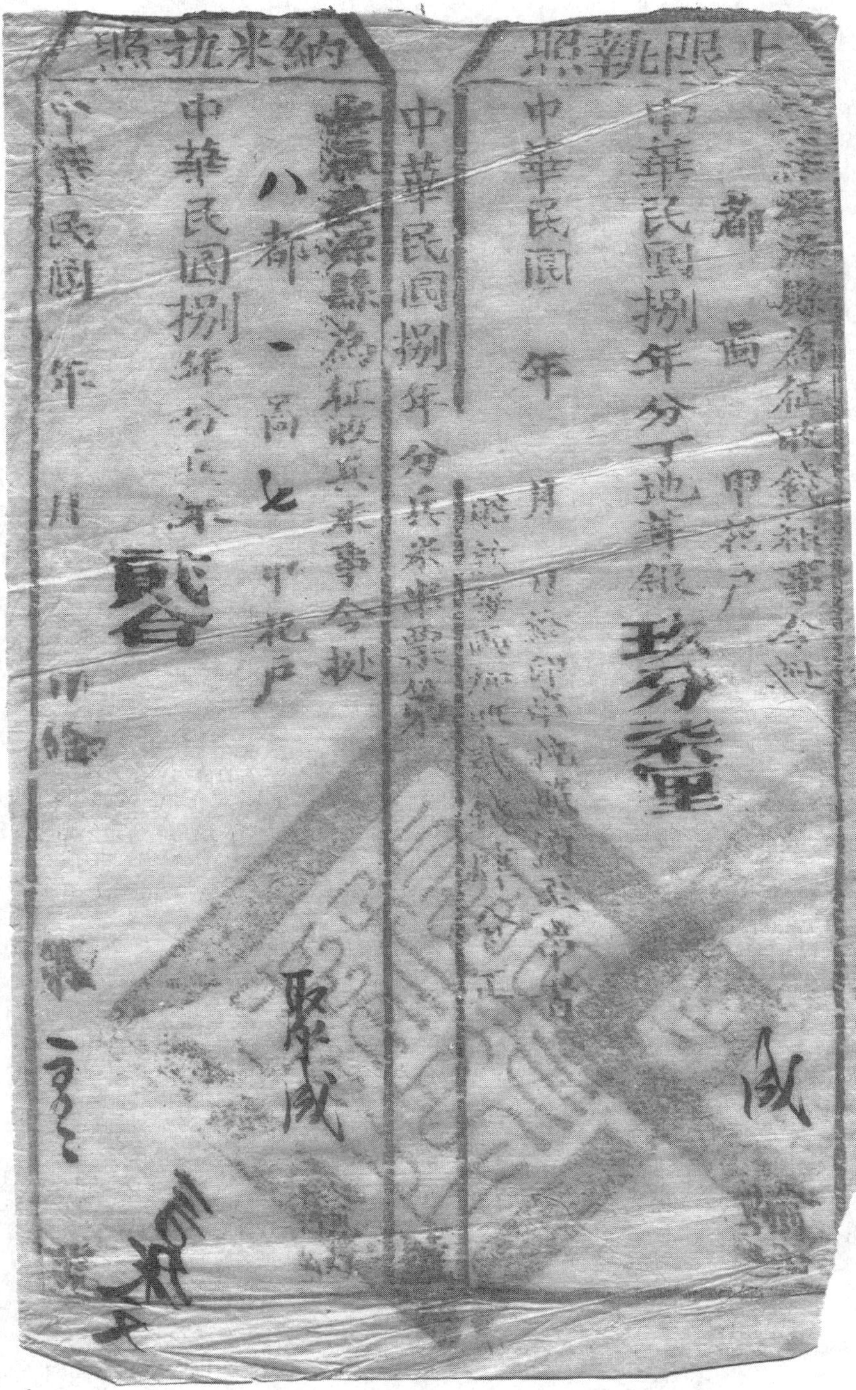

江湾镇圩口村 89 · 民国八年 · 纳米执照 · 聚成

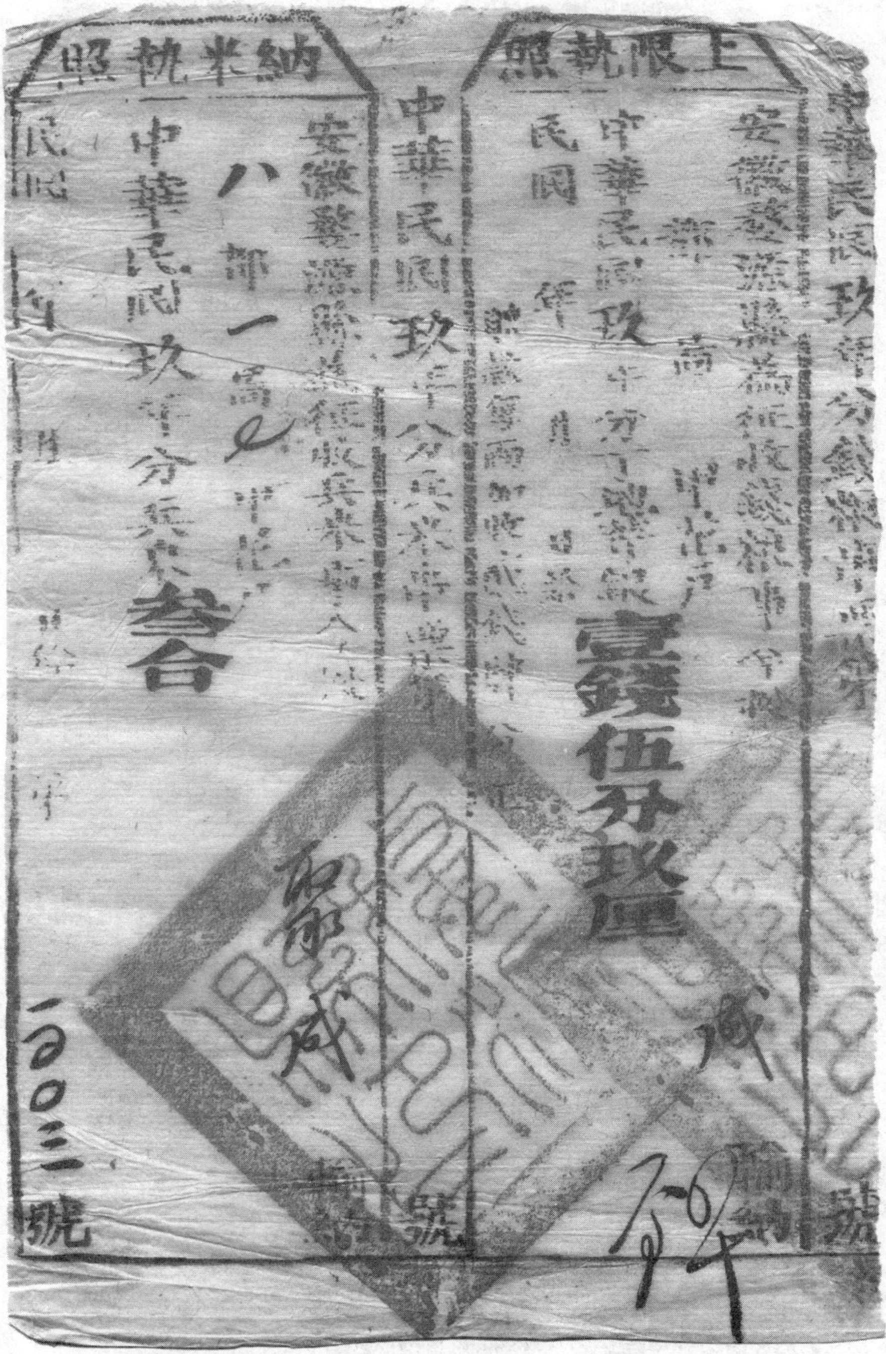
納米執照

安徽黟縣

八都一圖

中華民國玖年分兵米參合

民國 年 月 日

一〇〇三號

上限執照

安徽黟縣

中華民國玖年

壹錢伍分整

江湾镇圩口村 83 · 民国九年 · 纳米执照 · 聚成

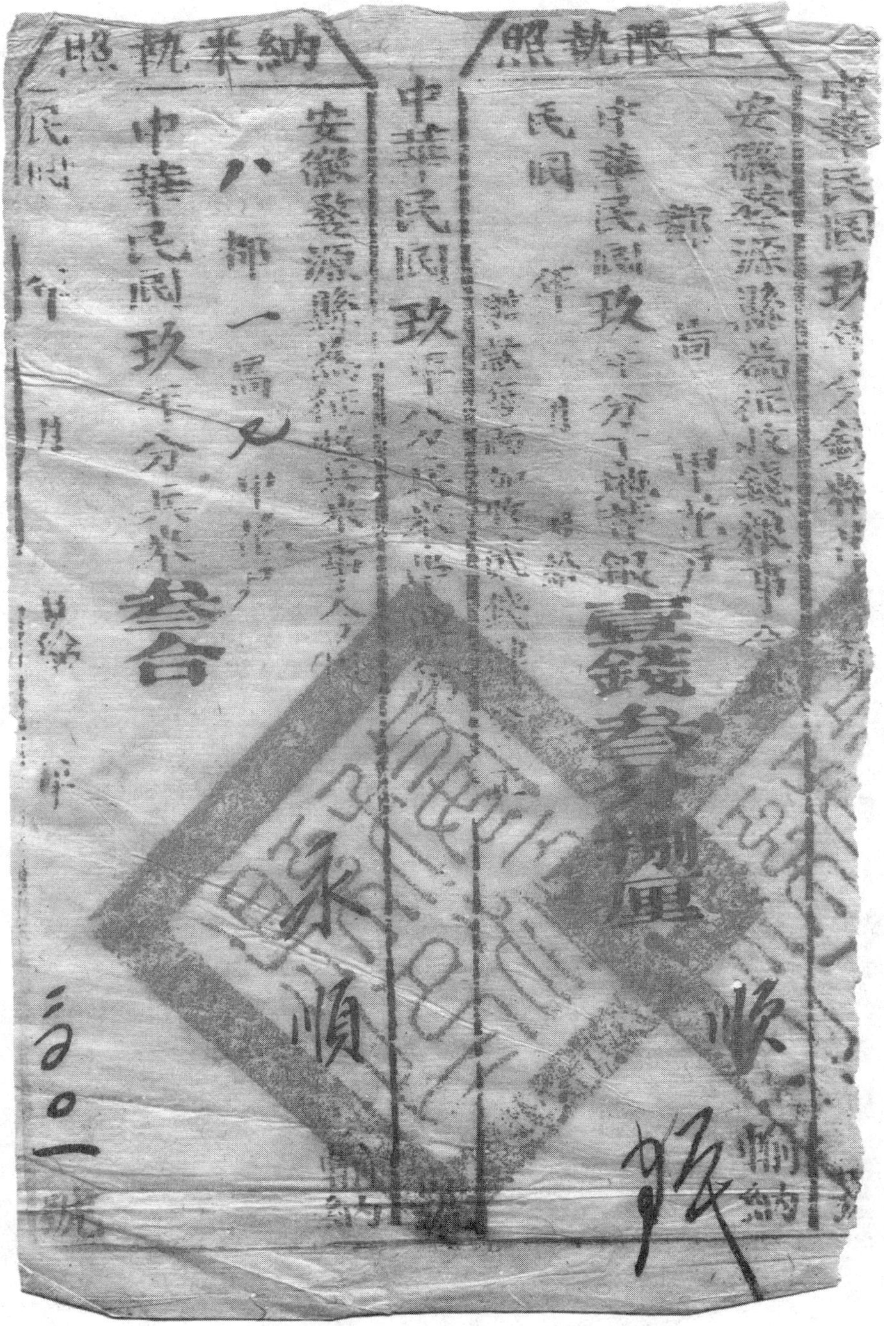

上限執照

中華民國玖年分錢糧

安徽婺源縣為征收錢糧事今據

都 圖 甲花户

中華民國玖年分丁漕錢銀壹錢叁分

民國 年 月 日給

永順

中華民國玖年八分兵米

納米執照

安徽婺源縣為征收兵米事今據

八都一圖乙甲花户

中華民國玖年分兵米叁合

永順

民國 年 月 日給

三〇一號

江湾镇圩口村 92 · 民国九年 · 纳米执照 · 永顺

納米執照 上限執照

安徽婺源縣為征收錢糧事今據
民國 繳納本年應納錢糧貳分柒厘
中華民國玖年分米

中華民國玖年分米

安徽婺源縣征收錢糧事人
八都一區
中華民國玖年分柒 喜

永濟

江湾镇玗口村 94 · 民国九年 · 纳米执照 · 永济

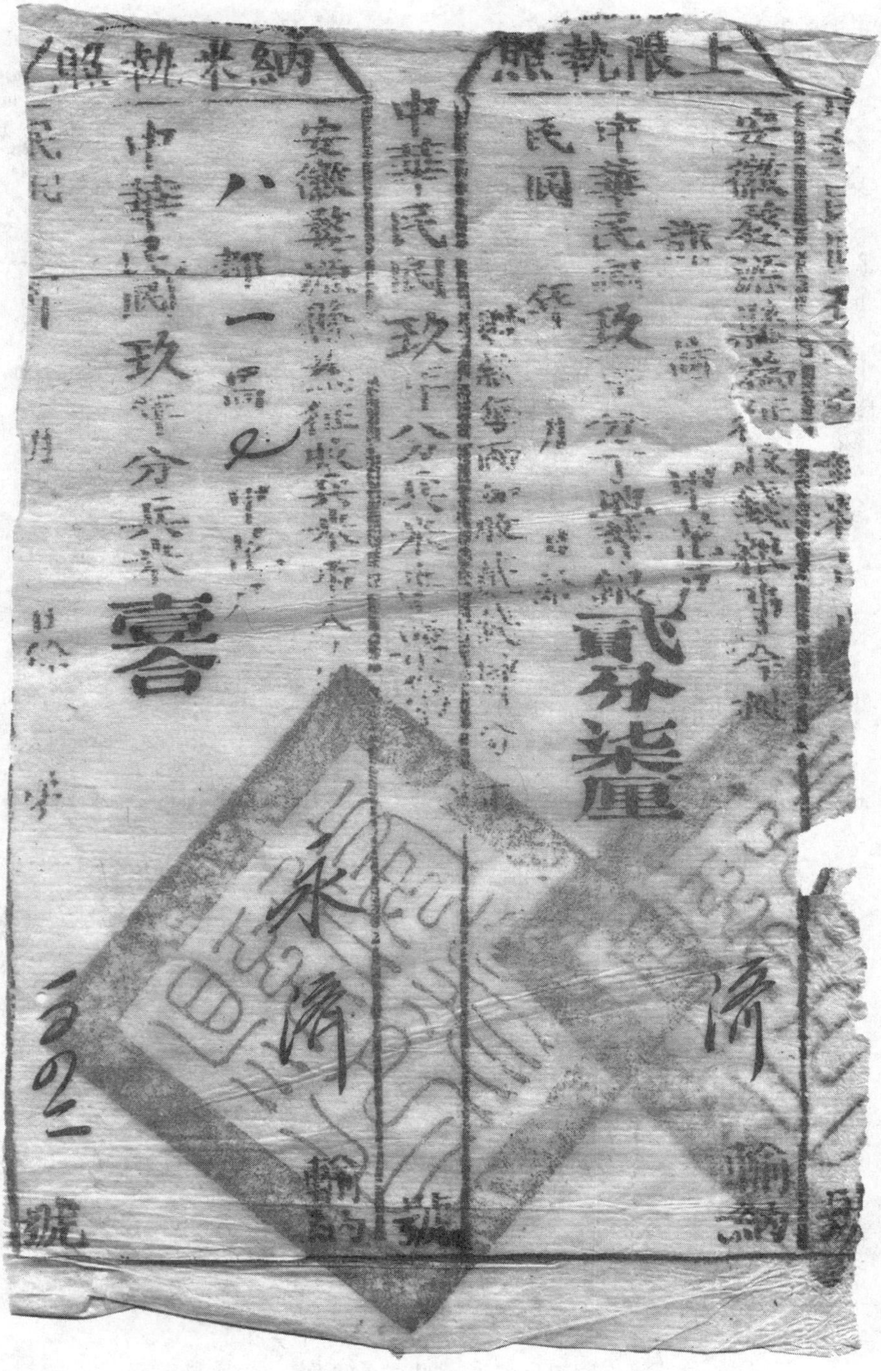

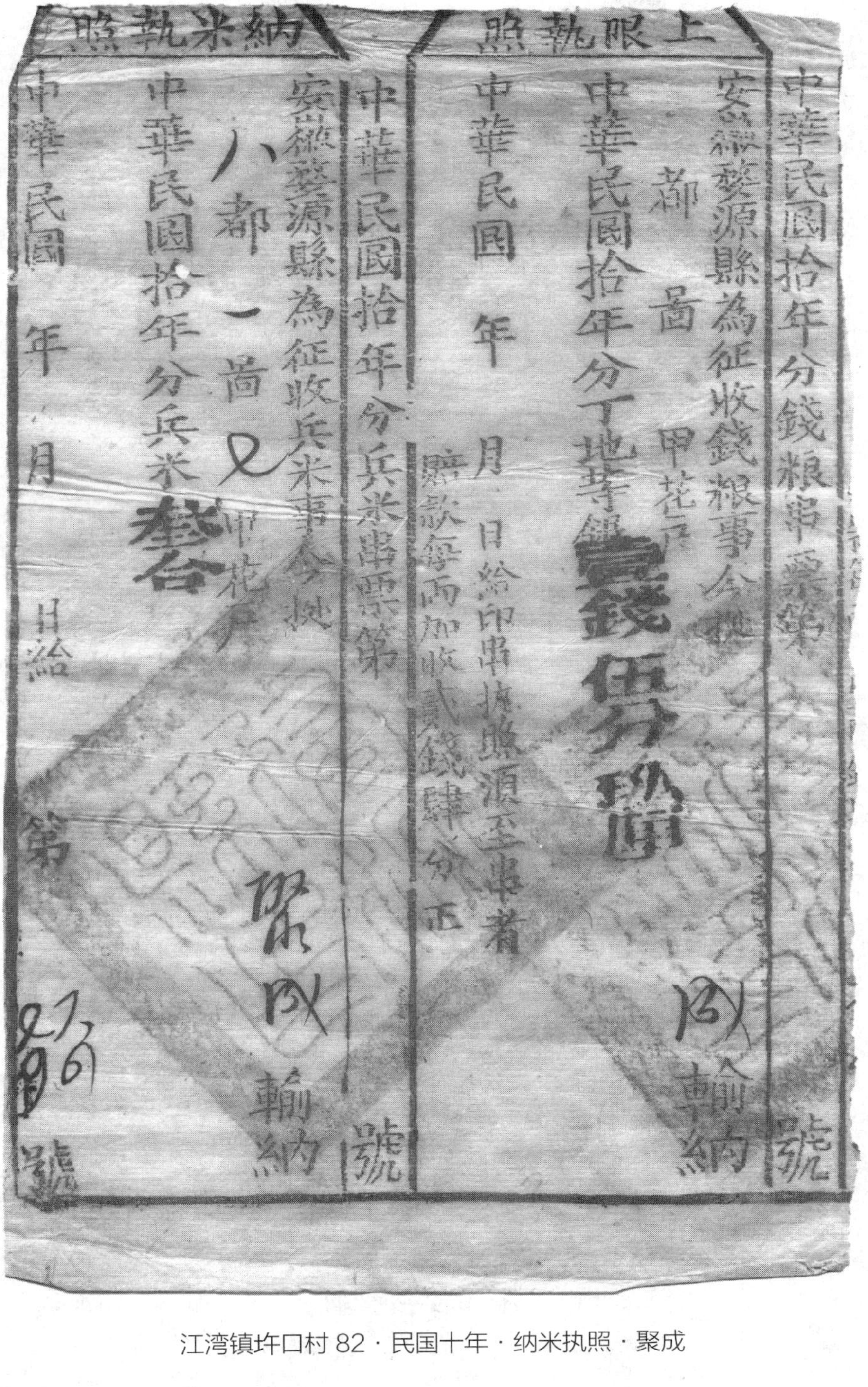

上限執照

中華民國拾年分錢粮串票第　號

安徽婺源縣為征收錢粮事今據

都　啚　甲花户 聚成 輸納

中華民國拾年分丁地等銀壹錢伍分玖釐

照款每兩加收貳錢肆分正

日給印串執照須至串者

中華民國　年　月

納米執照

中華民國拾年分兵米串票第　號

安徽婺源縣為征收兵米事今據

八都一啚　甲花户 聚成 輸納

中華民國拾年分兵米叁合

中華民國　年　月　日給

第　號

江湾镇坍口村 82 · 民国十年 · 纳米执照 · 聚成

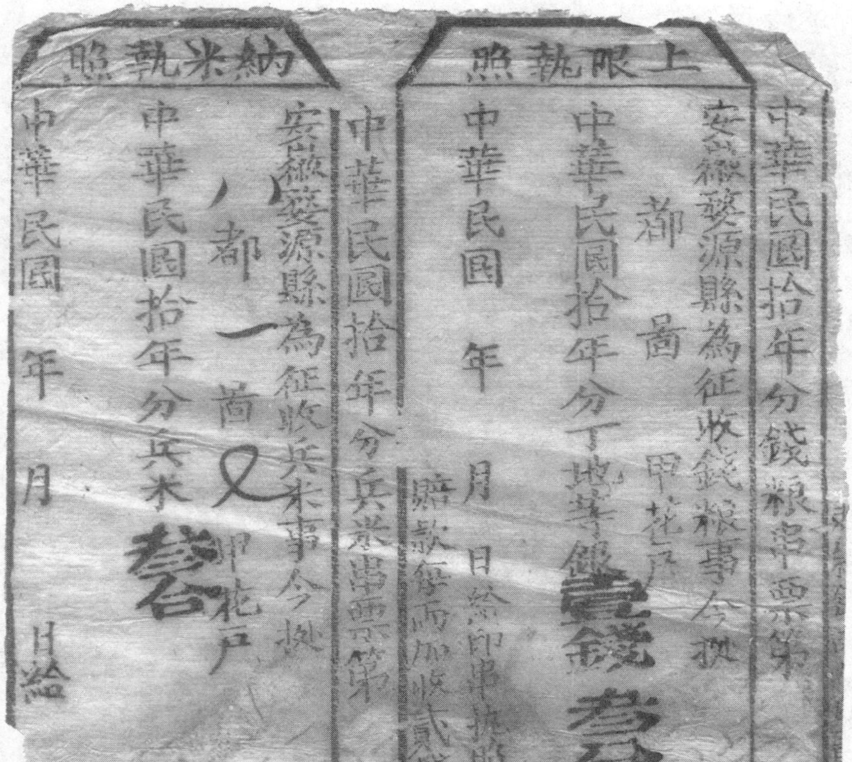

上限執照

中華民國拾年分錢粮串票第　號

安徽婺源縣為征收錢粮事今據

都　啚　甲花戶　順　輸納

中華民國拾年分丁地等銀壹錢叁分捌釐

中華民國　年　月　日給印串執照須至串者

隨款每兩加收貳錢肆分正

納米執照

中華民國拾年分兵米串票第　號

安徽婺源縣為征收兵米事今據

都一啚又甲花戶永順輸納

中華民國拾年分兵米叁合

中華民國　年　月　日給第　號

江湾镇圩口村 91 · 民国十年 · 纳米执照 · 永顺

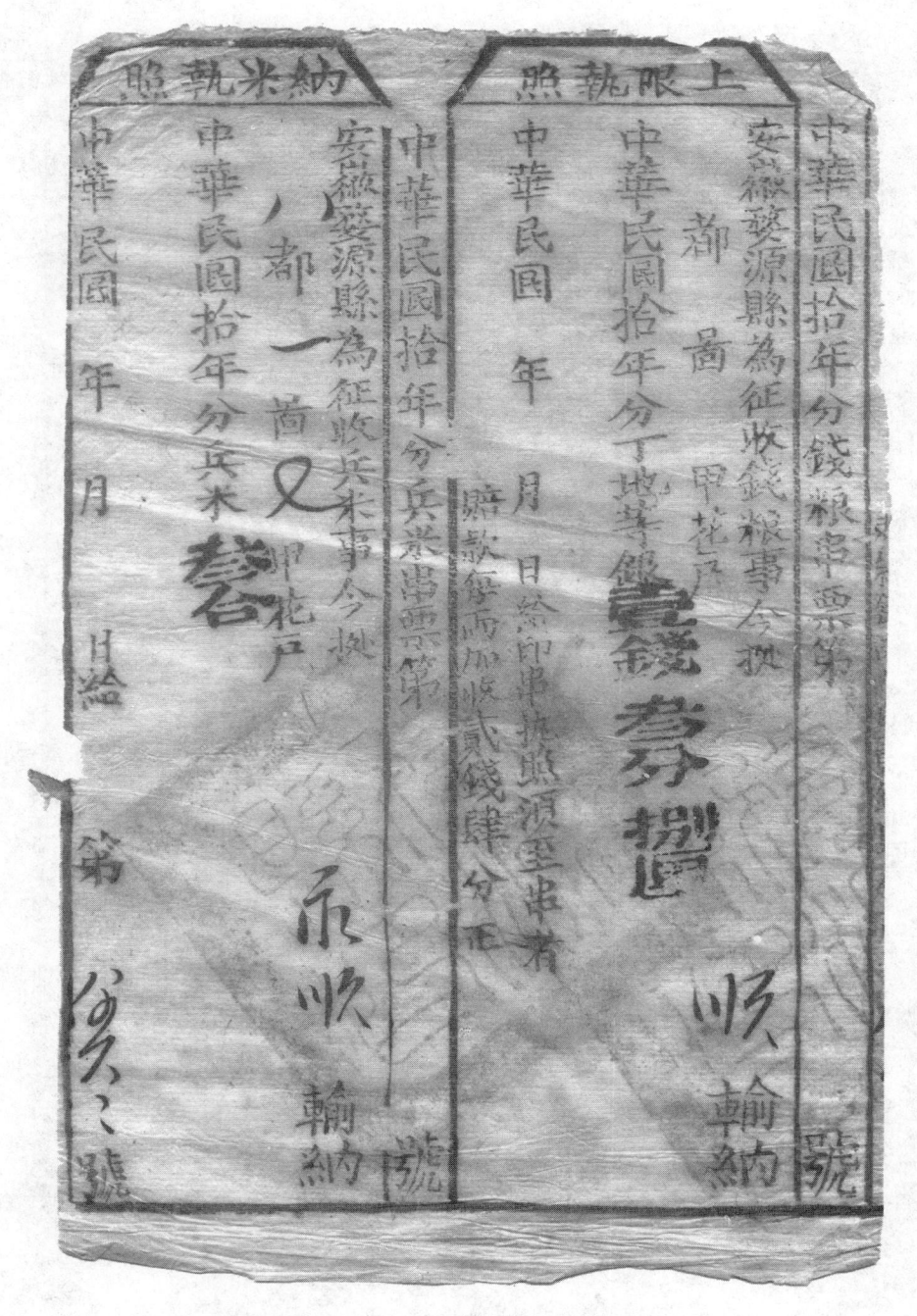

上 歲 執 照

民國拾壹年分

安徽婺源縣為徵收銀米事今據

民國拾壹年分兵米共

壹錢伍分玖

民國拾壹年分兵米共叄

安徽婺源縣一甲

八都一啚又甲池

民國 年 月 日

聚成

翰納

江湾镇圲口村46 · 民国十一年 · 纳米执照 · 聚成

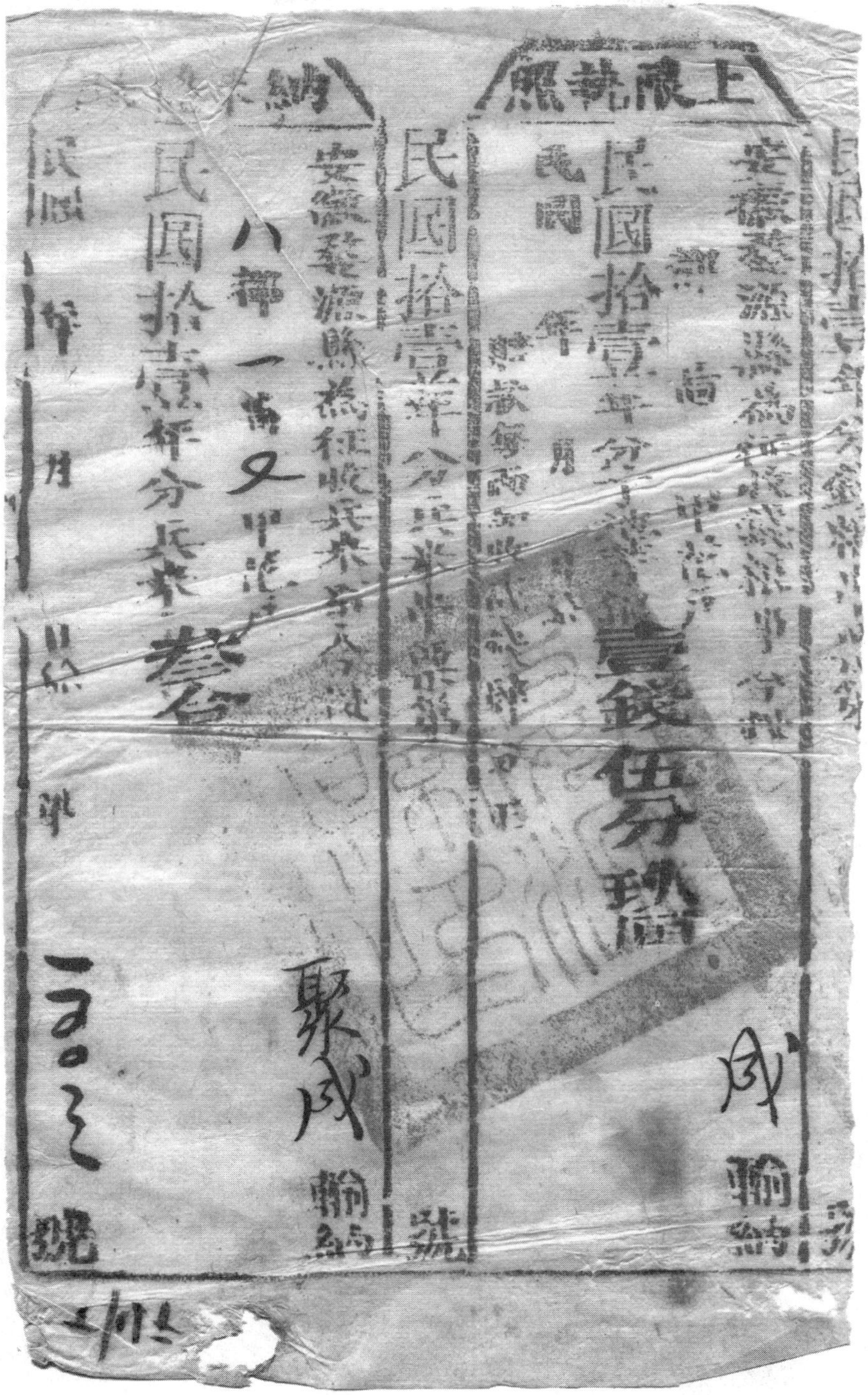

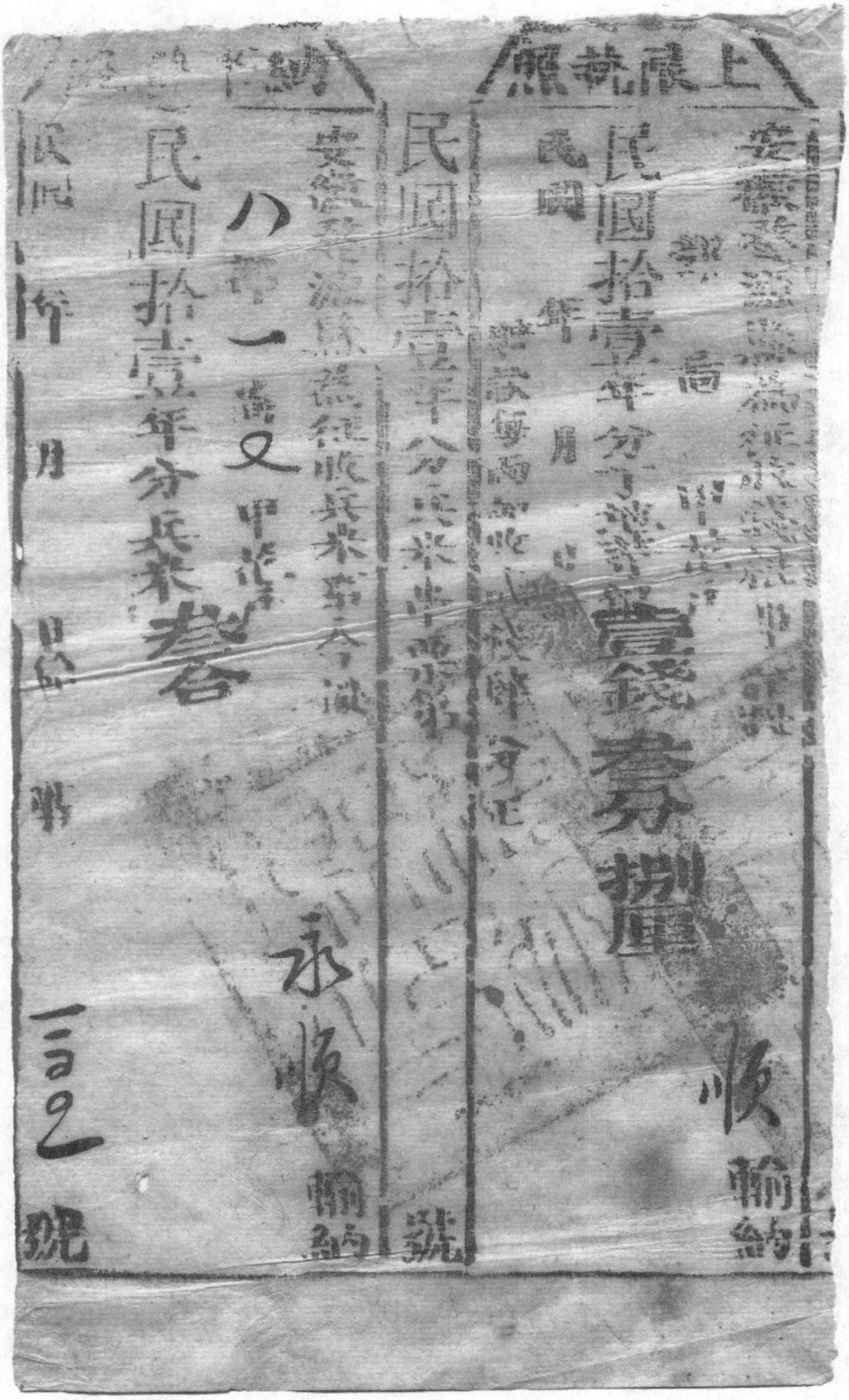
民國拾壹年分兵米叁
八都一圖又甲
永順 輸納
號
一百〇二號

江湾镇圩口村 47 · 民国十一年 · 纳米执照 · 永顺

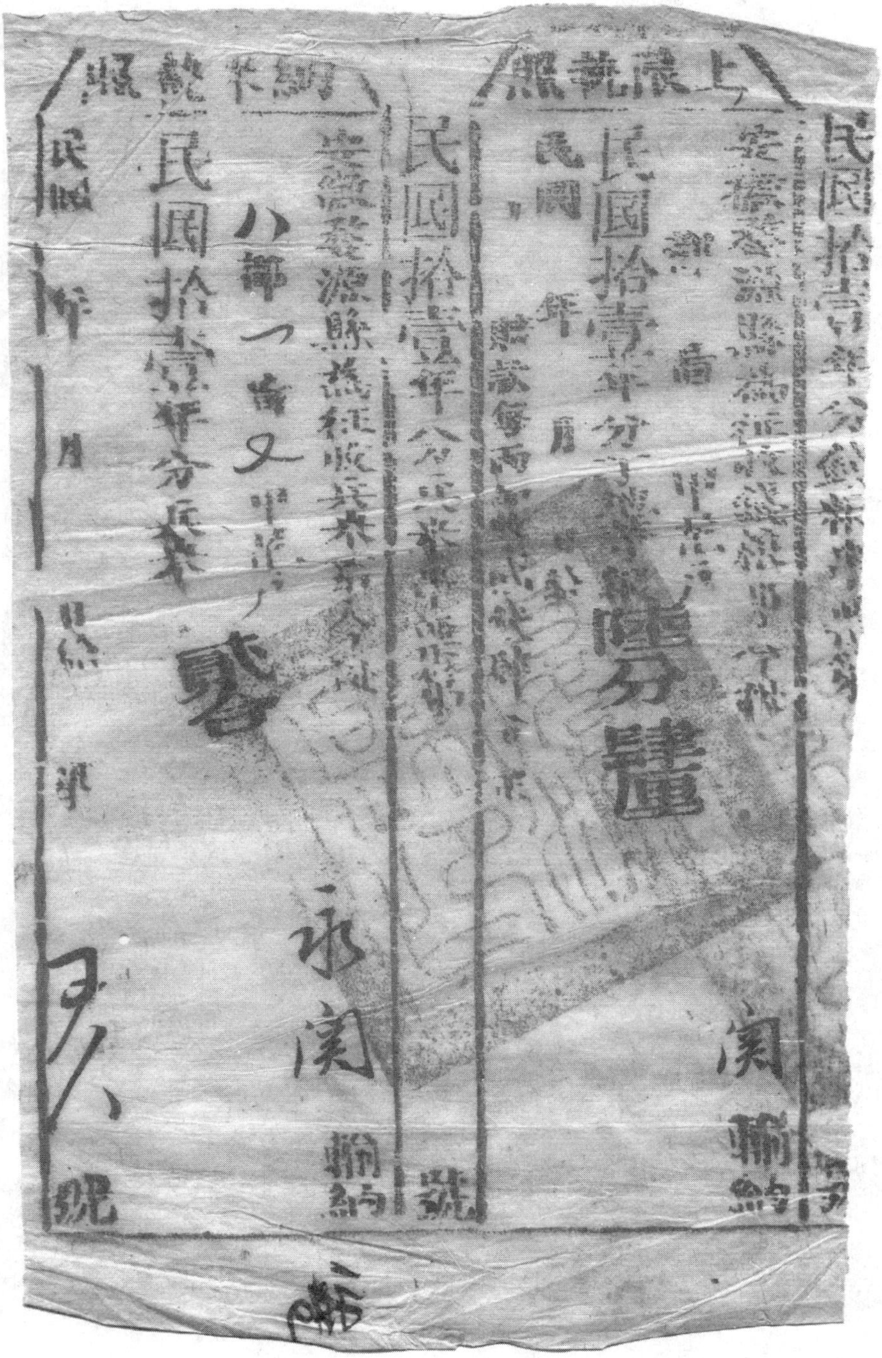

江湾镇圩口村 93 · 民国十一年 · 纳米执照 · 永关

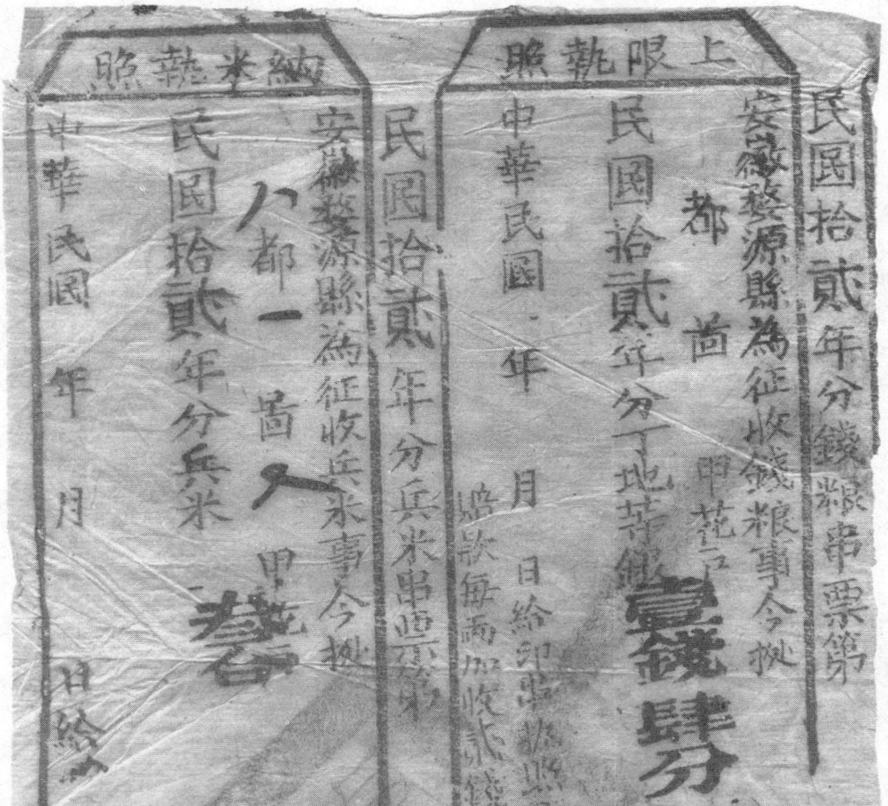

民國拾貳年分錢粮串票第　號

上限執照

安徽婺源縣為征收錢粮事今據　都　啚　甲花戶　順　輸納

民國拾貳年分丁地等銀壹錢肆分壹釐

中華民國　年　月　日給印串……照款每兩加收錢肆分

民國拾貳年分兵米串票第　號

納米執照

安徽婺源縣為征收兵米事今據八都一啚八甲花戶　永順　輸納

民國拾貳年分兵米

中華民國　年　月　日給

第　號

江湾镇圩口村 71 · 民国十二年 · 纳米执照 · 永顺

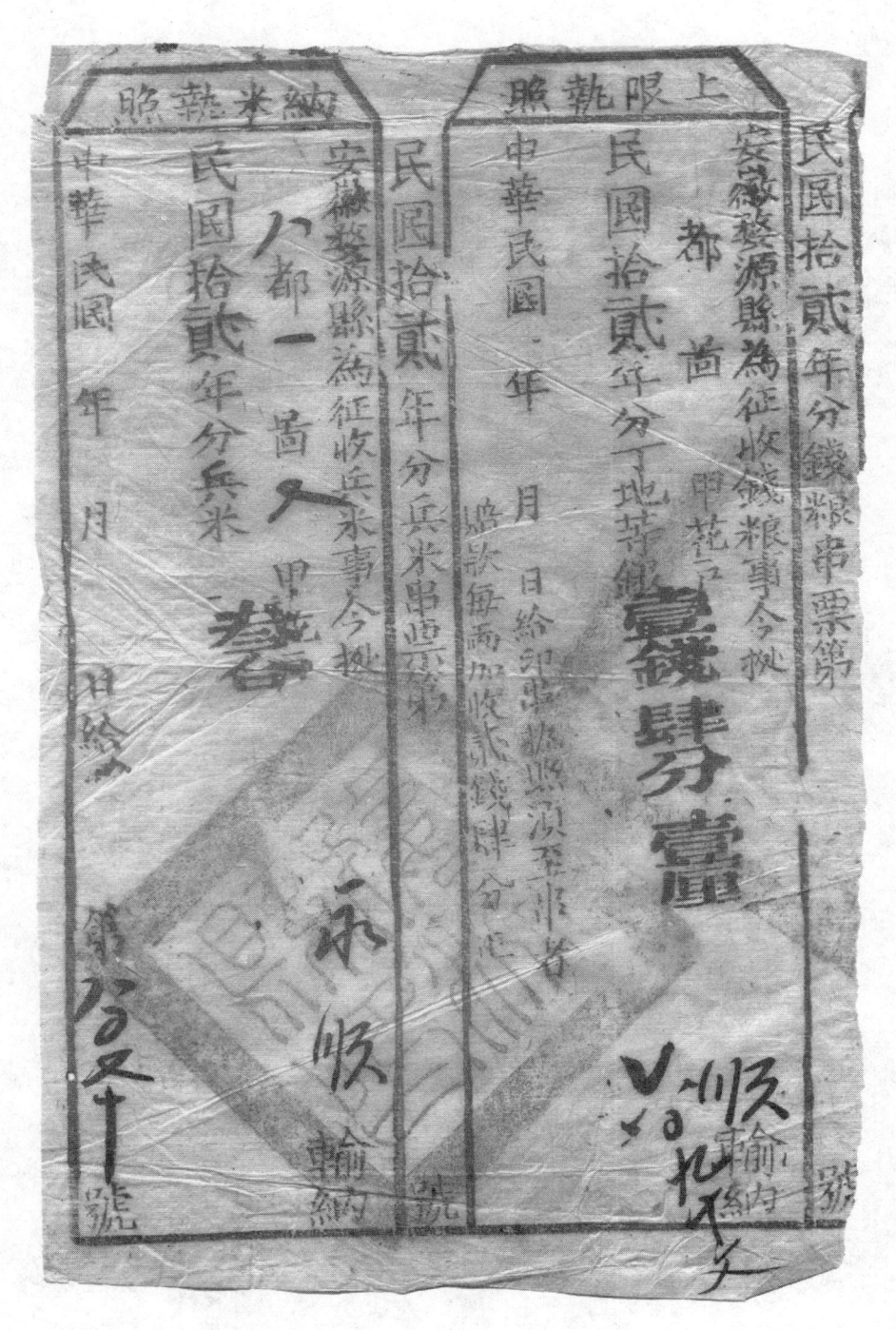

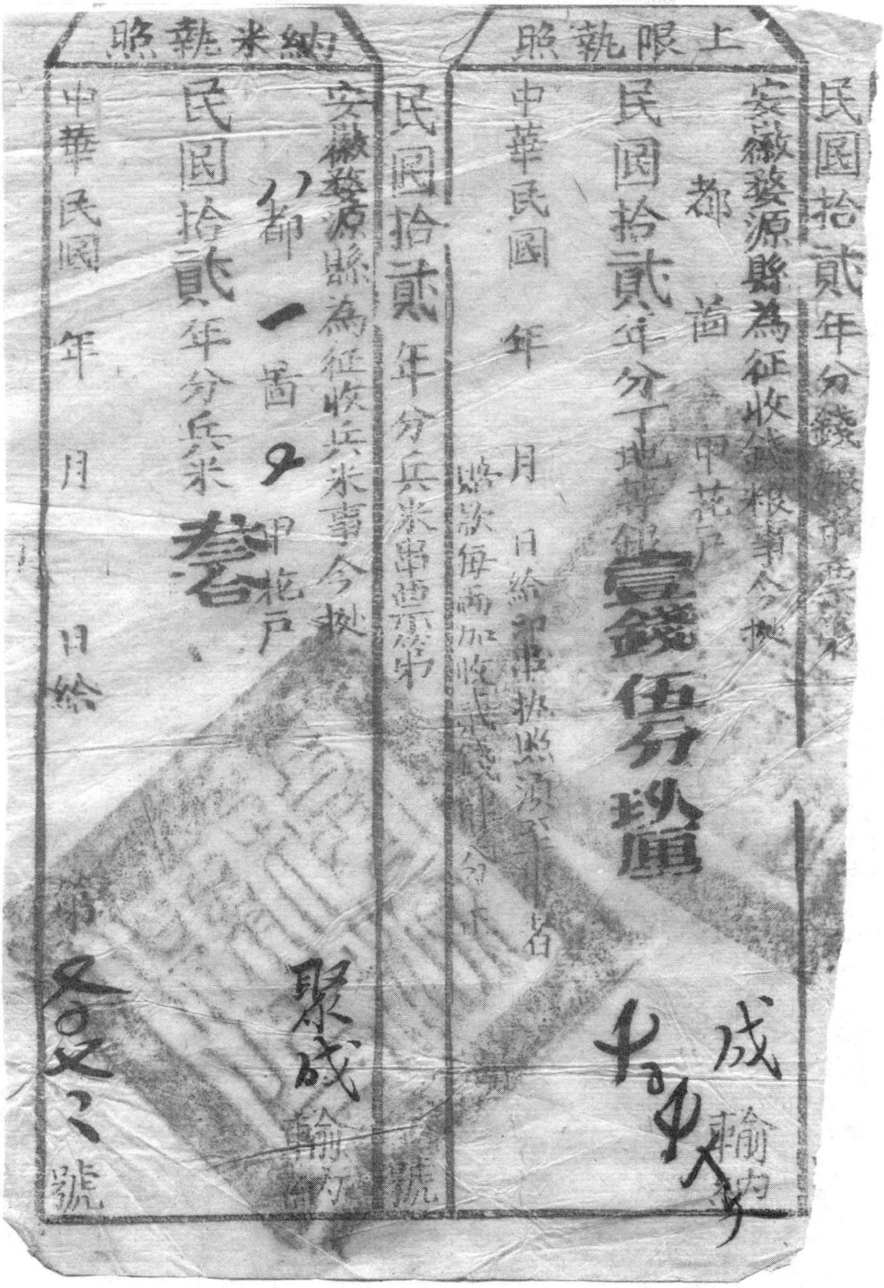

上限執照

民国拾貳年分錢糧[illegible]

安徽婺源縣為征收錢糧事今據

都 啚 中花戶

民国拾貳年分丁地等銀 壹錢伍分玖釐

中華民國 年 月 日給[illegible]

成 輸內

號

納米執照

民国拾貳年分兵米串票第 號

安徽婺源縣為征收兵米事今據

八都 一啚 2 甲 花戶 聚成

民国拾貳年分兵米 叁

中華民國 年 月 日給

輸納

號

江湾镇圩口村 73 · 民国十二年 · 纳米执照 · 聚成

江湾镇圩口村 15 · 民国十三年 · 纳米执照 · 永利

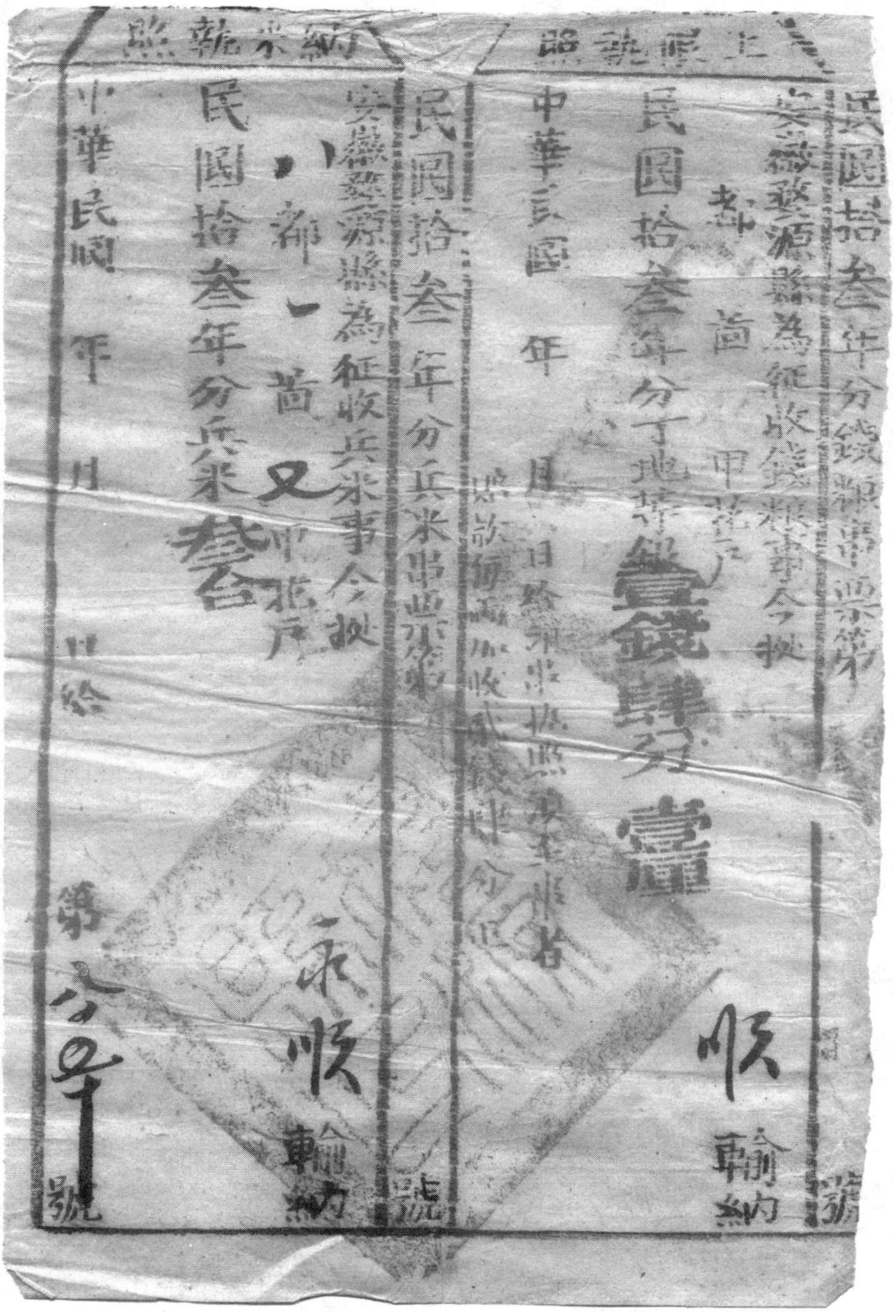

江湾镇圩口村 84 · 民国十三年 · 纳米执照 · 永顺

民國拾叁年分錢糧串票第　　號

安徽婺源縣為徵收錢糧事合就
民國拾叁年分丁地等銀壹錢伍分玖厘
中華民國　年　月　日給印票執照須至票者
計開每兩加收貳錢肆分
甲花戶
　　　　　　　　　貳　輸納

上限執照
民國拾叁年分兵米串票第　　號

安徽婺源縣為徵收兵米事合就
民國拾叁年分兵米串票第
八都一啚　甲花戶
中華民國年月　給
　　　　　　　　票成輸納

江湾镇坵口村85·民国十三年·纳米执照·聚成

立自情愿断骨出卖田契人江社炎承祖遗有田壹号坐堂岩土名陈至
今缘经理乃字三千四佰零五号七垄七分三厘
凭无细述今因正事要用自情愿托中将前田四至尽行断骨
出卖与俞福兴名下承买为业三面凭中议作时值价
洋元正其洋当即亲手收讫其田自今出卖之没任
凭买人逓排过手收租管理无阻未卖之先并未家内外
人等並无重喧执如有是身自理不干买人之事直
未祖骨别无私相连不使徼倒改要团结出息糠其税粮听至八
某户收受无碍未税不干买人之事倘有凭无七出卖断骨田契
存据 再批顶字乙夕又许尾祖三祥正集
民国拾叁年岁次甲子癸武月 即立自情愿断骨出卖田契人江社炎
 见中曹进文雄
 江立序盛
所是契价当即两相交讫 再批笔 书 江社炎亲 笔

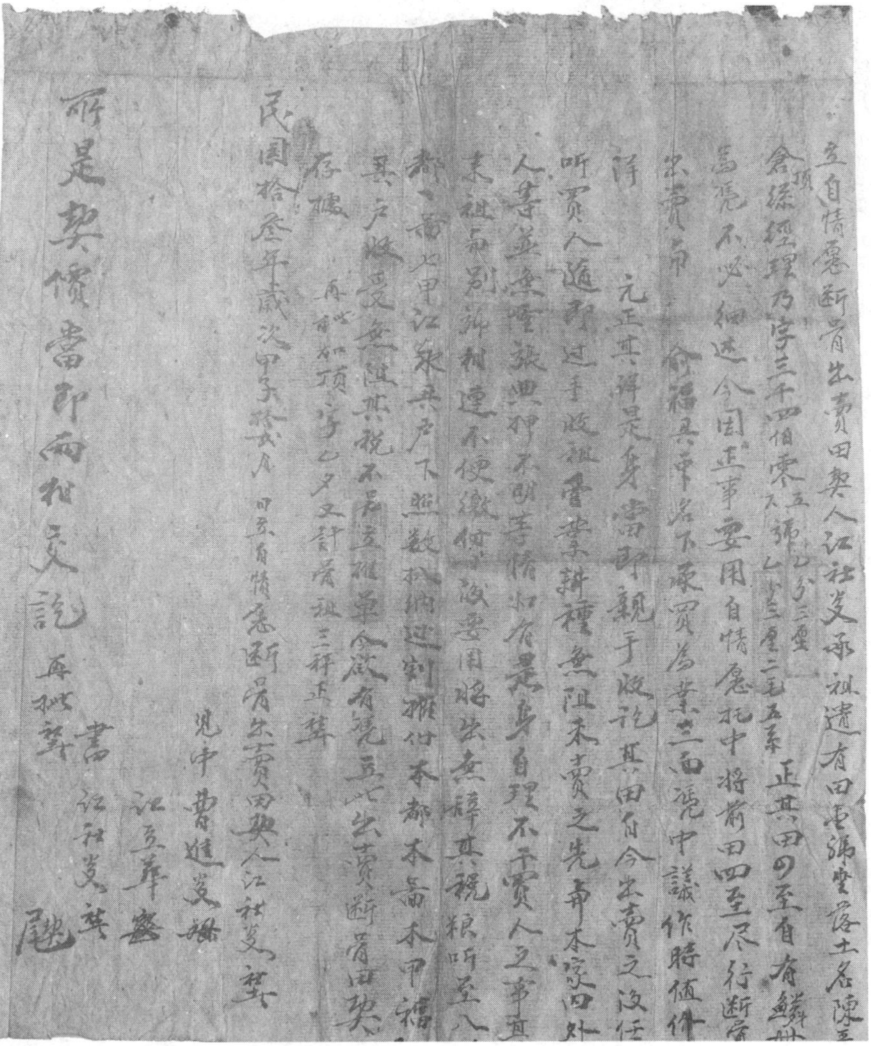

江湾镇圩口村 3-1 · 民国十四年 · 中秋会簿 · 俞镜辉经手

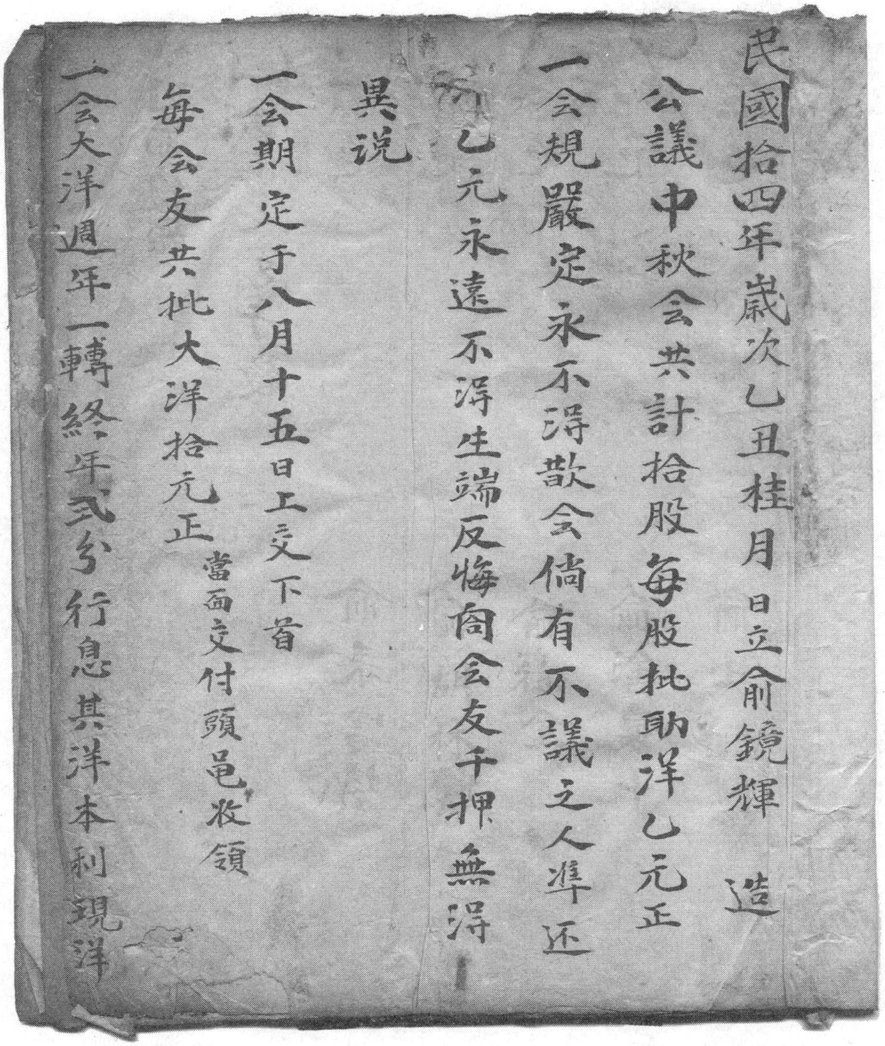
民國拾四年歲次乙丑桂月日立俞鏡輝造
公議中秋会共計拾股每股批助洋乙元正
一会規嚴定永不淂散会倘有不議之人準还
洋乙元永遠不淂生端反悔脔会友手押無淂
異説
一会期定于八月十五日上交下首
每会友共批大洋拾元正當面交付頭邑收領
一会大洋週年一轉終年弍分行息其洋本利現洋

江湾镇圩口村 3-2 · 民国十四年 · 中秋会簿 · 俞镜辉经手

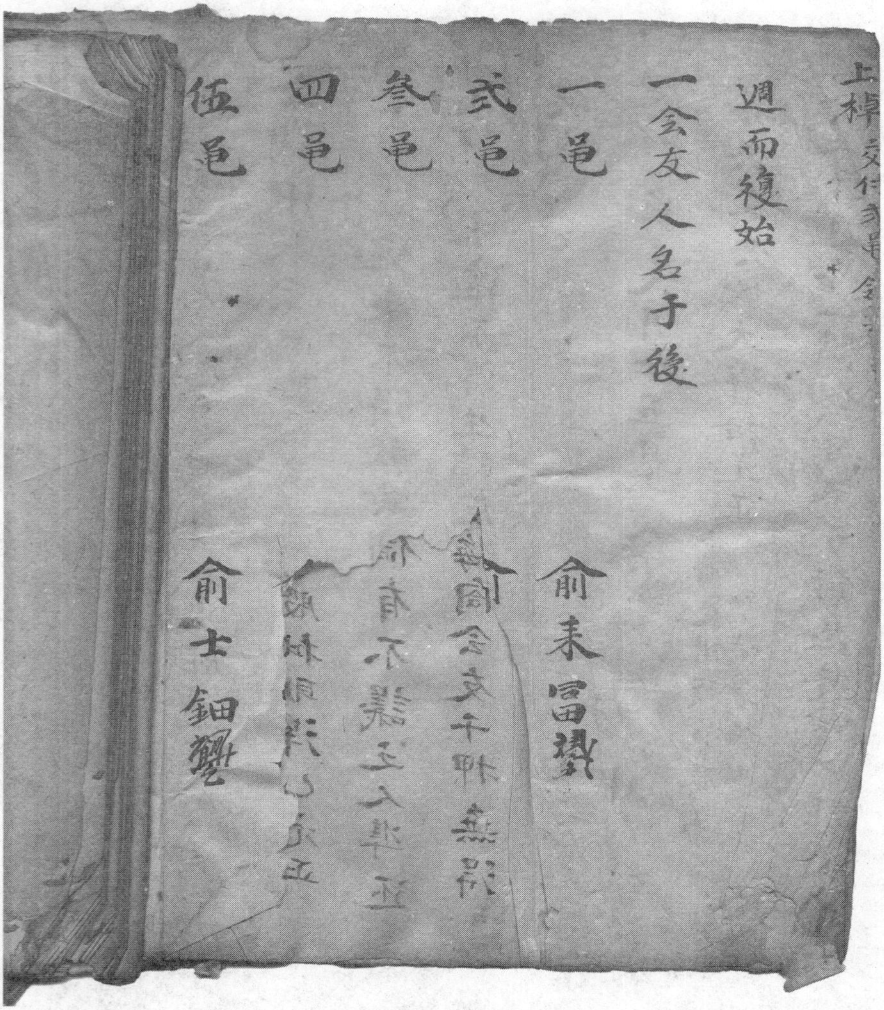

上棹交付弍邑会

週而復始

一会友人名于後

一邑

弍邑

叁邑

四邑

伍邑

俞来富

俞士鈿

江湾镇垰口村 3-3 · 民国十四年 · 中秋会簿 · 俞镜辉经手

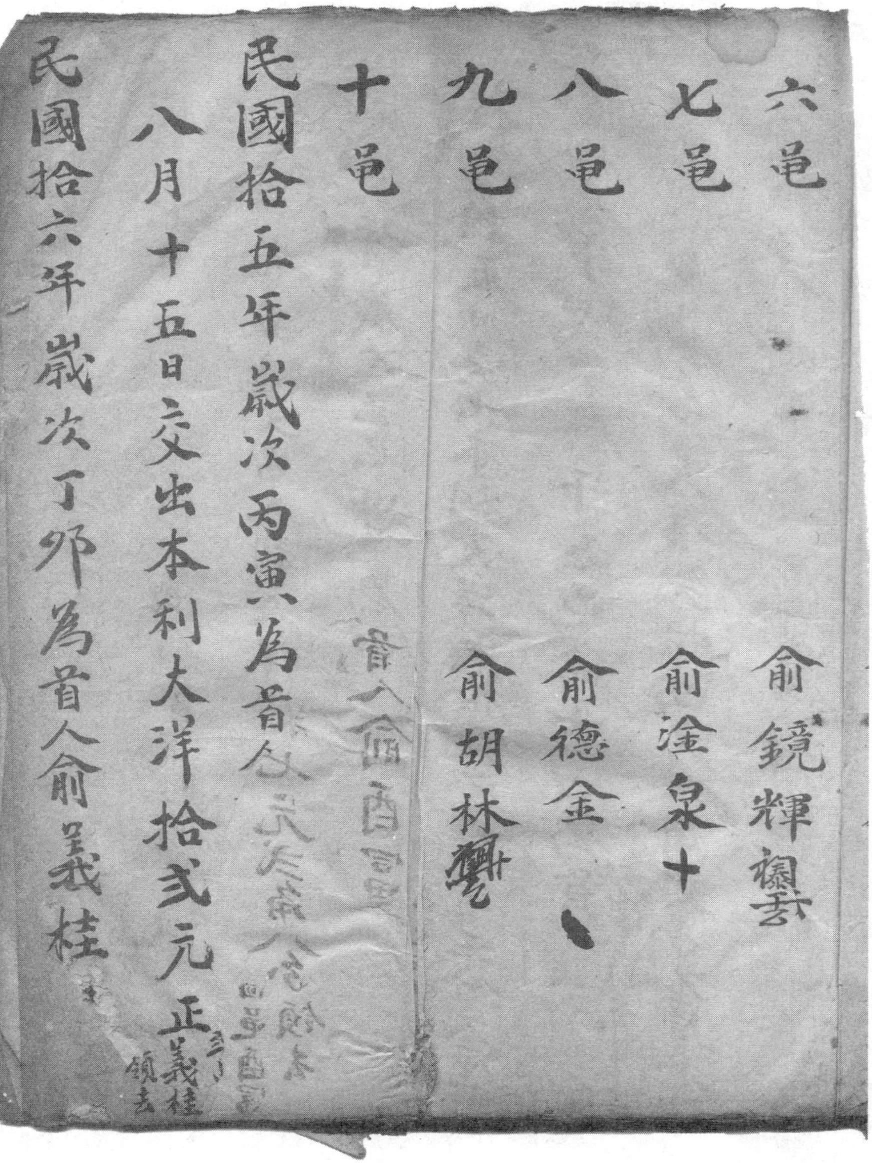

六邑　俞鏡輝領去
七邑　俞淦泉十
八邑　俞德金
九邑　俞胡林領
十邑
民國拾五年歲次丙寅為首人
八月十五日交出本利大洋拾弍元正　義桂領去
民國拾六年歲次丁卯為首人俞義桂

江湾镇圩口村 3-4 · 民国十四年 · 中秋会簿 · 俞镜辉经手

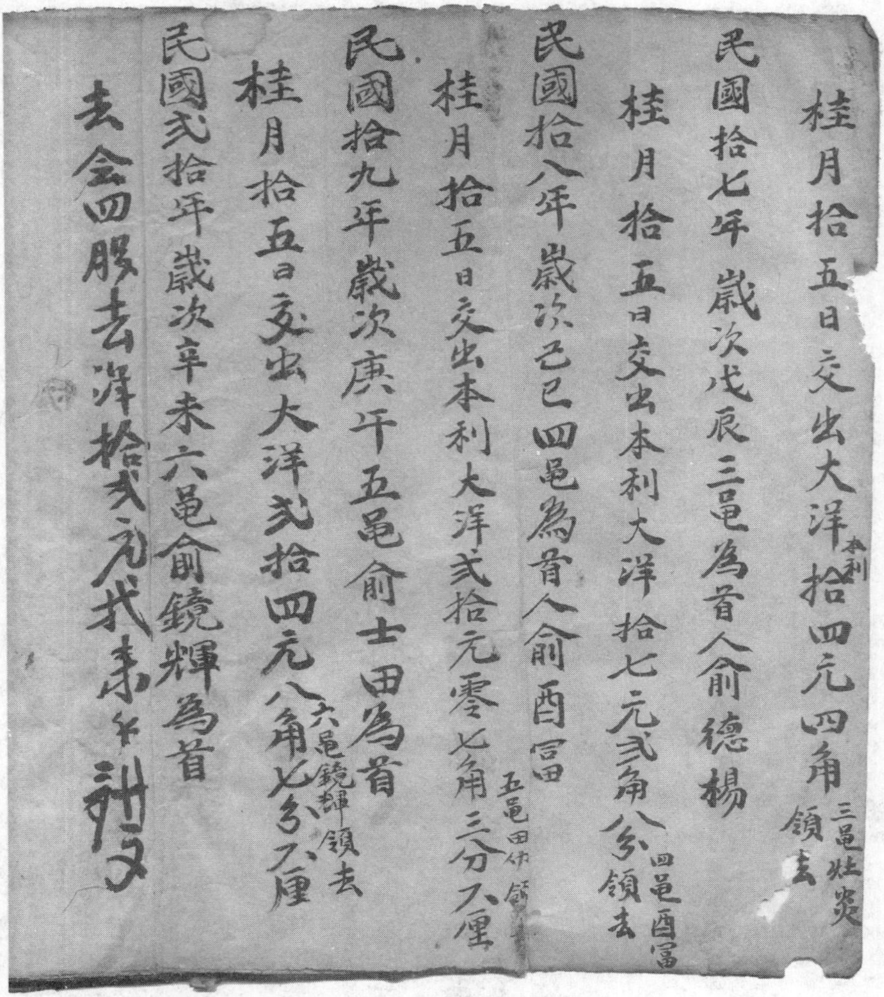
桂月拾五日交出大洋本利拾四元四角 三邑灶炎領去
民國拾七年歲次戊辰三邑為首人俞德楊
桂月拾五日交出本利大洋拾七元弍角八分 四邑酉富領去
民國拾八年歲次己巳四邑為首人俞酉富
桂月拾五日交出本利大洋弍拾元零七角三分六厘 五邑田仂領去
民國拾九年歲次庚午五邑俞士田為首
桂月拾五日交出大洋弍拾四元八角七分六厘 六邑鏡輝領去
民國弍拾年歲次辛未六邑俞鏡輝為首
去会四股去洋拾弍元找来 [illegible]

江湾镇圩口村 3-5 · 民国十四年 · 中秋会簿 · 俞镜辉经手

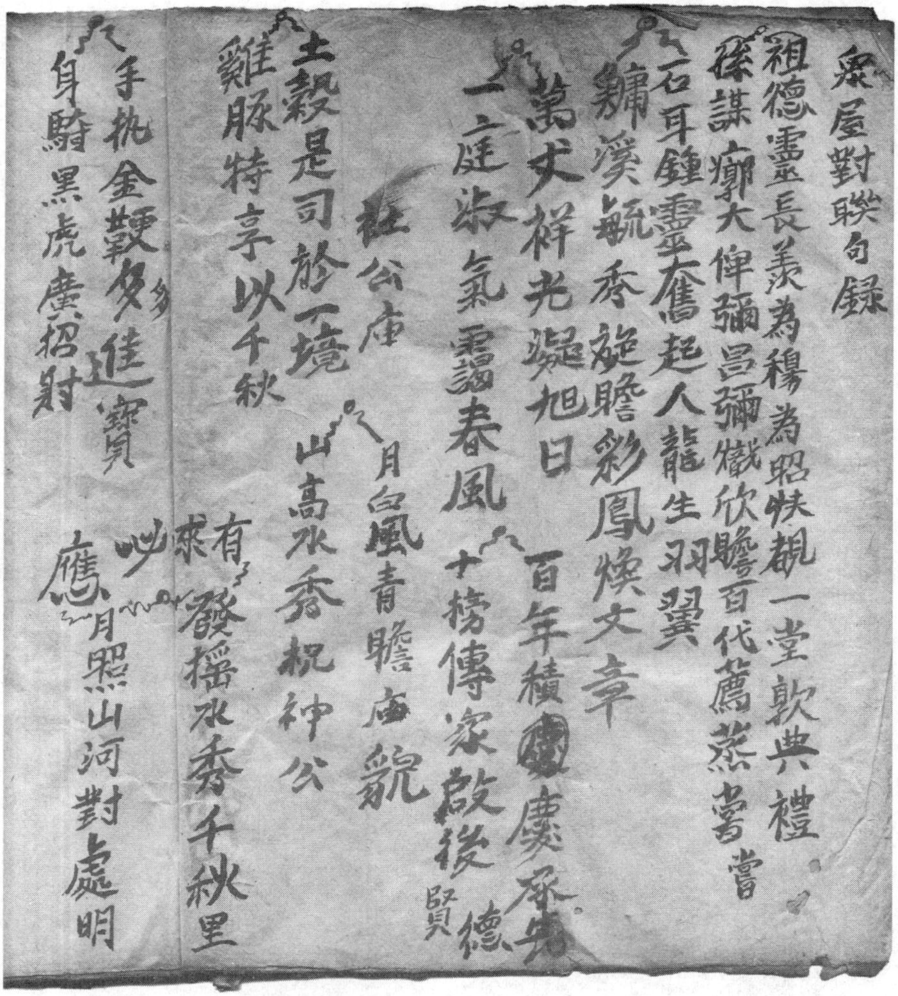

衆屋對聯句録

祖德靈長羨為穆為昭扶覩一堂歎典禮
孫謀鄉大俾彌昌彌熾欣瞻百代薦蒸嘗

石耳鐘靈奮起人龍生羽翼
鏞溪毓秀旋瞻彩鳳煥文章

萬丈祥光凝旭日
一庭淑氣靄春風

百年積慶承先德
十榜傳家啟後賢

社公庙

土穀是司於一境
雞豚特享以千秋

月白風青瞻廟貌
山高水秀祝神公

有求必應

月照山河對處明
發揚水秀千秋里

手執金鞭多進寶
身騎黑虎廣招財

江湾镇坑口村 3-6 · 民国十四年 · 中秋会簿 · 俞镜辉经手

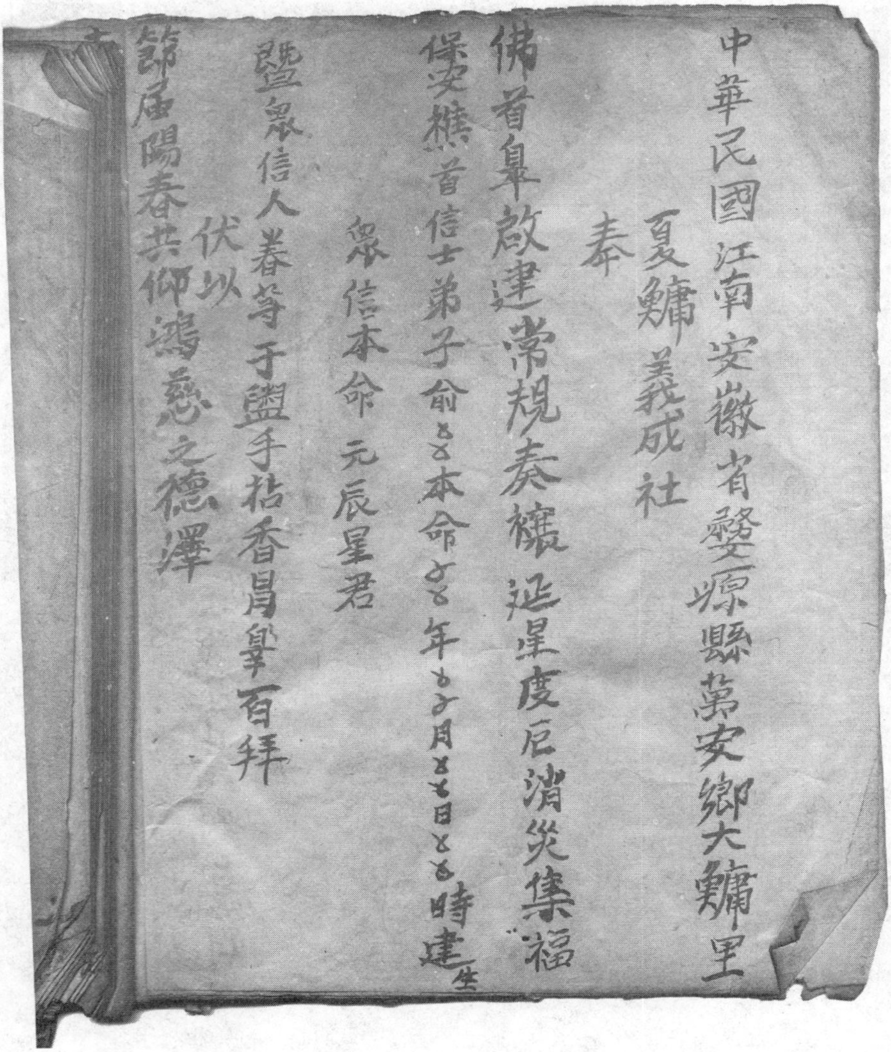
中華民國江南安徽省婺源縣萬安鄉大鏞里
夏鏞義成社
奉
佛首皐啟建常規奏禳延星度厄消災集福
保安樣首信士弟子俞××本命××年××月××日××時建生
衆信本命　元辰星君
暨衆信人眷等于盥手拈香冐皐百拜
伏以
節屆陽春共仰鴻慈之德澤

江湾镇圩口村 3-7 · 民国十四年 · 中秋会簿 · 俞镜辉经手

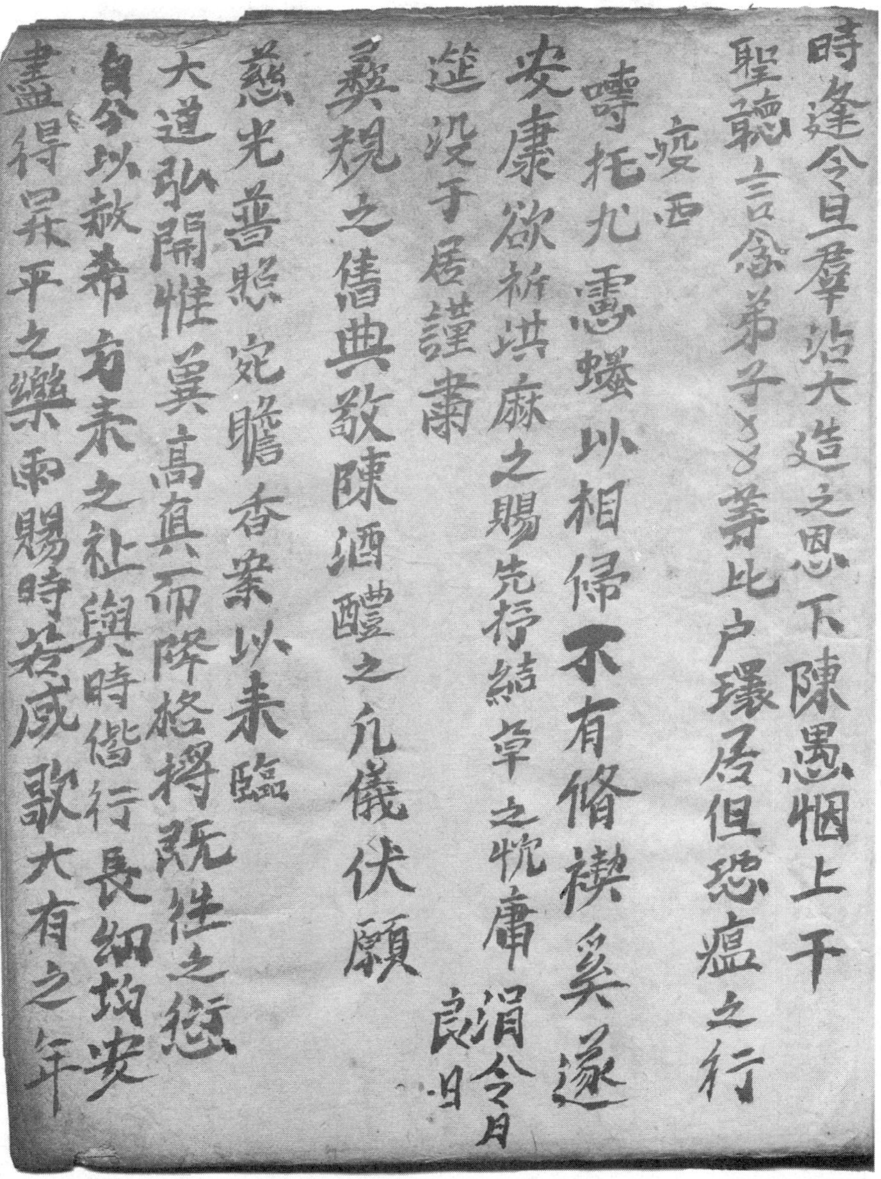
時逢今旦犀沾大造之恩下陳愚悃上干
聖聽言念弟子××等此户環居但恐瘟之行
疫西
嘚托九霄蠓以相傳不有脩禊奚遂
安康欲祈洪庥之賜先將結草之忱庸涓今月
逆没于居謹肅良日
彜規之舊典敬陳酒醴之九儀伏願
慈光普照宛瞻香案以來臨
大道弘開惟冀高真而降格稱既往之愆
自今以赦希有未之社與時偕行長細均安
盡得昇平之樂雨賜時若咸歌大有之年

江湾镇垰口村 3-8 · 民国十四年 · 中秋会簿 · 俞镜辉经手

滿門集福舉室盈寧更僅犧牲旺相爐氣無
驚火盜水消官符雪散凡干動止告懇悉
恃懺謹疏
伏以
上進以聞
民國ΟΟ年歲次ΟΟ月ΟΟ日具百
疏套式
于日保安集福清醮文疏一道蓮座前進啓
冒聖百拜謹封
本命星牌式 甲辰添壽筭
天官主照燊觃和奠消灾解厄集福保安醮首

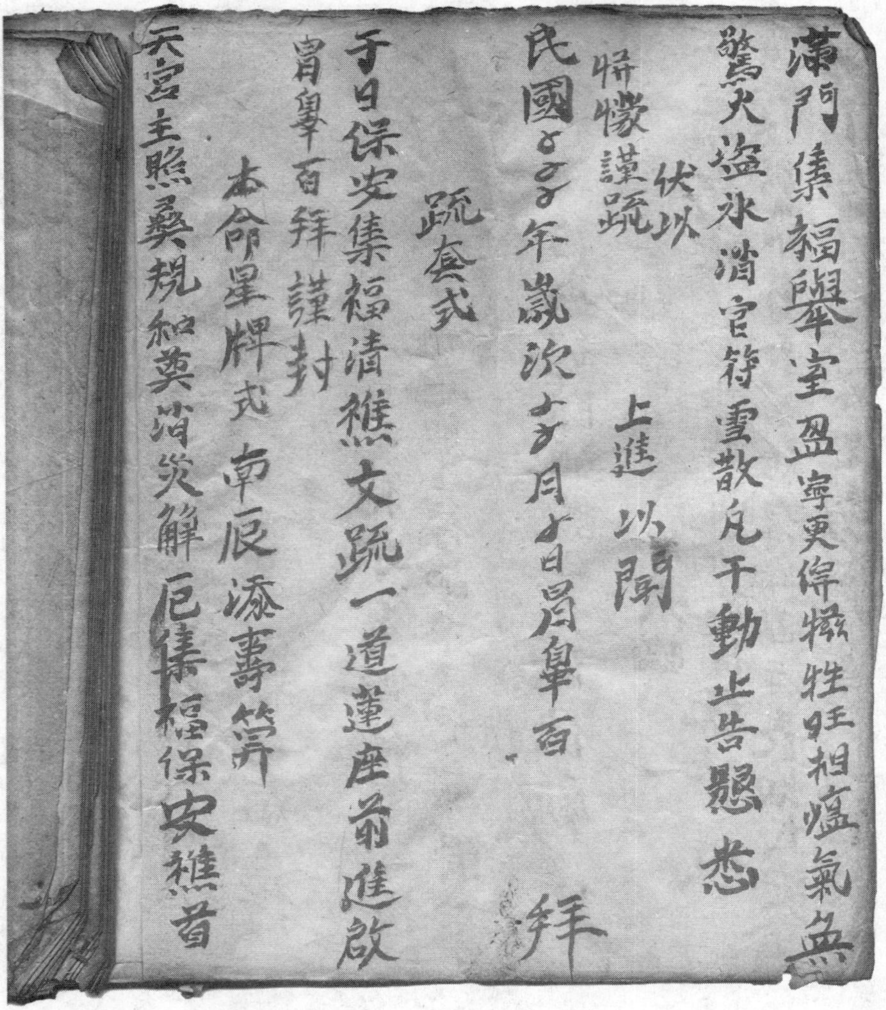

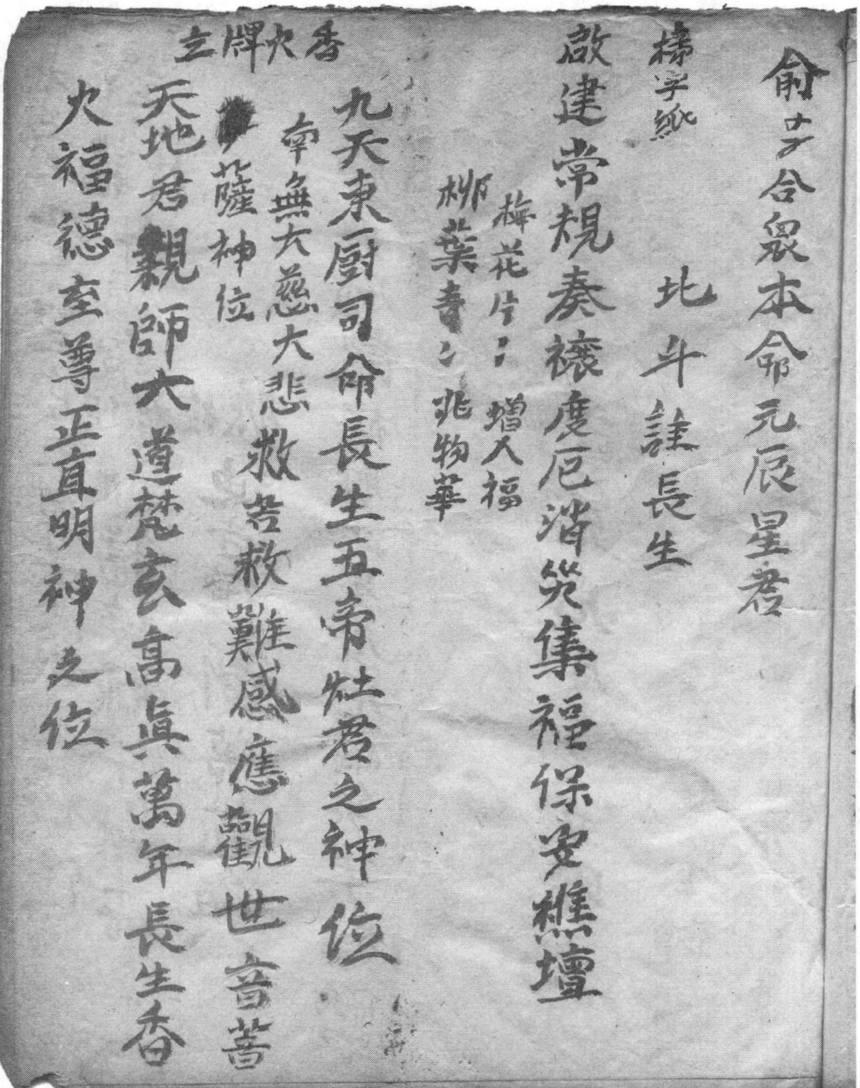
俞姓合衆本命元辰星君
榜字紙 北斗註長生
啟建常規奏禳度厄消災集福保安醮壇
梅花片片增人福
柳葉青青兆物華
香火牌主
九天東廚司命長生五帝灶君之神位
南無大慈大悲救苦救難感應觀世音菩
薩神位
天地君親師大道梵玄高真萬年長生香
火福德室尊正直明神之位

江湾镇圩口村 3-10 · 民国十四年 · 中秋会簿 · 俞镜辉经手

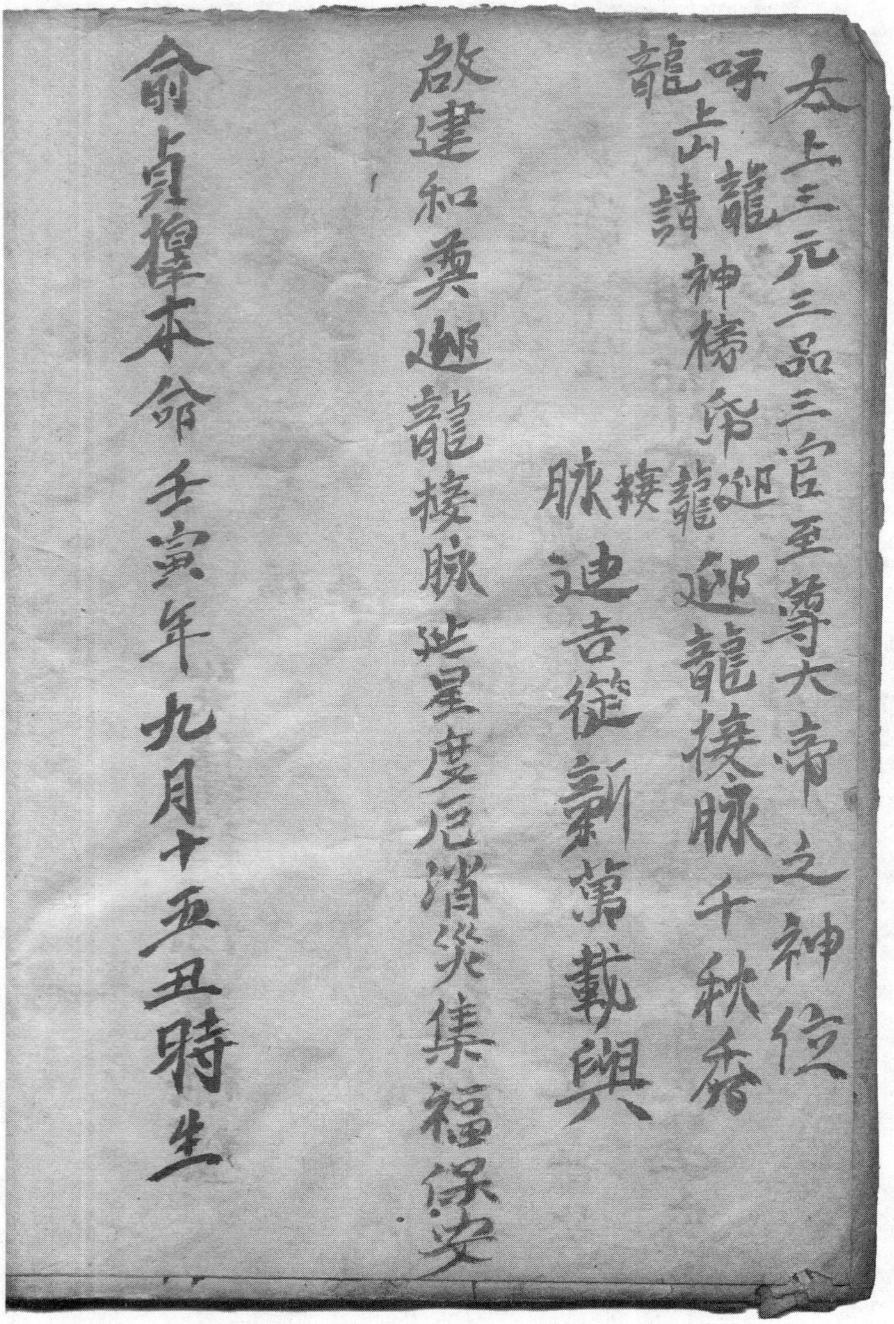

太上三元三品三官至尊大帝之神位

呼龍神榜帋迎龍迎龍接脉千秋香

龍上山請接脉廸吉從新第載與

啟建和奠迎龍接脉以星度厄消災集福保安

俞貞煒本命壬寅年九月十五丑時生

江湾镇圩口村 3-11 · 民国十四年 · 中秋会簿 · 俞镜辉经手

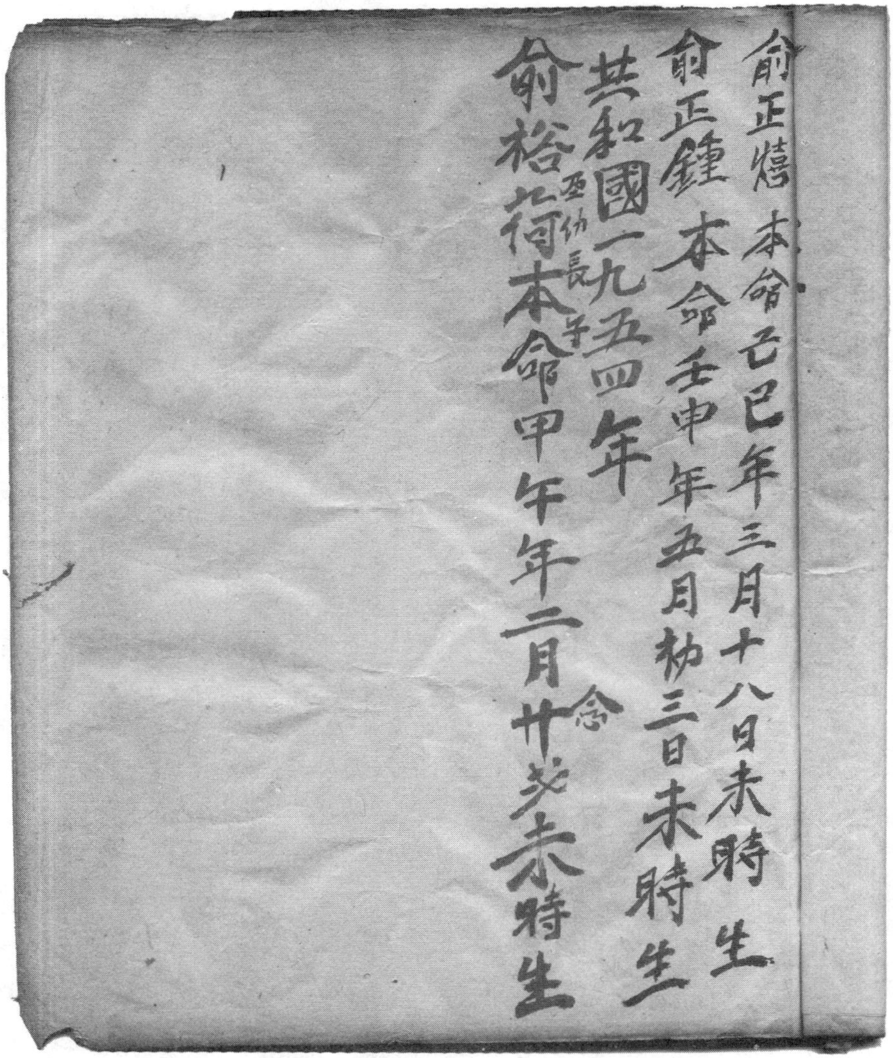

俞正禧 本命己巳年三月十八日未時生
俞正鍾 本命壬申年五月初三日未時生
共和國一九五四年
俞裕荷（丕仂長子）本命甲午年二月廿（念）弍未時生

江湾镇圩口村 3-12 · 民国十四年 · 中秋会簿 · 俞镜辉经手

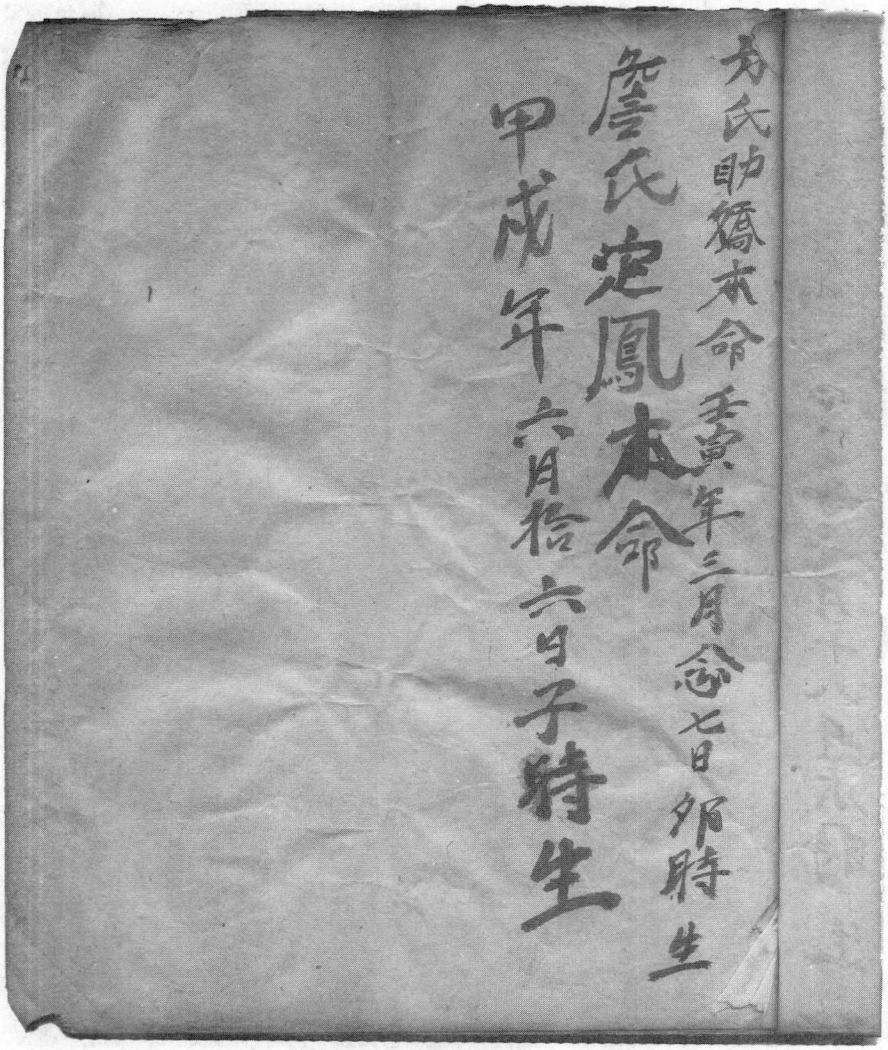

方氏助嬌本命 壬寅年三月念七日卯時生

詹氏定鳳本命

甲戌年六月拾六日子時生

江湾镇坾口村 3-13 · 民国十四年 · 中秋会簿 · 俞镜辉经手

立依議字人詹長閒原身承服親遺有承志堂北边屋三股之一堂屋北頭樓底前壹壹房東间通頂樓上正房東间及北頭樓上廂房東间廚屋西边二股之一各浪西三股一原身叔父去世身尚未立家孝子承脈親正祿代理沒儘晉年親口喊身扒北边正房一间以沐津貼正祿今身成婚紫錢需用身尊櫃甚漢命经中扒交与

正祿猶各不晉業墾日沒生枝節立依字或恃者扰重恃以魁日沒生端磐口赀憑立此为據

民國拾五年冬月　日立依議字人詹長閒（押）

　　　　　　　　全男　　坤華（押）
外批另加議空桔一歉豐
　　　　　　　　姪　　正祿正
　　　　　　　　経中弟　錦文

　　　　　　　　　　　　耀亭筆

憑口代書撰昌筆

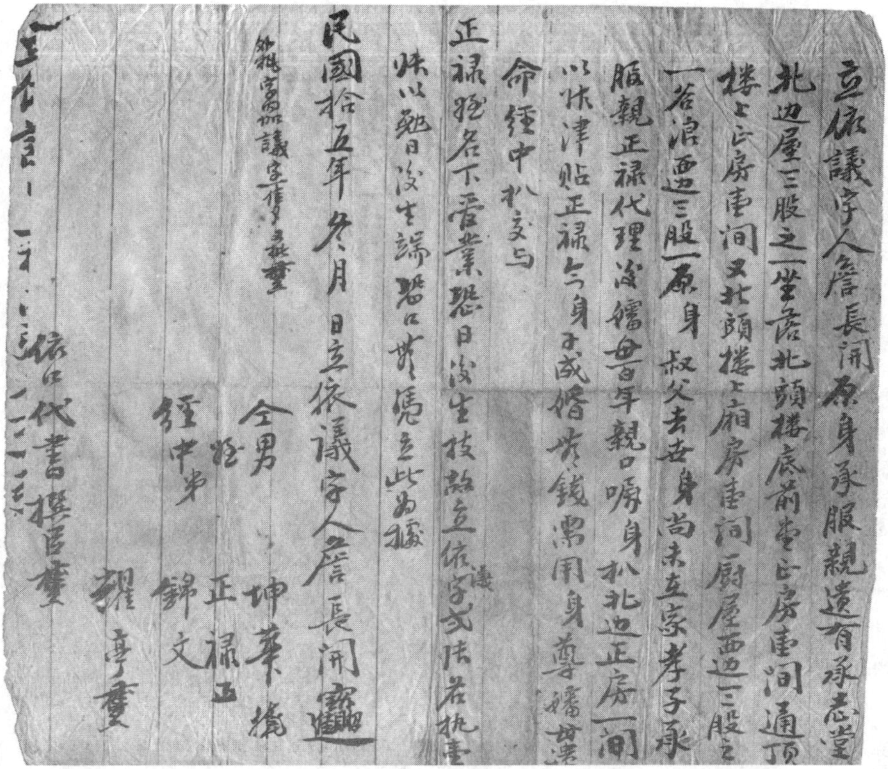

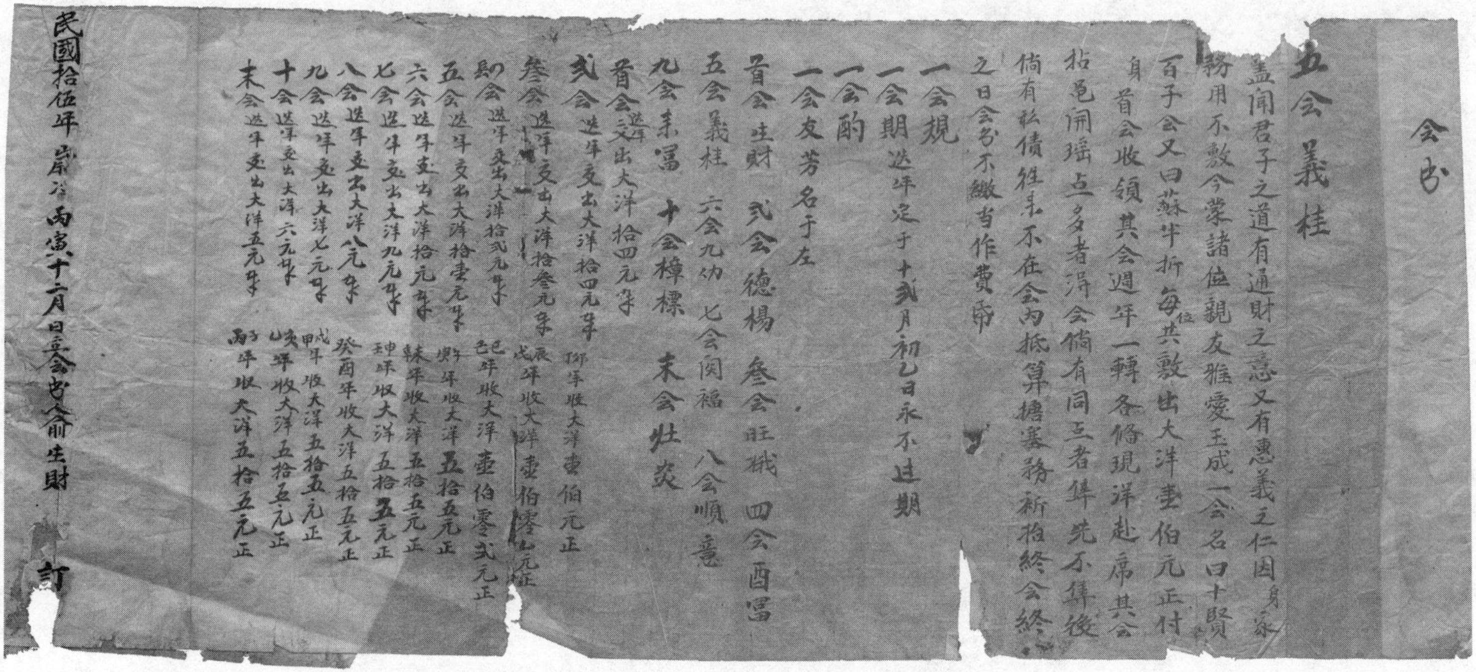
会书

五会義桂

盖闻君子之道有通财之意又有惠義之仁因身家
務用不敷今蒙諸位親友雅愛玉成一会名曰十賢
百子会又曰蘇牛折每位共数出大洋壹伯元正付
身首会收領其会週年一轉各備現洋赴席其会
拈邑阄瑶点多者得会倘有同点者得先不得後
倘有私債往来不在会内抵算搪塞務祈始終会終
之日会簿不繳当作费币

一会規
一会期送洋定于十弍月初七日永不过期
一会酌
一会友芳名于左

首会生財　弍会德楊　叁会旺桃　四会酉富
五会義桂　六会九幼　七会閏福　八会順意
九会来富　十会樟標　末会灶炎

首会送洋支出大洋拾四元
弍会送洋支出大洋拾四元正　卯年收大洋壹伯元正
叁会送洋支出大洋拾叁元正　戊辰年收大洋壹伯零[illegible]元正
肆会送洋支出大洋拾弍元正　己巳年收大洋壹伯零弍元正
五会送洋支出大洋拾壹元正　庚午年收大洋五拾五元正
六会送洋支出大洋拾元正　辛未年收大洋五拾五元正
七会送洋支出大洋九元正　壬申年收大洋五拾五元正
八会送洋支出大洋八元正　癸酉年收大洋五拾五元正
九会送洋支出大洋七元正　甲戌年收大洋五拾五元正
十会送洋支出大洋六元正　乙亥年收大洋五拾五元正
末会送洋支出大洋五元正　丙子年收大洋五拾五元正

民國拾伍年歲次丙寅十二月日立会書人俞生財 訂

江湾镇坑口村 107 · 民国十五年 · 会书 · 义桂

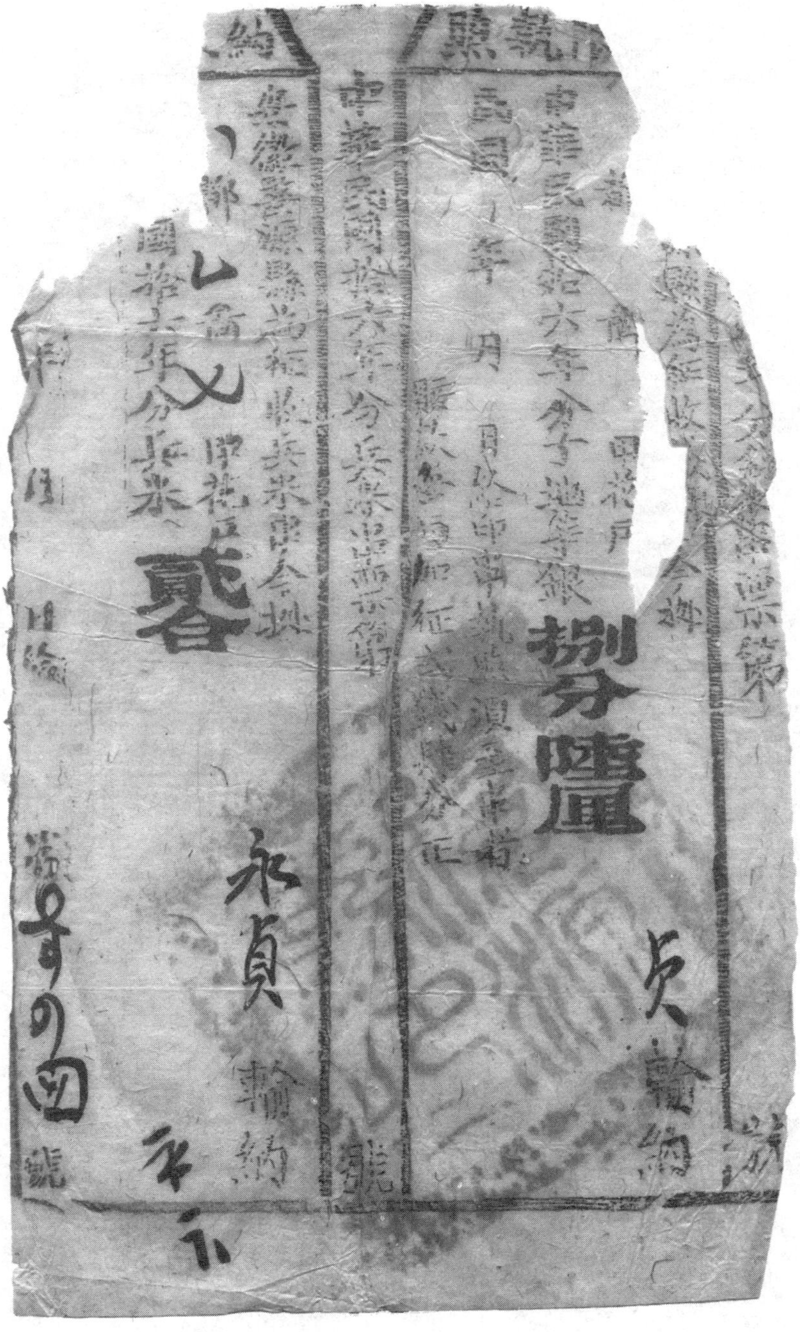

江湾镇圩口村 39 · 民国十六年 · 纳米执照 · 永贞

江湾镇圩口村 40 · 民国十六年 · 纳米执照 · 永顺

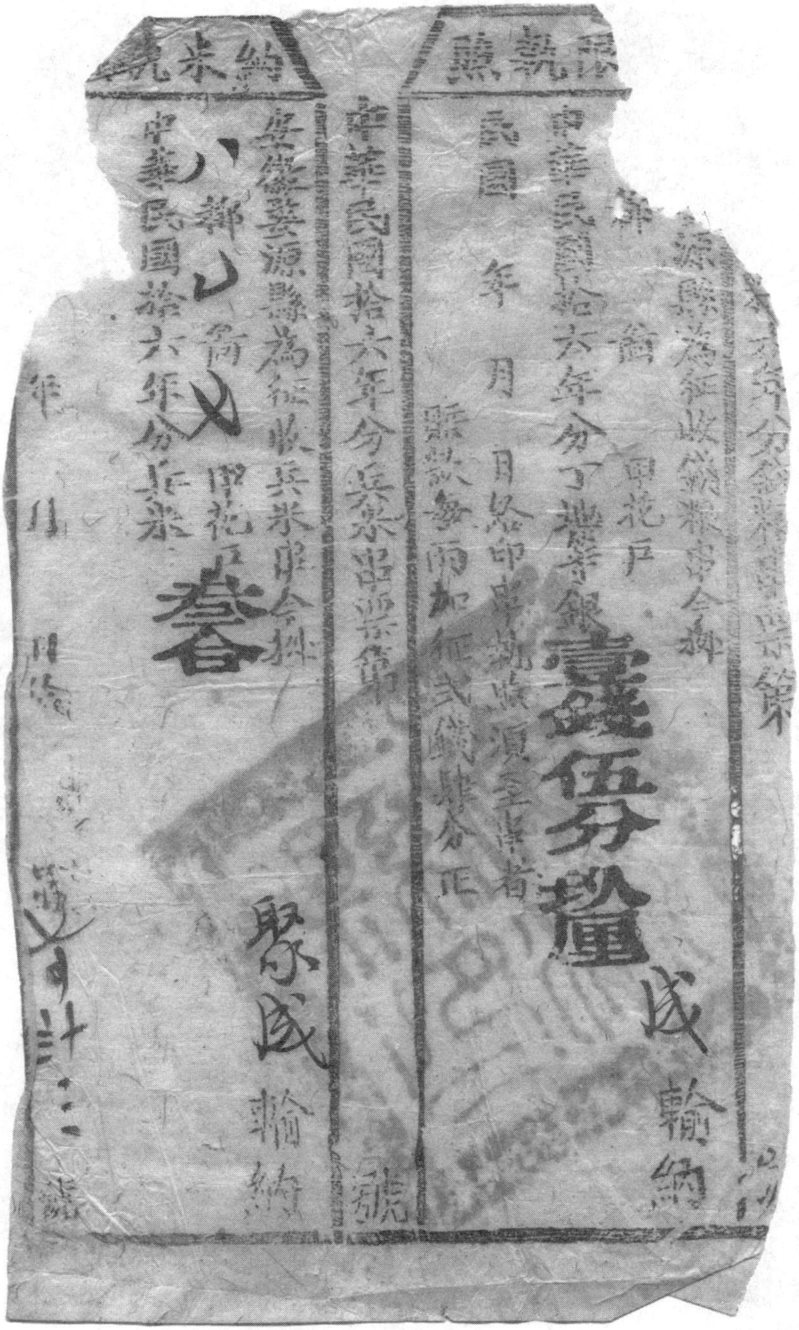
執照
婺源縣為征收兵米串票事今據
第 鄉 都 圖 甲花戶 聚成 輸納
中華民國拾六年分丁地業銀 壹錢伍分叁釐
民國 年 月 日給印串執照須至串者
縣款每兩加征弍錢肆分正
中華民國拾六年分兵米串票第 號
納米執照
安徽婺源縣為征收兵米串今據
八鄉 都 圖 甲花戶 聚成 輸納
中華民國拾六年分兵米 春
年 月 日給

江湾镇垰口村 41 · 民国十六年 · 纳米执照 · 聚成

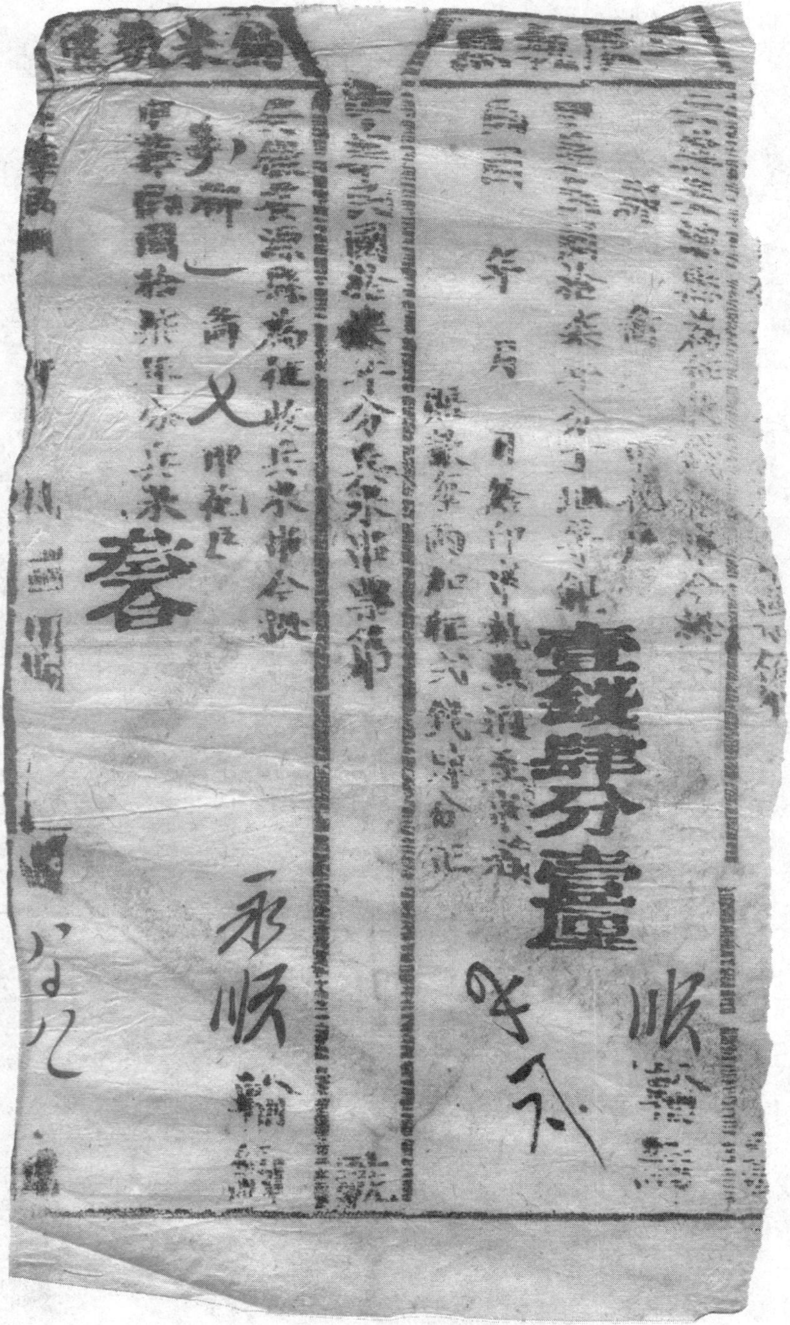

江湾镇圩口村 16 · 民国十七年 · 纳米执照 · 永顺

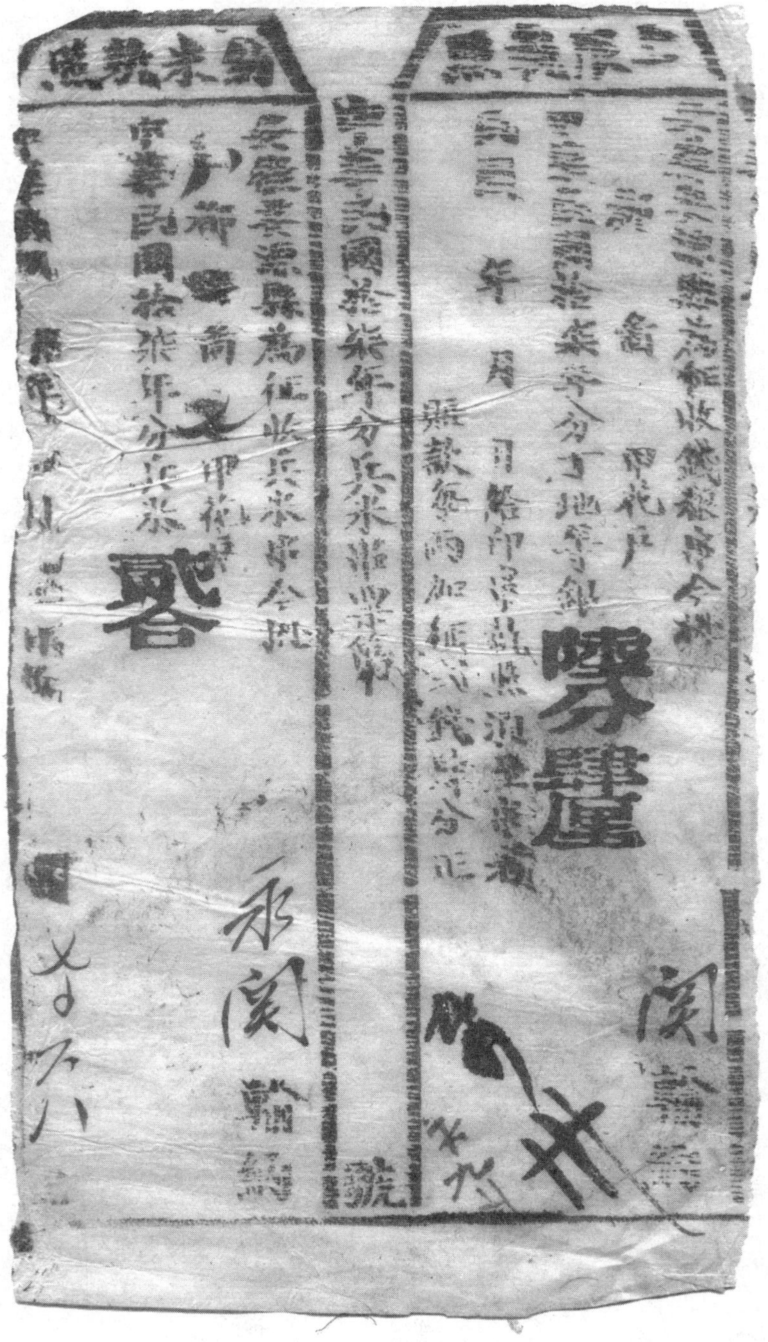

江湾镇圩口村 29 · 民国十七年 · 纳米执照 · 永关

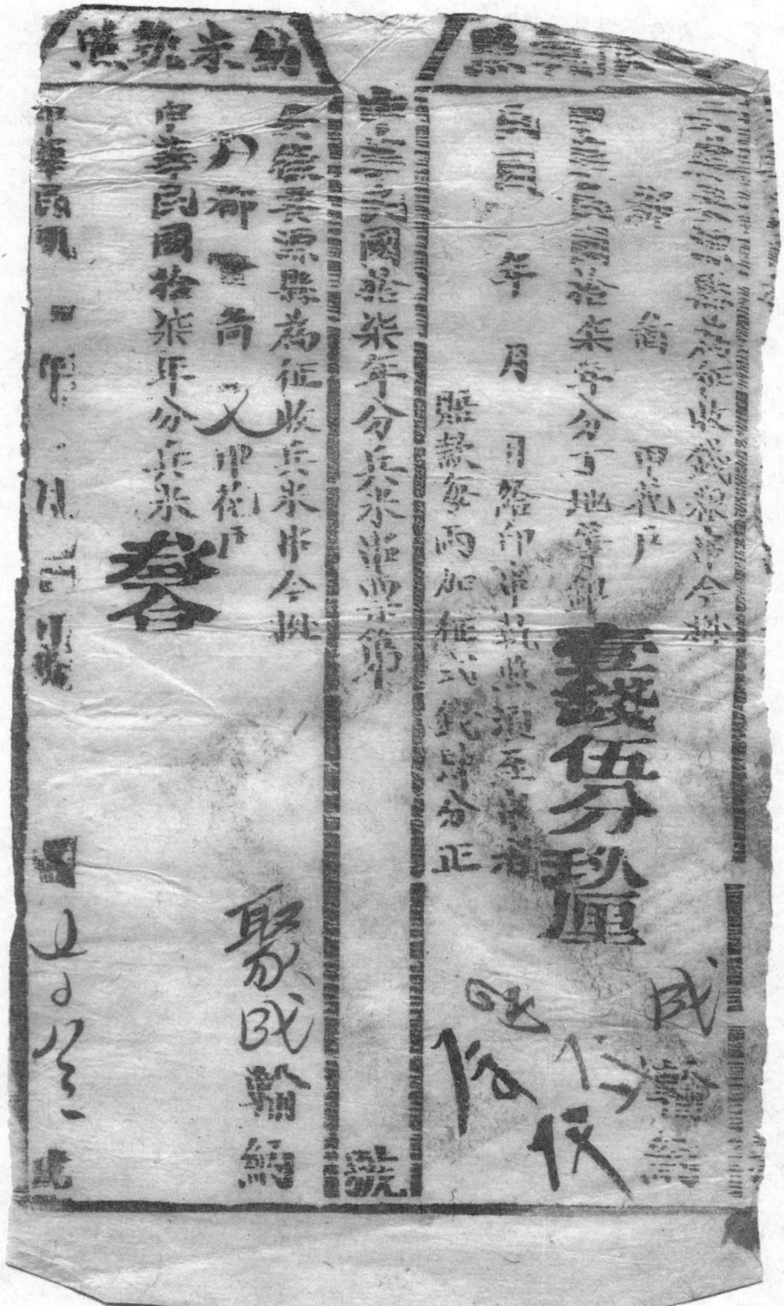

納米執照

中華民國拾柒年分兵米實徵串第　號

為征收兵米事今據

中華民國拾柒年分兵米

聚成

為征收錢糧事今據

甲花戶

中華民國拾柒年分丁地等銀　壹錢伍分玖厘

民國　年　月　日給印串照須至串者

江湾镇圩口村 37 · 民国十七年 · 纳米执照 · 聚成

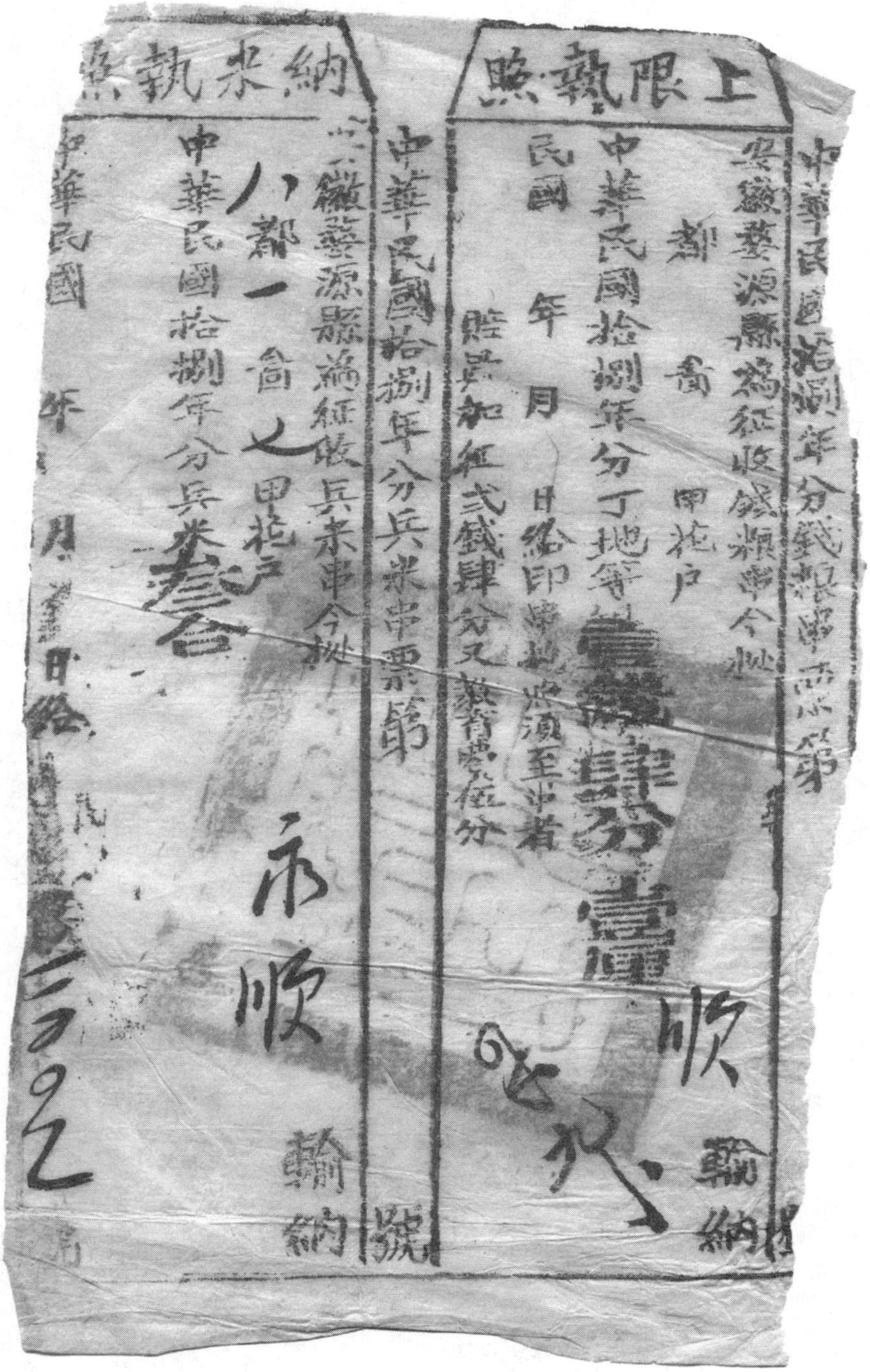
上限執照
中華民國拾捌年分錢糧串票第　　號
安徽婺源縣為征收錢糧串今據
都　啚　甲花户
中華民國拾捌年分丁地等銀
民國　年　月　日給印串收照須至串者
隨正加征弍錢肆分叉教育費征分
順
驗納
納米執照
中華民國拾捌年分兵米串票第　　號
安徽婺源縣為征收兵米串今據
八都一啚之甲花户
中華民國拾捌年分兵米叁合
永順
驗納
中華民國　年　月　日給

江湾镇圩口村 30 · 民国十八年 · 纳米执照 · 永顺

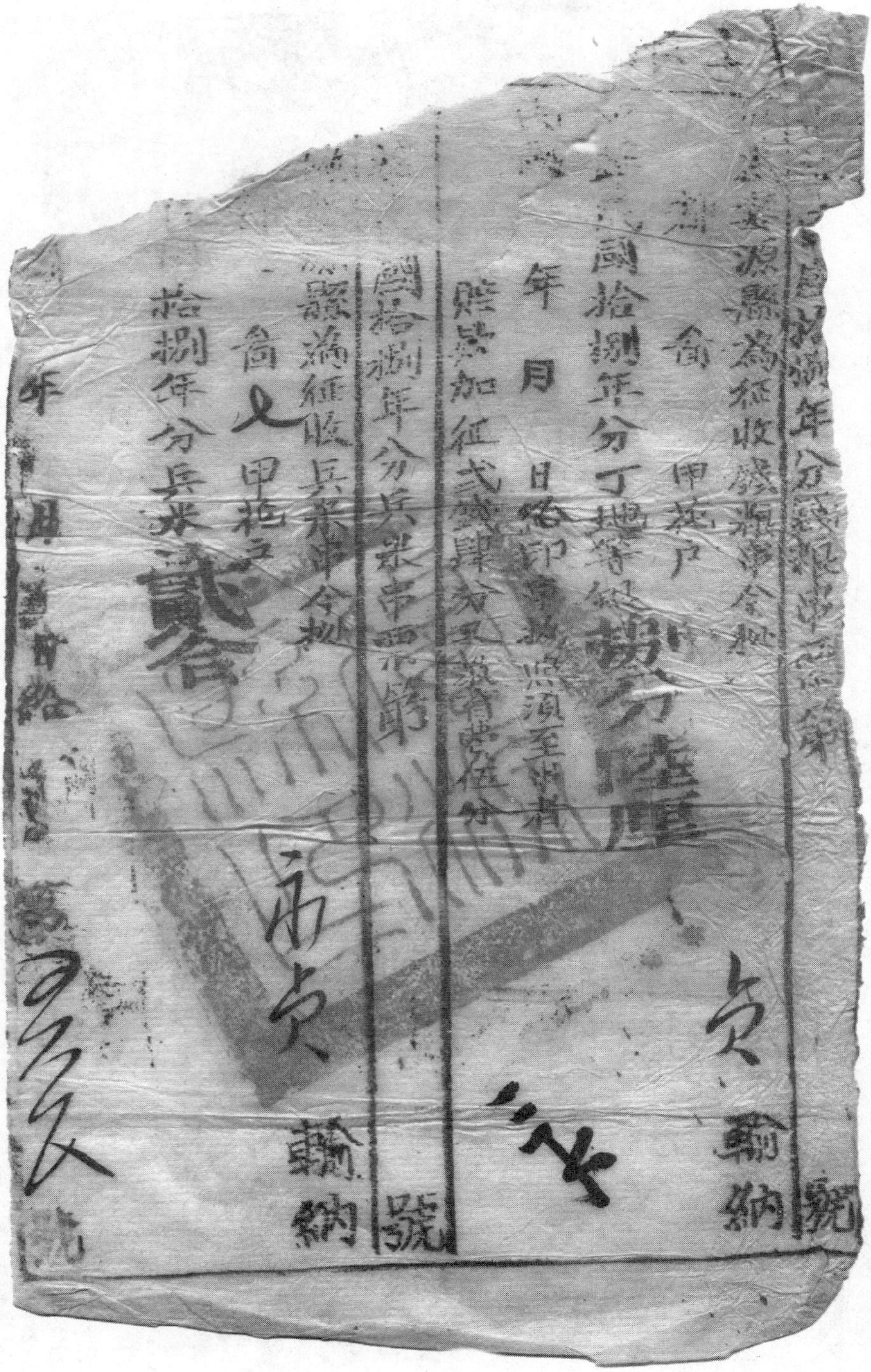

江湾镇岕口村 31 · 民国十八年 · 纳米执照 · 永贞

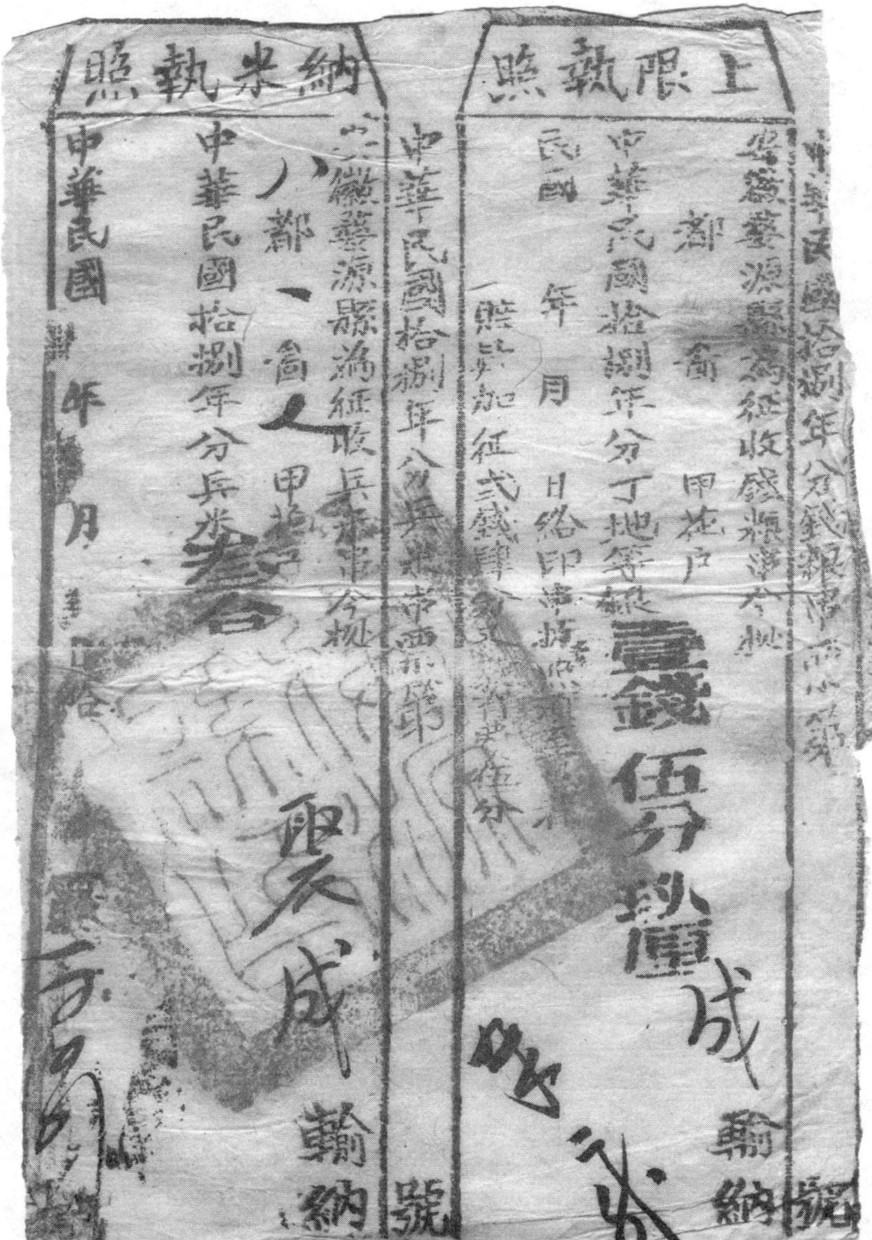

上限執照

安徽婺源縣為征收錢糧事今收

都 啚 甲花戶

中華民國拾捌年分丁地等銀壹錢伍分捌厘

成 輸納

民國 年 月 日給印串據

一賠兵加征弍錢肆分……伍分

號

納米執照

中華民國拾捌年八分兵米……第 號

安徽婺源縣為征收兵米事今收

八都一啚 甲花戶 人

中華民國拾捌年分兵米叁合

聚成 輸納

中華民國 年 月 日

江湾镇圩口村 38 · 民国十八年 · 纳米执照 · 聚成

納米執照

江湾镇圩口村 35 · 民国十九年 · 纳米执照 · 聚成

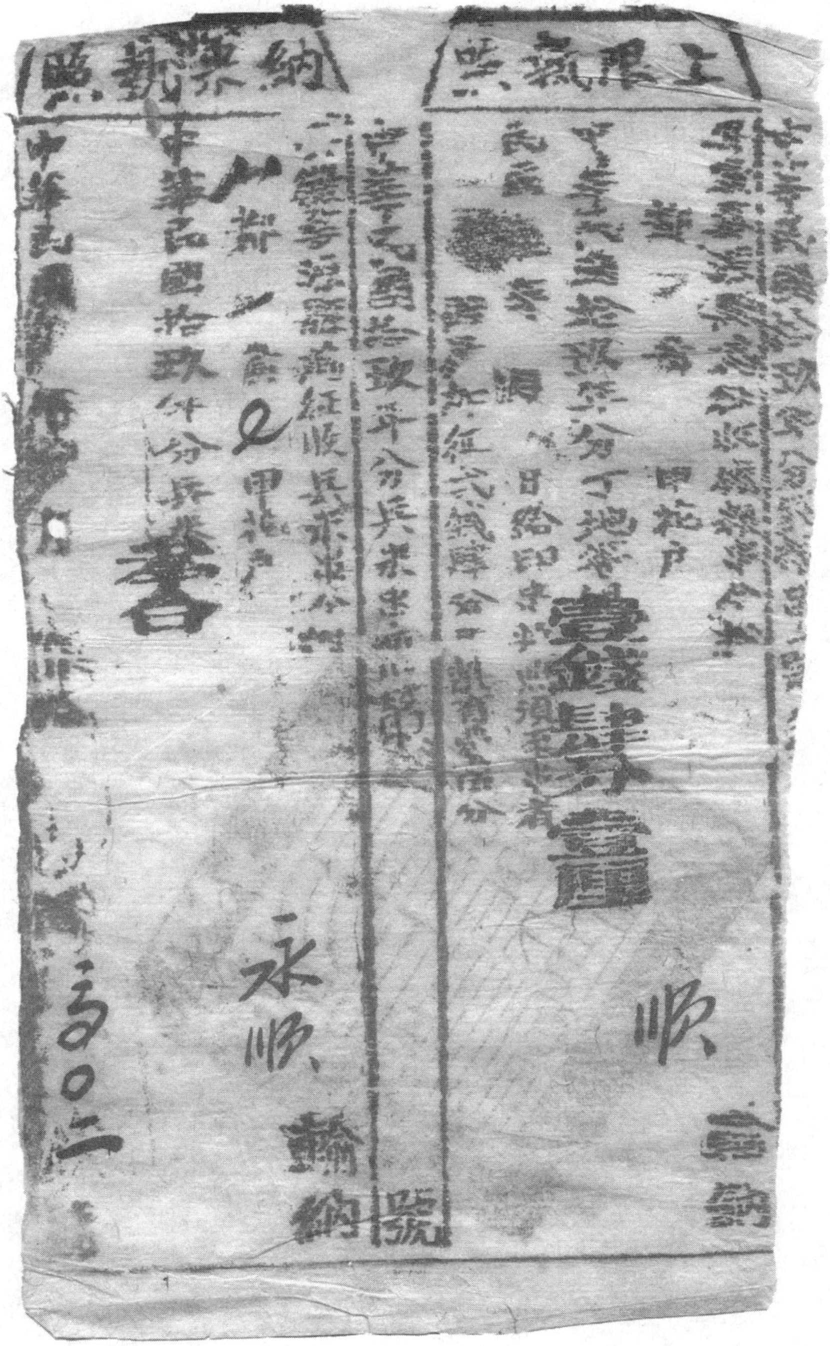

納米執照

中華民國拾玖年

書

永順

順

江湾镇圩口村 36 · 民国十九年 · 纳米执照 · 永顺

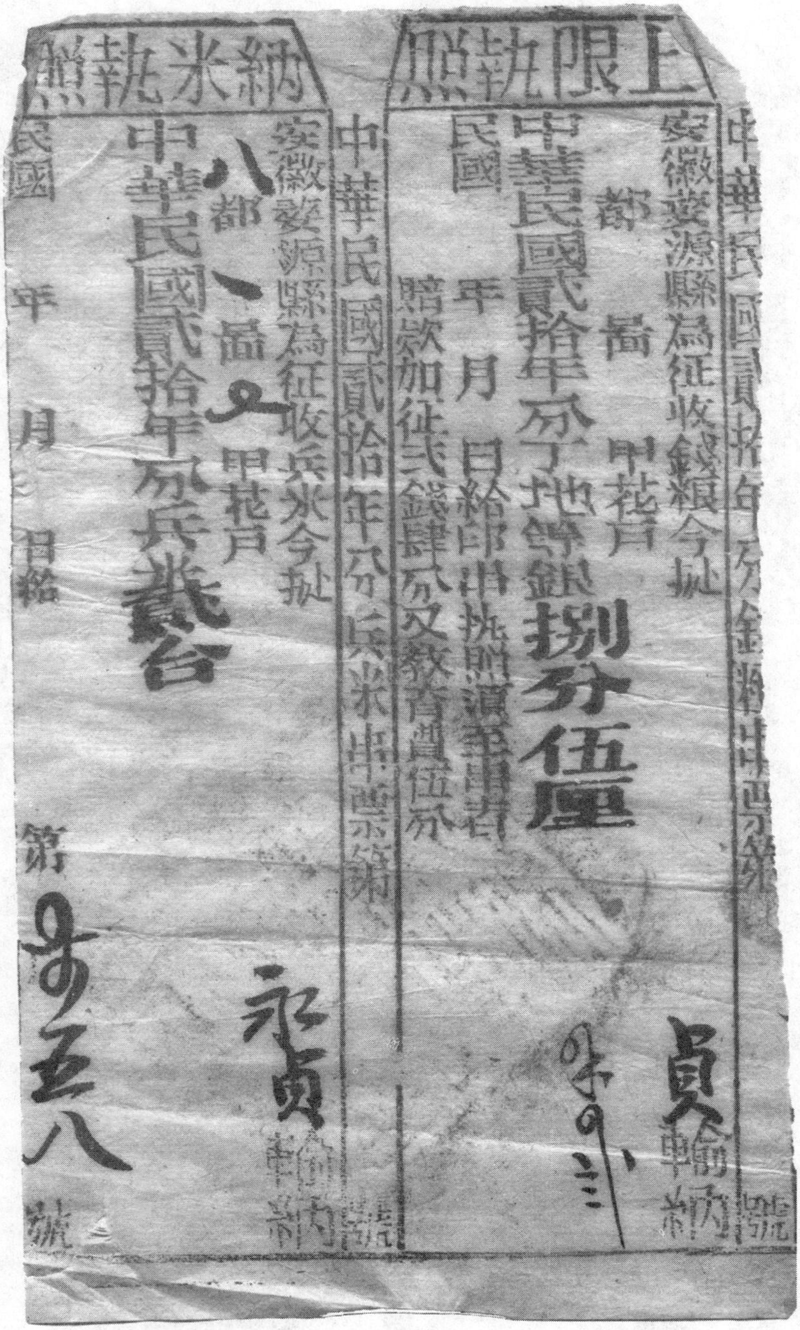
上限執照

中華民國貳拾年分錢糧串票第　號

安徽婺源縣為征收錢糧令據

都　啚　甲花戶貞輸納

中華民國貳拾年分地丁錢銀捌分伍厘

民國　年　月　日給印串執照須至串者

賠款加征弍錢肆分及教育費伍分

中華民國貳拾年分兵米串票第　號

納米執照

安徽婺源縣為征收兵米令據

八都一啚九甲花戶永貞輸納

中華民國貳拾年分兵米貳合

民國　年　月　日給

第壹五八號

江湾镇圩口村 13 · 民国二十年 · 纳米执照 · 永贞

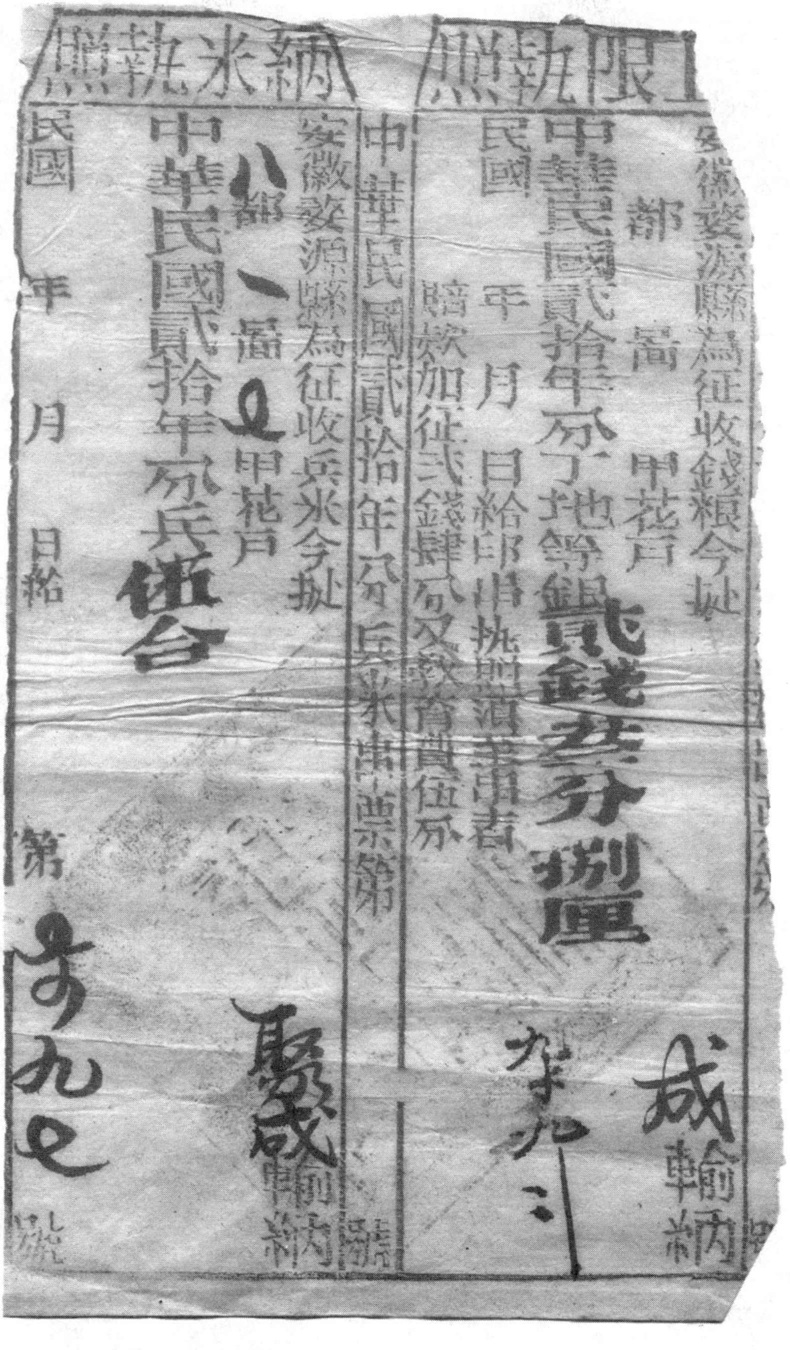

江湾镇圩口村 14 · 民国二十年 · 纳米执照 · 聚成

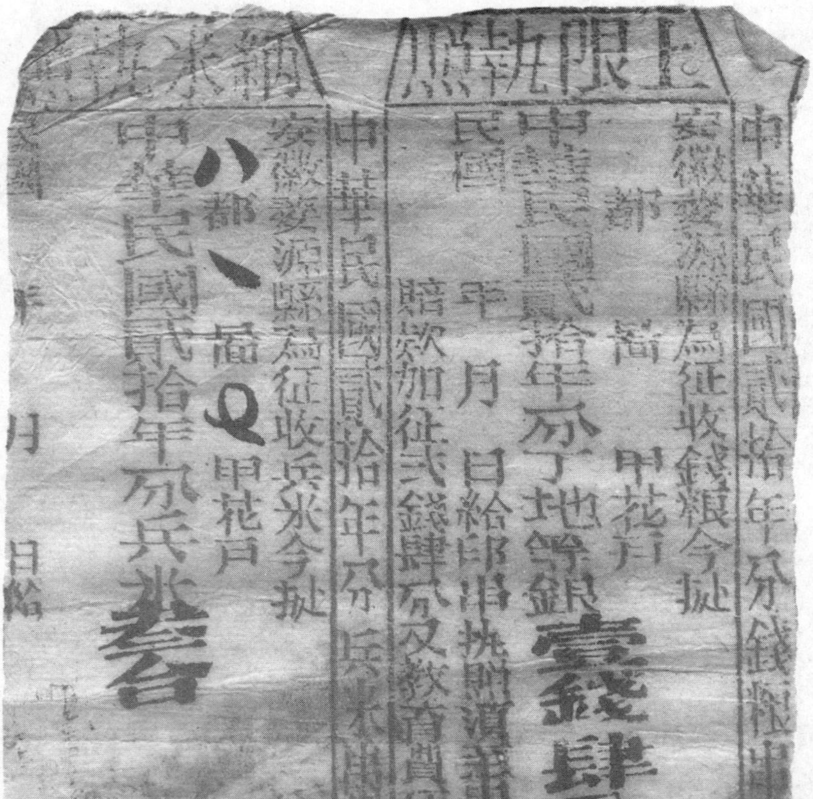

江湾镇坑口村 17 · 民国二十年 · 纳米执照 · 永顺

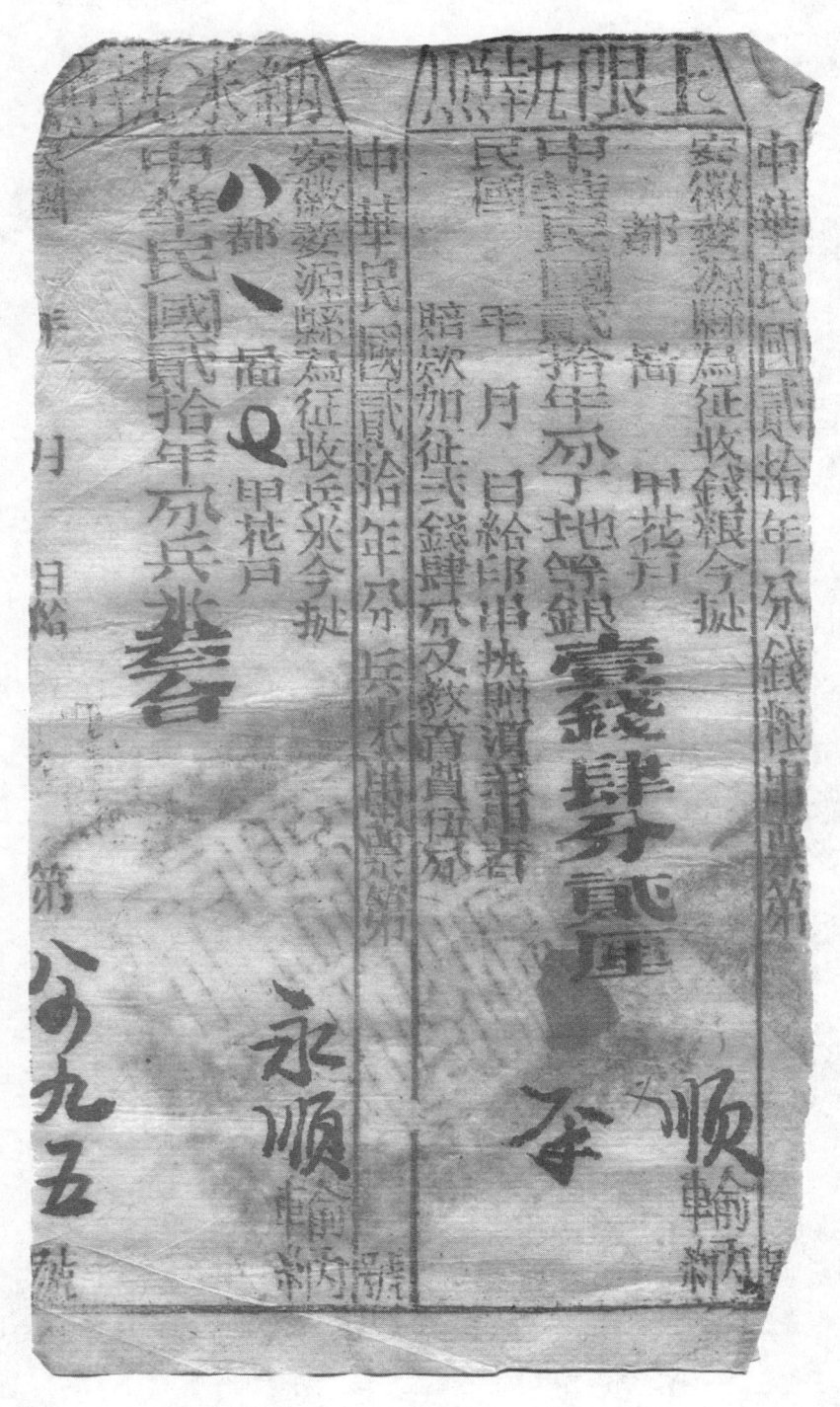

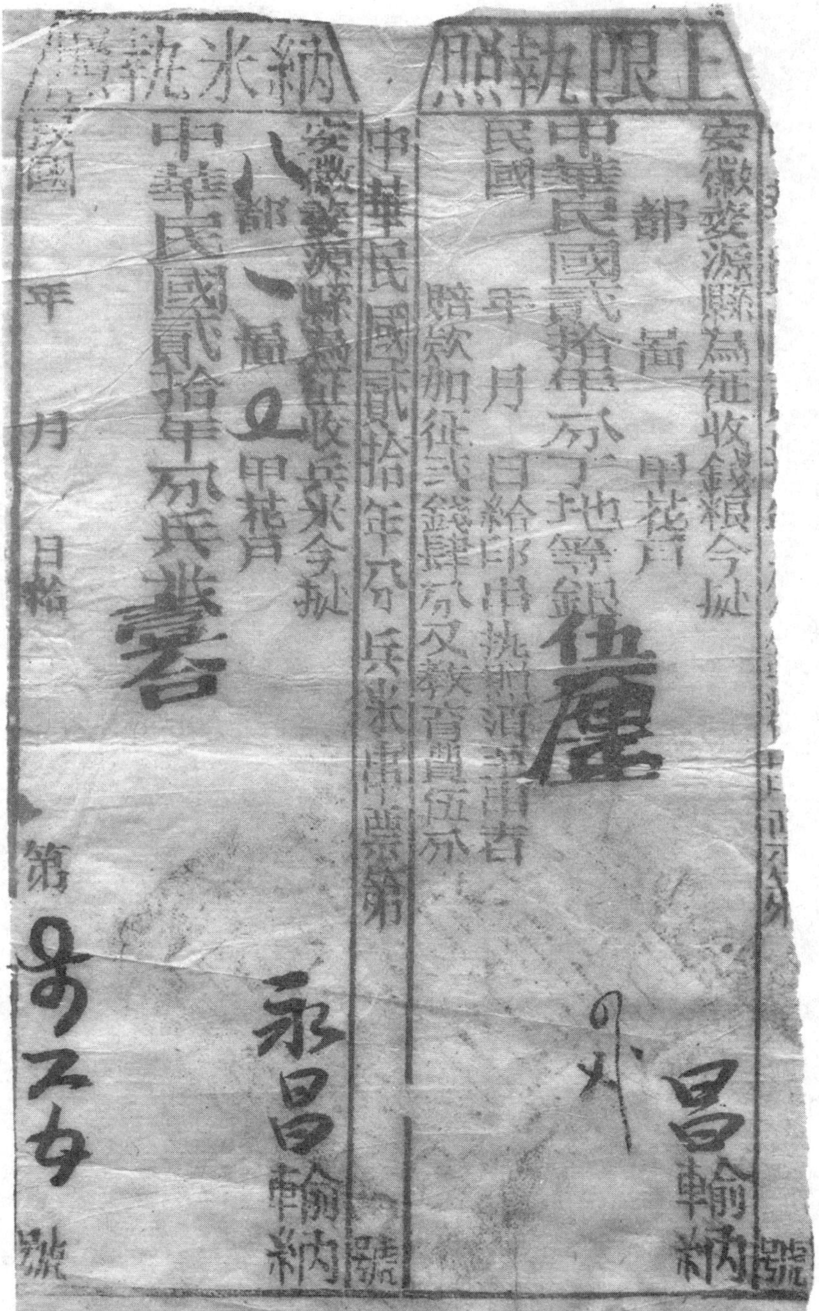

上限執照

安徽婺源縣為征收錢糧令扯

都　啚　甲花戶

中華民國貳拾年份丁地銀伍厘

民國　年　月　日給印串撤銷消

賠款加征弍錢肆分及教育費伍分

昌輸納

號

中華民國貳拾年份兵米串票第　號

納米執照

安徽婺源縣為征收兵米令扯

八都一啚五甲花戶

中華民國貳拾年份兵米壹合

永昌輸納

民國　年　月　日給

第　號

江湾镇岕口村 103 · 民国二十年 · 纳米执照 · 永昌

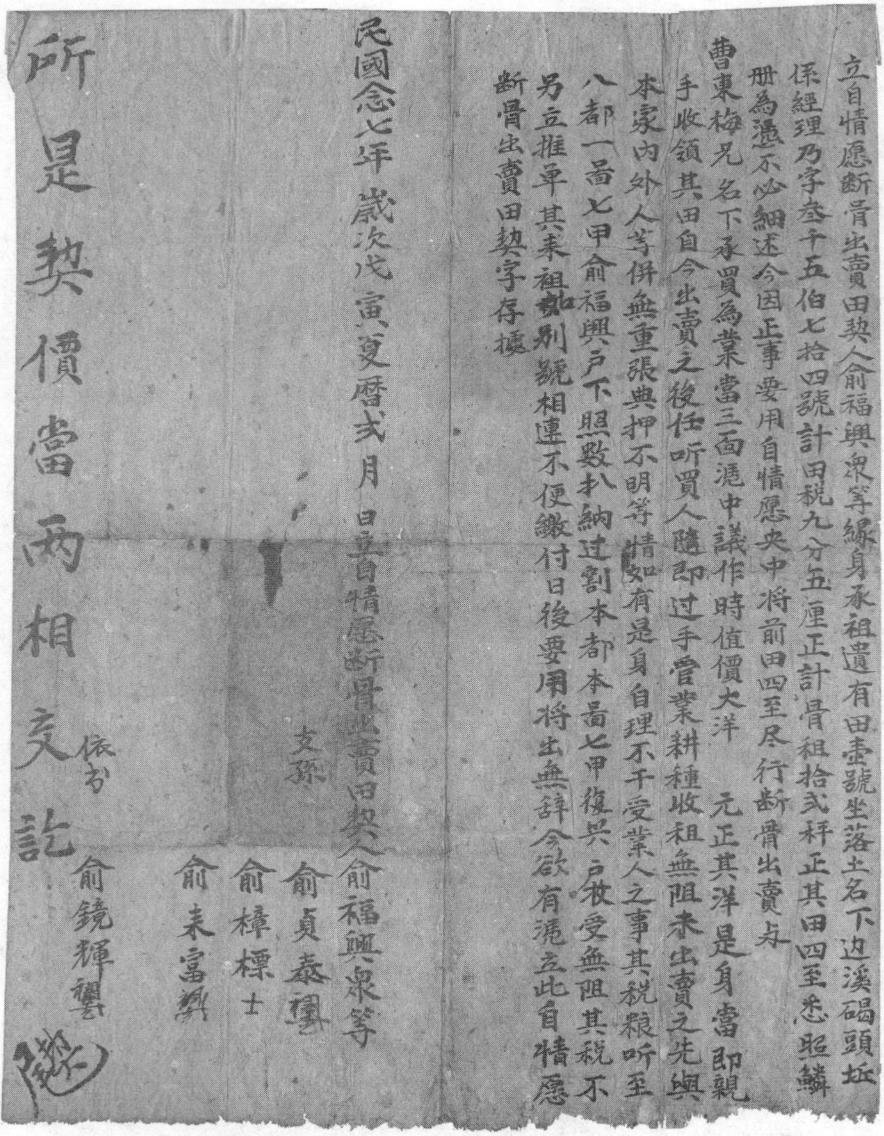

立自情願斷骨出賣田契人俞福興衆等緣身承祖遺有田壹號坐落土名下边溪碣頭坵係經理乃字叁千五伯七拾四號計田稅九分五厘正計骨租拾弍秤正其田四至悉照鱗冊爲憑不必細述今因正事要用自情願央中將前田四至尽行斷骨出賣与
曹東梅兄名下承買爲業當三面憑中議作時值價大洋　　元正其洋是身當即親手收領其田自今出賣之後任听買人隨即过手管業耕種收租無阻未出賣之先與
本家內外人等併無重張典押不明等情如有是身自理不干受業人之事其稅粮听至
八都一啚七甲俞福興戶下照數扒納过割本都本啚七甲復興戶收受無阻其稅不另立推单其來祖契因別號相連不便繳付日後要用將出無辞今欲有憑立此自情願斷骨出賣田契字存據

民國念七年歲次戊寅夏曆弍月　日立自情願斷骨出賣田契人俞福興衆等

支孫　俞貞泰（押）
俞樟標　士
俞來富（押）

依书　俞鏡輝（押）

所是契價當兩相交訖

江湾镇圩口村 104 · 民国二十七年 · 断骨出卖田契 ·
俞福兴众等卖与曹东梅

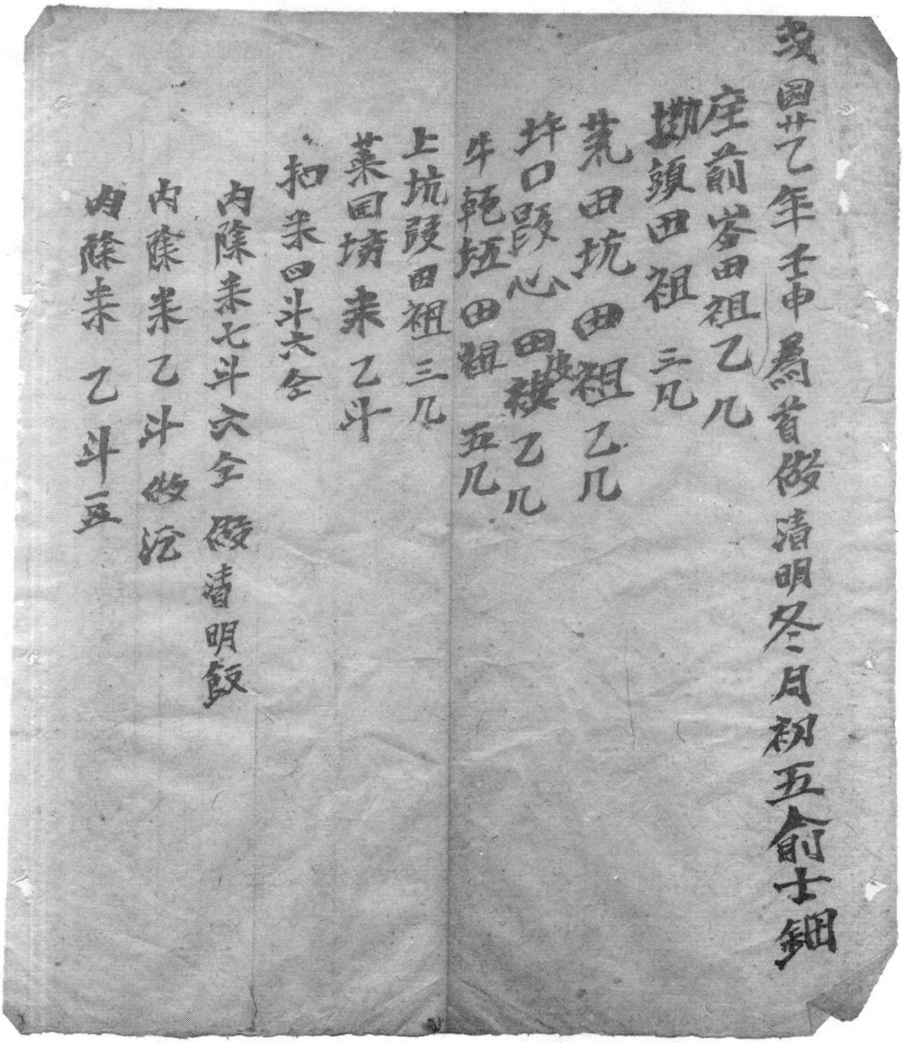

民國廿乙年壬申為首做清明冬月初五俞士鈿

庄前岺田祖乙几

墈頭田祖三几

荒田坑田祖乙几

圩口段心田祖乙几

牛軛坵田祖五几

上坑段田祖三几

菜园塆来乙斗

扣来四斗六合

内除来七斗六合做清明飯

内除来乙斗做沄

内除来乙斗五

江湾镇圩口村 2-1 · 民国二十一年至二十四年 · 清明会账簿 · 俞士钿

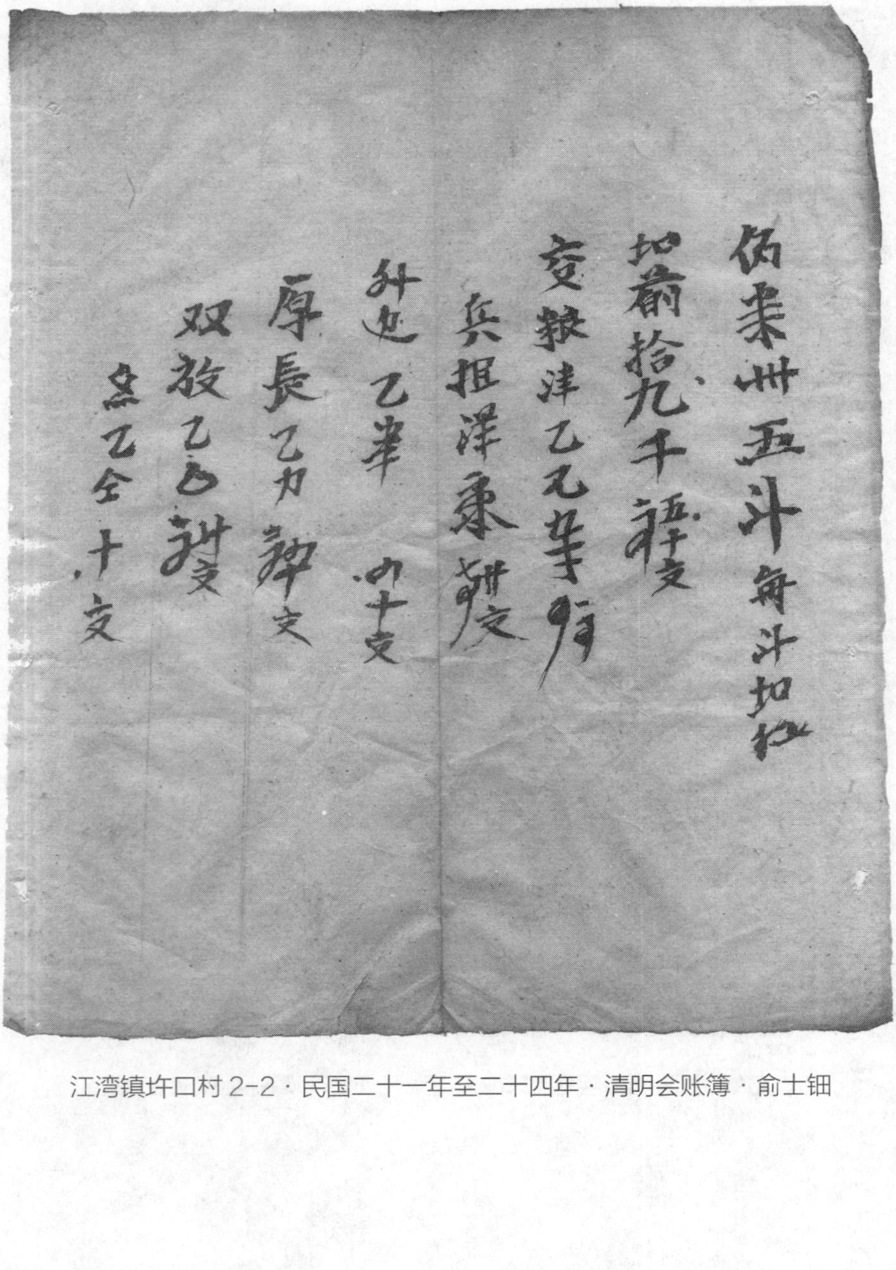
仍來卅五斗 每斗加拾
加前拾九千 [illegible]五十文
交粮津乙乙[illegible] [illegible]
兵担洋乘 [illegible]卅文
升廷 乙串 [illegible]十文
厚長 乙力 [illegible]文
双放 乙[illegible] [illegible]卅文
点乙仝十 十文

江湾镇圩口村 2-2 · 民国二十一年至二十四年 · 清明会账簿 · 俞士钿

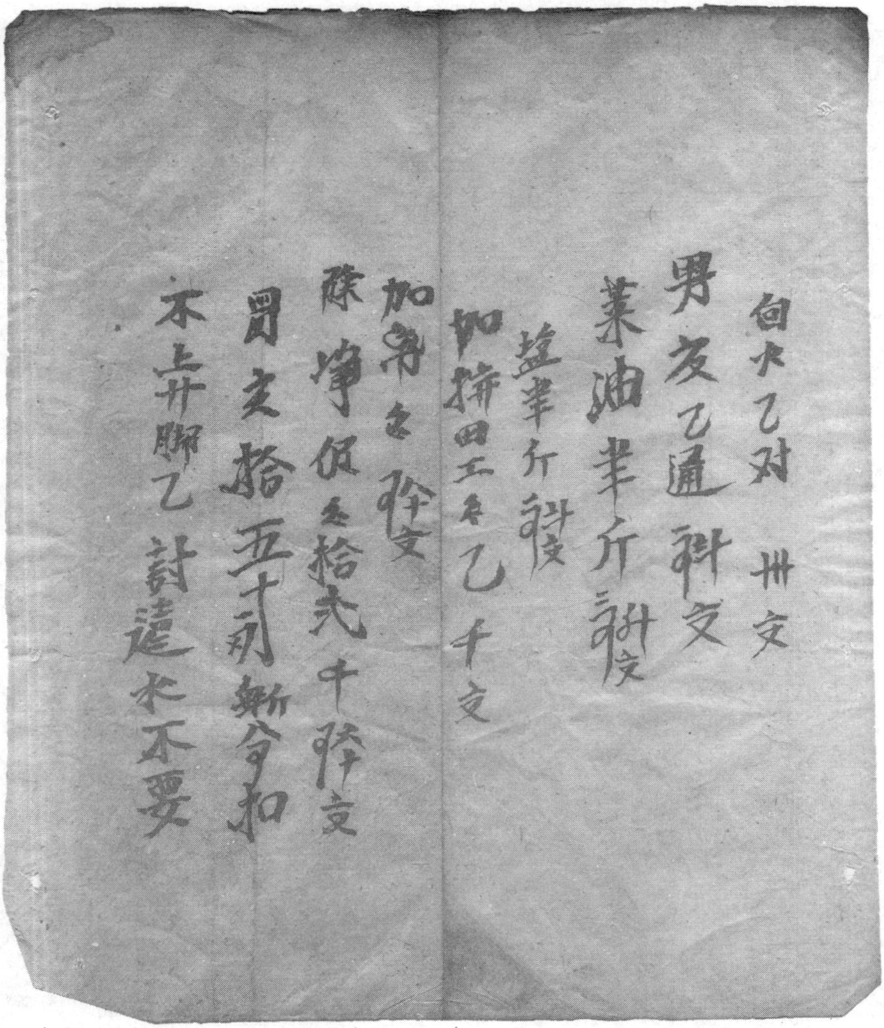

白火乙对 卅文
男友乙通 斜文
菜油半斤 斜文
盐半斤 斜文
加掮田工各乙千文
加帶各 阡文
余净钱各拾弍千阡文
買支拾五十刃斩分扣
不上廾脚乙 討遶水不要

江湾镇圩口村 2-3 · 民国二十一年至二十四年 · 清明会账簿 · 俞士钿

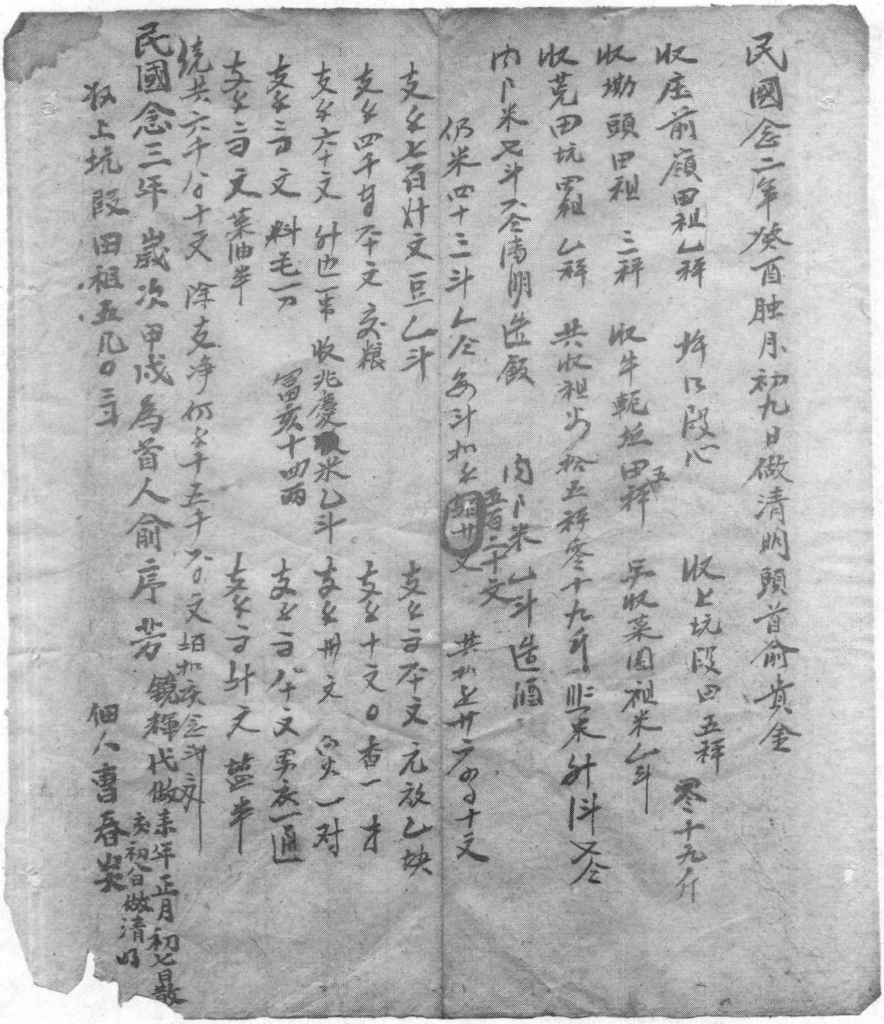

民國念二年癸酉肚月初九日做清明頭首俞貴金

收座前嶺田租〡秤　坵口段心　收上坑段田五秤　零十九斤

收塝頭田租　三秤　收牛軛坵田五秤　又收菜園租米〡斗

收荒田坑田租〡秤　共收租〡拾五秤零十九斤　卅〡斤　計〡斗又〡

內下米〡斗又〡清明做飯　內下米〡斗做酒

仍米四十三斤　又〡斗　扣　文　共扣去〡〡〡十文

支〡〡百〡文　豆〡斗　支〡〡〡文　元放〡块

支〡四千〡〡文　交粮　支〡十文　香一才

支〡〡十文　〡〡〡　收兆慶米〡斗　支〡〡文　〡〡一对

支〡〡文　料毛一〡　富〡十四兩　支〡〡〡文　〡〡一通

支〡〡文　菜油〡　支〡〡〡文　盐〡

統共六千〡〡十文　除支淨仍〡千〡千〡〡文　扣〡〡〡

民國念三年歲次甲戌為首人俞序芳　鏡輝代做　未年正月初七日　〡初八日做清明

收上坑段田租五〡〡〡　佃人曹春〡

江湾镇圩口村 2-4 · 民国二十一年至二十四年 · 清明会账簿 · 俞士钿

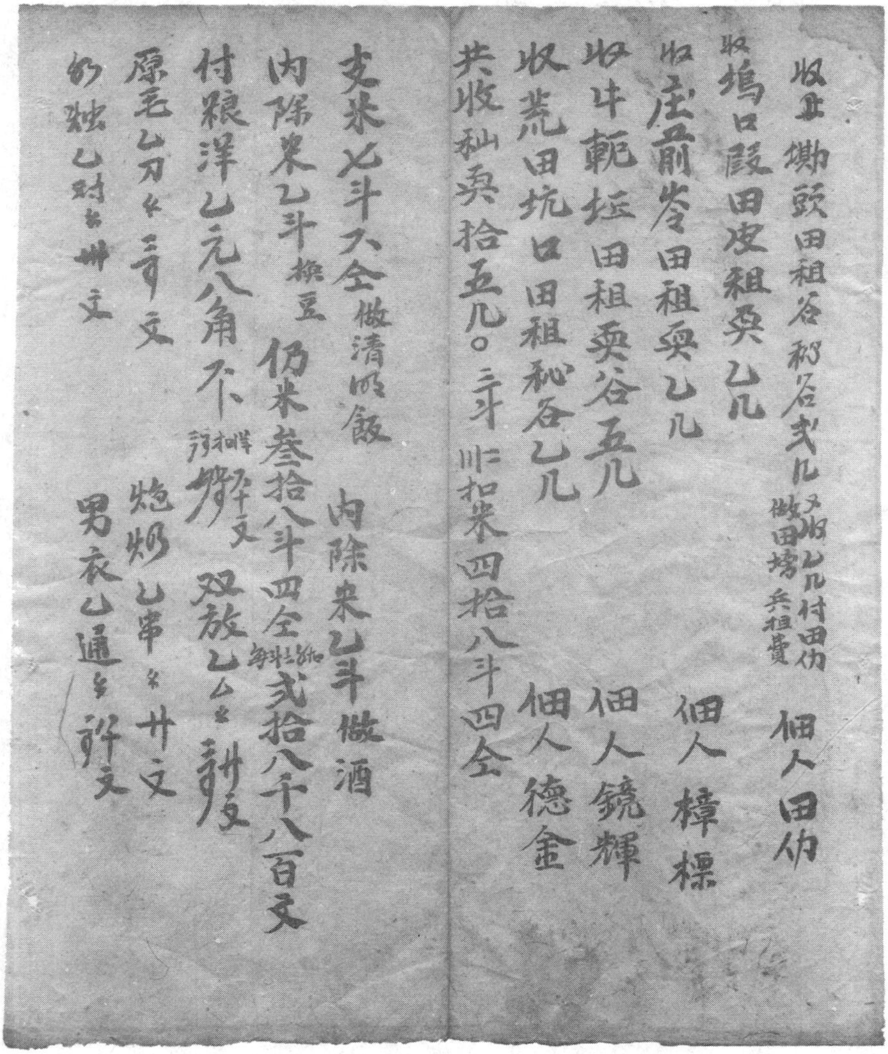

收丑墈頭田租谷秈谷弍几 又收乙几付田仂做田塝 兵祖貴 佃人田仂
收塢口殿田皮租𠕋乙几 佃人樟標
收庄前岑田租𠕋乙几 佃人鏡輝
收牛軛垣田租𠕋谷五几 佃人德金
收荒田坑口田租秈谷乙几
共收秈𠕋拾五几。
川扣米四拾八斗四全

支米乙斗八全做清明飯
內除米乙斗換豆 內除米乙斗做酒
仍米叁拾八斗四全 每担洋 弍拾八千八百文
付粮洋乙元八角不下
双放乙
原毛乙刀 文
炮竹乙串 廿文
紙燭乙對 文
男衣乙通 文

江湾镇坾口村 2-5 · 民国二十一年至二十四年 · 清明会账簿 · 俞士铟

塩丰〃三百　油丰〃卅文

魚〃〃十文　共計支用錢四千三百文

仍錢拾壹千二百文

買亥卅四斤寸刄 每斤卅和

民國念四年乙亥為首人俞士財

江湾镇圩口村 2-6 · 民国二十一年至二十四年 · 清明会账簿 · 俞士钿

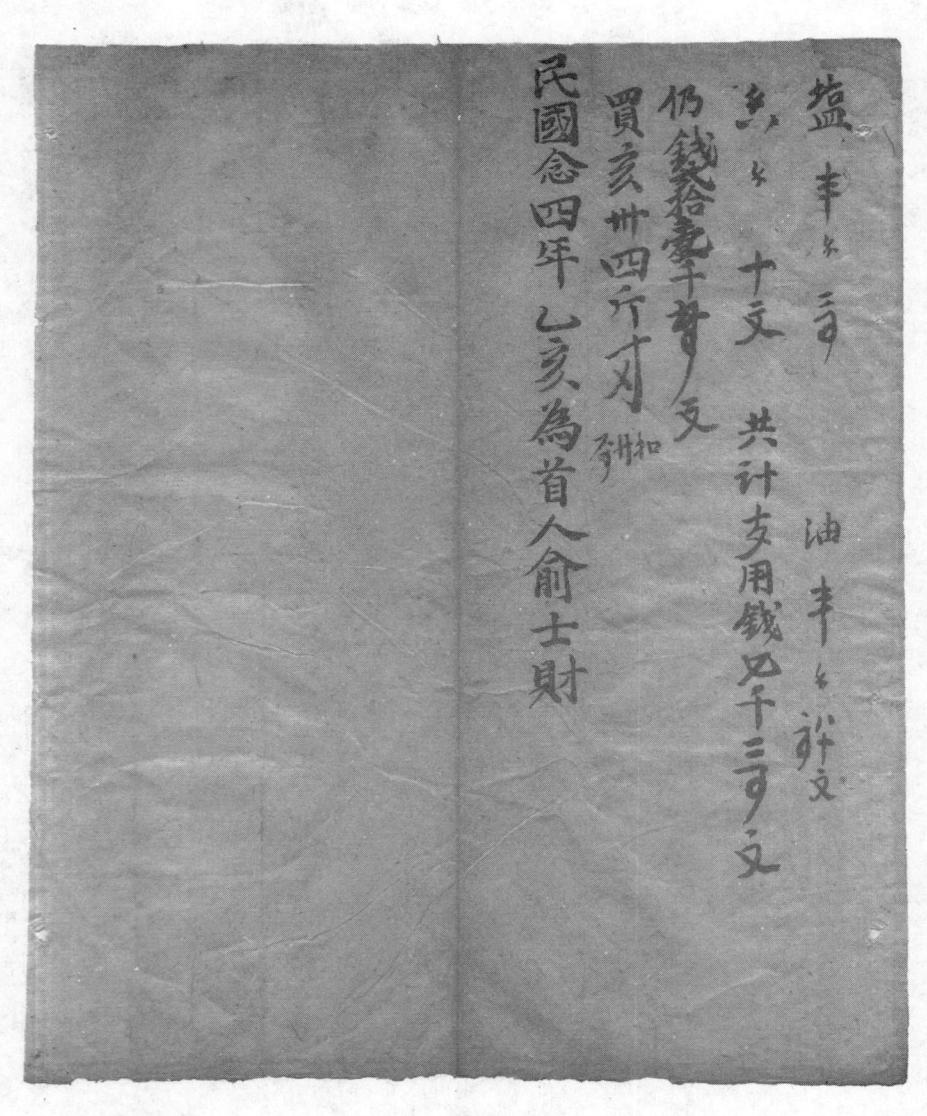

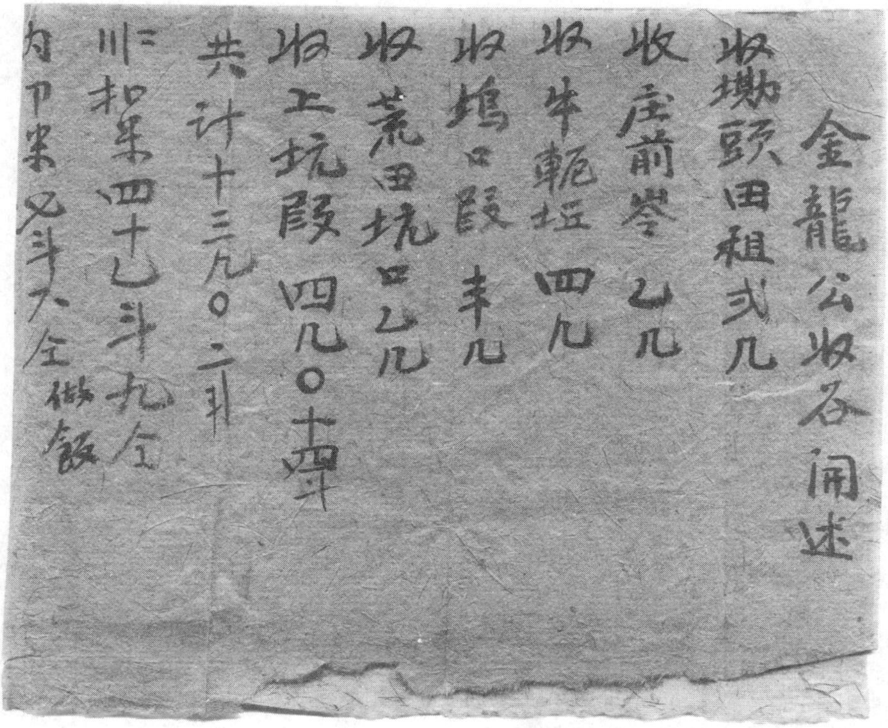

金龍公收谷開述
收塆頭田租式几
收庄前峑乙几
收牛軛坵四几
收塢口段丰几
收荒田坑口乙几
收上坑段四几〇十四斗
共計十三几〇二斗
川仁抯粜四十乙斗九仝
內卩米乂斗大仝做飯

江湾镇圩口村 2-7 · 民国二十一年至二十四年 · 清明会账簿 · 俞士钿

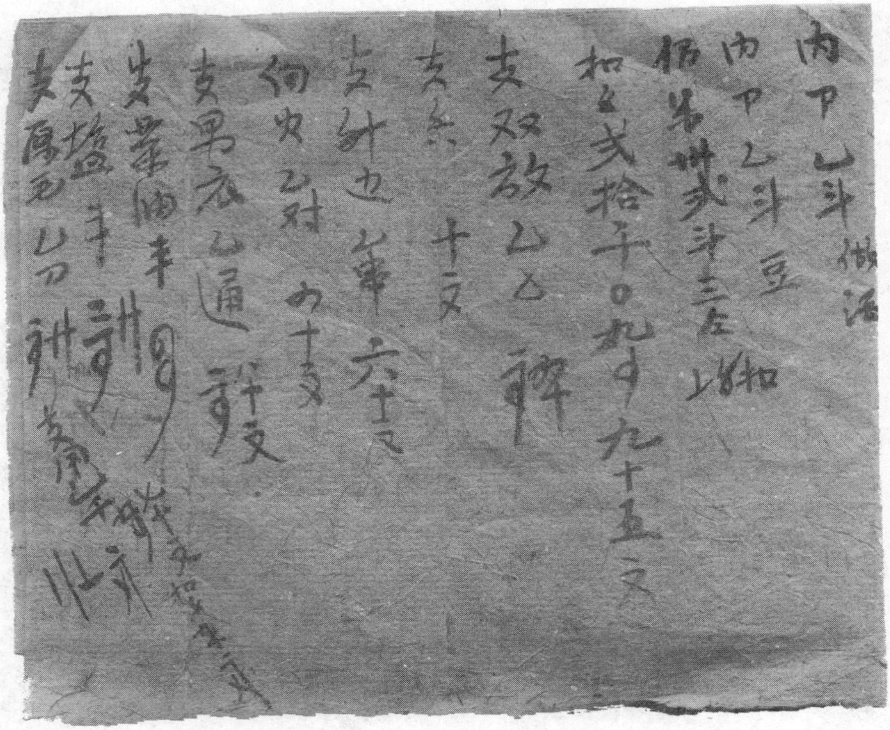

江湾镇圩口村 2-8 · 民国二十一年至二十四年 · 清明会账簿 · 俞士钿

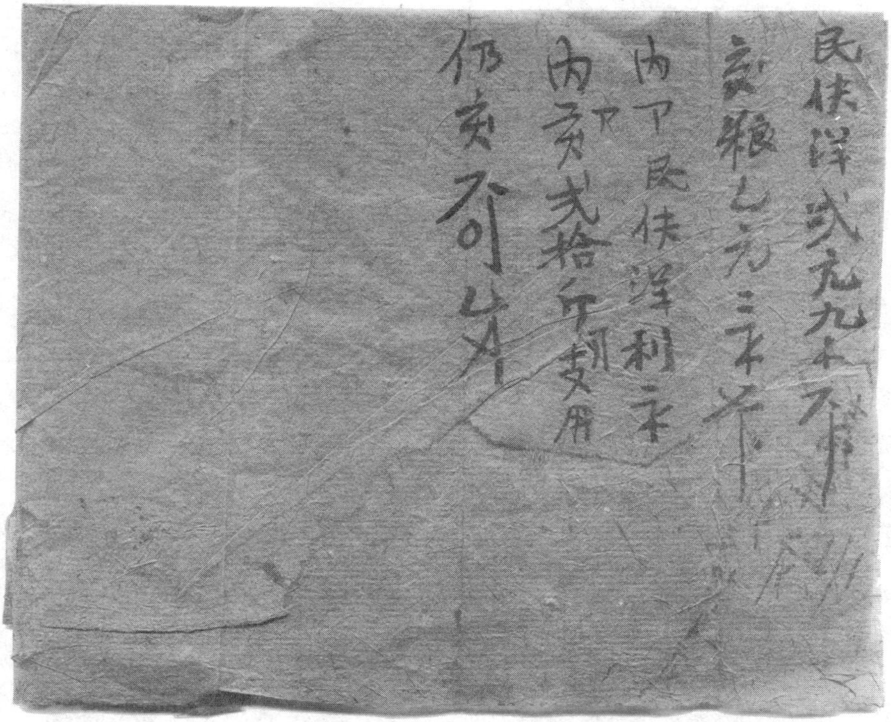
民伕洋贰元九九
应粮乙元三
内下民伕洋利
内实贰拾斤 支用
仍实

江湾镇圩口村 2-9 · 民国二十一年至二十四年 · 清明会账簿 · 俞士钿

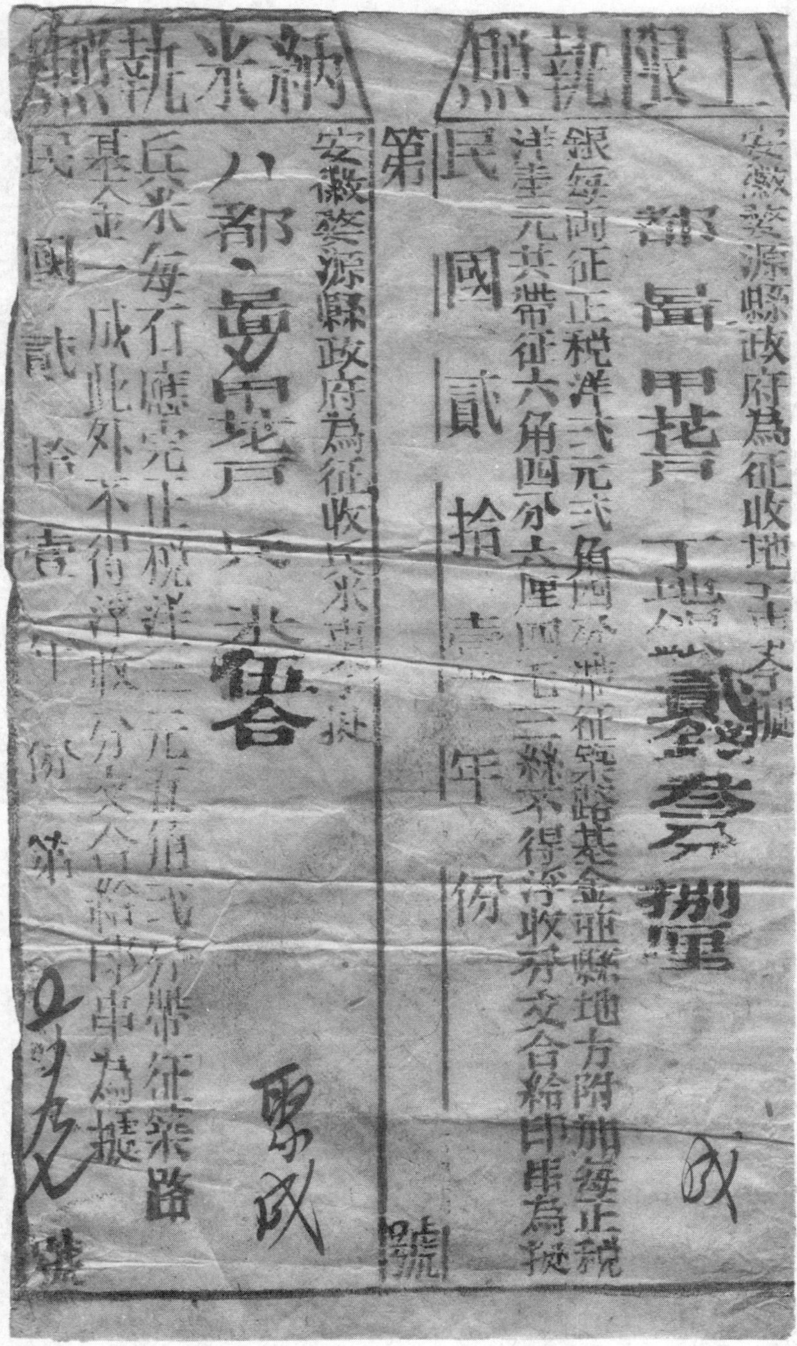

上限執照

安徽婺源縣政府為征收地丁正雜合據

第　部　圖　甲　莊　丁地　戶　劉　　叁分捌厘

銀每兩征正稅洋弍元弍角四分　帶征築路基金亞縣地方附加每正稅

洋壹元共帶征六角四分六厘　不得浮收　另交合給印串為據

民國貳拾壹年　　份　　　　號

成

納米執照

安徽婺源縣政府為征收兵米合據

八都　圖　　戶　　米　　伍合

兵米每石應完正稅洋三元　角　分　帶征築路

基金一成　此外不得浮收　另交合給印串為據

民國貳拾壹年　　份　第　　號

聚成

江湾镇圩口村 12 · 民国二十一年 · 纳米执照 · 聚成

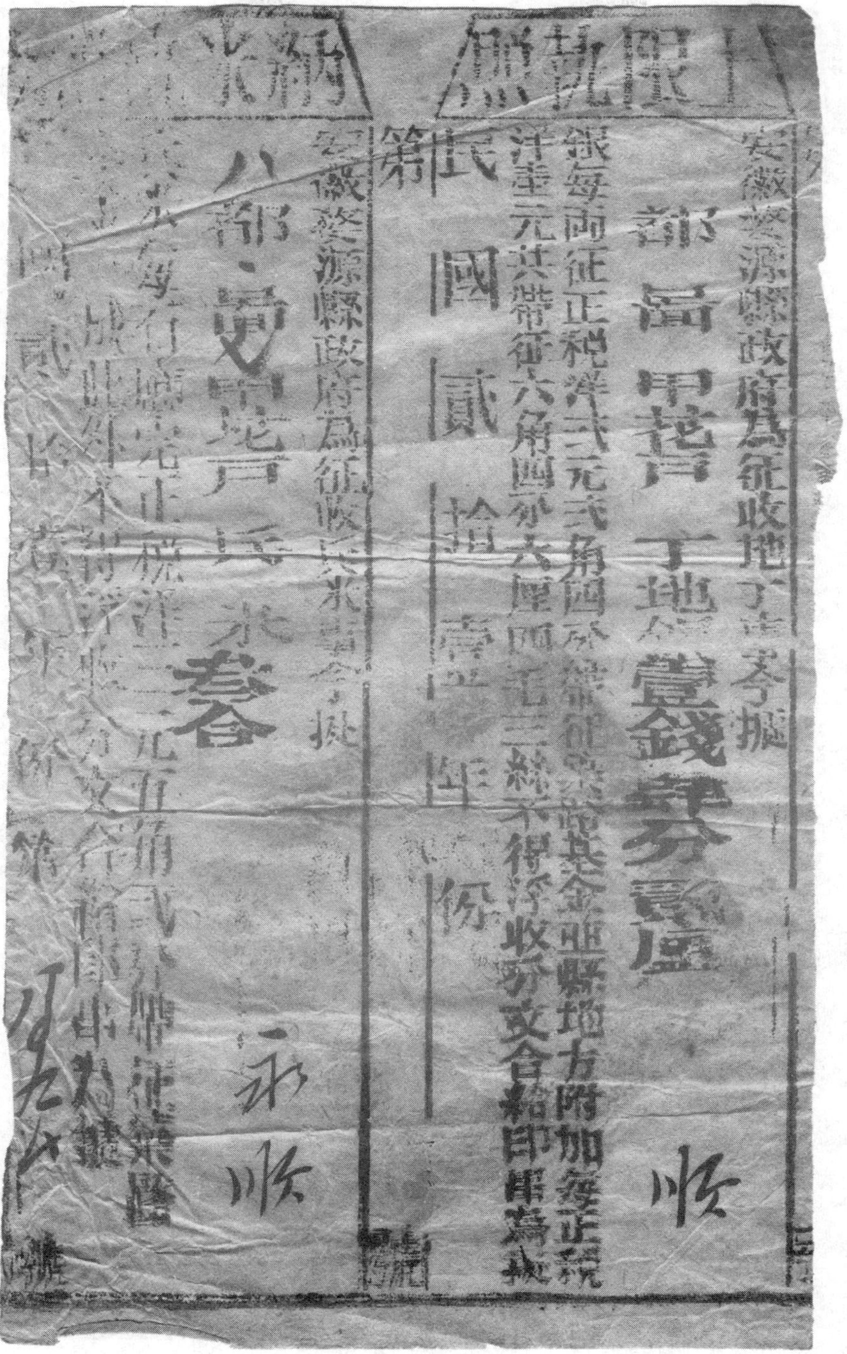
上限執照
安徽婺源縣政府為征收地丁事
都 圖 甲 戶 丁地 壹錢肆分壹厘 收
銀每兩征正稅洋弍元弍角四分 其余照縣地方附加每正稅
洋壹元共帶征六角四分六厘四毛三絲 不得浮收分文 合給印串為據
民國 貳 拾 壹 年 月 日
第 號
納米執照
安徽婺源縣政府為征收米事今據
八都 二圖 二甲 戶 米 叁合 永順
第 號

江湾镇岓口村 23 · 民国二十一年 · 纳米执照 · 永顺

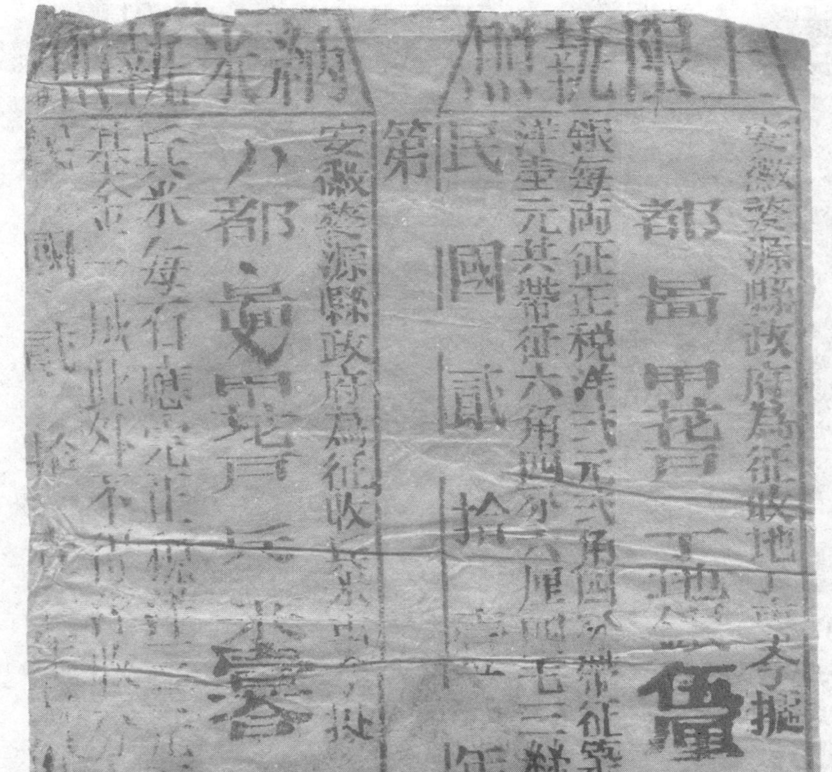

江湾镇坼口村 27 · 民国二十一年 · 纳米执照 · 永昌

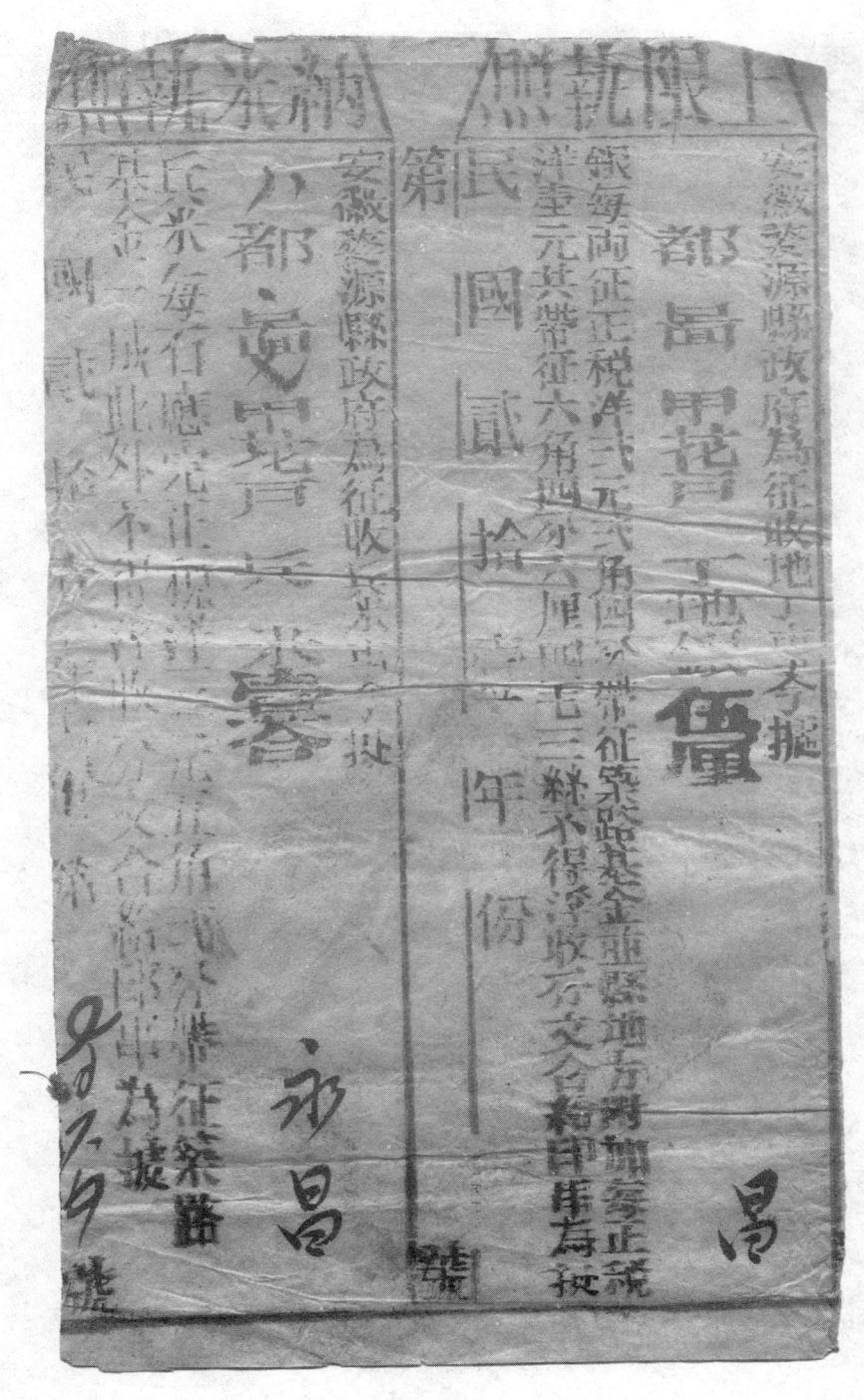

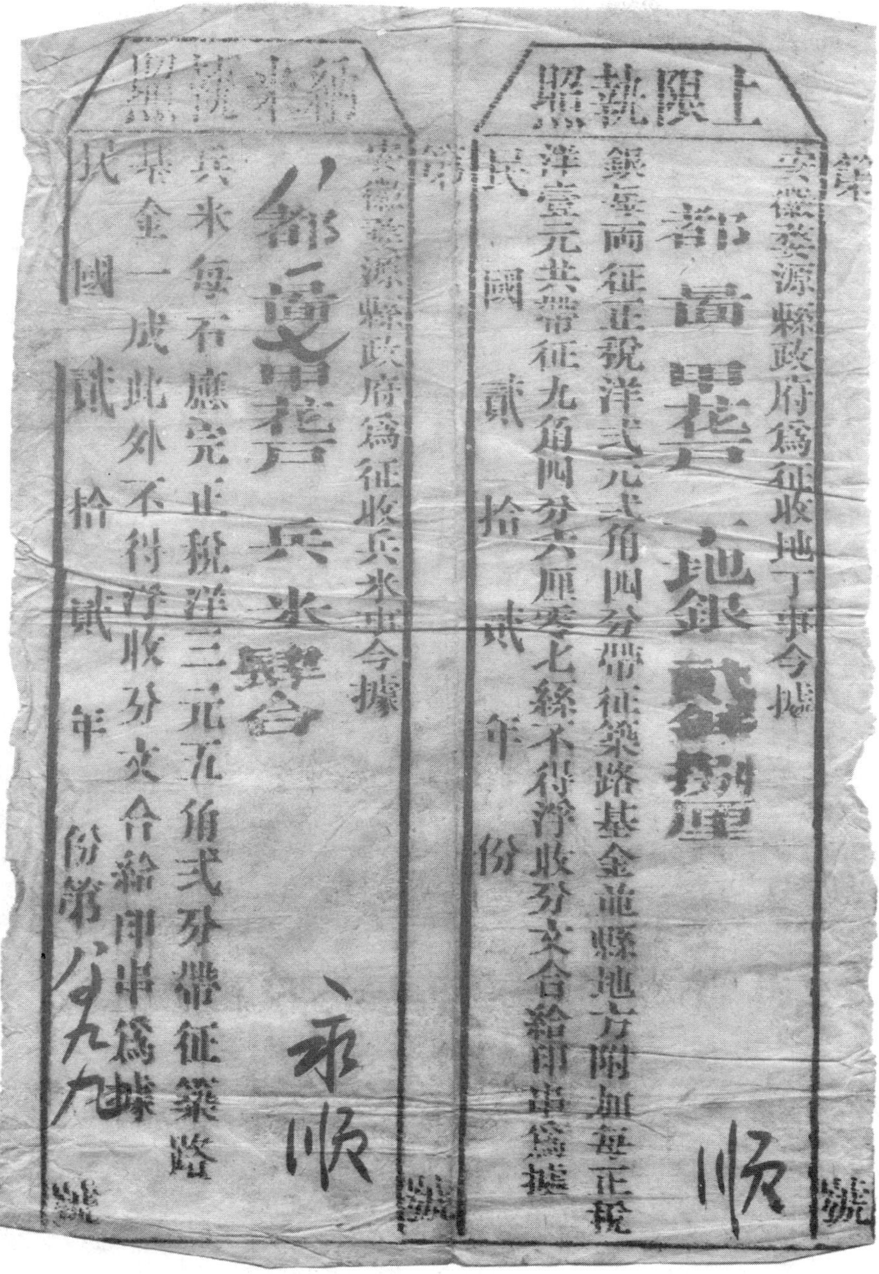

第　號

上限執照

安徽婺源縣政府爲征收地丁事今據

都　圖　甲　　地銀

銀每兩征正税洋弍元弍角四分帶征築路基金並縣地方附加每正税

洋壹元共帶征九角四分六厘零七絲不得浮收分文合給串票爲據

民國貳拾貳年份

順

號

納米執照

安徽婺源縣政府爲征收兵米事今據

都　圖　甲　　兵米　肆合

永順

兵米每石應完正税洋三元五角弍分帶征築路

基金一成此外不得浮收分文合給串票爲據

民國貳拾貳年份第　號

江湾镇圩口村 10 · 民国二十二年 · 纳米执照 · 永顺

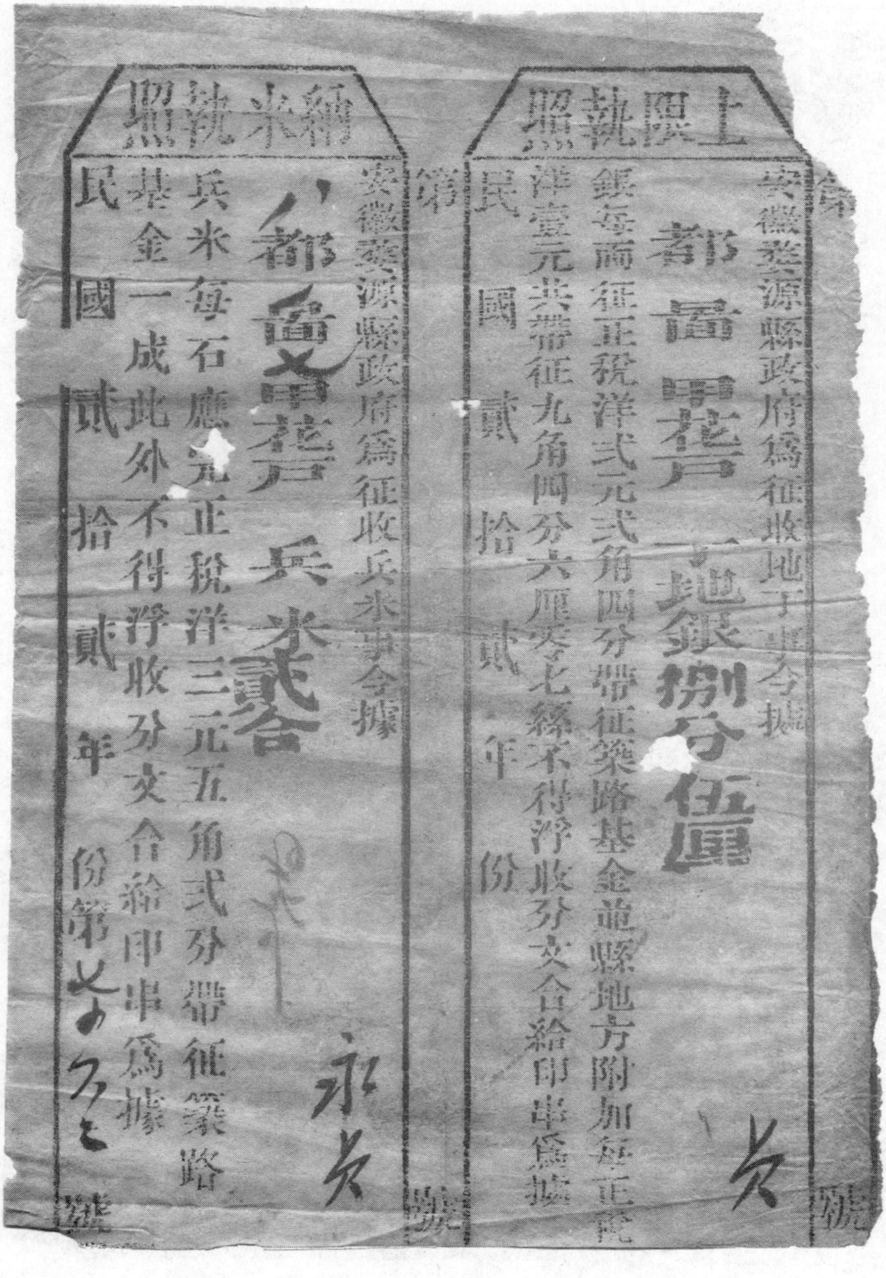
上限執照
第　號
安徽婺源縣政府爲征收地丁事今據
都　圖　甲　　戶　地銀捌分伍釐
銀每兩征正税洋弍元弍角四分帶征築路基金並縣地方附加每正税
洋壹元共帶征九角四分六厘零七絲不得浮收分文合給印串爲據
民國貳拾貳年份
贞
第　號

納米執照
安徽婺源縣政府爲征收兵米事今據
八都　圖　甲　　戶　兵米弍合
兵米每石應完正税洋三元五角弍分帶征築路
基金一成此外不得浮收分文合給印串爲據
民國貳拾貳年份第　號
永贞

江湾镇圩口村 75 · 民国二十二年 · 纳米执照 · 永贞

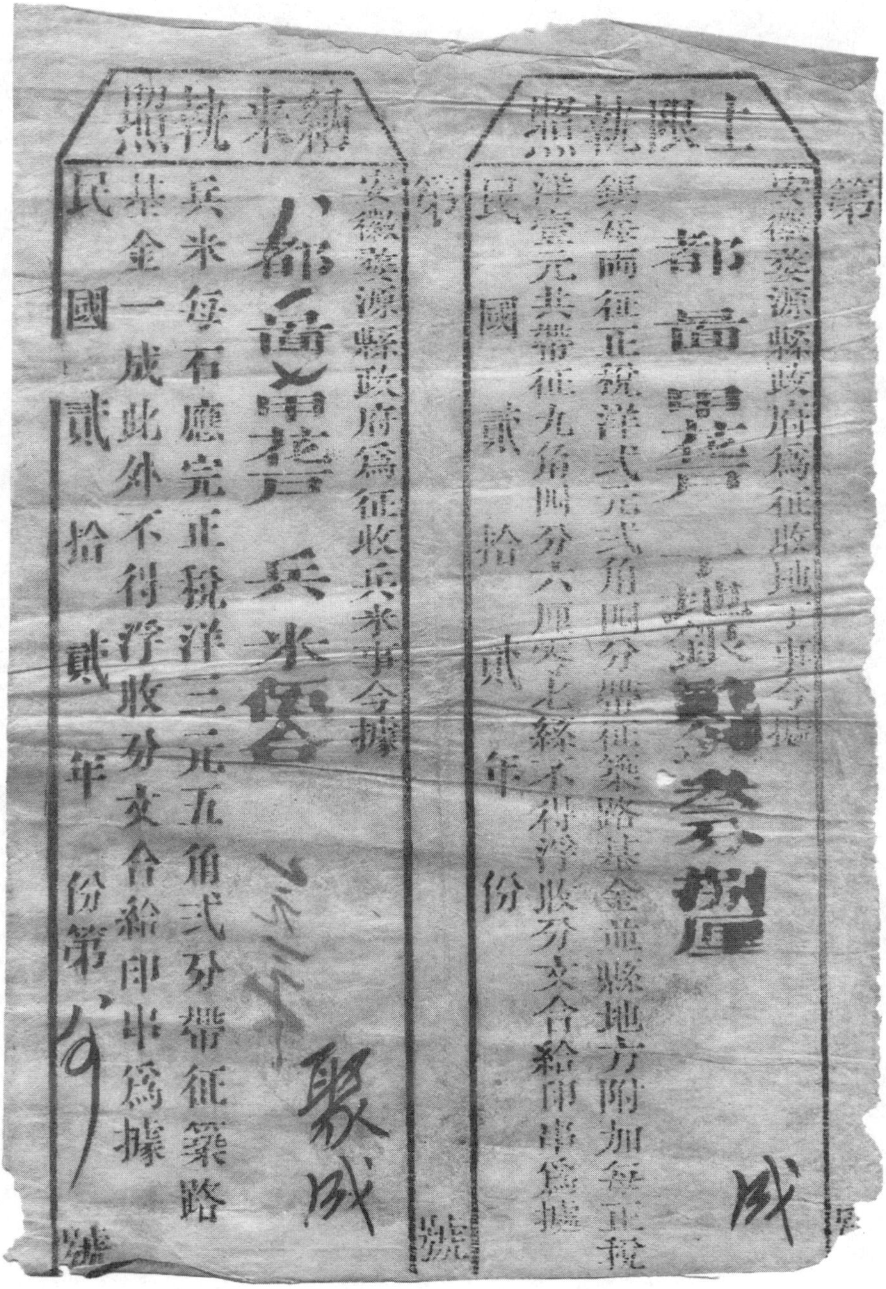

上限執照

第　　號

安徽婺源縣政府為征收地丁事今據

都　啚　甲　戶

銀每兩征正稅洋弍元弍角四分帶征築路基金並縣地方附加每正稅洋壹元共帶征九角四分六厘零七絲不得浮收分文合給印串為據

民國貳拾貳年份

第　　號

納米執照

安徽婺源縣政府為征收兵米事今據

都　啚　甲　戶　兵米　石　聚成

兵米每石應完正稅洋三元五角弍分帶征築路基金一成此外不得浮收分文合給印串為據

民國貳拾貳年份第　　號

江湾镇圩口村 78 · 民国二十二年 · 纳米执照 · 聚成

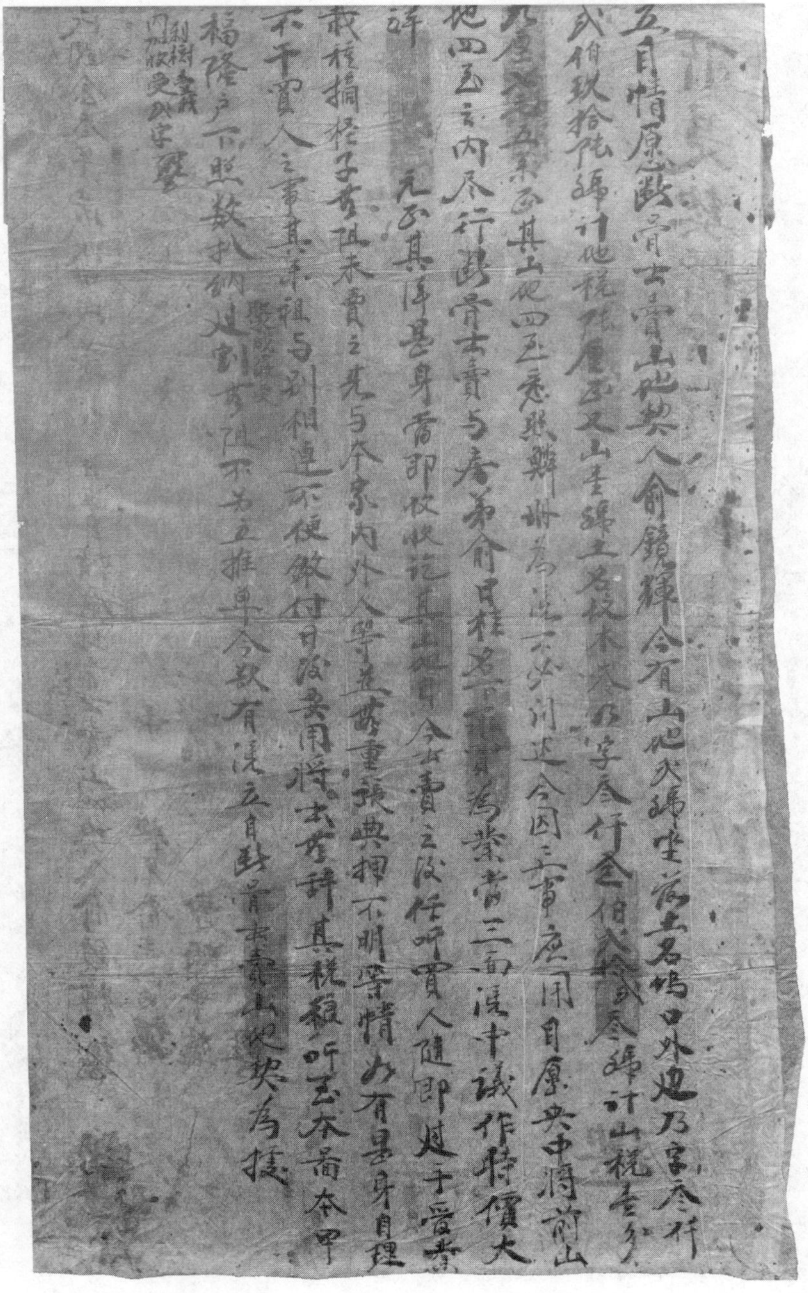

立自情愿断骨出卖山地契人俞镜辉今有山地弍号坐落土名坞口外边乃字叁仟
弍伯玖拾陆号计地税陆厘正又山壹号土名校木坑乃字叁仟叁伯八拾弍叁号计山税壹分八
厘又叁五厘正其山地四至悉照鳞册为准一不必开述今因正事应用自愿央中将前山
地四至之内尽行断骨出卖与房弟俞日桂名下为业当三面凭中议作时价大
洋　元正其洋是身当即收讫其山地即今出卖之后任听买人随即过手管业
栽种桐梓子芽阻未卖之先与本家内外人等并无重复典押不明等情如有是身自理
不干买人之事其来祖与别相连不便缴付日后要用将出查拜其税额听至本图本甲
福隆户下照数扒纳过割并阻不为立推单今欲有凭立自断骨出卖山地契为据
剥树叁　内加改叁字

江湾镇坼口村 9-i · 民国二十三年 · 断骨出卖山地契 ·
俞镜辉卖与房弟俞日桂（右半部分）

江湾镇圩口村 9-ii · 民国二十三年 · 断骨出卖山地契 ·
俞镜辉卖与房弟俞日桂（左半部分）

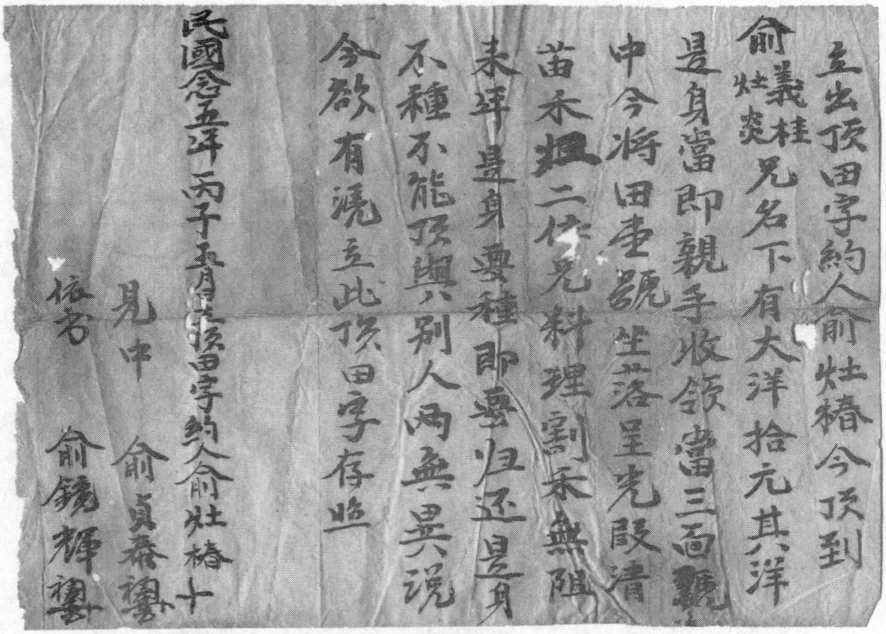

立出顶田字約人俞灶椿今顶到
俞義桂 灶炎 兄名下有大洋拾元其洋
是身當即親手收領當三面議
中今將田壹號坐落呈光殿清
苗禾归二位兄料理割禾無阻
來年是身要種即要归还是身
不種不能顶與別人兩無異說
今欲有憑立此顶田字存照
民國念五年丙子五月日立顶田字約人俞灶椿十
見中 俞貞春押
依书 俞鏡輝押

江湾镇圩口村 25 · 民国二十五年 · 出顶田字约 ·
俞灶椿顶到俞义桂、俞灶炎

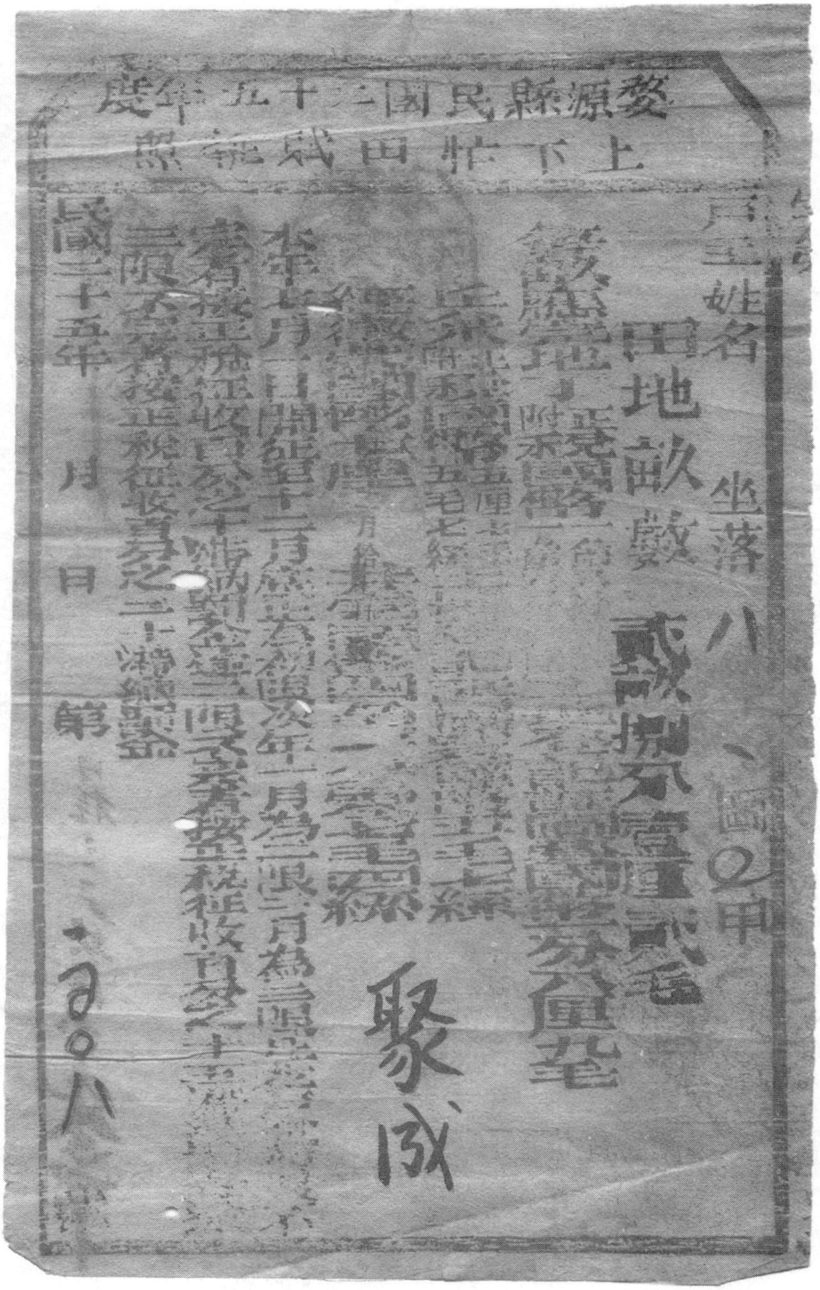

婺源縣民國二十五年度
上下忙田賦錢糧執照

戶主姓名 坐落 八
田地畝數
聚成

江湾镇圩口村 51 · 民国二十五年 · 田赋执照 · 聚成

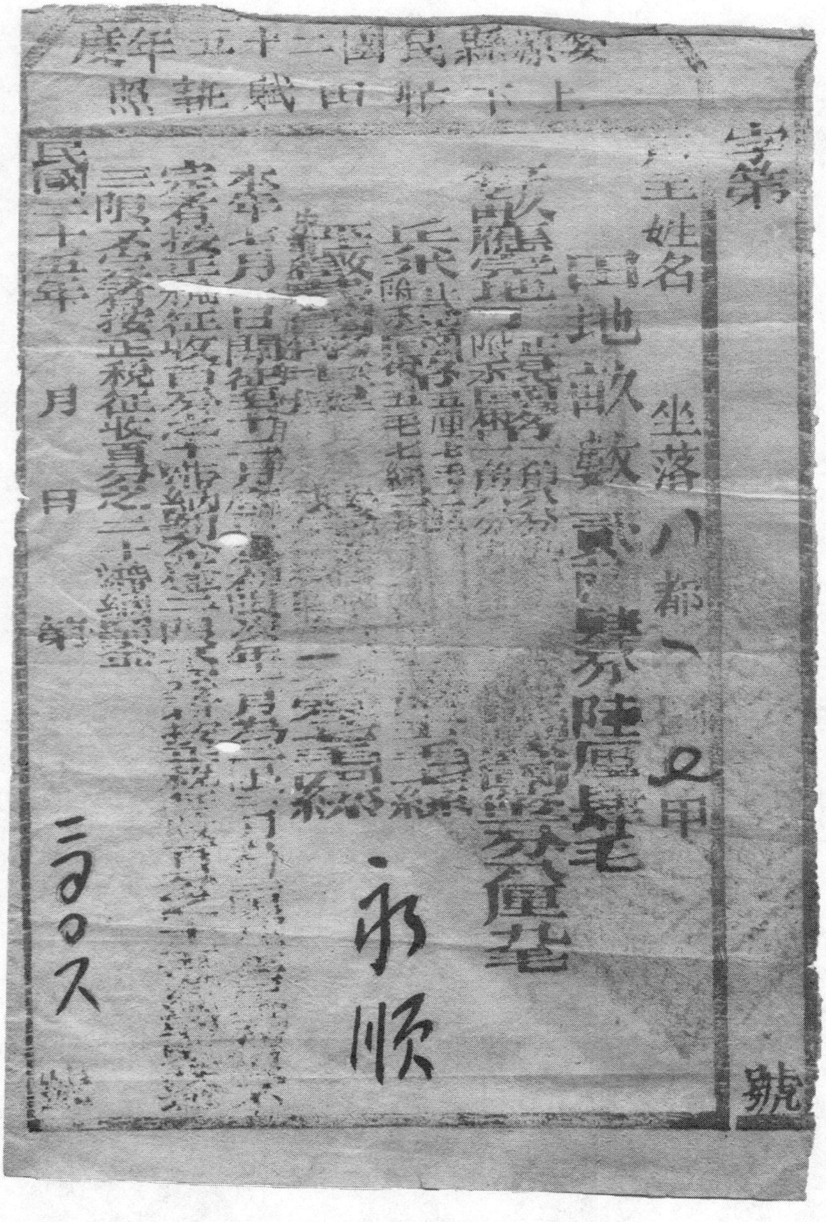

江湾镇圩口村 52 · 民国二十五年 · 田赋执照 · 永顺

婺源县民国二十五年度
上下忙田赋执照

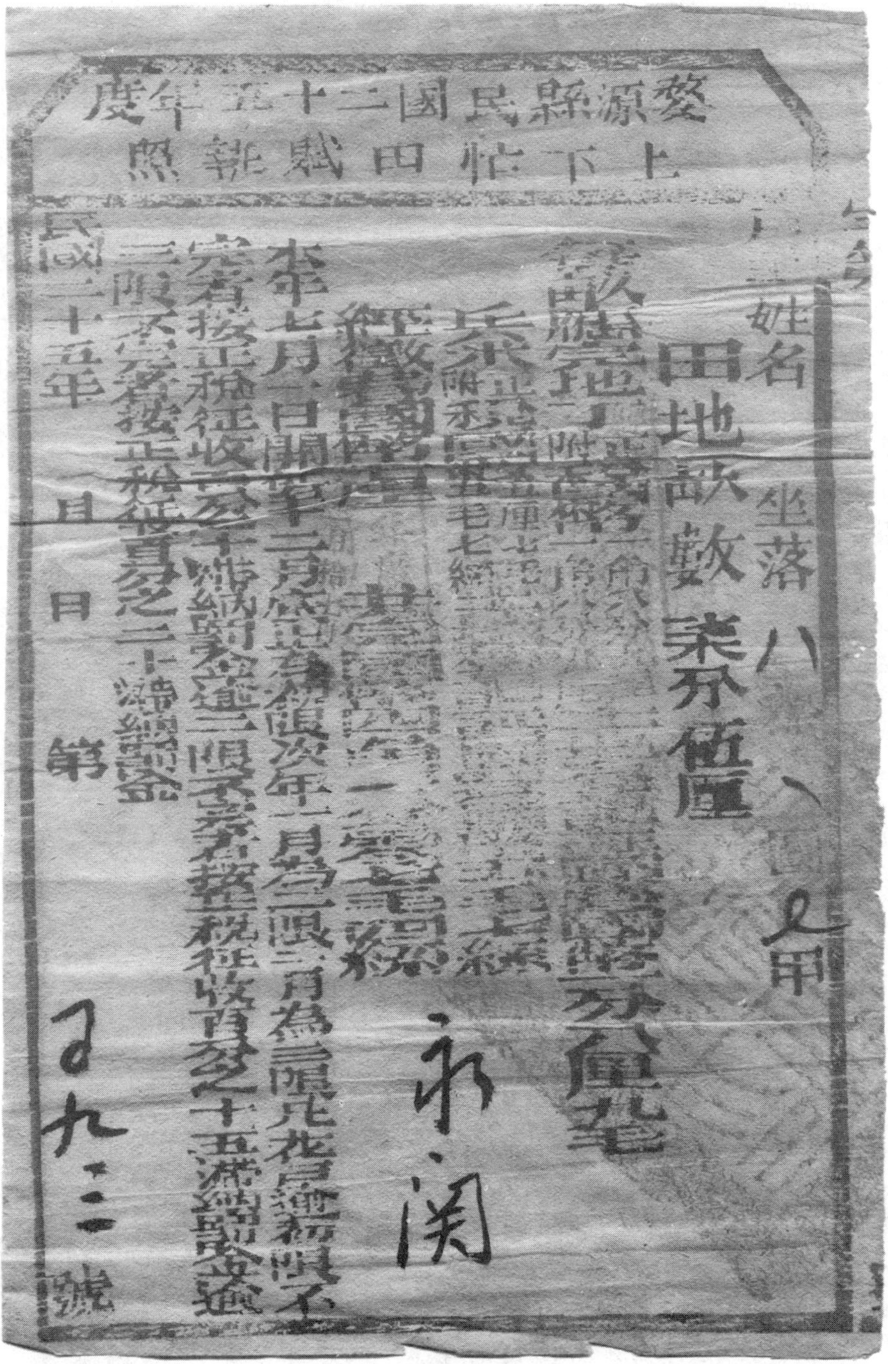

江湾镇圩口村 102・民国二十五年・上下忙田赋执照・永关

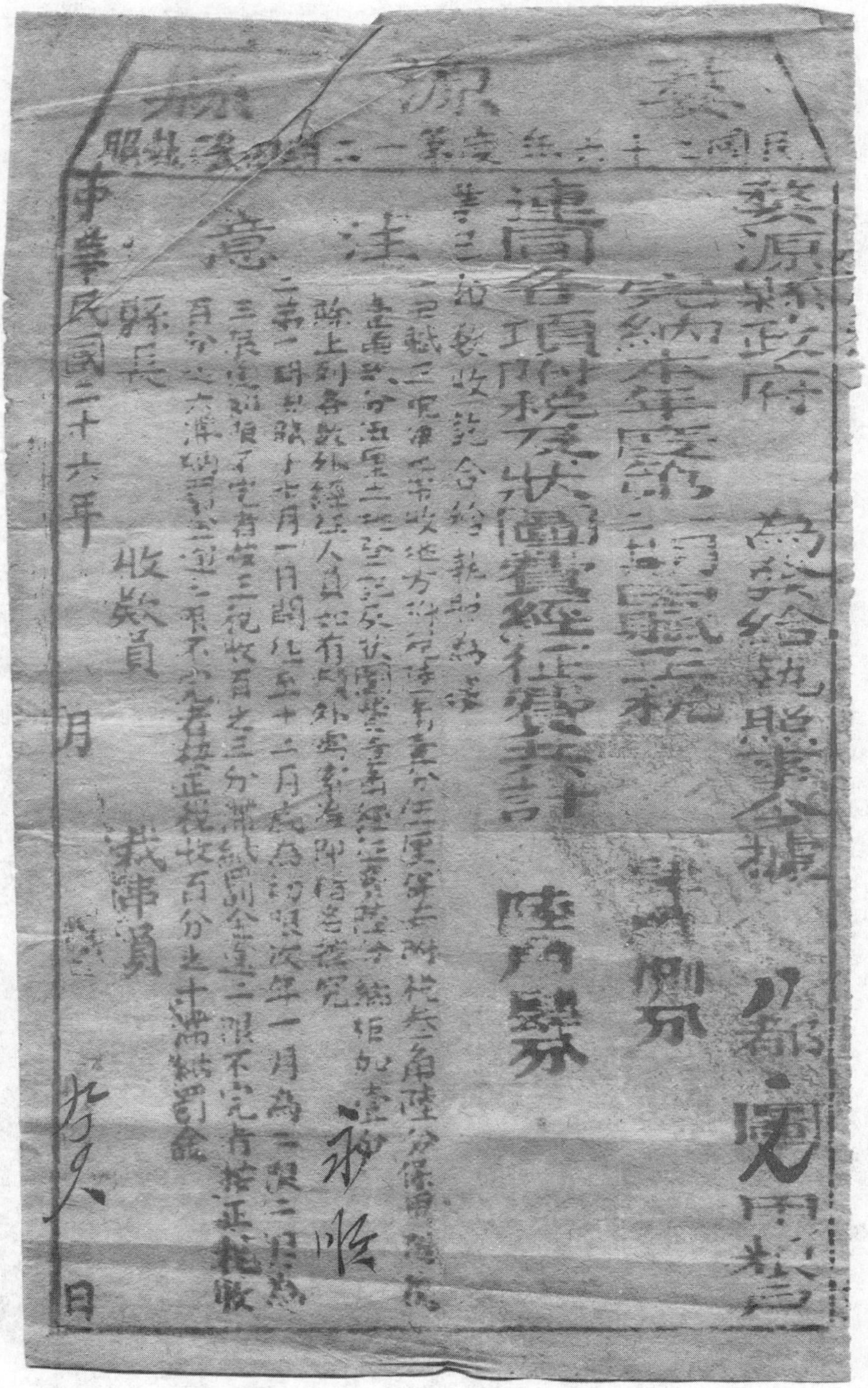

江湾镇圩口村 53 · 民国二十六年 · 田赋执照 · 永顺

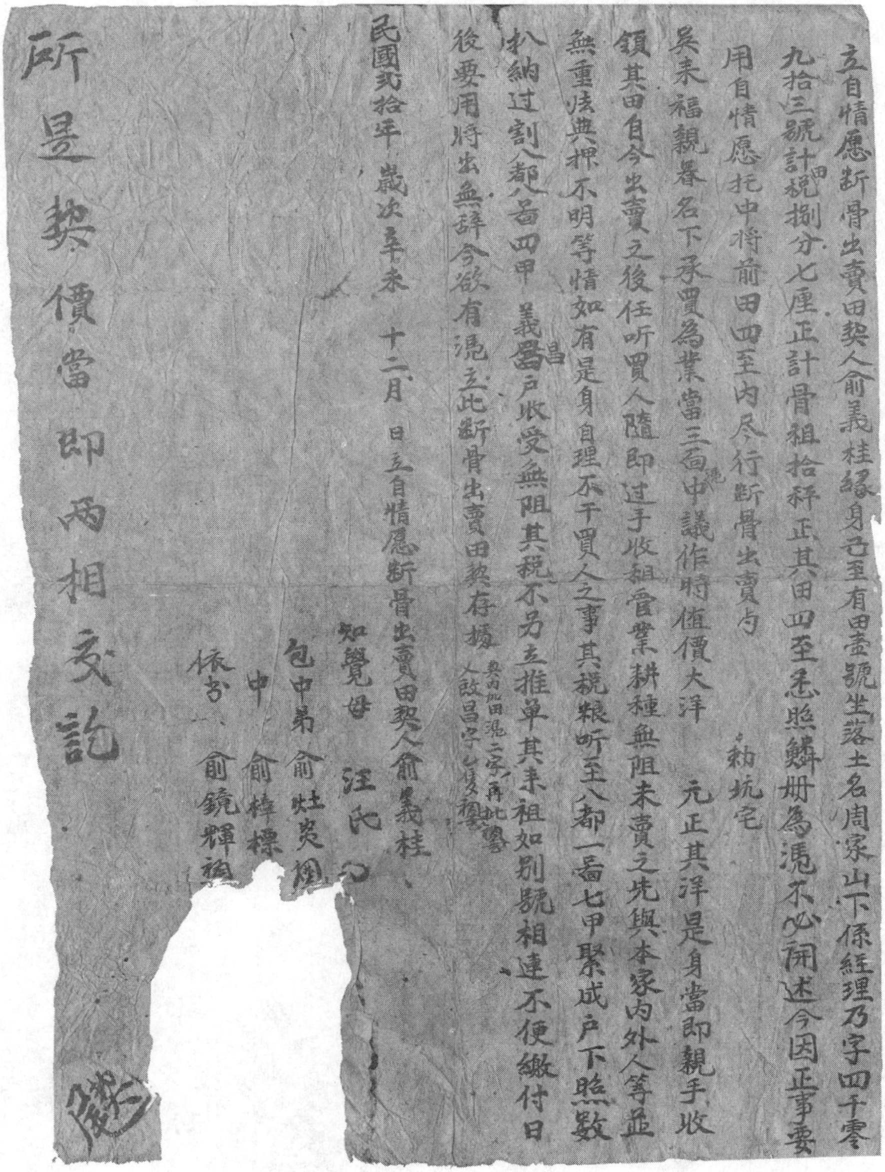
立自情愿断骨出賣田契人俞義桂緣身己至有田壹號坐落土名周家山下係經理乃字四千零九拾三號計田税捌分七厘正計骨租拾秤正其田四至悉照鱗册為凴不必開述今因正事要用自情愿托中將前田四至内尽行断骨出賣与勅坑宅吴來福親眷名下承買為業當三面凴中議作時值價大洋　元正其洋是身當即親手收領其田自今出賣之後任听買人隨即过手收租會業耕種無阻未賣之先與本家内外人等並無重復典押不明等情如有是身自理不干買人之事其税粮听至八都一啚七甲聚成戶下照數扒納过割八都八啚四甲義昌戶收受無阻其税不另立推單其來祖如別號相連不便繳付日後要用將出無辞今欲有凴立此断骨出賣田契存據

契内加田凴二字，再批（押）又改昌字一個（押）

民國弍拾年　歲次辛未　十二月　日立自情愿断骨出賣田契人俞義桂

知覺母　汪氏

包中弟　俞灶炎

中　俞樟標

依书　俞鏡輝

所是契價當即兩相交訖

江湾镇圩口村 105 · 民国二十年 · 断骨出卖田契 ·
俞义桂卖与吴来福

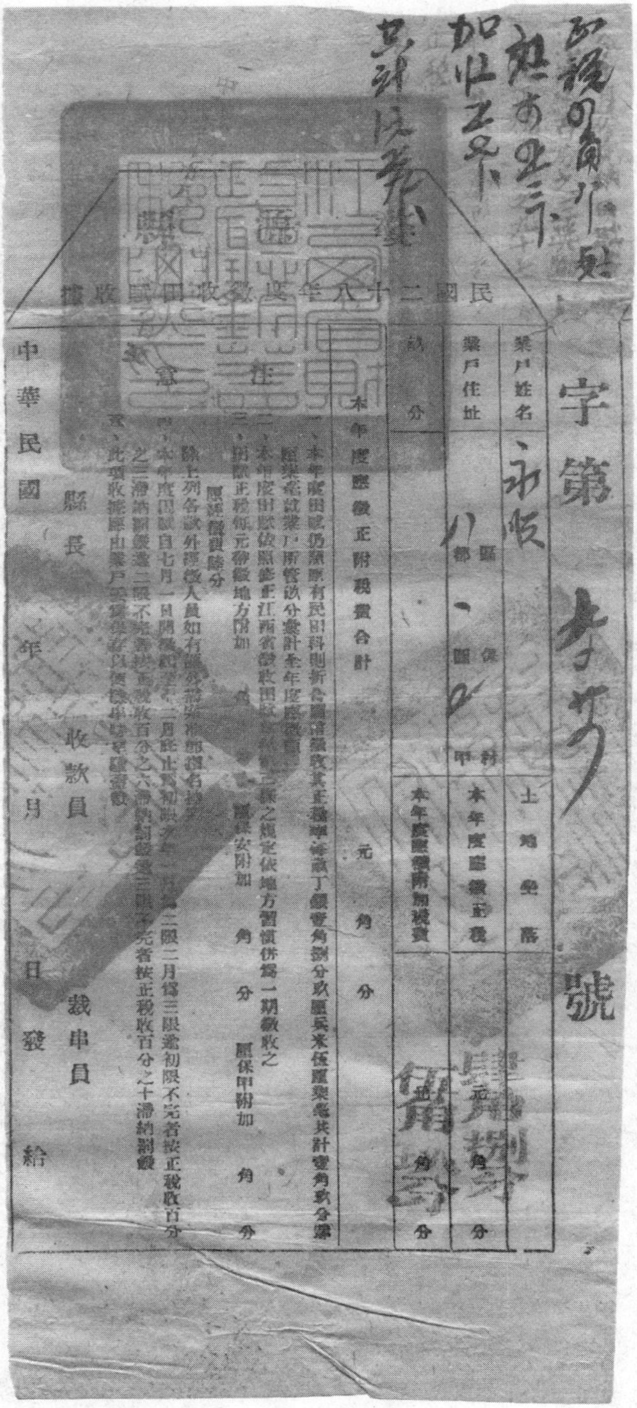

民國二十八年度徵收田賦收據

字第　號

業戶姓名　永順

業戶住址　區　鄉　保　村　甲

土地坐落

本年度應徵正稅　元　角　分

本年度應徵附加稅費　元　角　分

本年度應徵正附稅費合計　元　角　分

注意

一、本年度田賦仍照原有民田科則折合國幣徵收其正稅標準每畝丁銀壹角捌分致[illegible]米伍釐柒毫共計壹角[illegible]

照依舊[illegible]業戶所管畝分彙計全年度應[illegible]

二、本年度田賦依照修正江西省徵收田[illegible]條之規定依地方習慣併爲一期徵收之

三、附徵正稅每元帶徵地方附加　角　分　區保安附加　角　分　區保甲附加　角　分

區建設費[illegible]分

除上列各款外徵收人員如有[illegible]

四、本年度田賦自七月一日開徵[illegible]二月底止爲初限[illegible]二限二月爲三限逾初限不完者按正稅收百分之三滯納罰鍰逾二限不完者按正稅收百分之六滯納罰鍰逾三限不完者按正稅收百分之十滯納罰鍰

五、此項收據應由業戶[illegible]保存以便[illegible]

縣長　收款員　裁串員

中華民國　年　月　日發給

江湾镇圩口村 55 · 民国二十八年 · 征收田赋收据 · 永顺

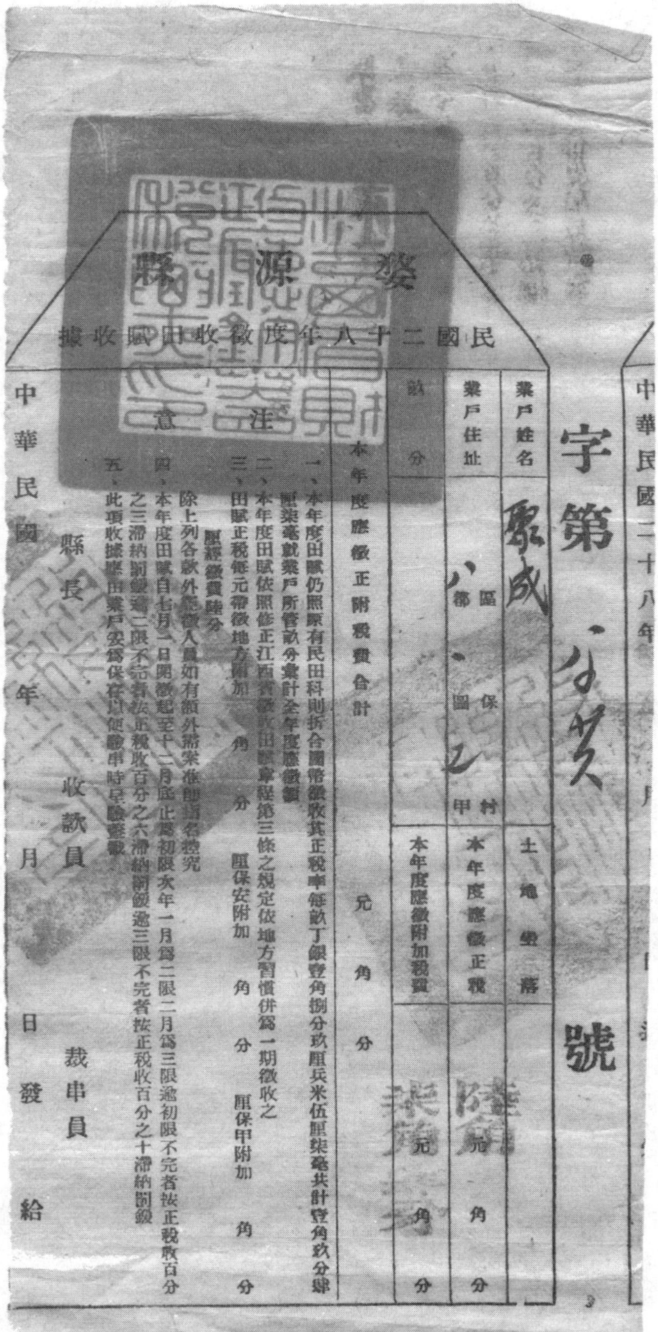

婺源縣

民國二十八年度徵收田賦收據

字第　　號

業戶姓名	聚成
業戶住址	八都　區　保　村　　圖　乙　甲
畝分	
土地坐落	
本年度應徵正稅	元　角　分
本年度應徵附加稅費	元　角　分
本年度應徵正附稅費合計	元　角　分

注意

一、本年度田賦仍照原有民田科則折合國幣徵收其正稅率每畝丁銀壹角捌分玖厘兵米伍厘柒毫共計壹角玖分肆厘柒毫就業戶所管畝分彙計全年度應徵額

二、本年度田賦依照修正江西省徵收田賦章程第三條之規定依地方習慣併爲一期徵收之

三、田賦正稅每元帶徵地方附加　角　分　區保安附加　角　分　區保甲附加　角　分　區鄉鎮經費肆分

四、本年度田賦自七月一日開徵起至十二月底止爲初限次年一月爲二限二月爲三限逾初限不完者按正稅收百分之三滯納罰鍰逾二限不完者按正稅收百分之六滯納罰鍰逾三限不完者按正稅收百分之十滯納罰鍰

除上列各款外經徵人員如有額外需索准即指名控究

五、此項收據由業戶妥爲保存以便驗串時呈驗查徵

縣長　　收款員　　裁串員

中華民國　　年　　月　　日發給

江湾镇圩口村 56 · 民国二十八年 · 征收田赋收据 · 聚成

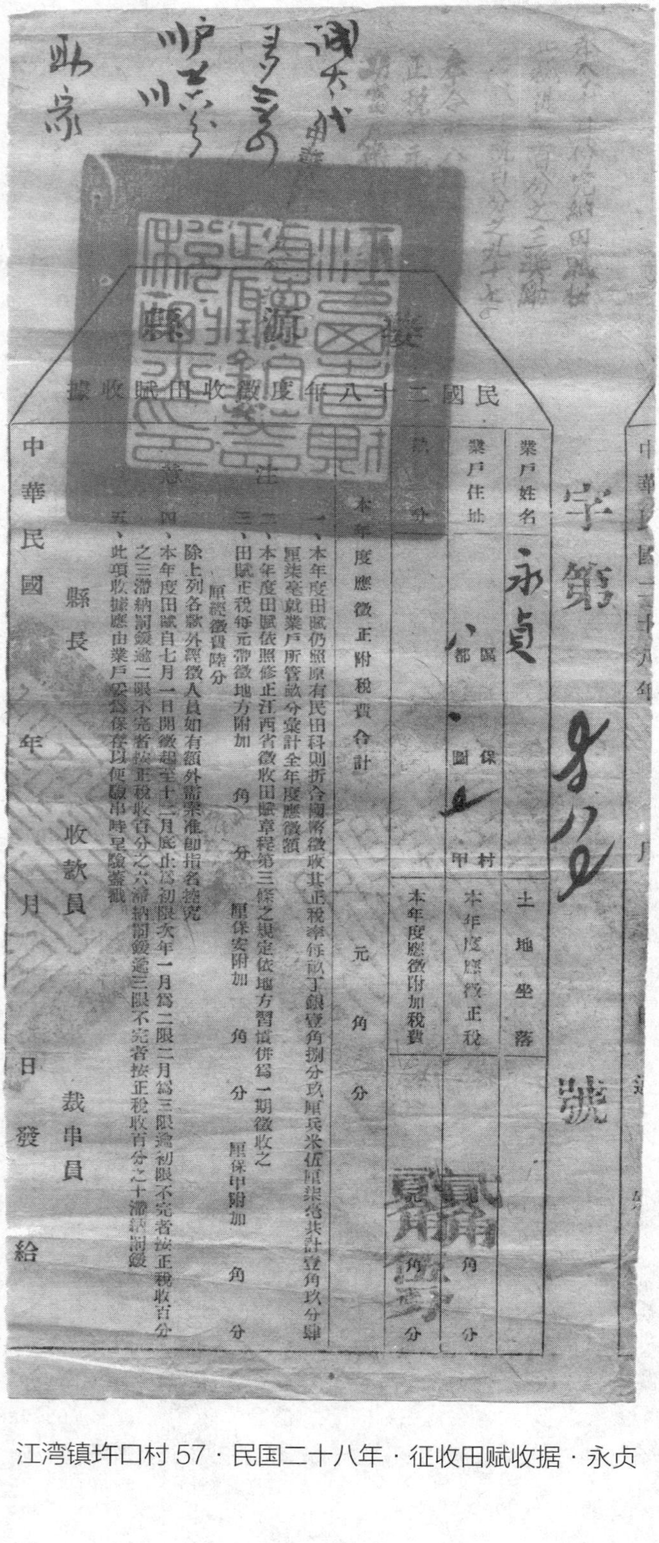

民國二十八年度徵收田賦收據

婺源縣

業戶姓名	永貞
業戶住址	八都 區 保 圖 村 甲
土地坐落	
本年度應徵正稅	角 分
本年度應徵附加稅費	角 分
本年度應徵正附稅費合計	元 角 分

注意

一、本年度田賦仍照原有民田科則折合國幣徵收其正稅率每畝丁銀壹角捌分玖厘兵米伍厘柒毫共計壹角玖分肆厘柒毫就業戶所管畝分彙計全年度應徵額

二、本年度田賦依照修正江西省徵收田賦章程第三條之規定依地方習慣併爲一期徵收之

三、田賦正稅每元帶徵地方附加 角 分 厘保安附加 角 分 厘保甲附加 角 分 厘經徵費陸分

除上列各款外經徵人員如有額外需索准即指名控究

四、本年度田賦自七月一日開徵起至十二月底止爲初限次年一月爲二限二月爲三限逾初限不完者按正稅收百分之三滯納罰鍰逾二限不完者按正稅收百分之六滯納罰鍰逾三限不完者按正稅收百分之十滯納罰鍰

五、此項收據應由業戶妥爲保存以便驗串時呈驗蓋截

縣長 收款員 裁串員

中華民國 年 月 日發給

江湾镇圩口村 57 · 民国二十八年 · 征收田赋收据 · 永贞

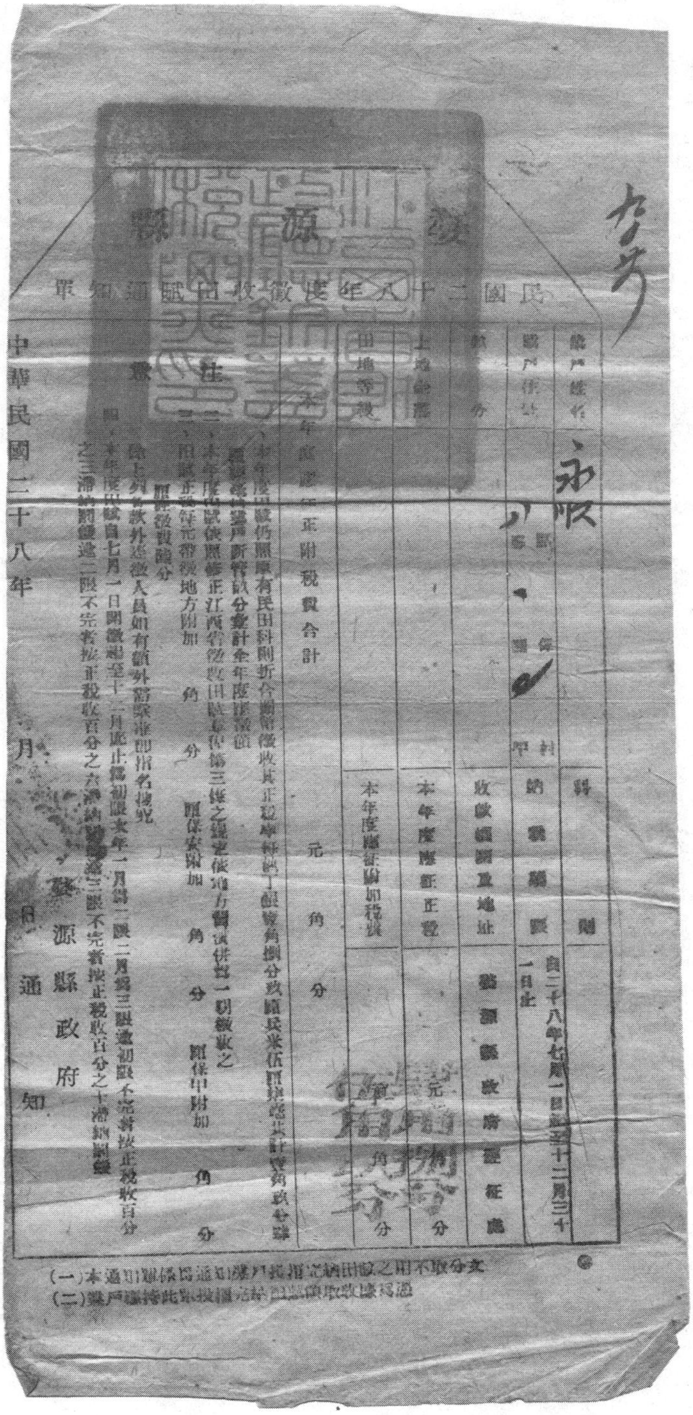

民國二十八年度徵收田賦通知單

業戶姓名 永順

業戶住址 區 鄉 保 村 甲

土地坐落

田地等級

本年度應征正附稅額合計 元 角 分

科則

納費期限 自二十八年七月一日起至十二月三十一日止

收款機關及地址 資源縣政府經征處

本年度應征正賦 元 角 分

本年度應征附加稅額 角 分

注意

一、本年度田賦仍照原有民田科則折合國幣徵收其正賦每科則一畝[illegible]角捌分致[illegible]民米伍[illegible]

[illegible]戶新暫以分數計全年度應徵額

二、本年度田賦依照修正江西省徵收田賦章程第三條之規定依地方預算併為一期徵收之

三、田賦正稅每元帶徵地方附加 角 分 區保安附加 角 分 區保甲附加 角 分

[illegible]

除上列各款外經徵人員如有額外需索准即指名控究

四、本年度田賦自七月一日開徵起至十二月底止為初限次年一月為二限二月為三限逾初限不完者按正稅收百分之三滯納罰鍰逾二限不完者按正稅收百分之六滯納罰鍰逾三限不完者按正稅收百分之十滯納罰鍰

中華民國二十八年 月 日

資源縣政府 通知

(一)本通知單係[illegible]

(二)[illegible]

江湾镇圩口村 58 · 民国二十八年 · 征收田赋通知单 · 永顺

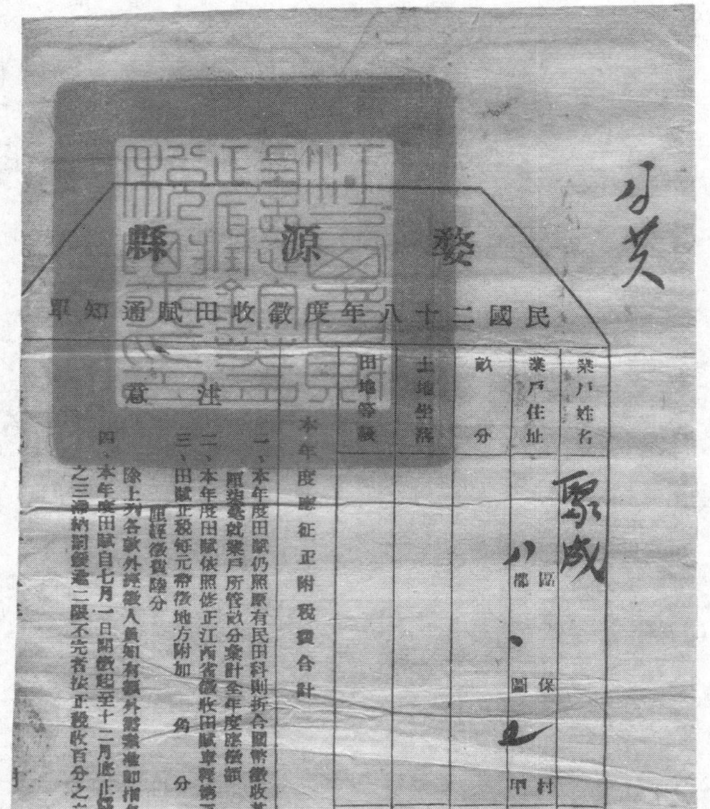

婺源縣

民國二十八年度徵收田賦通知單

業戶姓名	聚成	科則	
業戶住址	區 都 保 圖 村 甲	納稅期限	自二十八年七月一日起至十二月三十一日止
畝分		收款機關及地址	婺源縣政府經征處
土地坐落		本年度應征正稅	元 角 分
田地等級		本年度應征附加稅費	元 角 分
本年度應征正附稅費合計	元 角 分		

注意

一、本年度田賦仍照原有民田科則折合國幣徵收其正稅率每畝丁銀壹角例分玖厘兵米伍厘錢糧共計壹角玖分肆厘就業戶所管畝分彙計全年度應徵額

二、本年度田賦依照修正江西省徵收田賦章程第三條之規定依地方習慣併為一期徵收之

三、田賦正稅每元帶徵地方附加 角 分 區保安附加 角 分 區保甲附加 角 分 區經徵費陸分

除上列各款外經徵人員如有額外需索准即指名控究

四、本年度田賦自七月一日開徵起至十二月底止為初限次年一月為二限二月為三限逾初限不完者按正稅收百分之三滯納罰鍰逾二限不完者按正稅收百分之六滯納罰鍰逾三限不完者按正稅收百分之十滯納罰鍰

婺源縣政府

(一)本通知單係為通知業戶按欄完納田賦之用不取分文

(二)業戶應持此單按欄完納田賦領取收據為憑

江湾镇圩口村 59 · 民国二十八年 · 征收田赋通知单 · 聚成

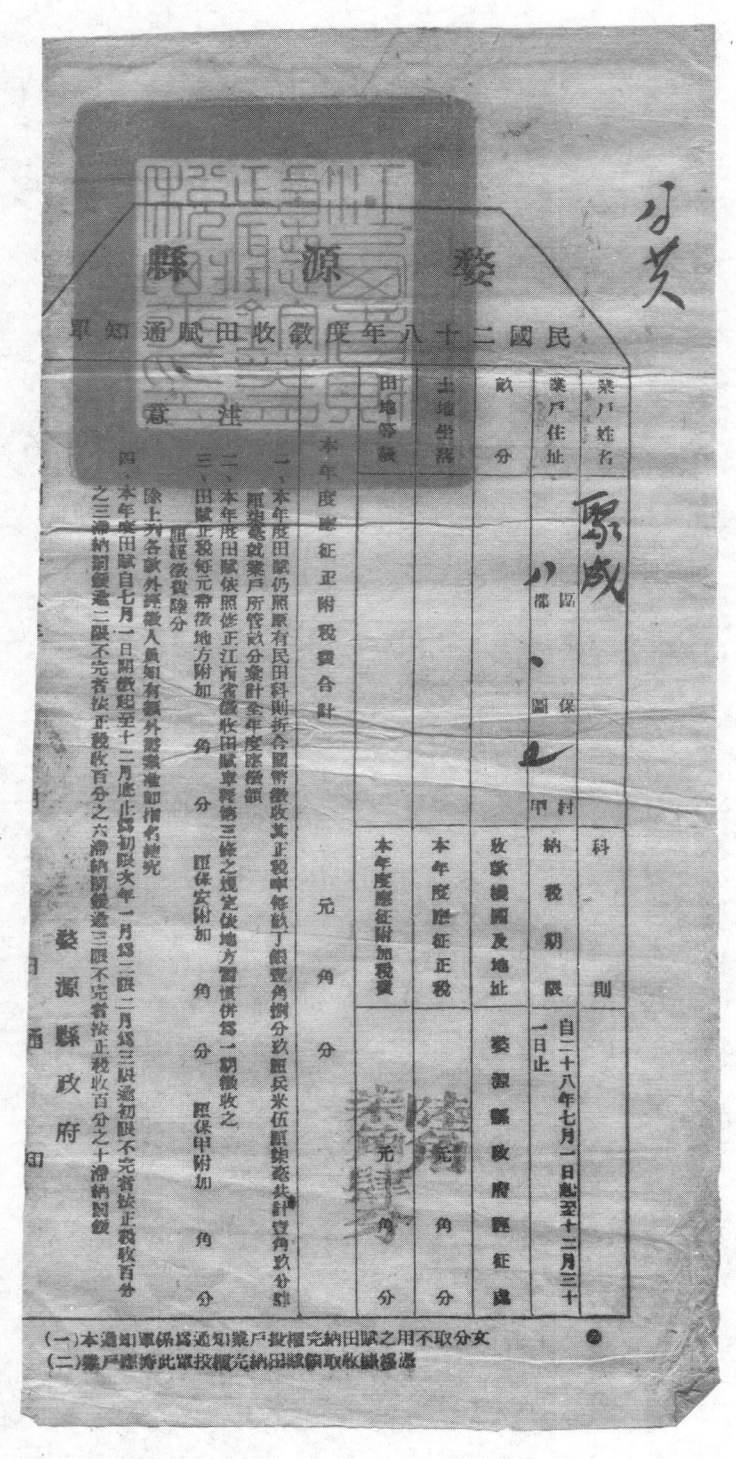

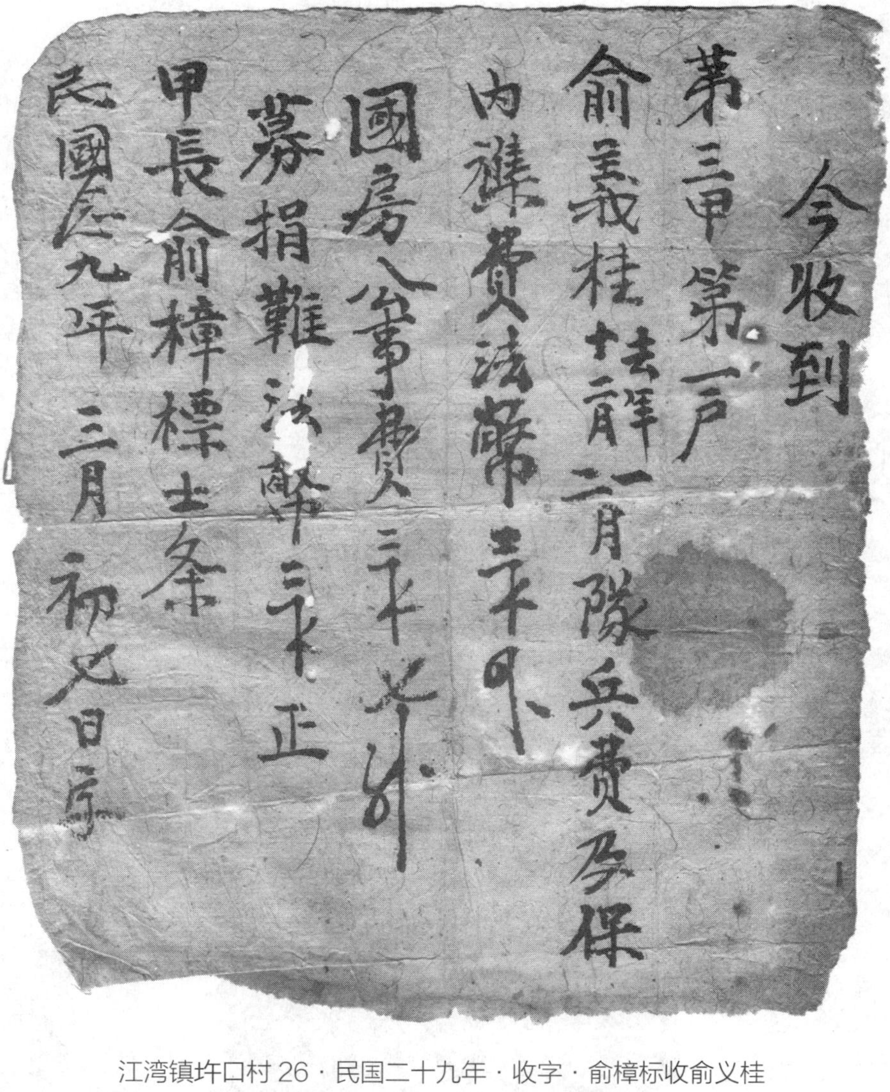

今收到
第三甲第一戶
俞義桂廿八年十二月隊兵費及保
內籌費法幣三千八
國房人事費三千六
募捐難法幣三千正
甲長俞樟標士條
民國廿九年三月初八日字

江湾镇圩口村 26 · 民国二十九年 · 收字 · 俞樟标收俞义桂

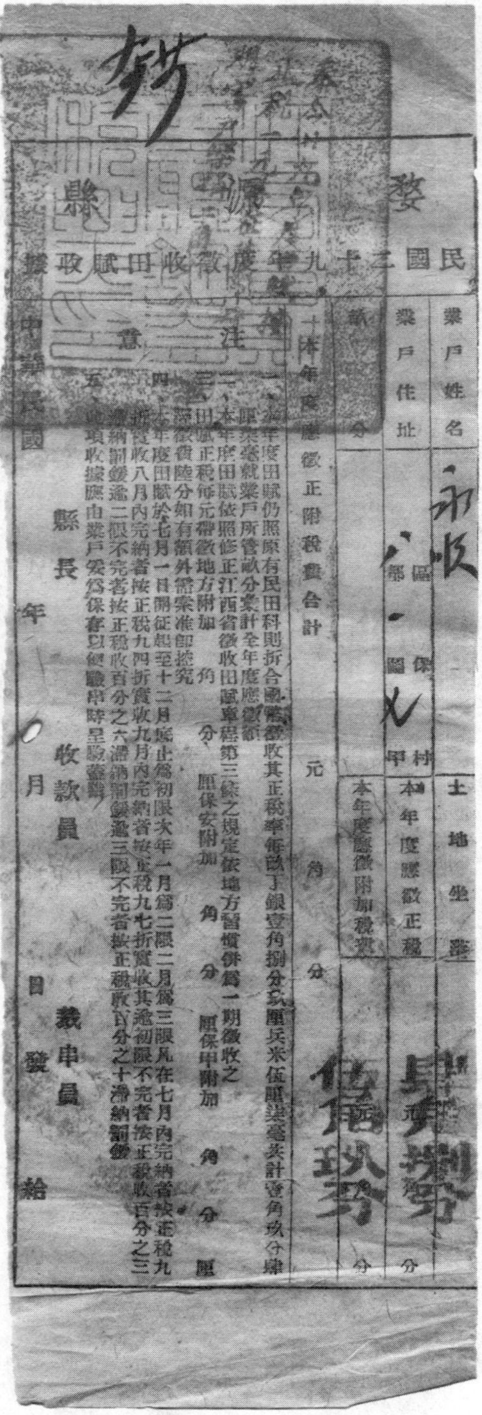

發

民國二十九年度徵收田賦收據

業戶姓名	永順
業戶住址	八區 一保 一圖 九村 都 甲
土地坐落	
本年度應徵正稅	分
本年度應徵附加稅費	分

本年度應徵正附稅費合計　元　角　分

注意

一、本年度田賦仍照原有民田科則折合國幣徵收其正稅率每畝丁銀壹角捌分玖厘兵米伍厘柒毫共計壹角玖分肆厘案就業戶所管畝分彙計全年度應徵額

二、本年度田賦依照修正江西省徵收田賦章程第三條之規定依地方習慣併為一期徵收之

三、田賦正稅每元帶徵地方附加　角　分　厘保安附加　角　分　厘保甲附加　角　分　厘

四、浮徵費陋分如有額外需索准即控究

五、本年度田賦於七月一日開征起至十二月底止為初限次年一月為二限二月為三限凡在七月內完納者按正稅九折實收八月內完納者按正稅九四折實收九月內完納者按正稅九七折實收其逾初限不完者按正稅收百分之三滯納罰鍰逾二限不完者按正稅收百分之六滯納罰鍰逾三限不完者按正稅收百分之十滯納罰鍰

此項收據應由業戶妥為保存以便驗串時呈驗查對

縣長　　收款員　　經串員

中華民國　年　月　日發給

江湾镇坽口村 62 · 民国二十九年 · 征收田赋收据 · 永顺

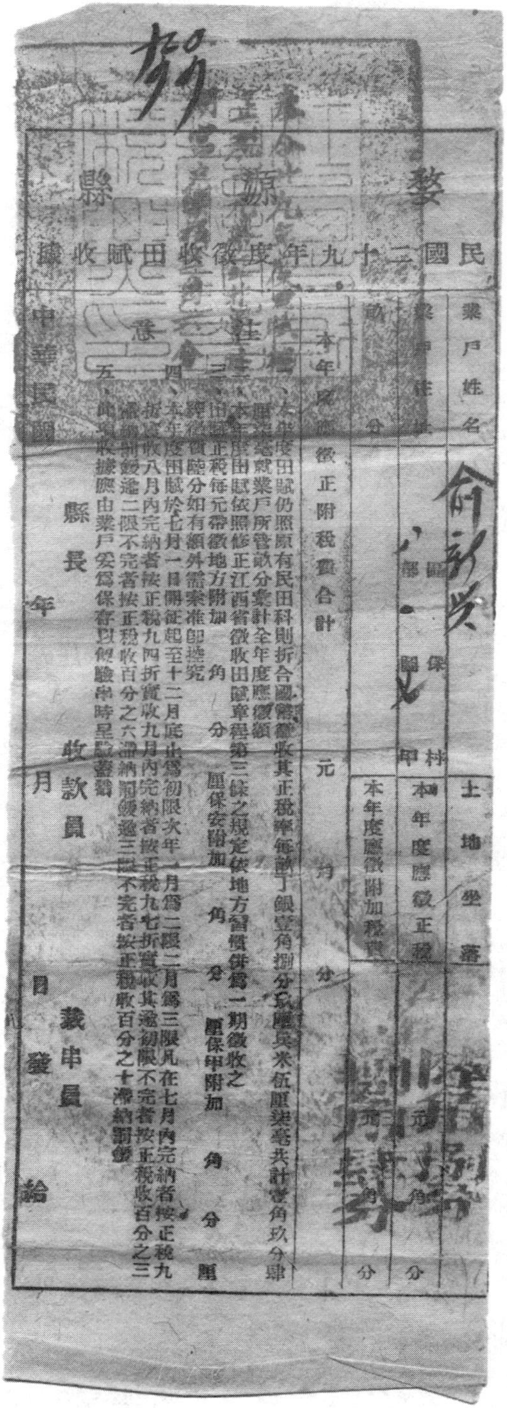

江湾镇圩口村 68 · 民国二十九年 · 征收田赋收据 · 俞新兴

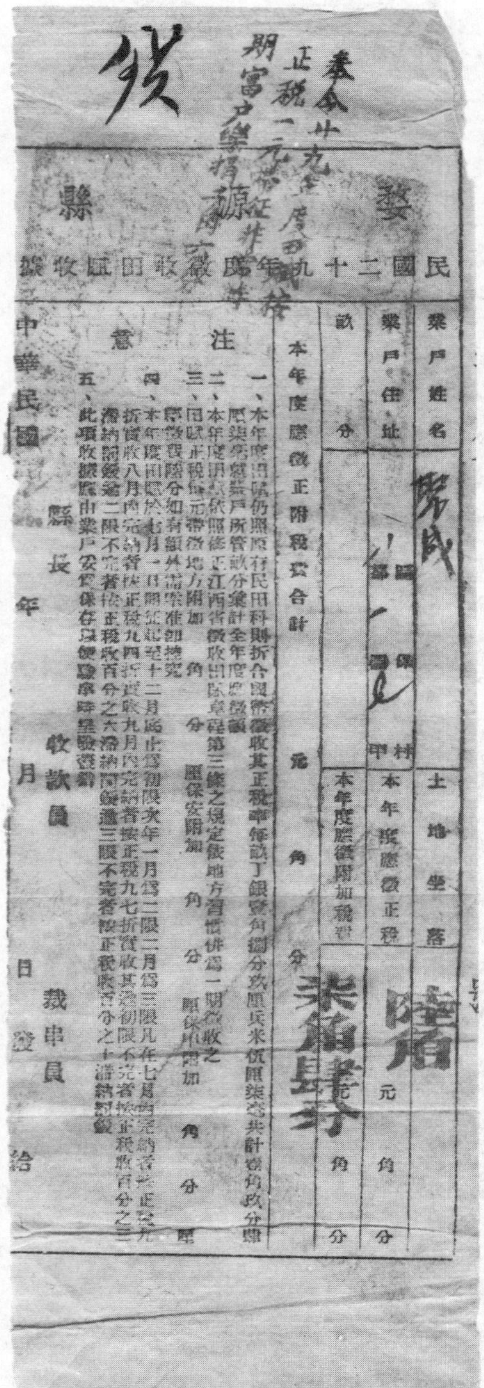

婺　　縣

民國二十九年度徵收田賦收據

業戶姓名	業戶住址	畝　　分
聚成	鄉　保　村　甲	
土地坐落	本年度應徵正稅　元　角　分	本年度應徵附加稅費　元　角　分

本年度應徵正附稅費合計　元　角　分

注意

一、本年度田賦仍照原有民田科則折合國幣徵收其正稅率每畝丁銀壹角捌分玖厘兵米伍厘柒毫共計壹角玖分肆厘柒毫照業戶所管畝分彙計全年度應徵額

二、本年度田賦依照修正江西省徵收田賦章程第三條之規定依地方習慣併為一期徵收之

三、田賦正稅每元帶徵地方附加　角　分　區保安附加　角　分　區保甲附加　角　分　釐

應徵費除分如有額外需索准卽檢究

四、本年度田賦於七月一日開征起至十二月為止為初限次年一月為二限二月為三限凡在七月內完納者按正稅九折實收八月內完納者按正稅九四折實收九月內完納者按正稅九七折實收其逾初限不完者按正稅收百分之三滯納罰鍰逾二限不完者按正稅收百分之六滯納罰鍰逾三限不完者按正稅收百分之十滯納罰鍰

五、此項收據應由業戶妥慎保存以便隨時呈驗查對

縣長　　收款員　　裁串員

中華民國　　年　　月　　日發給

江湾镇圩口村 69 · 民国二十九年 · 征收田赋收据 · 聚成

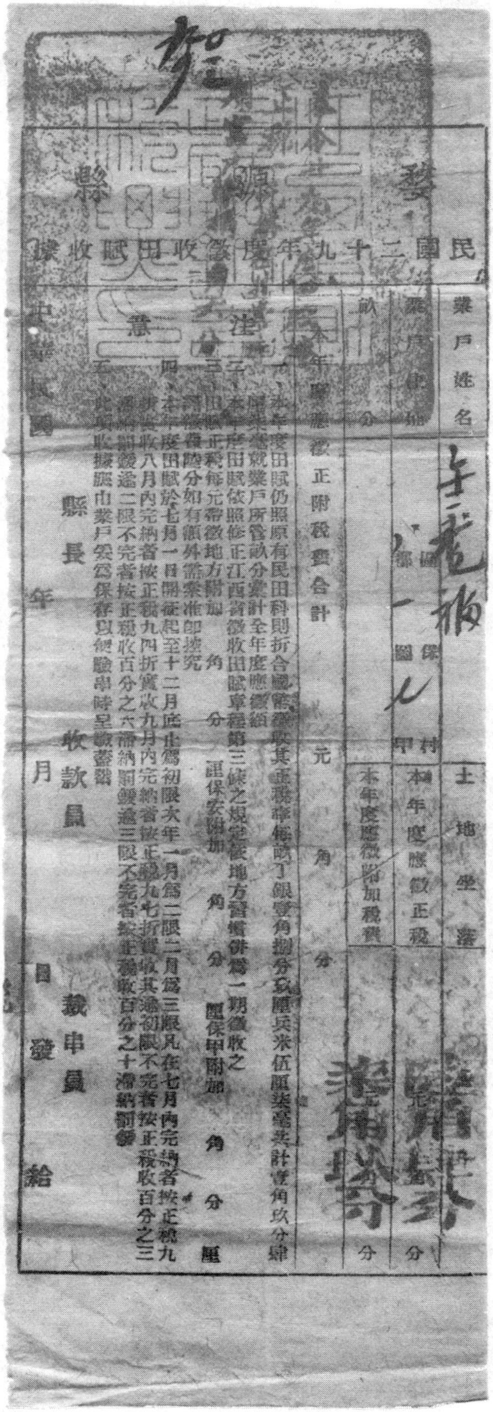
婺源縣
民國二十九年度徵收田賦收據
業戶姓名 金龍福
土地坐落 區 鄉 保 村 都 一 圖 甲
本年度應徵正稅 分
本年度應徵附加稅費 分
畝 分
本年度應徵正附稅費合計 元 角 分
注 一、本年度田賦仍照原有民田科則折合國幣徵收其正稅每畝丁銀壹角捌分[illegible]厘兵米伍厘叁毫共計壹角玖分肆
二、本年度田賦依照修正江西省徵收田賦章程第三條之規定按地方習慣併為一期徵收之
三、田賦正稅每元帶徵地方附捐 角 分 區保安附加 角 分 區保甲附加 角 分 厘
附徵隨分如有額外需索准即控究
意 四、本年度田賦於七月一日開徵起至十二月底止為初限次年一月為二限二月為三限凡在七月內完納者按正稅九折實收八月內完納者按正稅九四折實收九月內完納者按正稅九七折實收其逾初限不完者按正稅收百分之三滯納罰鍰逾二限不完者按正稅收百分之六滯納罰鍰逾三限不完者按正稅收百分之十滯納罰鍰
五、此項收據應由業戶妥為保存以便驗串時呈繳查驗
縣長 收款員 截串員
中華民國 年 月 日發給

江湾镇圩口村 70 · 民国二十九年 · 征收田赋收据 · 金龙福

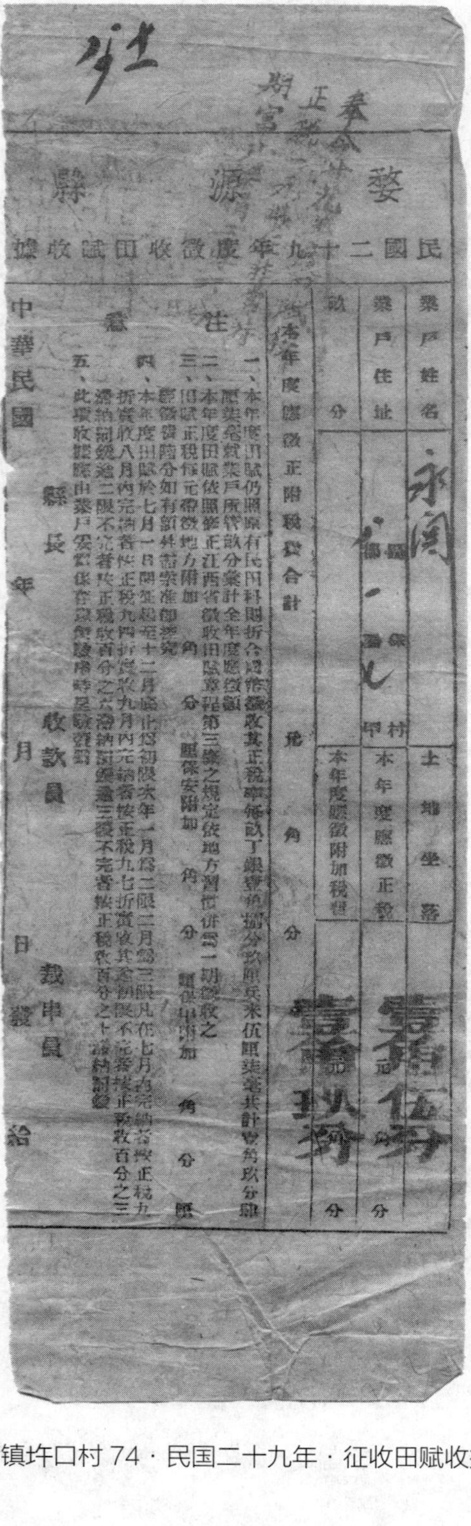

婺源縣

民國二十九年度徵收田賦收據

業戶姓名 永関

業戶住址 鄉 一 保 村 甲

欵 分

土地坐落

本年度應徵正税 壹角伍分

本年度應徵附加税 壹角玖分

本年度應徵正附税欵合計 元 角 分

注意

一、本年度田賦仍照原有民田科則折合國幣徵收其正税每畝丁銀[illegible]

二、本年度田賦依照修正江西省徵收田賦章程第三條之規定依地方習慣併爲一期徵收之

三、田賦正税每元帶徵地方附加 角 分 縣保安附加 角 分 鄉保甲附加 角 分 厘

四、本年度田賦於七月一日開征起至十二月止爲初限次年一月爲二限二月爲三限凡在七月內完納者[illegible]

五、此項收據應由業戶妥爲保存[illegible]

中華民國 年 月 日發給

縣長 收款員 裁串員

江湾镇坾口村 74 · 民国二十九年 · 征收田赋收据 · 永关

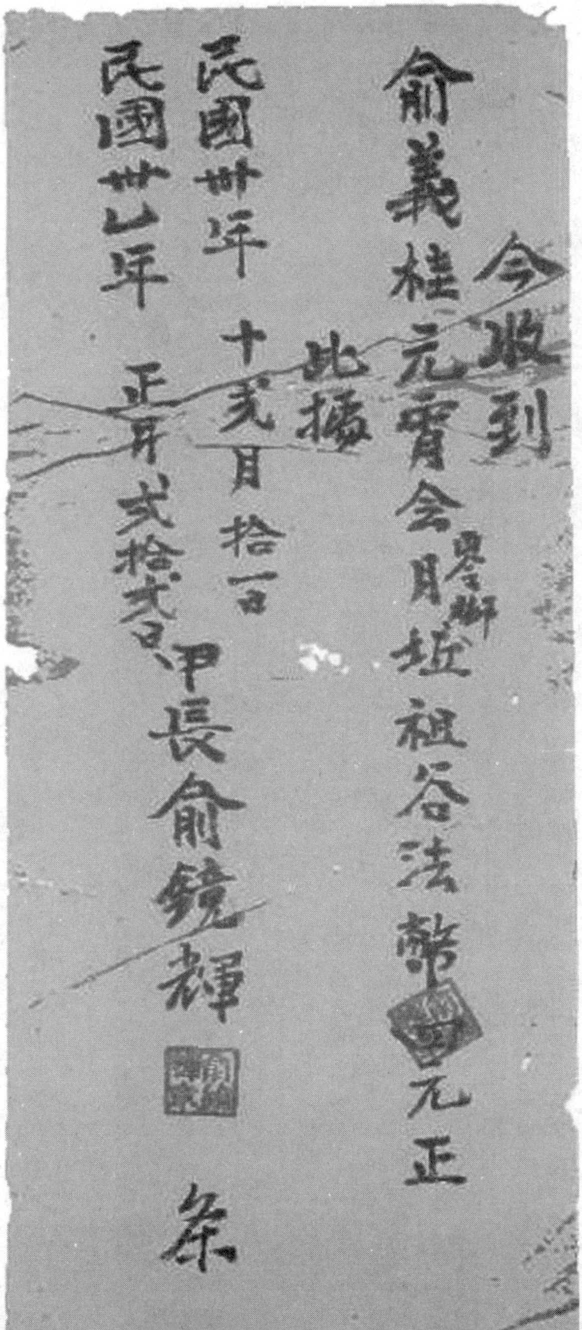
今收到
俞義桂元宵会月垃祖谷法幣元正
此據
民國卅年 十弍月 拾一日
民國卅一年 正月 弍拾弍日 甲長俞鏡輝
条

江湾镇坾口村 18 · 民国三十年至三十一年 · 收条 · 俞镜辉收俞义桂元宵会

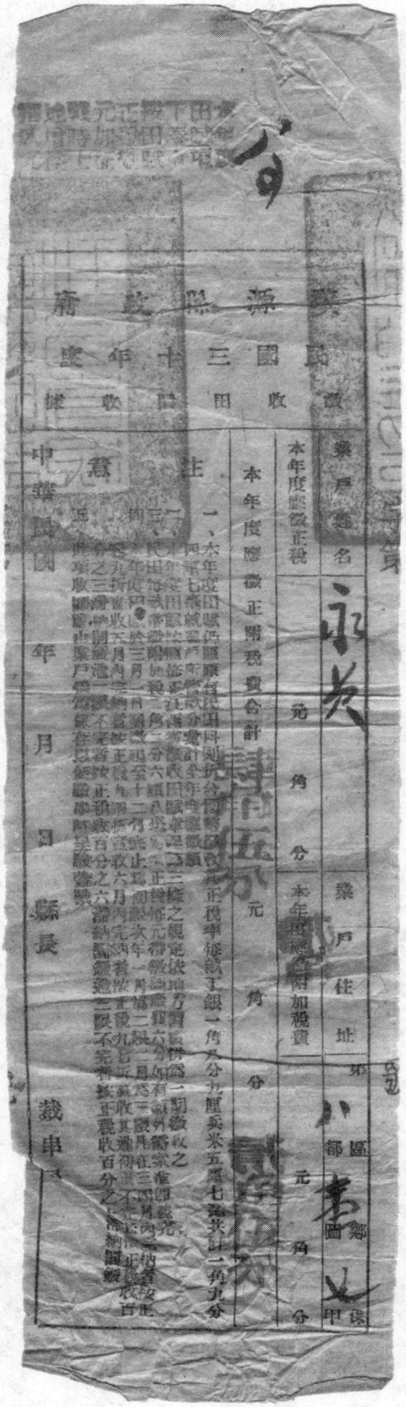
婺源縣政府
民國三十年度
徵收田賦收據
業戶姓名 永貞
業戶住址 第 區 鄉 保 甲
本年度應徵正稅 元 角 分
本年度應徵附加稅費 元 角 分
本年度應徵正附稅費合計 元 角 分
注意
中華民國 年 月 日 縣長

江湾镇圩口村 61 · 民国三十年 · 征收田赋收据 · 永贞

江湾镇圩口村 63 · 民国三十年 · 征收田赋收据 · 永贞

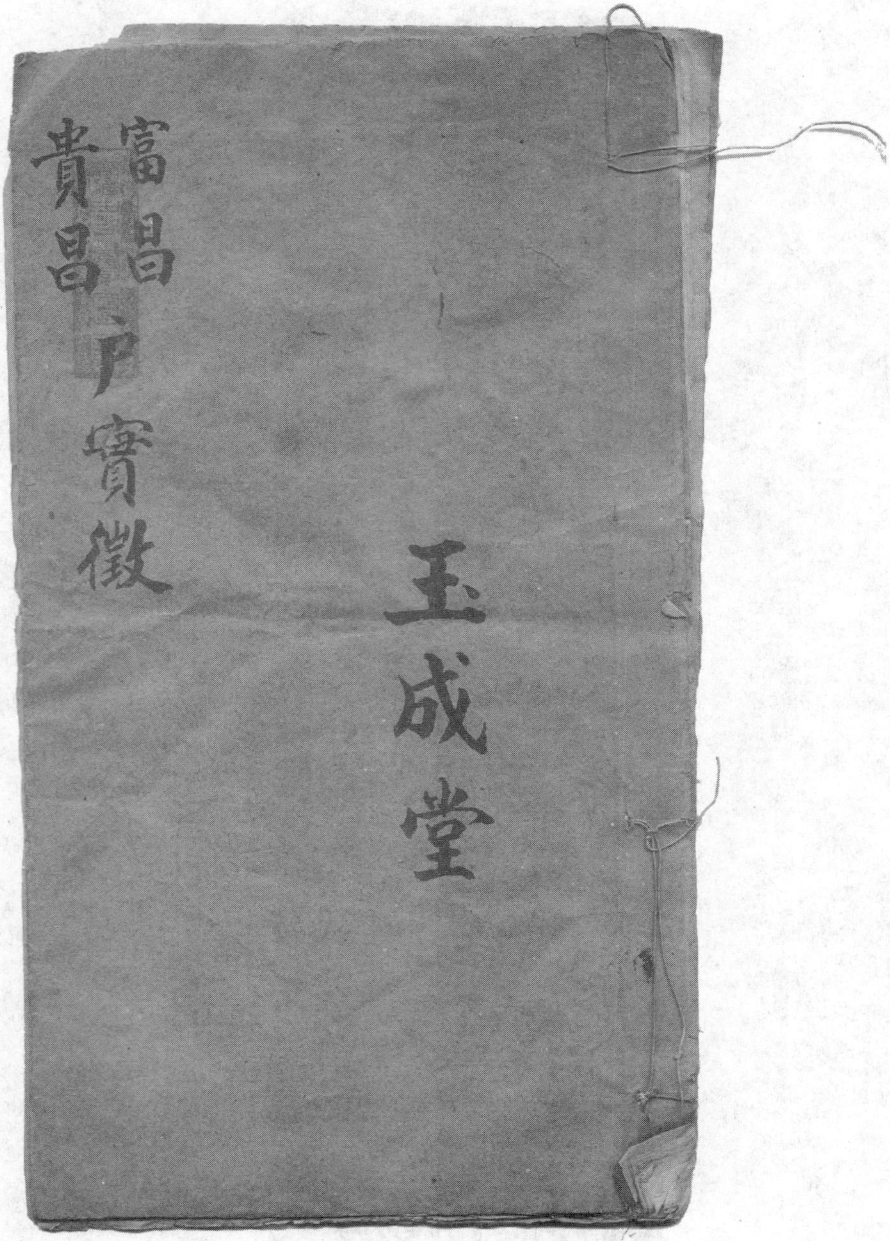

江湾镇圩口村 1-1 · 民国三十一年 · 税粮实征册 · 富昌、贵昌等户

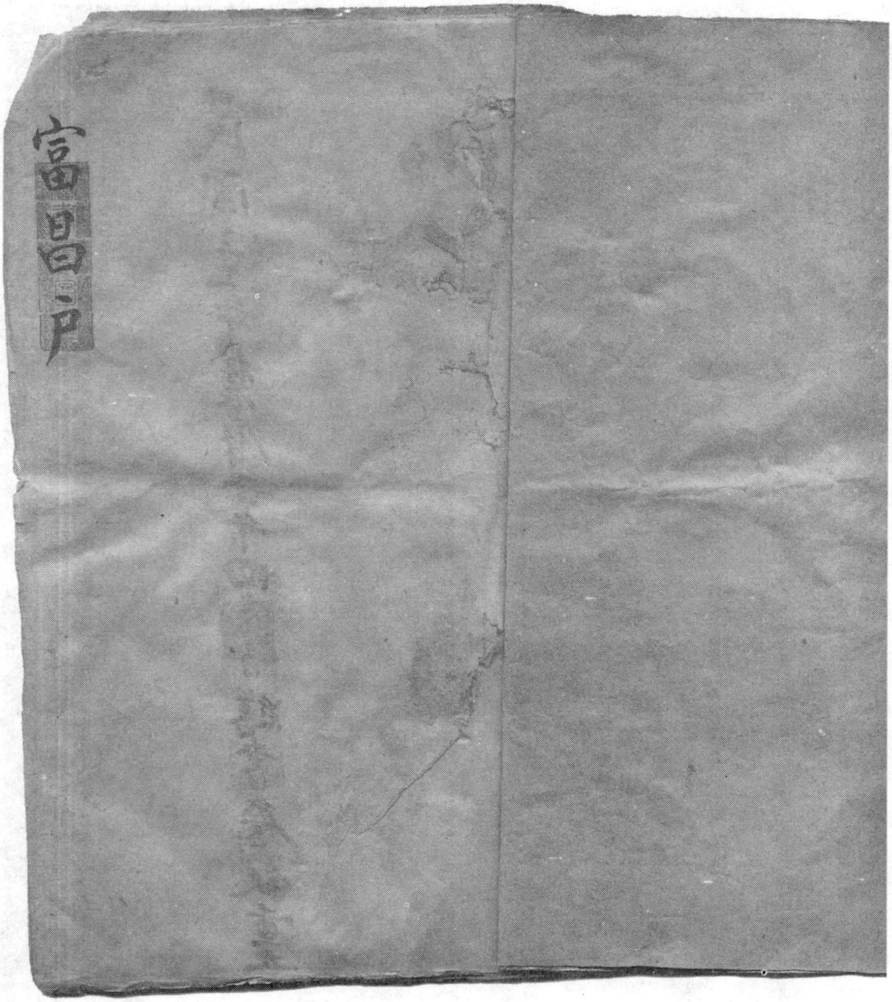

江湾镇岕口村 1-2 · 民国三十一年 · 税粮实征册 · 富昌、贵昌等户

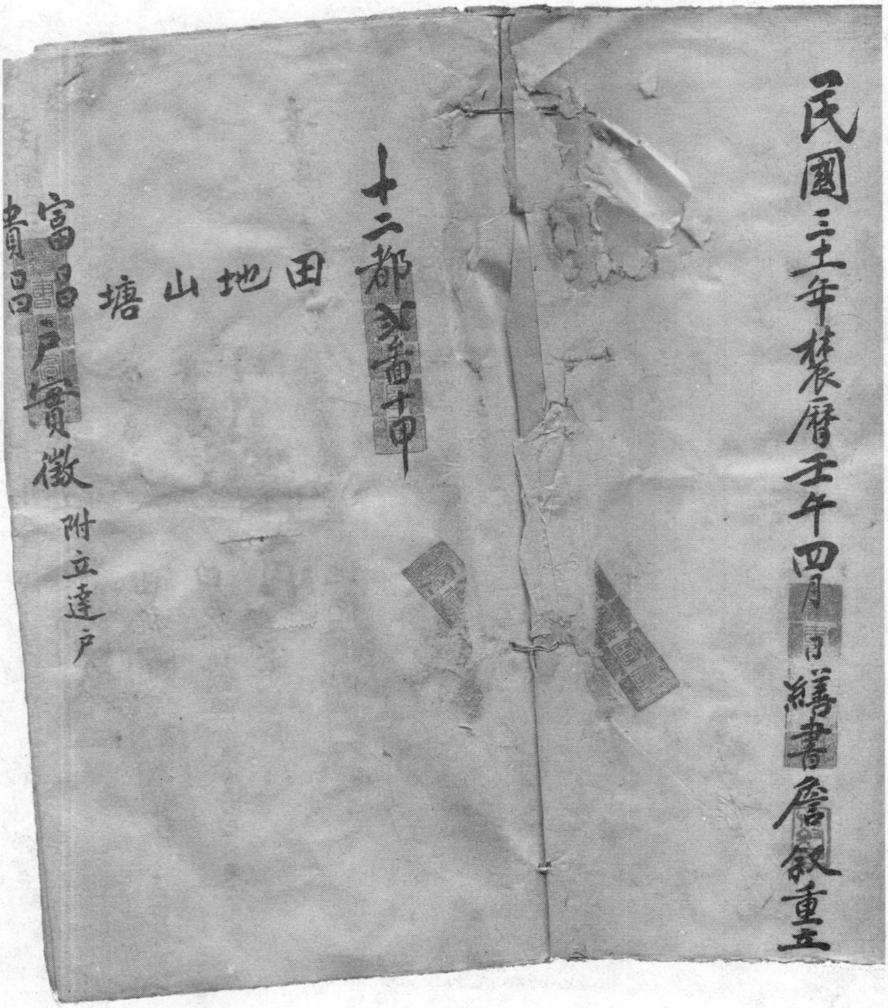

民國三十一年農曆壬午四月　日繕書詹叙重立

十二都弍畨十甲

田地山塘

富昌
貴昌户實徵

附立達户

江湾镇圩口村 1-3 · 民国三十一年 · 税粮实征册 · 富昌、贵昌等户

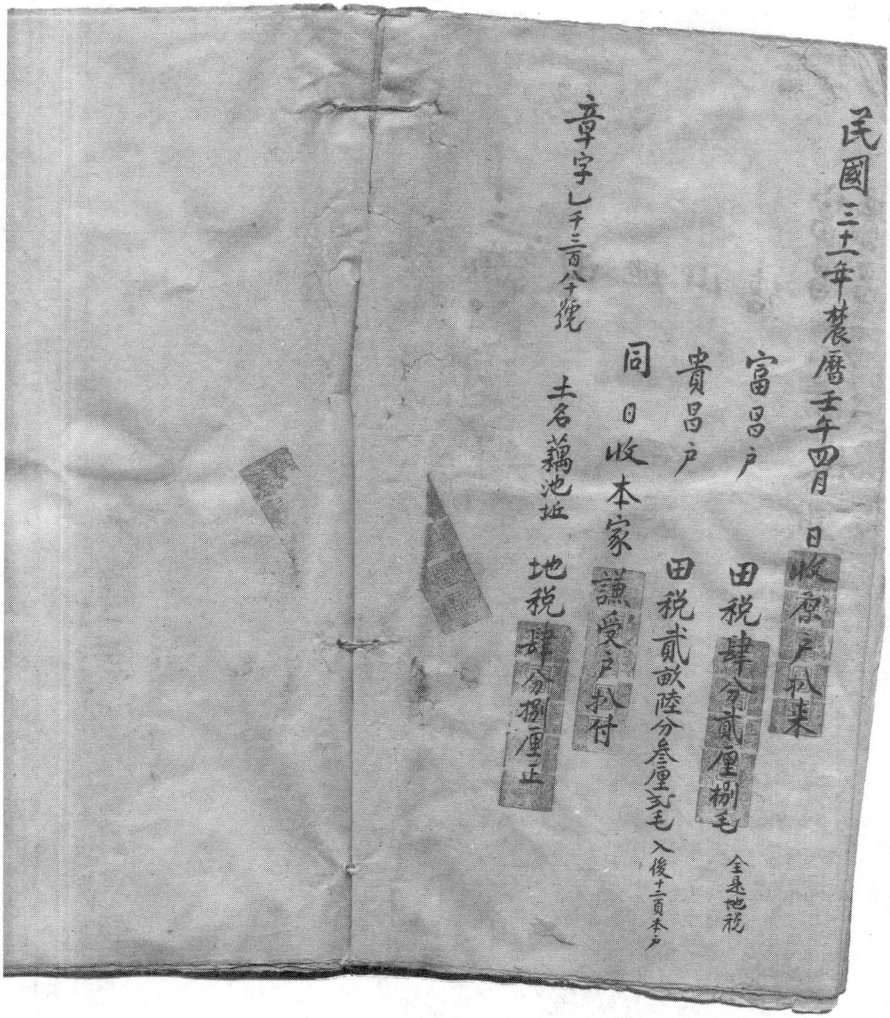
民國三十一年農曆壬午四月　日收原戶扒來
富昌戶　田稅肆分貳厘捌毛　全是地稅
貴昌戶　田稅貳畝陸分叁厘弍毛　入後十二頁本户
同日收本家　讓受户扒付
章字七千三百八十號　土名藕池垙　地稅肆分捌厘正

江湾镇圩口村 1-4 · 民国三十一年 · 税粮实征册 · 富昌、贵昌等户

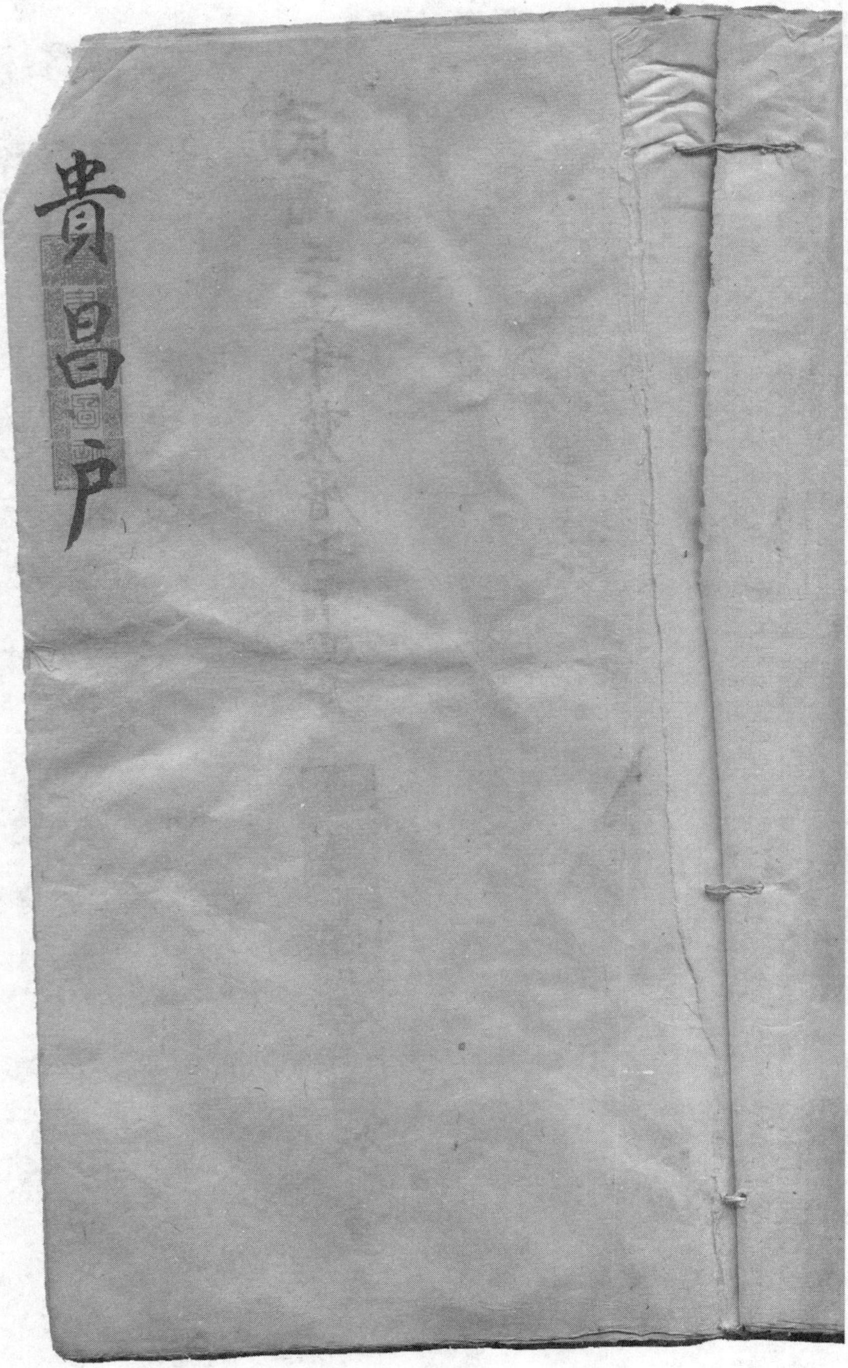

江湾镇圩口村 1-5 · 民国三十一年 · 税粮实征册 · 富昌、贵昌等户

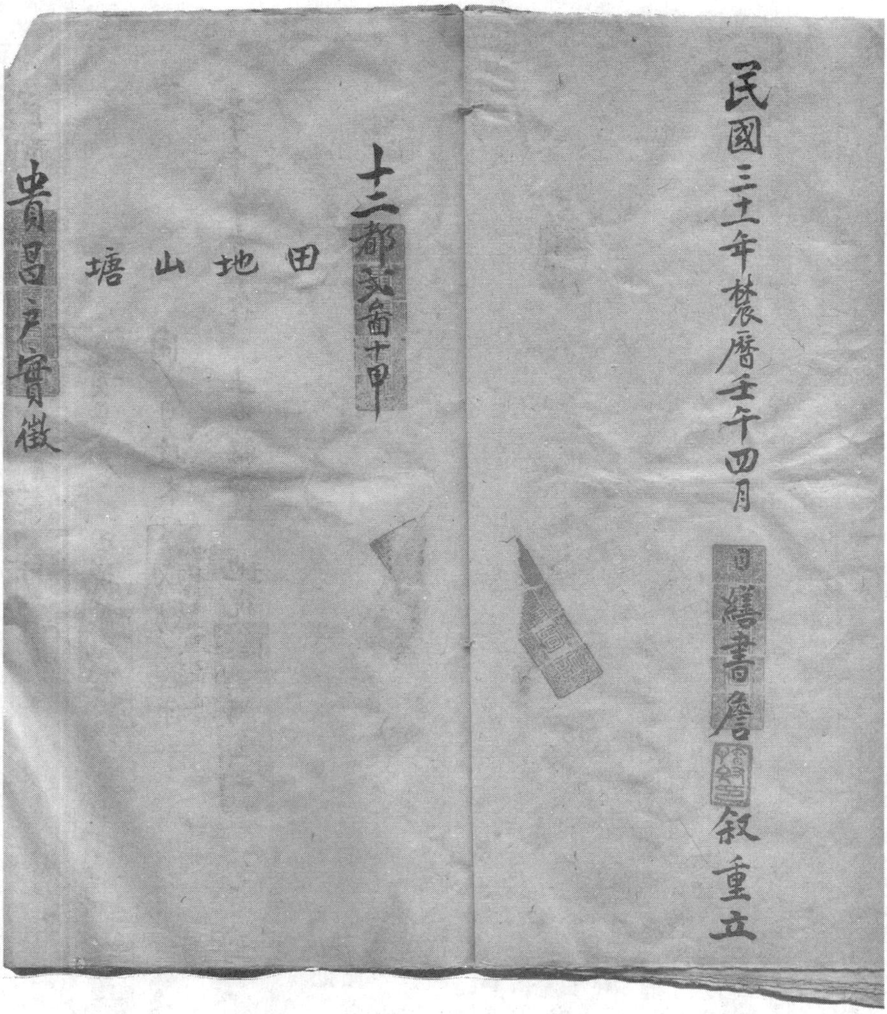

江湾镇圩口村 1-6 · 民国三十一年 · 税粮实征册 · 富昌、贵昌等户

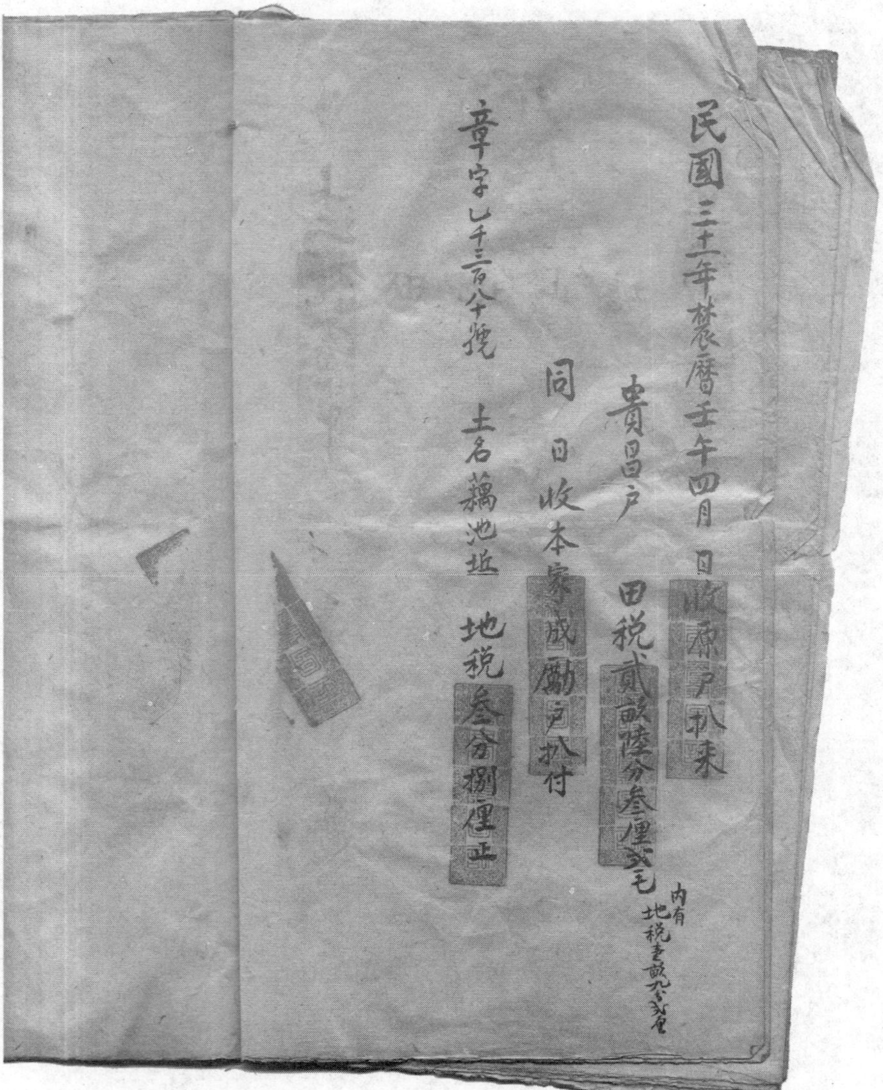
民國三十一年農曆壬午四月 日收康户扒来
貴昌户 田税貳畝陸分叁厘貳毛
内有地税壹畝九分貳厘
同 日收本家成勵户扒付
章字七千三百八十號 土名藕池埂 地税叁分捌厘正

江湾镇圩口村 1-7 · 民国三十一年 · 税粮实征册 · 富昌、贵昌等户

立達户

江湾镇圩口村 1-8 · 民国三十一年 · 税粮实征册 · 富昌、贵昌等户

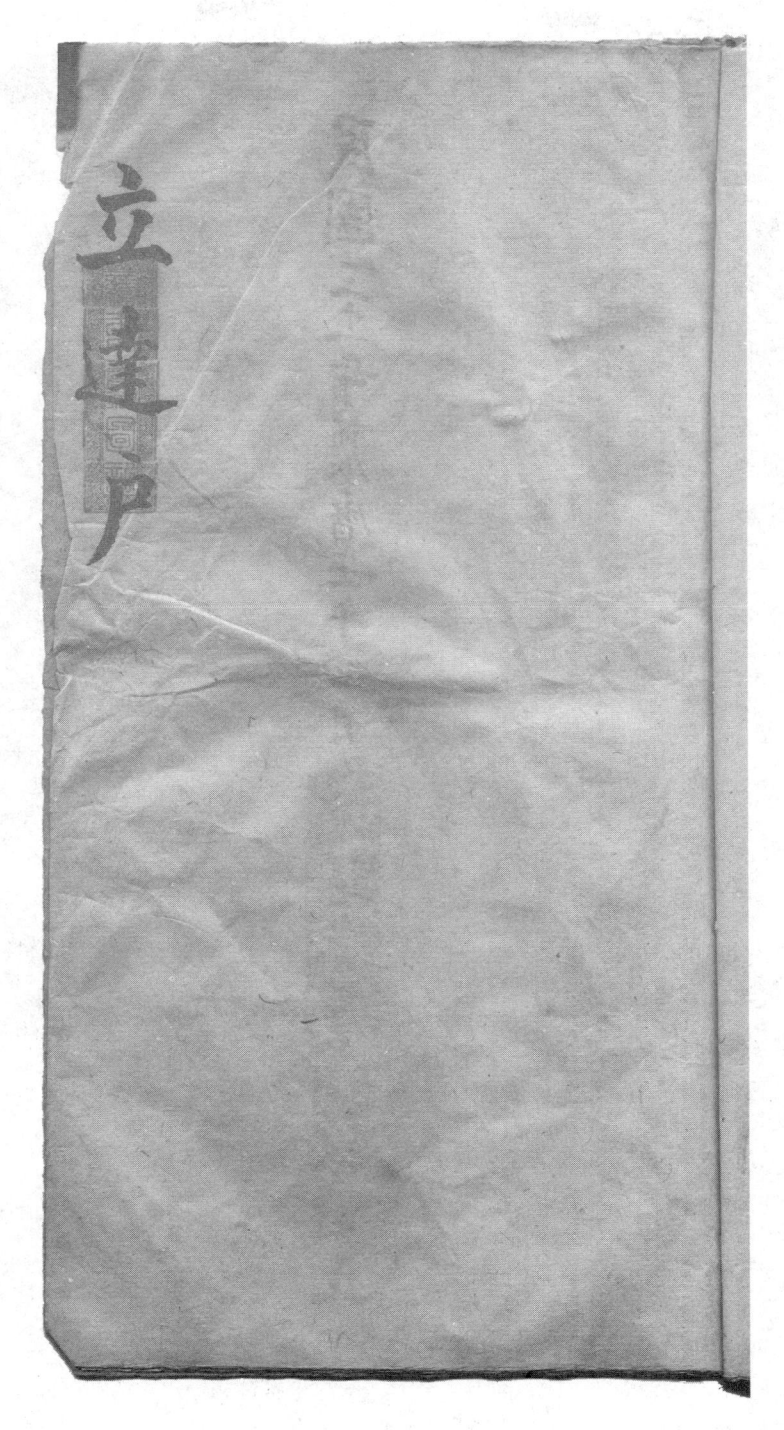

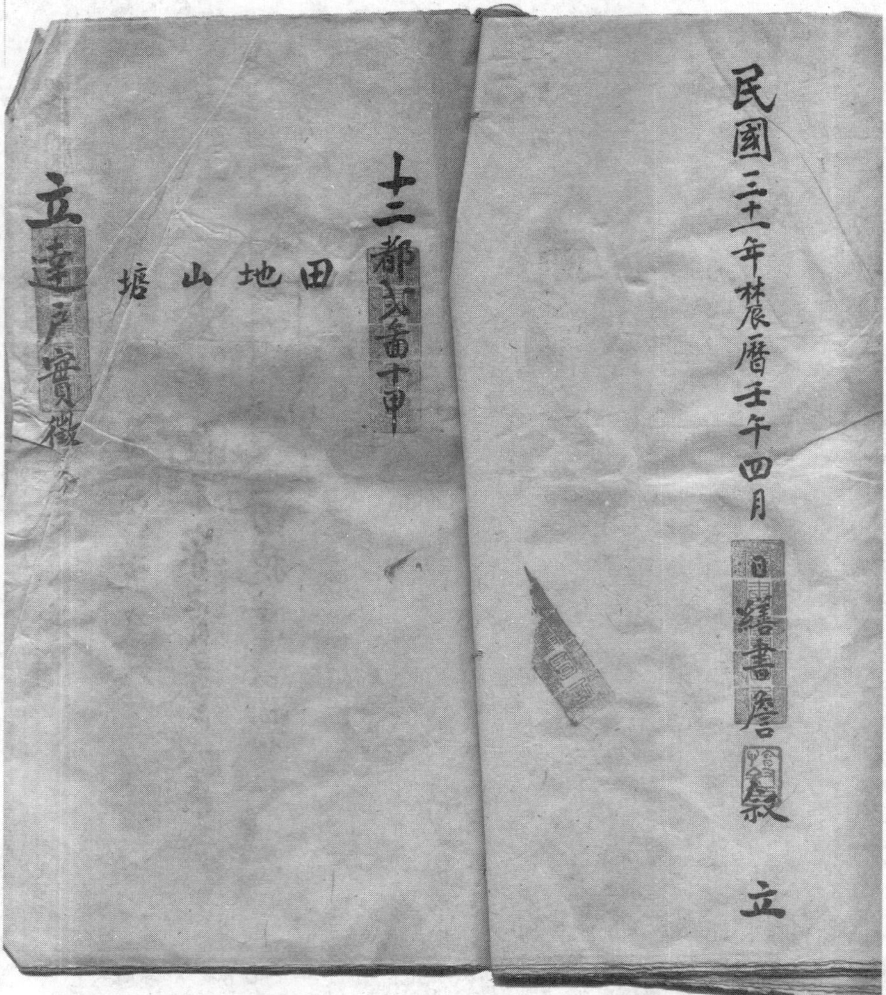
民國三十一年榛(?)曆壬午四月
繕書
立
十二都貳畨十甲
田地山塘
立

江湾镇圩口村 1-9 · 民国三十一年 · 税粮实征册 · 富昌、贵昌等户

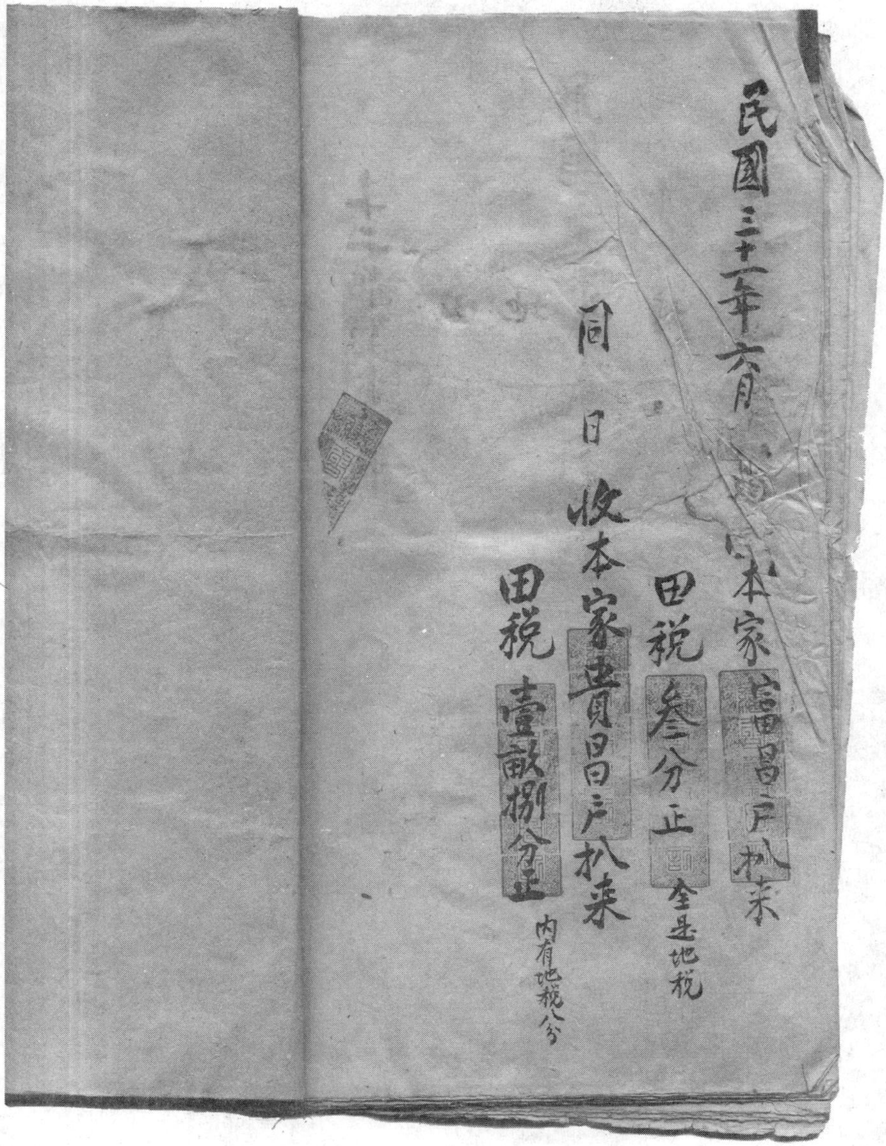
民國三十一年六月 日收本家富昌户扒来
田税叁分正 全是地税
同日收本家貴昌户扒来
田税壹畝捌分正 内有地税八分

江湾镇圩口村 1-10 · 民国三十一年 · 税粮实征册 · 富昌、贵昌等户

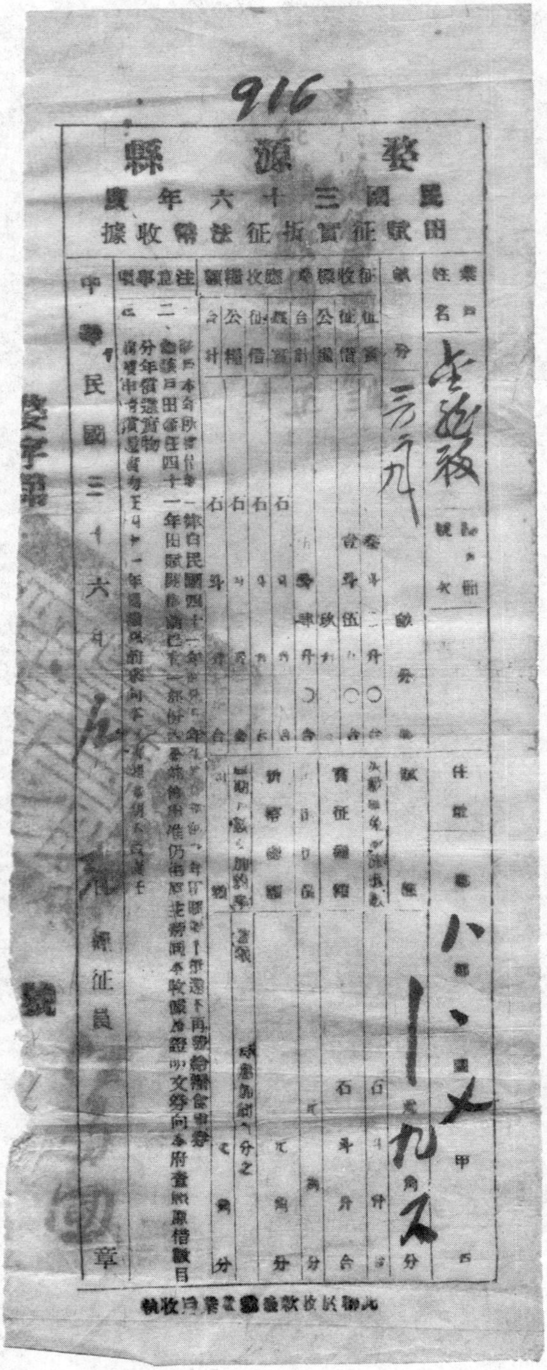
916

婺源縣

民國三十六年度

田賦征實折征法幣收據

業戶姓名	金龍福
賦分	
征收標準	
應收額	
注意事項	

中華民國三十六年 月 日 經征員 章

字第 號

江湾镇圩口村 64 · 民国三十六年 · 田赋征实折征法币收据 · 金龙福

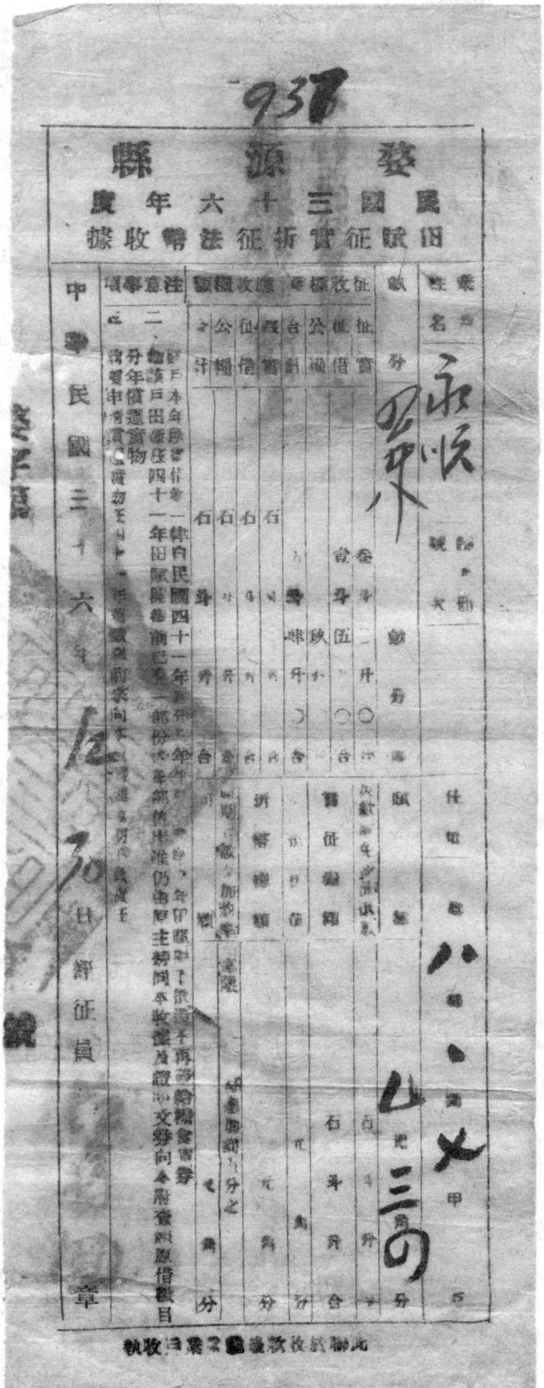
婺源縣
民國三十六年度
田賦征實折征法幣收據
中華民國三十六年　月　日　鄉征員　章

江湾镇圩口村 65 · 民国三十六年 · 田赋征实折征法币收据 · 永顺

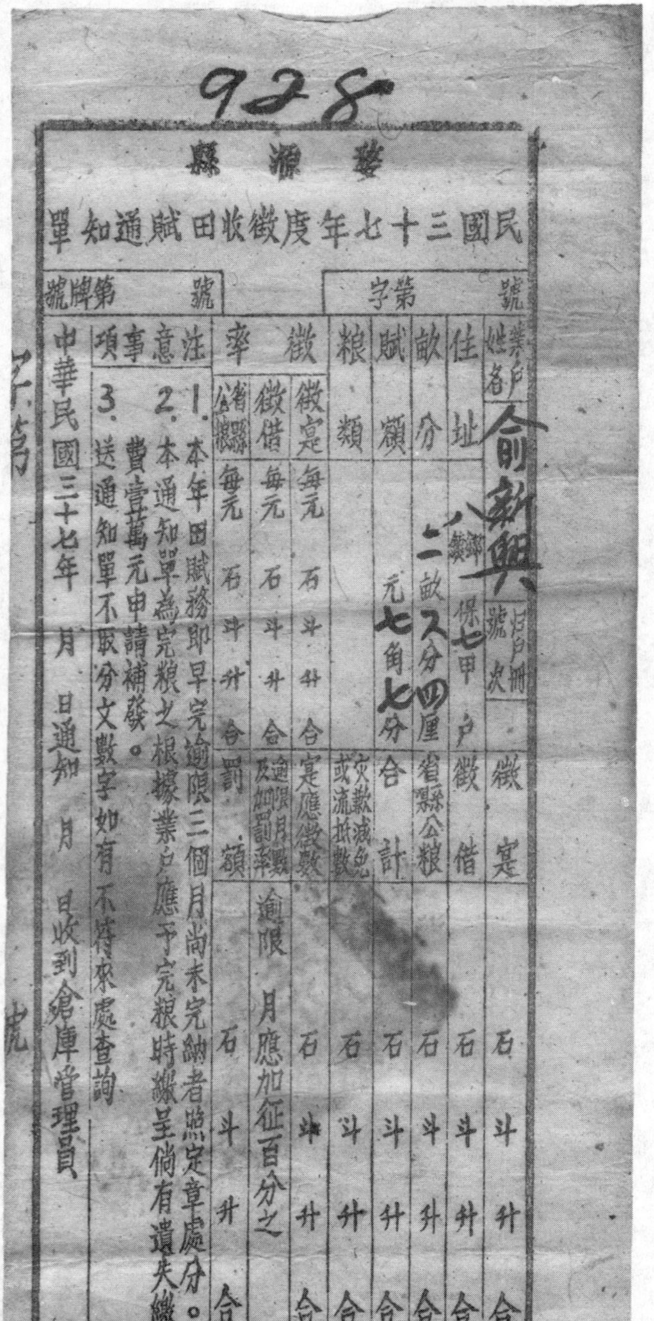

928

婺源縣

民國三十七年度徵收田賦通知單

字第　號　　第　牌號

業戶姓名	住址	畝分	賦額	糧類
俞新興	八鎮鄉　保七甲　戶	二畝八分四厘	元七角七分	

戶冊次號	
徵實	石　斗　升　合
徵借	石　斗　升　合
省縣公糧	石　斗　升　合
計	石　斗　升　合
災歉減免或流抵數	石　斗　升　合
實定應徵數	石　斗　升　合

徵率

徵實	每元　石　斗　升　合
徵借	每元　石　斗　升　合
省縣公糧	每元　石　斗　升　合
逾限月數及加罰率	逾限　月應加征百分之
罰額	石　斗　升　合

注意事項

1. 本年田賦務即早完逾限三個月尚未完納者照定章處分。
2. 本通知單為完糧之根據業戶應于完糧時繳呈倘有遺失繳費壹萬元申請補發。
3. 送通知單不取分文數字如有不符來處查詢

中華民國三十七年　月　日通知　月　日收到倉庫管理員

江湾镇坾口村 66 · 民国三十七年 · 征收田赋通知单 · 俞新兴

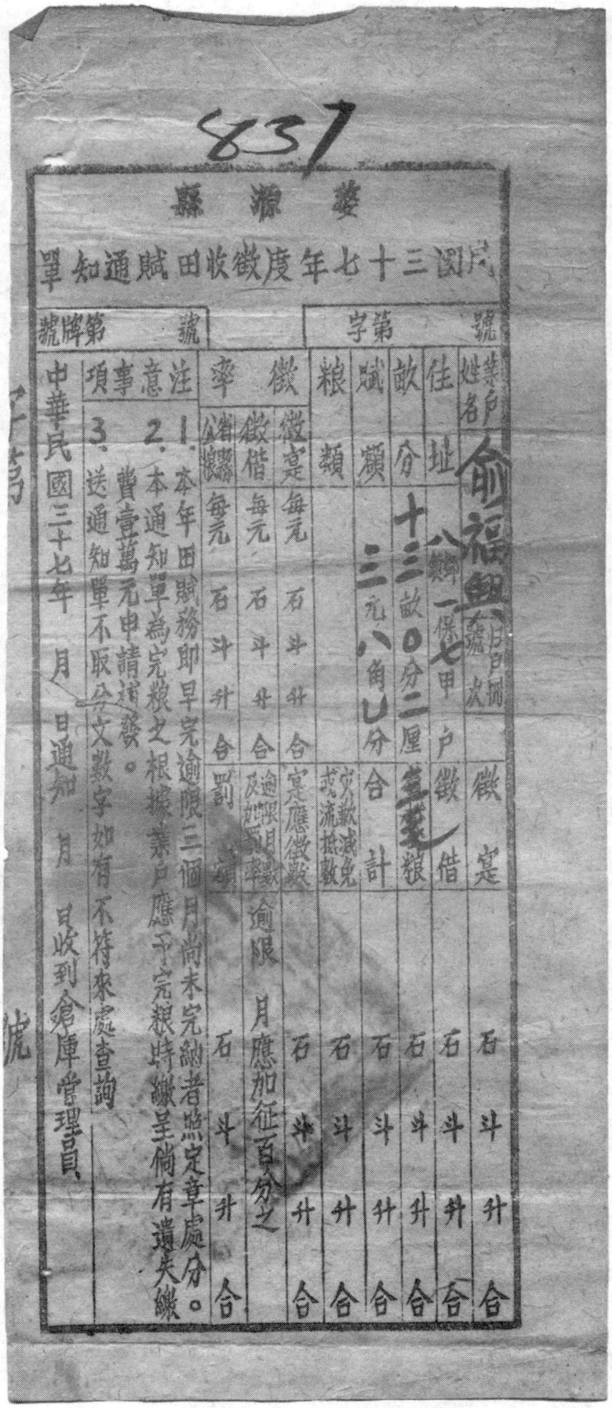

837

婺源縣

民國三十七年度徵收田賦通知單

字第 號 第牌號

業戶姓名 俞福興

住址 八都一保七甲 户

畝分 十三畝〇分二厘

賦額 三元八角七分

糧類

徵實 每元 石 斗 升 合

徵借 每元 石 斗 升 合

公糧 每元 石 斗 升 合

徵實 石 斗 升 合

徵借 石 斗 升 合

糧 石 斗 升 合

合計 石 斗 升 合

災歉減免或流抵數 石 斗 升 合

實應徵數 石 斗 升 合

逾限月數及加征百分率 逾限 月應加征百分之

罰額 石 斗 升 合

注意事項

1. 本年田賦務仰早完逾限三個月尚未完納者照定章處分。
2. 本通知單為完糧之根據業戶應予完糧時繳呈倘有遺失繳費壹萬元申請補發。
3. 送通知單不取分文數字如有不符來處查詢

中華民國三十七年 月 日通知 月 日收到倉庫管理員

江湾镇坾口村 67 · 民国三十七年 · 征收田赋通知单 · 俞福兴

江湾镇圩口村 8-1 · 俞贞榫曲本

催場

打才打且才打且三口才且呌打才且叮

且才挷々久叮且久叮才呌打别闹久叮且

打才打且打挷々才乃々打且乃々打呌打

才打且挷々打才打且打才十四口且

才且久且久打才三口久且久打且才

才才久且久打才口久且久打才

且。才。久且才且才久叮且合々打才

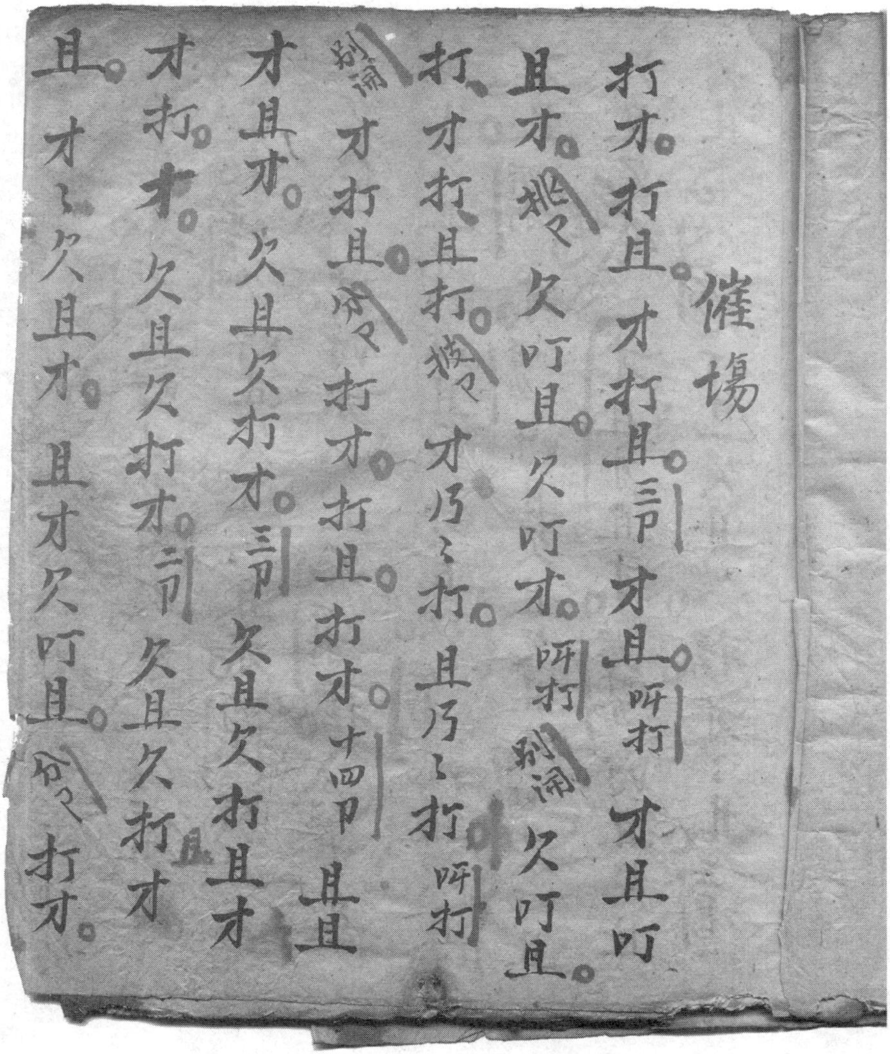

打且打才○叮者才○乃乃打○慢于加頭叮
且欠且才○呀打叮且欠且欠○倉子頭才且才乃
欠且才○正于加叮且欠且欠且才○呀打叮且欠
且欠○䟎于加才○叮才欠且欠○呀打擺○倉子米才且
才乃欠且才○以且以○才且以○呀打以且以且
才且○呀打才○于加叮且欠且欠且才○呀打叮且
欠且欠○碍三擺才且才且才○快于加叮且欠且
欠且才○伏一扁叮且欠且欠○擺○才乃且○三門

江湾镇圩口村 8-3 · 俞贞樑曲本

糧霞養氣得長生可羨高居碧玉宮
中修煉也妙與陰陽
諭端詳頓然悟道去仙香八卦爐
大対神　有何安排　以栗綱細
大対神
才叮且叨打別詞咧才叮咧叮咧才
叮才叮久咻叮打才　完

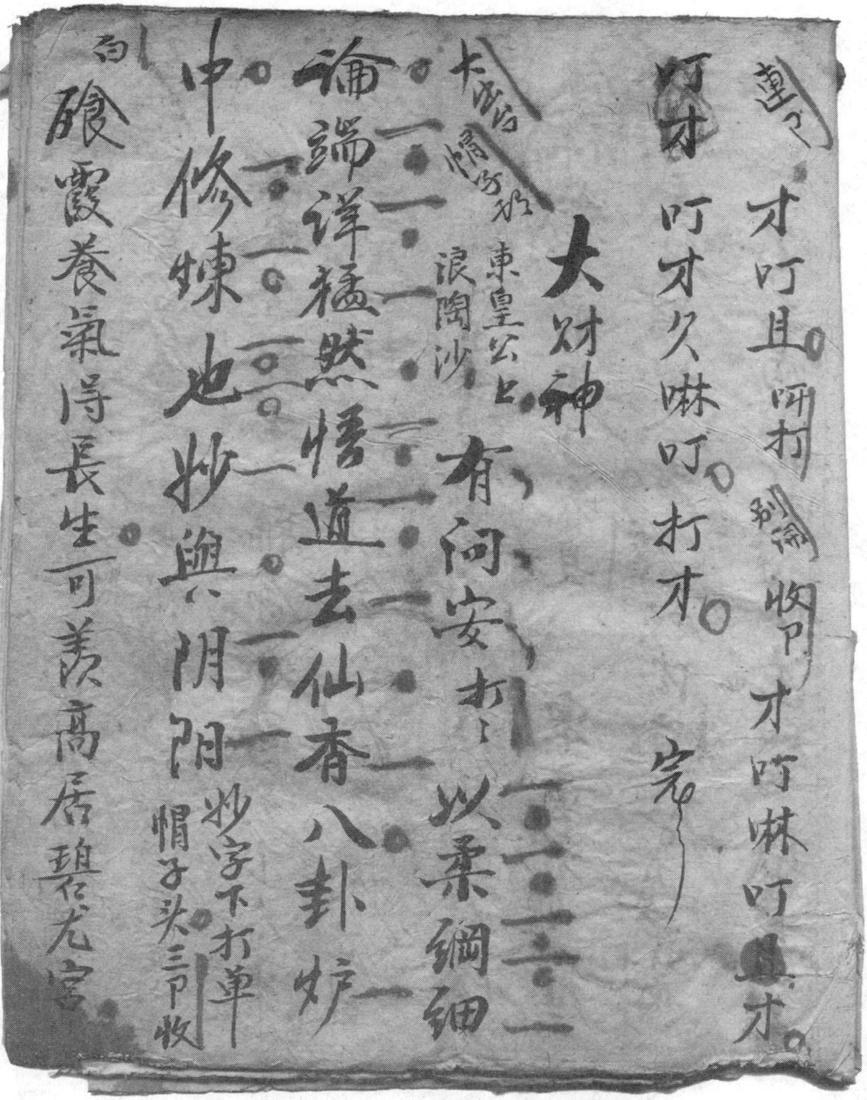

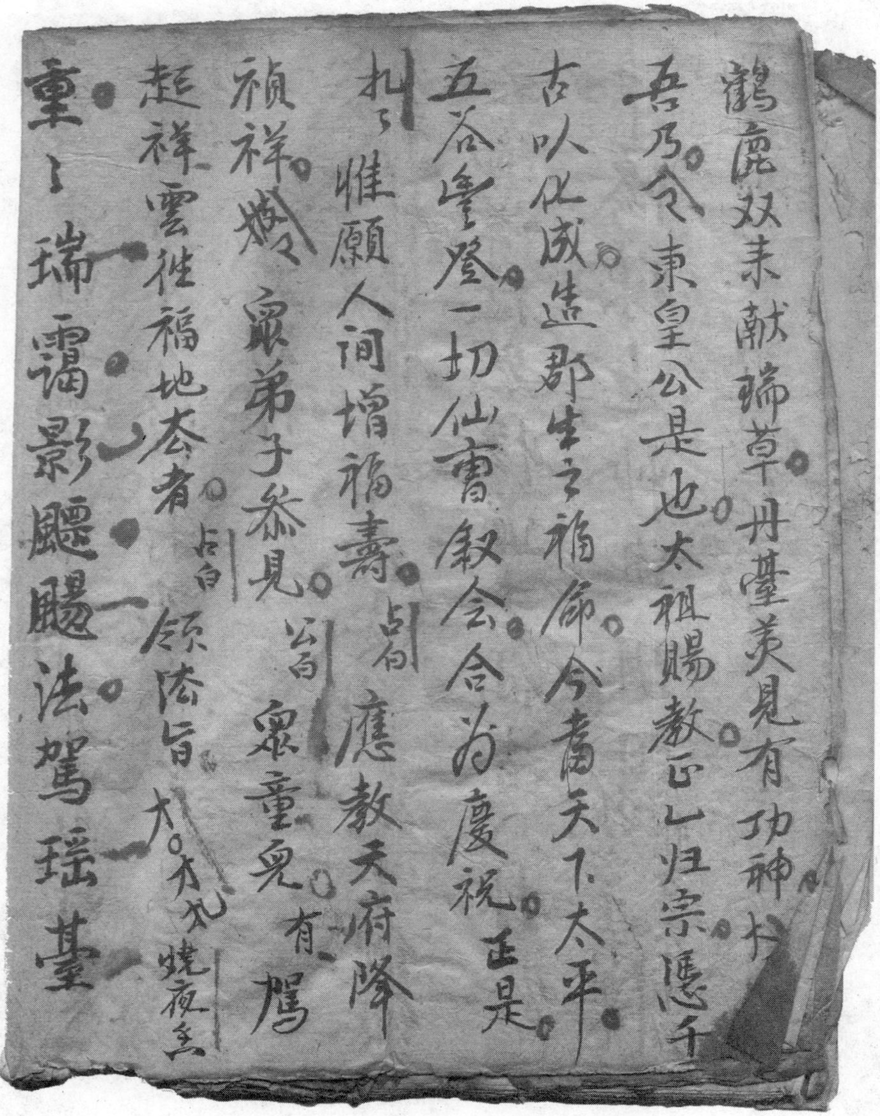
鶴鹿双来献瑞草丹臺羡見有功神大
吾乃令東皇公是也太祖賜敕正一归宗憑千
古以化成造郡生之福命今斋天下太平
五谷豊登一切仙曹叙会合為慶祝正是
扎了 惟願人间增福壽 占白 應敕天府降
禎祥嬍了 衆弟子叅見 公白 衆童兒有鶴
起祥雲往福地叅者 占白 領法旨 大。大大燒夜香
重〻瑞靄影驪驪法駕瑶基臺

江湾镇圩口村 8-5 · 俞贞樟曲本

近德致祥風送天衢穩慶長從一
雲光碧落回秀依稀甚矣一
俫字下草帽子头披卜下仙女上文出台呀百子头
梁州序 崑崙高峻一器一器一器
打卜 西池銀浪妙景一器一
繁多跨上坩埚瓊樹青鸞展翅翩
翩 夭蛾 白 吾乃金母是也今有董延安時
世昇平日逢美景廣臨福地今奉金母之命摘取仙桃
以慶長妹大會一同前佳續 打 梁州序合頭 前腔

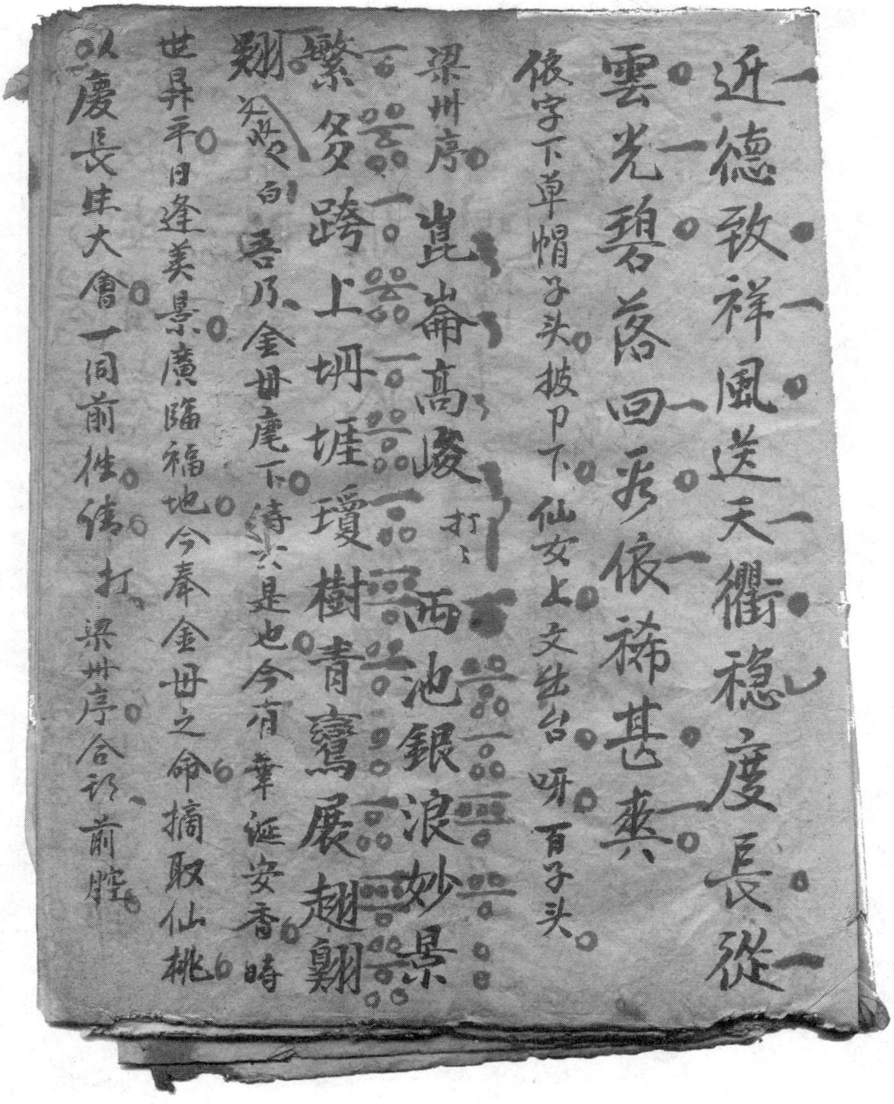

聽取虛聲歎送轉駕瑤臺嬢娜
隨風颺謾言為侍也嘗尋常奉
詰仙姬名氏詳修成道違屠上
為人詞演壽邀天祝應美進異
瞻望夫……財神叹 節之高

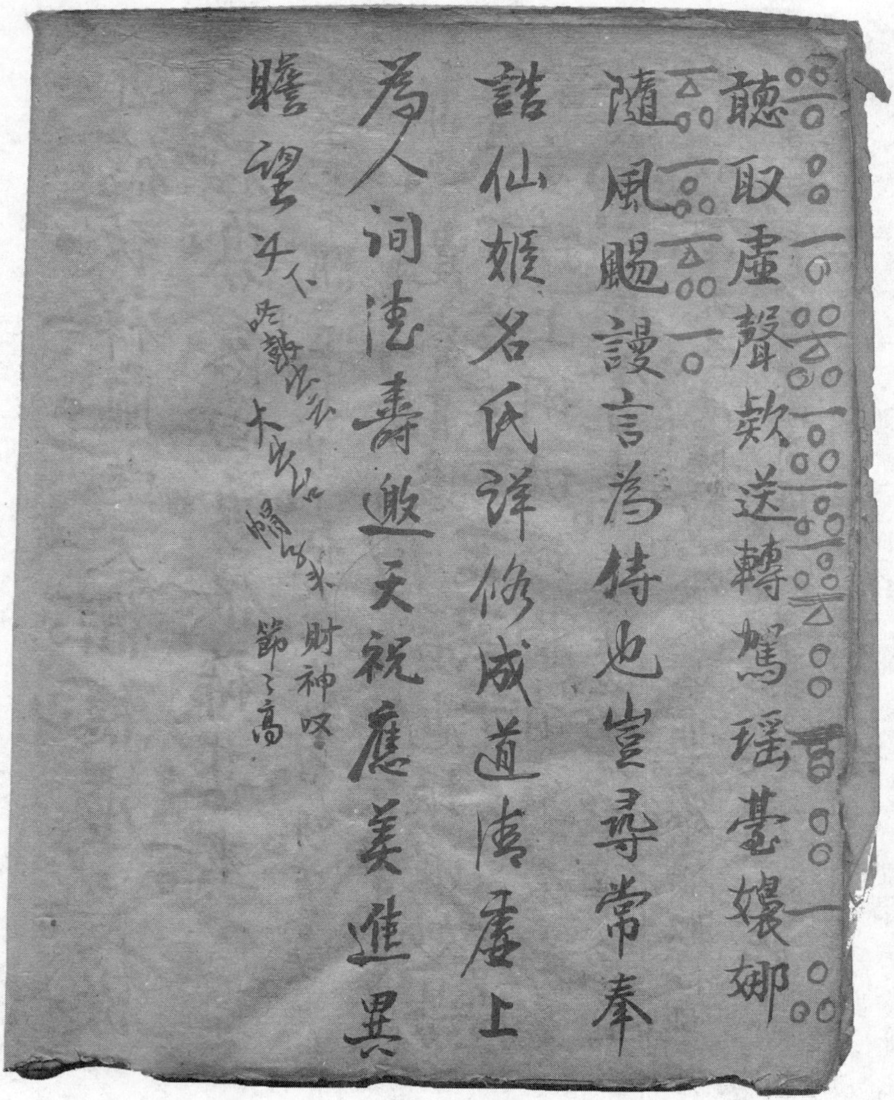

江湾镇圩口村 8-7 · 俞贞樑曲本

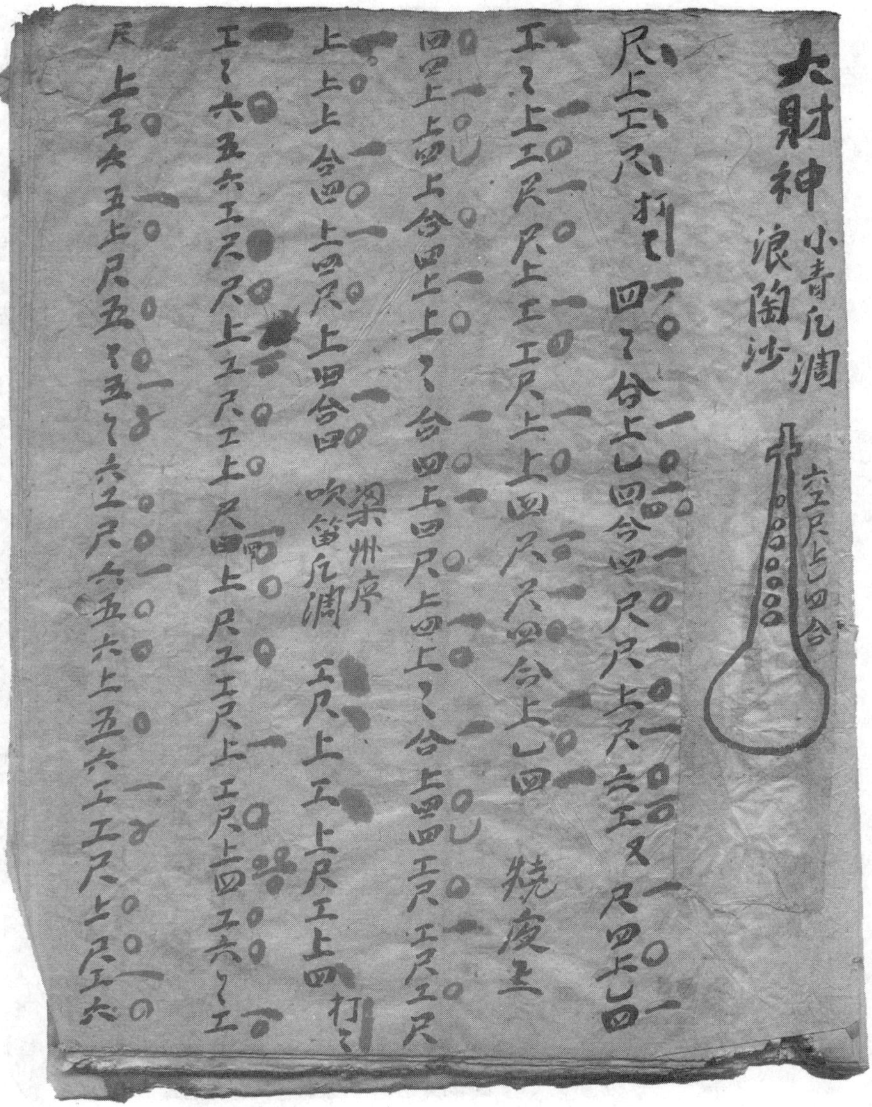

江湾镇坑口村 8-8 · 俞贞樟曲本

五六工尺上工尺工上眉上ㄥ工尺上工尺上四
上ㄥ四尺四上合ㄥ四上尺五上六工尺尺上工

合頭
六工ㄥ尺上尺 五六工尺上工六五上六
五六工尺尺上工六五六工陪六五上尺上五六
五ㄥ六ㄥ四四上工尺 六ㄥ尺上尺工上四合四尺上四

江湾镇圩口村 8-9・俞贞榡曲本

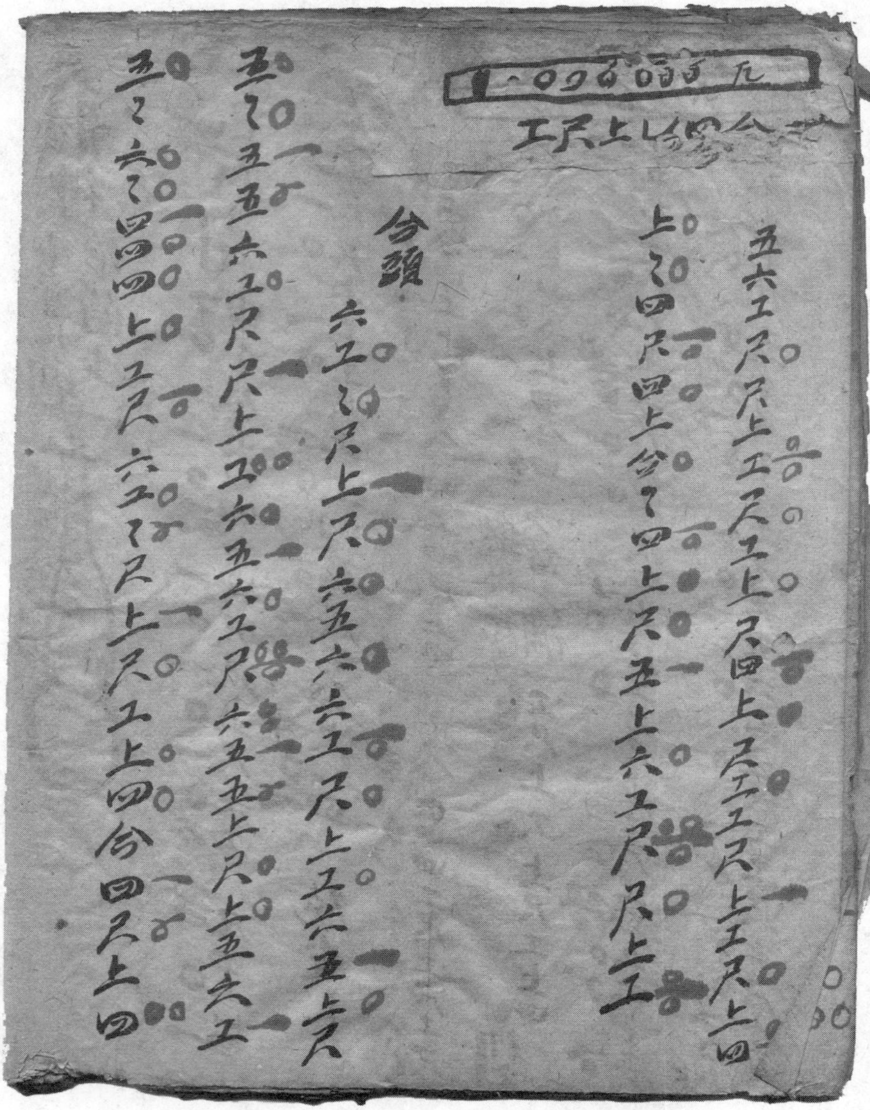

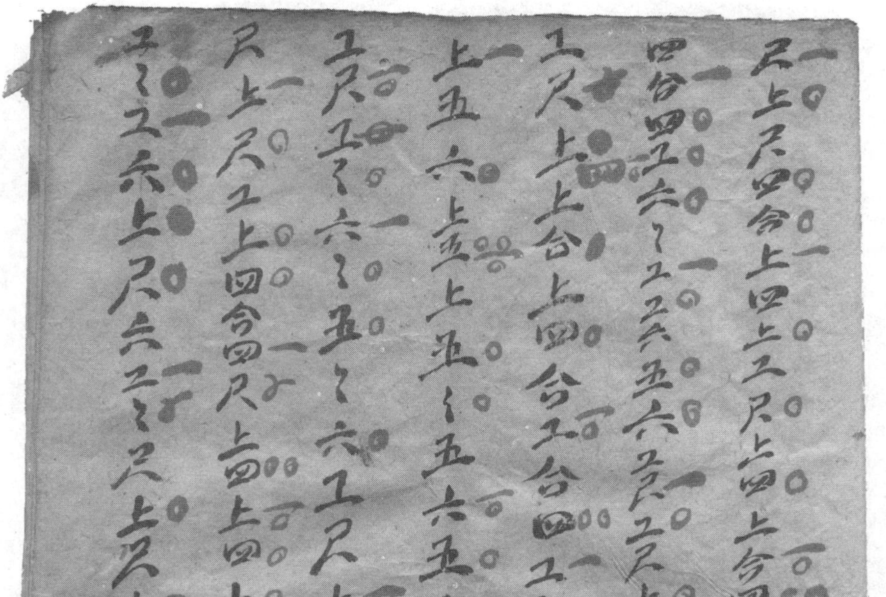

江湾镇圩口村 8-10 · 俞贞椽曲本

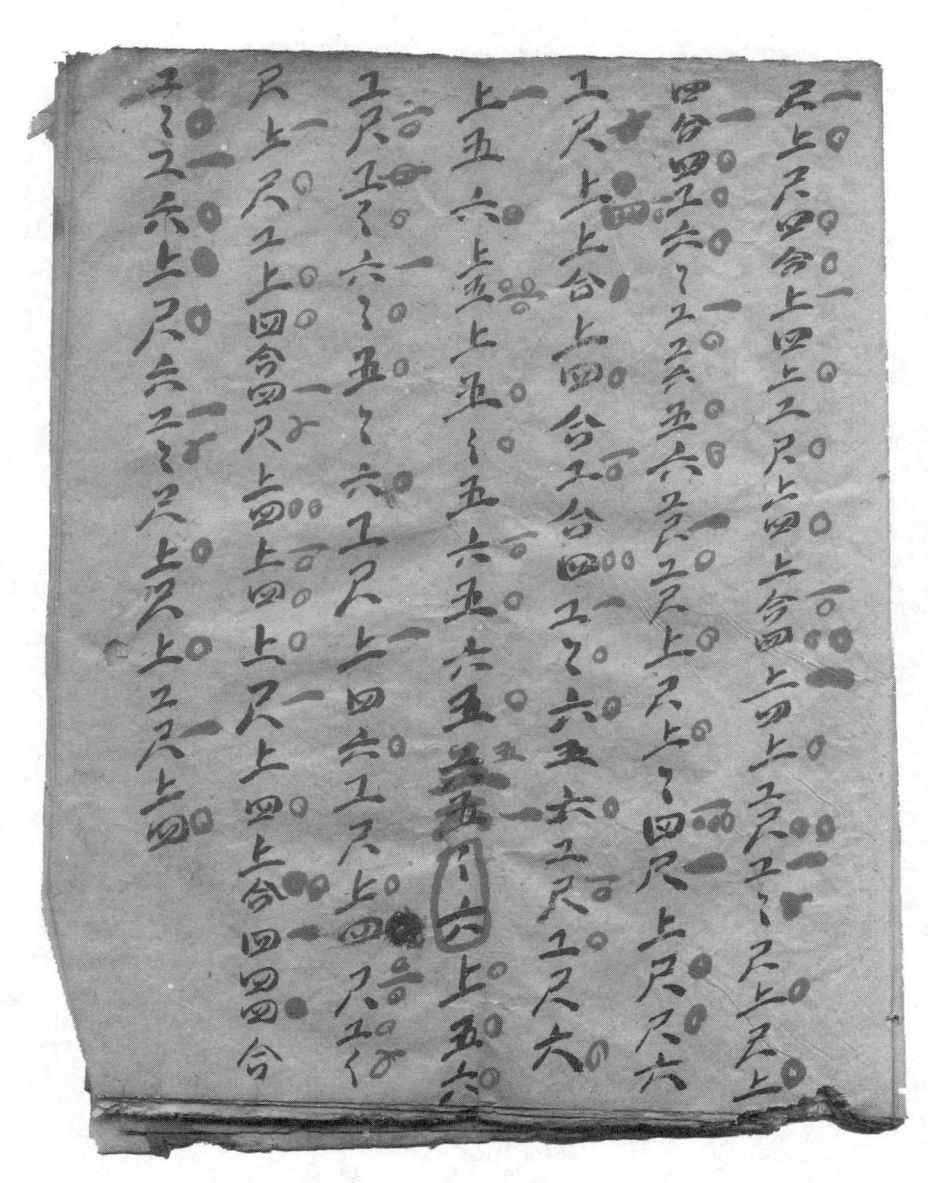

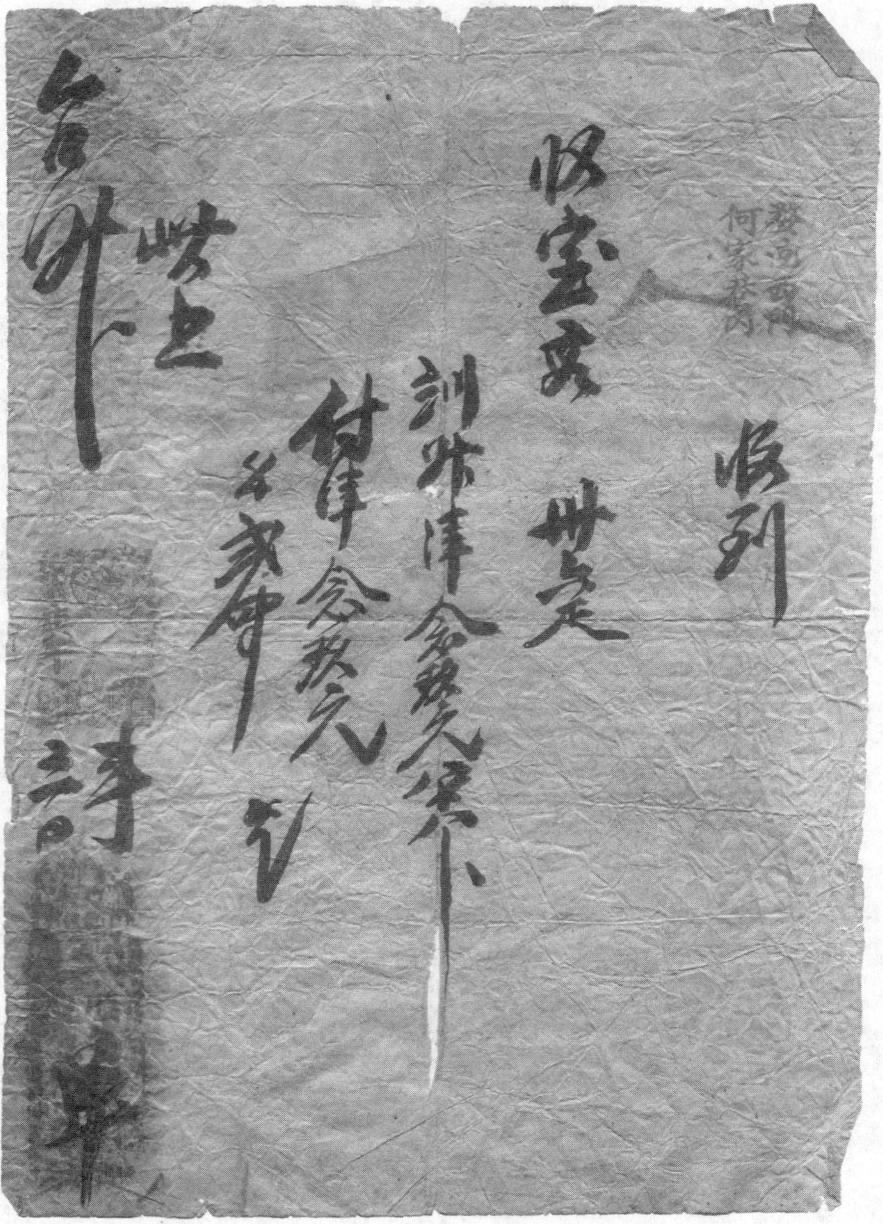

江湾镇圩口村 19 · 收条

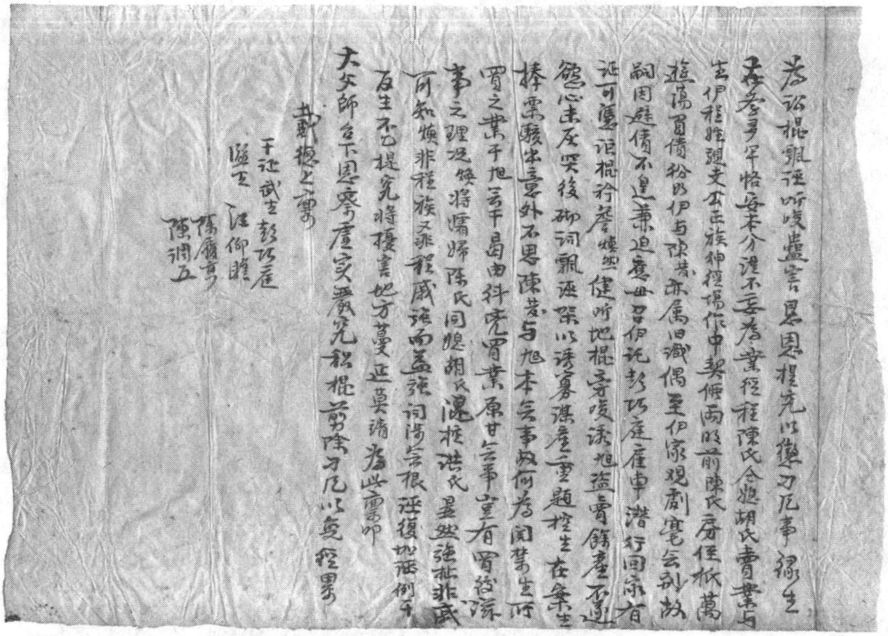

江湾镇圩口村 22 · 具状词 · 告詹焕然等

为讼棍飘诬听唆蛊害恳恩提究以儆刁风事。缘生
叔春尹早故，每本分理不妥，为业程、程陈氏合嫂胡氏卖业与
生，伊程胜[illegible]支公正族神程[illegible]作中，契价两明。前陈氏房住[illegible]万
[illegible]偿[illegible]伊与陈[illegible]亦属旧识，偶至伊家观剧[illegible]云别故
嗣因[illegible]倩不息，兼迫意[illegible]召伊讼彭巧庭，庭事潜行回家，有
诬可[illegible]，讵棍矜詹焕然健讼，地棍寻唆，诱旭盗[illegible]卖产不遂
饱心未厌，[illegible]后砌词飘诬，架以诱寡谋产重题控生在案，生
捧票骇出意外，不思陈[illegible]与旭本无事，从何为闻？[illegible]生所
买之业，于旭无干，曷由纠究？买业原甘无事，岂有买终[illegible]
事之理？况焕将孀妇陈氏同嫂胡氏混控，洪氏虽然强扯，非[illegible]
何知？焕非程族，又非程戚，强而益强，词涉无根，诬复加诬，例干
反坐。不[illegible]提究，将[illegible]害地方，蔓延莫靖。为此粘叩
大父师台下，恩察虚实，严究讼棍，剪除刁风，以安 程男
戴德上禀
干证 武生 彭巧庭
邻里 汪御瞻
陈[illegible]
陈调五
江湾镇坾口村 22 · 具状词 · 告詹焕然等

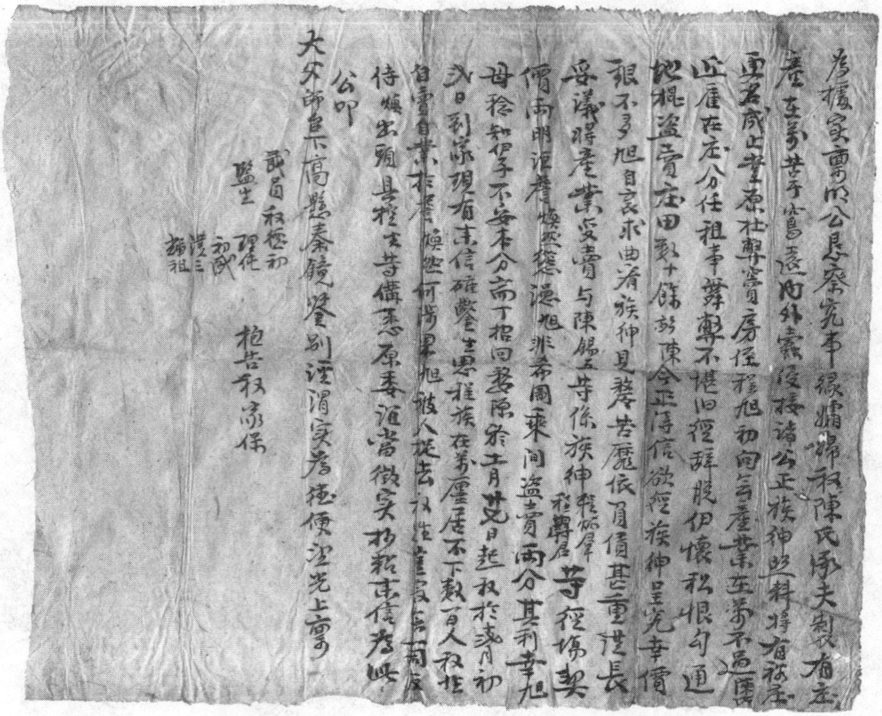

為據實稟明公懇察究事緣孀婦程陳氏承夫制衣有產
產在茅昔手寫遠內外叢侵接請公正族神照料將宿祖
重名咸上董原杜契賣房侄程旭初向有產業在茅不為遠之圖
近雇在庄入分任祖事蔣鄭不堪旧徑辞脫伊懷私恨勾通
地棍盜賣庄田數十餘彭陳今正得信欲經族神呈究章價
銀不多旭自哀求曲着族神見孝若麗依用價甚重俚長
要議將產業安賣与陳錫五等係族神程燦屋程興居等經場契
價兩明逼孀婦懇恩旭非希圖乘間盜賣兩分其利章旭
母稔知伊子不安本分而丁招回婺源於十月廿九日赴程於冬月初
五日到家現有來信確鑿生恩推族在茅屋居不下數百人程姓
自賣自業非孀婦何湯畢旭被人從出程姓宜家之可危
侍孀出頭具程□等備悉原委迫當徵實杪粘來信為此
公叩
大父師台下高懸秦鏡鑒别涇渭實為德便望光上稟
監生 武眉 程德初 理化 初武 漢三 翰祖
抱告程家保

江湾镇岕口村 24 · 具状词 · 抱告程家保